U0298910

③ 大漠西域

风长眼量 著

清華大学出版社
北京

内 容 简 介

本系列作品《从秦皇到汉武》，共分三册。

《秦灭六国》：秦部落受封伯爵，统一关中，称霸西戎。商鞅变法，秦国实行军功爵位制。战神白起诞生，长平之战奠定一统趋势。秦始皇灭六国、巡游天下，赵高李斯沙丘之谋。

《楚河汉界》：陈胜、吴广从起兵到覆灭，巨鹿之战，刘邦入关中，鸿门宴，项羽分封诸侯。彭城之战，荥阳之战，楚汉以鸿沟为界，垓下之战，韩信十面埋伏，项羽乌江自刎。

《大漠西域》：冒顿单于称霸大漠南北，卫青收复河套地区，霍去病收复河西走廊，漠北之战，李广难封。李广利远征大宛，汉朝设西域都护，降呼韩邪单于，杀郅支单于。

本书适合历史、地理、军事爱好者阅读。

图书在版编目（CIP）数据

从秦皇到汉武. 3，大漠西域 / 风长眼量著.
北京：清华大学出版社, 2024. 7. -- ISBN 978-7-302
-66792-6

Ⅰ. K232.09

中国国家版本馆 CIP 数据核字第 2024F6B127 号

责任编辑：刘　洋
封面设计：徐　超
版式设计：张　姿
责任校对：王凤芝
责任印制：丛怀宇

出版发行：清华大学出版社
网　　址：https://www.tup.com.cn，https://www.wqxuetang.com
地　　址：北京清华大学学研大厦 A 座　　**邮　　编**：100084
社 总 机：010-83470000　　**邮　　购**：010-62786544
投稿与读者服务：010-62776969, c-service@tup.tsinghua.edu.cn
质 量 反 馈：010-62772015, zhiliang@tup.tsinghua.edu.cn
印 装 者：小森印刷（北京）有限公司
经　　销：全国新华书店
开　　本：187mm×235mm　　**印　　张**：24.5　　**字　　数**：544 千字
版　　次：2024 年 9 月第 1 版　　**印　　次**：2024 年 9 月第 1 次印刷
定　　价：138.00 元

产品编号：095888-01　　**审图号**：GS（2024）2321 号

推荐序

终于盼到风长眼量的新书！多年前捧着他之前出版的《地图里的兴亡》系列书，那种如临其境、酣畅淋漓的记忆一下子都回来了，赶紧煮上一壶茶，品茶读史看图！

年少读历史书，书上记载的内容有限，再加上文言文的距离感，总觉得是一团散不开的雾。现在想想，大多数史书，都好比是浓缩的茶叶，特别是距离现在2000多年的先秦历史，那时候没有纸只有竹简，记录下来的历史更是浓缩中的精华茶叶。

春秋战国时期的太史，用简牍记录时，如有错讹，即以刀削之，称作“刀笔吏”。刀笔吏随身带着刀和笔，刀笔并用，这是一门技术活，记录下来的历史惜墨如金，都是浓缩之精华。

风长眼量老师请读者“喝茶”是不一样的，他准备了上好的茶叶，外加一番上等的煮泡功夫，这所谓煮泡功夫就是发挥想象，把丢失的历史合理演绎出来，让读者喝到芳香四溢的茶水，而不是吃茶叶。茶水里面含有小说笔法，文艺渲染，这些都是不可或缺的。

沈钦卿

上海市妇女儿童服务指导中心

前 言

本系列作品《从秦皇到汉武》，分为三册，共计 100 多万字，近 400 幅地图。

系列名	书名	地图数
《从秦皇到汉武》	1《秦灭六国》	121幅
	2《楚河汉界》	122幅
	3《大漠西域》	131幅

《秦灭六国》，分为三大部分。

（一）第一个秦人非子，建立秦部落。烽火戏诸侯，秦人受封伯爵（第三等）。秦国一步步东进，逐渐统一关中，称霸西戎，但受阻春秋霸主晋国。

（二）三家分晋，秦国获得东进良机，无奈魏国才是战国初期霸主。商鞅变法，秦国实行军功爵位制。魏国衰落，秦国崛起，连破楚、赵、魏、韩。

（三）战神白起诞生，伊阙之战、鄢郢之战、华阳之战，战国斩首数屡破纪录，长平之战奠定一统趋势。秦灭六国（韩王安出降，王翦灭赵国、魏国，王贲灭魏国、燕国、齐国），秦始皇巡游天下，赵高、李斯沙丘之谋。

《楚河汉界》，分为四大部分。

（一）陈胜、吴广起兵，楚、齐、赵、魏复国，章邯出函谷关，陈胜、吴广覆灭。

（二）项羽、刘邦起兵，巨鹿之战项羽封神，刘邦先入关中，秦王子婴出降，章邯投降项羽，鸿门宴后项羽分封诸侯，刘邦封汉王。

（三）项羽杀义帝，刘邦灭三秦，彭城之战项羽三万破刘邦五十六万，荥阳之战以鸿沟为界，韩信灭西魏、代、赵、齐，垓下之战韩信十面埋伏，项羽乌江自刎。

（四）刘邦定天下，灭异姓王，代王刘恒称帝。

《大漠西域》，分为四大部分。

（一）匈奴的基本盘在哪？冒顿单于统一北方游牧民族，白登之围刘邦被迫和亲，月氏和乌孙西迁，汉文帝与汉景帝休养生息。

（二）马邑之围汉武帝反击，卫青收复河套地区、大破右贤王，霍去病收复河西走廊，漠北之战，李广难封。

（三）汉武帝征服南越和朝鲜半岛，平西南夷，破东越和闽越，张骞出使西域，李广利远征大宛国。

（四）苏武牧羊，汉朝设西域都护府，与乌孙合击匈奴，降呼韩邪单于，杀郅支单于。

图　　例

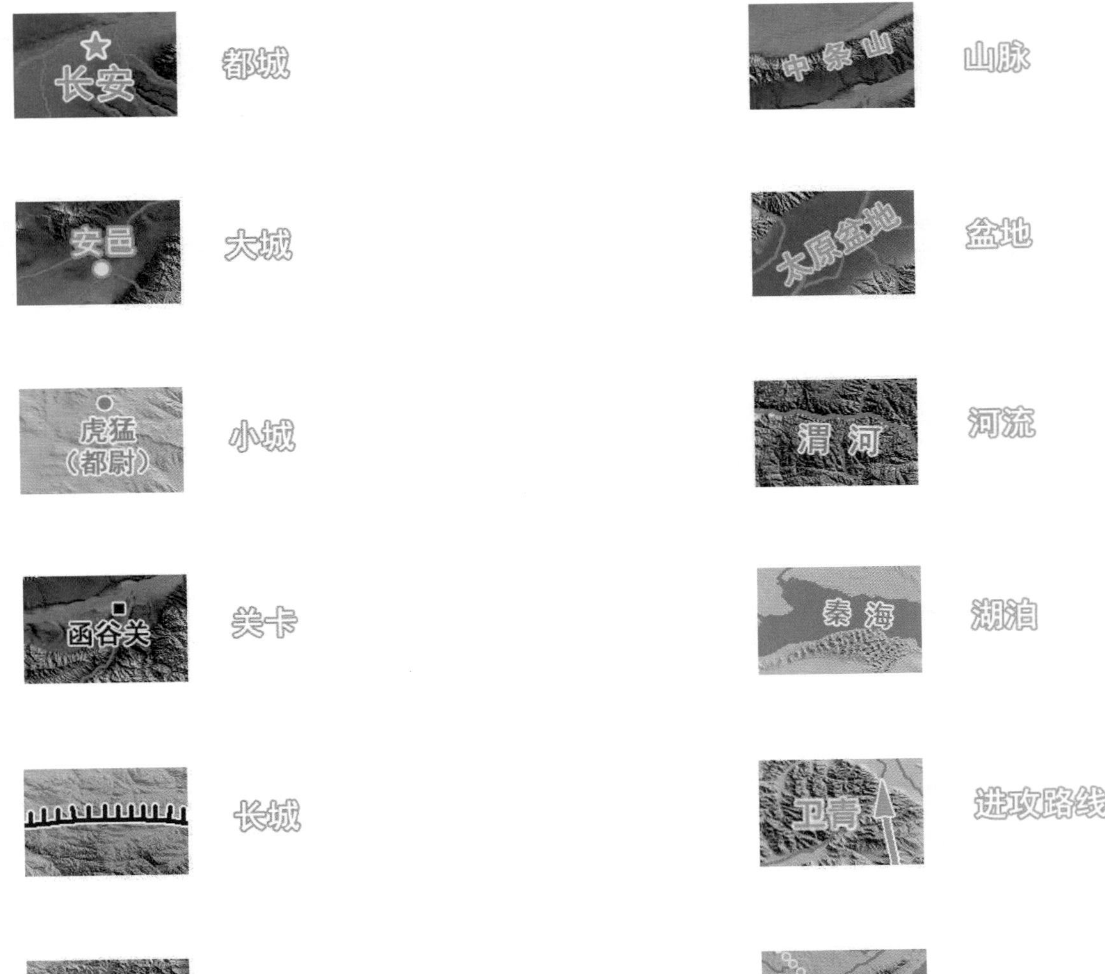

长安
都城
中条山
山脉
安邑
大城
太原盆地
盆地
虎猛
（都尉）
小城
渭河
河流
函谷关
关卡
秦海
湖泊
长城
卫青
进攻路线
井陉
道路
项羽
乌江
撤退路线

目　录

第一章 匈奴南下

第一节 匈奴发迹

● 匈奴的基本地盘，地处北冰洋流域

相传夏桀无道，商汤举兵伐之，商军攻克夏都。商汤效仿大禹流放舜帝于九嶷山（又称苍梧山，今湖南永州宁远县），将夏桀流放南巢（今安徽巢湖姥山岛）。

夏桀之子淳维率众北逃。北方一族在商朝时称鬼方、混夷、獯（xūn）鬻（yù），在周朝时称猃（xiǎn）狁（yǔn），到了战国称为匈奴（又称胡）。匈奴强盛时居戈壁沙漠（大漠）南北，不盖房子，不修城郭，以畜牧为生，逐水草迁移，设穹庐（毡帐）而居。匈奴人食畜肉、饮畜乳、穿兽皮兽毛，自少学骑射，平时牧羊套马，战时全民皆兵，战胜则奋勇轻进，战败便四散而退，来去如风。

秦汉时的大漠是指戈壁沙漠。戈壁属于荒漠的一种，地表主要是砾石、岩石、碎石，泥土和沙子都被北风卷走。北风往往压倒南风，因此大漠以北几乎没有沙漠，大漠以南从东到西有浑善达克沙地、库布齐沙漠、乌兰布和沙漠、腾格里沙漠、巴丹吉林沙漠等。

匈奴一族没有自己的文字，有重少轻老的风俗，饮食衣物先给少年善骑射者，有剩余才给老弱。父死子娶其后母为妻，兄死弟娶其嫂为妻。

匈奴的首领全称为“撑犁孤涂单于”，简称为“单于”。“撑犁”意为“天”，“孤涂”意为“子”，“单于”意为“广大”，连起来就是“如天一般广大的上天之子”之意。匈奴的基本地盘如图 1-1 所示。

匈奴将地盘划分为 3 块，龙城一带是本部，由单于掌管；东部是匈奴左地，由左贤王和左谷蠡（lǐ）王掌管；西部是匈奴右地，由右贤王和右谷蠡王掌管。通常这 4 个王都由单于任命，各自有大片封地。匈奴重要的 6 个诸侯王，按权力大小依次是：左贤王、右贤王、左谷蠡王、右谷蠡王、左日逐王、右日逐王。左贤王由储君兼任，当单于去世，左贤王继位后，会重新任命自己的一个儿子为左贤王，然后用其他儿子取代另外 5 个王。匈奴的内部斗争乃至内战，往往就是由单于和其他诸侯王的继位矛盾引起的。

匈奴最大的氏族部落是挛鞮氏，即单于所在的部落，另外还有呼衍氏、兰氏、须卜氏，此四氏为匈奴四贵。

匈奴各部落都有封地，部落首领在封地上便是部落王，在单于的大帐中也有官职，比如左右大将、左右大都尉、左右大当户、左右骨都侯等。单于和部落王帐中也都有固定的机构，官职包括相、都尉、当户、且渠等。

匈奴控弦三十余万，除单于和六王外，大的部落有上万骑，小的部落也有几千骑，有 24

个部落王称为万骑长，下面有千长、百长、什长等。

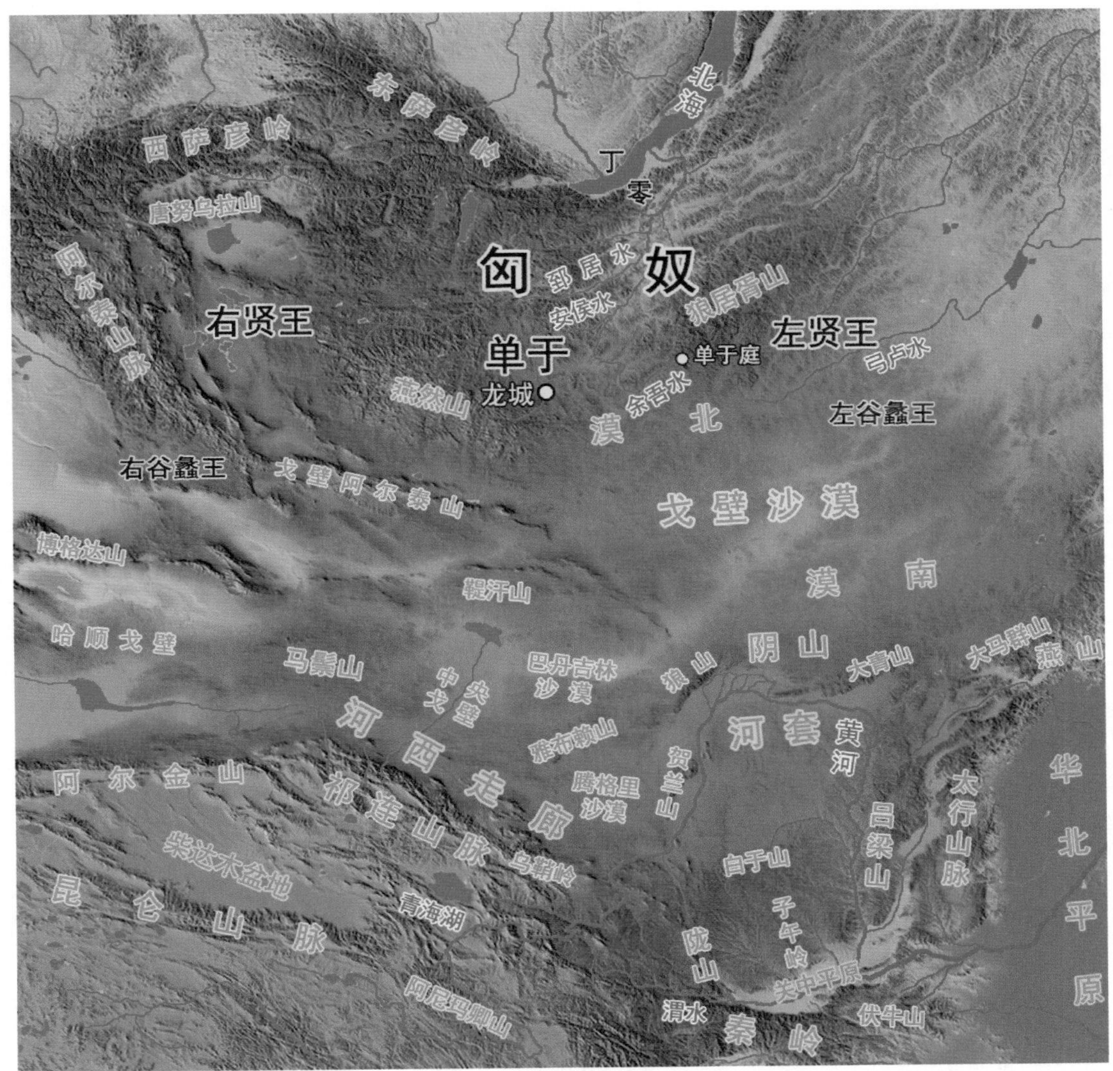

图 1-1 匈奴的基本地盘

匈奴最核心的区域，位于安侯水（鄂尔浑河）及其支流余吾水（图勒河）的河谷当中，其中安侯水上游河谷有龙城，余吾水上游河谷有单于庭。龙城是单于的都城，单于庭是左贤王的首府，左贤王相当于太子。匈奴单于庭的位置如图 1-2 所示。匈奴龙城的位置如图 1-3 所示。

匈奴在漠北的牧马地，最初在余吾水上，单于设单于庭，后来势力范围扩大，单于西迁到安侯水上游河谷，修龙城，原来的单于庭名称没有改，成为左贤王驻地。

图 1-2　匈奴单于庭的位置

图 1-3　匈奴龙城的位置

余吾水是安侯水的支流，长约 704 千米，发源于狼居胥山（肯特山脉）。如今蒙古国的首都乌兰巴托就在余吾水河畔，也就是当初匈奴单于庭附近。

安侯水是郅居水（色楞格河）的支流，长约 1124 千米，发源于燕然山（杭爱山脉），上游有两个分支，龙城就在南支的上游。

匈奴的基本地盘，位于郅居水（色楞格河）流域上游河谷。色楞格河从上游到下游依次是色楞格河、贝加尔湖、安加拉河、叶尼塞河、喀拉海（北冰洋）。

叶尼塞河全长约 5539 千米，为世界第五长河，俄罗斯最长的河。叶尼塞河平均流量约 1.98 万立方米 / 秒，是西伯利亚三大河中水量最大的，也是俄罗斯水量最大的，以及流入北冰洋水量最大的河。叶尼塞河的水量放在我国可排在第二位，仅次于长江。

叶尼塞河有三个源头，如果从小叶尼塞河算起，约 4102 千米，从大叶尼塞河算起，约 4092 千米。如果以色楞格河—贝加尔湖—安加拉河算起，达到 5539 千米。

安加拉河位于叶尼塞河与贝加尔湖之间，长约 1779 千米，流量达到 4530 立方米 / 秒，是流出贝加尔湖的唯一河流。

色楞格河是流入贝加尔湖水量最大和长度最长的河，长约 992 千米，有支流鄂尔浑河等，鄂尔浑河又有支流图勒河。

理论上从乌兰巴托或匈奴基本盘的河流丢下一个漂流瓶，不仅可以在贝加尔湖捞到，也有可能在北冰洋捡到。匈奴所处的色楞格河流域属于北冰洋水系，匈奴无法顺江南下争霸中原，这可能是其地缘最大的局限。匈奴的河流方向如图 1-4 所示。

匈奴每年正月春祭，各部落首领小会单于庭；五月夏祭，各部落首领大会龙城，祭祖先、天地、鬼神。匈奴人虽是逐水草而居，但并不是到处寻找水草，而是在河谷中不断迁移，待牛羊战马吃完一片草场，马上转场。匈奴人无论小会还是大会，只要进入各大河谷，是很容易找到龙城和单于庭的，更不会迷路。

后来匈奴越过燕然山，基本盘西扩。在杭爱山、唐努乌拉山、阿尔泰山脉、戈壁阿尔泰山之间，形成了新的势力范围，匈奴称为右地，单于庭一带称为左地，龙城一带称为本部。

为了控制西边这块地，单于将右地封给自己的一个儿子。匈奴单于相当于汉朝天子，左贤王相当于太子，右贤王虽然也是单于的儿子，却没有继承权。这种情况在汉朝非常普遍，比如汉武帝封刘据为太子，封刘旦为燕王，燕国是汉朝的边疆，并不是富庶之地，右地同样不是匈奴水草最为肥美之地。

匈奴右地大多数河流都是内流河，不像左地河流那样可以进入太平洋或北冰洋，而本部的河流则大多注入贝加尔湖，最终流入北冰洋。匈奴右地有很多湖泊，比如乌布苏湖、吉尔吉斯湖、哈尔乌苏湖等，都是咸水湖。

匈奴的势力范围与中原隔着大漠，我们来看看匈奴北、东、西三个方向都有哪些主要对手。

匈奴本部以北，色楞格河下游及贝加尔湖地区是丁零人的地盘。丁零人以狼为图腾，喜欢引吭高歌，听起来像狼嚎，战时突进突出，刚猛无比，却不能持久。

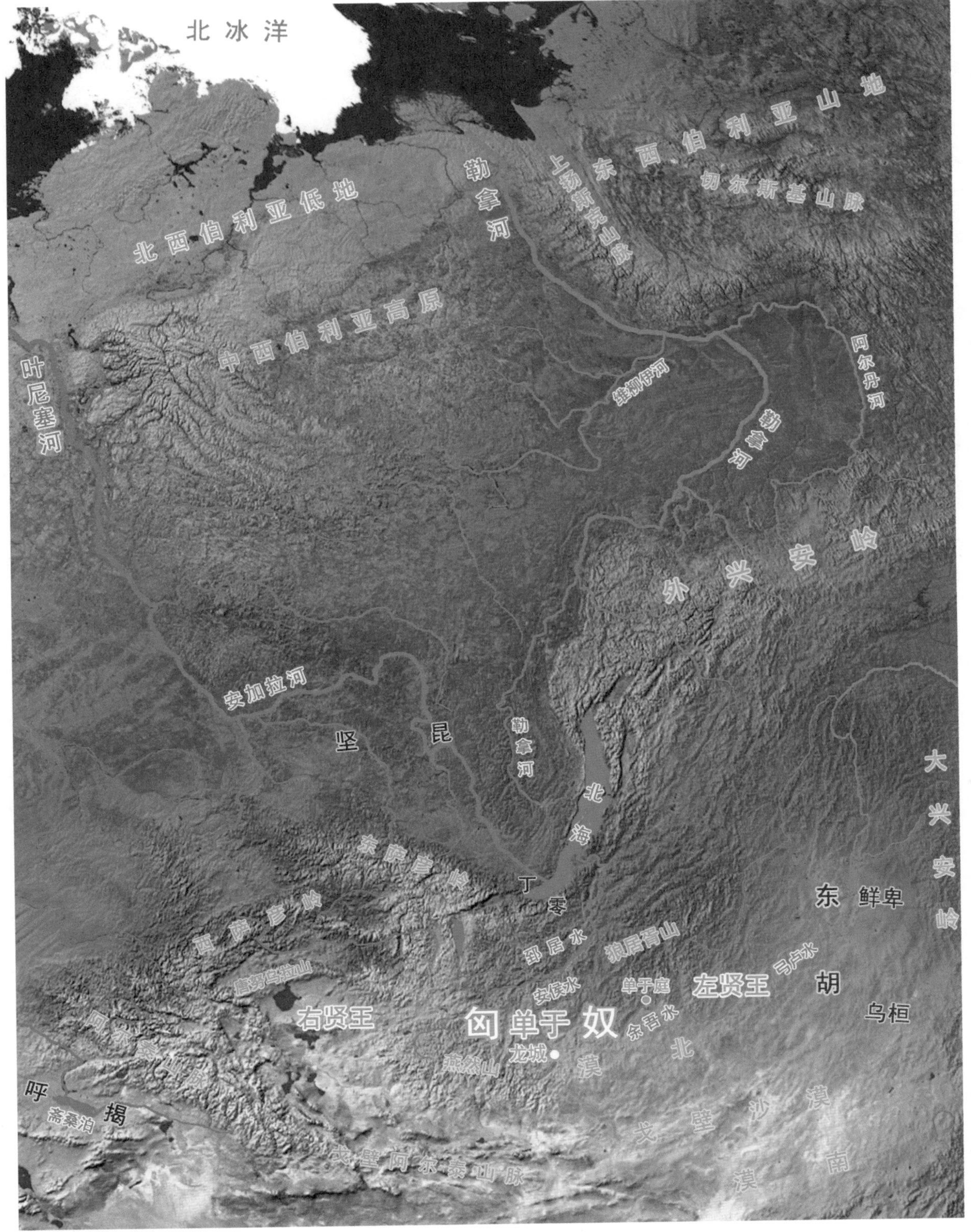
北冰洋
东西伯利亚山地
切尔斯基山脉
上扬斯克山脉
勒拿河
北西伯利亚低地
中西伯利亚高原
叶尼塞河
维柳伊河
勒拿河
阿尔丹河
外兴安岭
安加拉河
坚
昆
勒拿河
北海
大兴安岭
东萨彦岭
丁零
东
鲜卑
西萨彦岭
郅居水
狼居胥山
马卢水
唐努乌拉山
安侯水
单于庭
左贤王
胡
右贤王
匈奴
单于
余吾水
乌桓
阿尔泰山脉
燕然山
龙城
北
漠
呼揭
斋桑泊
戈壁沙漠
戈壁阿尔泰山脉
漠
南

图 1-4　匈奴的河流方向

丁零与匈奴习俗相似。由于气候寒冷，《山海经》记载："丁零人膝下小腿毛粗，战马擅长奔袭。"丁零控弦6万，还控制着浑窳（yǔ）、屈射、鬲（gé）昆、薪犁等大部落，总兵力接近10万之众。

在北海（贝加尔湖）以西，丁零还有一个盟友坚昆控弦3万，坚昆人身材牛高马大，赤发、绿眼珠、白皮肤、黄胡须。是以若丁零全力南下，能集合起铁骑十几万，匈奴人绝对吃不消。

东汉末年，鲜卑取代匈奴统治大漠，仍然把丁零当做心腹大患。南北朝时期，丁零多个部落南下中原，留在北方的称为高车，后称铁勒。唐朝时期，统治大漠的突厥和丁零是同一个语系，至于是否丁零的后裔还需科学验证。

匈奴北边有这样一个强悍的邻居，不得不防。

匈奴左地的东面是东胡，分为鲜卑和乌桓两大部，以鹿为图腾，游牧和渔猎并举。匈奴与东胡的关系如图1-5所示。

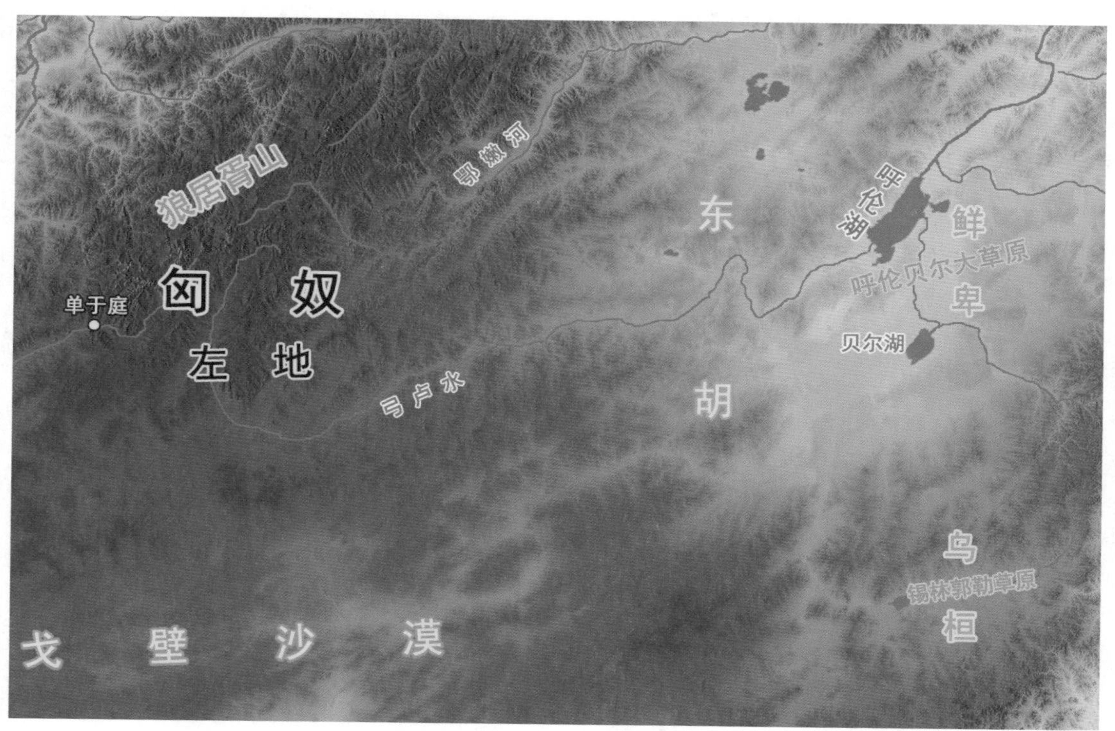

图1-5 匈奴与东胡

东胡游牧于大兴安岭西侧，以弓卢水（克鲁伦河）、鄂嫩河、呼伦湖等河谷湖泊为主要牧马地，势力范围延伸到蒙古高原东部和燕山北部。战国时东胡曾越过燕山与燕国交战，在燕国鼎盛时期退出辽东、辽西、右北平等地。大兴安岭以东，成为夫余、肃慎等部落的地盘。

匈奴地界的河流多属于北冰洋水系，东胡所在则属于太平洋水系。弓卢水向东流到大兴安岭附近，注入呼伦湖，出湖改向北流，名为额尔古纳河，再和石勒喀河汇流，成为黑龙江，折向东注入太平洋。弓卢水、呼伦湖属于太平洋水系，呼伦湖南边还有一个相连的贝尔湖，这个区域称为大草原（呼伦贝尔大草原）。

东胡有鲜卑和乌桓两大部，鲜卑居北边大草原（呼伦贝尔大草原）一带，乌桓居南边锡林郭勒草原一带。鲜卑的大部落有慕容、宇文、段部、拓跋、乞伏、秃发、吐谷浑，后来称霸蒙古高原的势力有柔然、契丹、蒙古等。鲜卑鼎盛时族众比匈奴只多不少，战斗力比匈奴只高不低。

匈奴与中原有渊源，东胡则自成体系。匈奴的语言文字与中原相似，男人蓄长发，与中原无异。东胡则有母系社会特征，没有姓氏，各部以大人的名字为姓，男人髡头（剃发为光头），常留个小辫子。

东胡控弦近 20 万，整体实力还在匈奴之上，若非东胡内部鲜卑与乌桓两大部互相掣肘，匈奴的日子会更不好过。匈奴极盛时也未能灭掉东胡，到东汉末年匈奴衰败，鲜卑取代匈奴成为大漠南北的霸主。秦汉魏晋南北朝时期，戈壁大漠周围的历史可以分两个时期，匈奴和鲜卑（包括分支柔然）各领风骚数百年。

再来看匈奴右地，向北越过唐努乌拉山，到达小河盆地。这条河从东往西，然后折向北，越过西萨彦岭北上，那里气候太寒冷了，是坚昆的势力范围。匈奴右地的位置如图 1-6 所示。

图 1-6　匈奴右地

西面越过阿尔泰山脉，进入额尔齐斯河上游。这条河水流充足，适合游牧，是呼揭的地盘。但额尔齐斯河进入后斋桑泊，转而往西北流，出了阿尔泰山脉后折向北流，注入北冰洋。额尔齐斯河以南是古尔班通古特沙漠。

南面可以越过戈壁阿尔泰山，从阴山方向进入河套地区，或者从居延泽方向进入河西走廊。向南气候逐渐温暖，而且有大片草场，这是匈奴右部的主要扩张方向。

从匈奴的基本盘来看，强敌环伺，除非奋六世之余烈，再出现一个秦始皇一般的人物，挥长鞭而御大漠，否则难有突破。

● 蒙恬北击匈奴，新秦中是哪儿？

战国时秦赵对峙期间，匈奴在北方对赵国的牵制让秦人得了利。然而李牧大破匈奴，斩首十余万，匈奴曾势穷力蹙（cù），不敢犯边。

此后匈奴人不敢越过阴山一线，传说匈奴小儿闻李牧之名竟夜不敢啼哭。战国末年，赵国大将李牧南下，不断从北方长城抽调兵力。等到邯郸陷落，秦灭赵，整个西北长城形同虚设。

李牧死，赵国亡。匈奴人拨云见日、一扫阴霾，人人磨刀擦枪、跃跃欲试。

头曼单于召集各部落首领大会龙城，祭祖先、天地、鬼神。首领们群情激昂，都愿南下一雪前耻。经过二十多年休整，匈奴兵强马壮，实力尤胜当年。

头曼单于率军越过阴山长城，纵横驰骋，如入无人之境，几无赵军阻挡。匈奴人占据黄河“几”字一横南北的肥美草场，这里也就是河套地区，地形如图 1-7 所示。

秦朝天下一统，儒士卢生替秦始皇寻长生不老药，因无功而返恐遭罪罚，便伪造仙人之书，上面写道：“亡秦者，胡也！”匈奴又称胡人，实乃帝国之患。

公元前 217 年，秦始皇以蒙恬为主将，王离为副将（以补偿王翦王贲父子），长公子扶苏为监军，并涉间等诸将，统兵 30 万北征匈奴。秦军当年就收复河南地，设置 44 个县，迁内地犯人居住。

阴山下，头曼单于大营内，传出一阵阵短促的警报号角。

一个小山坡前围了不少人，中间侧躺着一名阵亡之人，是匈奴的一个千夫长。只见一支箭镞穿过他的胸前皮甲，贯胸而入，箭头从背后钻出。头曼单于和一众部落首领都目瞪口呆，暗自惊叹秦军的箭镞锋劲淬砺，竟比赵国箭矢的穿透力还强。

秦军强弩主要使用两种箭：一种是短铤小铜镞，这是用于远程射击的轻箭；另一种是长铤大铜镞，是用于近距离破甲的重箭。长铤大铜镞在设计上是要穿透青铜甲的，穿透皮甲更不在话下。

地上放了大小两排铜镞，众首领研究起来。只见所有的箭头都是三棱镞，三个弧面几乎完全相同，而且最令人惊骇的是这些铜镞几乎一模一样。匈奴的箭矢都是由战士自行打造的，每个人打造的形状都不一样。此前赵国也进行过批量生产，但每个铁匠工艺水平不同，箭矢质量也是参差不齐。

图 1-7 河套地区

头曼单于面色凝重，向首领们招手道：“准备撤退。”

公元前 216 年，蒙恬率兵北渡黄河，取得阴山以南所有地盘。匈奴势力范围退到阴山长城以北，后在东胡与月氏的压力之下，一度收缩到大漠以北。

秦始皇令扶苏、蒙恬、王离将燕、赵、秦三国所筑长城首尾连接起来，西自临洮，东至辽东，称万里长城。

公元前 215 年，秦朝北方驰道咸阳至九原（今属包头市）段开通，沿途开凿山陵，填平溪谷。此驰道宽 50 步，每隔 3 丈栽种青松一株。驰道宽广平坦，车马行走如飞。两行松树青翠成荫，亭亭如盖。微风过处，万壑涛声，风景绝好。

五月初旬，天气凉爽，秦军将士二十余万，民夫五十余万，战马十余万匹，车辆数万乘，浩浩荡荡出咸阳，往北方进发。

一路辎重粮草，千里不绝。道上龙旗蔽日，凤盖遮天，宸车似水，御马如蛟。始皇帝的威仪阵仗，虽黄帝、商汤、周武王不可比也。

日间，车从炫赫，金鼓喧阗，郡县贡献的饮食宝器堆山塞海而来。晚间，灯火连营数百里，登高一望，好似天上星斗。

关中又称秦中，秦朝将蒙恬新占地与赵国西北旧地合在一起，称为新秦中，也就是后世所称的河套地区。秦朝对河套地区（新秦中）的规划大致是地方千里，人口百万，成为可独自抵御匈奴的战略区域。

上面说过，河套地区大致是黄河“几”字的上半部分，乃河曲丰旷之野。黄河在这一带的支流和岔流有点像套马的绳索，因此称为河套。

古代黄河动辄洪水泛滥，民间有“黄河百害，唯富一套”的说法。河套地区虽然降水量不大，但地势平坦，土壤肥沃，具备大范围农耕的条件。

河套地区大致包括东套平原（前套平原和后套平原）、西套平原、河南地这几个板块。

一、前套平原

前套平原又称呼和浩特平原，古称敕勒川、土默川，大致是大青山、蛮汉山与黄河围城的区域。

前套平原海拔 1000 米上下，是断陷盆地，东西长约 180 千米，南北宽 19 ～ 150 千米，面积约 1 万平方千米。

大黑河由北至南，从大青山上流下，与黄河交汇，干流长约 236 千米，是黄河在前套平原水量最大的支流。大黑河水浑浊暗黑，将大青山腐殖层养分冲刷下来，野沃土肥，宜耕宜牧。

大黑河干流由东北向西南流来，与黄河形成对流格局，故称逆向支流。如今前套平原灌渠纵横，大黑河与黄河交汇处已经被多条人工渠取代，再见不到大黑河逆流入黄河的壮观景象。

战国时期，赵武灵王在前套平原和蛮汉山等地设云中郡，云中城就位于大黑河下游（今托克托县）。赵武灵王在前套平原东北部、大黑河中游建原阳城，这是今天内蒙古首府呼和浩特的前身。赵武灵王将原阳打造成骑兵训练基地，由大将牛翦坐镇，专门为赵国训练骑兵。

秦朝延续赵国的格局设云中郡，汉初从云中郡东部蛮汉山等地拆分出定襄郡。蒙恬北击匈奴，收复河套地区后，将河套称为新秦中，还在云中郡建了一座咸阳城。

1578 年，成吉思汗第十七世孙阿勒坦汗模仿元朝大都，在前套平原兴建呼和浩特城。一半青山一半城，不叫黄沙越阴山。

二、后套平原

后套平原大致是狼山、阴山山脉、乌拉山与黄河围成的区域。后套平原海拔 1000 ～ 1100 米，东西长约 180 千米，南北宽 40 ～ 80 千米，面积约 1 万平方千米。

黄河从西套平原北上，被阴山山脉阻挡，流向由南北改为西东，角度约 90 度，形状是一个弧形。

“磴”是石阶、石路之意，磴口这个地方河岸是石质，基层坚硬；“口”的意思是这里黄河分为多条岔流，北边水量最大的一支为乌加河（北河），南边是黄河干流（南河）。

古代北河是干流，南河是岔流。北河水量大，在磴口西北方向溢出形成屠申泽，东西宽约 50 千米。一直到清朝，北河河道渐行淤塞，流量逐渐减少甚至改道，屠申泽因水源减少而消失。

北河在后套平原东北部受阻于乌拉山，转向南边，形成乌梁素海。乌梁素海南北长 35 ～ 40 千米，东西宽 5 ～ 10 千米，面积 200 ～ 300 平方千米。

北河过乌梁素海与南河汇流，仍是黄河干流，与乌拉山平行向东，流向前套平原。

战国时赵武灵王在后套平原以及乌拉山设五原郡，汉初一分为二，后套平原增设朔方郡，乌拉山南北是五原郡。

后套平原依山带水、阡陌纵横、河水滔滔、沃野千里，不过这里的河水随季节分布不均，水患严重，不适合农耕，古代也一直没有建立前套的呼和浩特或西套的银川这种大城邑。

后套平原适合季节性放牧，古代把城邑都修在外围的山坡上，从前套到后套，适合耕种的土地逐渐减少，人口也逐渐减少。

三、西套平原

西套平原又称宁夏平原，大致是贺兰山与黄河围成的区域，南为卫宁平原，北为银川平原，中间是青铜峡。西套平原海拔 1100 ～ 1200 米，是断裂下陷后由黄河及其岔流冲积而成的。其南北长约 280 千米，东西宽 10 ～ 50 千米，面积约 7800 平方千米。

西套平原上有多条黄河岔流，秦朝的秦渠、汉朝的汉延渠、唐朝的唐徕渠、明朝的红花渠、清朝的惠农渠等，以及现代的西干渠，其中惠农渠和西干渠再次流入黄河，形成大面积自流灌渠网络，成就了西套平原“塞上江南”的美誉。

宁夏有首童谣：宁夏川，两头子尖，东靠黄河西靠贺兰山，金川银川米粮川。

四、河南地

河南地大致是黄河“几”字中间的西北角，位于白于山以北，从北往南包括库布齐沙漠、鄂尔多斯高原、毛乌素沙地。

毛乌素沙地古今变化很大，宋朝之前，这里沃野千里，水草丰美，牛马衔尾，群羊塞道。

两宋和西夏打了 100 多年，经常在毛乌素沙地就地取材，伐木造营寨、攻城器械，砍树烧饭，甚至还要烧林作战。毛乌素沙地水土破坏严重，地面植被丧失殆尽，后来飞沙为堆，高及城堞。

河套地区在阴山以南，古代是中原王朝与游牧民族长期争夺之地。

蒙恬率军取得河套地区后，秦朝延续赵国的格局建两郡，东为云中郡，西为九原郡。随后迁徙 3 万户到河套戍边，还在云中郡建咸阳城，秦朝称河套为新秦中。

几年后新秦中荒凉的原野上开辟出耕地，邮亭驿署相望于道。陈胜吴广揭竿而起，王离不得不率军南下，北方阴山长城一带防御形同虚设，河套地区的后套、西套和河南地丢给了匈奴，其中白羊部占据了后套，娄烦部占据了西套和河南地。

● 月氏赶走乌孙，冒顿弑父，匈奴兼并东胡

秦朝时期，匈奴再次失去河套平原，匈奴在燕山、阴山受到秦人阻击，南下攻击的方向转向河西走廊。

燕然山（杭爱山脉）南侧，有 3 条自北而南的内流河，从西往东依次是匈奴河、姑且水、蒲奴水。匈奴南下走蒲奴水最方便，这条河最靠近南方，顺流而下能到东浚稽山东侧。

匈奴人来到蒲奴水末端，从东浚稽山与夫羊句山之间穿过，再过南山、鞮汗山，便可抵达居延泽（居延海）。古时居延泽与中原的大野泽、云梦泽并称三大泽，方圆 2000 多平方千米，汉朝时仍有数百平方千米。居延泽虽然是咸水湖，但流入其中的河水却都是淡水，因此水资源丰富，附近红柳高达丈余。

居延泽的水不仅来自鞮汗山，甚至有一条名为弱水的河流来自南方青藏高原北缘的祁连山脉。

祁连山脉北麓有雪水滋润，形成一道长 1000 多千米、宽 100 ～ 200 千米的狭长的绿色通道，由于位于黄河以西，是汉朝通往西域的必经之路，故称为河西走廊。河西走廊地形如图 1-8 所示。

河西走廊南边是祁连山脉，面积约 20.6 万平方千米，山峰海拔多在 4000 米以上；北边是北山—合黎山—龙首山，绝大多数山峰海拔在 2000 ～ 2500 米之间。

雪水从祁连山脉南麓奔腾而下，形成了多处冲积平原，这些冲积平原地势平坦、土质肥沃。水量最大的弱水，一路向北缓缓流淌 300 多千米直抵居延泽。

河西走廊水源不少，但气候干燥，年降水量只有 200 毫米左右，而且南北两山之间风力大，北边几座山也不是连在一起的，导致风向多变。这里在古代并不适合农耕民族定居，但有大片优质牧场，适合游牧民族放羊牧马。

此时控制河西走廊与居延泽的是月氏，这个民族的语言和饮食习惯和黄河上游与湟水流域的羌人相似。月氏掌控河西走廊的时间并不久，他们和乌孙斗了多年，才逐渐占据河西走廊。

乌孙本是西戎的一种，古时称为昆戎，乌孙王号称昆莫，和匈奴的单于是一个意思。乌孙与月氏为了争夺河西走廊大打出手，月氏攻杀乌孙昆莫难兜靡。乌孙大将布就翎侯带着难兜靡的幼儿猎骄靡藏匿草间，狼为之乳，鸟为之哺（鸟衔肉喂养），乌孙人以之为神。后来布就翎侯带着猎骄靡和数千族人北上逃奔匈奴，求匈奴助其复仇。

乌孙投奔匈奴之时，正赶上秦将蒙恬北上，匈奴败退，势力范围萎缩到阴山长城以北，甚至收缩到大漠以北。

月氏赶走乌孙，独占河西走廊，成为局部地区一股强大势力。

当月氏派人向匈奴索要乌孙漏网之鱼时，头曼单于却有自己的算盘，于是他表面上与月氏议和，甚至送长子冒顿到月氏为质，以表诚意。

鞮汗山
居延泽
北山
（马鬃山）
中央戈壁
弱水
巴丹吉林沙漠
克孜勒塔格
疏勒河
河西走廊
鹰咀山
呼蚕水
合黎山
羌谷水
党河
野马山
龙勒山
野马南山
祁连山
北大山
休屠泽
龙首山
焉支山
石羊河
腾格里沙漠
走廊南山
冷龙岭
柴达木山
宗务南山
大通山
达坂山
乌鞘岭
青海湖
青海南山
湟水
拉脊山
黄河
柴达木盆地
布尔汗布达山

图 1-8　河西走廊

与匈奴、月氏同时期的战国，也有将太子或公子送到敌国作质子作为守约保证的做法。

秦献公继位前曾在魏国作质子，那时秦国与魏国正激烈争夺河西（黄河以西洛水以东）。秦献公归国即位后，发动了石门之战，斩首魏军 6 万。

楚顷襄王继位前，先在秦国作质子。当时秦楚打了蓝田之战、丹阳之战，但楚国还面临齐、魏、韩的挑战，不得已送太子横作人质，后来太子横在秦国杀了人逃回楚国。之后秦楚再度交战，楚怀王为了与齐国议和，又把太子横送到齐国作质子。太子横两度到敌国作质子都大难不死，最后终于回楚国继位。

秦始皇的父亲秦庄襄王也曾在赵国作质子，当时秦赵正在打长平之战，形势万分险恶。长平之战结束后，异人和吕不韦逃回秦国咸阳，后来异人继秦王位。秦始皇本人在赵国邯郸出生，又名赵政。在长平之战后的约 10 年时间里，小秦始皇一直跟随母亲赵姬待在赵国，他没有被赵人杀死也算是奇迹。

除了送太子或公子到敌对国作质子，战国时期的联盟国之间也有送质子的做法，主要是为显示诚意。比如秦昭襄王曾在燕国为质，燕昭王曾在韩国为质，燕太子丹也曾到秦国为质。

太子或长公子到敌国为质子，极有可能失去储君的地位。比如赵孝成王的太子春平君到秦国为质子，后来赵孝成王驾崩，秦国为给赵国制造内乱，不放春平君归国，他也就失去了当赵王的机会。

如果把各诸侯国公子算上，战国时的质子多如牛毛，但战国历史上竟然没有一个质子因两国交战被杀。从结果推断，战国时作质子是很安全的，对质子最不利的一点，可能就是会丢掉储君之位。

头曼单于送冒顿去月氏当质子，冒顿性命当无忧，但很有可能会失去储君之位，这正是头曼单于一箭双雕之计。头曼单于宠爱年轻的阏氏（匈奴单于的妻、妾称为阏氏，母亲称为“母阏氏”，王后称为“颛渠阏氏”，首位妃嫔称为“大阏氏”），打算改立他们所生的小儿子为左贤王（储君）。

冒顿去了月氏，乌孙也在匈奴的地盘上扎根。留在河西走廊的乌孙人，有一部分逃到山中，闻乌孙小昆莫猎骄靡率众在匈奴地盘上定居，纷纷前来投奔。几年之后，寄居在匈奴的乌孙人有两万多，控弦数千骑。

匈奴经过几年的休养，兵力逐渐恢复，头曼单于打算试探性进攻月氏，通过小规模战争进一步控制乌孙，也帮乌孙吸收更多战士来归附。

如果匈奴与月氏爆发大规模战争，月氏可能会杀掉冒顿，但这不是头曼单于关心的事。事关宗族的发展，他并不介意牺牲一个儿子。

当匈奴与乌孙联军南下越过戈壁阿尔泰山、鞮汗山，出现在居延泽时，月氏人果然大怒，欲杀冒顿。

月氏有两匹千里马，冒顿找机会偷得，绝尘而去。月氏遣兵追赶，无奈箭矢总是落在千里马扬起的尘土中，冒顿成功逃走。

冒顿不断换骑双马，一路逃到居延泽，死里逃生，却不见半个匈奴人的影子。忽然前面一队骑兵飞驰而来，冒顿惊呼我命休矣，人与马都没有力气再跑了。

还好来的是乌孙人，他们随时派人盯着月氏的一举一动。乌孙人告知冒顿，头曼单于已退兵。

原来当匈奴在居延泽集结之时，头曼单于收到两个消息。一是在弱水两侧，各有一支上万的月氏铁骑赶来，匈奴骑哨看到对方军容鼎盛，气势汹汹。另一个消息是，余吾水（图勒河）上游，发现了东胡人的骑哨。

这第二则消息把头曼单于吓了一跳。东胡是匈奴的宿敌，要是匈奴南下河西走廊，东胡极有可能鸠占鹊巢，把匈奴的肥美河谷都给占了。

头曼单于当即下令班师，只留几队乌孙骑哨监视月氏军队。

冒顿逃到自己母亲的部落中，再加上愿意依附他的小部落，点齐兵马，有 1 万铁骑。此刻头曼单于派人来传话，意为父子尽弃前嫌，并顺势赏给冒顿这 1 万骑兵。从秦朝时“漠南无王庭”中逐渐恢复元气的匈奴人，此时控弦二十余万，冒顿只能算一个拥兵自重的部落首领。

但是，冒顿并非等闲之辈，他一心想做匈奴大单于，一切阻挡他实现梦想的绊脚石都要清除，包括他的父亲。然而他身边的这几个部落虽有意庇护他，却没有几个人愿意为了他去杀头曼单于。

冒顿削制了一种骲（bào）箭，用兽骨做箭镞（箭头），并穿一孔，射之有声，称为鸣镝。

冒顿召集人马，日夜演练骑射，下令道：“凡是我鸣镝所射之处，诸将士也要射之，若有不肯发箭者，立即斩首。”将士闻令大多将信将疑。

冒顿知部众未必都遵命，于是不时率众出外射猎，以试众心。

初时冒顿用鸣镝射鸟兽，部众中有不从者，冒顿便真命人将其尽数斩首。由此帐下将士尽皆恐惧，以后狩猎，凡遇鸣镝所射，无论有无鸟兽，众矢齐发。然而鸟兽乃无关之物，若遇稍有关系者，其部众未必皆能从命，冒顿必须逐一试验，以保证万无一失。

冒顿从月氏死里逃生，全靠两匹千里马。平日冒顿视之为神物，常和马儿脸贴脸，抚摸着马头说话，亲密更甚兄弟亲族。

一日，冒顿骑一匹千里马，以鸣镝射另一匹千里马。响声未绝，箭如雨下。有些将士知此马乃冒顿心中神物而不敢射之，冒顿立斩不赦。

又一日，冒顿竟将鸣镝射向所爱阏氏（嫔妃）。但见万矢齐飞，将士中有惶恐不敢射者，冒顿又斩之。帐下将士皆心胆俱裂，从此死心塌地，不敢违令。但闻鸣镝之声，觑定方向射去，也不管射的是何人何物。

公元前 209 年，秦始皇驾崩一年后，冒顿心知将士可用，于是请其父头曼单于出外射猎。

冒顿趁头曼单于不注意，竟用鸣镝射其父王，帐下将士亦随鸣镝而射，万箭齐发。虽然头曼单于的几个亲兵勇冠三军，奋勇护在左右，无奈箭矢如蝗，头曼单于死于乱箭。

有头曼单于的将领几骑飞驰而来，冒顿冷哼一声，取鸣镝射去，皆被万箭穿体。

冒顿的亲信一边下马单膝跪地，一边高呼:“冒顿大单于，冒顿大单于。”

冒顿的人马全都跟着下马跪地，并不齐整地呼喊“冒顿大单于”，生怕落人之后，冒顿会秋后算账。将士嘴上高喊，手上可没放松，一手持弓，一手握箭，随时准备闻鸣镝而射。

头曼单于阵中也有将领带头下马而跪，冒顿见一名将领高踞战马之上，怒而以鸣镝射之，结果可想而知。顷刻间数万人马尽归冒顿所有，他看着眼前跪倒的方才还是父亲帐下的战士，像看着一群待宰的猎物，顿觉心旷神怡，感觉从未如此良好。

冒顿单于率军入龙城，杀死后母、少弟及不肯臣服之将领，将头曼单于一众阏氏（嫔妃）据为己有，遂即单于位。

司马迁在《史记》中涉笔成趣地写道：冒顿“妻群母”。

冒顿还很年轻，他按照惯例，以自己唯一的儿子稽粥为左贤王。冒顿最小的叔叔叫呼安赤倾，年龄比冒顿还小，此时已经担任右贤王。冒顿第二个儿子罗姑比几年后才出生，因此呼安赤倾继续担任右贤王。后来冒顿想要用罗姑比替换呼安赤倾，几次都没有成功。

秦末群雄并起，王翦之孙王离率 20 万大军南下。公元前 207 年，王离在巨鹿遭遇项羽，秦军全军覆没。此战不仅葬送了秦军主力，也导致长城防线无兵可守，门户大开。

随后几年便是项羽刘邦的楚汉之争，中原大地战火纷飞，没人去考虑长城的防御。

冒顿成为匈奴单于之后，并没有急于南下，对他而言，东胡之于匈奴，好比汉王刘邦之于霸王项羽，若不能掌控，是非常危险的。

东胡王闻冒顿弑父自立，心想冒顿初立，人心不附，东胡有机可乘，便派使者来向冒顿索要那匹从月氏带回来的千里马。冒顿从月氏带回两匹千里马，练兵时射杀一匹，剩下的这匹更是奉为至宝。

草原民族视千里马为神物，一匹千里马的价值抵得上一支小部落。后来汉武帝向大宛国索要汗血宝马，就引发了多场战争。

匈奴人普遍不能接受将冒顿仅存的千里马送给东胡，冒顿却在大帐内请东胡使者吃上等羊肉，席间搂着心爱的阏氏（嫔妃）谈笑风生，似乎对千里马不屑一顾，甚至宴后还派人随东胡来使一道送走了千里马。

东胡王得到千里马，当然不满足，他听使者说冒顿特别喜爱一位阏氏，便派人向冒顿索要。冒顿帐下将士怒发冲冠，整个大营的气氛剑拔弩张，但冒顿却神态自若，雷霆起于侧而不惊，仍然派人和东胡来使一道送走阏氏。

东胡王得了匈奴的千里马和美人，日间驰骋草原，夜间嬉笑帐篷，春风得意。随着冒顿的退让，东胡王日益轻慢骄纵，拥兵玩寇，再次向冒顿索要狼居胥山东南麓，一处蛮荒弃地。

匈奴余吾水（图勒河）上游与东胡弓卢水（克鲁伦河）上游都在狼居胥山南麓，两河之间纵横千里。双方为了争夺对方河流上游缠斗多年。如今匈奴在余吾水上游的部落为西嗕（rù），东胡在弓卢水上游的部落为瓯（ōu）脱。双方都在靠近己方地带掘有土穴（石头房子），类似汉朝的亭障烽燧，形成防御体系。

蛮荒弃地并非荒漠，反而有不少河流溪水，有的还流入余吾水或弓卢水。双方交战频繁，这一带白骨累累，是最危险的地方，不可能安全地放牧，双方都视之为蛮荒之地，也是必争之地，绝非东胡王所说的弃地。

东胡如果占据这片土地，不仅牧场增加，更重要的是可以直接攻击匈奴西嘢部，并能顺余吾水而下，捣毁匈奴左地的单于庭。两头狮子争领地，胜者为王，败者为寇。东胡人觊觎匈奴的余吾水河谷，匈奴人又何尝不想得到东胡的弓卢水河谷。

冒顿大怒道："土地乃国之根本，怎能随便予人！"说罢下令将东胡来使一齐绑出砍头。

其实冒顿送千里马和阏氏时，就特意叮嘱几位心腹将领将沿途地形默记于心，回来再把路线画在羊皮上。

中原楚汉战争时期，漠北的匈奴与东胡也大打出手。

公元前206年，冒顿率骑兵东进，匈奴大军人衔枚、马裹蹄，非常精准地包围了东胡王庭。草原部落都是逐水草而居，各族众分散在数百里范围内。东胡骑兵虽多，却来不及救应，东胡王兵败如山倒，首级也被冒顿砍了下来。

大战之后，东胡人向东躲避战火，迁至大兴安岭北部的鲜卑山和南部的乌桓山，各以山名为族号，分别形成鲜卑族和乌桓族。

东胡没来得及逃走的族众、牛羊战马等全部被匈奴掳走，所有幸存者都将是战胜部落的奴隶，所有的财产都将被瓜分。

有400多名东胡部落的战士不愿意投降，他们瞧不起匈奴。他们以为单于会和他们的部落首领谈判，用他们换回一笔财富。

冒顿单于站在这些俘虏面前，他招降俘虏的办法简单直接。

只听冒顿大声吼道："你们有两条出路。一是马上拉出去剁了；二是跟着我，做我的奴隶，为我卖命。立即选择！"

冒顿单于根本不给东胡俘虏思考的时间，他也没有离开东胡故地的打算。草原部落习惯了杀人，也习惯了被人杀，自己的部落被吞并，做战俘，做奴隶。他们中的许多人是一些小部落的骑兵，部落被东胡打败，他们就成了胜利者的战利品，好听一点叫奴隶。只要不死，跟什么样的主人都无所谓，只要能生存下去，其他的以后再说。冒顿单于有将东胡灭族的打算，因此也没打算用他们去交换牛羊骏马或人口。

匈奴单于大帐外的一个小山坡上，冒顿盯着地上一个物件，一边小便一边骂道："你抢我宝马，夺我阏氏，我把你做成尿壶，让千百匈奴战士尿你。"

冒顿尿完，其子左贤王稽粥也上来尿了一泡。冒顿招招手，后面的部落首领都上来围着尿壶撒尿。

原来这是东胡王的头盖骨，冒顿下令挖掉赘肉，包上双层牛皮，做成小便的尿壶。后来每次对东胡用兵，冒顿都要举行简短的仪式，把这个尿壶拿出来，让麾下将士撒尿，振奋士气。

快马来报，右贤王到了，冒顿愁眉舒展开来，只要比自己还年轻的叔叔右贤王鼎力支持，这一仗就有胜无败了。

一会又有人来报，右贤王在五里外摆阵，并没有到单于大帐来。

冒顿单于等不及了，跃上战马，率一队战骑向右贤王方向疾驰而去。

五里距离转瞬即至，右贤王见单于赶来，赶紧跳下马背，牵着战马前来拜见。不过身后一队护卫紧随，每人手里都拿着一个木盾，想必是提防冒顿单于的鸣镝。若鸣镝响起，数十盾牌兵将立即蜂拥而上保护主子。

匈奴大军往东来到大兴安岭脚下。东胡人本来已经躲进山里，没想到他们又推出东胡王之子屠头作为新东胡王，意图东山再起。

屠头身高 9 尺（2.08 米），腰大十围，碧眼浓眉，声若洪钟，威风凛凛，天生领袖风范，无论出现在哪儿，都是众人瞩目的焦点。

屠头驰马山谷，上荒山，下沟渠，召集东胡各部落族众，旬月工夫便招揽 8 万余骑，军势浩大，杀气腾腾。

冒顿单于和左右贤王齐聚山头，虽然距离很远，但屠头的身形却异常显眼，难怪他在东胡的影响力那么大。

左贤王稽粥道："屠头这是作死，竟然敢正面交锋。他若逃入深山，我们很难追击。"

冒顿单于与右贤王都听出少年稽粥的颤音。眼前这支东胡军队，以鲜卑人居多，轻易不能取胜，非得付出血的代价。

右贤王呼安赤倾道："听说南边还有一群东胡人，随时可能来援。"

冒顿单于解释道："北边这些东胡人是鲜卑部，东胡王也是鲜卑人。南边的是乌桓部，乌桓人世代生活在南边，不会为鲜卑人卖命的。"

右贤王呼安赤倾的势力范围在右地，对大兴安岭脚下的东胡人不甚了解，听冒顿单于简短几句话，方才明白。古代游牧民族普遍采用部落联盟的方式，匈奴麾下也并非全是匈奴人，比如乌孙人就在右贤王帐下效力。相近的两个部落联手作战侵犯弱小的事情常有发生，但要为了一个遥远的盟友去迎接一场不太可能胜利的血战，几乎不可能。对乌桓人来说，臣服鲜卑组成东胡联盟，与臣服匈奴并没有区别。

匈奴与东胡之间的战争以鲜卑王屠头称臣告终，至此匈奴占据呼伦贝尔大草原。

冒顿单于或以智取，或以威服，在草原上气吞山河、威焰益涨，鲜卑和乌桓都很明智地选择暂时隐忍，奉冒顿为大单于，每年向匈奴进贡牲畜、皮革等。

但鲜卑和乌桓都还有相当的实力，只要匈奴一走，他们必然卷土重来收复故地，过些年恢复实力，鹿死谁手还未可知。不过鲜卑与乌桓相距较远，关系日渐疏远，他们内部部族之间也因为牧场和领地时有纠纷，始终未能形成合力反击匈奴。

冒顿单于没有实力完全消灭东胡，只能恩威并施，派左贤王镇守东方。鲜卑人经常下山到呼伦贝尔大草原放牧，与匈奴牧民争夺水草资源，匈奴左部和鲜卑人为了维护各自利益，常有小规模军事冲突。冒顿单于崛起，我们从匈奴人的角度由北往南来看，形势如图 1-9 所示。

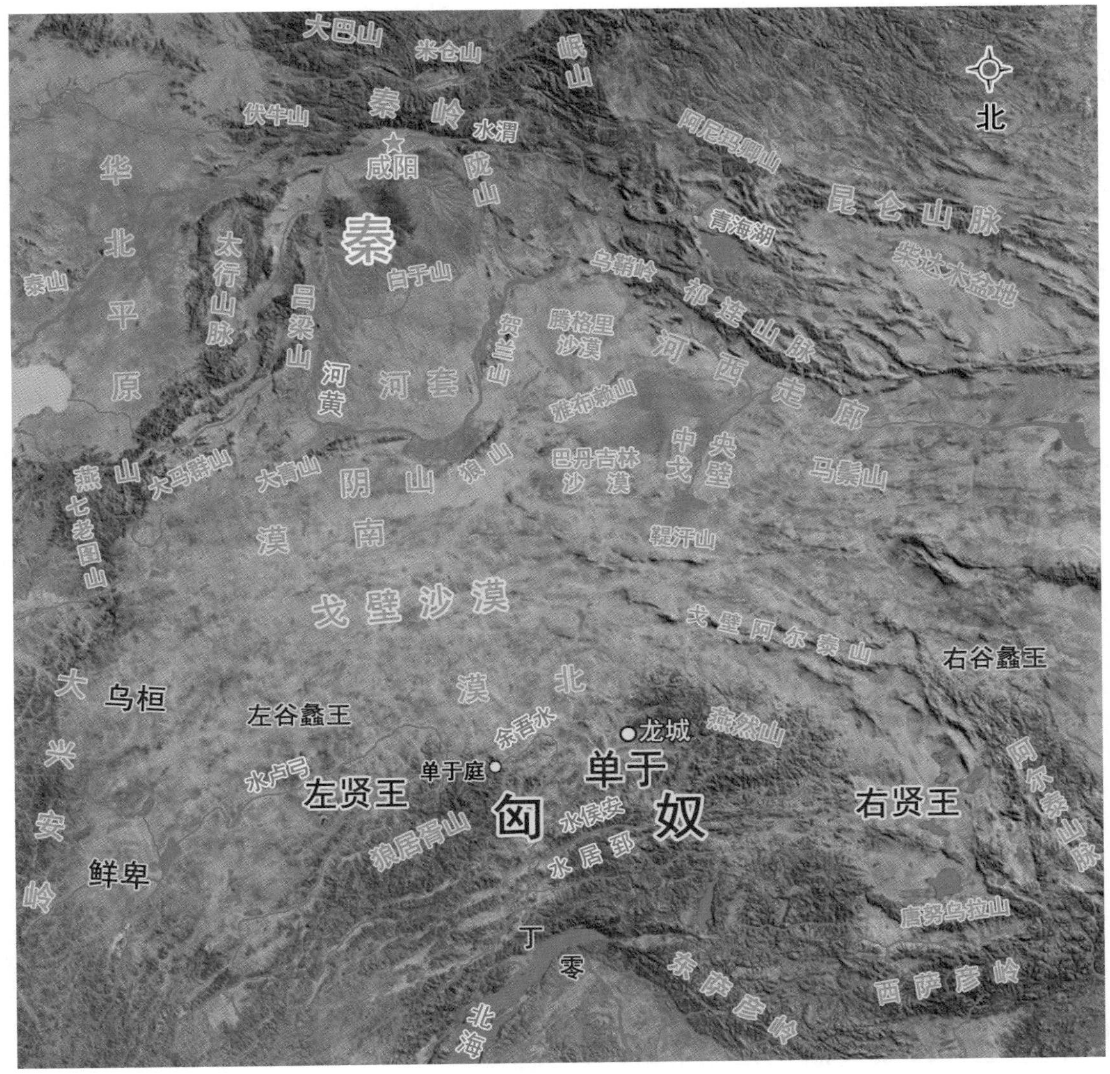

图 1-9　冒顿单于崛起

● 白登之围，大汉天子与单于对决

公元前 200 年，刘邦称天子仅两年，已经将自己最忌惮的楚王韩信囚禁在洛阳，灭掉燕王臧荼，改立长安侯卢绾为燕王。然而天下还有刘邦封的 7 个异姓诸侯王：韩王信、赵王张敖、梁王彭越、淮南王英布、长沙王吴芮、东瓯王驺（zǒu）摇、闽越王驺无诸。

此前一年，刘邦把韩王信的封地从颍川郡迁至太原郡（包括上党郡部分区域），定都晋阳。韩王信虽带走数万军队和十几万人口，但总人口仍大幅缩水，最重要的是韩王信在北方没有根基。

韩王信的新封地，南北夹在汉朝与匈奴之间，居虎穴狼窝前，危如朝露，有兵已在颈的感觉。这年秋高马肥之际，匈奴南下。

漠北龙城，天高气爽，长空万里，一碧如洗。龙城成千上万座灰色的营帐之中，耸立着一座黄绸大帐，帐前高悬一枝九旄（máo）大纛（dào）。大帐附近人影闪动，战马奔腾，却不闻半点人声。冒顿单于身披一件貂裘，通体漆黑，没有一根杂毛，用十几条上等黑貂皮缝制而成。

左贤王稽粥、右贤王呼安赤倾、丁零王、坚昆王、鲜卑王、乌桓王、白羊王、娄烦王、浑邪王、休屠王、乌孙昆莫等，那个时代最杰出的骑兵首领齐聚安侯水畔。

西至阿尔泰山脉，东到大兴安岭，四十余万大军，战马上百万，大草原上营帐一座连着一座。战马奔跃嘶叫，狼牙棒耀日生辉。

冒顿大单于祭过祖先、天地、鬼神，环目四顾，只见大小部落王抽刀插在地上，躬身行礼。单于甚为得意，马鞭指向南方。

号角齐鸣，鼓声雷动，四十余万骑兵携百万匹战马南下，士壮马腾，兵锋直指大汉雁门郡。

韩王信孤立无援，一面派人去洛阳求救兵，一面遣使到冒顿军中求和。

此时的汉朝，韩信先立齐王后改立楚王再贬为淮阴侯，燕王臧荼被杀，刘邦要铲除异姓诸侯王，这不是秘密，诸侯王人人自危。

很快，韩王信私下臣服于冒顿单于，仍保留本部军队，但必须接受单于征召，与匈奴联手对付汉朝，与丁零、坚昆、鲜卑、乌桓等部族无异。

10 月，刘邦率军北上亲征韩王信，周勃、樊哙、夏侯婴、灌婴、靳歙等随驾出征，骑兵、车兵、步兵共 32 万人。

出兵之前，刘邦拜阳夏侯陈豨为赵相，统赵国、代国兵马。陈豨乃楚王韩信帐下大将，能征善战。刘邦不敢让淮阴侯韩信再掌兵权，却让陈豨掌赵代之兵，也是权宜之计。

刘邦军从太行陉登上太行山脉，进入上党郡。韩王信本在长子，闻汉军来袭，立即撤兵，留王喜率军 3000 断后。

刘邦挥兵猛击，在铜鞮击败韩王信的后军，击杀其部将王喜。

刘邦留 5000 人马继续平定上党韩王信的残部，率 31.4 万大军北上晋阳。刘邦御驾亲征，北上太原郡晋阳的路线如图 1-10 所示。

汉军势如破竹，来到晋阳城下，韩王信率军出城迎战，与匈奴的娄烦王、白羊王阻击汉军。刘邦令太仆夏侯婴出战，汉军在优势兵力下大破之，折损 2000 余人，杀敌数千。韩王信等西逃入吕梁山脉，白羊和娄烦二部屯兵离石，韩王信不知所踪。

刘邦坐镇晋阳，欲长驱北进，又恐不敌匈奴，于是做了两件事：一是派十余批使臣寻找冒顿单于，说是谈判，其实是刺探敌情，看单于在哪，军队战力如何；二是令周勃率 10 万步骑，追击逃往吕梁山脉的韩王信等，清除侧翼的威胁。

刘邦很快得知，左贤王、右贤王、韩王信的部将王黄出现在太原郡北部的广武（今山西代县西南阳明堡镇）等地。于是刘邦留 1.7 万伤兵或体弱者在晋阳，率夏侯婴、灌婴、靳歙等，带领 19.4 万骑兵、车兵、步兵北上。

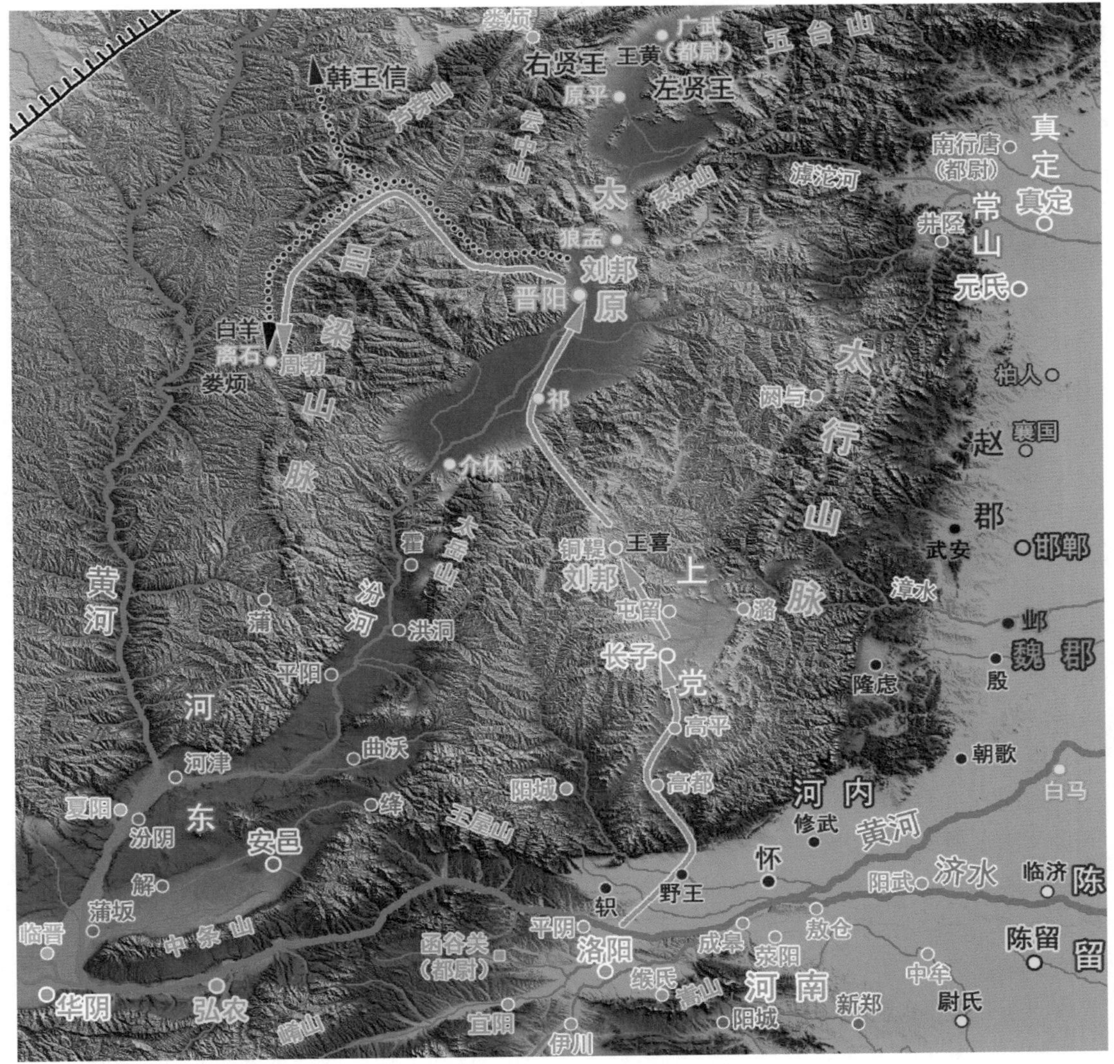

图 1-10 白登之围之刘邦北上晋阳

匈奴左贤王稽粥是冒顿单于的长子，也是王储。右贤王呼安赤倾是冒顿单于年龄最小的叔叔，比冒顿还年轻。

刘邦军一路北上过程中，从骑哨、俘虏、使臣口中反复印证匈奴左右贤王就在太原郡北部，而且兵力只有 1 万多骑，要是抓到这两个人，战争可能就提前结束了。

御史大夫灌婴统率数万骑兵最先来到广武，击败敌军，仅折损数百骑。左右贤王与王黄都越过句注山逃入雁门郡，冒顿单于想诱敌深入。

此时十余批使臣陆续回来，大多没见到冒顿单于，但都说匈奴实力不强，可以放手攻击。谁知冒顿单于故意将精锐骑兵隐藏，将老弱病残放出巡逻。

刘邦进驻空城广武，此时一名叫娄敬的使臣回来，他极力劝阻刘邦北上要谨慎，至少等周勃的军队赶来再说。

娄敬是齐国人，本要去陇西戍边，同乡虞将军引荐他给刘邦，这才成为使臣。

娄敬对刘邦说："匈奴左右贤王才 1 万多人马，且沿途匈奴骑兵多老弱，此为匈奴示我以羸弱，必然有诈，否则这种战斗力怎会令韩王屈服？"

娄敬提到韩王信，就是揭了刘邦的伤疤，刘邦怒骂道："齐奴，汝以口舌得官，今乃敢妄言，阻止吾军！"

刘邦将娄敬监禁于广武，准备凯旋后再处置。

刘邦在广武留下 3000 多人，便率 19 万大军北上，过句注山，进入雁门郡。汉军在娄烦和马邑城下击败左右贤王和王黄，进占雁门郡南部两座重镇。

兵贵神速，刘邦以靳歙为先锋，再次整军北上，穿过狭长的大同盆地，一路摧枯拉朽，拿下沿途所有城邑，包括平城（今山西大同）。今大同古城是明朝所建，如图 1-11 所示。

大同盆地呈东北—西南走向，长约 200 千米，宽 20 ～ 40 千米，面积约 5100 平方千米，由管涔山、洪涛山、采凉山、熊耳山、六棱山、恒山等围成。平城位于大同盆地北端，如果单于在这里击败汉军，刘邦南逃，匈奴会在平原上对汉军追亡逐北，削枝去叶，最后寻根拔树。

平城内，刘邦大宴众将，他得意洋洋地唱起鸿鹄歌："鸿鹄高飞，一举千里。羽翮已就，横绝四海。"

冒顿单于没有围攻平城，因为匈奴军不善攻城，单于在等待汉军出城北上。

刘邦有个弱点，那就是在顺风顺水时常气满志骄、得意忘形。刘邦从沛县起兵，几个月内击杀泗水郡太守，击败将军司马枿，兵团从 3000 人发展到 1 万多人，结果几次在家乡丰县城下一筹莫展，从项梁处借兵 5000 才拿下丰县。在西进关中的路途中，刘邦趁项羽和章邯在赵地对峙，一路打到洛阳，畅想灭秦封秦王，结果被内史保、赵贲这种无名之卒打得南逃颍川郡。楚汉战争中，刘邦一度占据西楚国大片地盘，甚至拿下了西楚都城彭城，没想到几天后项羽 3 万骑兵大破刘邦 56 万联军，刘邦狼狈逃窜。

此时一个消息传来，赵相陈豨率赵国、代国兵马攻到了代郡西部的高柳以东。刘邦当机立断，派樊哙率军 5 万，从平城方向进军高柳。此举既要围歼匈奴和韩王信的残兵，也要压制淮阴侯韩信旧部陈豨的军力。

刘邦留 1 万步兵守平城，率 13 万步骑，欲先北上再西进，收复雁门郡首府善无城。

刘邦军出平城不远，刘邦乘车来到平城东北约 7 里的一座小山旁（今山西大同东北马铺山）。

"呜——呜——"悠长的牛角号声蓦然响起，凄厉而苍凉的长鸣霎时打破了清晨的安宁。

一名骑哨狂奔而来："陛下，匈奴大军，到处都是。"说完便从马上跌落下来，鼻孔只进气不出气了。

随即东南西北 4 个方向都有重伤的骑哨回报发现大批匈奴骑兵。

图 1-11 山西大同（古平城）

原来冒顿令左右贤王等佯装战败，引诱汉军深入北方，又故意让汉使观看老弱士卒，以骄其心。冒顿单于率领左右贤王、丁零、坚昆、鲜卑、乌桓、白羊、娄烦、乌孙、浑邪、休屠等，投入四十余万铁骑，其中二十余万赶到平城上百里范围内的山丘原野，形成层层包围之势。

冒顿单于为何不等刘邦军北上走得更远时再行包围之举呢？因为出了大同盆地，进入雁门郡北部后，山势延绵不断，山石和林木反而不利于骑兵冲击。冒顿的计划是在大同盆地北端围攻汉军，然后一步步将其赶往南方，途中再不断猎杀对手。

匈奴与中原的野战方式不同，不过灵感都来自狩猎。中原狩猎多是将猎物围在一定区域内，然后不断缩小范围，最终击杀猎物。匈奴没这么多人，狩猎多采用驱赶的方式，在追逐的过程中击杀猎物。中原人的野战多采用设伏的方式，守株待兔，歼灭对手。倍则战之，五则攻之，十则围之（人数是对方10倍便设伏围歼）。匈奴人的野战，人数少得多，但机动性强，往往将敌方驱逐到悬崖边、河边，在漫长的驱赶过程中，不断消耗和击杀对手。

刘邦没有撤兵，他的骑兵在前，步兵在后，要是掉头往平城撤退，肯定会一片混乱，给匈奴人占足便宜。

汉军立即摆出车阵，将校有条不紊地指挥，士兵搭造拒马阵和车阵，忙忙碌碌，各司其职。经历灭秦与楚汉战争，汉军上下表现出训练有素、临危不惧的气势。

刘邦站在战车上，望着四周铺天盖地飞奔而来的铁骑，冲天而起的烟尘，听着惊雷一般的喊杀声，脑海里瞬间闪过彭城之战的惨败景象，不自觉喊道：“太尉！”

太仆夏侯婴扶着刘邦，低声道：“主公，卢太尉封燕王了。”

刘邦这才惊醒过来，自沛县起兵，最好的兄弟卢绾就是刘邦军的太尉，掌兵事，很多战争都是卢绾指挥的。

汉军号角长鸣，鼓声如雷，摆成战车防御阵。匈奴战马的奔腾声和数万将士的喊杀声汇成了滚滚洪流。匈奴铁骑就像惊涛骇浪一般，挟带着咆哮的风雷，向车阵砸了过去。

汉军的拒马阵和车阵在匈奴铁骑的冲撞中颤抖、呻吟，战场边缘溅起千重骇浪，一圈圈巨大的涟漪在惨叫和血腥中荡漾开来。

刘邦战车的6匹战马似乎也无法承受这惊人的震撼，连连倒退，嘶鸣声中透出惊惶不安。

长箭如蝗，战马如飞，数不清的长矛和战刀在空中飞舞，惊天动地的厮杀声、金铁交鸣声、战鼓声、号角声，响彻原野。

汉军逐渐不敌，这时候他们可以退回平城，或者一直退到马邑甚至晋阳，当然也可以就地安营扎寨，挖壕沟，修垒城。

彭城之战中，项羽3万铁骑横扫刘邦56万联军，杀敌十几万。有了彭城之战那么深刻的教训，刘邦当然不会退到马邑，给匈奴人一路追杀的机会。但是眼下的形势，只怕骑哨很难突围，请周勃和樊哙来援，退回平城或原地扎营也是下策。

刘邦军旁边这座小山高十余尺，方圆数里，不过是一块高地，而在其东北方向十几里外还有一座大山，高百余尺，地方数十里，形若丘陵，山中林木耸入云天。

刘邦在逆境中的表现值得称道。他派军佯装登小山（马铺山），实则令灌婴率骑兵占据大山（白登山）。刘邦军 12 万人马辎重尽行上山，周围筑起壁垒固守。白登山的位置如图 1-12 所示。

图 1-12 白登山的位置

匈奴人缺乏与汉军大战的经验。中原人作战除了修城，在野外一般是依仗山脉、河流这种天然屏障扎营结阵。匈奴则不然，他们喜欢在旷野交兵，取得优势后追击数百里是家常便饭，比的是战马和骑兵的耐力。

冒顿单于略感意外，旋即指挥兵马，将白登山团团围住。

汉军利用地形优势和密集的长箭，把匈奴人压制在山丘下。匈奴人都知道包围了汉军天子，士气大振，有的人甚至甘死如饴——死在与汉朝天子的战争中，对他们来说是莫大的荣誉，因此攻击愈发猛烈。

靳歙身先士卒，高举盾牌奋勇杀出，双方将士在 100 多步的斜坡上杀得血肉横飞。眼看汉军守不住了，灌婴的骑兵踏着双方将士的尸体，像把犀利的战刀突然发力杀进敌阵，杀得敌军鬼哭狼嚎，死伤遍野。

过一会汉军骑兵也气势衰落，夏侯婴率一队亲兵加入战团，蹈锋饮血，勉强挡住这波攻势。若非战马和骑兵尸体过多，影响匈奴骑兵冲击，汉军这个局部恐怕就要被突破了。

刘邦在山丘上强作镇静。东面的夏侯婴在告急求援，西面的灌婴也在告急求援，靳歙生死未卜，凶多吉少。这样打下去，要不了多久十几万大军都要被匈奴人吃掉了。

汉军在山丘上布置了三层车阵，利用高大的战车来阻滞匈奴骑兵的冲击。这个阻敌之策发挥了很大作用，汉军因此得以数次成功击退匈奴的强攻。

刘邦几次亲自击鼓，灌婴的骑兵奋勇冲下山来，却都被匈奴骑兵杀回。刘邦登高一望，只见四方八面都是匈奴兵马，围得水泄不通。匈奴每方马皆一色，西方尽是白马，东方尽是青马，北方尽是黑马，南方尽是赤马，军容甚是好看。原来冒顿单于早有定计，就等着刘邦登高一望——韩信有四面楚歌，单于有四色胡马。

灌婴指挥骑兵数次突围均告失败。“虏酒千钟不醉人，胡儿十岁能骑马”，匈奴骑兵在战马上躲闪腾挪，如游鱼，似飞鸟，相比之下汉军骑射的本领差太多。

灌婴的骑兵在中原声名显赫，甚至可与项羽的骑兵一较高下，垓下之战后就是灌婴的骑兵咬着项羽追击，导致霸王乌江自刎。灌婴帐下最强的一支骑兵是丁复军，然而丁复跟随韩信立功无数，一直遭到猜忌，拜为齐国大司马，封阳都侯，食邑 7800 户，比灌婴的汝阴侯还多 900 户，可见战功之大，可惜他身在齐国。

汉军困在山上，随带干粮耗尽，只得采草根充饥，溶雪水解渴，夜间搭起营帐，砍取树木枝叶煨火取暖。此时正是十一月，北方异常寒冷，风利如刀，雪大如掌。汉军士卒被冻，手指坠落者，十人之中竟有二三，其余冻得肢体僵硬皮开肉裂者不计其数。不过汉军士气稳定，大家都明白越怕死越死得快，带着慷慨赴死的决心或许还能活下去，足见汉军王师的强悍和善战。

刘邦遭遇如此困境，重要的原因是帐下主要战将都不在身边。刘邦帐下的武将中，第一档只有大将军韩信，无敌于秦末汉初，封齐王、楚王，贬为淮阴侯，囚禁在洛阳。第二档只有卢绾，裂土封王级别，拜太尉，掌兵事，封长安侯、燕王，去燕地就国去了。卢绾不仅替刘邦发号施令，还是唯一能让刘邦戒骄戒躁的人。以上两人是统帅。第三档属将军，是万户侯级别，有曹参、周勃等。曹参拜为齐相，辅佐齐王刘肥去了；周勃在太原郡，正追击韩王信、白羊部、娄烦部。第四档人比较多，是五千户侯级别，灌婴、靳歙、樊哙都属此档。灌婴帐下的丁复属第三档；樊哙适合率死士突围，刚分兵去代郡；靳歙也是个猛将，但绝不是统帅。

最有可能增援刘邦的周勃军，如今在哪里呢？

● 刘邦与冒顿和亲

离石城，匈奴白羊部与娄烦部反客为主，占城后竟然入城防守。

一名匈奴骑哨策马而来，兴奋地向白羊王道：“秦军撤了，一定是大单于和秦人的皇帝开战了。”汉初很多匈奴人搞不清楚秦与汉的区别，匈奴各部即使换了首领，部落名称不会变，除非部落消亡。

白羊王点点头，脸上却无半点喜色，说道：“秦人皇帝 3 天前才到平城，目前还没有进一步的消息，就算开战，周勃的斥候消息也没有我们快。现在秦军突然撤走，说明周勃已经识破了我们的计谋，他要北上护驾。”

旁边一名将领道：“大王，我们要追击，拖延秦军的速度吗？”

白羊王说道：“右贤王有令，太原郡不是我们的势力范围，要保存实力，佯装追击就可以了。除非秦军自己露出破绽，否则我们不要折损任何一名骑兵。”

不远处娄烦王也对部众忧心忡忡道：“我们已经尽力，大单于只能靠自己了。”

按照匈奴自己划分，河套地区属右贤王，云中、雁门、代郡、山谷一带属单于，右北平、渔阳、辽西、辽东属左贤王。右贤王呼安赤倾还是冒顿单于的叔叔，不肯尽全力是可以理解的。

汉军这边，将军周勃指着一队传令兵道：“丢掉所有攻城器械，只带粮草军械，立即北上增援天子，快……”

周勃为了防止匈奴人偷袭，也为了保证人马的体力，一路上行进速度并不快。匈奴人来去如风，随时都可能用骑兵突袭，汉军只能保持战斗队形行军。周勃从离石到马邑走了 4 天，此时王黄带着赵利已经拿下马邑一天。

王黄是韩王信的大将，赵利是战国时赵国后裔，王黄拥立赵利，称赵王。等刘邦北上后，两人立刻率军冲下山占据马邑。按冒顿单于的计划，王黄与赵利只留少量兵马在马邑，然后率两万多人马北上增援。但韩王信与单于也尿不到一壶，韩王信率部躲在吕梁山脉中，显然是要坐山观虎斗。匈奴和汉军两败俱伤对他才是最好的结果，王黄、赵利当然不会增援冒顿单于。

周勃过马邑而不攻，王黄和赵利只是骚扰了一下，放周勃大队人马过去。

周勃军步兵居多，从马邑到平城又走了 3 天。

白登山这边，冒顿向左右问道：“韩王信和他的部将王黄、曼丘臣到哪里了？”

右贤王呼安赤倾回道：“韩王信从娄烦城撤兵后，没有和白羊、娄烦两部合兵，这两部损兵折将，挡不住周勃的 10 万大军。王黄、赵利 4 天前就拿下了马邑，就是爬也该爬过来了。曼丘臣在代郡消失了，而汉军在代郡却出现了多支大军，这些汉人根本不可信。”

右贤王呼安赤倾为麾下白羊和娄烦两部开脱，把责任全都转移到韩王信身上。冒顿单于当然明白，各部要维持在草原上的势力范围，就不能有太大战损。

“咚咚咚……咚咚咚……”白登山的南面忽然响起震天的牛皮鼓声，沉稳有力。

刘邦在顺境中容易飘，但在逆境中却有着异于常人的能力，欺霜傲雪，越挫越勇。他激动地挥舞着双臂，纵声狂叫道：“绛侯来了，援兵来了……”

汉军欢声雷动，士气大振。灌婴难以置信地望着战场南面，喃喃自语：“周勃来得这么早？难道他能未卜先知？”

白登山方向正在激战，单于亲率本部及丁零、坚昆两部疯狂攻击。白登山以南 30 里外，左贤王、鲜卑王、乌桓王、乌孙莫昆率九万余铁骑从早上一直待到下午，就是以逸待劳阻击周勃。匈奴围困汉军的白登之围如图 1-13 所示。

换作别人可能会立即下令攻击，为刘邦解压，但周勃看得很透彻，围攻白登山与阻击自己的是两帮人，阵容不整时进攻反而会适得其反。

图 1-13　白登之围

直到三万多前军集结完毕，周勃才下令布阵向白登山方向齐头并进。

战马在奔腾，寒风在呼啸，大旗猎猎作响，雄鹰在灰蒙蒙的天上展翅翱翔。空旷而广袤的原野上，数万匈奴铁骑像海啸一般掀起层层的惊涛骇浪，气势磅礴。然而，汉军步兵大阵却像道道防波堤，将对方的雷霆之势一一阻挡下来。

周勃军与左贤王军激战一个时辰，双方好像各有目的，谁都没有使上全力。左贤王直属兵力只有不到两万，鲜卑和乌桓虽有 6 万多人，但这两个部落是草原上最难驾驭的，他们从一开始就保存实力，损失极小。周勃则在等待中军进入战斗位置，现在他的总兵力不如对手，不能贸然猛攻。

直到乌孙人和周勃的中军加入战团，战场的气氛才陡然紧张起来。乌孙寄居匈奴，希望用战功来增加实力，取得单于信任，让单于帮助他们收复河西走廊。乌孙铁骑开始发起凌厉的攻击，周勃的中军也尽显灭秦破楚的实力。

匈奴人和乌孙人用一队队铁骑撞击，用兽骨狼牙棒疯狂击杀，而汉军步兵方阵则用木盾阻击，用长戈还击。

又打了一个时辰，匈奴与乌孙军队死伤惨重，左贤王怒对传令兵道："让鲜卑人和乌桓人冲得猛一点。"

周勃气定神闲望着战场，敌人中的鲜卑和乌桓不肯出全力，等后军到来汉军肯定稳操胜算。白登山方向也厮杀声不断，说明天子完全能撑住。

此时传来消息，赵相陈豨率军攻下高柳，与樊哙合兵，正向雁门郡北部进发，试图反包围匈奴大军。而代郡的韩王信部将曼丘臣，竟率军出现在雁门北。

冒顿单于脸上的肌肉剧烈地抽搐了几下，他知道在雁门北的草场上放了十几万头牛羊。匈奴骑兵南下，必然携带大量牲畜作为口粮，雁门北没有汉军要塞，又有不少绿洲，适合短期放牧。若汉军得到这些牛羊补给，战场形势将发生逆转，战争后果难测。

现在来看匈奴一方的几波人马。韩王信率三万余人马忽然消失在吕梁山脉中，肯定躲在某处坐山观虎斗。韩王信麾下的王黄、赵利攻下马邑后，也不肯阻击周勃，周勃军就这样大摇大摆开拔到平城。韩王信的另一位部将曼丘臣屯兵代郡，在陈豨和樊哙的攻击下撤兵雁门北。右贤王带着浑邪部、休屠部撤出战场，麾下白羊和娄烦本来想用坚城拖住周勃，没想到被周勃识破，也不再追击。单于本部、坚昆、丁零猛攻刘邦部，折损上万人。左贤王与乌孙阻击周勃，目前损失也不小，而鲜卑和乌桓出工不出力，正虎视眈眈，若单于战败，肯定会反噬一口。匈奴若真衰败，鲜卑和乌桓将席卷大漠，并吞八荒，取代匈奴的统治地位。

冒顿单于要消灭刘邦和周勃，必须四十余万大军一齐发力，但韩王信及麾下王黄、赵利、曼丘臣，右贤王及麾下白羊部、娄烦部、休屠部、浑邪部，左贤王麾下的鲜卑部、乌桓部等都不肯发力，此战最多和汉军同归于尽。鲜卑和乌桓为了草场和牛羊，为了血洗几十年甚至数百年的血海深仇，怎么可能会放过已经走到穷途末路的匈奴人？

汉军护军中尉陈平几次下山欲和冒顿谈判。起初冒顿不肯露面，派人敷衍拖延时间，只要能够拖到刘邦军矢尽粮绝，匈奴就可全歼对手。刘邦被围七天七夜，单于的目的基本达到，可是周勃军的出现打乱了单于的布局。单于不得不分兵阻击周勃，也就不可能迅速拿下刘邦。这时冒顿才流露出谈判的诚意，双方达成默契，各自收兵，边境互市，汉朝嫁公主（实际为翁主，即诸侯王的女儿）和亲，同时送出大批嫁妆。

白登山汉军箭矢用尽，仅亲卫营每人剩两支箭。陈平终于带来好消息，冒顿单于答应次日一早撤兵。刘邦一夜难眠，几次到山冈上打望。

次日清晨，匈奴骑兵果然让出一条通道。刘邦不愧身经百战，逃跑经验十足，此时不走，尚待何时？

太仆夏侯婴令亲卫营张起硬弩，搭上两箭，箭镞向外，自己居中，团团围住御车，率军徐徐下山。刘邦却并不在御车上，他搭乘一名校尉的战车，紧跟御车，诸将前后簇拥，一同下山。

汉军到了白登山下，四周匈奴骑兵如林，刘邦却令夏侯婴指挥亲卫营缓辔（pèi）垂鞭，慢慢前进。亲卫营是刘邦亲自从各营挑选的精锐，这些人上马就是悍骑，下马就是猛将，无一不是以一当十之辈。刘邦项羽激战数年，刘邦数次死里逃生，仰仗的就是这些百战之兵。

冒顿单于自知功亏一篑，叹了口气，毫不迟疑下令退兵。与其两败俱伤，倒不如送汉朝皇帝一个顺水人情，换来世代的岁贡更加实在。

后来汉朝史官杜撰了一个故事：陈平献计，重金贿赂冒顿单于的夫人，说匈奴赢了肯定会索要汉朝女子，到时候阏氏的地位恐怕不保。这位阏氏便日夜不停地在冒顿耳边吹风，刘邦这才得以脱险。

历史上确实有爱江山更爱美人的主，但冒顿单于绝非这样的人。他练兵时曾将一位阏氏（嫔妃）当箭靶射成刺猬，又送一位阏氏给东胡王，简直视美女如草芥。这样一个人，怎会把美女看得比部族存亡的大事还重要？

陈平本在魏王咎帐下用事，后投奔项羽，汉王刘邦从关中杀入中原才投奔过来。虽然陈平入刘邦幕僚很晚，但他献出了五大奇计。第一计是离间项羽和范增；第二计是让纪信扮刘邦，助刘邦逃出荥阳；第三计是请刘邦封韩信为齐王和楚王，安抚韩信全力以赴攻击项羽；第四计是请刘邦假装游云梦泽，将韩信囚禁；第五计是白登山下和冒顿谈判，为刘邦解围。前四计基本属实，最后的白登之围，战功应该还是周勃的。

此战过后，刘邦拜周勃为太尉，掌兵事，继续追击韩王信及其残部。在刘邦起兵灭秦破楚平异姓王的过程中，除了最好的兄弟卢绾拜太尉，就只有周勃担任此职。周勃此战确实打得漂亮，不像樊哙那样，率军杀到代郡如猛虎下山，大杀四方，把曼丘臣赶走，却完全没想到刘邦正陷入困境。即使周勃攻克离石城，如果刘邦败亡，就会形成“皮之不存，毛将焉附”的形势，汉朝这些将军可能都会晚节不保。绛侯周勃食邑有 8100 户，舞阳侯樊哙、颍阴侯灌婴、曲逆侯陈平都只有 5000 户，刘邦对嫡系封侯给的户数大体是公平的。

刘邦再次死里逃生，率军南行至晋阳，望着巍峨的城墙，作《大风歌》：“大风起兮云飞扬，威加海内兮归故乡，安得猛士兮守四方！”其中既有劫后余生归故乡的喜悦，也有缺兵少将的无奈。

刘邦南行到广武，赦免曾劝阻他不要冒进的娄敬，赐姓刘，封建信侯，食邑 2000 户。

刘邦军团绝大多数将领都是关东人，大多建议刘邦定都洛阳，只有刘敬（娄敬）建议定都关中。最后刘邦力排众议，定都关中，并在西周镐京旧址上营建长安城，徙六国王室后裔和士族豪强十余万人至关中。

陈平在白登山下与冒顿单于的和议中包含了一条，即刘邦要嫁一个女儿给冒顿作阏氏。刘邦和吕后只有一子一女，女儿鲁元公主已许配给赵王张敖，其他女儿年龄尚小，而且刘邦也不打算嫁亲生女儿。

公元前 198 年，高祖刘邦嫁翁主给冒顿单于，这是汉匈之间首次和亲，拉开了和亲大幕。

从此之后，长城以北是匈奴单于的引弓之国，长城以南是汉朝天子的冠带之室。汉朝主臣相安，父子无离，万民耕织射猎衣食。

西汉与匈奴共和亲 10 次，跨度约 58 年，历经高祖、惠帝、文帝、景帝、武帝时期，匈奴则有冒顿单于、老上单于、军臣单于三位单于和亲，汉朝每年献一定数目的绸帛、棉絮、酒米等给匈奴。

公元前 195 年，汉高祖刘邦驾崩，太子刘盈即位，是为汉惠帝，尊母亲吕雉为皇太后。

公元前 192 年，冒顿单于遣使至长安，呈上国书："孤偾之君，生于沮泽之中，长于平原牛马之域……陛下独立，孤偾独居，两主不乐，无以自娱。愿以所有，易其所无。"意思是单于在大漠上孤独地策马奔驰，太后在深宫中顾影自怜，不如让我入主中原娶太后，这样就可以一起娱乐了。

吕后看到结尾的"愿以所有，易其所无"，不禁柳眉倒竖，撕破书信，掷于地上。

舞阳侯樊哙更是慷慨激昂道："臣愿得 10 万兵，横扫匈奴。"

吕后很快冷静下来，听从了中郎将季布的意见，回书道："单于不忘敝邑，赐之以书。然敝邑年老气衰，发齿堕落，行步失度，单于不足以自污。敝邑有御车二乘，马二驷，以奉常驾。"意思是我年老色衰，头发牙齿都掉光了，走路一瘸一拐，怕侮辱了单于。不如我赠送单于天子御车二乘、马二驷，作为你的代步工具吧。

冒顿看完回信，围着汉朝天子所赠车驾转了几圈，甚是得意。

这年吕太后再嫁翁主给冒顿单于，这是惠帝时期首次和亲，冒顿单于的第二次和亲，也是汉匈之间的第二次和亲。

第二节 匈奴鼎盛

● 娄烦入北地，白羊入上郡，文帝和亲

高祖刘邦和惠帝刘盈与冒顿单于进行两轮和亲后，汉匈之间的紧张关系有所缓解。匈奴本部和左部无暇南顾，冒顿单于协助左贤王压制鲜卑和乌桓，匈奴的兵力被牵制在左地。汉朝面对的主要威胁来自右部，右贤王呼安赤倾占据西套平原与后套平原，同时攻击河西走廊的月氏。

公元前 183 年，右贤王呼安赤倾率军侵扰北地郡，第二年攻击汉朝陇西郡狄道，第三年再入狄道，杀掠 2000 余人。

公元前 177 年，匈奴右部在居延泽大败月氏，斩首上万，掳获数千，控制了弱水下游和居延泽。从此时开始，一些有先见之明的月氏部族开始迁居到西域。

这年是汉文帝即位第三年，右贤王呼安赤倾挟大胜月氏余威，令娄烦部攻击汉朝北地郡，令白羊部攻击上郡。

娄烦控制西套平原与河南地南部，白羊控制后套平原与河南地北部。娄烦部控弦三四万骑，白羊部控弦两万余骑，实力都不俗，但他们不是匈奴右部的主力，他们征战的主要目的是掳掠人口和财货。

文帝决定御驾亲征，借机巩固兵权。

文帝急从河东、河南、河内三郡调兵入关中，再从各郡国调兵补充这三个郡。仍以卫将军宋昌掌南北两军，负责关中防御体系，郎中令张武负责长安防务。

此时汉朝右丞相陈平已在一年前去世，现在三公是左丞相周勃、太尉灌婴、御史大夫张苍。文帝对朝中大臣格外礼敬，唯独对周勃横眉瞪眼，辞色俱厉。为什么呢？因为文帝还是代王时，太尉周勃与文帝舅舅薄昭密谋，请代王入主长安，但要杀掉代王与吕氏所生的 4 个儿子。文帝即位后，痛恨周勃和薄昭，誓要杀掉二人，即使薄昭是自己的亲舅舅，而周勃的儿子周胜之还娶了文帝的女儿。

出征前，文帝罢免了左丞相周勃，避免出现“为吕氏者右袒，为刘氏者左袒”这种事。太尉灌婴擢为丞相，从此文帝朝不再设太尉一职，天子亲自掌兵事。

文帝亲率骑兵 12 万、步兵 12 万，共 24 万大军，浩浩荡荡北上。车辚辚，马萧萧，战士弓箭各在腰，尘埃不见长安城，千军万马过渭桥。

大军来到泾水甘泉宫，前方传来消息，娄烦部率先跑了，白羊部也在撤兵。匈奴娄烦部、白羊部南下形势如图 1-14 所示。

汉朝皇帝亲征，冒顿单于可以召集各部硬撼，右贤王却没这个号召力。

既然白羊部正在跑，派骑兵或许能抓住一些散兵游勇。于是文帝命丞相灌婴率 8.5 万骑兵北上，驻扎上郡高奴。此时娄烦与白羊二部已经撤离汉境，他们虽然来势凶猛，一番抢掠之后，跑得却也很快。

文帝听说匈奴撤军，也率军北上去了高奴。文帝对丞相灌婴说了一番恭维话，留下棘蒲侯柴武与灌婴共掌兵权。军队重组，将骑兵 1 万、步兵 9 万，约 10 万人马留给二位统帅。此时已经不需要追击匈奴，主要是修筑防御工事，因此以步兵为主。

柴武是一代传奇，项羽称他蒲将军，刘邦称他本名陈武，韩信称他柴将军。在灭秦过程中，项羽友军当中军功第一当属英布，蒲将军排第二。刘邦出函谷关灭韩国时，蒲将军率部投降，后来跟着韩信灭齐国，战功赫赫。垓下之战时，柴将军统率西楚降卒，也是独当一面的将军。

公元前 196 年，在平定陈豨的战争中，柴武在军力占优的情况下派人劝降韩王信。柴武不愿看到昔日一起饮酒杀敌的好兄弟落得个身败名裂的下场。韩王信明白柴武的用心良苦，虽婉言拒绝投降，却不打算再逃入匈奴。于是柴武攻破参合，韩王信不逃，送自己给柴武作为战功。

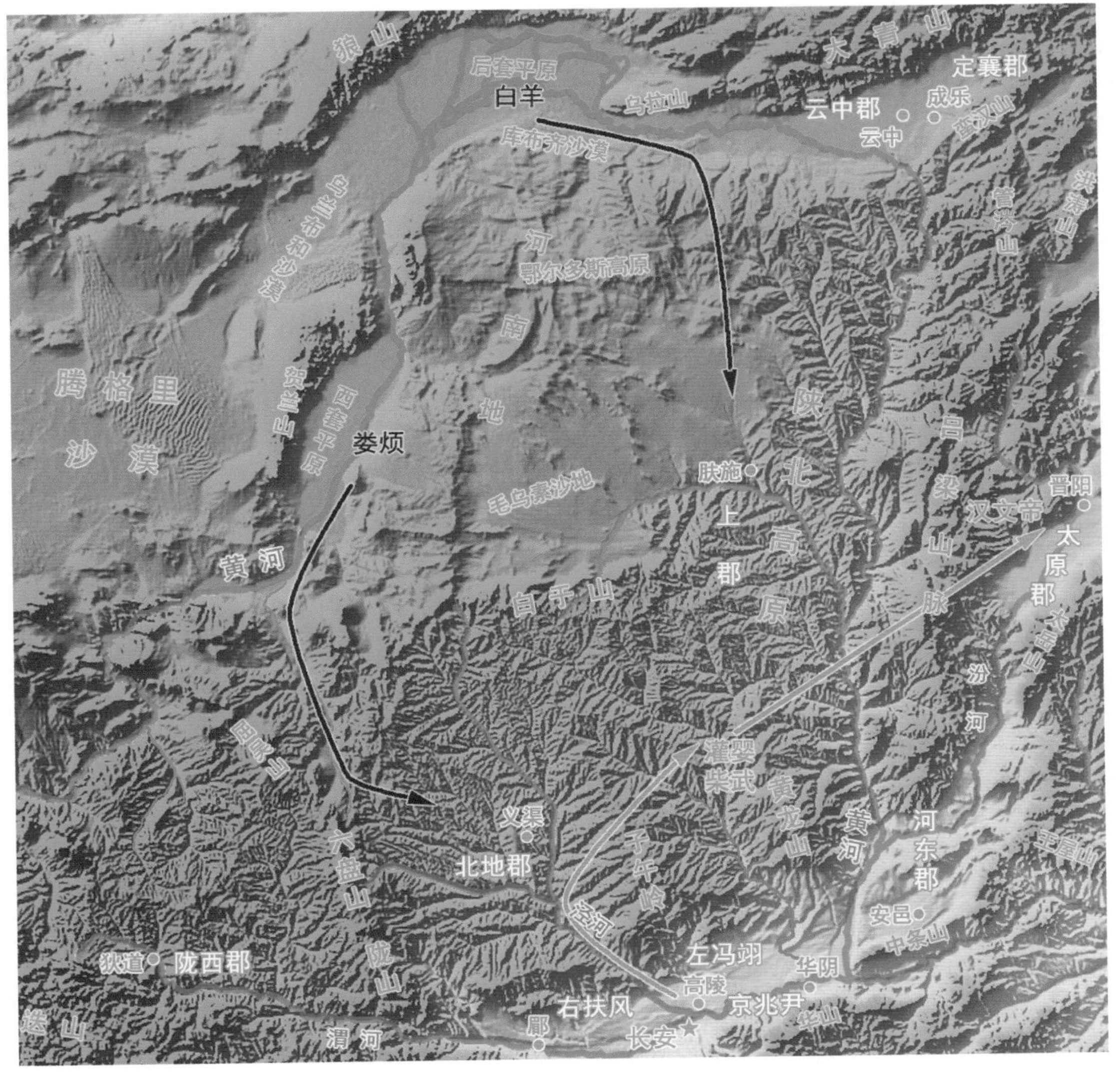

图 1-14　娄烦、白羊南下

陈武（柴武）起兵早，又曾是项羽帐下大将，与楚王韩信关系密切，刘邦始终不信任他，而沛县帮和他也不是同路人。陈平、灌婴虽然都不是沛县人，却早就和萧何、周勃、樊哙等沛县帮穿一条裤子了。

吕后执政期间拉拢过一帮盟友，其中包括柴武。吕后临死前下遗诏拜柴武为大将军，目的是让其稳定军心。谁料吕禄、吕产二人被周勃、陈平骗得团团转，改拜灌婴为大将军。

总的来说，柴武和灌婴不是一路人，但无论名气还是能力，柴武绝不在灌婴之下。灌婴这个大将军印绶正是从柴武身上夺来的，文帝把这两人放在一起共掌兵权，是一招狠棋。

而文帝自己，则亲率十多万人马折向东去了代国旧地，屯兵代国旧都太原郡晋阳。文帝宣布免除代地四郡3年租役，前代国旧臣各有赏赐。

文帝在代国游玩十余日，忽然东方有警报传来，乃是济北王刘兴居起兵造反。

还记得齐王刘襄、朱虚侯刘章、刘兴居三兄弟吗？他们里应外合，在诛灭吕氏的过程中居功至伟，要不是齐王刘襄起兵，朱虚侯刘章亲手杀赵王吕禄和梁王吕产，怎么也轮不到文帝做天子。

齐王刘襄夺了琅琊王刘泽的兵权，文帝便改立刘泽为燕王，掌东北六郡，刘泽因祸得福，因为琅琊国只有琅琊一个郡。

公元前179年，文帝正式即位，齐王刘襄以病重为由拒绝来长安。文帝派了一支带太医的队伍到齐国，本来要以诈病为由逼其就范，可太医看了之后却判断齐王真的命不久矣。

齐王意外病死，给文帝解决了一个难题，否则又是刀光剑影。

文帝立即下诏恢复齐国原本疆土，包括13个郡，将吕后削掉的吕国、琅琊国、城阳国还给齐国，然后将齐国一分为三：城阳国（1个郡）封给刘章，济北国（济北、泰山、平原3个郡）封给刘兴居，齐国（9个郡）封给刘襄之子刘则。

刘兴居没什么军功，获封3个郡。刘章功劳大，能力强，却只得到1个郡。刘章嫉妒刘兴居，刘兴居嫉妒侄子齐王刘则。

城阳王刘章就国后几个月便郁愤成疾去世。刘邦有8个儿子，刘肥是长子。刘肥有13个儿子，刘兴居是第三子，大哥二哥先后去世。刘兴居手上有3个郡，而他的侄子齐王刘则还是个儿童，竟有9个郡，侄子城阳王刘喜也是个儿童，有1个郡。

刘兴居有机会整合原齐国13个郡。匈奴入侵北地郡、上郡，文帝率军北上，关中空虚，这种机会很难有第二次。

然而文帝一直盯着刘章刘兴居兄弟，听闻刘兴居起兵，立即调兵遣将。

第一步，文帝以祁侯缯贺为将军，率3万人马南下，驻军荥阳。荥阳位于河南郡东部，西南依嵩山，北边傍黄河，是司隶的第一道防线。缯贺是西魏军一名执盾之卒，投降韩信，后来凭借战功封祁侯，食邑1400户。缯贺这种魏国降卒，没有参与灭秦战争，楚汉战争打了一半才投降刘邦，能够封到上千户，也算是少见了。

文帝即位前，封地是代国四郡，其中太原郡下辖的祁县就是缯贺的封地。刘恒在代国16年，缯贺成了代王的嫡系，如今是天子嫡系。

在文帝看来，只要缯贺在荥阳，关中就是安全的。缯贺不负众望，在荥阳镇守9年，直到去世。

第二步，文帝下诏到高奴，拜柴武为大将军，接管丞相灌婴兵权，令大将军还师长安，再东出函谷关。

灌婴是一点办法都没有，只能交出兵权。灌婴亲近吕氏，与齐王刘肥及其子孙一向关系紧张，3年前正是他屯兵荥阳，阻击了齐王刘襄（济北王刘兴居之长兄）。况且灌婴的家小全在长安，镇守关中的又是文帝亲信卫将军宋昌。

缯贺率步骑3万，从晋阳南下到荥阳接管守军兵权，没几天济北王刘兴居的先锋军就到了荥阳城下。

大将军棘蒲侯柴武也迅速南下关中，10 万大军东出函谷关，在荥阳遭遇刘兴居之兵。

一场大战，柴武军将刘兴居军杀得七零八落，四散奔逃。柴武生擒刘兴居，押解回长安。刘兴居自知必死，乃扼吭自杀。

文帝即位后用了约 3 年时间压制了吕后的沛县帮，清除了刘氏宗室的威胁，暂时击退匈奴，掌控了兵权。

这年匈奴的右贤王呼安赤倾乐极生悲，在一个雨夜不慎从马背跌落，摔断了腿，养伤大半年。等右贤王再次走出大帐，腿瘸了，身体也臃肿了，再不能风驰电掣率军作战。

冒顿单于得到这个消息，立即派次子罗姑比前去替代呼安赤倾为右贤王。

公元前 176 年，娄烦、白羊入侵一年后，冒顿单于遣使入长安。

冒顿单于写了一封信，大意是：去年右贤王呼安赤倾麾下部落掳掠了汉朝不少人口财货，乃事出有因。因汉朝边吏对右贤王呼安赤倾无礼，右贤王听信谗言，在未经单于同意的情况下，令娄烦、白羊入汉境。单于见右贤王违约擅动，便去其右贤王号，改立罗姑比为右贤王。新任右贤王罗姑比领兵征讨月氏，打败了月氏、楼兰、乌孙、乌揭等 26 国。单于愿罢兵休息，尽弃前隙，复修旧好。故特遣使请安，并献上马、骆驼等物，请文帝和亲。

文帝问计公卿，群臣几乎一致认为应该和亲。

文帝便赠以锦绣，遣使前往结约，并嫁翁主和亲。这是文帝在位期间首次和亲，冒顿单于第三次和亲，也是汉匈之间第三次和亲。

● 14 万匈奴入萧关，李广横空出世

公元前 174 年，冒顿单于去世，其子左贤王稽粥即位，号为老上单于。冒顿单于在位 35 年，他在匈奴的地位相当于秦始皇之于秦朝。

右贤王罗姑比却没有去龙城祝贺大哥即位，他在弱水大破月氏，从中间深入河西走廊，将月氏势力范围一刀两断。这几年罗姑比不断发动战争，主要目的是掌控匈奴右地的军队，彻底取代此前的右贤王呼安赤倾。

老上单于有两个看重的儿子，其中军臣被立为左贤王，伊稚斜被立为左谷蠡王。匈奴自单于以下，掌握兵力最多的是左贤王和右贤王。左谷蠡王是左贤王的“备胎”，若左贤王夭折，左谷蠡王就是新的左贤王，日后可以继单于位。但有个前提，就是单于一直宠信左谷蠡王，不再改立其他幼子为左贤王。

老上单于在位 14 年，一直试图立伊稚斜为右贤王，但罗姑比不肯退位。

这年文帝嫁翁主给老上单于，这是文帝第二次和亲，老上单于首次和亲，汉匈之间第四次和亲。

长安渭水河畔，一辆马车的后窗窗帘拉开，一张病态的脸露了出来。此人两撇焦黄鼠须，缩头耸肩，形貌猥琐，眯着一双眼，满是幽怨之色，嘴中念念有词：“我本不愿入胡，朝廷偏要强迫，我定要设法报仇，从此中原别想过太平日子。”

这个人叫中行（háng）说（yuè），是随行宦官，本是燕地人，对匈奴有一定了解，文帝

特意派他照顾翁主。然而陪嫁就像罪犯充军，永远不能回到故乡。中行说在宫中养尊处优惯了，不想去漠北荒寒之地，数次推辞不成，文帝执意令其跟随翁主陪嫁。

中行说巧言令色，说起话来舌灿莲花，到了匈奴后极力奉承老上单于，不断怂恿单于挥师南下。

文帝向单于来书，用一尺一寸长的木简，开篇写道：“皇帝敬问匈奴大单于无恙。”单于回书时，中行说教老上单于压文帝一筹，用一尺二寸长木简，开篇写道：“天地所生日月所置匈奴大单于，敬问汉皇帝无恙。”

汉朝每年向匈奴供给绸帛、棉絮、酒米等，汉使来到漠北，见匈奴生活简陋，风俗野蛮，不免心生鄙夷，常夸耀中原文明，讥笑匈奴愚蠢，匈奴无人能与之辩。

中行说善于察言观色，往往在此刻出头为单于解围，大骂汉朝鬻儿卖女、奴颜婢膝，还威胁汉使，若胆敢还嘴，便在秋高马肥之际派铁骑踏平长城。

中行说不食中原酒米，匈奴人问其故，他答道：“汉人食物，不如兽肉乳酪风味之美。”

中行说不穿汉服，他对匈奴人说：“战国时胡服骑射，汉人始强。匈奴人口为汉之一郡，便能威压汉朝，皆因胡服轻便，匈奴人善骑射。”

匈奴各部首领见中行说本是汉人，反从胡俗，便看轻汉人，没把和亲之事放在心上。

中行说又教老上单于多派骑哨，潜入汉长城边地打听虚实，寻找机会遣兵掳掠。此后汉朝边境连年寇盗，鸡犬不宁，匈奴掳去不少人畜。

公元前 166 年冬，匈奴老上单于听信中行说之言，亲率骑兵 14 万从河套地区攻入北地郡。河套地区是右贤王罗姑比的地盘，老上单于进入该地区，令白羊部、娄烦部出兵跟随，以这种方式控制河套，分右贤王兵权。

匈奴大军连破萧关、朝那城，杀北地都尉（军职四品）孙卬，掳掠人口、牛羊骏马甚多。

汉初北地郡与秦朝一样，太守府设在义渠，西北部清水河上游建有萧关，背后还有一座城邑朝那，归北地郡都尉管辖。萧关和朝那的位置如图 1-15 所示。

萧关又称陇山关，是关中四塞之一，地处黄河支流清水河上游，位于今宁夏固原南部。战国末秦国为抵御匈奴，依险而立修筑萧关，进可沿清水河北上进入黄河干流，攻击匈奴控制的宁夏平原（西套平原），退可扼守进入关中的通道。匈奴如果突破萧关，可以向东攻破朝那，进入泾河流域，直插关中腹地；也可以沿陇山北部六盘山与崆峒山之间的孔道南下，进入渭水的支流千河，南趋关中西部。

北地都尉孙卬闻匈奴入侵，率众迎敌。谁知老上单于派小股人马骚扰诱敌，匈奴大军伏击了汉军，北地都尉帐下数百人全部阵亡，孙卬血染战袍，被绑到老上单于马前。

孙卬却宁死不屈，破口大骂：“胡狗，要杀便杀，我绝不向蛮夷屈膝！”

老上单于向身旁一骑示意——匈奴人风吹日晒，普遍皮肤黝黑，此人却一头白发披肩，脸色苍白，穿一身锦绣长袍，骑在一匹通体雪白的大马上——这人正是大汉奸中行说，只见他翻身落马，向孙卬“飘”了过来——中行说的长袍拖地，走路时身体不动，大腿不摆，小碎步频率极快，如鬼如魅。

图 1-15　萧关的位置

只听一个阴森可怖的声音厉声道："大单于说，要么投降一起驰骋草原，要么自刎。"说罢从衣袖里掏出一把小刀，扔在地上，又"飘"回大白马前。

孙卬双腿被绑，爬了几步捡起小刀，向匈奴和单于展示了汉军抵抗的意志。

孙卬没有白死，文帝嘉其忠，封其子孙单为缾（píng）侯，食邑不详。汉朝涌现出一大批蹈锋饮血、甘死如饴的将士，而朝廷对战死者的后代都有妥善安排，很多孤儿入长安做了羽林郎，有的扶摇直上，成为帝国栋梁之材。

随后匈奴兵分两路，一路沿巍峨的六盘山、陇山南下，攻克回中宫，放火烧毁；另一路在泾河上游掳掠，骑哨抵达甘泉宫附近。一时烽烟四起，汉朝骑哨往来告急，警报一日数十次。

回中宫是秦国的一座宫城，历代秦王避暑地之一，城池面积约 0.3 平方千米。甘泉宫也是秦国修建的，秦始皇曾扩建此宫，距离咸阳近，规模庞大，面积约 6 平方千米。按理说甘泉宫匈奴人是很难打下来的，此处出现匈奴骑哨，关中震动。

文帝闻匈奴如此猖獗，瞋目扼腕，怒形于色，亲自到校场校阅人马，申明军令，决心御驾亲征。群臣进谏劝说，文帝一概不听，薄太后深恐文帝临敌冒险，极力阻止，文帝也只是表面敷衍。

文帝登坛拜将，一口气拜了 8 位将军，拜中尉周舍为卫将军，拜郎中令张武为车骑将军，率领步骑 10 万、车千乘，驻扎在渭水以北，守住关中基本盘。周舍和张武都是文帝亲信，从代国护送文帝到长安即位的功臣。接着文帝派出六路大军，由 6 位三十多年前刘邦时期的老将统率。拜隆虑侯周灶（食邑不详）为陇西将军，拜昌侯卢卿（食邑 1000 户）为上郡将军，拜宁侯魏遬（chì）（食邑 1000 户）为北地将军，各率人马，星夜出发，守住 3 个边郡。拜东阳侯张相如（食邑 1300 户）为大将军，拜期思侯贲赫（食邑 2000 户）、栾布为将军，领兵北击匈奴。

这 6 位出征的老将中，有 5 个侯爵都是三十多年前刘邦在世时封的，基本已经走到生命最后几年了。栾布虽然也是老将，却等到汉景帝时平定七国之乱立功才封了鄃侯。自刘邦称天子后，汉朝经历了灭异姓王、灭诸吕的过程，将才要么老了，要么被灭，军中将领确实青黄不接。

汉朝出兵时，老上单于的大军盘踞北地郡已有月余，闻汉兵到来，徐徐退到萧关塞外。此战张相如等将匈奴散兵游勇驱逐出塞，汉匈之间并未大规模交战，匈奴掳掠人畜财物，满载而去。

在这场战争中，秦国名将李信的后代李广与堂弟李蔡，同以良家子身份从军。

秦始皇器重的大将李信，一生经历三大战，灭赵国功过相抵，破燕国都城后追斩太子丹有功，秦楚大战输给项燕。李信之子李超，秦朝时领渔阳太守，封陇西侯，这是陇西李氏的开端。李超之子李仲翔，汉初领河东太守，拜征西将军。李仲翔之子李伯考，领陇西、河东二郡太守。李伯考之子李尚，领陇西郡成纪县令，生子李广。李广乃将门之后，长身猿臂，自幼学习骑射，尤精射术，年少便以善射闻名。

李广和堂弟李蔡初次上阵便施展出平生本领，箭无虚发，杀敌甚多。

一个山头后，文帝和群臣看着眼前的景象目瞪口呆：两个匈奴骑兵被一箭射死，并且串在一起。这支箭的箭尾羽毛还在一人体内，箭头却穿透另一人胸膛，可见力道之大，足可没金饮羽，一般的强弩都达不到这个力度，何况是人拉的弓。

一名校尉向武帝讲述了当时的情况，原来是李广李蔡两兄弟遇到两名匈奴斥候，李蔡先轻骑攻击，待两名敌人靠近，李广从侧翼伏击，弓开如秋月行天，箭去似流星落地，一箭射死二人。人人听得热血沸腾，文帝立即召见两位英雄。

不一会前方出现两人两骑，一前一后。前面一骑左手握缰，右手高举汉字大旗，腰间一把大刀，背上一张虎筋大弓。后面一骑左手握缰，右手提枪，马腹上挂满匈奴人头，看来还未来得及向军官报告战功。来人正是李广李蔡兄弟，两人穿破旧甲胄，身上还带着鲜血，见到天子，赶忙滚鞍下马便拜。

此等少年英雄，文帝怎能不爱，立即召李广李蔡同入宫为羽林郎（军职十二品）。文帝赐李广彤弓一把，彤矢一百。彤弓的弓弦用虎筋制成，常人拉不开，彤矢则锋利无比，彤弓彤矢都涂上朱漆，特别显眼。

后来文帝常带李广、李蔡出外射猎，很快就发现二人与众不同，加上他们是将门之后，不久便擢升为武骑常侍（军职七品）。文帝见李广勇猛善射，常空手格杀猛兽，不禁叹道：“可惜李广生不逢时，若生在先帝（刘邦）时，受封万户侯亦不为过。”

匈奴方面，老上单于在中行说的教唆下愈加骄横，匈奴连年寇边，掳掠甚众，边塞烽烟四起。这一时期，匈奴人占据河西走廊与河套地区，进入鼎盛时期。老上单于时期的形势，站在匈奴人的角度从北往南看，如图 1-16 所示。

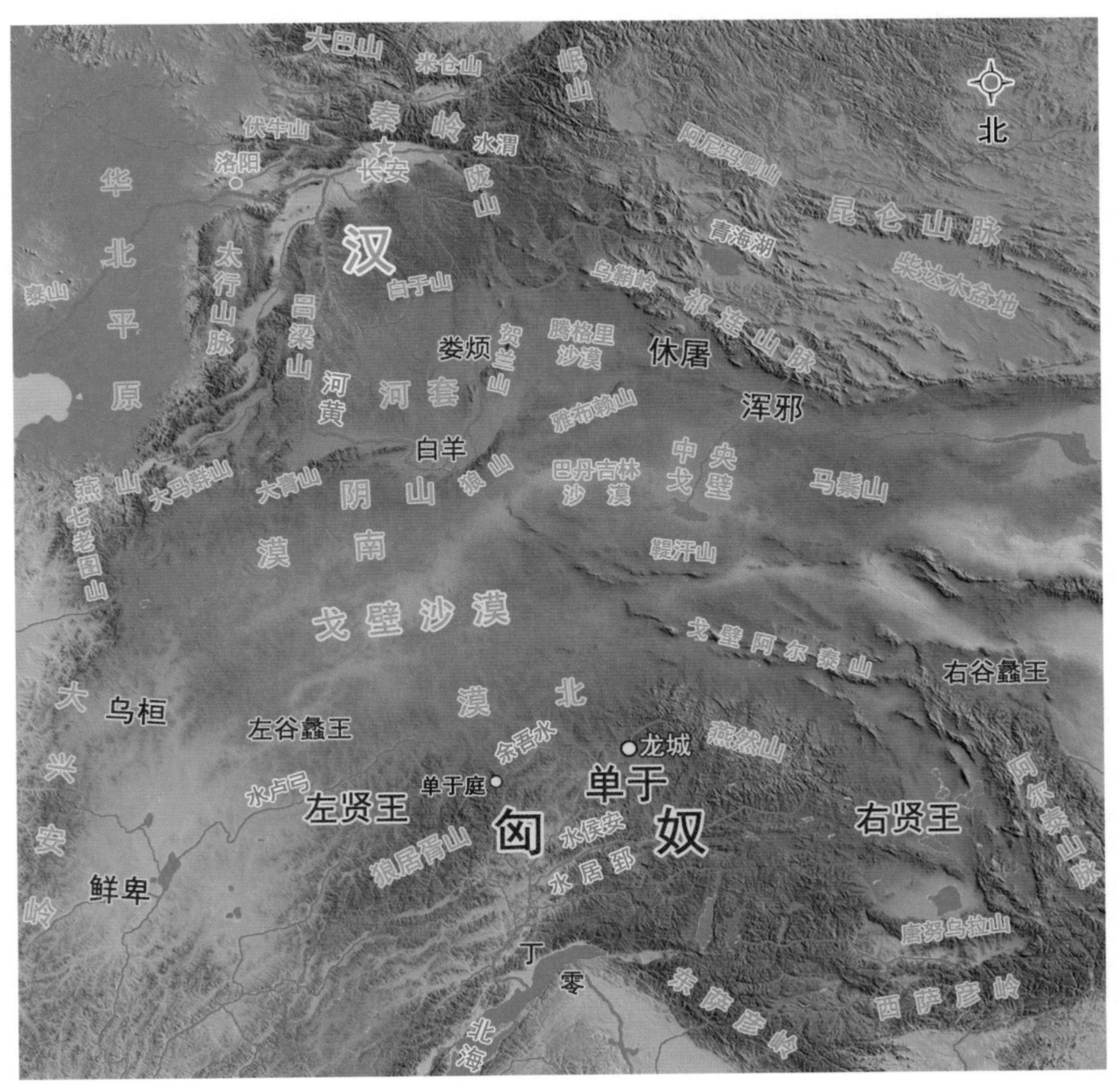

图 1-16　匈奴鼎盛时期

月氏西迁阿姆河，乌孙尾随伊犁河

秦朝陇西郡的长城修到临洮为止，这里距河西走廊还有几百千米。月氏人常与湟中羌人越过黄河，牧马长城边。

在头曼单于统治时期，月氏赶走乌孙独占河西走廊。头曼单于屡次以乌孙为先锋攻击月氏，却因东胡、丁零在后方的威胁而铩羽。

在冒顿单于统治时期，右贤王呼安赤倾与罗姑比不断南下出兵月氏，导致月氏人口消耗很大，月氏人便用战马皮毛换购汉朝的坚兵利器，以抵御匈奴。

站在汉朝的角度看，支持月氏抵御匈奴是一个不错的战略，可惜好景不长。到老上单于统治时期，月氏已经挡不住匈奴右部南下的兵锋了。

公元前 162 年，右贤王罗姑比大破月氏，迫使月氏西迁到伊犁河流域，称为大月氏。当月氏被迫离开河西走廊时，有一部分人留了下来，匈奴人将他们分为三部，称小月氏：一部主动越祁连山，与羌人杂居，称湟水月氏；一部在弱水上游龙首山南侧的小河卢水流域为奴，称卢水月氏；一部在居延泽南部牧羊，称居延月氏。

曾经赶走乌孙的月氏，囚禁过冒顿单于的月氏，为何在右贤王面前显得力不从心？这和西域有关。

月氏和西域诸国建立了紧密的商业联系，一部分月氏人率先迁居到西域各地。随着月氏人对西域的了解，他们发现西域很多地方的气候、地貌与河西走廊相似，适合牧马。尤其是伊犁河流域，可承载的人口和牛羊比河西走廊还大，而且还没有风沙侵扰。

随着匈奴屡次南下，一批批月氏牧民和商队离开故土，迁往西域。等到右贤王大举挥师南下，月氏内部也开始动摇，尤其是一部分骑士心系西域的亲人，战斗力大大降低。大月氏和乌孙西迁路线如图 1-17 所示。

最终月氏不敌匈奴，举族西迁，但他们并非二三十万人一起迁离，而是分散为小部落，陆续分道搬迁。月氏的迁移者进入塔里木盆地后，首先来到楼兰。

楼兰居住的是吐火罗人，有 1570 户，14100 人，控弦 2912 骑。月氏能轻松击败楼兰，问题是楼兰承载不了众多人口。月氏本部有十几万人，再加上其他迁徙的小部落，一共二三十万人。月氏的数十万牛羊骏马，一夜之间就能把楼兰附近孔雀河沿岸的草啃光。

进入塔里木盆地有南北两道，月氏人没有走南道，因为南边非必经之地，也缺少东西走向的河流，他们选择走北道逆孔雀河而上。

在库鲁克塔格南麓与孔雀河之间有一个山国（墨山国），居住的是塞人，控制库鲁克塔格南麓广大地方。山国有 450 户，5000 人，控弦 1000 骑。山国人虽然有城邑，却更爱散居在绿洲上，没有人能准确统计其人口和兵力。

山国的都城营盘在孔雀河以北 5 千米处，呈圆形，用泥土、胡杨树枝等建成，内径约 180 米，高约 7 米，宽 5 米左右。

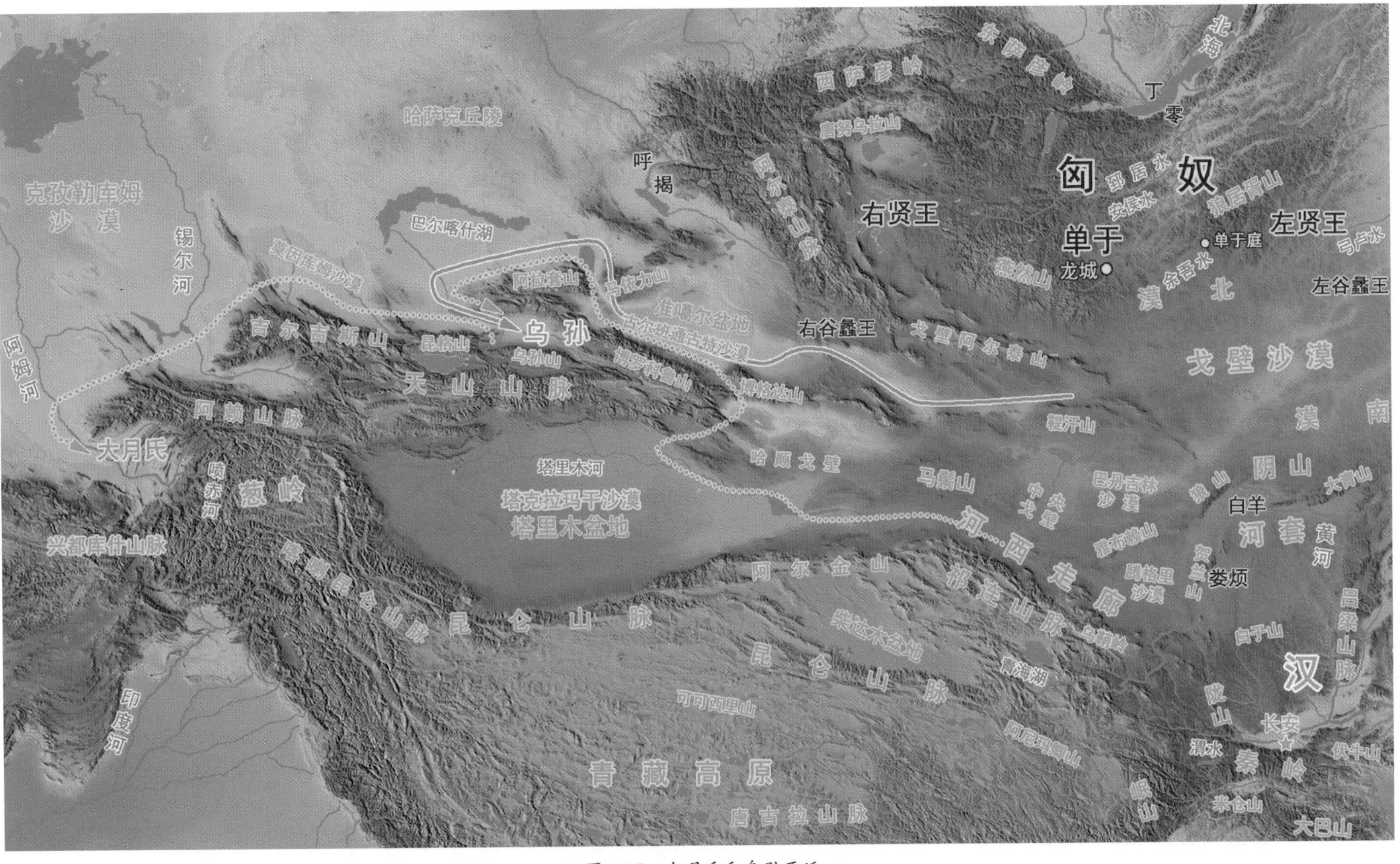

图 1-17　大月氏和乌孙西迁

往西到孔雀河与塔里木河交界处，如果沿霍拉山脚下西行，就进入了龟兹的势力范围。龟兹居住的是吐火罗人，有6970户，81317人，控弦21076骑。龟兹人活动范围在霍拉山南侧，东西长数百千米，月氏人分批次进入这个区域，如羊入虎口，给龟兹人送妻妾和奴隶。退一步说，即使越过这个走廊，还要经过姑墨，从疏勒翻山越岭，才能进入伊犁河的上游河源之一特克斯河。

月氏人没有继续沿塔里木河走北道西行，因为北道既危险，又没有地方可承载月氏的人口。月氏骑兵赶着大量的牛羊，载着无数物资，沿孔雀河北上，进入焉耆（qí）盆地。焉耆居住的也是吐火罗人，有4000户，3万人，控弦6000骑。焉耆盆地还有一个中原过去的危须部落，有700户，4900人，控弦2000骑，在焉耆人的压制下顽强生存。焉耆的总体战略是兼并危须，统一焉耆盆地，再沿孔雀河南下兼并尉犁、渠犁。若干年后焉耆完成了以上战略布局，此时分批西迁的月氏也不敢招惹这个地头蛇。

焉耆人不但占据博斯腾湖水土肥美之地，主导焉耆盆地，而且逆开都河西上，约150千米，他们还有一个广阔的后花园——巴音布鲁克草原，面积约2.38万平方千米，是中国第二大草原，仅次于呼伦贝尔大草原。

巴音布鲁克草原地处天山隆起带的山间盆地，属中生代山间断陷，雄伟的额尔宾山东西绵延170千米，南北宽约50千米，将巴音布鲁克草原一分为二，形成两个盆地。巴音布鲁克草原海拔为1500米至2500米，山地间遍布高寒草原、草甸、沼泽。

草原上降水量不大，夏季四周山脉大量冰雪融化，涓涓细流汇集于盆地，形成大片沼泽草地和湖泊，宛如巨大的绿色地毯将整个大地覆盖。

巴音布鲁克草原上绿草茵茵，牛羊成群，这里盛产的焉耆马、巴音布鲁克大尾羊、美利奴羊和牦牛被誉为“草原四宝”。策鞭奋蹄驰千里，巴音布鲁克的焉耆马与伊犁盆地的乌孙马、费尔干纳盆地的大宛马齐名。由于地处高原，巴音布鲁克冬季冰雪覆盖，焉耆马能在冰上健步如飞，在大雪天中的奔跑能力突出。由于巴音布鲁克沼泽河流众多，焉耆马善游，泳姿轻健，入水后仿若游龙归海，纵横无碍，又名“焉耆海马”。焉耆马可载人划水，能驮上人和行李潜泳，是巴音布鲁克的王者。

月氏有没有可能借道巴音布鲁克草原进入伊犁盆地呢？

焉耆当然不同意外族西进通过自家后花园，即使月氏人借道北上，依然付出了不小的代价。月氏每一波西迁经过焉耆，都留下了部分财货与女人，强龙不压地头蛇。

既然焉耆挡道，月氏为何不灭了这个国家呢？月氏或许能击败盆地中的焉耆人，问题是一旦到了广袤的巴音布鲁克草原，那就是焉耆人和焉耆战马的天下。不要说月氏，后来西迁的乌孙，以及势力范围伸展到西域的匈奴与汉朝，都拿这个焉耆没办法，因为人家有纵深。

月氏人从焉耆盆地东北角出来，进入吐鲁番盆地，这里是另一个吐火罗人的部落姑师（车师）。

吐鲁番盆地东西长245千米，南北宽75千米，面积约5万平方千米。盆地北部是博格达山，西部是依连哈比尔尕（gǎ）山，南边是觉罗塔格山，东边是哈顺戈壁，不远处有哈密盆地。

吐鲁番盆地北侧的博格达山，东西最长约 300 千米，南北最宽约 50 千米，最高峰海拔约 5445 米，南北高度急剧下降到海拔线以下，到处是悬崖峭壁。吐鲁番盆地中间的艾丁湖，湖面海拔 -154 米，是中国陆地的最低点，也是世界第二低地，仅次于死海（-415 米）。

吐鲁番盆地南边的觉罗塔格山海拔在 1200 米到 2000 米之间，落差也不小。

吐鲁番盆地日照时间长，平均年降水量约 16 毫米，年平均蒸发量约 3000 毫米。再加上四周海拔急剧下降，地形像一个漏斗，热空气不流动，气温比周边沙漠还要高，是我国气温最高的地区。

姑师居住的也是吐火罗人，有 1544 户，12381 人，控弦 4144 骑。姑师的总体实力没有焉耆强，而且人口大多分散居住在石台上，防御固若金汤，攻击力一般。

月氏人借道吐鲁番盆地西部，从西北角穿出，进入准噶尔盆地南缘。这里是一个风口，北有古尔班通古特沙漠，东有博格达山，西南有依连哈比尔尕山，东南连接吐鲁番盆地。

月氏意识到此处是个南来北往的交通要道，必须掌握在手里，便留下一支人马。留守的这些人后来发展为郁立师，中原称为郁夷，有 190 户，1445 人，控弦 331 骑。

郁立师的作用主要是接应各路西迁的月氏人，为其引路，提供补给等。后来月氏完成大迁移，郁立师仍留在原地，建立了属于自己的部落国家。

郁立师所处的位置，大致就是今天的乌鲁木齐，位于新疆的中心地带。

月氏人再往西沿着依连哈比尔尕山、博罗科努山，绕过阿拉套山，就到了伊犁河盆地。途中散居的小型塞人部落，对月氏人构不成威胁。

伊犁河古称伊列水、伊丽水，平均水量约 480 立方米 / 秒，是中国水量最大的内陆河，也是巴尔喀什湖最大的水源。伊犁河上游有 3 条源流，即特克斯河、巩乃斯河和喀什河，主源为特克斯河。伊犁河主源特克斯河发源于汗腾格里峰北侧，和巩乃斯河、喀什河汇合后称为伊犁河。伊犁河全长约 1439 千米，约 1/3 强在中国境内，流经哈萨克斯坦，最终注入巴尔喀什湖。

伊犁河盆地地处北纬 42.5° ～ 45°，盆地东西最长约 520 千米，南北最宽约 200 千米，总面积约 3.4 万平方千米。

伊犁河盆地也就是伊犁河上中游，地处天山山脉北支博罗科努山与南支哈尔克山之间，穿越一系列山地和谷地。伊犁河盆地像个三角形，是个半封闭的地方，北可抵御来自西伯利亚的干冷气流，东可抗拒来自哈密、吐鲁番等盆地的干热，南可阻止塔里木沙漠风沙的入侵。伊犁盆地年降水量达到 700 毫米，春季还有高山积雪和冰川融水流入，水量丰富。

伊犁河盆地中的塞人散居在各段河谷，经常为争夺牧场而发生械斗，没有形成统一的大国。月氏人陆续进入伊犁河盆地，不断侵占塞人的领地，地盘逐渐扩大，成为该地实力最强的一股势力。不过塞人也在不断反击，月氏人还没完全占据这片风水宝地，乌孙人就从河西走廊衔尾追来。

匈奴率乌孙赶跑月氏，却没有将河西走廊让给乌孙人。右贤王将河西走廊一分为二，西部靠近西域的封给浑邪王，东部靠近汉朝的封给休屠王。两大部落王麾下各有众多小部落，他们听右贤王调遣，每年向右部进献大批牛羊骏马。

月氏主力虽然跑了，但河西走廊还有若干羌人、月氏人的小部落，也都臣服浑邪王和休屠王。

如果乌孙人愿意，他们可以重回河西走廊，位居浑邪部或休屠部之下。乌孙人志不在此，然而实力却远不足控制河西走廊，为之奈何？

此时大月氏正在伊犁河盆地和塞人进行旷日持久的战争，两部在战争中逐步走向融合。

乌孙昆莫猎骄靡终于作出西征的决定。既然月氏能征服伊犁河的塞人，乌孙为何不能？而且找月氏复仇，正好师出有名。

乌孙西迁的路线与月氏不同，他们是从匈奴右地出发的，因此后来塔里木盆地南部有月氏部落，乌孙人则主要分布在天山北侧和伊犁河谷。

乌孙西征，首先穿过淖毛湖戈壁，第一个大的据点是蒲类海。西域天山东部的部落势力如图 1-18 所示。

天山东侧有几座余脉，北天山、巴里坤山、哈尔里克山，这几座山围成一个盆地，隔绝了南北的沙漠。盆地西侧有一个湖泊叫巴里坤湖，古称蒲类海。巴里坤湖的湖面大致呈椭圆形，东西宽 9 千米，南北长 13 千米，总面积约 113 平方千米，古代面积最大时达到 800 多平方千米，几乎占盆地西部大部分宽阔处。

巴里坤湖海拔 1585 米，四周山峦起伏，湖中间是咸水，但周围有面积更大的淡水沼泽地，水草丰美，是辽阔的牧场。高山下的冲积扇缓坡土质肥沃，草木丰茂，湖中碧波荡漾，有“迷离蜃市罩山峦”的奇观。每当盛夏，这里的湖光山色分外迷人，牧民们游牧于湖畔，帐篷星点，牛羊骏马成群，牧歌悠扬。巴里坤湖流传着“汉姑泉”和“蒲类海”的美好传说。

乌孙主力继续西行，留下一部驻守，逐渐形成蒲类国，有 425 户，3102 人，控弦 1133 骑。

蒲类人设庐帐，逐水草而居，善田作，骑射出众，其生存方式与乌孙完全一样，游牧和农耕并存，与完全游牧的匈奴不同。

蒲类海周边只是乌孙中转站，此处容纳不下十几万人口，乌孙的目标是伊犁河盆地。

在博格达山与依连哈比尔尕山之间的缺口处有一个月氏的部落，名为郁立师，中原称为郁夷。乌孙将其从缺口处赶走，并留下一队兵马镇守。这部人马后来发展为且弥，有 523 户，3874 人，控弦 1310 骑。

郁立师为了躲过乌孙追兵，举族迁徙到博格达山西北麓。乌孙人当然不会就此放过郁立师，仍派出追兵，郁立师被迫再次东迁上百里。追击郁立师的这支乌孙人马后来就在博格达山西北麓定居，发展为卑陆，有 689 户，2524 人，控弦 772 骑。

郁立师在博格达山北麓游牧，有 190 户，1445 人，控弦 331 骑。其西有且弥和卑陆，东有蒲类，西边更远处还有乌孙的主力，形势非常不利。但随着匈奴右部开始对乌孙用兵，天山东北部这些部落国家全都臣服于匈奴，众部落首要任务是在匈奴的控制与汉朝的羁縻下生存下去，而非自相残杀，郁立师也算是得救了。

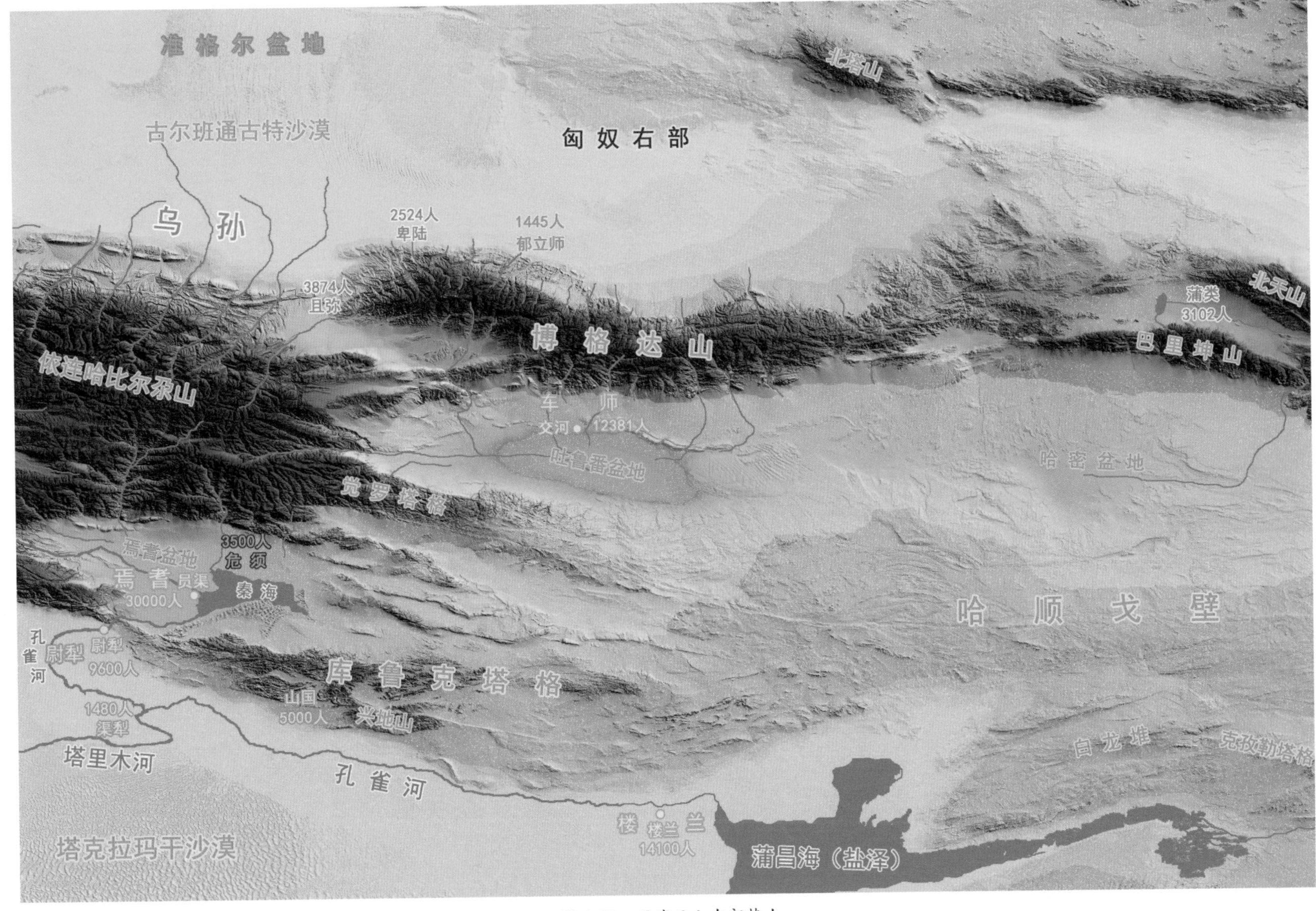

图 1-18 西域天山东部势力

乌孙人继续西行，来到依连哈比尔尕山北麓，进入准格尔盆地古尔班通古特沙漠南缘。准格尔盆地和塔里木盆地一样，也有南北两条道，都是沿着沙漠与高山之间的绿洲行进。北道在阿尔泰山脉南麓，气候寒冷，骑兵即使一仗不打，也必定伤亡惨重，何况乌伦古河、额尔齐斯河流域还有凶悍的呼揭人。

乌孙人能否走吐鲁番盆地、焉耆盆地、巴音布鲁克草原这条线进入伊犁盆地呢？吐鲁番盆地的姑师国或许对乌孙难以形成实质威胁，但越过觉罗塔格山，来到焉耆盆地，焉耆人就没那么好对付了，实际上后来匈奴和汉朝也只是控制了姑师（车师），拿焉耆没有办法，他们通过开都河连接巴音布鲁克草原，纵深太长了。

焉耆对外来的月氏、乌孙、匈奴、汉朝都很谨慎，从不允许外来军队通过巴音布鲁克草原这个后花园，月氏人甚至付出了一些人口代价才通过焉耆盆地北上。

乌孙继续西行，在依连哈比尔尕山北麓、博罗科努山北麓、艾比湖等地，一步一个脚印，和本地塞人通婚，深度同化与融合其他民族。

乌孙与月氏同化塞人的方式不一样，月氏是小规模贵族通婚但保持部落独立性，只求与当地的塞人和平共处；乌孙是大规模通婚，力求从文化上与塞人融为一体。

过了几年，乌孙基本控制了准格尔盆地南部区域，他们牧马招兵，渐渐强盛起来。乌孙定都赤谷城，乌孙的势力范围如图 1-19 所示。

此时的乌孙，终于越过阿拉套山与玛依力山之间的阿拉山口，从阿拉套山的北侧绕到了伊犁河谷。

这场大战持续了十几年，乌孙中的塞人起了很大作用，伊犁河的塞人诸部大多数保持观望，小部分倒向乌孙。月氏无力回天，只好继续南迁。

乌孙人占据伊犁河谷，牛马衔尾，群羊塞道，控弦十余万，军容鼎盛，不愿再事匈奴。

月氏人在乌孙与塞人的联合攻击下，不得已退出伊犁河盆地。该盆地的南边是费尔干纳盆地，为大宛国所占据。费尔干纳盆地三面环山，只有一个狭小的出口，纬度比伊犁河盆地低，也是个风水宝地。但大宛国有 6 万户，30 万人，控弦 6 万骑。月氏人当然打不下大宛。

天山和帕米尔高原以西是康居人的地盘。康居也是一个部落联盟，有 12 万户，60 万人，控弦 12 万骑，兵强马壮。

月氏人的总体实力不如康居，但不甘于给康居养马，也不可能攻入大宛，只能继续南下到阿赖山西侧的卡希尔河流域，此处是康居与大夏的缓冲地带。月氏称这里为粟特，月氏人花了几年时间征服、同化粟特人，日渐强大起来，他们当下的问题是领地太少。

从卡尔希河往南绕过吉萨尔山，就来到阿姆河盆地（吐火罗盆地）。阿姆河古称乌浒水、妫水、沩水。阿姆河上源是瓦罕河，发源于帕米尔高原南部，和帕米尔河汇流后称为喷赤河，再与瓦赫什河汇流后称为阿姆河，从阿姆河盆地流出，流经卡拉库姆沙漠和克孜勒库姆沙漠，最终注入咸海。阿姆河大部分河水来自帕米尔高原（葱岭），全长约 2620 千米，平均水量约 2525 立方米 / 秒，是中亚流程最长、水量最大的一条河，流经塔吉克、阿富汗、乌兹别克、土库曼 4 个国家。

阿拉套山
别珍套山
赛里木湖
精河
科古琴山
喀什河
巩斯乃河
弓月
伊犁盆地
伊犁河
乌孙
63万人
赤谷城
乌孙山
天马
纳拉提山
比依克山
昆格山
特克斯河
伊塞克湖
哈尔克山
泰尔斯山
赤谷城
(祭天)
纳伦河
南脉
天山
木扎尔特河
却勒塔格
延城
81317人
龟兹
库车河
龟兹川水
温宿
温宿
8400人
姑墨
南城
24500人
2300人
尉头
喀拉塔格
阿克苏河

图 1-19　乌孙势力范围

阿姆河盆地处于北纬 35° ～ 39° 区域，南北最宽约 550 千米，东西最宽约 350 千米，总面积约 6 万平方千米。阿姆河盆地四周山脉按顺时针方向依次是吉萨尔山、帕米尔高原、兴都库什山脉，西侧有一个大缺口。

大夏就位于阿姆河盆地，希腊人曾在这里建立巴克特里亚国。大夏人成分比较复杂，主要是塞人，还有少量吐火罗人和希腊人。大夏和大宛一样，受到希腊影响，只是个城邦制的国家，没有国王，各城邑都有城主，最大的 5 个城邑是休密、双靡、贵霜、肸顿、都密，即为大夏五部。

月氏进入阿姆河盆地的时机很好，彼时城邦还在各自为战。要是再过 100 多年，可能就有了统一的国家。在月氏人看来，大夏兵弱、畏战，比较好对付。

阿姆河北岸生态比南岸好，北岸有多条河流注入，水土肥美，可耕可牧。南岸由于卡拉库姆沙漠的风沙袭入，导致南边兴都库什山脉的河流不能注入阿姆河。

月氏先是控制了阿姆河北岸，复国称大月氏，其南边称为大夏，各城邦皆臣属于大月氏。大月氏的首要目标是确保在阿姆河盆地站稳脚跟，大夏一日不灭，大月氏人一日睡不安稳。因此后来张骞来到大月氏时，感受到大月氏人对报复乌孙和匈奴完全没有兴趣，他们的目标就是河对岸的大夏。大月氏与大夏的形势如图 1-20 所示。

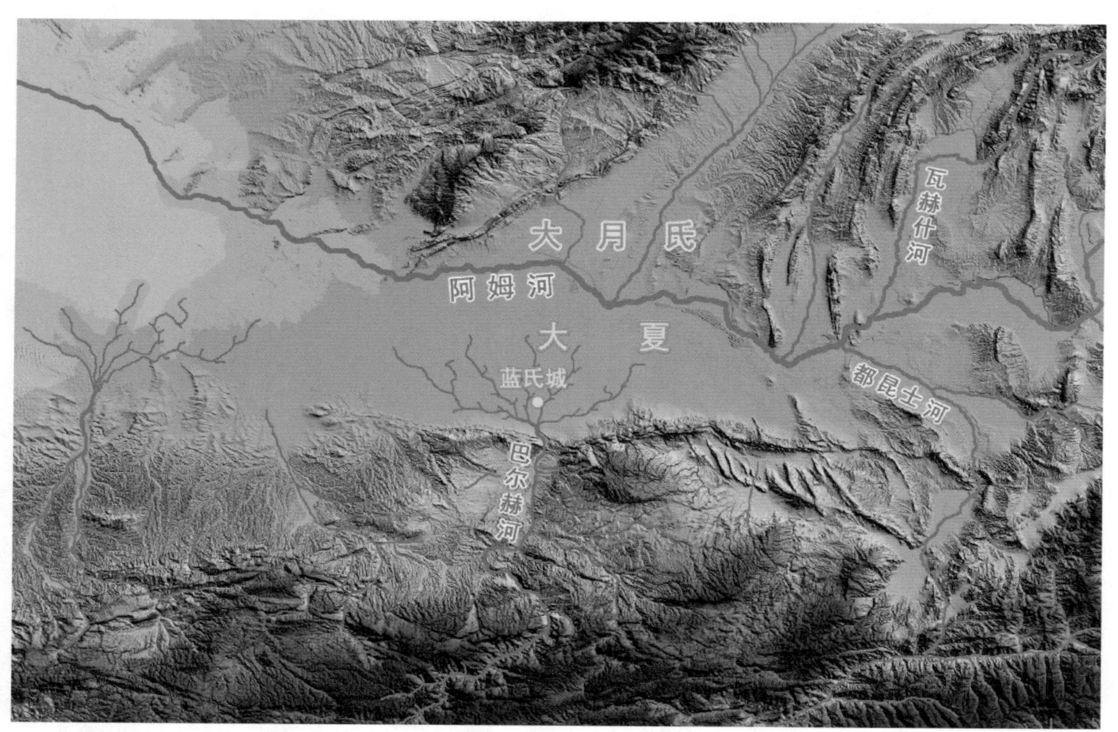

图 1-20　大月氏与大夏

在随后的 100 多年中，大月氏越过阿姆河，进一步控制大夏各部，两部互相融合，定都蓝氏城。到东汉初期，大月氏有 10 万户，40 万人，控弦十余万骑。

● 军臣单于立，6 万匈奴入塞

公元前 161 年，匈奴老上单于去世，其子军臣即位，号为军臣单于。老上单于在位 14 年，匈奴进入鼎盛时期，给了军臣单于一副好牌。军臣单于统治时期匈奴的形势如图 1-21 所示。

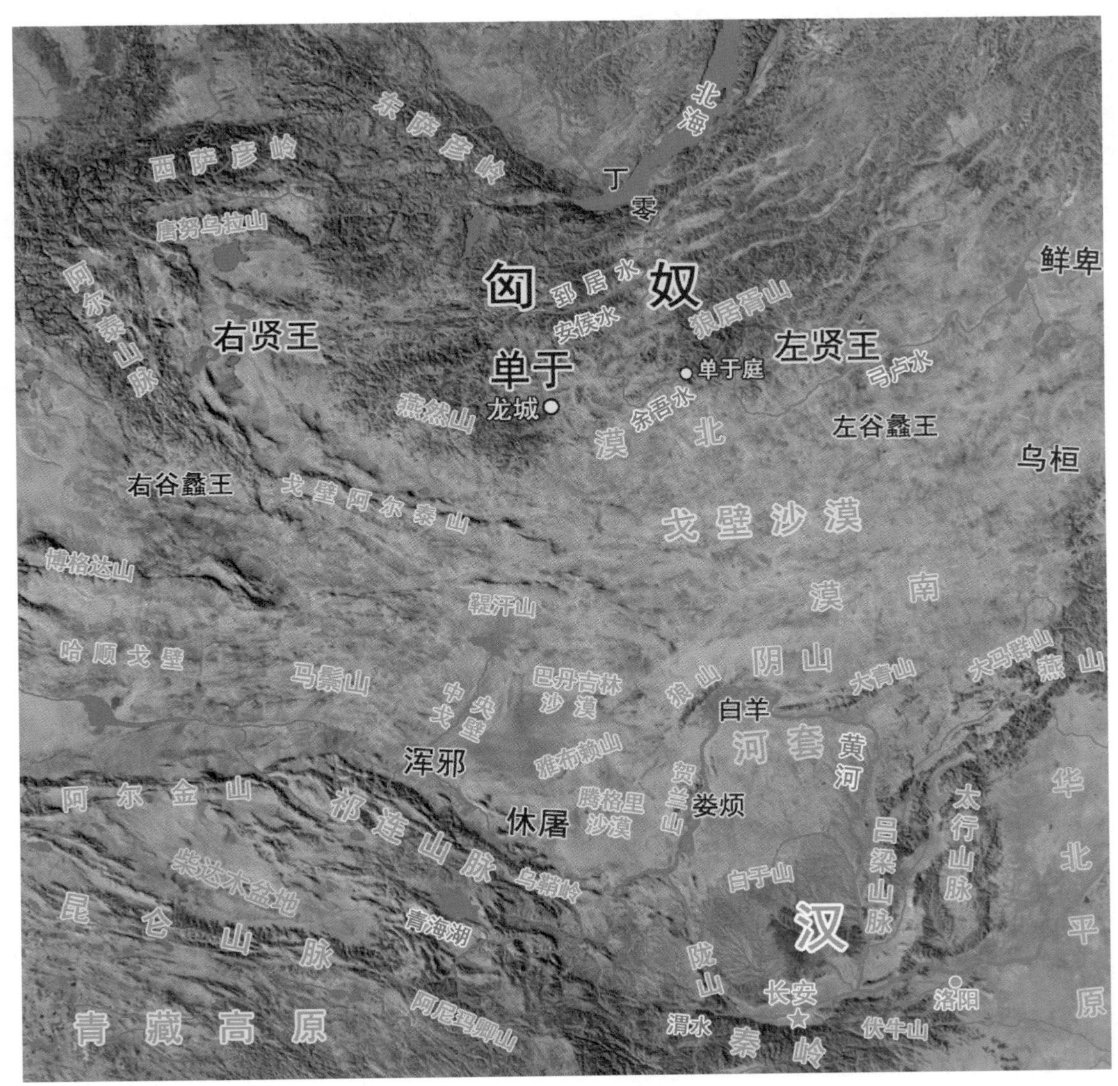

图 1-21　匈奴鼎盛时期

文帝嫁翁主给军臣单于，这是文帝第三次和亲，军臣单于首次和亲，汉匈之间第五次和亲。匈奴每逢新单于即位都会任命新的左贤王，确立储君之位，并不断试图用另一个儿子去替代右贤王。

军臣单于立其子於单为左贤王。匈奴左地以左贤王为大，左谷蠡王其次。左贤王於单还是个儿童，而军臣单于之弟左谷蠡王伊稚斜实力不俗。军臣单于即位后，一大帮簇拥者跟随他去了龙城，左贤王於单年幼，左部大小事情由左谷蠡王伊稚斜决断。军臣单于若要从左部调兵遣将，得看伊稚斜是否点头。

军臣单于原本以为，随着於单逐渐长大，兵权也会逐渐回归，二三十年之后便可完全掌控左地，那时候伊稚斜要么死了，要么老态龙钟。然而实际情况却恰恰相反，后来的三十多年，军臣单于陷入左地的内斗中，并没有把於单这个左贤王立稳，他死后伊稚斜又活了12 年。

至于匈奴右地，军臣单于即位时，右贤王是比自己年龄还小的叔叔罗姑比。最近这几十年匈奴的扩张主要发生在大漠以西，也就是右贤王的势力范围内。右贤王新增直接统治的领地有黄河后套平原、西套平原、河南地、河西走廊，同时还间接控制着西域数十个国家。右贤王罗姑比占据匈奴半壁江山，绝不会对军臣单于言听计从。

军臣单于试图用自己的一个儿子去替换罗姑比，一直到二十几年后才成功，在此之前他根本无法掌控右地。

匈奴的局势不稳，对汉朝却是好事。当年韩王信战死，其子孙逃入匈奴。公元前 166 年，韩王信之子韩颓当率众南归。文帝封韩颓当为弓高侯，食邑 2000 户；封韩婴（韩王信之孙）为襄城侯，食邑 2000 户。

匈奴这个庞然大物，不会因为各部之间互相掣肘就轰然倒下。军臣单于想有一番作为，在中行说再三怂恿下，决定南下入塞掳掠。

公元前 160 年，军臣单于率本部 6 万骑南下，以 3 万骑入代郡，3 万骑入云中。匈奴兵大肆杀掠，侵至代郡句注，边塞举起烽火告急，一路连绵不绝，火光烟焰直达关中北部的甘泉宫。

如果说 6 年前老上单于率 14 万骑入萧关，令文帝多少有些慌乱，这回面对军臣单于的 6 万骑，文帝安如泰山，从容不迫地调兵遣将。

文帝先令中大夫令勉、前楚相苏意、郎中令张武 3 位老将各率一支军队，前往北地郡、代郡、云中郡，协助当地驻防边郡抗击匈奴。

待 3 位老将陆续抵达目的地，军臣单于却带着掳获的人口和物资撤了兵，丝毫没有与汉军作战的意思。我们从匈奴出兵数量大致可推测冒顿单于、老上单于、军臣单于三代对大漠的掌控力度。

当年冒顿单于南下，率四十余万骑，单于和左右贤王领衔各路大军，丁零、坚昆、鲜卑、乌桓、白羊、娄烦、浑邪、休屠、乌孙等部落全都登上舞台。老上单于南下，率 14 万骑，除了单于本部，也包括右贤王麾下的白羊、娄烦等部。到军臣单于南下，只有区区 6 万骑，全都来自单于本部，军臣单于也不敢倾巢出动。

在 3 位老将北上的同时，文帝又拜 3 名壮年将军屯兵关中，稳守长安。3 位将军，一为宗正刘礼，屯兵于灞上；一为松兹侯徐悼，屯兵于棘门；一为河内郡守周亚夫，屯兵于细柳。

宗正刘礼是文帝的堂弟，刘礼的父亲楚王刘交是刘邦的亲弟。宗正是九卿之一，官职二品。宗正管理刘氏皇族事务，一般由宗室成员担任。刘礼肯定不是做将军的料，但他运气特别好。6年之后的七国之乱，楚国就是作乱的七国之一，楚王刘戊是刘礼的侄子。汉朝平定七国之乱后，汉景帝立刘礼为楚王，恢复了楚国的王爵。

徐悼是松兹侯徐厉之子，袭爵松兹侯，食邑不详。徐厉从沛县起兵时就追随刘邦，出生入死十几年，但其子徐悼是膏粱子弟，在长安街头鲜衣怒马，也不是将才。

周亚夫是周勃之子，本也是纨绔子弟，但他注定不是一般人。

汉文帝即位第三年，文帝罢免左丞相周勃。周勃回到封地绛邑，这里是春秋晋国旧都，属河东郡管辖。周勃作为绛侯，食邑18100户（刘邦封8100户，文帝加封10000户），出将入相，威震天下。

不久文帝密令河东太守季布带领本郡兵卒将周勃捆上囚车，押解到长安，罪名是招募勇士、私造兵器。

周勃的儿子周胜之娶了文帝的女儿，于是与文帝的舅舅轵侯车骑将军薄昭有交情，便派人疏通关系，用文帝加封的10000户作为条件，请薄昭求情。薄昭拿了好处，立即去薄太后宫中活动。

薄太后听罢事由，拿起头巾向着文帝掷去，口中说道："当时绛侯手握传国玉玺，掌北军，彼时不反，如今居一小县，倒想谋反，岂有此理？"

文帝见太后盛怒，便谢罪道："廷尉已验问明白，正待复其爵邑。"

从太后的长乐宫出来，汉文帝脸上怒意闪现，杀心顿起。

文帝虽然释放了周勃，恢复了他的爵位，但周勃回到封地后日子并不好过，没几年便去世，按年龄也算是高寿。

周勃死的前一年，文帝逼杀舅舅薄昭。当时薄昭杀了一名侍郎，文帝派公卿去劝薄昭自杀，薄昭不肯。文帝又令文武百官身穿丧服，到车骑将军府上哭薄昭。人还没死，人家都把葬礼办到府上了，薄昭不堪受此大辱，只能刎颈自杀。

文帝还是代王时，太尉周勃与文帝舅舅薄昭密谋，请他入主长安，但前提是要杀掉代王与吕氏所生的4个儿子。10年过去，文帝终于为4个儿子报仇了。

周勃死后，其长子周胜之承袭爵绛侯之位。周胜之娶了文帝的女儿为妻，这本可以让周勃父子保住性命。然而文帝余怒未消，见周胜之与公主感情不睦，且两人没有子女，便将周胜之削爵。

后来文帝或许感觉自己做得有些过分，于是授周胜之的弟弟周亚夫为河内郡太守，封条侯，以续周勃之爵位。

面对匈奴入侵，文帝在关中拜了3位将军，当然要亲入三营，以慰劳将士为名督查一番，牢牢将兵权掌握在手。

文帝的车驾出未央宫，先来到灞上刘礼军营、棘门徐悼军营，两将军闻讯大开营门，率诸将出营俯伏接驾。文帝御驾一直驰入营中，对将士慰劳一番，宣示至高无上的兵权与皇权。

随后文帝车驾又来到周亚夫的细柳营，但见军营外旌旗齐整，甲士森列，将士们一个个顶盔掼甲，各执兵器，张弓挟矢，排列营前，如临大敌，气象真是严肃威武，不觉暗暗称奇。

先行的羽林郎令守军打开营门，守军喝声道："军中但遵将令，不闻天子之诏。"

很快文帝御驾行到营门，营内将士有如云屯蚁聚，却不见一人出来迎接。

文帝只得遣人持符节，宣诏周亚夫，说是天子欲入营劳军。

周亚夫闻诏，并未出迎，只传令开门请天子入营。

守门将士开了营门，又对奉车都尉道："将军有令，军中不得驰驱。"

文帝出乎意料地配合，反而劝说奉车都尉和随行羽林军将领，按辔徐行。文帝进入营中，始见将军周亚夫披甲佩剑，手持兵器，立在前方。周亚夫望着文帝躬身作了一揖，口中说道："甲胄之士不拜，臣请以军礼相见。"

文帝不知周亚夫是有真本领，还是因周勃周胜之的缘故故意给自己下马威，便要阅兵。

周亚夫一声号令，鼓声响起，各营将士跃上战马，高举兵器致敬，动作整齐划一，令人热血沸腾。随着旗号变化，万人队伍的阵形也随之变化，各小队倏进倏退，配合无间。待到重新排列整齐，除了马匹喘息声之外，更无半点耳语和兵器撞碰之音。旗帜飘扬，军势极盛，看得人目为之眩，文帝不觉动容。

文帝车驾巡行队列间，文帝的目光扫过将士，以强大无匹的自信感染每一个人。

阅兵之后，文帝照例行慰劳之礼，遂命驾出营回宫，周亚夫也不遣人相送。

车驾出了营门，文帝长叹一声，对着左右说道："此方是真将军，先前灞上、棘门之兵，皆如儿戏。"

周亚夫的军队驻扎在细柳，又称细柳营，后来"细柳营"用来代指训练有素的军队。

不久后文帝擢周亚夫为中尉（官职二品）。汉初的中尉可是手握兵权的大将，掌管长安城防和治安、三辅地区防御、北军五校，帐下都尉、校尉就有十几个，光是北军就有数万。

公元前 157 年，文帝驾崩，葬于霸陵。

公元前 156 年，太子刘启即位，是为汉景帝。景帝嫁翁主给军臣单于，这是景帝首次和亲，军臣单于第二次和亲，汉匈之间第七次和亲。

公元前 155 年，景帝再嫁翁主给军臣单于，这是景帝第二次和亲，军臣单于第三次和亲，汉匈之间第八次和亲。

汉景帝为何连续两年和亲？因为景帝预感诸侯国山雨欲来，内战近在眼前。

● 平七国之乱

汉初人口约 1300 万，其中诸侯国总人口约 850 万。汉初封国很大，一般包含 2 ～ 6 个郡（国）。诸侯国连城数十，地方千里，他们铸造钱币，控制军队，无所不能。

文帝时期，济北王刘兴居叛乱，朝廷派大军镇压，刘兴居被俘自杀。后来淮南王刘长也试图谋反，被削去王位，发配蜀郡，途中绝食而死。

景帝即位前便和太子家令晁错（官职三品，太子府总管）拟好了《削藩策》。景帝即位初期，尽管控制力远不如其父，但在与匈奴和亲后，便大刀阔斧开始实施削藩策。

景帝拜授晁错为左内史（官职二品），接着拜他为御史大夫（三公之一，官职一品），先后下诏削夺赵王刘遂的常山郡、楚王刘戊的东海郡、胶西王刘印的6个县。

赵国原本有11个郡（国），文帝封刘辟疆为河间王，分出去3个郡（国）——渤海、河间、广川（信都）。景帝所削的常山郡位于赵国北部，包括常山、中山、真定3个郡（国），也就是说赵国将从8个郡（国）削减为5个郡（国）。刘遂的赵国，如图1-22所示。

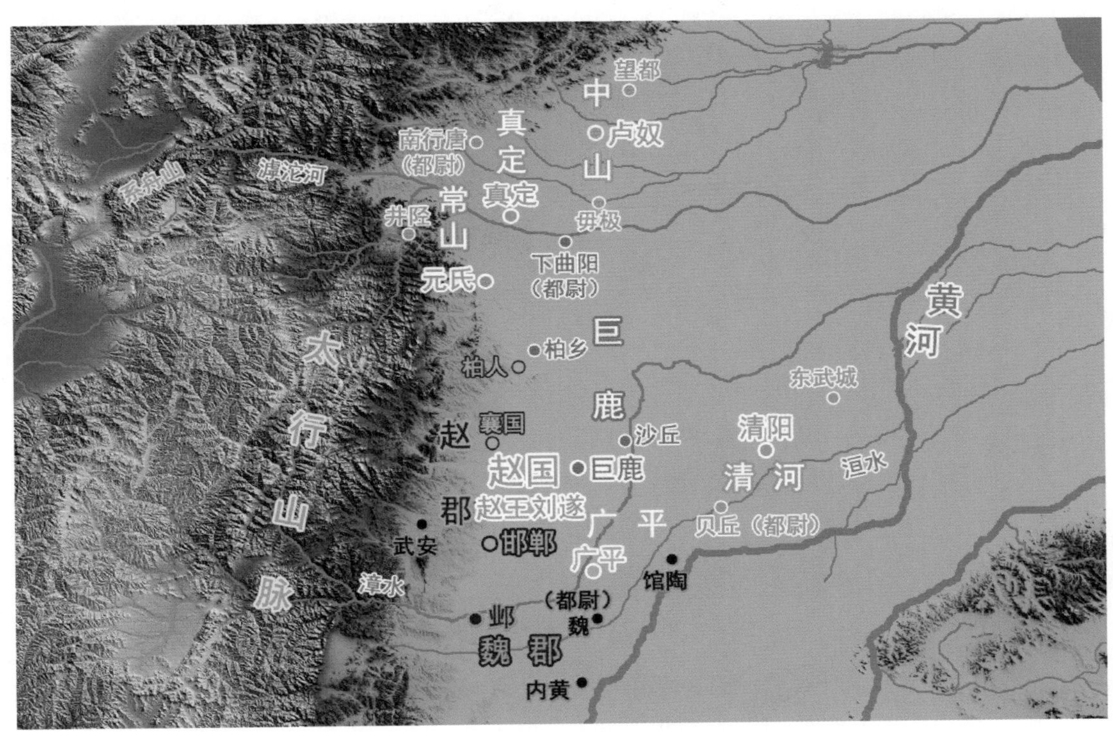

图1-22　赵王刘遂封地

汉初齐王韩信改封楚王，楚国面积比齐国大，城邑数比齐国多。刘邦依陈平之计，将韩信骗到陈城，废其楚王之位，贬为淮阴侯，并令其随刘邦返回洛阳。刘邦将楚国一分为二，北边仍称楚国，定都彭城；南边称荆国（吴国），定都广陵。

刘邦以亲弟刘交为楚王，辖4个郡（国），36个县；以宗室中最大的功臣刘贾为荆王（吴王），辖5个郡（国），52个县。现在的楚王刘戊便是刘交之孙，刘郢客之子。刘戊的楚国如图1-23所示。

楚国原本有 4 个郡（国），削掉东海郡后便剩 3 个郡（国），分别是鲁郡、楚郡、沛郡。

胶西国有两个郡（国），11 个县，削掉 6 个县新设北海郡，相当于剩 5 个县。汉初刘邦封长子刘肥为齐王，辖 13 个郡（国），70 余城，是刘邦七子（除太子刘盈外）中封地面积最大、人口最多的。吕后和文帝时期，对齐国削藩，削掉琅琊郡，还有 12 个郡（国），然后一分为七，有 7 个诸侯王。

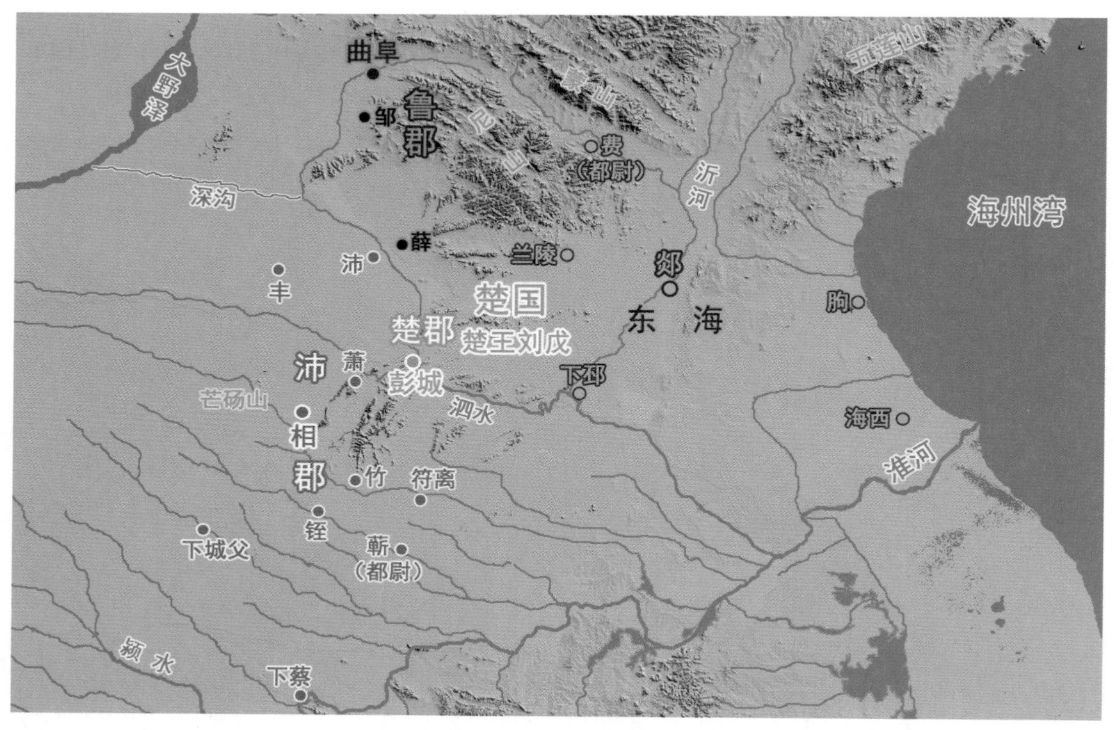

图 1-23　楚王刘戊封地

齐地的 7 个诸侯如下：齐国有齐郡和千乘两个郡（国）；济北国有济北、平原、泰山 3 个郡（国）；济南国有 1 个郡（国）；菑川国有 1 个郡（国）；胶西国有胶西和北海两个郡（国）；胶东国有胶东和东莱两个郡（国）；城阳国有 1 个郡（国）。齐地七国如图 1-24 所示，胶西国与北海郡都在莱州湾南岸。

景帝和武帝时期，继续把封国削得只有半个郡大小，这才彻底完成削藩的工作。胶西王刘印因有卖爵行为被削 6 个县，是最早从一个郡的规模再次削藩的诸侯王，真是低眉倒运。汉初封国一般有数个郡，到武帝时封国普遍比郡小，有的封国只有半个甚至 1/3 个郡大小。

三王正闷闷不乐，吴王刘濞派人秘密北上联络，希望结成清君侧联盟，共同起兵反朝廷。

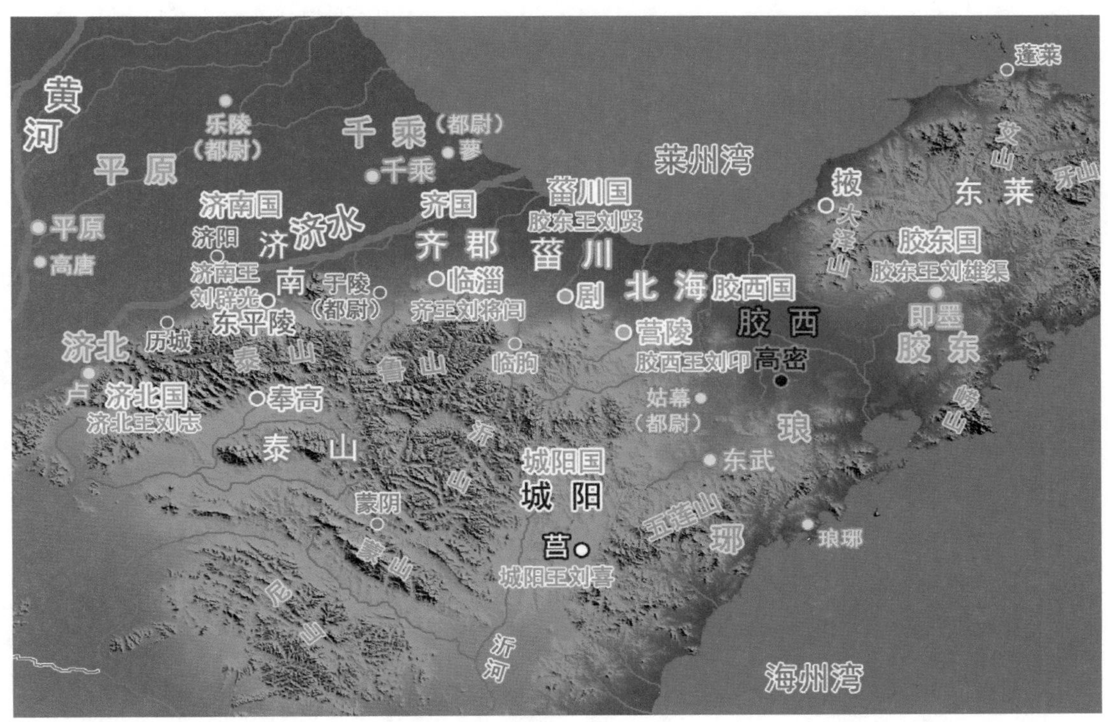

图 1-24　齐地七国

吴王刘濞是代王刘喜之子，刘喜是刘邦的二哥，当年刘喜逃到洛阳而失国。刘濞性情与父亲不同，他剽悍勇猛，受封为沛侯，以骑将随刘邦攻灭淮南王英布。因荆王（吴王）刘贾阵亡，刘邦便封刘濞为吴王，领吴越旧地，东南 53 城，定都广陵。吴国有 5 个郡（国），虽然不在这次削藩之列，但也是早晚的事，何况吴王与景帝有血海深仇。刘濞的吴国如图 1-25 所示。

文帝时期，吴王刘濞遣世子刘贤入长安为质，刘贤与太子刘启（后来的汉景帝）下棋，两人互不相让，争执起来。太子刘启拿起青铜棋盘砸向对方，刘贤这才意识到自己身份低刘启一等，不敢还手。刘启一次次将棋盘砸在刘贤头上，直到其断气。文帝得知后没有处罚太子刘启，只是把刘贤的尸体送回吴国。吴王刘濞暴跳如雷，又把尸体送回长安，意思是说刘贤乃我儿，也是刘家人，在长安死就应该在长安葬。因为此事，吴王刘濞托病，不再入朝见文帝。

刘濞在吴国倚山铸钱，煮海为盐，到汉景帝即位，吴国虽为诸侯，但实富于天子。刘濞得到吴国百姓拥戴，直到今天扬州一带的百姓都将刘濞奉为财神。

刘濞已经 62 岁，大半截身子已经入土，若非为了杀汉景帝报仇泄愤，单纯面对即将到来的削藩，是很难下定决心起兵的。

《削藩策》有两层主要意思，一是逐步将封国范围削减到比郡小，二是剥夺诸侯王的兵权。

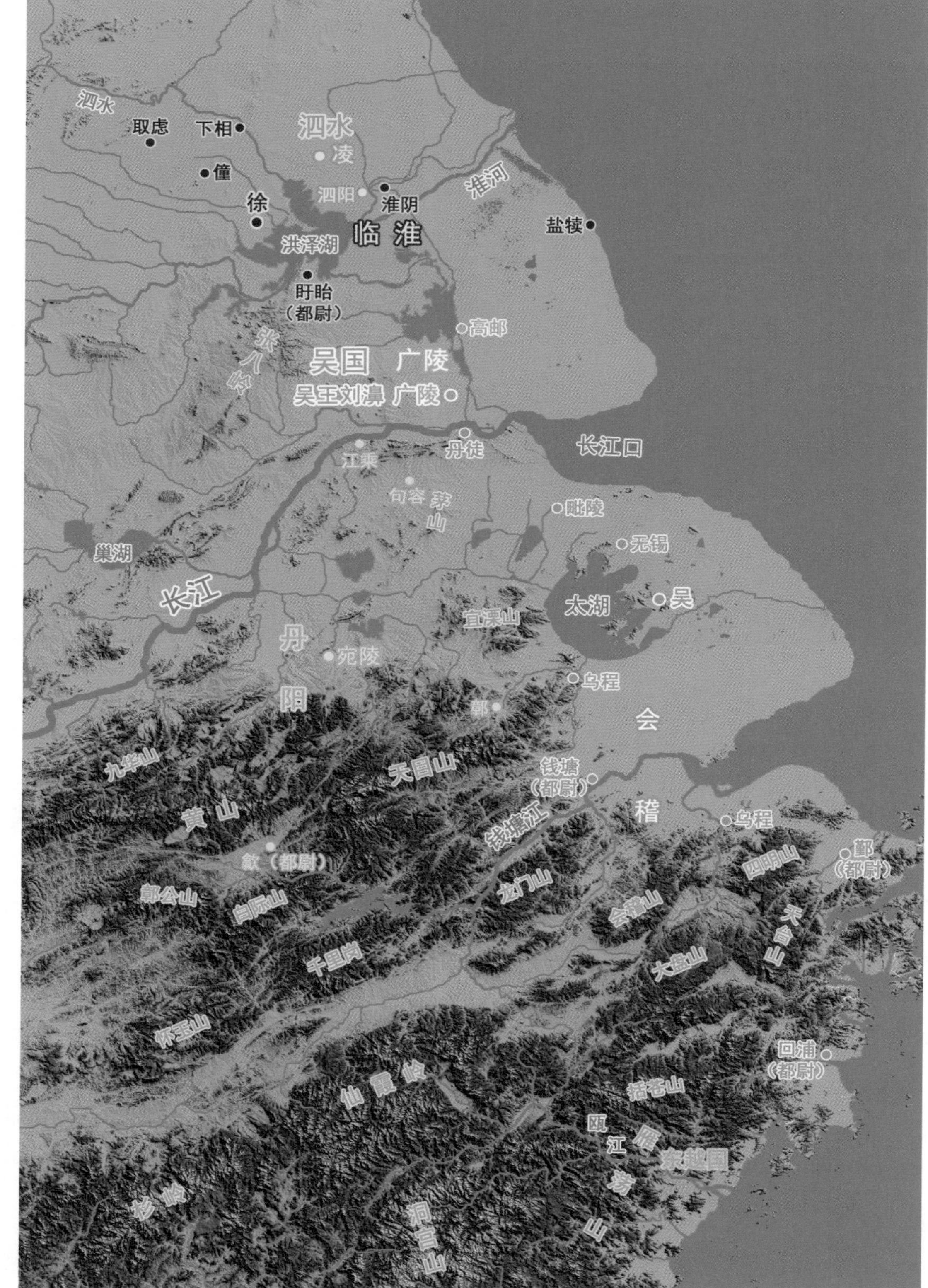
泗水
取虑
下相
泗水
凌
僮
泗阳
淮阴
淮河
徐
临淮
盐渎
洪泽湖
盱眙
（都尉）
高邮
张八岭
吴国 广陵
吴王刘濞 广陵
长江口
丹徒
江乘
句容
茅山
毗陵
无锡
巢湖
长江
太湖
吴
宜溧山
丹
宛陵
乌程
阳
鄣
会
九华山
天目山
钱塘
（都尉）
稽
黄山
钱塘江
乌程
鄞
（都尉）
歙（都尉）
四明山
鄣公山
白际山
龙门山
会稽山
天台山
千里岗
大盘山
怀玉山
回浦
（都尉）
仙霞岭
括苍山
瓯江
雁荡山
东越国
杉岭
洞宫山
图 1-25 吴王刘濞封地

公元前 154 年正月，7 个诸侯国以“请诛晁错，以清君侧”的名义举兵西向，这就是历史上的七国之乱。此次举兵为首的是吴王刘濞，再加楚王刘戊、赵王刘遂、齐王刘将闾、济南王刘辟光、济北王刘志、胶西王刘印、菑川王刘贤、胶东王刘雄渠，实际上开始有九王，后来齐王刘将闾和济北王刘志退出，还剩 7 个，史称七国之乱。

胶西王刘印的实力没有吴王、楚王、赵王大，他只有两个郡（国），但刘肥的儿子有 7 个诸侯王。刘印就联系几个兄弟，除了城阳王刘喜之外，其余六王都同意起兵，他们是刘肥第八到第十三个儿子。齐王刘肥死后，长子刘襄即位，刘襄之子刘则无子，国除。刘肥次子刘璋封城阳王，其子城阳王刘喜在七国之乱时没有反。刘肥三子刘兴居封济北王，在文帝即位时反叛，兵败被杀，国除。刘肥第四到第七个儿子对四哥刘兴居的叛乱多少都有些牵连，因此都只封侯。后面刘肥第八到第十三子都幸运地封侯。由于刘肥是刘邦的长子，故刘肥这个支脉一直认为自己才是皇室正统。

七王原本是九王，除了吴王刘濞、楚王刘戊、赵王刘遂，其他 6 个都是刘邦长子刘肥的儿子。七国之乱双方如表 1-1 所示。

表 1-1　七国之乱双方

<table>
<tr><td rowspan="11">刘太公</td><td>刘喜（代王）</td><td>刘濞（吴王）</td><td></td><td>备注</td></tr>
<tr><td rowspan="9">刘邦（高祖）</td><td rowspan="6">刘肥（齐王）</td><td>刘将闾（齐王）</td><td>刘肥第八子</td></tr>
<tr><td>刘辟光（济南王）</td><td>刘肥第九子</td></tr>
<tr><td>刘志（济北王）</td><td>刘肥第十子</td></tr>
<tr><td>刘印（胶西王）</td><td>刘肥第十一子</td></tr>
<tr><td>刘贤（菑川王）</td><td>刘肥第十二子</td></tr>
<tr><td>刘雄渠（胶东王）</td><td>刘肥第十三子</td></tr>
<tr><td rowspan="2">刘恒（文帝）</td><td>刘启（景帝）</td><td></td></tr>
<tr><td>刘武（梁王）</td><td></td></tr>
<tr><td>刘友（赵王）</td><td>刘遂（赵王）</td><td></td></tr>
<tr><td>刘交（楚王）</td><td>刘郢客（楚王）</td><td>刘戊（楚王）</td><td></td></tr>
</table>

注：绿色为朝廷一方，橙色为七国一方

当时汉朝除了天子，还有 22 个诸侯王，其中竟有 9 个欲起兵。景帝这边只有亲弟梁王刘武有能力抵抗，另有 6 个王都是景帝的儿子，因年龄小都未就国，其他诸侯王更是作壁上观，到了后期才跟着胜利者走个流程。

吴王刘濞率先起兵，尽杀朝廷所派官吏两千石以下者。刘濞下令：“寡人年 62 岁，披坚执锐为将，少子年十四，亦作前驱，国中男子年 14 岁，皆当为士卒从军征进。”

刘濞调集全国士众，得兵二十余万，又遣使分往闽越、东越乞兵。

《削藩策》颁布当月，吴王刘濞就迅速起兵，可见准备已久。楚王刘戊见吴王起兵，便杀了朝廷派来的楚相张尚、太傅赵夷吾，起兵响应。

赵王刘遂亦杀其丞相建德、内史王悍，领兵驻扎在赵国西界，欲待吴楚兵到，与之会同前进。同时遣使前往匈奴，请其派兵相助。

为了增加胜算，吴王刘濞也派人北上联络了匈奴军臣单于。

九王宣布举兵“清君侧”，实际上只有七王起兵。刘将闾（齐王）和刘志（济北王）犹豫了，二人加强城防，打算拥兵自保。齐国位于胶西国、胶东国、菑川国以西，三国如果并进中原，万一有不测，齐王不让他们回去，那真是走投无路。

齐王刘将闾一面派人向汉廷求救，一面暗与叛军联络，可谓首鼠两端。

济北王刘志的能力可能是最弱的，兵未动就被济北郎中令拿下，坚守不出。

剩下的济南王，说好的齐地六王一起出兵，现在剩下 4 个，济南国军队向东越过鲁山与胶西王、胶东王、菑川王一起攻击齐王。

一个汉兵还没遇到，刘肥的 6 个儿子就已经乱成一团。

计划中的九王变成七王，从战争的角度看，七国之乱分为南北两个大战场。

南方的诸侯国是吴国和楚国，其中吴国有 66 万户、294 万人，楚国有 100 万户、470 万人。北方的诸侯国是赵国和齐地四国，其中赵国有 51 万户、469 万人，齐地四国有 53 万户、248 万人。

汉朝这边，朝廷有 450 万户，2109 万人。梁国正好挡在南方诸侯国前进的道路上，有 93 万户、441 万人（以西汉鼎盛时期计算）。

吴王刘濞亲率大军，北渡淮水，与楚国合兵，共三十余万，连营数十里，势焰尤威。

大将军田禄伯献计道：“臣愿领兵 5 万，逆江淮而上，收淮南国、长沙国，西入武关与大王相会于关中，此为奇计也。”当年刘邦入关中，将军郦商就分兵从武关入汉中，确保刘邦得封汉王。

世子驹谏道：“父王以反叛为名，兵权若假手他人，他日亦将叛父王，为之奈何？”

刘濞认为儿子说的有道理，兵权不能随便给麾下将军，可见父子两个气度一般。当年刘邦拜韩信为大将军，让他统率千军万马开辟新战场，灭西魏、代、赵、齐等国，刘濞父子没有这个胸怀。

又有年轻的桓将军献策：“吴多步兵，利于险阻，朝廷多车骑，利于平地。大军所过城邑，不必攻克，可一直疾驱，据洛阳武库，食敖仓之粟，据山河之险，以令诸侯，虽不入关，天下已定。今若强攻城邑，待汉军车骑驰至，大事去矣。”

这个桓将军很有见地，他的意思是趁朝廷还没发兵，吴楚联军应该放弃攻城，一直进兵到洛阳并拿下洛阳城。这样取得洛阳兵器库，又有敖仓堆积如山的粮草，基本就把朝廷之兵堵在关中了。如此便可号令诸侯，即使打不进关中也天下已定，回头慢慢吃掉梁国。反过来如果一座座城邑都去攻打，等朝廷车骑赶来，吴楚的步兵根本不是对手。

可惜刘濞认为桓将军年轻，他担心的是如果放弃攻克途中的城邑，万一后路被断怎么办？

消息传到长安，晁错竟然请景帝御驾亲征，自己留守长安。景帝龙颜大怒，他强压火气，调兵遣将。

景帝拜窦婴为大将军作为第一路，赐金千斤，出镇荥阳，保证荥阳这个南来北往的交通枢纽不失，同时确保荥阳北边的敖仓在朝廷手中。

窦婴是窦太后的侄子，是外戚的代表。窦婴这次是以防御为主，而要击败对手，还得主动进攻，为梁王解围。

第二路，景帝拜车骑将军（军职二品）中尉（官职二品）周亚夫为太尉（三公之一，官职一品），统率36个将军，东征平叛，这才是朝廷的主力军。条侯周亚夫是绛侯周勃之子，文帝驾崩前特意叮嘱太子，兵事可托细柳将军（周亚夫）。

第三路，曲周侯郦寄领偏师击赵。郦寄是郦商之子，在平定诸吕之乱中有功，益封至18000户。

第四路，将军栾布领偏师救齐。栾布是个白头翁，早在秦朝时期就很活跃。陈胜吴广起兵时，韩广称燕王，栾布就在燕王韩广麾下任都尉。后来又效力于梁王彭越，再投奔已经平定天下的刘邦，一直未能封侯。景帝平七国之乱的部署如图1-26所示。

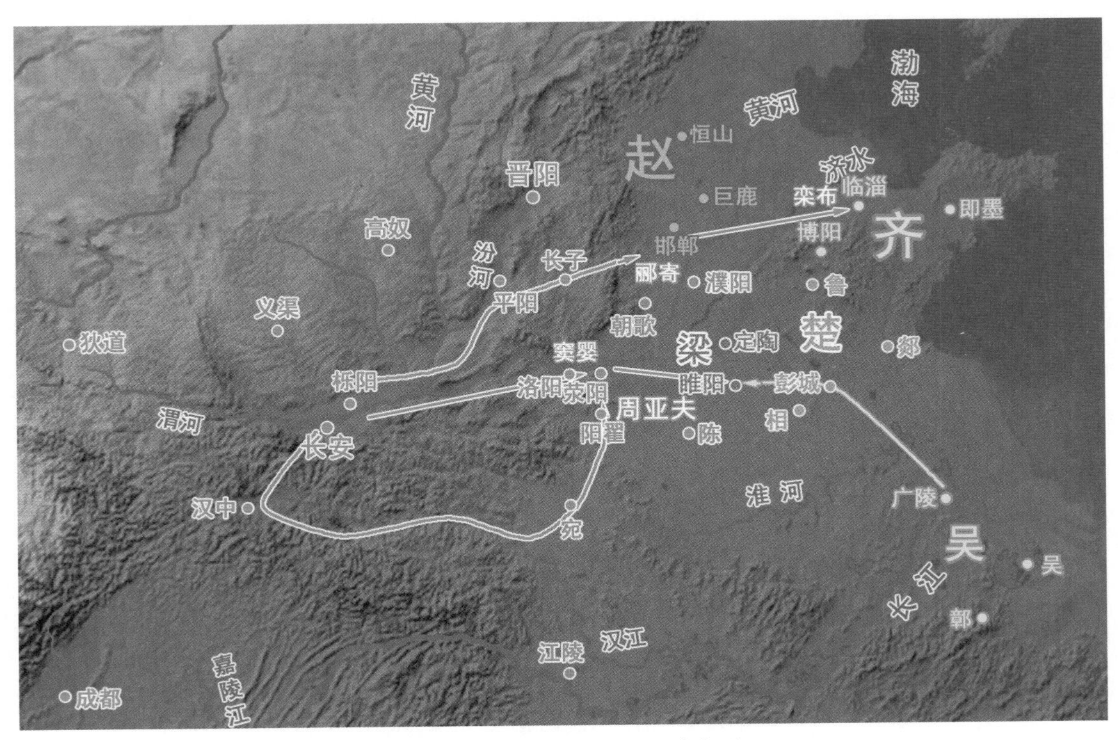

图 1-26　景帝平七国之乱军事部署

吴、楚合兵侵入梁地，梁王遣兵拒之，战于棘壁。梁兵大败，死者数万人，退守都城睢阳。

眼看梁国这边战局陷入胶着，景帝尽显狠人气质：既然诸侯军打着“清君侧”的旗号，那我现在就杀了晁错，让你们师出无名。

景帝既杀晁错，授袁盎（曾拜吴相）为太常，德侯刘通（吴王刘濞侄子）为宗正，一同前往吴军大营，告知已腰斩晁错，尽复各国被削之地，谕令即日罢兵。

周亚夫出兵，与吴王的大将军田禄伯不谋而合。田禄伯想从武关入汉中再北上关中，周亚夫也担心吴楚联军出此奇招，便从关中下汉中，出武关到南阳。若对方真如此谋划，那也毫无机会进入武关。

周亚夫绕着秦岭，兵进洛阳，鸣鼓聚兵，东进过荥阳而不入，与大将军窦婴擦肩而过。进入梁国后，周亚夫不去国都睢阳，而是屯兵昌邑，接着就是深沟高垒，坚守不动，任吴、楚与梁相持。

梁王连战不利，遣使向周亚夫求救，周亚夫却坚壁清野，不肯救援。梁王急得望眼欲穿，每个时辰都派人催促周亚夫出兵，周亚夫索性不见来使。梁王见周亚夫裹足不前，气得七窍冒烟，数次遣使前往长安，向太后和景帝告御状。

周亚夫是谁，只要他决定不出兵，就算太后和景帝在跟前他也照样拒绝。当年文帝御驾到周亚夫的细柳营劳军，周亚夫并不出营相迎，守门将士还阻止文帝入营，说“军中但遵将令，不闻天子之诏”。文帝好不容易入营，周亚夫不拜天子，说道：“甲胄之士不拜，臣请以军礼相见。”就周亚夫这性格，怎会把梁王刘武放在眼里。

吴王刘濞与楚王刘戊连胜梁兵数阵，甚是高兴。忽报亚夫兵到睢阳，正拟分兵迎敌，又闻亚夫移驻昌邑，按兵不动，不肯救梁。刘濞知道留给自己的时间不多，于是率众日夜攻击睢阳。

此时太常袁盎（曾任吴相）与宗正刘通（吴王刘濞侄子）来到吴楚军中，言明天子从七国之意，已将晁错正法并诛族，并归还各国所削之地，请各国罢兵。刘濞清楚开弓没有回头箭，若退兵日后皇帝还得收拾他。

梁王一开始损兵折将，损失数万兵马，周亚夫又深沟高垒不救。求人不如求己，梁王散尽家财，日夜激励士卒，以韩安国、张羽二人为将，领兵拒敌。

张羽之兄为楚国相，因谏楚王刘戊勿反被杀。张羽复仇心切，多次乘隙出击。韩安国性持重，张羽勇敢善战，二人合力，挡住了吴楚联军。

周亚夫也悄悄完成了一个重要部署：遣弓高侯韩颓当，率领轻骑，从小道抄到吴、楚兵队后面，扼淮泗之口，断其粮运。

吴王刘濞督兵猛攻梁国都城睢阳，誓要踏破梁都。不远处尘土飞扬，一队骑兵不知何时趋近，像钉子般钻入吴军大阵。这支军队打着羽林军旗号，如入无人之境，为首的正是骑郎将（军职六品）李广。但见李广鹰目方口，体如虎豹，拳似铜锤，两支铁臂过膝。李广背一把大彤弓，单人单马深入敌阵，先斩执旗军官，再取其大旗，扬长而去。吴军还想追击报复，李广一人断后，置大彤弓不用，只用木弓便箭无虚发，吴军追得最快的几人纷纷落马，再无人敢招惹李广。

睢阳城头上，梁王全身披挂，激动万分，因这一彪人马打的是羽林军旗号，意味着周亚夫终于肯发救兵了。梁王戳指狂赞道："此真将军也，不知是何人。"

韩安国接话："臣闻陇西李氏善骑射，此必为骑郎将李广，背上是先帝（文帝）所赐彤弓。"

战后梁王特意派人去朝廷营中请李广赴宴，并授以梁国将军之印，李广欣然受之。

就在李广袭击吴军时，周亚夫率大军从昌邑出兵下邑。吴楚联军当然不能再把梁都作为主战场了，二王便亲率大军来攻周亚夫。

吴王刘濞与楚王刘戊希望速战速决，恨不得立刻将周亚夫大营踏破。周亚夫却毫不理会，安排四面用强弩射击，使吴楚联军不能近前。

一个昏黑的夜晚，月色无光，吴楚联军前来劫营，周亚夫开营迎敌，完全不按常理出牌。吴楚联军慌忙收兵退归，伤亡了几百人，朝廷军却一人未折。

此时弓高侯韩颓当的轻骑兵截住淮泗路口，劫走不少吴军粮草。待吴楚联军士卒倦怠，锐气尽失，周亚夫遂下令出兵攻之。

真正的大战开始了，战况激烈。朝廷这边，将军灌孟（灌婴门客，原名张孟）阵亡，其子校尉灌夫身披盔甲，手持画戟，率家奴10余人，踏吴楚大营，因众寡不敌，杀数十人后十余骑覆没，灌夫战到力竭，单骑逃回，受伤十余处，血染战袍。

灌夫并不是个例，汉军都知道对方粮草被断，兵力等各方面都是己方占优，勇气百倍，吴楚联军则斗志丧失。

交战几日以来，吴楚粮草不济，将士竟有因饥饿而私自逃亡者。

这时吴楚虽不占优势，但仍有翻盘的机会，因为诸侯军只要能坚持到秋高马肥之时，匈奴就有可能会大举南下增援。然而此时南方传来一个消息，令吴王刘濞魂飞魄散。

原来是东瓯王率万余精锐北上，号称来援吴王，会稽郡各城邑城守紧闭城门，不敢接纳。

吴王起兵前，曾邀南方的闽越和东瓯出兵，试探南方两国对吴国有无觊觎之心。结果闽越王和东瓯王都以准备不足为由，拒绝发兵相助，这反而解了吴王的后顾之忧。

闽越与东瓯皆是蛮夷，秦时曾以其地为闽中郡，与南越通称为百越。

刘邦定天下后，封驺（zōu）无诸为闽越王，定都东冶（今福建福州）；封驺摇为东瓯王，定都东海（今浙江温州）。惠帝时再封驺摇为东海王。此二王都是越王勾践的后人。

现在吴楚联军这般情形，东瓯王反要来援，居心叵测。吴王刘濞得知消息时，东瓯军已经抵达长江南岸的丹徒，渡河之后不远就是吴国都城广陵。吴王不相信东瓯军能拿下广陵，但这个消息要是传到士气低落的吴军当中，后果不堪设想。

刘濞自知立脚不住，瞒着楚王刘戊、吴国大将军田禄伯等，与世子刘驹率亲兵数千人南渡淮水，急奔吴都广陵而去。但这种事情不可能滴水不漏，吴军次日就知道吴王跑了，都寻思长此下去，即便不战死也要饿死。于是将佐离心，二十几万吴军就这样作鸟兽散。吴军将尉中那些头脑清醒的，率众向朝廷及梁国军队投降，以免日后连坐到家族。

楚王刘戊独木难支，也想率众逃生，不料被汉军分割包围。楚兵哪还有抵抗的意志，各自四面狂奔，只剩楚王刘戊率数千亲兵还在顽抗。

楚王自知不能脱身，拔剑在手，引颈自刎。部下见楚王已死，一时投戈弃甲，相率归降。

周亚夫下令将士们招降敌卒，言明缴械者免死，荡平了吴楚大营。

吴王刘濞渡过淮水，直奔广陵。来到广陵城下，见依旧是吴国旗帜，心中稍安。

原来东瓯人屯兵在长江南岸的丹徒，闻吴楚与朝廷之战进入胶着状态，便欲隔岸观火。吴王刘濞还不知道他走后吴楚联军兵败如山倒，因此率军渡过长江，请东瓯王出兵相助。

周亚夫见楚王已死，吴王却在逃，当然要歼厥渠魁。他派使臣南下到东瓯王营中，求吴王人头。

东瓯主将见吴王刘濞势穷力蹙，便诱吴王劳军，暗令刺客杀之，割下刘濞首级，驰送长安献功。景帝念东瓯杀死吴王，不究其罪，仍加赏赐。

吴国世子驹见其父被杀，率残部逃奔闽越而去。

再来看齐国的情况。临淄城本被秦始皇毁坏，但刘肥家族经营了半个世纪，现在城高濠深，复有战国齐都之雄伟。四国兵马环城数匝，刀枪剑戟皆出，将城围得水泄不通。战骑势如潮涌，架起云梯猛攻，却未能攻破。

等将军栾布率领救兵到来，四国已师老兵疲，勉强维持对峙局面。

不久周亚夫又令韩颓当率骑兵北上增援。面对骁勇善战的朝廷骑兵，四王灰心丧气，惊恐万分，竟然纷纷自杀，齐地六国平定。四王不是怕死，而是怕诛族，便索性以死谢罪，希望天子不要株连家人。

齐王刘将闾原本是要反朝廷的，肯定难辞其咎，为保子孙后代，也服毒自杀，后来景帝封刘将闾的世子刘寿嗣为齐王。济北王刘志从一开始就被郎中令拿下，他与梁王刘武关系不错，便派人请梁王向天子求情，被移为菑川王，封地从 3 个郡（国）减少到 1 个郡（国）。

赵王刘遂按照战前规划率兵驻扎在西境，等候齐地六国兵来，一同越过太行山脉，先据河东，再与吴楚会师关中。谁知齐地六国，竟无一兵一卒来增援。

后闻汉遣曲周侯郦寄领兵来攻，刘遂急引兵回到邯郸城固守。郦寄围住邯郸城，攻打 7 个月不能破。齐地平定后，栾布率军西进赵国邯郸，与郦寄合力攻击。

刘遂死据孤城，无路可奔，箭尽粮绝，在邯郸城自杀，赵国灭，七国平定。

战后论功行赏，由于梁王和窦太后厌恶周亚夫，条侯周亚夫不益封食邑，仍为太尉兼车骑将军。窦婴封为魏其侯，食邑不详。36 个将军中，弓高侯韩颓当功冠诸将，不知何故也未益封。另有 6 位将军封侯：栾布封俞侯；卫绾封建陵侯；程嘉封建平侯；公孙昆邪封平曲侯；苏息封江阳侯；直不疑封塞侯。

也有削爵的，曲周侯郦寄长时间攻不下赵国，18000 户食邑归零。景帝改封郦寄之弟郦坚为缪侯，食邑大减。

李广在这场战争中奋勇争先，匹马深入敌阵，取其大旗。梁王授以将军之印，李广欣然受之。

按照当时汉朝的法律，诸侯王不得结交和赏赐朝臣，梁王显然违规了，但李广更是不可思议地接受了赏赐。若是其他诸侯王授李广将军之印，李广恐怕不敢接受。但此时汉景帝还没有立太子，皇帝又曾亲口说要立梁王为继承人，李广也就这样稀里糊涂地接受了梁王的将军印。

回朝后，论功行赏，李广有大功，肯定要升官，但汉景帝又非常忌惮李广，因为他绝不会立梁王为太子，若将来梁王与李广里应外合，后果不堪设想。所以李广可以升官，但必须离开长安，因此领上谷太守（官职三品）。第二年汉景立刘荣为太子，断了梁王的念想，此时李广可能会有所领悟。

表面看汉景帝给李广连升三级，李广 30 岁便是封疆大吏，前途不可限量。但皇帝对他又爱又恨，终其一生让他戍守边疆。此后近 20 年，李广先后担任上谷、上郡、陇西、北地、雁门、代郡、云中 7 个郡的太守，俸禄停留在两千石。

高祖时，朝廷有 15 个郡，诸侯国有 42 个郡。平定七王之乱后，朝廷有 44 个郡，诸侯王只剩 26 个郡。而且，这些诸侯王多是汉景帝的兄弟和儿子，忠诚度不会有问题。

后来朝廷又推出推恩令，允许诸侯王将封地分为几部分传给儿子们，甚至可以传给庶子，除了嫡子继承王位，其他庶子都封侯。到了汉武帝时期，大国也就是一个郡，所谓大国不过十余城，小侯不过十余里。这种化整为零的方式，让诸侯王再也无力威胁朝廷。

汉朝内战如火如荼，匈奴一方隔岸观火，军臣单于调兵遣将，准备在秋高马肥时南下。

此战对匈奴而言，倒不一定是要帮叛军，谁给的利益更多就帮谁。若是匈奴真的率领三四十万胡族联军南下，中国可能要提前进入南北朝时期。

军臣单于没有料到，一场声势浩大的叛乱，主战场 3 个月就结束了，根本没撑到秋高马肥之际，他们错失了南下的良机。

● 梁国一分为五，武帝即位

近 20 年时间，李广先后领 7 个郡的太守，我们从图 1-27 上看看这 7 个郡在哪里。

公元前 154 年，朝廷平七国之乱后，李广擢升为上谷太守，一待就是两年。

西汉边郡太守手握重兵，一般两三年就要另外任用，此时景帝还是想把李广调回长安重用。

典属国（官职三品）公孙昆邪评价李广道："李广才气，天下无双。然自负其能，数与虏敌战，恐亡之。"

公孙昆邪是义渠人，能征善战，平七国之乱时立下战功，封为平曲侯，食邑 3220 户。虽然 5 年后公孙昆邪因罪被削爵，但景帝还是一直重用他，其子公孙贺成为刘彻（汉武帝）的太子舍人（官职十三品）。

公孙昆邪作为战将，这番评价极具说服力，意思是李广的才能和气概，天下没有第二个，但他自恃其能，恐怕会因为轻敌而败亡，难堪大任。景帝对此话深以为然，便将李广迁为上郡太守。

公元前 151 年，军臣单于率军南下雁门郡，后西渡黄河进入上郡。

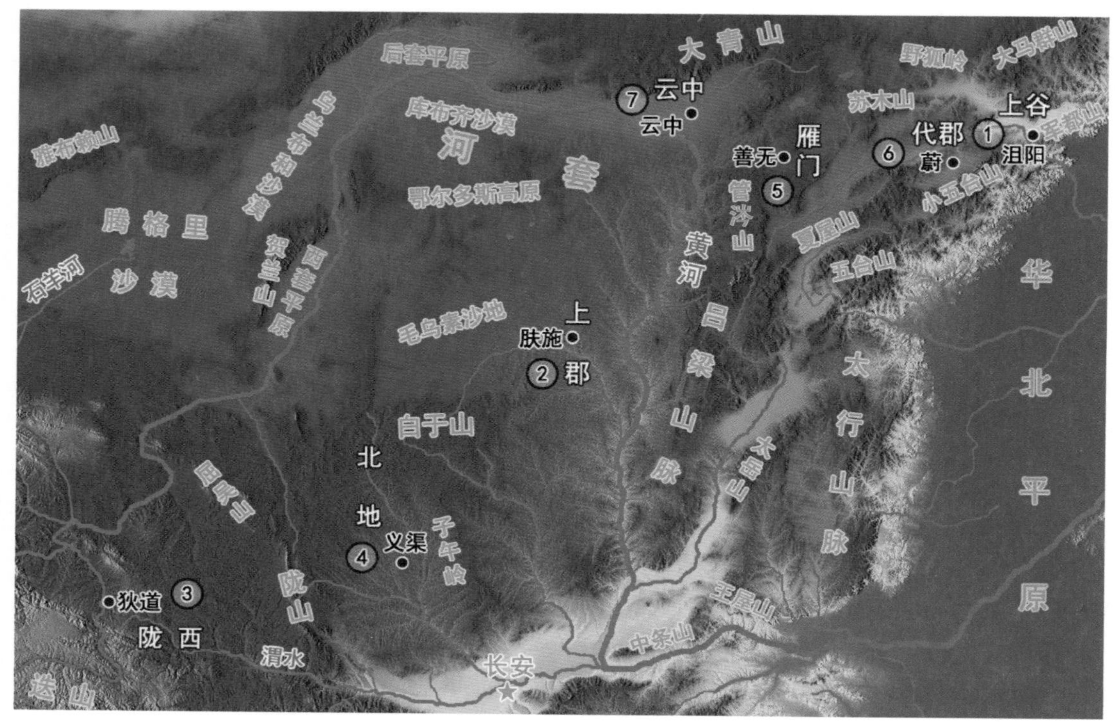

图 1-27　李广先后领七郡太守

景帝遣宠信中贵人（宦官、太监）前往上郡，名为助李广一臂之力，操练兵马，实则为监军。

一日，中贵人带数十骑出外巡逻，被 3 个射雕（鹫）者杀得狼狈逃窜，不消片刻数十骑几乎尽被射杀，中贵人也受了伤，抱头鼠窜回营。

草原民族以射雕为能事，故称善射之人为射雕者。塞外的大雕体型比中原的老鹰大得多，展翅时比一个身高八尺（1.83 米）的人的臂展还要长，羽毛虽轻却坚硬如铁，连草原狼遇到大雕都会躲避。大雕振翅高飞后，根本不可能射落，只有事先埋伏在羊群旁边，等大雕把整头羊攫（jué）到空中，再次振翅时高度和速度剧减，才是射雕的最佳时机。

弯弓若转月，白雁落云端。射雕者不但目力佳、力道大、射术精，最重要的是耐力好，和现代战争中的狙击手一样，能够连续数日潜伏在野外等待那几秒钟的致命一击。

李广见中贵人狼狈不堪，也不安慰几句，便率百骑追那几个射雕者。胡骑纵猎走且射，野牛骇怒头角低。李广令百骑守候在十几里外，孤身一人潜到射雕者附近。弓弯如满月，箭去似流星，只见一箭穿胸而过，劲力未衰，将对方带倒在地，箭头插入泥土中。

另两人本能地将身体悬在马腹一侧，从两翼向李广夹击过来。只听弓弦响起，一匹战马栽倒在地，马腹一侧的射雕者反应不及，和战马一起撞在一堆乱石上，头破血流，失去战斗力。

三人未及开弓便已折损两个，另一人紧急放慢马速，坠地隐藏，等他落地再抬头，李广的箭簇正对着他的脑袋，遂被生擒。

李广用哨声招来随行百骑，取两人首级，捆缚一人。正欲回营，忽见前面沙尘大起，定睛一望，数千匈奴骑兵蜂屯蚁聚而来。

李广对亲兵说道：“众寡悬殊，万不可策马逃走，否则匈奴人在后面追射，我等无一能幸免。”

李广令百骑在小土坡后往来驰骋，冲起尘土，以此来疑兵。他自己则横弓立马于小土坡上，向匈奴而望。

匈奴大队骑兵驰到两里许，便勒住战马，从侧翼派出骑哨，发现李广身后只有百余骑，且都解鞍休息。如此方才漫天尘土，岂不是有千军万马布下埋伏？

李广体如虎豹，怒目横弓，与匈奴骑兵相拒良久。匈奴一首领乘白马、持木盾，向李广策骑驰来，在 300 步外勒马，想窥探李广军虚实。

李广取出文帝所赐彤弓彤矢，其弓弦长度是一般弓弦的 3 倍，也只有李广这等两支铁臂过膝之猛将能拉开。

李广双腿夹紧马腹，借助战马冲击，奋力一射，但见红光一闪，彤矢一去无迹。白马首领抬头往天上看，那彤矢抵达最高点，划出优美弧线后，竟向他疾射而去。彤矢距白马首领只有数尺时，他才发觉有异，现出惊骇欲绝的神色。

彤矢破盾而过，发出干脆利落的金属破木之声，又继续穿过皮甲，从背后透出，插在百步外的碎石上。白马首领连惨叫都来不及，往后倒跌于马下，睁大双眼死去。

匈奴骑兵观之莫不股栗。李广勒马仍回原地，解鞍下马，卧在地上休息。

天色暗下来，匈奴人觉得李广举动怪异，担心汉军有埋伏，便广散骑哨，准备等摸清状况再做打算。谁料夜半时分，李广率众突围，匈奴人担心有诈，又惧怕李广之神箭，只能远远跟着。李广率军狂奔数十里，驰入汉军大营，这才化险为夷。

此战后李广在草原上威名远扬，匈奴人知李广，却不闻汉帝姓名。就连军臣单于也放言，各部落若遇到李广，要抓活的，因为匈奴最敬重英雄。

然而朝廷这边，中贵人回到长安，在景帝面前进谗害贤，不久李广又迁为陇西太守。

李广是陇西成纪人，陇西李氏在本地势力庞大，李广在陇西一呼百应，如鱼得水。

陇西郡位于秦朝西陲，再往西就是河湟地区，那是羌人的地盘。羌人活跃于河湟一带的高原河谷，与河西走廊的月氏、匈奴关系密切，常南渡黄河“打草谷”，即抢掠人口和物资。

中原视羌人为蛮夷，朝廷对其的态度与匈奴无异。然而匈奴赶走月氏，占据河西走廊后，朝廷又希望联合羌人对付河西走廊的匈奴，即所谓以夷制夷。如果汉朝主动拿出一些物资让羌人成为代理人，不断消耗匈奴，可能比汉军自己去征讨匈奴更划算。

李广自幼生活在陇西，年少时曾与羌人交战，恨羌人抢掠陇西的人口财货，烧陇西的城邑田产。

这一年数千羌人南下，李广率军还击，诱降了 800 余骑。谁也没想到，李广竟把 800 余降卒全部杀了。李广后来回忆，这是他一生唯一后悔的事情。

此事传到长安，朝野震动。朝廷经略河湟地区的战略宣告失败，以后羌人绝不会再轻易投降，羌人遇到汉军肯定会死战到底。

随后十来年，李广先后领北地、雁门、代郡、云中太守，直到景帝驾崩，朝廷也没把他调回长安。

李广的故事告一段落，我们再来看景帝是如何消除亲弟梁王刘武的威胁，又如何立刘彻为太子的。

平七国之乱时，梁军前后擒杀的敌人几乎与汉兵相等。

景帝念梁王立有大功，赐天子旌旗。梁王自恃其功，愈加目空一切，出入排起銮驾，千乘万骑，传呼警跸，所有礼节，竟与天子无异。

景帝闻知，心中甚是不悦，又知梁王仍对帝位念念不忘，便决定早立太子，以断梁王念想。

梁国有 5 个郡（国），40 余城，约 93 万户、441 万人（以西汉鼎盛时期计算），居天下膏腴之地。

梁王刘武将都城睢阳加大至周长 70 里，宫舍雕龙画凤；又辟方圆 300 多里的东苑，苑中有曜华宫、百灵山，山上有肤寸石、落猿岩、栖龙岫等胜景；有雁池，池中有鹤洲凫渚，四处可见奇花异草，珍禽怪兽；修三十多里长的架空通道，从宫殿连接东苑中的曜华宫。府库的金钱堆积成山，珠玉、宝器等比长安还多。

人事方面，梁王广招四方豪杰，礼待游士，遂有齐人羊胜、公孙诡、邹阳，吴人枚乘、严忌，蜀人司马相如等，皆闻风而至，以文学之名，陪梁王游宴，吟诗作赋。梁王拜公孙诡为中尉，主管兵事，梁国铸造了许多兵器，弓箭、戈矛之类就有数十万件。

而平定七国之乱的功臣韩安国与张羽却没有获得重用，韩安国位在公孙诡之下，张羽愤然离开。不过这个韩安国不简单，他趁出使长安的机会，在景帝面前告了梁王一状，毛遂自荐成了景帝安插在梁王身边的间谍。

韩安国是带着景帝诏书回去的，一回到梁国，立即就被下狱。景帝听闻此事，立即派人到梁国，任命韩安国为内史。

梁国自梁王以下有 3 个要职，国相是朝廷任命的，掌兵权的中尉公孙诡是梁王任命的，管政务的内史正是韩安国。

公元前 153 年四月，平定七国之乱一年后，景帝立栗姬之子刘荣为太子，一下子惊醒了梁王的美梦。

薄皇后无子无女，栗姬艳压群芳且有三子，其中刘荣被立为太子，薄皇后与栗姬必有一争。当年迫于祖母薄太皇太后之命，景帝才立了薄皇后，两人确实没有感情。后宫斗了两年，景帝废薄皇后，栗姬李代桃僵指日可待。

谁知天有不测风云，人有旦夕祸福，栗姬有些得意忘形了。

景帝有一对同父同母的弟弟妹妹——梁王刘武和馆陶公主刘嫖。馆陶公主嫁给堂邑侯陈午，陈午是陈婴之孙，食邑 1800 户。馆陶公主生有二子一女，女儿叫陈阿娇。当景帝立刘荣为太子时，馆陶公主便找太子的母亲栗姬联姻。谁料栗姬随口拒绝，原来此前馆陶公主为兄长献上许多美女，栗姬因此嫉恨。

栗姬有 3 个儿子，除了太子刘荣，还有河间王刘德和临江王刘阏，她自我感觉良好，才敢强势拒绝馆陶公主。

馆陶公主恼羞成怒，暗骂栗姬不识抬举。胶东王刘彻的母亲王娡（王美人）见缝插针，主动要和馆陶公主做亲家，令儿子刘彻娶陈阿娇。

王美人来头可不小，她的母亲臧儿乃汉朝开国时燕王臧荼的孙女。王美人姐妹二人一起入宫，一并受宠。

馆陶公主耸眉张目，将侄子刘彻放在大腿上，抚摸着他的小脑袋问："你愿娶阿娇否？"

小刘彻显现出与年龄极不相符的城府，嬉笑道："我若得阿娇，就盖一座金屋赠给她！"这就是金屋藏娇的典故。

馆陶公主决意废掉太子刘荣，且笑且恨道："栗氏以其子为太子，将来定为皇后，哪知还有我在，管教她儿子坐不稳东宫！"

馆陶公主总在景帝面前称栗姬信邪术，诅咒其他嫔妃皇子。而王美人为人谦和，胶东王聪明孝顺，誉满后宫。

景帝也很喜欢聪慧的刘彻，一次将他抱在膝上，问道："儿将来想做天子吗？"

刘彻回答："天子由天不由儿，我愿永远臣服在父皇面前，不敢失了为子之道。"

景帝闻言愕然——一个四五岁的小孩能说出如此孝顺的话来，父亲当然会感动。

馆陶公主又在景帝面前说栗姬蛇蝎心肠，将来必然酿成人彘的惨祸。当初吕后不但杀了赵王刘如意，还将其母做成人彘，人神共愤，听得景帝毛骨悚然。

一次景帝临幸栗姬后，栗姬要求景帝封自己为皇后，这多少有些越界犯忌了。封后这种事，只能由皇帝主动提出，就连朝臣都不能提，因为有勾连后宫之嫌。

景帝不悦，走出寝宫后又想回去问栗姬，将来做了皇后能否善待其他子嗣。景帝示意太监不要声张，踱步至栗姬窗前，竟听得栗姬骂"老狗"二字。栗姬或许是骂馆陶公主，景帝听了却如五雷轰顶，站立不稳，在太监的搀扶下才没倒地。景帝不想徒生口角，失了帝王尊严，于是含恨而走。

王美人派人假装成栗姬门客，重金贿赂三公九卿，结果大行令（九卿之一，官职二品）出面，请立栗姬为皇后。

后宫不得干政，朝臣不得勾连后宫，这是规矩，景帝将大行令免职下狱，并下定决心要废太子。

公元前 150 年正月，景帝废太子刘荣，改封其为临江王。此前的临江王刘阏是刘荣之弟，已经夭折。

发生这件事最高兴的还不是王美人刘彻母子，而是梁王刘武。消息刚传到梁国，梁王便立即安排入朝，想趁此时机遂他多年心愿。

景帝遣使用御车驷马前往函谷关迎接。梁王到长安见太后和景帝，留在宫中住下。景帝与梁王入则共辇，出则同车，允许梁国随来侍中谒者等任意出入殿门，与天子宦官无异。

一日景帝与梁王同在宫中，陪侍太后饮宴。太后乘着酒兴对景帝说："吾闻殷道亲亲，周道尊尊，当以梁王为储君。"

景帝为博母亲欢心，假装应允，梁王在旁闻听暗自欢喜。

事后景帝与公卿商议，太常（九卿之一，官职二品）袁盎不但反对，还代表大臣入宫见太后，举了个例子，说春秋时宋宣公不立其子殇公，而立其弟穆公，导致宋国祸乱不绝。太后闻言心中不悦，将袁盎轰出宫门。

袁盎为人直言，曾力劝景帝杀晁错，安抚诸侯，是朝中为数不多立场鲜明地反对立梁王为储君的大臣。

四月，景帝立王美人为皇后，立 6 岁的第十子刘彻为太子。若没有梁王刘武搅和，景帝不会如此急切地立皇后和太子。

不久后袁盎称病告老还乡，目的地就是梁国的安陵。梁王麾下羊胜、公孙诡提议暗杀袁盎，于是刺客就在梁国安陵城门口杀了朝中重臣，袁盎等十余人全部被刺死，蒙面刺客逃脱。

景帝派人到梁国查办行刺之案，羊胜、公孙诡跪地叩头，请求梁王保护。梁王便将二人藏在宫中密室内，吩咐左右不得泄露消息。

梁国内史韩安国献策说，不如杀了这两人，如此才无损梁王与皇帝的兄弟感情。梁王顿足叹气，他见识过汉军兵力之盛，当然也惧怕景帝生气，于是勒令羊胜、公孙诡自杀。

梁王刘武终于认清现实，此后低调了不少，

废太子刘荣就任临江王后，太子刘彻的母亲王皇后便派人去临江国，日夜秘密监视刘荣，终于抓到把柄——刘荣疑似侵占宗庙土地修建宫室，于是王皇后通过朝臣之口奏了刘荣一本。

刘荣被废两年后，景帝将其召到长安，令中尉郅都审理此案。

郅都在文帝时仅是郎官，景帝即位后提拔为中郎将（军职四品），又到地方担任济南郡太守（官职三品），再调回长安担任中尉（执金吾，官职二品），统领南军，掌管司隶防务。

景帝时皇亲国戚、功臣列侯犯法，廷尉往往办不了案子，景帝就让郅都来办。郅都任中尉时执法严格、不避权贵，人称"苍鹰"。

郅都执法严苛、责讯甚严，刘荣在中尉府自杀身亡。刘荣的祖母窦太后，也就是景帝的母亲，闻孙子死讯，下令批捕郅都。景帝护着这个逼死亲儿子的忠臣，先罢官，后领雁门郡太守（官职三品）。

郅都确实很有能力，他将雁门郡守得滴水不漏，还频频率军攻入雁门北匈奴的牧场。匈奴大多不敢在雁门北牧马，他们用木头刻成郅都之形的木偶，立为箭靶，令骑兵奔跑射击，以泄心头之恨。

太子刘彻的位置也不能算彻底稳固，毕竟他只是景帝第十子，而且叔叔梁王刘武的威胁也不小。

这几年匈奴军臣单于与汉朝之间的争夺越发激烈，城门失火殃及池鱼，在匈奴屋檐下生存的那些汉人后裔争相回到长城以南。

公元前 147 年，以范代为首的 7 个匈奴小王归降，全部被封为列侯。范代封范阳侯，食邑 6200 户；陆强封袭侯，食邑 1570 户；于军封安陵侯，食邑 1550 户；仆蕲（qí）封易侯，食邑 1110 户；徐卢封容城侯，食邑 700 户；邯郸封翕侯，食邑不详；赐封桓侯，食邑不详。

公元前 145 年，东胡卢王卢他之归降。当年燕王卢绾率数千骑及家人奔走匈奴，封为东胡卢王。卢绾的孙子卢他之以东胡王身份向汉投降，封为亚谷侯，食邑 1000 户。

景帝封这些匈奴降将为列侯，遭到丞相周亚夫反对。周亚夫的意思是，这种叛主之辈封列侯，那谁还做守节之臣？

周亚夫自平七国之乱后不久，便由太尉迁为丞相，明升暗降，不管兵事了。这几年周亚夫不少事情与景帝意见不合，此前废太子刘荣时，周亚夫也是反对者。

周亚夫无所适从，告老还乡。景帝到了生命最后几年，害怕周亚夫这等人物危及太子刘彻的统治，以莫须有的罪名将其下狱，周亚夫绝食自杀。

公元前 144 年，梁王刘武去世，葬于高祖刘邦的福地芒砀山。刘武有 5 个儿子，景帝便将梁国一分为五，长子梁王刘买，次子济川王刘明，三子济东王刘彭离，四子山阳王刘定，五子济阴王刘不识。刘武的梁国如图 1-28 所示。

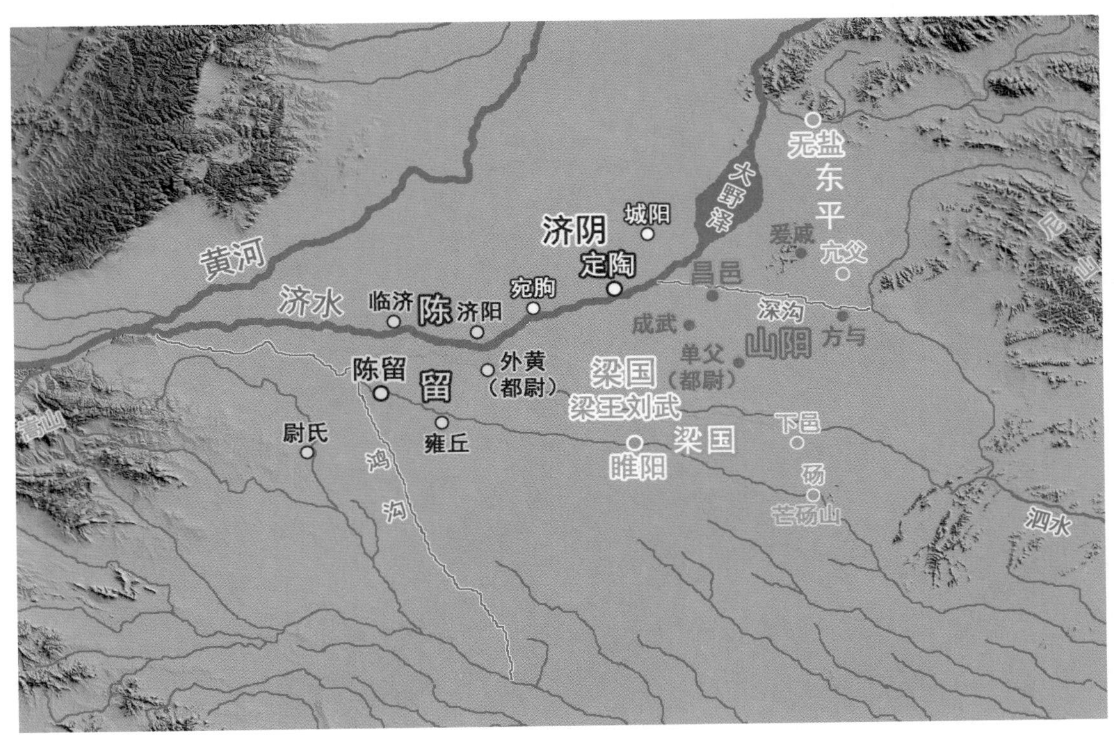

图 1-28　梁国（梁王刘武时期）

景帝为太子刘彻扫清了最后的障碍，等到后来武帝即位，对诸侯王喊打喊杀，这些人毫无还手之力，只能任人宰割。

公元前 141 年，景帝驾崩，葬于阳陵。文景之治结束，历史迎来了一个崭新的时代。

第二章　汉匈对决

第一节　不再和亲

● 迁东瓯国，灭闽越国，汉武帝首次出兵

公元前 140 年，16 岁的汉武帝即位当年，立陈阿娇为皇后，武帝的祖父与皇后陈阿娇的外祖父都是汉文帝。

此时的汉朝与汉初截然不同，有足够的实力南征北战。

汉初国库空虚，百废待兴。文帝时期轻徭薄赋，一度将田租从 1/15 改成 1/30，甚至曾免除田租长达 11 年之久。徭役方面，从每年 1 个月改成每三年 1 个月，农民可以安心种地。

于是京师之钱累百巨万，贯朽而不可校；太仓之粟陈陈相因，充溢露积于外，腐败不可食。

七国之乱前，朝廷仅控制 20 多个郡。平定七国之乱后，朝廷控制了 44 个郡，诸侯王只剩 26 个郡（国）。后来景帝进一步削藩，把亲弟梁王的封地一分为五，即朝廷 44 个郡，诸侯王 30 个郡（国）。到景帝驾崩前，大国最多 1 个郡，所谓大国不过 10 余城，小侯不过 10 余里。这种化整为零的方式，让单个诸侯王再也无力威胁朝廷。

不过，武帝还有许多内部掣肘的问题要解决。

祖母太皇太后窦氏希望与其侄窦婴重归于好，便让武帝重用窦婴。当初窦氏让景帝传位给其弟梁王刘武，遭到窦婴反对。窦氏一怒之下，将窦婴扫地出门，在族谱上革除窦婴姓名。

此时三公只有二人：丞相卫绾、御史大夫直不疑。太尉空缺。

丞相卫绾与废太子刘荣（武帝长兄）生母栗氏有亲属关系，虽然短暂出任过刘彻的太子太傅，但血缘关系是不可能改变的。太尉的位置空缺了 9 年，自周亚夫后不设。御史大夫直不疑也与刘荣关系密切，虽努力改善与武帝的关系却始终未能如愿。

武帝撤掉两位三公，拜窦婴为丞相，拜舅舅田蚡为太尉，拜窦婴的亲信齐相牛抵为御史大夫。窦婴与牛抵前后夹击田蚡，这个三公班子注定鸡飞狗跳。

九卿当中，太仆石庆曾是少年刘彻的太子太傅，在景帝时就担任太仆。窦婴怙恩恃宠，专权跋扈，罢免石庆，将亲信淮阳太守（官职三品）灌夫调入京城担任太仆。

武帝时期，太仆这个掌管车马的九卿手握重兵。

当初刘邦与匈奴和亲时，天子车驾找不到毛色一致的 4 匹马，将相只能乘牛车。

文帝时修建三十六苑（养马场），置 3 万人养马。到武帝即位时，三十六苑中保有 40 多万匹骏马。文帝还鼓励民间养马，比如百姓可以向官府借 3 匹母马，3 年后归还 4 匹马即可。3 匹母马 3 年内可以产下 6 匹小马，归还 3 匹母马和 1 匹小马，每家可以净赚 5 匹小马。武帝即位时，骏马塞满街巷，阡陌之间成群。

武帝时期，各骑兵部队的战马供给都要看太仆脸色，战马配置的数量和优劣，全凭太仆一句话。

而九卿当中，郎中令兵权最大，帐下有羽林军、虎贲营等禁卫军。武帝用亲信王臧替换景帝的老臣贺，窦婴没有反对，这是天子最后的底线。王臧上任后，与武帝密谋，将太皇太后窦氏踢出权力核心。

公元前 139 年，武帝即位第 2 年，窦婴与田蚡明争暗斗，几乎要各率军队火并。

事情平息后，武帝趁机再次调整三公。首先罢免了丞相窦婴，拜窦婴的亲信太常（九卿之一）许昌为丞相；然后罢免太尉田蚡，不再设太尉；接着罢免御史大夫牛抵，拜武帝亲信赵绾为御史大夫。

九卿当中，窦婴要求罢免郎中令王臧，这位武帝亲信后来死于狱中。武帝授另一位亲信石建为郎中令，他是此前被罢免的太仆石庆之兄，对武帝绝对忠诚。

田蚡也引荐了一人——武帝擢田蚡的亲信北地都尉（军职四品）韩安国为大农令（九卿之一）。

武帝、窦婴、田蚡都忙着在三公九卿里面塞自己人，武帝要掌控大局并非易事。

武帝想尽办法与窦氏争权，此时身边亲信韩嫣却被杀。韩嫣是韩王信的曾孙，弓高侯韩颓当的孙子，武帝还是胶东王时，韩嫣便跟随左右陪读陪玩。武帝立为太子时，韩嫣得侍东宫。韩嫣生性聪慧，善骑射。武帝即位后，命为侍中，常与同床共卧，抵足谈心。

武帝好射猎，韩嫣常为前驱，用黄金打造的弹丸射击鸟雀。于是长安城有一帮少年，一见韩嫣出猎，便成群结队追随其后，望着金丸所坠之处，一齐拔足飞奔，争先寻觅。长安街头盛传 6 个字：苦饥寒，逐金丸。

一日，江都王刘非入朝，武帝与之同猎上林苑。

汉景帝有十四子，栗姬生三子，程姬生三子，王夫人生四子，贾夫人生二子，唐姬生一子，王皇后生一子便是汉武帝。以上 14 人，除栗姬所生太子刘荣被废后自杀，另一子刘阏于夭折，武帝还有 11 个兄弟，全部在景帝时封王。

程姬有三子，分别是鲁王刘余、江都王刘非、胶西王刘端，都是武帝之异母兄。

武帝是景帝第十子，江都王刘非是景帝第五子。七国之乱时期，当时还是汝南王的刘非仅 15 岁，便上书自告奋勇要出击吴楚叛军，景帝赐天子旗、将军印，刘非成为三十六将军之一。平定叛乱后，景帝迁汝南王刘非为江都王，封地由 1 个郡（国）增加到两个郡（国）。江都国包括广陵郡和鄣郡，都是从吴国分出来的，吴王叛乱，吴国灭国。

刘非孔武有力，力拔千斤，好战，喜招四方豪杰，甚骄奢。后来匈奴入边，刘非上书言明愿率军北上，遭景帝拒绝。

总之江都王刘非有威望，有兵权，年龄也比武帝大，多少还是有一些觊觎天子之位的。

武帝尚未启程，先命韩嫣前往巡视禽兽。韩嫣奉命，乘坐副车带领百余骑飞驰而去。江都王刘非望见车骑，错以为武帝驾到，便挥退众人，独出道旁俯伏迎谒。

刘非跪错了人，不觉大怒，昂然直入后宫找皇太后王娡告状，说韩嫣恃宠，出入宫闱肆无忌惮，与宫女私通，希望太后赐死韩嫣。此时武帝还没有子女，说韩嫣秽乱宫阙也没有什么证据，但江都王傲慢少礼，逼得王太后下令赐死韩嫣。武帝恳求母亲，王太后执意要杀，她知道此事一旦处置不好，将来给这些诸侯王留下口舌，后患无穷。韩嫣只得服毒而死，武帝连最宠幸的儿时好友都保护不了，颇为狼狈。此事之后武帝立誓，要让江都王刘非付出代价。

武帝面临的局面是外戚当道，诸侯王虎视眈眈。

公元前 138 年，武帝即位第三年，闽越大举进攻东瓯（ōu），包围其都城。东瓯王驺望向朝廷求援。

七国之乱时，吴王刘濞兵败，逃至丹徒，被东瓯人诱杀。吴国太子刘驹逃入闽越，一心想借闽越之兵复仇。闽越王驺郢乃驺无诸之子，是兄弟中实力最强的，不过地位并不牢靠，兄弟驺余善等也实力不俗。驺郢于是想通过开疆拓土来提升威望，增强实力。

朝廷必须出兵闽越，但窦氏并不愿意交出兵权。此时的武帝既没有兵权，也还未建立征战的自信。武帝即位后首次用兵如图 2-1 所示。

图 2-1　汉武帝第一次出兵闽越

中大夫（光禄大夫，官职四品）庄助奉武帝命，率羽林、虎贲数百人南下会稽郡，持节传武帝之诏，令太守发兵。会稽太守（官职三品）见庄助官职比自己还低一级，朝廷来的兵马也不多，果然迟疑不决，看来此时武帝远未达到海内畏服的程度。但武帝没看错人，庄助决断如流，竟然斩会稽一司马（官职五品）示威。太守火冒三丈，庄助又放低姿态拍马屁，太守只好调兵遣将，由庄助带军出发。

闽越与东瓯两国境土相连，东临大海，西南接南越，西北方是汉朝会稽、丹阳二郡。浙闽丘陵中皆是崇山峻岭，云蒸础润，道路难行。

闽越王驺郢心想道路险远，汉兵未必来救，东瓯国必无力抵御，定可兼并其国。庄助欲救东瓯，改由海道前往。汉军乘坐战舰，浮海南下，在东海城以东海岸登陆。

闽越王闻庄助竟由海道进兵，心中恐惧，赶忙退兵。东瓯王驺望喜出望外，牵着一驾满载好酒的牛车前来犒劳朝廷援军。

庄助见闽越退兵，不敢深入进攻，恐万一不能取胜，前功尽弃，于是派人向武帝报捷，打算班师回朝。

东瓯王驺望见庄助就此退兵，害怕闽越随后又来攻城，而汉兵远水救不了近火。一旦兵败，举国人民即便不遭杀戮，亦会被掳掠成为奴隶。若向汉廷告急，又恐得罪庄助等人。东瓯王提心吊胆，坐立不安，思虑再三，打算弃却封地，举国迁往汉朝郡县，以保全百姓。

武帝允其所请，封驺望为广武侯。驺望率军四万多人，百姓二三十万，举国内徙，进入庐江郡定居。东瓯国西迁路线如图 2-2 所示。

武帝非是不想征服闽越，可惜他连眼前的三公九卿都控制不了，更不敢奢望军队如臂使指，只能见好就收。几年后武帝罢免会稽太守，把庄助放到这个位置上，进一步控制兵权。

闽越王驺郢闻听庄助班师，东瓯人内徙，现在其地空虚，大喜过望，立即率军北上，令人民移往居住，不费一兵一矢，完全占领东瓯。

公元前 137 年，御史大夫赵绾上书武帝，说太皇太后窦氏干政，被窦氏抓捕下狱，被迫自杀。窦婴在七国之乱时可是大将军，位在三公之上，长期执掌兵权，军中将领多是其旧部。武帝迁入一个东瓯族，威望是提高了，但还是丝毫不能动摇窦氏。

武帝与窦氏博弈，拜武强侯庄青翟为御史大夫。庄青翟是武强侯庄不识之孙，袭爵，属门阀集团，是双方都能接受的一个人物。

公元前 136 年，武帝擢右北平都尉（军职四品）王恢为大行令（九卿之一，官职二品）。王恢本是燕国旧地人，一直在边郡军中，凭借一刀一枪的努力累积了战功，至中年获得了都尉（军职四品）之职。王恢最为鲜明的主张是结束汉匈和亲，将匈奴单于诱至关内，围而攻之。

景帝时期，九卿之一的典客经常空缺。典客掌“蛮夷”事务，即外交事务，类似外交部长，因汉匈仍在和亲，这个职位可有可无。武帝上任第一年，就把典客改名为大行令。任用了两个大行令都不甚满意，直到王恢上任。窦氏对大行令这个职位倒是不以为意，因为实权不大。

图 2-2　东瓯国西迁庐江郡

公元前 135 年（建元六年），太皇太后窦氏去世，武帝以主持丧事为由，罢免窦婴的亲信丞相许昌，拜舅舅田蚡为丞相。同年，闽越王驺郢趁汉朝国丧出兵南下，企图侵占南越国领土，南越王赵胡遣人上书告急。

这次武帝拜大行令王恢、大司农（九卿之一）韩安国为将军，各率羽林、虎贲、南军、北军及各郡将士 5 万人，兵分两路攻击闽越国。

王恢在北方与匈奴对峙多年，是一个纯粹的战将。他从豫章郡出兵，越过武夷山脉，从西部攻击闽越国。韩安国是丞相田蚡的门生，从会稽郡南下，逼近东越旧地。

闽越王驺郢闻汉兵来讨，遣兵据守险阻，准备抵抗。

当年闽越王驺无诸去世，诸子争位，驺郢取得王位，有一些兄弟不服。闽越王之弟驺余善，素来拥兵自重，不肯听命于驺郢。

如今汉军两路来袭，驺余善效仿公子阖闾刺吴王僚，杀了闽越王驺郢，将首级送到王恢军前，请求罢兵。

汉军经历一些小规模抵抗，兵不血刃，平定闽越国。闽越的都城东冶即今福建福州，地处闽江下游，距闽江口只有约 30 千米。福州四面群山环绕，而且闽江过福州后拐了两次弯，加上闽江口的琅岐岛阻隔，任他东海风高浪急，福州相对风平浪静。福州的地形如图 2-3 所示。

图 2-3　福州地形

此战后，王恢官职未变，但武帝越发赏识他。武帝罢免御史大夫庄青翟，拜田蚡的亲信韩安国为御史大夫。在两年后的马邑之围中，武帝将重用此二人。

庄青翟是武强侯庄不识之孙，此时已经袭爵多年，不喜官场争斗，正好过上列侯的快乐日子。

武帝不会让驺余善轻易控制这么广大的山区，仍然将该地分为东越和闽越两地，南边以闽越王驺无诸之孙繇君丑为闽越王（又称越繇王），北边以驺余善为东越王，占东瓯国旧土。

武帝既平闽越，令庄助遣史前往南越，召南越王赵胡入朝。赵胡称病不敢来，太子赵婴齐入京宿卫作质子。

● 马邑之围，功亏一篑

汉朝与匈奴和亲始于汉高祖刘邦和冒顿单于。当年冒顿单于统兵40万围困高祖刘邦于白登，为避免两败俱伤，双方和谈。此后长城以北是匈奴单于的引弓之国，长城以南是汉朝天子的冠带之室。

公元前198年，高祖刘邦嫁翁主给冒顿单于，这是汉匈之间首次和亲，开启和亲大幕。从公元前198年至公元前140年，汉匈10次和亲，汉朝不到6年就要嫁1位翁主给单于。

公元前140年，武帝即位当年，嫁翁主给军臣单于。这是武帝首次也是唯一的一次和亲，军臣单于第五次和亲，汉匈之间第十次和亲。

军臣单于是冒顿单于之孙，他在20年之内先后5次向汉朝索要公主和财物。

从汉文帝到汉景帝，再到汉武帝，每次都满足他的要求，派翁主去和亲，每次都规模宏大，随行的有数百仆从，陪嫁财物不可计数。

汉朝用女人和财物安抚匈奴，忍耻含垢，虽未丧师却辱国。匈奴则反复无信，经常越过长城打草谷（掠夺人口、牛羊骏马、粮食等）。

军臣单于的骑兵竟饮马关中西部的渭水，抵达秦朝旧都雍都。夜晚匈奴人星星点点的火把照着城中的甘泉宫，守城军民魂惊魄惕。

军臣单于放言：“若碰到李广，必生擒之。”此时李广已陆续担任北方7个边郡的太守，匈奴人只知李广大名，不知汉朝皇帝是谁。

军臣单于得陇望蜀，欲壑难填，狼顾鸱张，气焰嚣张。

武帝不打算继续和亲，他从即位起就开始谋划，其中南征闽越就是一次重要的操练。

大行令王恢向武帝讲了一个故事：战国时期，赵国大将李牧大破匈奴，斩首十余万。赵国只是战国七雄之一，竟能取得如此战绩，雄心壮志的武帝决心终止和亲，效仿李牧围歼匈奴。

为了能够围歼匈奴，王恢借助商人聂壹设了一个局。

聂壹是雁门郡马邑（今山西朔州城区）的商人，专做投机生意，他能弄到匈奴人抢都抢不到的南方丝绸，也曾向军臣单于进献稀缺宝物。聂壹做生意风险也不小，常遇到匈奴人和马贼劫掠，聂壹的私人武装不下百人，对付平常马贼尚可，但若遇到人多的匈奴部落，那就只好乖乖拿出大把物资相送。

聂壹联络各部落首领，甚至搭上了单于这条线，却未能改变其境遇。他逐渐明白这是无解之局，匈奴人除了牧牛羊，还得“打草谷”才能维系生存，无论是南下抢掠还是抢商队，都是不可避免的。

聂壹作为典型的投机商人，其性情和战国时期的吕不韦有几分相似，愿下注拿命去豪赌。吕不韦将身家性命全都押在异人身上，异人即秦王位后，吕不韦成为秦相。聂壹也时常思考，如何豪赌一把，搏个列侯哪怕关内侯，总好过辛苦一世转运倒卖商品。

聂壹认识军臣单于，也与汉朝的大行令王恢相熟。

聂壹出奇谋，打算骗单于说马邑城中粮草牲畜财物充足，他先率家将击杀马邑县令，将城池献给单于，诱引单于进入汉军伏击圈，这样无论生擒还是击杀军臣单于，他至少都是千户侯，子孙后代躺着收田租，不是提着脑袋风餐露宿倒卖商品能比的。马邑的地形如图 2-4 所示。

图 2-4　马邑地形

王恢听到如此计谋，又和聂壹精心策划一番，立刻上奏武帝。

在朝堂上，王恢是主战派的代表，他最大的政敌是御史大夫（三公之一，官职一品）韩安国。朝堂上的大臣也分为两派，一派主战，一派主和。

王恢认为送宗室公主与匈奴和亲是汉室的奇耻大辱，而且匈奴反复无信，经常越过长城打草谷。

韩安国认为，匈奴逐水草而居，轻疾剽悍，善骑射，汉朝军队若卷甲长驱深入大漠，道远力竭，反为匈奴所制，和亲的损失远比征战小。汉初高祖率数十万大军，还是遭遇白登之围，被迫与冒顿单于和谈，这才开启和亲序幕。难道王恢领军就一定比高祖强吗？群臣中的大多数都赞同这个观点。

王恢在朝堂上斗不过韩安国，因为他缺少一个具体的能够击败匈奴的作战方案。聂壹这个计谋简直是雪中送炭，按此计划汉军不用出塞就能歼灭匈奴主力。

当王恢在朝堂上说出这个计谋，丞相田蚡首先出来赞许此伏兵邀击之计。御史大夫韩安国本就是田蚡提拔的，立刻会意，一百八十度大转弯，认为此计甚好。

马邑之围，武帝几乎是孤注一掷，把家底全都拿出去搏命。

我们先来看武帝派出的将领。朝廷三公当中，丞相田蚡是武帝的舅舅，封武安侯，他的作用主要是帮武帝撑腰。一年前武帝的祖母窦太后去世，窦太后做太后 40 年，窦氏权倾朝野。武帝为肃清窦氏的影响，将当时的丞相和御史大夫都免职，提拔田蚡当丞相，就是为了对抗窦氏一党。田蚡没上过战场，他的能力难堪大任，品德更是没有下限，趋炎附势，阿谀奉承，尽干过河拆桥的事情。武帝当然清楚他这个舅舅的能力，况且田蚡本人也不想上战场。

太尉空缺，御史大夫韩安国当仁不让，成为马邑之围战场的总指挥。

韩安国本来在汉景帝弟弟梁王处当将军，在七国之乱时因抵抗吴楚联军立下战功。韩安国为人圆滑，懂得周旋，身在梁国，却搭上了田蚡这条线。韩安国从梁国内史转投朝廷，初为北地都尉（军职四品），后擢为大农令（九卿之一，官职二品），再拜御史大夫（三公之一，官职一品）。

韩安国曾在梁国拜将军，在朝廷又以大农令的身份南征闽越国。在武帝看来，韩安国担任统帅，资历和能力都没问题。

再来看九卿。首先是郎中令石建，这是九卿当中兵权最大的。石建的父亲叫石奋，曾作为太子太傅陪景帝（还是太子时）读书，石奋和 4 个儿子都担任两千石大官（二品或三品），5 个两千就是 1 万，石奋因此称万石君。石奋家族以忠孝著称，作战本领不行，武帝就留郎中令石建在身边。

卫尉有两个，分别是未央宫卫尉李广和长乐宫卫尉程不识。公元前 134 年，马邑之围前一年，武帝即下诏令陇西太守李广入京，拜为未央宫卫尉。李广戍守边疆近 20 年，先后担任上谷、上郡、北地、雁门、代郡、云中、陇西 7 个郡的太守，是大汉的顶级战将。程不识也曾担任多个边郡的太守，武帝擢其为长乐宫卫尉，兼任雁门郡太守。

大行令王恢，马邑之围本就是他策划的，自然要领兵出征。

太仆公孙贺，这是武帝的亲信，此人来头极大，父亲是义渠人，叫公孙昆邪。

公孙昆邪在景帝时投降汉朝，参与平定七国之乱，封为平曲侯，食邑 3220 户。虽然 5 年后公孙昆邪因罪被景帝削爵，但他作为胡人降汉的代表人物之一，有着特殊地位，景帝一直重用他。

公孙贺是将门之后，年少跟随父亲在陇西郡学习骑射，与羌人作战。后来公孙昆邪进一步得到提拔，擢为典属国（官职三品），公孙贺也入宫做了太子舍人（官职十三品）。也就是说，武帝还是太子时，公孙贺就陪太子读书，前途如月之恒，如日之升。

武帝登基后，公孙贺果然飞黄腾达，擢为太仆（九卿之一，官职二品），掌管帝国车马交通。太仆旗下的奉车都尉（官职四品）掌管皇帝车马，驸马都尉（官职四品）另有一组副车。不仅天子车驾，内史和全国各郡县的车马调度，都是太仆及其属官职责所在。文帝时，朝廷在河西六郡（西河郡、上郡、北地郡、安定郡、天水郡、陇西郡）均设牧师苑（养马场），以养马为主，兼牧牛羊。牧师诸苑 36 所，由太仆（九卿之一）旗下 6 个牧师苑令管辖，有奴婢

3 万人，养马四十多万匹。总的来说，武帝时期的太仆可调度人力超 10 万，战马数十万，牛羊无数。

公孙贺除了出身硬，他与武帝还是连襟，两人娶了卫氏一对姐妹花，武帝娶的是妹妹卫子夫（后来的皇后），公孙贺娶的是姐姐卫君孺，按辈分公孙贺还是大哥。公孙贺与武帝有一个共同的小舅子卫青，三人形成了后来的“铁三角”。

如果论武帝一生最信任的人，非公孙贺莫属，卫青、霍去病、李广利、李陵、霍光都差得远。

九卿之下，还有一个太中大夫（官职六品）李息，北地郡郁郅县（今甘肃庆城）人，不到 30 岁，在军中锤炼过一段时间，是武帝喜欢的那类年轻人。李息此番出征的目的主要是学习和锻炼，他是武帝重点培养的对象，日后将封侯，官至“九卿”之一的大行令，这是后话。

马邑之围的指挥系统是这样的：御史大夫（三公之一，官职一品）韩安国为护军将军（军职二品），节制其他将军；未央宫卫尉（九卿之一，官职二品）李广为骁骑将军（军职二品）；长乐宫卫尉（九卿之一，官职二品）程不识兼领雁门郡太守（官职三品），战争在他的防区进行；太仆（九卿之一，官职二品）公孙贺为轻车将军（军职二品）；大行令（九卿之一，官职二品）王恢为将屯将军（军职二品）；太中大夫（官职六品）李息为材官将军（军职三品）。

自高祖被围白登之后，至此 70 年，汉兵首次主动攻击匈奴。马邑之围，汉朝动用精兵 30 万，可以说是举国之战。武帝丝毫没有要和匈奴试探一下的意思，首战即决战！

公元前 133 年，商人聂壹来到漠北龙城，面见军臣单于。他说马邑县令与自己有血海深仇，他会带人入城杀了马邑县令，向单于献出马邑城，城内人口、粮草、财物尽归匈奴，只求事成后单于能庇护他，并且把漠南各地南北交易的集市都承包给他管理。聂壹的野心真不小，也只有这样才能让单于少一些疑心，如果别无所图，单纯为了报仇，再巧言令色也很难得逞。

马邑城位于大同盆地西南部，是雁门郡重镇，向南越过句注山就进入太原郡了。马邑是南来北往的贸易运转中心，骏马牛羊漫山遍野、粮食布匹堆积如山。自刘邦与冒顿和亲以来，数十年未经战争洗礼，其兴旺繁荣达到巅峰，这种诱饵才可匹配单于的胃口。对汉朝来说，大同盆地是个南北狭长的大平原，只有几处出入口，其他地方都是高山，猎物插翅难飞，是绝佳的伏击场。当初李牧大破匈奴，伏击点也在大同盆地的马邑附近。

汉朝在郡县通常有太守（官职三品）和县令（官职五品）两层朝廷直接任命的官职，边郡又在重镇置都尉（军职四品）。雁门郡善无城设太守府，沃阳置西部都尉府、平城置东部都尉府，马邑置县令。前 3 个地方级别高，是重兵屯驻的地方，都在马邑以北，若匈奴洗劫马邑，携带大量财货撤兵，容易被关门打狗。

军臣单于虽然将信将疑，但这年六月还是召集了本部 10 万大军南下，进入雁门郡北部。

聂壹带着几个匈奴人先入马邑，率家将冲入县令府，趁夜击杀县令府几个身着官服的人，其中一人配铜印黑绶，是死囚中曾担任官吏之人。一群人取了首级，悬挂在城门之上，向匈奴斥候报信。

军臣单于听了斥候口述，立即挥鞭策马，带领匈奴骑兵向马邑方向疾进。马邑之围单于南下路线和汉军设伏位置如图 2-5 所示。

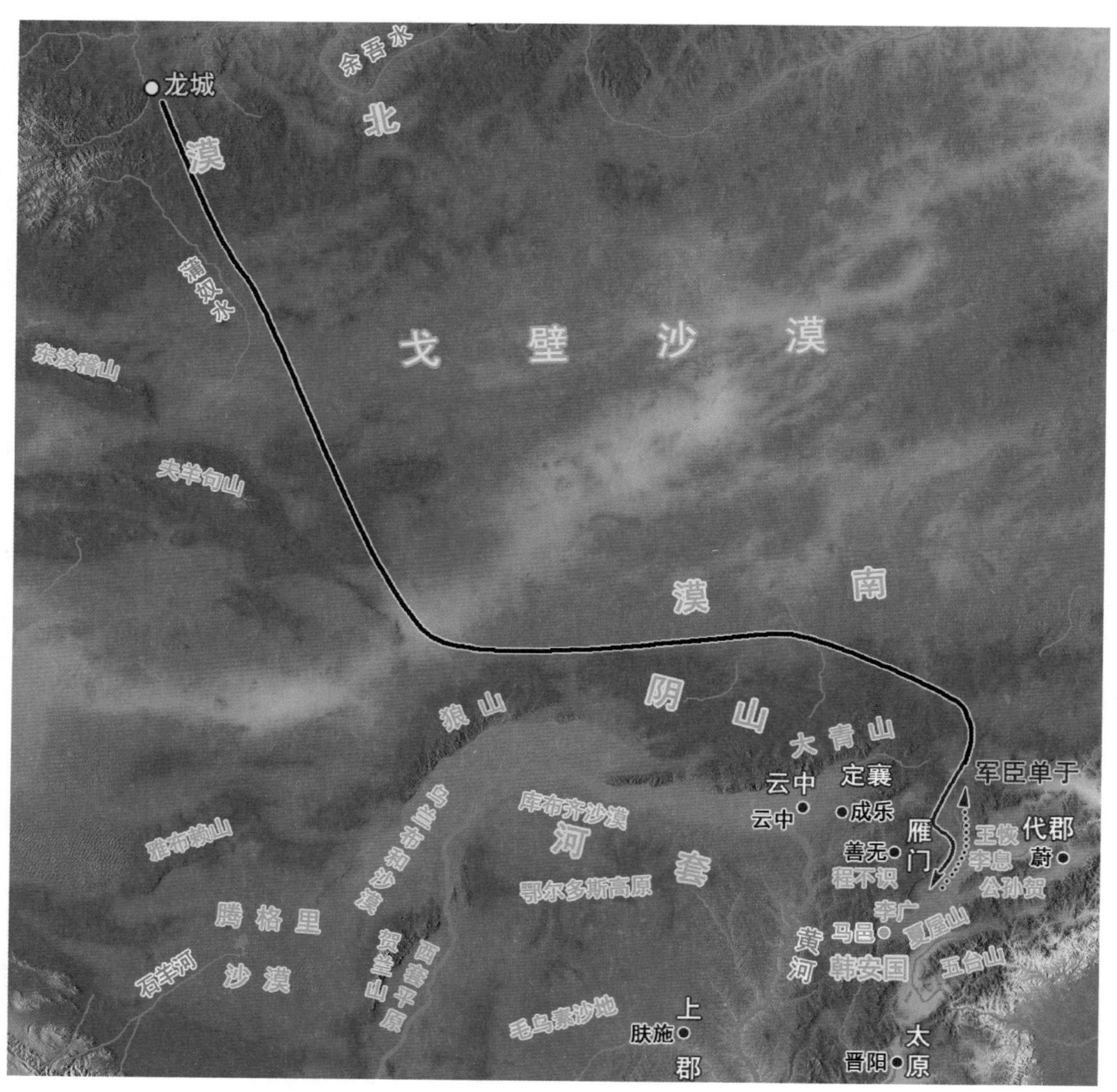

图 2-5 马邑之围形势图

汉军的布局是这样的：雁门新增守军约 5 万，长乐宫卫尉程不识兼领雁门郡太守屯兵善无城，他的首要目标是守住雁门郡各大城邑，如果匈奴溃败再伺机追击。

王恢率 3 万骑兵，屯驻代郡高柳（今山西阳高），待双方交战，便南下到平城（今山西大同）附近，堵住匈奴退路。李息率两万步兵隐藏在平城，待匈奴后退便随王恢军一道阻击匈奴。

李广率3万步骑屯驻马邑，准备阻击匈奴，主要任务是缠住匈奴主力，等待援军。

韩安国率14万步骑，以及数千民夫、数百牛车，屯在马邑以南的娄烦附近，这里也是当年李牧大破匈奴时的隐藏地，等李广与单于接战，便陆续投入战场。

公孙贺率3万步骑屯驻代郡的代城，配合王恢，从大同盆地中间攻击匈奴。

原本汉军以为匈奴会经过平城，所以材官将军李息军故意在平城示弱，城门紧闭，城墙上连个人影都没有。若是匈奴攻打平城，李息便渐次投入防御兵力，将匈奴大军拖在平城，其他四路人马会师平城。这样虽然不可能围歼匈奴，但可以重创对手。

军臣单于也是老谋深算，并没有走常规路线，而是绕道西边，经桑干河的支流源子河，从洪涛山北部进入大同盆地。等于经过雁门郡善无城以东，和程不识的主力擦肩而过。

程不识得知匈奴大队人马经过，并没有率军阻击，反而下令让斥候小心行事，不要惊扰匈奴进入大同盆地。

匈奴大军兵不血刃进入大同盆地，并且完美地绕过了平城。至此，汉军模仿李牧可谓异曲同工，匈奴军臣单于带着主力军来了。

为了引诱军臣单于率军深入伏击圈，韩安国令将大量牛羊置于平原山野之中，从平城一直延伸到马邑，等着匈奴人入瓮，好来个瓮中捉鳖。韩安国忽略了一些细节，比如让牧民正常牧羊，甚至不必让牧民知道汉军的部署。

匈奴不缺牛羊，他们吃惯了牛羊肉，喝惯了牛羊奶，但马邑粮仓中的小米令匈奴人垂涎三尺。

当年李牧伏击匈奴，等匈奴人到达袋口，遭到数百牧民阻击，匈奴进入大同盆地，还有少量赵军抵抗，佯装败退才将匈奴大军带入包围圈。这次韩安国伏击匈奴，大同盆地一路上牛羊填野，却没有一个牧羊人。

此时匈奴先锋军已经进入袋口，只要主力深入包围圈，难免要被全歼。然而当年李牧大破匈奴，斩首十余万，成为匈奴人心中刻骨铭心的痛，因此他们出战时如临深渊、如履薄冰。一支万人队来到距马邑百余里的地方，却驻足不前了，军臣单于已经看出端倪，立刻侦骑四出，恰好发现有汉军躲在亭障里面。

西汉边郡在要塞设都尉（官职四品），又在险要地方筑亭障，用于瞭望敌情。都尉帐下有士史、尉史各二人，负责巡行边塞亭障。这4个人的级别与什长相当，官职十七品，是军官中级别最低的（伍长不是军官，没有俸禄）。

雁门郡的一个尉史出来巡边，恰遇匈奴，尉史便奔入附近亭障暂避。匈奴不善攻城，见这种小城堡一般都不攻。这次军臣单于闻之，亲自催兵来攻。匈奴将亭障四面围住，尉史自知插翅难逃，便率众下堡楼投降，并将汉朝马邑之围的计谋全部说出。

军臣单于听了面如死灰，惊魂未定道："原来如此，我早就生疑，几乎中了诡计。"说罢下令立刻回兵，后来还封这个尉史为"天王"。细节决定成败，汉军模仿战国时赵国大将李牧伏击匈奴，生搬硬套、弄巧成拙，输在了细节上。

匈奴的撤兵路线，也是军臣单于和各大小王早就拟定的，他们不会原路返回，而是北上经过平城返回雁门郡北部。

此时王恢的3万骑兵已经接近平城以东，隐藏在山谷中，敛兵不出，距平城只有半日路程。原来匈奴有一支数千人的辎重部队，赶着几万头牛羊，正接近平城接应匈奴主力。军臣单于兵分两路，主力作战部队绕过平城，辎重补给却走平城，计划将马邑洗劫一空后在平城附近会合。

如果按原计划王恢军应该已经赶到平城与李息会合，从城中搬取大量拒马等防御器械，摆好阵势将匈奴残兵堵住，但王恢令军队放慢脚步隐藏起来，想把匈奴的辎重部队也放入包围圈。

现在军臣单于突然撤兵，王恢军和李息军却没有到位，一场阻击战要变成骑兵冲击对射战了。

李息站在平城城头扫视城上城下堆满的拒马，无比焦急。汉军善用拒马，为防敌人偷袭，有军营的地方就有拒马。所谓拒马，就是用三根长木和多根短竖木捆绑扎成的三角形器械，最上方的竖木上捆绑削尖的木枪，摆在营寨四周可有效阻挡敌人骑兵的冲锋跨越。即使在逃跑时使用，拒马也能有效降低追兵的速度。

李息军昼伏夜出，运了很多木头进城，赶制了3000多个拒马。这些拒马有高有矮，参差错落，前后不一。原本开阔的空地可以布置多个拒马组成的大阵，匈奴骑兵在拒马阵中穿插迂回，将完全丧失冲击力，汉军的长矛和刀斧却能大显威力。可惜，这些拒马如今摆在平城内，完全没有发挥作用。

前一天李息接到王恢的军令，让他务必放匈奴辎重牛羊过平城，等与王恢骑兵会师后再出城排出拒马阵。

但是计划赶不上变化，北面的匈奴辎重还没到平城，南面匈奴的主力却忽然掉头朝平城开拔过来。匈奴骑兵来去如风，再过一两个时辰就能抵达平城之下。

若李息此刻出城摆拒马阵，在没有骑兵掩护的情况下，他的步兵就是匈奴的活靶子，匈奴根本不需要冲阵。李息搓手顿足，心急火燎，却等不到王恢的军令。

一个多时辰后，匈奴数千人来到平城附近。他们非常谨慎，散开十几里，为主力撤退做好侦察工作。此时王恢也率领前队骑兵赶到平城附近，却不敢进攻。说到底王恢的骑兵只能算是会骑马的步兵，骑射功夫与匈奴军相比判若云泥。

王恢望着不远处匈奴主力骑兵扬起的尘土，长叹一口气。按照原计划，李息摆出两万人的拒马阻击阵，王恢3万骑兵在拒马阵的通道内迎战失去冲击力的匈奴骑兵。用5万人的防御大阵去抵御匈奴残兵，王恢自认为胜算较大。

可是此刻布阵已经来不及，王恢只有3万骑在马背上的步兵，以及两万城内的步兵，而对方却有10万铁骑，倘若打起来，无异于以卵击石。

王恢紧闭双目，痛心疾首，如此精心谋划，看来最后还是要功亏一篑。马邑之围的形势如图2-6所示。

如果将李广与王恢的位置互换，可以预见李广一定会出击，并且全军覆没，但同时也会给匈奴制造不少伤亡。王恢咬牙按兵不动，很难说是对是错，要怪恐怕只能怪那个贪生怕死的尉史，他若在堡中拼死抵抗，拖延单于退兵的时间，恐怕结果会完全不同。

图 2-6　马邑之围形势图

马邑之围失败，导致西汉与匈奴激战上百年，空耗国力。朝廷为马邑之围做了大量的准备工作，结局却竹篮打水一场空，事后免不了要清算。

首当其冲的是马邑之围的总指挥，御史大夫（官职一品）韩安国谪为少府（九卿之一，官职二品）。几年之后，卫尉李广贬为庶人，韩安国转授卫尉，并派到北方镇守渔阳郡。韩安国因防御渔阳郡不力，被调往右北平郡驻防。在右北平郡，韩安国屡屡损兵折将却防不住匈奴，武帝数次派人问责，他最终郁郁而死。

大行令王恢，只有他遭遇了匈奴主力，却不敢交战，自杀谢罪。王恢用死来证明自己不是怕死，而是为汉军保留实力。

长乐宫卫尉程不识，马邑之围发生在他的防区，难辞其咎。此后程不识淡出军政两界。

未央宫卫尉李广未受此战影响，后得武帝数次重用。不过李广饱经风雨，命途多舛，14年后还是在战场上自杀了。

太仆公孙贺未受此战影响，后来跟着卫青立功，封南窌侯，食邑 1300 户。公孙贺做了 32 年太仆、11 年丞相，做丞相的这 11 年其子公孙敬声接任太仆。在巫蛊之祸中，公孙贺父子是最早被李广利集团铲除的。

材官将军李息是武帝重点培养的战将，后来跟着卫青立功，擢为大行令，赐爵关内侯，食邑 300 户。

商人聂壹算是王恢的门生，王恢一死他当然也就失了势，而且还要提防匈奴人报复。聂壹隐姓埋名，300 年后，家族中出了一位叫张辽的名将。

● 卫青直捣龙城

马邑之围后，和亲的面纱撕破，汉朝不再每年送絮、缯、酒、米、食物等，边境互市也没有了。

然而令武帝更为焦虑的事情是他一直无子。武帝在 6 岁时被立为太子，陈阿娇就是太子妃。武帝 16 岁正式即位，将陈阿娇立为皇后，她当时已经 20 多岁了。马邑之围时，武帝已经 23 岁，陈皇后年过 30，却无子女。

武帝后宫佳丽众多，为何没得一子呢？一直有传闻，说后宫只要有嫔妃宫女生皇子，就会被陈皇后将其母子灭口，武帝越来越厌恶陈阿娇。

卫子夫和卫青，就是在这个背景下出现在历史舞台上的。

卫子夫的母亲卫媪，是河东郡平阳侯府一位无名无姓的侍女。平阳（今山西临汾）在春秋时期是晋国重镇，三家分晋后曾一度是韩国都城，战国至秦汉一直是大城。

首位平阳侯是曹参，西汉开国大将，官拜丞相（三公之一，官职一品），食邑 10600 户。

曹参之子曹窋（kū）承袭平阳侯位，官至御史大夫（三公之一，官职一品）。卫媪曾侍奉过曹窋，但主要侍奉的是曹窋之子曹奇。

卫媪第一个男人正是平阳侯曹奇。西汉初年战争频发，女多男少，曹奇便将卫媪赏给府上一个姓卫的仆从，卫媪此时才跟着夫家有了姓，“卫媪”这个名字大意就是卫家的婆娘，等她年老时意思便是卫家的老太太。

卫媪和丈夫生了一子三女，长子卫长君（青年早逝），长女卫君孺，次女卫少儿，三女卫子夫。卫媪生了 4 个孩子后，丈夫去世，她又和县吏郑季私通，生下郑青。郑青年少在父亲家生活，因受到后母及其他同父孩子欺负，愤而离家回到母亲身边，改名卫青，字仲卿。

卫媪后来又与另一不知名的男子生下两子——卫步和卫广。卫步早逝，卫广则南征北战，官至中郎将。卫青、卫步、卫广三兄弟，都跟随母亲的前夫姓卫。

总的来说卫媪与多个男人生了四子三女，按年龄大小排列分别是：长子卫长君（早逝）、长女卫君孺（嫁给公孙贺）、次女卫少儿（霍去病之母）、三女卫子夫（武帝皇后）、次子卫青、三子卫步、四子卫广。卫媪及其后代重要人物，如表 2-1 所示。

表 2-1　卫氏家族

<table>
<tr><td rowspan="13">卫媪</td><td>卫长君</td><td></td><td></td><td></td></tr>
<tr><td>卫君孺（嫁公孙贺）</td><td>公孙敬声</td><td></td><td></td></tr>
<tr><td rowspan="5">卫少儿
（嫁霍仲孺）</td><td rowspan="3">霍去病
（与霍光同父异母）</td><td>霍嬗</td><td></td></tr>
<tr><td rowspan="2"></td><td>霍山</td></tr>
<tr><td>霍云</td></tr>
<tr><td rowspan="2">霍光
（母亲不是卫少儿）</td><td>霍禹</td><td></td></tr>
<tr><td>霍成君（宣帝皇后）</td><td></td></tr>
<tr><td>卫子夫（武帝皇后）</td><td>刘据（武帝太子）</td><td>刘进</td><td>刘询（宣帝）</td></tr>
<tr><td rowspan="3">卫青</td><td>卫伉</td><td></td><td></td></tr>
<tr><td>卫不疑</td><td></td><td></td></tr>
<tr><td>卫登</td><td></td><td></td></tr>
<tr><td>卫步</td><td></td><td></td><td></td></tr>
<tr><td>卫广</td><td></td><td></td><td></td></tr>
</table>

注：绿色为大将军或骠骑将军。

卫子夫自少容貌秀丽，头发尤美，色黑而长，光可鉴人，遂为平阳侯家歌女。当时的平阳侯已是曹奇之子曹寿，总食邑 23000 户（高祖封 10600 户，文帝益封 12400 户），他娶了武帝的姐姐阳信长公主，亦称平阳公主。

公元前 139 年春，武帝即位第二年，到灞上给文帝扫墓，回时顺路驾临平阳侯府。平阳公主让歌女当筵歌舞，卫子夫能歌善舞，而且曲子还是原创。武帝听她吟唱，不觉心动，遂唤卫子夫近前，一看果然国色天香，便欲带回长安后宫。

酒终席散，武帝起驾回宫，平阳公主亲送卫子夫登车，手抚其背道："汝此去必尊贵，将来望勿相忘。"这就是"平阳拊背"的典故。

平阳公主家的骑奴卫青跟随三姐入宫，成为建章宫营骑（即羽林郎，军职十二品）。建章宫营骑军衔不高，但常会陪伴天子狩猎，威风凛凛，卫青的前辈李广也是从这个职位起步的。

谁知卫子夫入宫一年有余，竟不得见武帝一面。原来武帝后宫嫔妃宫女众多，名字都登记在簿籍上，每日轮流临幸。卫子夫新入宫，名字记在簿籍末尾，因此一年多还轮不到她一次。

公元前138年，武帝因为嫔妃宫女太多，打算亲自挑选一番，让年老色衰和姿色不佳者离开。武帝按照名册逐一将后宫佳丽叫到身前，不顺眼的就在名册上做个记号准备打发走。卫子夫来到武帝跟前，哭得梨花带雨，请武帝放她离开，好一个欲擒故纵。

武帝当夜就临幸了卫子夫。让卫子夫怀了龙种，生下公主。

武帝宠幸卫子夫，令陈皇后嫉妒。陈阿娇主宰后宫十几年（包括武帝为太子期间），或是近亲的缘故，陈皇后一直没有生育。

陈阿娇求医服药，前后费钱9000万，终究无子。后宫之中，卫子夫最为得势，陈皇后便视之如眼中之钉，三番五次设计陷害，欲置卫子夫于死地。

等到马邑之围后，卫子夫已经为武帝生下3个女儿，可见十分得宠。陈皇后嫉妒得要死，屡次派人加害卫子夫。武帝闻讯愈加维护卫子夫，日夜遣人守护，陈皇后无从下手。

窦太主（馆陶公主）身为陈皇后的母亲，任凭其女害人，不但不加教训，反要助她为虐。窦太主奈何不了卫子夫，竟迁怒到其弟卫青身上，想要杀他出气，卫青的人生迎来一段至暗时光。

当时有个侠客叫朱安世，杀人从不失手，因其在作案后会留下梅花，故称梅花大盗。馆陶公主刘嫖收买了朱安世，令其当街行刺卫青，差点要了卫青的命，好在公孙敖冒险挺身而出，救了卫青一条命。

武帝知道此事后大发雷霆，先擢卫青为建章监（军职七品），后再升为太中大夫（官职六品），同时加为侍中，这个职位虽没有俸禄，但侍从皇帝左右，出入宫廷，与闻朝政。公孙敖也鸡犬升天，几乎与卫青同步获得提拔，官至太中大夫（官职六品）。

为了怀上孩子，让武帝回心转意，陈阿娇请了一批南方女巫师入宫，为首的名叫楚服。女巫师们在后宫立神像，排道场，昼夜参拜，又熬制药丸供皇后食用，装神弄鬼，无奈陈阿娇的肚子却始终大不起来。楚服便穿着天子衣冠，作为武帝替身，与陈阿娇行鱼水之欢。

关于陈皇后，坊间传闻颇多，朝臣虽都有耳闻，但谁也不敢介入此事，因为陈阿娇可不是一般的皇后，她的外祖父可是汉文帝啊。

宇宙万物相生相克，一物降一物，能够废掉皇后的那个人，竟然是个小人物张汤。

张汤的父亲是长安的一名狱吏，张汤子承父业，在长安城犹如一粒尘埃般卑微。张汤这个狱吏观察细致，犯人进来先打听其家世，若遇权贵子弟就会特意照料，因此结交了长安富商田甲、鱼翁叔等，手头很是阔绰。

景帝末年，王皇后同母弟田胜犯事，张汤倾尽全力照顾。汉武帝即位，放了舅舅田胜，还封了周阳侯。张汤果然扶摇直上，几年内做了内史掾、茂陵尉、丞相史、侍御史（官职七品）。

公元前130年，侍御史张汤主持陈皇后的案子，结果是废陈阿娇皇后之位，枭楚服之首于市曹，其余女巫、宫女、太监连坐被诛者300余人。

陈阿娇吓得魂不附体，母亲馆陶公主刘嫖知道女儿闯了大祸，脱去华衣，着灶下婢女装，入宫跪拜谢罪。武帝见姑姑奴颜婢膝跪伏在自己面前，便免了陈阿娇死罪，但收回其皇后册书、玺绶，废皇后之位，令其移居长门宫，答应姑姑决不让陈阿娇吃苦。

约 20 年后陈阿娇去世，武帝以其文帝外孙女的身份，将她陪葬在文帝的霸陵。

25 岁的张汤为武帝解决了一个大麻烦，擢为太中大夫（官职六品）。看起来只升了一级，但张汤年轻，前途无量。

陈阿娇的兄长堂邑侯陈须，本来袭爵只有 1800 户，由于是公主之子，益封至 15000 户。十几年后，馆陶公主去世，武帝将堂邑侯削爵为民，陈须最终自杀，无后。

陈阿娇另一个兄弟陈蟜，娶了武帝的同父同母姐隆虑公主，封隆虑侯。十几年后，武帝不但追使陈蟜自杀，等隆虑公主死后，还杀了两人的独子昭平君，也就是武帝的外甥。

陈氏一门，只剩下旁支，武帝赶尽杀绝，下手不留余地。

陈皇后遭贬后，卫青和异姓兄弟公孙敖逐渐崭露头角，参与军政。卫青等年轻人朝气蓬勃，胸怀大志，属于他们的时代即将到来。

马邑设伏不成，没能将匈奴歼灭在大同盆地，经过几年的准备，武帝决定主动出击。

秦末汉初，匈奴越过大漠，控制了广大的漠南地区（大致是今天内蒙古高原南部）。经过几十年的战争，这个区域长城崩毁，田园荒芜，牧民流移四散，庐舍空而不居。

漠南匈奴势力范围突进汉朝长城，这个突出部位于雁门郡北部，在雁门郡、定襄郡、代郡之间。这个区域属雁门郡，我们暂且称为雁门北，方圆数百里，汉朝却没有设置都尉府，默认匈奴对此地的控制。

雁门郡是军事重地，有沃阳和平城两个都尉府，直面雁门北匈奴侵扰。匈奴从雁门北出兵，可以沿着桑干河支流南下，过平城，进入大同盆地。这一带干旱少雨，汉军辎重输送困难，匈奴人便将雁门北作为南下的中转站，每次大举南下前，都要在雁门北畜养牛羊。

朝廷的大致思路是先将雁门北的匈奴逐出长城，再将漠南的匈奴赶回漠北，把大漠变成双方的缓冲地带，这样汉朝北方的军事压力将会骤降，如释重负。

雁门北是一个盆地，中间有一个名为诸闻泽（黄旗海）的湖泊，东西长约 20 千米，南北宽约 9 千米，呈三角形，周边也称黄旗海草原。春夏站在周边山上看，草原绿浪起伏，河流小溪点缀其中，是牧马的好地方。

汉朝制定的计划相当谨慎，准备在春天发动攻势，这时候匈奴主力还在漠北，汉军可乘机围攻雁门北的匈奴人。具体计划是从雁门郡、定襄郡、代郡同时出兵，三面攻击雁门北，再派一路从上谷郡出发，从北面合围。汉军规划四面合围雁门北，如图 2-7 所示。

由于长城以北的漠南匈奴几天内就能赶到支援，漠北的匈奴十多天后也能陆续赶到，汉军必须尽力速战速决。如果陷入持久战，双方持续增兵，汉军和马邑之围一样达到 30 万人的规模，那时合围战就会演变成遭遇战、胶着战，汉军要退出战场都不可能。在高原荒漠作战，汉军对天气和地形的把握都不如匈奴，骑射本领更是望尘莫及，天时地利人和一样不占，搞不好 30 万大军都得葬送在雁门北。

此时的汉军要骑射没骑射，要经验没经验，唯一的优势可能是摆阵用强弩将匈奴驱离。

图 2-7　四将军击匈奴预计路线

长安，未央宫的宣室殿密室，李广、公孙贺、公孙敖、卫青奉旨登上二楼，和武帝一道观看楼下的沙盘。这是一个长宽各 3 丈的巨大沙盘，描绘汉朝北疆各郡和大漠南北，高山、平原、沙漠、河流、城邑，长城，标识得清清楚楚，甚至各郡的城邑还用不同颜色做了标识。

李广看得瞠目结舌，瞥了一眼卫青，见其生得豹头环眼，魁梧雄伟，过往的偏见有所改观。李广指着马邑的方向，由衷赞叹道："若早得此图，马邑之围，定能生擒军臣单于。"

原来此图的构想来自卫青，他和一众能工巧匠先做出汉朝北疆沙盘，又根据众多匈奴降将和俘虏口述描绘出大漠南北的地形，在密室外做好局部地图，再到密室中拼接。密室内有虎贲守卫，每次加工都要用粗布盖住其他部分，因此能工巧匠们大多也只记得局部，只有卫青对此图全局最为了解。

卫尉李广自视甚高，一直瞧不起卫青这种外戚，见到此图后却赞不绝口，对卫青的看法大为改善。

卫青提出一个新战术：若军臣单于真的倾巢南下增援雁门北，自己就率领 1 万人直捣龙城或单于庭，总之要捣毁匈奴一处老巢。

武帝和一众将领虽觉得军臣单于倾巢南下的可能微乎其微，但还是被卫青的豪言壮语感动。在被动和亲的年代，卫青直捣龙城的话语，振聋发聩，惊世骇俗。

公元前 129 年，武帝兵分四路出击匈奴：第一路，拜太仆公孙贺为轻车将军（军职二品），兵出云中郡；第二路，拜卫尉李广为骁骑将军（军职二品），兵出雁门郡；第三路，拜公孙敖为骑将军，兵出代郡；第四路，拜卫青为车骑将军（军职二品），兵出上谷郡。

四路大军，一老带三小，公孙贺、李广、公孙敖这三路合围雁门北的匈奴军。初春时节，正是牛羊骏马繁衍之季，匈奴忙于放牧，军臣单于和左贤王可能不会来援。卫青则绕到敌军背后，四路大军完成合围，消灭长城以南的匈奴。如果军臣单于和左贤王来援，预计兵力也不会太多，卫青见机行事，配合其他三路围点打援。

还有一种极端情况，军臣单于或左贤王倾巢南下，此时汉军三路人马尽量拖住匈奴主力一段时间，卫青则带着“壮士一去兮不复还”的豪情壮志，向着匈奴龙城或单于庭进发，偷袭匈奴老巢。不过武帝和诸将都认为这种情况发生的概率微乎其微。

四路军队中，武帝最期待的是公孙贺这一路，这里面当然包含个人感情。公孙贺的父亲公孙昆邪是义渠降将，平七国之乱的三十六将军之一，封为平曲侯，食邑 3220 户。虎父无犬子，公孙贺被寄予厚望。

然而在实战中，公孙贺却毛里拖毡，畏缩不前，未能按时赶到会师点。虽然他的这 1 万人马毫发无损，但对第二路李广军来说可就是门户大开，雪上加霜。

李广担任过雁门郡太守，1 万骑兵出雁门，轻车熟路，很快就遭遇对方一支劲旅，攻杀两天，互有胜负。不料匈奴人越来越多，数日后单于主力赶到，10 余万骑兵对阵 1 万骑兵，众寡悬殊。没想到军臣单于来得这么迅速，按计划李广军西有公孙贺军，东有公孙敖军，三军顶在这个位置，将单于主力拖住，为第四路卫青军创造战机，甚至可能长途奔袭龙城。

由于公孙贺军没有出现，李广军左翼空虚，匈奴骑兵势如潮涌，从北、西、南三面将李广军围住。

李广长子校尉李当户，弓马娴熟，武艺尤胜其父。李广领雁门太守时，老虎常下山嗜人，李当户便备足箭矢，单枪匹马上山，逐虎过涧。10 丈外虎王咆哮来袭，瞬息之间已扑到跟前，却四足一蹬，轰然倒在李当户跟前。原来李当户以迅雷不及掩耳之势射出三箭，第一箭射中虎王右腿，第二箭射中虎王左眼，第三箭从虎王脖颈射入。

然而任李当户如何善战，终究是寡不敌众，只杀得势穷力竭，身受数十创，轰然倒地。几个月后，李当户的夫人在长安产下遗腹子李陵，为李当户续上香火。

此刻李广军已战死一大半，东侧的公孙敖军也陷入苦战，自身难保，根本无力救援。军臣单于听闻围住的是飞将军李广，急传军令，务必生擒李广，不得将他杀死。

李广强忍丧子之痛，东冲西突，血染战甲，不能脱身，战到力竭，匈奴骑兵一拥上前，竟将李广压在身下生擒。

李广军全军覆没，匈奴人高唱凯歌，把李广捆绑在马背上，去向单于报功。李广心中方寸不乱，故意装作重伤。匈奴人见李广“奄奄一息”，料他插翅难飞，也不捆缚，只在两匹马之间挂一张绳网，让“命若悬丝”的李广躺在网上。

李广索性闭目养神，行十余里路，瞥见近旁有一人骑着一匹高大骏马，便翻身跳下，纵身一跃，敏捷如猎豹，竟跳上马背，一双铁臂早将马上之人抛出一丈开外。

李广勒转缰绳，快马加鞭向南飞驰。匈奴人这才如梦方醒，一齐拨回马头，策骑急追。李广张弓搭箭，尘埃起处，追兵无不应弦而倒。如此且行且射，行数十里路，杀敌数十，李广竟得逃脱。

李广军覆没，回来后李广罢官，拿钱赎死罪，废为庶人。

第三路公孙敖，此战尽职尽责，悍不畏死。

公孙敖与公孙贺祖上都是北地郡义渠人，秦末汉初很多义渠人给自己一个中原的姓氏，其中姓公孙的人不少，公孙敖与公孙贺并不是亲戚关系。公孙贺的父亲公孙昆邪为朝廷效力，在平七国之乱的战争中立下战功，官至典属国、陇西太守。公孙贺年少就担任太子舍人，陪刘彻读书，因此年纪轻轻就官至太仆，而公孙敖显然没有这等身世，只是入宫做了羽林郎。

陈皇后和其母窦太主（馆陶公主）派人杀卫青，公孙敖竟挺身而出拔刀相助。一个有情有义且不怕死的人，正是武帝急需的。

当李广军溃败，李广被生擒，公孙敖知道大势已去，便率军突围南走。最后公孙敖率3000 残兵奔回代郡，1 万人十去其七，可见战场惨状。

与李广一样，公孙敖也是罢官，拿钱赎死罪，废为庶人。

第四路卫青军，在前三路未能持久吸引单于兵力的情况下，情况也不乐观。

卫青从小牧马，骑术精湛，又为武帝献出许多精妙计策，遂擢升为骑都尉（军职四品），掌羽林军。

卫青自上谷北上，本要从背后突袭匈奴，当得知单于十余万主力悉数南下，正和李广、公孙敖激战，他果断改变战术，因为事先预料的极端情况出现了。

卫青以翕侯赵信带队，穿越千里大漠戈壁，从东南到西北，杀向匈奴单于的龙城。卫青直捣龙城的路线如图 2-8 所示。

卫青年约二十四五岁，豹头环眼，鼻梁高耸，虎臂狼腰，眼中精光闪闪，跨在马背上犹如一头豹子在搜索猎物。

1 万骑全速飞驰，越过草原、荒漠、沙地。卫青早已下令，不用理会沿途匈奴的骑哨和牧民，天下武功唯快不破，此战的关键是赶在匈奴骑哨前兵临龙城。

卫青这支军队的将领是他亲自挑选的，有十大校尉，人才济济，十年内几乎全因战功封侯。

赵信原本是匈奴的一名相国，投降汉朝后封翕侯，在此战中是向导，授校尉（军职四品）。

军司马（军职六品）李椒，李广次子，羽林郎出身，授校尉（军职四品）。其兄李当户是校尉，正跟着骁骑将军（军职三品）李广作战。

太中大夫（官职六品）苏建，羽林郎出身，授校尉（军职四品）。

太中大夫（官职六品）遂成，羽林郎出身，授校尉（军职四品）。

太中大夫（官职六品）张次公，羽林郎出身，授校尉（军职四品）。其父张隆，官至轻车武射（军职八品），常在汉景帝左右。

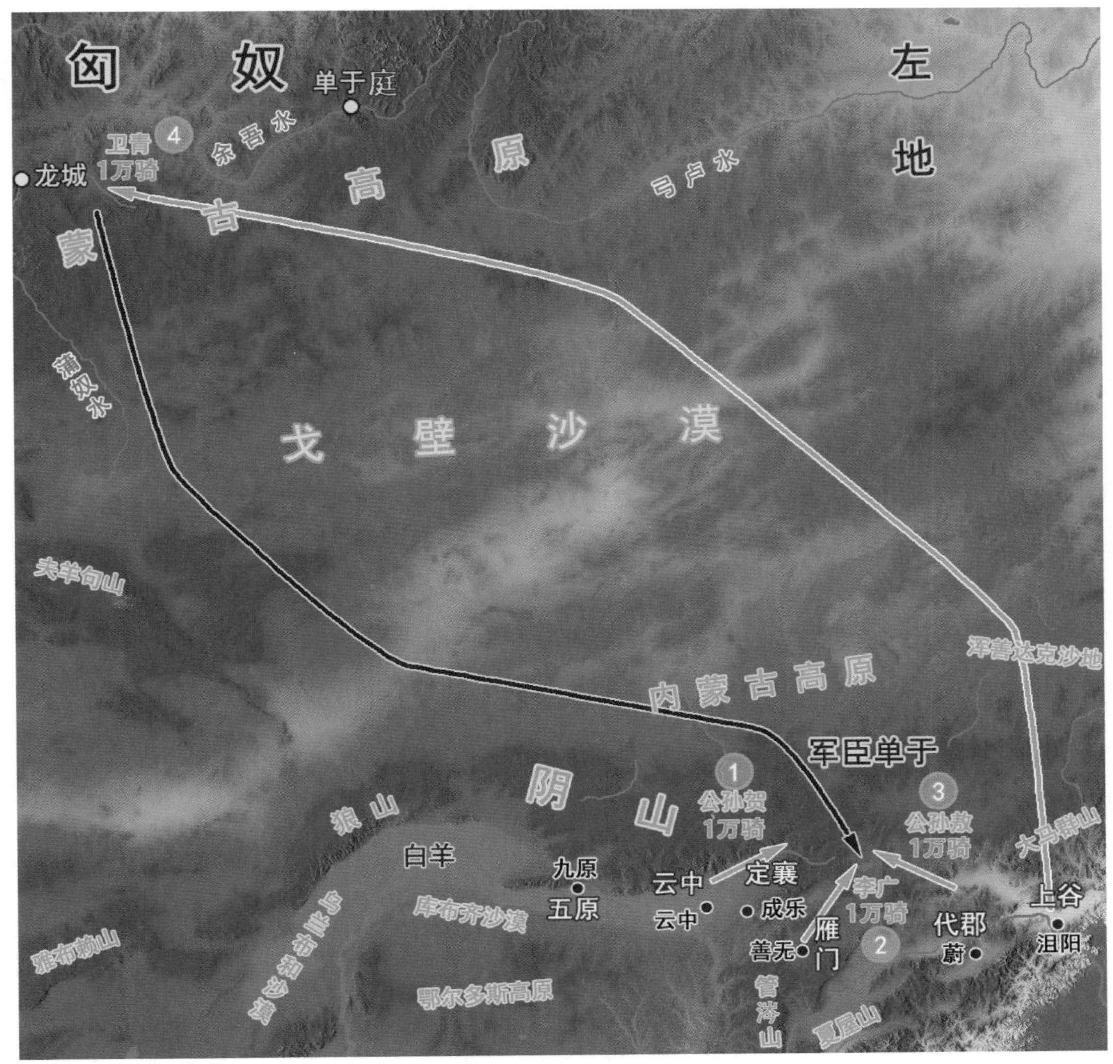

图 2-8 卫青直捣龙城

骑郎将（军职六品）共友，羽林郎出身，授校尉（军职四品）。

羽林右监（军职七品）路博德，羽林郎出身，授假校尉（军职四品），有战功即可授校尉。

羽林左监（军职七品）李沮，羽林郎出身，授假校尉（军职四品），有战功即可授校尉。

单于初春下，汉兵捣其家。此时龙城有数千守军，多为老弱病残，未能随军臣单于南征。卫青率精锐之师，以犁庭扫穴之势，斩首 700 级，余者作鸟兽散。

卫青不敢久留，得手后立即撤军，仍穿越大漠戈壁返回。此战卫青军战马损失上千匹，战士伤亡失踪数百，战损和匈奴不相上下。

但是此战直捣龙城，好比匈奴南下洗劫汉朝长安，从此攻守之势易也，汉军不再拘泥于防御，而是伺机攻出塞外。武帝赐卫青爵为关内侯，食邑200户。

● 卫青兵出雁门

卫青在龙城斩首七百级，焚巢捣穴，军臣单于吃了闷亏，当然要报仇。

公元前129年，匈奴左部数千骑进入渔阳郡，边疆告急。

还记得韩安国吗？马邑之围后他从御史大夫（三公之一，官职一品）谪为少府（九卿之一，官职二品）。卫尉（九卿之一，官职二品）李广废为庶人后，韩安国转授卫尉，这次拜为材官将军，领兵屯守渔阳郡。

公元前128年，武帝28岁，卫子夫约26岁，卫青约25岁，卫子夫生下了皇长子刘据。卫子夫入宫10年，先生了卫长公主、石邑公主、诸邑公主，第四胎才生下皇子，而且刘据还是武帝的长子。武帝龙颜大悦，下诏立卫子夫为皇后。

张汤废了陈皇后，受益者是所有生下皇子的人，第一个生下皇子的卫子夫便是最大的受益者。

刘据出生这年，匈奴军臣单于和左谷蠡王伊稚斜兵分两路，单于入雁门，伊稚斜入辽西、渔阳。汉军在雁门郡及周边几个郡都有重兵布防，军臣单于没占到大便宜。左谷蠡王伊稚斜率左地两万骑，杀辽西太守，攻入渔阳郡。渔阳郡的韩安国仓皇出战，汉兵大败，被匈奴掠走了2000多百姓。

太守是封疆大吏，辽西太守被杀，朝野震动。汉朝史官竟将太守姓名隐藏，大概是觉得他没有资格载入史册。

武帝听说太守阵亡，韩安国吃败仗、丢百姓，急火攻心，令韩安国改屯右北平郡。右北平郡夹在渔阳郡和辽西郡之间，渔阳郡置一太守府和一都尉府，辽西郡置一太守府和两都尉府，右北平郡却只有一太守府，没有都尉府，兵力几乎是东北边郡最少的。右北平郡人口稀少，武帝是要彻底弃用韩安国了。

韩安国自思昔日拜三公之一的御史大夫，马邑之围为护军将军统辖诸将，想不到如今年老，反而领兵在外，老境如此凄惨。皇帝宠信的卫青又屡立战功，韩安国闷闷不乐，数月后水土不服，第二年竟呕血而死。

面对匈奴两路攻击，东北的渔阳、辽西为何守得不如雁门牢固呢？一个重要原因是双头管辖，即汉军与诸侯王争夺资源。燕王和代王虽然直属军队不多，但汉军在燕国和代国作战，粮草供应极度依赖本地，需要二王派遣大量民夫作后盾。

先来看燕国，领地大致是战国时燕国的基本地盘，有7个郡（国），52万户，约218万人。

第一任燕王臧荼是异姓王，兵败被杀。第二任燕王卢绾是刘邦一生最好的兄弟，刘邦死后没入匈奴。第三任燕王是刘邦最小的儿子刘建，吕后把刘建及其独子全杀了。第四任燕王是吕后的侄孙吕通，屁股没坐热就被周勃等人诛杀。第五任燕王是刘邦的远房堂弟刘泽，原本受封营陵侯。第六任燕王是刘泽之子刘嘉，第七任燕王是刘嘉之子刘定国。

刘定国不但横行燕国，还把一个女儿嫁给了武帝的舅舅田蚡。田蚡做了10年的太尉和丞相，燕王的权势攀升到顶峰。不过此时田蚡已经去世两年，刘定国朝中无人，武帝早厌烦了这个眼中钉。

卫青的门生中大夫主父偃，顺着武帝的想法提出封国能除就除，不能除就拆的思路。他首先告发燕王刘定国，说刘定国在其父尚未病逝前，就和后母通奸，并生下一子。刘定国还霸占弟弟的夫人，并威逼3个女儿侍寝，禽兽不如。

燕地战事不利，武帝遂下诏赐死刘定国，燕国除。田蚡与刘定国之女所生的儿子田恬，袭爵武安侯仅3年，便因入宫时衣着不得体而被削爵。

再看代国，有云中、定襄、代郡、雁门、太原五郡，约38万户，159万人，除太原郡外其他四郡都处于对抗匈奴第一线。

第一任代王刘喜是刘邦的二哥，因惧怕战争逃离，国除。第二任代王是刘邦第三子刘如意，后改封赵王。第四任代王是刘邦第四子刘恒，也就是汉文帝。第五任代王是文帝之子刘武，后改封淮阳王、梁王。第六任代王是文帝第三子刘参。第七任代王是刘参之子刘登，第八任代王是刘登之子刘义。

刘义是武帝的侄子，血缘关系相对亲近，再加上没有查到刘义有什么罪大恶极之举，武帝暂时没有动他。不过武帝罢免了代相，拜代郡太守李蔡（李广堂弟）为代相，以李蔡举荐的校尉共友为代郡太守。汉初封国面积很大，国相比太守高一级，排位在九卿之前。当然代王刘义绝不是从此就高枕无忧了，十几年后，武帝还是找了个借口将其改立为清河王，封地由5个郡变成1个郡。

随着武帝对燕代两国的调整，两地的资源基本掌握在朝廷手中，这对战争的走向起到重要作用。

武帝认为军臣单于从雁门郡北撤，掳走了一些人口，也掳掠了不少物资，肯定要分兵看护这些人口和物资，所以这时候反而是匈奴较为虚弱之时，不如衔尾追击。

武帝上次安排四路并进，就有选拔将领之意。四路之中只有卫青直捣龙城得手，加上卫子夫刚产下皇子，武帝决心重用卫青，由卫青来策划这次追击行动。

卫青对李广全军覆没、公孙敖军十去其七仍心有余悸，若他的军队遇上李广面对的匈奴，结局恐怕也是片甲不回、只骑不返。卫青没有遇到大队匈奴人马，李广遇到匈奴主力全军覆没却能单枪匹马逃回，这都是天意。

春秋时孙武指挥吴军从长江北上淮河，逆淮河到楚国北部，绕过了楚军东部的防御体系，再向南直插楚国心脏，一举攻克郢都，后世奉为长途奔袭的经典之作。卫青直捣龙城，与孙武破楚都均是凤鸣朝阳、吉星高照，否则只要中间出一点差错，都会前功尽弃，以失败收场。

孙武自破楚战争后再无长途奔袭之作，卫青在奔袭龙城后，也不敢再如此兵行险着。

这次汉军兵分两路：车骑将军卫青率3万骑，出雁门郡；材官将军李息率两万步兵，出代郡。卫青和李息兵出雁门的路线如图2-9所示。

图 2-9　卫青兵出雁门

卫青设定的交战地就在雁门北，若单于不理会，他便要捣毁所有匈奴据点，将汉军的防线前移到秦朝的长城。

与一年前四将军各率 1 万骑不同，这次卫青率 3 万骑，李息却只有百夫长以上有坐骑，两万人大多是步兵。一年前四路大军从 4 个方向合围雁门北，效果并不理想，这次卫青换了个战术，两支军队一支主攻，一支主守，分工明确。

卫青率 3 万轻骑从雁门郡善无北上，大马金刀，迅速扫荡黄旗海草原，见匈奴牧民就射，操刀必割。李息则率军拉着大量牛车、骡车，装载用之不尽的甲盔、大刀、木盾、弓弩、箭矢等兵器，以及大军的口粮，甚至马草，从代郡高柳出发，缓慢向西北靠近卫青军。

卫青军兵器损耗极大，一两天就耗尽箭矢，不得不南下寻李息军补充军备，然后再次北上扫荡。

李息的车队十人一车，共 200 辆车，前后排列数里。在遇到匈奴偷袭时，车队原地布阵，成为一个长方形大阵，外围立刻布置拒马，大阵里面又错落分布许多车辆，几乎严丝合缝。匈奴人若冲击车阵，将首先面对一轮强弩射击，敌骑即使冲进大阵，也因为阵中车辆无法发挥冲击力，只能在小阵中来回乱窜，而四面八方都可能杀来长枪戈矛，几乎是有进无出。

军臣单于的大军已经离开雁门北，他听说汉军胆敢追击，便派一个万人队折返。这支匈奴骑兵打得很不错，用一天时间消耗卫青军，等汉军箭矢用尽，又不断切割冲击，阻挠卫青军向李息军靠拢。

战况激烈，肝髓流野，汉军欠缺与匈奴大规模作战的经验，更欠缺战胜匈奴的自信。如果军臣单于丢下掳走的人口和物资，全军南下杀个回马枪，对卫青来说就是不测之渊了。

好在匈奴人少，万人队付出3000多骑的代价后，果断撤兵北走，再打下去这支骑兵的首领就会在大漠失去原有地位。

卫青军再次补充兵器粮草，在黄旗海草原来回扫荡。当地匈奴牧民也不想退出这个水草丰美之地，但靠他们自己的力量只能是九死一生。

每当卫青军兵器损耗过大，箭矢用尽，便回头来找李息补充军备。如此反复数次，经过一个月大扫荡，雁门北很难再看到匈奴的牧民，汉军如愿将防线推到秦长城一带。

此战卫青斩首和掳获匈奴数千，骑兵战损数更大，战马更是折损两万余匹。卫青和李息都不赏不罚，因汉军的军功是按照人头计算的。

汉军的优势是强弩远距离齐射，但匈奴骑兵不会等汉军布好阵再来冲击，他们常在汉军行军途中突袭局部，以骑射优势杀死汉军，然后在汉军主力赶到前逃之夭夭。此时的汉军面对匈奴，还未有成形的克敌制胜战术，像卫青这样杀敌八百自损一千，还是在李息的强大增援下完成的。

此战后卫青的战术思路逐渐清晰——骑兵主攻、步兵主守，后来的每场大战几乎都是如此。即使在漠北，由于路途遥远，骑兵和步兵肯定会脱节，卫青便将骑兵步兵整合，用武刚车装载兵器和物资。

第二节 收复河套

● 卫青破白羊、娄烦，取河套平原

这几年匈奴单于和左部频频南下报复，匈奴右部却没有动静。一方面匈奴单于调不动右贤王的兵力，另一方面右部主要开拓方向也不在人口众多、武器精良、城高池阔的汉朝，而在西域。

匈奴右部对西域的认知远在本部和左部之上。抛开古尔班通古特沙漠和塔克拉玛干沙漠，中间的天山山脉东西绵延近2000里，南北也有数百里，山势雄伟，原始森林遮天蔽日。群山之巅上的冰峰雪岭如白玉屏风般横耸天际，每到春暖之时山雪融化，滔滔洪流奔腾泻下，灌溉大小绿洲。

西域仅天山山脉便地大物博、资源丰富，且人口稀少，有尚待开发的广袤土地。如今以天山南北为主的我国新疆人口有2000多万，以蒙古高原为主的蒙古国人口仅300多万，最主要是自然环境决定的。

右贤王如果能控制天山山脉，其实力将在匈奴本部与左部之上，如果能控制整个西域，那恐怕连汉朝也难以匹敌。

西域乌孙立足伊犁河谷后发展迅猛，不再为匈奴养马，更不随匈奴出征，乌孙昆莫猎骄靡一副与右贤王平起平坐的样子。右贤王的宏图伟业是让乌孙重新臣服，令西域数十个部落国家都为匈奴牧马。西域国家多是逐水草而居的，城邑大多只有一圈可攀爬的围墙，比汉朝的要塞好打多了，即使对方逃了也可占据其肥沃的草场。

公元前 128 年，正当卫青在雁门北鏖战时，右贤王出兵西域。

在右贤王罗姑比看来，汉朝主要御敌方向肯定还是云中、定襄、雁门、代郡、上谷、渔阳、右北平这一线，此时河套与河西走廊都在他手上，对汉朝形成战略优势。

右贤王若出征乌孙，不必担心汉军反击。这几年汉军连续和匈奴本部与左部交战，兵力损耗数万，战马损失十余万匹，数十万百姓流离失所。

这年秋高马肥之际，右贤王罗姑比出兵八万余骑西进，除右部三万多骑，河套地区娄烦出兵 2.5 万，白羊出兵 1.5 万，河西走廊休屠部、浑邪部等各出兵数千，浩浩荡荡杀奔乌孙。

决定战争成败的，往往有天时地利人和三大因素，这次可说是天灭匈奴，8 万余骑在准格尔盆地遭遇沙尘暴。

沙尘暴起，但见白茫茫一片平沙，黑黯黯千重惨雾，冷凄凄数群啼鬼，乱飒飒几阵悲风。匈奴对沙尘暴见怪不怪，不用号令全都跳下马背，牵马寻找石头等掩体，若四周空旷则人马匍匐于地，用毛皮遮住人马眼鼻。

没想到这次沙尘暴持续时间很长，到夜晚寒气逼人，人马俱惊，大军带来的火种遇风即灭，吹之不燃。只见天昏地暗，茫然不辨东西南北。

半夜风息尘散，空中现出半轮新月。大小部落首领急令骑哨各自吹号，一来以屏阴气，二来使骑兵闻声来聚，发现军马损折无数，多埋于风沙之下。

经过沙漠，必然会遭遇沙尘暴，最佳的应对方式是躲在大石头或者断壁的背风面。如果实在找不到掩体，就只能匍匐在地。如果几百人的小队人马，很有可能全体找到掩体。右贤王这次与其说是天灾，不如说他指挥不当，应该将 8 万人分成几十支队伍，这样损失就可控了。

后来李广利第一次远征大宛国，6 万人大多葬身沙漠，也是犯了同样的错误。李广利第二次出征大宛国，就知道把大军分成若干队伍前后出发，并且走南北两线，这才避免了悲剧重演。

右贤王令各路人马继续西行，来到博罗科努山北麓集结，只剩了 3 万余人，两万多匹战马。

此时的乌孙号称控弦 18.88 万骑，实际兵力也有 10 余万，右贤王士气低迷，不敢硬撼。乌孙昆莫猎骄靡也给右贤王罗姑比台阶下，划出一大片草场供匈奴人放牧。这年冬天，匈奴大军没有回来，右贤王还是想捞一些实质的好处再回兵。

右贤王派人到河西走廊和河套地区，说在乌孙取得大片牧场，希望各部再派人马去接受新的封地。

白羊、娄烦二王明知大军遭遇不测，不得已仍然拼凑了 1 万人马前去支援。白羊部和娄烦部占据的是秦汉旧土，直面汉朝控制的陇东高原，以他们的实力无法自保，只能依靠右贤王的庇护。

河西走廊休屠部和浑邪部的情况则完全不同，东边与汉朝之间还隔着几百里荒漠，此前秦汉从未出兵河西走廊。西边几百里外是西域第一个国家楼兰，再往西千里之内都是沙漠小国，对河西走廊毫无威胁。即使匈奴在几千里外的乌孙占了一些草原牧场，休屠部和浑邪部也不能跨越这么远的距离管辖。河西走廊既没有外部军事威胁，对外扩张意愿也不强，所以一开始只各自派了几千人跟随右贤王。后来得知匈奴大军被沙尘暴给灭了一大半，干脆一兵不发了。

总的来说，这年河套地区白羊、娄烦两部陆续派出 5 万骑前往西域，而且冬天没有回来。这对汉朝来说，是千载难逢的机会。

公元前 127 年初春，军臣单于进犯上谷、渔阳，掳掠千余人及牲畜而去。前御史大夫太守韩安国闷闷不乐，呕血而死。武帝急诏闲居在家的李广赶赴右北平接替太守之位。烽火动大漠，兵压右北平。汉武按剑起，还召李将军。

武帝没有把卫青等人调过去，而是重新起用李广，卫青另作他用。

公元前 127 年春，车骑将军卫青、材官将军李息领兵 4 万余出云中，以翕侯赵信为前导。卫青、李息收复河套的进军路线如图 2-10 所示。

与右贤王估计的相差无几，汉军兵力捉襟见肘，四万余人步骑各半，这已经是汉军在北方能调动的大部分机动力量。几个月前卫青和李息在雁门北鏖战，武帝得知右贤王西征，令两部人马原地驻扎、养精蓄锐，准备从云中方向突袭后套平原，盘踞那里的是右贤王麾下的白羊部。

与两年多前 4 万骑兵分四路出塞攻击匈奴相比，如今汉军战马损耗太多，河西六郡 36 个马场牧马也跟不上战损的速度。

随着战争全面铺开，汉军将士久战沙场，行军作战可说驾轻就熟。有人说唯有胜利者才有经验，失败者只有教训，甚至连教训都没有，因为战场失败意味着九死一生。卫青在战争中快速成长，在雁门北的鏖战中，卫青对李息的步兵车阵赞不绝口。如果不是李息提供源源不断的兵器和粮草补给，卫青的骑兵即便有数量优势，可能也会在雁门北经历一场惨败。

西征河套地区，卫青仍然将步骑分开，自己亲率骑兵攻击，李息率步兵拉着大量牛车、骡车，装载用之不尽的甲盔、大刀、木盾、弓弩、箭矢等，以及大军的口粮，甚至马草殿后。

大青山是阴山山脉东部的一座山，呈西南—东北走向，大青山与黄河之间的三角形地带称为前套平原，属云中郡。从云中郡逆黄河西上，要穿越大青山与黄河之间一个相对狭窄的区域，最窄处只有 10 多里。

匈奴在这一带遍布骑哨，卫青率骑兵西进，很快就被白羊部的骑哨发现。

汉军骑兵继续西行，在乌拉山与黄河之间的狭窄之地遭遇白羊部阻击。

乌拉山位于阴山山脉南部，也是一座西南—东北走向的山，长约 94 千米，宽约 20 千米。乌拉山与黄河之间形成狭长通道，只要堵住这个口子，汉军很难进入后套平原。

白羊部的将领将仅有的 2000 多骑兵全部放在乌拉山南麓，隐藏在白桦林中。

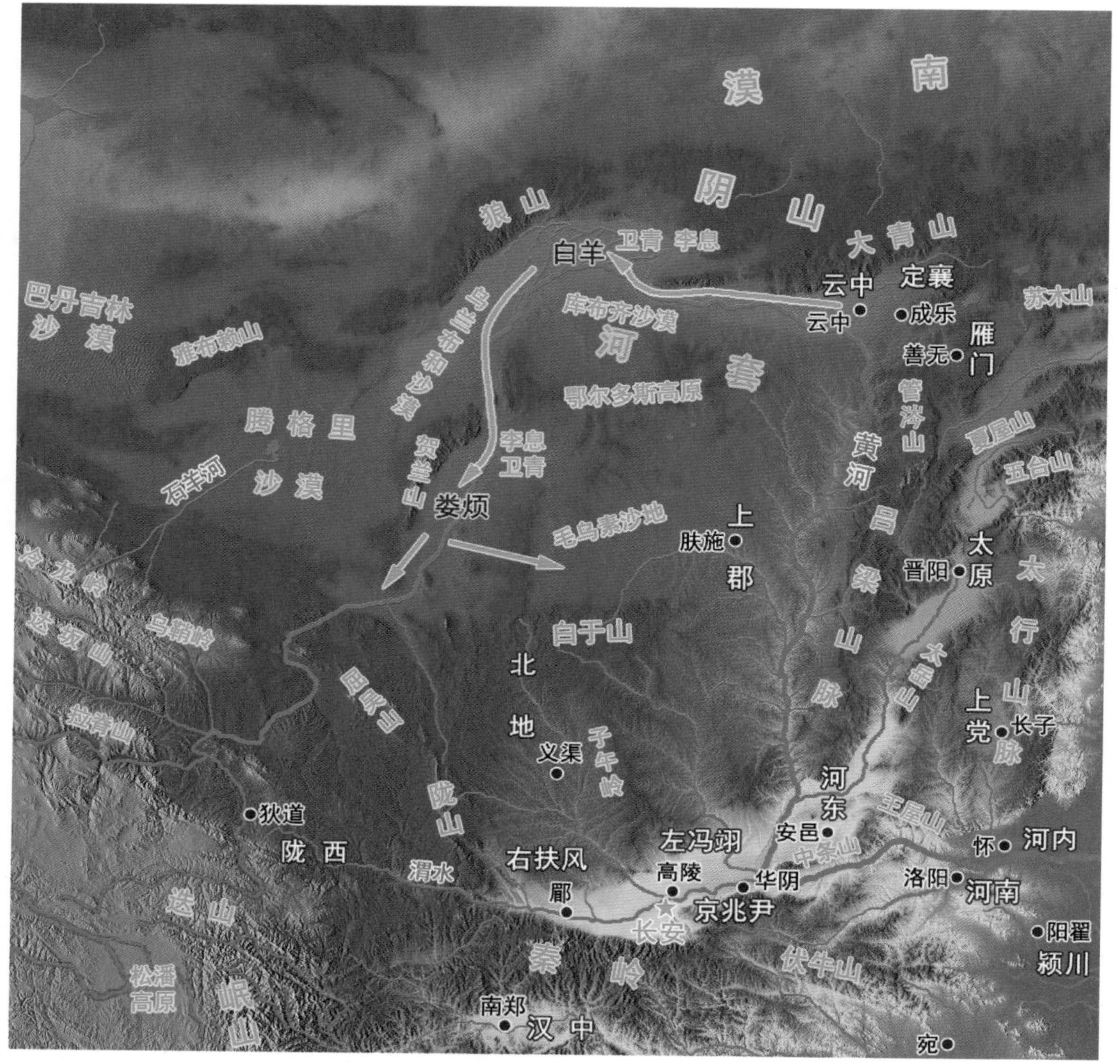

图 2-10　卫青李息夺回河套地区

如果在平时，白羊部完全可以将卫青的骑兵放过去，拉长汉军的战线，专攻李息的步兵。行军途中无论卫青军还是李息军，前后肯定拉得很远，若白羊部骑兵从山上呼啸而下，寻汉军薄弱局部攻击，打得赢就打，打不赢就退回山上，汉军根本没有能力收复后套平原。汉初前 80 年，汉军从云中不能西进一步，就是这个道理。

然而现在形势不同了。白羊部的主力跟随右贤王出征西域，跨年度没有回来。负责山口阻击的白羊部不得不拼死拖住卫青军，给后套平原的族人转移牛羊家产赢得时间。

汉军在马背上极目远眺，只见北边乌拉山松柏如涛，花香袭人，大家却无心欣赏，人人如临大敌。连续消失多名骑哨，说明山中隐藏着匈奴大军。远处百鸟惊飞，说明危险已近在眼前。趴在地上的斥候耳力极佳，即使匈奴人用羊皮包裹马蹄，也瞒不住他们的耳朵。

此战毫无悬念，卫青的骑兵以优势兵力，加上刀剑削铁如泥，强弩没金饮羽，几乎全歼敌人，己军重伤和阵亡的仅 300 多人。平时匈奴打不赢就跑，但这次是阻击战，即使飞蛾扑火也要上，只为拖延汉军西进的时间。

天苍苍野茫茫，风吹草低见牛羊。从俘虏口中得知，后套平原有数十万牛羊，这比卫青估计的要多。卫青、李息取后套平原的路线如图 2-11 所示。

图 2-11　卫青、李息取后套平原

卫青却不急于捕获牛羊，而是留数百伤兵在乌梁素海休整，余者沿着阴山山脉南麓西进，骑兵一天后便来到狼山脚下。

狼山呈西南—东北走向，长约 370 千米，由于基底是以岩石为主的，所有需要深厚土壤扎根的高大树木都不能在狼山生存。山上不但植被稀少，而且最高的植被也不会超过 1 米，属于荒漠地带。

狼山上的呼和巴什格山峰，海拔 2364 米，既是内蒙古境内的最高峰，也是方圆几百千米的制高点。

狼山得名源自这座山脉真正的主人——荒原野狼。狼的视觉比人要广得多，相当于戴上望远镜的人类。屹立在狼山的各处高点，什么猎物都逃不出狼群的魔爪。

当年赵国在狼山上修筑要塞高阙，作为赵国长城西部的起点。其山中断，两峰俱峻，壁立千仞，状如门阙。阙的意思是缺口，这里有数条南北走向的山谷，几乎把狼山劈成东西两半。这些山谷通道是匈奴南下的捷径，否则要绕道狼山西部的腾格里沙漠。秦汉时期高阙要塞的战略地位，与明朝东部的山海关类似，都是当时天下雄关。

高阙塞位于今内蒙古巴彦淖尔盟（市）乌拉特后旗（县）温都尔镇，有南北两城，北城是赵国修建的，略呈方形，南北长 36.8 米，东西宽 35.2 米，城墙高约 6 米。北城只有一座东门，不远处是南北走向的达巴图沟，沟中深幽寂静，高阙塞就像一个守株待兔的猎人等待匈奴从达巴图沟南下。如今内蒙古的 213 省道就是沿着这条沟修建的，南北穿过狼山，可达后套平原的巴彦淖尔盟（市）。

卫青马鞭指向废弃的赵国高阙塞，感叹道："若此处驻骑兵五百，匈奴未敢南下。"高阙塞的位置如图 2-12 所示。

图 2-12　高阙塞的形势

匈奴南下有两大特征，一是秋天南下、初冬班师，二是后队赶着牛羊作后勤支持，高阙塞则对症下药精准针对匈奴这两个特点。匈奴秋天南下初冬赶回塞外，时间只有两三个月，若在高阙塞下耽搁太久，只能无功而返。若绕过高阙塞南下，匈奴后队的牛羊就成为高阙塞骑兵的猎物。

李息抵达高阙塞后，立即着手修复，并沿着北城的南侧修筑南城。为了节省石料，北城的南墙与南城的北墙部分重叠。

南城为长方形，东西长 64 米，南北宽 48 米，高度提升至 7 ～ 8 米。南北城共用墙有一扇门，两城浑然一体。

高阙塞的东面和南面是地势较低的两条沟，于是在北墙和西面修筑一段 300 余米的石墙环绕，再加附近山峰上耸立的多个烽火台，高阙塞固若金汤。

高阙塞南城还有一个南门，正对东南—西北走向的查干沟。这条沟斜穿狼山，一直往西南可抵达狼山西南侧，汉军又修筑了鸡鹿塞。

鸡鹿塞位于今内蒙古巴彦淖尔盟磴口县沙金套海苏木，建在一座壁立如墙，高达 18 米的台地上，东北方向是狼山，南边是乌兰布和沙漠，西边是亚玛雷克沙漠。鸡鹿塞呈方形，每边长 68.5 米，城墙高 7 ～ 8 米，只有一个南门，门外设有瓮城，前方空旷坦荡，不远处就是人类闻之色变的沙漠。

鸡鹿塞与高阙塞一样，既可阻击也可断后，匈奴若绕过鸡鹿塞，就得穿行乌兰布和沙漠。即使在秋高马肥之际，匈奴也不愿穿越深不可测的沙漠，何况带着战利品更不可能从沙漠返回。

鸡鹿塞和高阙塞是北方大漠通向河套的交通咽喉。虽深入虎穴，卫青却泰然自若，没有立即攻击白羊部和娄烦部，而是先堵住两个缺口，修筑高阙塞和鸡鹿塞，这样不但可以北御右贤王，还能南防白羊和娄烦两部逃跑。好比下围棋，卫青先堵死外围缺口，对手在圈里怎么盘都是死局。

白羊和娄烦两部，有 5 万人马跟随右贤王西征，剩下约 1 万骑兵分散在后套平原、西套平原、河南地等广袤的草原上，根本无力阻击汉军。

把缺口堵住后，卫青才兵分五路，自己率 1600 多骑（包括伤兵）在屠申泽沿岸休整，设将军府运筹帷幄；翕侯赵信率 3000 骑兵分散在黄河与乌加河之间，驱逐牧民；苏建等五校尉率 5000 骑沿乌加河北岸扫荡；张次公等五校尉率 5000 骑兵沿黄河北岸扫荡；李息率步兵修筑要塞，接管俘虏和牛羊。简而言之，卫青率伤兵休整，顺便收拾附近的白羊牧民，赵信在中间扫荡，苏建和张次公在南北两头收割，李息负责建要塞和安置俘虏牛羊。

数日内，汉军斩首及掳获白羊部 2300 级，捕获战马数千、牛羊数十万头。

收复原本秦朝的五原郡后，武帝把后套平原从五原郡分离出来，建朔方郡，又在上郡北部靠近黄河之处设西河郡。五原郡、朔方郡、西河郡的位置如图 2-13 所示。

五原郡置一太守府、三都尉府、一要塞。太守府仍在九原，在黄河北岸从西往东的三座城西安阳、成宜、宜梁置三都尉，在九原的北部置石门障要塞。

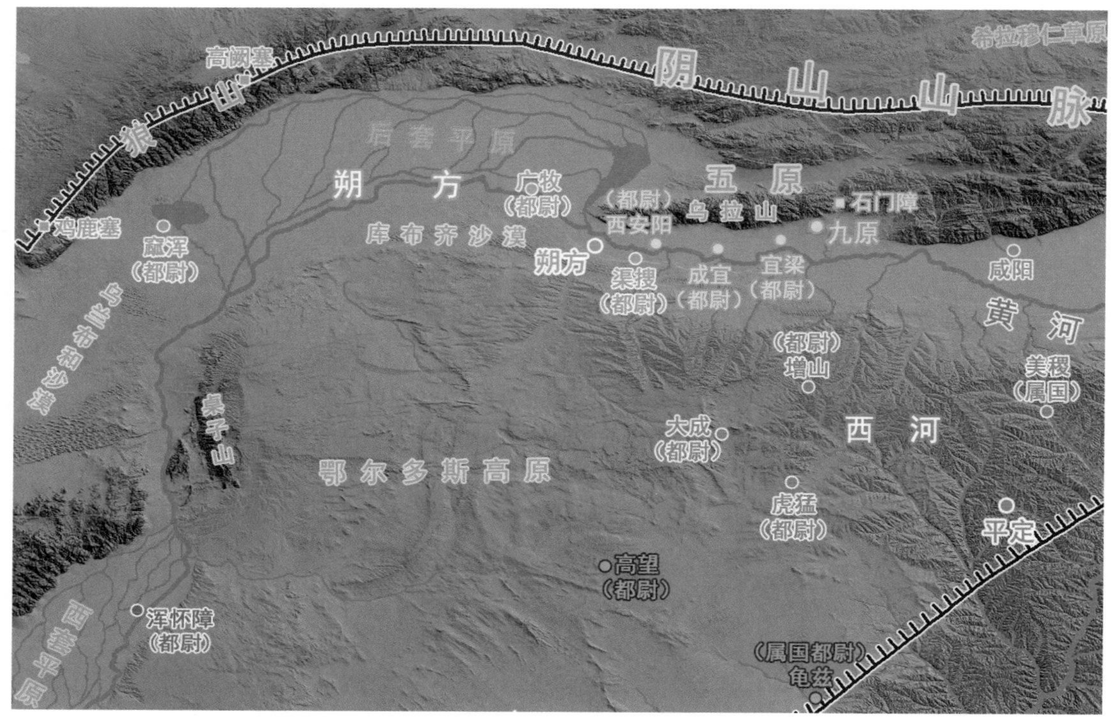

图 2-13　五原郡、朔方郡、西河郡

朔方郡置一太守府、三都尉府、两要塞。太守府在黄河南岸的朔方，位于后套平原边缘。在朔方郡东部黄河南岸的渠搜城置一都尉府；在中部后套平原黄河北岸的广牧城置一都尉府；在西部屠申泽南岸的窳浑城置一都尉府。两大要塞高阙塞与鸡鹿塞，一东一西，高居狼山上。

西河郡置一太守府、三都尉府、一属国。太守府在平定；在西部从北往南的三座城增山、大成、虎猛，置三都尉；在东北部的美稷城置属国都尉，安置匈奴降卒。

一个月后，卫青重组军队，打算南下攻击娄烦部。汉军利用掳获的白羊骏马，让步兵变骑兵，由此骑兵达到 2.94 万骑，步兵反而减少到万余人。卫青率骑兵两万走黄河东岸南下，翕侯赵信率骑兵 5000 在西岸侦察，李息则率剩余步骑运送辎重。

汉军从屠申泽南下，理论上可沿着黄河逆水而上，可这一段有多处壁立千仞的悬崖挡路，没有军队能顺利通行，因此只能在屠申泽与黄河结合部渡河。屠申泽对黄河水流有调节作用，其附近水速变缓，是渡河的绝佳地点。

黄河虽长，但渡河点很少，因为这几百里河段水流湍急，唯有桌子山西侧有十几里地河道稍宽，水流也慢了不少。

汉军将 4 个木筏拼成一组，分上下两层，四周再立 4 个木筏作为挡箭墙，等于一个渡河木筏用掉 12 个小木筏。这样一个渡河木筏可搭乘两匹战马和 4 名战士，或者搭乘 8 名战士。

渡河木筏下水后，可通过调整木筏的角度，利用水流漂向对岸下游。两三里宽的河道，往往要漂流十几里才能抵达对岸。再往后河道变窄，水流速度加快，一不小心就会葬身河底。

娄烦人在这十几里河道的末端建了一道防御体系。这里树木被砍伐一空，视野豁然开阔，战筏和登陆人马无所遁形。沿河有十几座可供三人同时射击的箭楼，后方是一个可容纳 500 人的木寨。

当汉军第一个木筏靠岸，100 多个娄烦骑兵呼啸而至，较近者将手上的长矛投出，随后马蹄踏筏墙而入，狼牙棒一顿挥舞，8 名汉军几无抵抗之力。

当汉军三十几个木筏渡河，木筏靠岸点拉长至几里，双方战力才算达到平衡。如果汉军木筏是依次在同一个点登岸，那就只有挨宰的份儿。

当六十几个木筏全部渡河，汉军终于占据了绝对上风。战斗结束时，汉军 500 人有 200 多阵亡或重伤，娄烦 100 多人全部阵亡。

方才战斗激烈时，娄烦木寨内升起 3 股浓烟，汉军将士虽然好奇却无暇顾及。杀光河岸敌人，赵信冲进空寨，这才发现对方烧的是 3 个大木筏。

从残骸和余烬来看，这 3 个大木筏比汉军的木筏要大三四倍，足可容纳二三十人，木筏四周的墙上有射箭的垛口，墙下则固定有 16 个木桨以对抗水流。原来娄烦的防御体系是这样的：先在大木筏上射击来犯敌人，甚至可以撞击小木筏，岸边骑兵则对付漏网之鱼，再加上箭楼上的神射手，水面地上空中立体防御。

娄烦人没有拿出这个大杀器，是因为他们的兵力实在不足，而烧掉这个大杀器，则是因为感觉到必败无疑，不想留给汉军使用。娄烦人甚至没有使用箭楼，因为所有兵力都投入到阻击登陆战当中去了。

娄烦只要有 1000 人镇守此处，大木筏和箭楼都投入使用，漫空箭矢下，汉军就不能渡河。因为汉军的木筏数量有限，一次只能投放 500 步兵，登陆后要将木筏拖到上游十几里处才能再次渡河返回。

当卫青主力尚在桌子山与黄河之间，赵信军就把西套平原侦察了一遍，结果发现既无军队也无牛羊，原来娄烦人赶着牛羊跑了。卫青、李息取西套平原的路线如图 2-14 所示。

于是卫青分兵多路，持续扫荡河南地和卫宁平原，斩首及掳获娄烦人 3071 级，捕获战马数千、牛羊数十万头。

娄烦这个部落在战国时便存在，当时娄烦与林胡盘踞在雁门、云中一带，赵武灵王兼并这两部，林胡融入赵国，娄烦的一部却西迁投奔匈奴。秦汉雁门郡南部筑有娄烦城。秦末匈奴南下，娄烦为前驱，取得西套平原和河南地。娄烦人擅骑射，汉初阳都侯丁复就是娄烦人，食邑 7800 户。

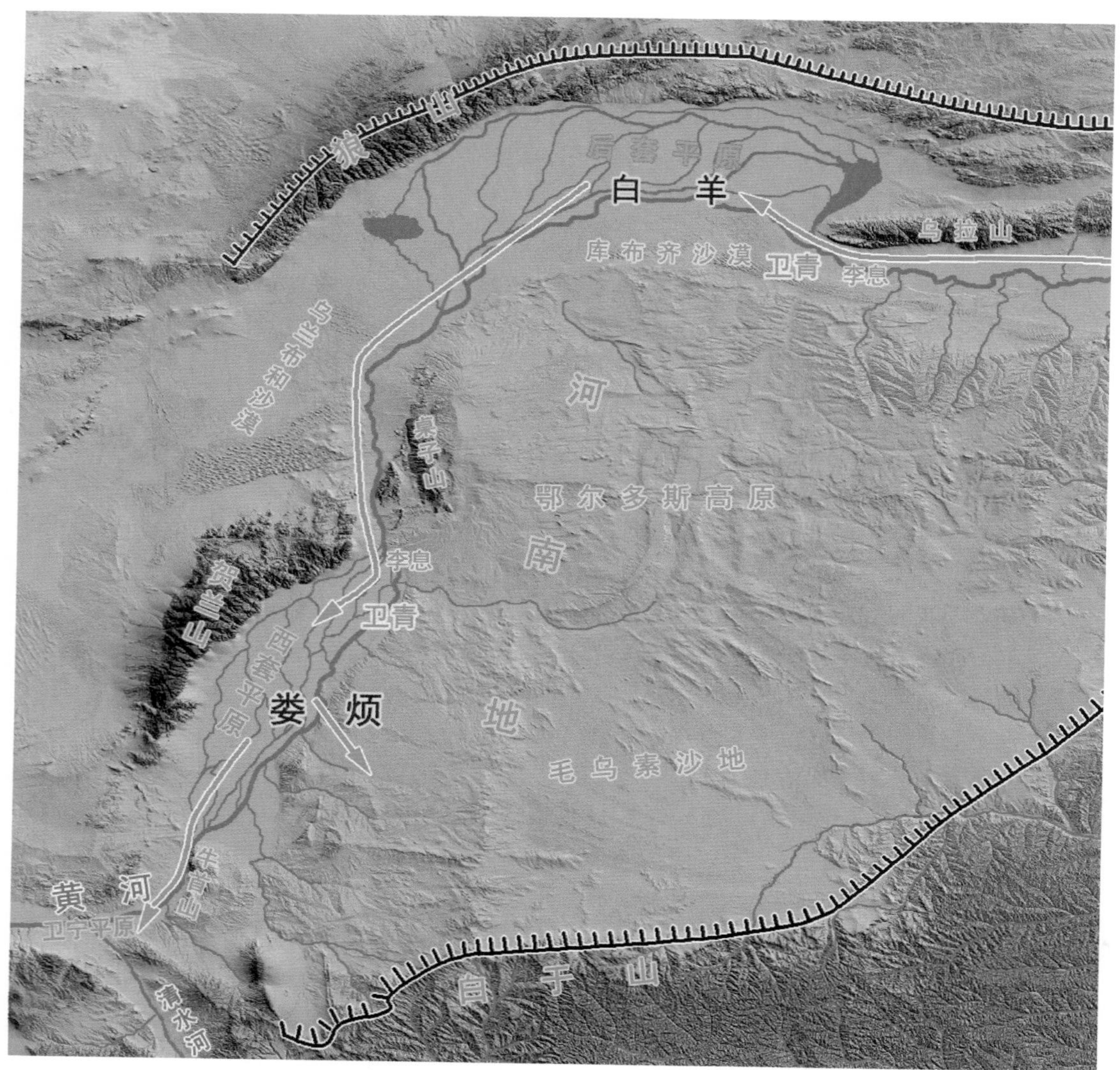

图 2-14　卫青、李息取西套平原

武帝将西套平原并入北地郡，又在北地郡西部设安定郡，还在上郡增置两个都尉府。北地郡和安定郡如图 2-15 所示。

北地郡置一太守府，三都尉府，太守府仍在南部的义渠；在西套平原北部黄河以西置浑怀障，开都尉府；在毛乌素沙地东部置神泉障，开都尉府；在西套平原南部黄河以西置北典农城（上河城），开农都尉府。

北典农城为银川市建城之始，至今已有 2100 多年历史。上河农都尉府将田地、荒滩划成条块，分给屯军、农户、流民等人耕种，又将草场划成区块，分给屯军和牧民。农都尉虽与其他都尉平级，但不属太守管辖，上级是朝廷九卿之一的大农令。农都尉除了保有少量军队，往往还管辖数万民夫，掌控的人力物力比一般都尉多，属地方封疆大吏。

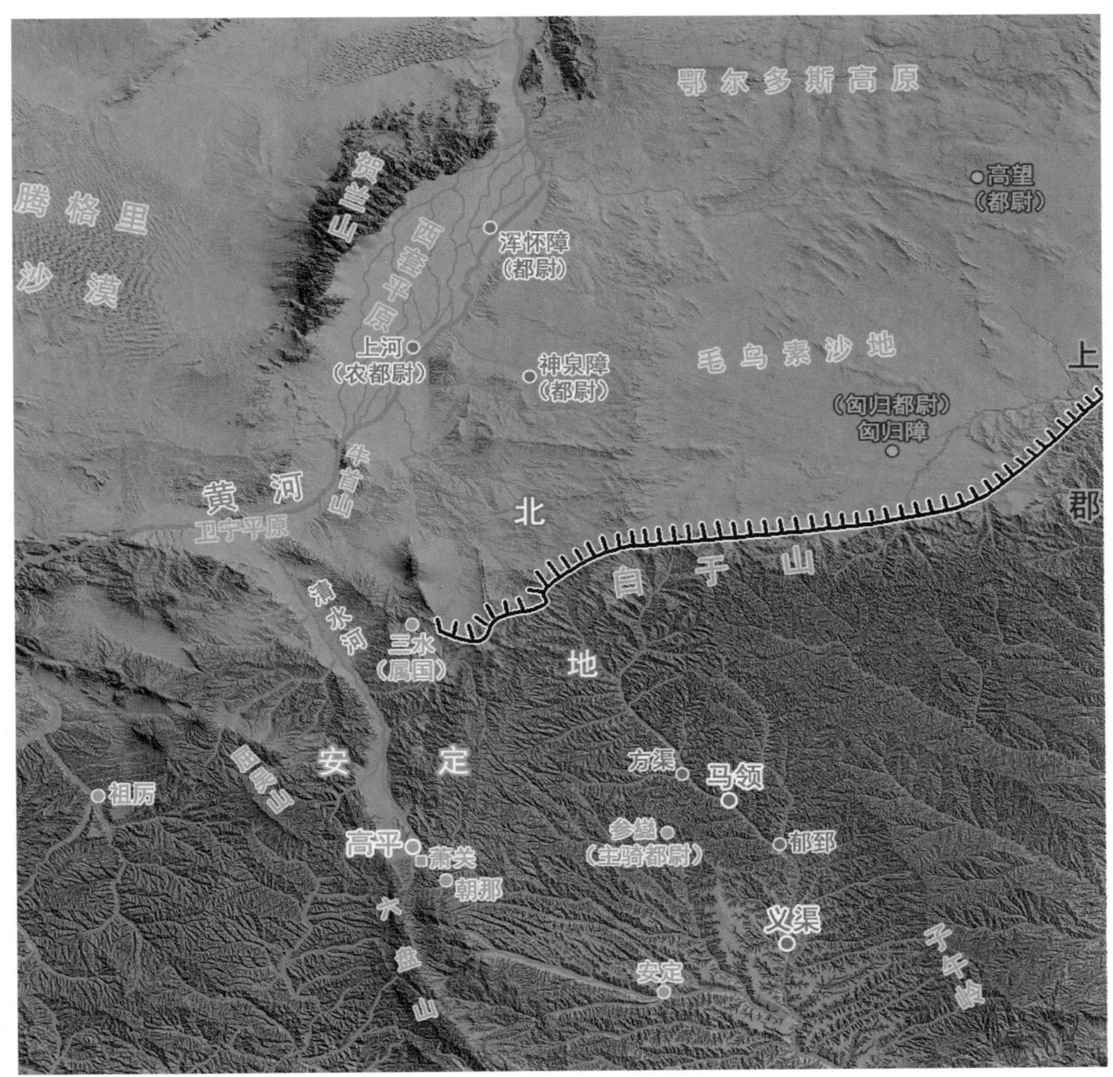

图 2-15　北地郡和安定郡

安定郡置一太守府，三都尉府，太守府在萧关附近的高平，原来萧关、朝那是汉朝西北边塞，随着河南地与西套平原、后套平原收复，这里不再是边塞，成了安定郡的腹心地带。安定郡东部参县置主骑都尉，为汉朝训练骑兵。安定郡北部的三水城置属国都尉，安置匈奴降卒。

上郡西北部增置两个都尉府，在鄂尔多斯高原东南部和毛乌素沙地东北部的高望城开都尉府；在毛乌素沙地东南部开匈归都尉府，安置匈奴降卒。

卫青与李息西征河套，围歼匈奴白羊、娄烦两部，斩首及掳获匈奴5371级，捕获战马上万、牛羊百万计。汉军折损不到1000人，可谓全甲兵而还。

武帝恢复五原郡，新设朔方郡、西河郡、安定郡，补强上郡，开疆拓土，修复蒙恬当年所建要塞，免戍兵运饷，并徙10万人居其地。

战后论功行赏，卫青封长平侯，并此前关内侯爵位，益封至3800户，不久再益封3800户，总食邑7600户。校尉苏建封平陵侯，食邑1100户。校尉张次公封岸头侯，食邑1100户。赵信原本是匈奴一名相国，投降汉朝后封翕侯，食邑不详，此战益封至1680户。

李息率军虽杀敌很少，但多有苦劳，擢为大行令（九卿之一，官职二品）。

左贤王於单降汉

卫青、李息击败匈奴右部的白羊、娄烦两部，收复河套。匈奴右部遭受沉重打击，左部则遭遇内乱。

公元前127年冬天，军臣单于去世，匈奴立即起了内讧。军臣单于之子左贤王於单宣布即单于位，几乎同时军臣之弟左谷蠡王伊稚斜起兵进攻於单。

伊稚斜想做单于，於单就必须死。即使军臣单于在世，匈奴左部也是左谷蠡王伊稚斜说了算，军臣单于拿这个弟弟没办法。

公元前126年，於单兵败，率数千残兵和族人南走。左谷蠡王伊稚斜自称大单于，率军从单于庭赶往龙城，以爱子乌维为左贤王，率2000余骑追击於单。

於单且战且走，到了浑善达克沙地，此时乌维的军队已经近在咫尺了。於单带着族人和大把物资，索性派出数十人拖后，迷惑对方的骑哨，将追兵带到坝上高原，往渔阳郡方向去。而於单则率族人转向东方，准备走饶乐水（西拉木伦河）进入科尔沁沙地，然后南下去右北平郡。

为於单拖后的这数十骑都是硬汉，果然将追兵引向渔阳方向，只是兵力太少，两天后还是全部阵亡。乌维比於单想象得要谨慎，骑哨四出，最终还是发现了於单的人马。

右北平郡北境，於单的败兵在一处谷地被乌维的快骑追上了。於单是军臣单于嫡长子，乌维是伊稚斜单于的嫡长子，相比较而言，乌维确实更出色。

右北平郡是李广的防区，现在的太守正是飞将军李广。卫尉韩安国在右北平病逝后，武帝起用早前罢官的李广为右北平太守。

当时李广与灌强，一个免官，一个削爵，两人结伴在关中蓝田、南山附近居住，射猎自娱解闷。灌强是颍阴侯灌婴之孙，高祖封灌婴食邑5000户，文帝益封至8400户，灌强袭爵，武帝将灌强削爵为民。

李广与灌强均属门阀集团，同病相怜。一日李广率亲卫路过霸陵（文帝的霸陵在长安东南70里的白鹿原上，地势负山面水，形势甚佳）。

一弯新月升起，霸陵邑隐没在夜色中。霸陵尉关起城门，不纳李广等入内，因为汉制不许百姓在帝陵附近夜行。李广的亲兵上去交涉，说此乃前李将军。霸陵尉仍不开城门，答道：

"纵使现任将军，尚不得夜行，何况是前任。"

汉朝在关中为皇帝修陵墓，如高祖长陵、惠帝安陵、文帝霸陵、景帝阳陵等，又在帝陵旁修城邑，迁豪族居住。一座陵墓和城邑，编制是一个县，虽然地方远不如一个县大，但人口与一个县相当。陵墓的县令（官职五品）、县尉（官职九品），比其他地区的县令、县尉可要风光得多，升迁的机会也大得多。因此一个给文帝看陵的霸陵尉，对一个曾经的骁骑将军（军职二品）、卫尉（官职二品）秉公执法，也算说得过去。

李广曾经何等轻世傲物，此时也只好忍气吞声，率骑兵留在城外睡了一宿。为此李广耿耿于怀，对霸陵尉怀恨在心。

李广受命北上右北平，便欲报复私怨，于是奏请武帝将霸陵尉随军调用。武帝准奏，将霸陵尉调至李广军中。霸陵尉也是条硬汉，毫无摧眉折腰的意思，李广便喝令左右推出斩首。

李广先斩后奏，杀了霸陵尉，再向武帝上书请罪。武帝赐书免究，令其尽力抵御匈奴。

李广奉命领右北平太守，消息传入匈奴，果然匈奴南下的频率和兵力都大幅减少。李广一生领 8 个边郡太守，数次与匈奴力战，威名远扬大漠；加上前次受伤被擒，还能单骑脱逃，可谓神勇莫测。从此匈奴人人畏服，为李广起了个绰号，叫"飞将军"。

李广在右北平郡数年，匈奴始终不敢大规模入境。右北平多虎患，李广率军日夜巡逻，一面御敌，一面逐虎。他跨山越岭，寻觅虎迹，靠着那百步穿杨的绝技，不知射杀多少燕山大虎。

一个冬日，茫茫雪原一望无际，四周万籁俱寂，只有脚下松软的白雪发出声响。偶然远方传来猛虎或野狼的吼叫，让人毛骨悚然。

忽然一阵风过，远处草木丛杂之中隐隐似有一只斑斓猛虎，卧在地上，张牙舞爪。李广张弓搭箭，只听嗖的一声，那支箭不高不下，正中虎身。

亲兵见他射中虎身，便过去补刀，谁知走近草丛仔细一瞧，并不是虎，却是一块坚硬的大石！匪夷所思的是箭镞连杆都透入石虎内，约有数寸，上面露出箭羽，手拔不动。

李广前往观之，心中也觉诧异，于是再回到原处，对着那大石重射一箭。谁知箭锋碰在石上，箭镞折弯，石头依然完好。李广连射数箭，俱不能入，不由暗暗称奇。

经此一箭，李广的威名更胜从前，都说他箭能入石，匈奴何人再敢当锋？李广在右北平任太守 5 年，烽燧无惊。后至郎中令石建去世，李广奉召入京，擢为郎中令（九卿之一，官职二品）。

然而这五年时间，李广错失了人生当中最佳的一段封侯时期，卫青在此期间大展神威，很多人跟着卫青都因战功封侯。

我们的目光再回到南逃的於单这边。於单率族众还未扎好营盘，远处的地平线上冲出来一匹飞驰的战马，接着十几匹战马接二连三地冲了出来。於单的心剧烈跳动起来，他没有继续逃跑，而是集中所有人马摆阵，准备对抗。左贤王於单（自称单于）降汉的路线如图 2-16 所示。

图 2-16　左贤王於单降汉

於单中了两箭，一箭射穿小腿，这段箭矢取出后并无大碍；另一箭穿过皮甲射入腰部，勉强折断箭矢却把箭簇留在体内，这可是致命伤。

於单用几十部马车、牛车围成了一个防御阵势，族众千许人全部挤在这个狭小的空间内。有人恐惧，却没有人哭泣。草原上这种打打杀杀司空见惯，部落内所有能动的人，包括女人，全都拿起了长矛，举起了弓箭。生命不是靠谁赏赐的，而是要靠自己去争取。

於单虽然已经进入汉境，但右北平郡北方空无人烟，人口主要集中在南部靠近渤海一带，就连太守府所在地平冈，也是一座军事要塞，人口并不多。

乌维有 2000 多骑，也已经精疲力竭了，他没有发起攻击，而是独自一骑跑到於单的车阵附近，大声叫喊於单出来答话，自是想看看於单的伤势再作决定。

两人都只有 20 多岁，於单的眼神中充满迷茫和绝望，甚至暂时忘却了腰部的剧痛。乌维目光如炬，眼神锁定对方，似要一眼看出端倪。

“你一个人，换这几百人的命。”乌维直截了当，特意激怒对方。

於单曾是左贤王，如今只认为自己是单于，怎会束手就擒。他突然大吼一声，狠抽一鞭在马臀上。鞭声清脆，战马吃痛，狂嘶一声，反身回到阵中，腰部剧痛差点令他晕厥。

於单此刻拼死一战，并非为了活命，而是为了尊严。乌维却没有发起攻击，对方人人怀着必死之心，一旦交战，必会以命搏命，至死方休。和这种疯子作战，伤亡必定惨重。乌维准备先围住猎物，等其泄气，再一举拿下。

於单眼见士气低沉，刚摆阵时的锐气都没了，对部下道：“李将军会来接应我们。”於单的骑哨急赴平冈，能不能顺利见到李广是一回事，李广会不会接应又是一回事，但这最后一点希望成为支撑族人活下去的信念。

对峙到夜里，营地外面伸手不见五指。於单跪在草料旁，把头埋在草里，他的内心充满了痛苦和绝望，几天内就失去大漠的统治权，活下去的勇气正在被这无边的黑暗肆意吞噬。

乌维则躺着一张羊皮上，同样忐忑不安，表面上他以绝对优势追击对方，谁知遇到十余汉骑骚扰，他不得已将军队撒开，不让汉骑接近於单，否则对方士气上来，只会增加己方伤亡。

原来燕山北有大鬃虎，遍体野猪般的鬃毛，猎户们曾组队设饵围杀，但箭矢无论射在虎身上还是虎头上，都会掉落地上。有猎户临死前用长刀砍向大鬃虎，居然刀枪不入。李广次子李椒和三子李敢闻讯，便率十余骑北走，他们不信还有杀不死的老虎。

据幸存者讲述，大鬃虎唯一的弱点在其双目。青年李椒和少年李敢听闻后不但没有退缩，反而兴奋起来，这不正好能各射一只虎眼吗？

燕山深林中，大鬃虎被鹿血引诱而来，远远见到众人便四腿踞地，张爪露牙，喉间发出低吼，蓄势待发。

大鬃虎一跃而起，李椒和李敢一齐射箭，李椒射左目，李敢射右目。两支利箭插入虎目，大鬃虎哮咆翻滚起来，鲜血从双目汩汩流出，身经百战的十余人大气不敢出，直到大鬃虎毙命，两兄弟才击掌称快。

众人走近细看，李敢所射右目箭矢入眼一半，李椒所射左目却只剩箭尾在外。李敢由衷叹服道：“二哥臂力惊人，有如神助。”又低头伤感道：“要是大哥在就好了。”（大哥李当户在李广 1 万骑全军覆没之战中阵亡）

李椒不知如何安慰三弟，沉声说道：“大哥当年与两个羌人隔河相遇，对方迟疑了一下就弯弓射箭，大哥呼吸间做了两件事，一是两箭射杀对方，二是用大刀扫落对方的两箭。”

李椒和李敢取了虎皮，正要回去向李广炫耀，发现了乌维军，于是一路尾随，不断射杀外围匈奴人。

乌维哪咽得下这口气，便用骑哨作诱饵，派出数个百人队，准备围杀这十余汉骑。

这个难熬的夜晚，夜色在乌云的阻挡下忽明忽暗。乌维大帐内，一个百夫长跪在沙地上，前面摆着一张被箭矢击断的大弓。一名当户还是不可置信地问："对方真的只有十余人，杀了我们数十人，为首的两人还跑了？"

百夫长并不怕死，只是羞愧难当，回道："两个用大弓的汉人，我们很难接近，直到其中一个用完箭矢，我们才射伤他。我们也是人人负伤，很难再追。"

李椒和李敢遭到伏击，十余个亲兵全部阵亡，李椒让李敢在前，自己断后，身中两箭，才与李敢脱离战场。

不管怎么说，乌维可以专心对付於单了。他铁臂一挥，示意准备作战，解决掉於单。忽然地面上有轻微的震动，乌维亲自把耳朵贴到地上聆听。

地面的震动感越来越强烈，双方的战马开始不安地嘶叫起来。耳力好的人已经听出来，蹄声来自北方，而且非常散乱，显然匆匆赶来。

乌维跃上马背，正要去接应援军，一名骑哨飞驰而来，因重伤跌落马背，临死前挤出几个字："汉军来了。"

乌维一时没反应过来，汉军怎么会从北边来？

接着牛角号声响起，还有汉军叫嚷声："李将军到，不降者格杀！"

乌维忌惮李广，他已经闻到夜风中排山倒海的杀气，随即下令："撤。"

乌维军四散而逃，狼奔豕突。匈奴骑兵机动力强，这种情况看似一哄而散，实则都不会跑太远，等天明了又会集结在一起。

於单营中全体放下兵器，趴在地上做投降状，生怕被汉军错杀。

原来李广率右北平 4000 骑，在平冈以北 200 多里，接近乌桓的地界练兵，耀武扬威一番。乌桓与匈奴的关系早就破裂，当然也没派人通知匈奴，李广军也就与乌维军失之交臂。

李广回师，正好遇到於单逃散的骑兵，说於单兵败正逃往右北平的途中。李广立即率所部 4000 余骑南下。由于地形复杂，乌维绝对想不到北方会出现一支敌军，他把绝大部分骑哨都放到南面了。

於单喜极而泣，不是因为活着，他知道自己身受重伤，早晚都会不治身亡，但他赢得了尊严，至少不会被乌维割了首级去邀功。

乌维军并未遭受太大损失，当然不会死心，天一亮便集结人马尾随汉军。

一名首领对乌维道："大王，汉军走得这么慢，不如绕到前面去阻击。"

另一名都尉道："看旗子是右北平太守李广的人马，我们人少，最好还是从后面攻击。"

乌维犹豫不决。跟在李广后面一天，自己的骑兵数量只有汉军的一半。如果不是李广，乌维会毫不犹豫下令攻击，不求歼灭汉军，只求杀死於单，斩草除根。

李广走得慢，还是想诱敌深入。在对方人数少于己方的情况下，李广有十足的把握击败对方，就怕一接触对方就跑。此战李广的战术又为人诟病，要是他一开始沉住气，悄然潜到乌维军附近再突袭，那匈奴日后就不会有乌维单于了。

一连数日，乌维没有发起进攻，眼看汉军进入长城，只好放弃追击。

武帝听闻匈奴左贤王於单投降，立即派人携带诏书前往右北平，封之为涉安侯，食邑不详。麾下一个部落王改名赵安稽，封昌武侯，食邑不详。相国改名乘龙，封襄城侯，食邑400户。

涉安侯於单到了平冈，腰伤加剧，一个月后身亡。

李广面对乌维部无所斩获，没有封侯，但他成功接应了於单，武帝准备再次重用他。只是右北平战事吃紧，李广还要再当两年太守。李椒伤势比较重，再难像过去那样射虎，武帝嘉其勇，不久后擢升为代郡太守。

● 卫青大破右贤王，12 人封侯

伊稚斜登上单于之位，怨恨汉朝收容侄子於单，又要通过出兵逐步控制军臣单于的旧部，遂频频南下侵扰汉朝边塞。

伊稚斜单于的主攻方向，仍是单于本部面对的代国几个郡——云中、定襄、雁门、代郡等。

公元前 126 年夏天，伊稚斜单于率数万骑攻入代郡，杀太守共友，掳掠千余人。代郡太守共友是个猛将，是李蔡上任代相前向武帝举荐的。同年秋，伊稚斜单于又攻入雁门郡，杀掠千余人。云中、雁门、代郡都是代国的防区，代王刘义不管兵事，代相李蔡如牛负重。

代国兵力不足，但武帝不打算增兵，只令李蔡死守不出。共友死后，武帝擢升李广之子校尉李椒为代郡太守（官职三品），这样叔侄两个同在代国。

公元前 125 年，伊稚斜单于与左贤王乌维再度南下。匈奴这次起兵 9 万，分三路各 3 万，伊稚斜单于率 6 万骑攻入定襄郡、上郡，左贤王率 3 万骑攻入代郡，杀掠数千人。

面对咄咄逼人的伊稚斜单于，武帝与车骑将军卫青正积蓄力量，目标却仍是右贤王。两年前右贤王罗姑比率军远征乌孙失败后，军臣单于便以其子替代叔叔罗姑比。军臣单于在位 34 年，对匈奴左右两地的控制都不如其父老上单于，更不能和祖父冒顿单于相提并论。

先说左地，左贤王军臣即单于位后，以其子於单为左贤王，然而整整 34 年，匈奴左部几乎都在军臣之弟左谷蠡王伊稚斜的控制下。右地这边，军臣即位后，右贤王是比自己年龄还小的叔叔罗姑比。本来老上单于就已经很难驾驭这个不断开疆拓土的弟弟，军臣单于在位的 34 年，也是一直试图用自己的一个儿子替代罗姑比。

右贤王罗姑比鼎盛时期，其地盘除了匈奴右地，还包括河套地区和河西走廊，控弦 20 余万。再加上伊犁河谷的乌孙和额尔齐斯河上游的呼揭也任其调遣，其兵力之盛不亚于当年的冒顿单于。反而是匈奴左地失去对鲜卑与乌桓的控制，匈奴本部与左地兵力相加，也不如右地。

对军臣单于来说，掌控右地比解决左地的矛盾更迫切。于是趁年迈的罗姑比远征乌孙失利，汉军收复河套地区，军臣单于逼迫罗姑比禅让。

单于有两大宝器——东胡王头颅和祭天金人，每次祭祀都要将宝器摆出来。为了笼络河西走廊诸部，军臣单于将祭天金人交给休屠王保管。

右贤王罗姑比也有一件宝器——月氏王的头颅，已被做成饮器，他可舍不得拿出来。然而右贤王刚丢了河套地区，河西走廊诸部一直不满其抽调兵力远征西域，也逐渐倒向军臣单于。

军臣单于终于在其去世前一年将自己的儿子扶上了右贤王之位，罗姑比担任右贤王接近50年，退下来后仍带着一群老骑兵征战。

伊稚斜夺单于位后，他的侄子右贤王心怀不满，甚至认为自己才是天之骄子。匈奴右地与本部之间各自为战，伊稚斜单于想用儿子去替换侄子也没那么容易。

汉廷显然是窥破了匈奴的权力格局，因此暂时放任伊稚斜撒野，厉兵秣马准备攻击匈奴右部。新的右贤王上任不久，不仅无法控制乌孙、呼揭等，就连河西走廊的休屠和浑邪也未必听其调遣。

公元前124年春，武帝兵分两路，第一路由车骑将军卫青统兵出高阙塞，剑指右贤王。第二路由大行令李息、张次公统兵出右北平，迷惑匈奴。卫青大破右贤王的路线如图2-17所示。

第一路卫青军有12万骑，卫青越打统兵越多，可见武帝对其的信任越来越大。其兵力部署如下：

车骑将军卫青亲领3万骑兵，并节制全军。

拜翕侯赵信为前将军，领两万骑，广撒骑哨，为汉军开路。

拜卫尉（官职二品）苏建为游击将军，领1.5万骑。苏建三年前因功封平陵侯，后修朔方有功，官至卫尉，顶李广免官的缺。

拜太仆公孙贺为骑将军，领1.5万骑。武帝每次都对公孙贺寄予厚望，这次公孙贺打算跟着卫青捞战功。

拜代相李蔡为轻车将军，领1.5万骑。李蔡被伊稚斜单于压制了几年，憋着一股劲。

拜左内史李沮为强弩将军，领1.5万骑。

护军都尉公孙敖领1万骑。几年前公孙敖率1万骑，十损其七，于是罢官，拿钱赎罪免死。此时重新起用护军都尉，相当于监军，不是将军胜似将军。

此时正是春季，牛羊骏马繁衍生息。匈奴右部忙于放牧，右贤王却率1.5万骑南下，在距高阙塞六七百里处设了王庭。

匈奴右部为了控制河西走廊的浑邪、休屠，以及河套地区的白羊、娄烦等部，常南下将王庭设在浚稽山、夫羊句山一带。现在河套已经被汉朝控制，匈奴右部还需控制河西走廊，因此即使在春季放牧忙碌时，也习惯性地南下设王庭，多少有些无奈。匈奴本就是部落联盟，一旦右地自身实力不济，这些浑邪、休屠等是不会再为其养马的，乌孙就是前车之鉴。

这次右贤王在夫羊句山东北麓设王庭，每日移动数里牧羊。此处西北是匈奴右地，北边是匈奴本部，东边是大漠，东南是河套地区，南边是河西走廊，可以说是右部的腹心地带。如果有人说大批汉军会来劫营，右贤王一定认为是杞人忧天。不过河套地区已经不在右部手上，右贤王还是派出了少量骑哨。

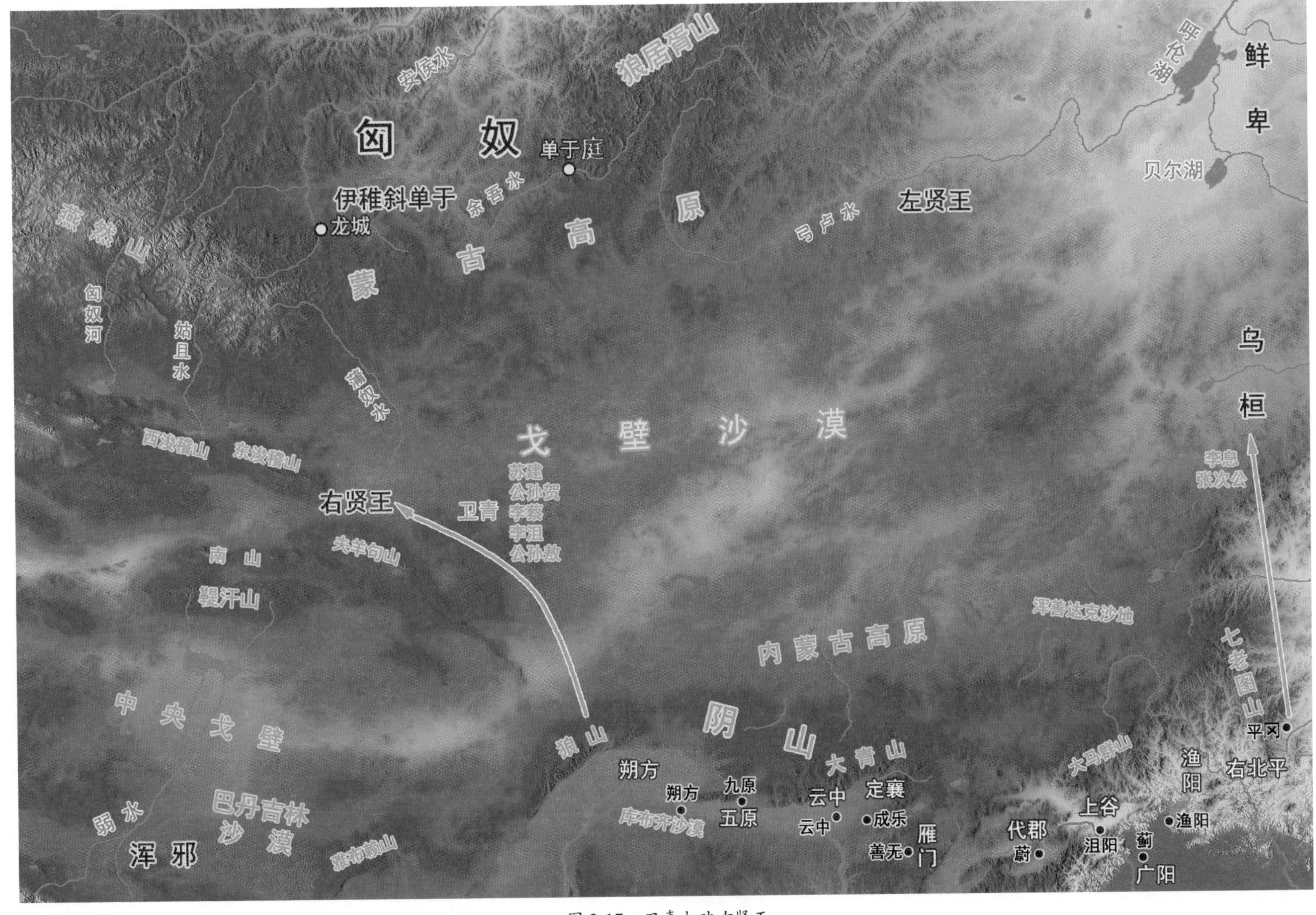

图 2-17　卫青大破右贤王

匈奴骑哨比右贤王还要放松，自他们出生之日起，就没有在这附近见过汉军，连汉人牧民都不会远离阴山。到了夜间，骑哨们挤在一起烤火吃肉，要是汉军来袭营，他们真的无所适从。

这几日，中原的商人为右贤王带来了一些美女，右贤王与几个小王、当户、都尉等朝歌夜弦，宴饮不息。

这夜月黯无光，右贤王与一位佳丽沉睡在大帐中。

汉军前将军赵信的骑哨探得右贤王在夫羊句山北侧，距高阙塞六七百里。卫青传令诸将，偃旗息鼓，出塞杀敌。卫青大破右贤王的路线如图 2-18 所示。

赵信的骑兵距右贤王还有 10 余里便下马隐藏行踪。等各部人马陆续赶到，卫青才令诸将军分路包抄，务求围歼右贤王。

沉寂的草原，宿鸟惊飞，间或传来野狼的吼叫声。接着汉骑乘夜席卷而至，破营而入，战鼓喧天，杀声不绝，匈奴闻者心寒。

右贤王蓦闻喊杀声，酒意惊醒了七八分，披上牛皮外衣迎战。

右贤王率亲兵突围北遁，拼死杀出汉军包围圈，身边仅剩数百骑。

若在平时，1.5 万多骑四散而逃，汉军几乎无法追击。然而这次卫青有备而来，12 万骑分散成无数个小队，围之数重。只要见到匈奴人，便强弩齐射。匈奴人若想活命，只有丢掉战弓，下马跪地投降。

此战汉军斩首和掳获右贤王部小王 10 余人，男女 1.5 万余人，牛羊数十万头。汉军仅折损数百人，战马损失上千匹，几乎是全甲兵而还。

鼓声黄尘起，箭气射云天。胡人流血死，胡姬抱鞍泣。

武帝拜长平侯卫青为大将军，位在三公之上，益封 8700 户，总食邑 16300 户。除卫青益封外，另有 13 人封侯。卫青三个儿子虽都是婴幼儿，也全部封侯，卫伉初封宜春侯，卫不疑为阴安侯，卫登为发干侯，各有 1300 户。

自卫青以下的 5 位将军中，3 人封侯。代相轻车将军李蔡封乐安侯，食邑 1600 户。太仆骑将军公孙贺封南窌侯，食邑 1300 户。左内史强弩将军李沮赐爵关内侯，食邑 300 户。翕侯赵信和平陵侯苏建虽功劳不小，但封侯名额有限，为平衡各方关系，战功只能拱手让出。

其他都尉校尉封侯的情况如下：

护军都尉公孙敖封合骑侯，食邑 1500 户。5 年前骑将军公孙敖领 1 万兵出代郡，折损 7000 余人，缴纳赎金免罪为民。这次公孙敖跟着卫青终于翻身了，对这个救命恩人，卫青报功之时绝不会含糊。

校尉公孙戎奴封从平侯，食邑 1300 户。

校尉李朔封涉轵侯，食邑 1300 户。

校尉韩说封龙额侯，食邑 1300 户。

校尉赵不虞封随成侯，食邑 1300 户。

校尉豆如意赐爵关内侯，食邑 300 户。

图 2-18 卫青大破右贤王

我们再来看东边的这一路汉军。大行令（九卿之一，官职二品）李息、岸头侯张次公分别拜为将军，出右北平，迷惑伊稚斜单于。

右北平郡的首府平冈城，始建于战国时期的燕国。当时燕国与东胡大战，需要一座军事重镇抵御和震慑乌桓等东胡游牧民族，于是便在燕山山脉修筑城邑。秦汉延续燕国的建制，右北平郡南部靠近渤海的平原地带人口稠密，但北部山区人迹罕至，平冈城主要是作为军事用途，除商贩外百姓很少到这种战火纷飞的地区定居。

这年是李广镇守右北平第四年，虽然心痒难耐，但车骑将军卫青令其为李息和张次公做后勤，因此没有出征。

李息和张次公的目标是乌桓。自李广出任右北平太守，匈奴左部不敢侵扰，乌桓人可就倒霉了。李广每年都要北上，到锡林郭勒草原，闯入乌桓人的牧场练兵。此时乌桓与匈奴左部已经闹翻，无论是左部还是李广军到来，乌桓基本都是逃之夭夭，迁入东部的山区。

李息和张次公在锡林郭勒草原扫荡一番，斩首和掳获人口不多，不过牛羊还是掳获了数千头。

战后，大行令李息赐爵关内侯，食邑 300 户。岸头侯张次公已经有了 1100 户，为了平衡关系，将战功全部让给李息。

● 漠南之战，霍去病横空出世

击溃右贤王后，汉朝立即将攻击重点转向漠南。漠南大致是今天内蒙古高原南部，自秦末至汉初，沦为匈奴人的草场，汉朝称此处的匈奴为漠南匈奴。

公元前 123 年，大将军卫青率中、前、后、左、右、强弩六将军，10 余万骑，从定襄郡出发，浩浩荡荡出征匈奴。漠南之战汉军的部署如图 2-19 所示。大将军卫青自率 3 万骑殿后，其余各路人马如下：

拜合骑侯公孙敖为中将军，领两万骑。公孙敖是卫青最好的兄弟，有过命的交情，一年前刚封侯，卫青仍希望其多立战功。

拜翕侯赵信为前将军，领 1 万骑，广撒骑哨，为汉军开路。赵信是匈奴降将，卫青这几年屡次出征，都用赵信开路。

拜郎中令李广为后将军，领 1 万骑。武帝将李广从右北平调入长安，擢为九卿当中兵权最大的郎中令。李广是 7 位将军中唯一没有封侯的，这次铆足了劲。

拜南窌侯太仆公孙贺为左将军，领 1 万骑。公孙贺是诸将中最不想打仗的，但武帝每次都对其寄予厚望。

拜平陵侯卫尉苏建为右将军，领 1 万骑。

拜关内侯左内史李沮为强弩将军，领 1 万骑，护卫大将军左右。

上谷太守郝贤，率本部数千骑跟随公孙敖。一年前郝贤还只是个校尉，大破右贤王时战功也不少，但封侯名额有限，卫青便举荐其为上谷太守。

此外武帝以主爵都尉（官职二品）赵食其为监军，跟随大将军出兵。

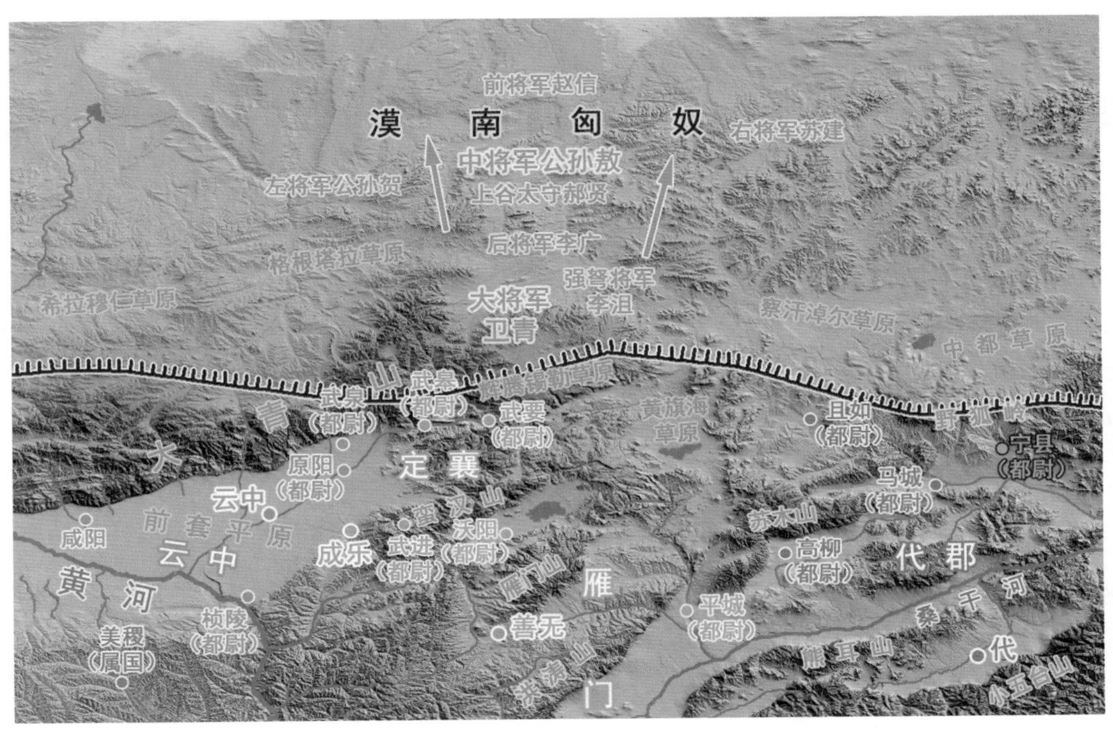

图 2-19　漠南之战汉军部署

赵食其不是一般人，景帝时七国之乱，楚国太傅赵夷吾因阻止楚王起兵被杀，后来其子赵周拜太子太傅，辅佐太子刘彻（汉武帝）。刘彻即位后封赵周为高陵侯，赵食其是赵周之弟，如今也官居二品，属门阀集团，和卫青不是一路人。

漠南东西跨度大，有许多肥美草场，匈奴不仅可以在这里牧马，而且这里还是他们每年南下侵入长城的一个中转地。如果匈奴人失去对漠南的控制，损失的不仅是牧场，还会失去突入长城以南的支撑点。

大将军卫青屯兵定襄长城外，其他诸军以公孙敖为主将，分路进击。与前几次出兵不同，这次卫青打算将战功让给麾下将领，但又担心损兵折将，便严令各部出塞不得超过百里，约定半月返还。

半个月后，各路人马陆续回来，各有斩获，共斩首数千级，战损也差不多是这个数。公孙敖兵力最多，杀敌数也最多。不过对手是匈奴在漠南的小部落，单于和左贤王的大军并未南下。

如果就此收兵，汉军无人能封侯。卫青以前出征，目的是斩首和掳获匈奴人，如今功高震主，目标转变为让麾下将领建功立业，加官晋爵。

一个月后，卫青再令诸将北上，这次不再规定 100 里范围，而是止沙而还，也就是看到沙漠便退兵，等于一直可以打到大漠（戈壁沙漠）。此前卫青一直把监军赵食其留在中军，这次赵食其要求出征，于是卫青分兵1万骑令其北上。

这次大军深入漠南匈奴，攻破多个小部落，斩首和掳获1万余人，而且战损不大。战后论功行赏，合骑侯公孙敖益封8000户，总食邑9500户。右北平太守郝贤封众利侯，食邑1100户。校尉张骞为汉军寻水草有功，封为博望侯，食邑不详。赵食其斩首660级，折损也接近这个数，赐爵关内侯，黄金百斤。赵食其认为自己战功大，只得一个关内侯，卫青报功唯亲，双方的矛盾逐渐公开化。

而其他各路将领，斩获不算多，武帝寄予厚望的公孙贺同样收获不大。原本汉军经过策划，打算用前将军赵信部与左将军公孙贺部牵制前来增援的单于，公孙敖的中军再扑上去，加上后面的李广、苏建等，足可重创单于。

然而前将军部和左将军部都未发现匈奴主力，公孙贺长舒了一口气，赵信却还想立功。赵信派人通知右将军苏建，既然单于没有来援，不如我们合兵，到匈奴左地闯一闯。要能砍些人头，也算没有白跑一场，至少可以益封户数吧。

赵信和苏建有些轻敌了，两人一共只带了3000多骑为前锋，深入匈奴左地。赵信和苏建兵败，霍去病横空出世，如图2-20所示。

经过几年的锤炼，卫青作战形成了固定的套路，各军都配备大量牛车、骡车，兵器装备用之不尽，大军口粮充足有余。作战时以轻骑兵开路，遇到小股敌军便清除或驱赶，遭遇对方主力便撤到战车附近，组成战车阵。1万人的战车阵，对方10万骑也攻不破，而且车阵内兵器粮草都能支撑一定时间。

赵信和苏建两军合在一起有近两万骑，两人将大部分人马留在后队保护车队，主将只率3000余轻骑突进。即使遇到左贤王的主力，汉军骑兵仍可从容撤离战场，赵信和苏建对此深信不疑。

然而伊稚斜单于率骑兵数万，早已布好包围圈，左将军公孙贺未遇到单于主力，因为伊稚斜单于从龙城到单于庭，绕了一大圈，从左地南下。伊稚斜单于做了三十几年的左谷蠡王，长期在匈奴左地用兵，对他而言在左地开战得心应手。

此战不出所料，双方厮杀了一日，赵信率800骑投降单于，苏建全军覆没，孤身单骑逃回。

不过苏建并未遇到后队，而是逃回卫青大营。赵信与苏建的后队闻前方兵败，赵信投降，苏建不知所踪，如五雷轰顶。苏建部基本都是汉人，立即组织有序撤兵。赵信部以匈奴人为主，立刻有人跳出来，要率军追随赵信投降单于。还好汉军骑士孟已在战马上斩杀领头出走的匈奴人，余者方不敢造次，分队回撤。孟已后来赐爵关内侯，食邑200户。

赵信投降后，留在汉地的麾下各路人马陆续有人北逃。赵信在匈奴建立起一支数千人的骑兵，而且大部分人熟悉汉军战法。

伊稚斜单于封赵信为自次王，以其姐嫁之，以安侯水的一条支流封之，并在寘颜山为其筑城，名为赵信城。赵信建议单于，将兵力从漠南撤回，重点经营北方，引诱汉兵深入，乘其疲困击之，必能取胜。单于从其计，遂将人畜悉数移至漠北。

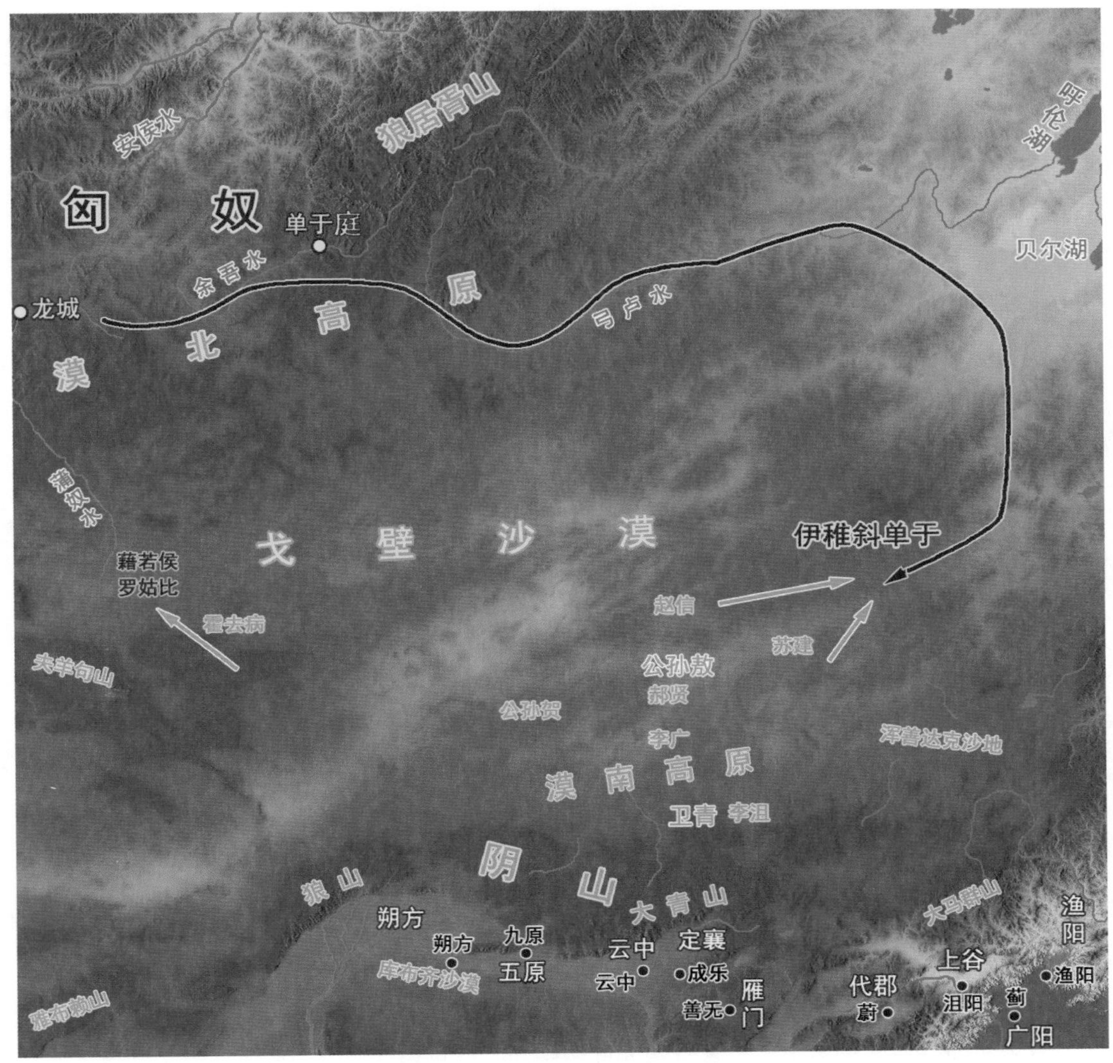

图 2-20 漠南之战，赵信苏建兵败

逃回大营的苏建被削爵罢官，拿钱赎罪免死。不久李广之子代郡太守李椒因伤病发作病逝，武帝起用苏建为代郡太守。苏建人虽逃回来，却身受多处创伤，也病死在代郡太守任上。

如果战争就此结束，汉军一战将匈奴人赶出漠南，从此漠南无王庭，战绩也算不错。然而卫青的外甥霍去病，率 800 骑突进，失去音信，卫青只好派骑哨四出打探。

霍去病从小与匈奴降将学骑射，年仅 17 岁，鹰目方口，白袍银铠紫金盔，一派天下任我纵横的气势。

武帝授霍去病为剽姚校尉（军职四品），霍去病选善骑射者 800 人，其中多为匈奴降卒。

霍去病帐下有 4 位军候（军职八品）徐自为、仆多、高不识、邢山，各统骑兵 200。

景帝时7个匈奴小王南下投诚，全部封侯，其中徐卢封容城侯，仆斯封易侯。徐卢的姓氏并不是中原的徐氏，匈奴人投诚时一般都会起一个汉人姓名。徐自为不是徐卢的后代，仆多也不是仆斯的后代，但他们能力不俗，是两个家族年轻一辈中的佼佼者。

高不识是匈奴降将，邢山是从小被匈奴掳走的汉人。

星月之下，篝火旁边，霍去病手持一根树枝在沙地上比划，旁边蹲坐4个军候，外围站着8个百夫长（军职十品）。算上霍去病，这13个人是八百精锐的大脑。

霍去病问："从东往西，右将军、前将军和左将军都没看到匈奴主力，伊稚斜单于和右贤王真的不关心漠南的战事吗？"

邢山答："以前我的部落在大青山东北麓的草原上，只有几百人，常因单于一句话就要举族搬迁，或挑选全部及马高的男子出征。右贤王也多次派人叫我们出兵，我族却从来不理会。匈奴的单于和右贤王是互不统属的，只有利益一致时才会联合出兵。"

高不识接话："我的情况刚好相反，我的部落在狼山脚下，受右贤王节制，不知单于为何人。"

霍去病追问："如果你们是伊稚斜单于或右贤王，会怎么做？"

邢山分析道："我从小跟着匈奴人作战，我跟过的部落，少数比以前强大，更多的是被兼并，或直接消失。在草原上，只有持续强大才能生存下去，否则就会被兼并，失去部落名称，族众沦为骑奴。伊稚斜单于一定会救漠南各部，不会坐视我们扫荡漠南，只是他真沉得住气啊。右贤王则不然，刚上任不久，是伊稚斜单于的侄子，他首先要控制右地诸部，尤其是河西走廊的浑邪和休屠。现在右贤王绝不想跑到漠南开战，战争就是破斧缺斨，会损失兵力，这样下去他这个右贤王也做不长，伊稚斜单于早晚得派个儿子顶替右贤王的位置。"

仆多补充道："我也认为单于一定会南下，右贤王却根本不会出兵。"

霍去病再问："我们人少，只能放单于大军过去，再从背后狠狠打一下。"

外围一个声音道："干脆突袭龙城，把伊稚斜单于的老巢端了。"原来是百夫长赵破奴，一个在匈奴长大的汉人。

赵破奴的话让大家想起了卫青突袭龙城的壮举，但自那之后，匈奴就加固了城防，留数千人把守。赵破奴这个提议，可以认为是在喊口号，大家听了无不激情澎湃，但不会有人真的赞同。

徐自为道："万一伊稚斜单于不来，我们岂不是空跑一趟，更打不了龙城。不如前往夫羊句山北麓，在大将军破右贤王之地，相机偷袭右贤王的一些偏师部落，砍些人头回来，如此也不耽误袭击单于。"

霍去病道："说得好，徐军候的提议正合我意。不过我们不能沿大将军的路线走，还是先从南边登山，再从山上杀下去。"

几日后，霍去病军出现在夫羊句山上。群山耸峙，长风吹拂，林荫深处时有河溪流淌，危险的气息从天而降。

霍去病、邢山、徐自为、高不识、仆多围观一位已逝的老者，汉军骑哨射中了他的战马，老者从马背跌落，他是摔死的。

邢山沉声道："用这种老头做斥候，看来藉若侯就在附近。"

高不识接话："我曾运送一批草料到藉若侯营中，他帐下有四五千人，但老人居多。"

仆多脸露疑色道："藉若侯一向都是给单于输送草料牛羊的，理应在伊稚斜单于后面，难道单于的大军和我们擦肩而过？"

霍去病欣然道："如此最好，前将军、左将军、中将军拖住单于主力，我等若灭掉藉若侯，正好断了单于后路，足可影响整个战争的形势。"霍去病等还不知道单于绕了一大圈，左地伏击了赵信和苏建。

藉若侯的名声霍去病早有耳闻，他的名字叫产，是冒顿单于最小的弟弟，军臣单于和伊稚斜单于的祖父辈，藉若侯是军臣单于给他的封号。匈奴风俗重少轻老，饮食衣物先给少年，有剩余才给老者。匈奴很多人年老后食不果腹，当然不服老的人也很多，藉若侯就是其中最著名的"老当益壮"者。

藉若侯 80 多岁了，早就无法冲锋陷阵，就担任给大军输送草料和牛羊的任务。匈奴很多老人都来投奔藉若侯，死在军旅途中，总好过在后辈的蔑视中死去。前来投奔藉若侯的人当中，就有军臣单于和伊稚斜单于的叔叔罗姑比。这些老人在匈奴的地位江河日下，和"老吾老以及人之老"的汉朝截然不同。

即便是输送草料和牛羊，伊稚斜单于都嫌藉若侯的军队速度慢，藉若侯只能在单于本部与右地之间逐水草而居，也算自成一族。

一连搜索几日，这天霍去病等人趴伏在山坡上的草丛里，俯视坡底，发现下面有个小湖，水波荡漾，湖旁的草地上竖起百多个帐幕，成群的战马牛羊正悠闲地吃草。

众人难掩兴奋，霍去病下令："留几个人观察，其余人都回树林睡觉，今晚劫营。"

到了晚上，明月高挂。

"战马的马蹄都用牛皮包好了吗？马嘴都用笼子套上了？"霍去病见赵破奴小跑过来，迫不及待问道。

"都弄好了，校尉大人，随时可以杀过去。"

13 个人蹲到地上，就着月光，看霍去病用石头在地上画出的敌人营地草图。

"匈奴人绝对想不到我们会出现在这里，所以今夜的偷袭必定成功。大家可以放开手脚，为所欲为。我们分成四队，从东南西北四个方向切入，不要恋战，贯穿敌营再后队变前队，反身杀回来，来回穿插，直到不再有人抵抗。"

"明白。"13 个人同声答道。

荒漠中温差大，此时正是下半夜，天气寒冷。帐篷里的匈奴骑兵都在酣睡，站岗的骑兵因为受不了严寒和疲劳，躲在营寨附近的帐篷后面烤火睡觉。也有几个老兵比较负责任，强撑着靠在营寨的木栅栏上打盹。

轰鸣声低沉，一个老哨兵本能地伸手去拿挂在脖子上的牛角号，一支长箭笔直穿过他的颈部。

八百精锐冲进匈奴大营，一时间喊杀声响彻黑暗中的草原。

徐自为的铁戟撕破了第一个帐幕，200匹战马怒吼着，踩在熟睡的敌兵身体上，飞驰而过，随即更多的战马尾随，从死去的敌兵尸体上踏过，转眼间十几个匈奴人就成了一摊肉泥。

汉军怒吼着，疯狂地驱打战马，肆意从匈奴的帐篷飞驰而过。前排的人用长兵器撕开敌人的牛皮帐幕，中间的骑兵从尚在酣睡或已惊醒或茫然不知所措的敌人身体上踏过，后边的骑兵手执各种利器，不但驱马踩踏，还挥动兵器肆意劈杀漏网的敌兵。被铁骑席卷而过的地方一片狼藉，惨不忍睹。

四支铁骑像咆哮的猛虎一路嗜血，疯狂冲击匈奴营帐。汉军深知，不杀敌就被敌杀，因此狠命打马奔驰，不论是卧倒的匈奴人还是坍塌的帐幕，一律踩在脚下，任意摧残，把匈奴人的绝望和惨叫统统淹没在血腥之中。

营帐中奔跑出侥幸死里逃生的匈奴人，刚长吁一口气，下一队铁骑又杀过来，比起睡梦中被格杀的同伴，他们的命运更加悲惨。

只有部分匈奴人为了保护粮草辎重，骑上战马拿着兵器向草料场和牛羊圈靠拢，三五成群组织在一起，结成小型阵势，准备负隅顽抗。

藉若侯须发皆白，知道自己的骑队遭到劫杀，刚穿好战斗服，只见刀光飞闪，高大的帐幕随着飞驰的奔马从中裂开。汉军铁骑以闪电一般的速度冲过中军大帐，像平地上刮起的一股旋风。藉若侯做梦也难想到，自己是被汉军铁骑踩踏死的。

面对排山倒海的汉军，匈奴人以为汉军主力到了，很多老人追随藉若侯，早就打算死于战场，此刻竟毫不留恋人世，连抵抗的想法都没有了，闭眼等待命运的审判。

匈奴虽有四五千人，但群龙无首，惨败的命运已经不可改变。四支铁骑在逐渐失去阻力的战场上越跑越快，喊杀声越来越小，匈奴人慌不择路的身影随着铁骑的反复践踏逐渐稀疏。想要活命的匈奴人四散开去，生怕自己被狂野的铁骑卷走，再也看不到早上的太阳。

汉军在营中来回奔杀十余次，就连零星的抵抗都没有了，马踏连营的效果真是惊世骇俗。最后只剩草料场和牛羊圈附近还有上百骑结阵抵抗，霍去病下令强弩射之，这最后的抵抗力量变成了活靶子，惨不忍睹。

清晨，空气中充斥着浓烈的血腥味。霍去病坐在一匹死马身上，旁边放着藉若侯的首级。

赵破奴和一队士兵押着几个老者走到霍去病面前，把他们摁到地上跪下。为首的老者不愿下跪，赵破奴一脚踢中其腿弯，老者应声跪地，痛苦得脸都快变形了，额头上密密的一层汗珠。

赵破奴兴高采烈地解说道："校尉大人，这个是单于的叔父前右贤王罗姑比，另外几个是藉若侯的相国、当户，其他俘虏全杀了。"

霍去病少年老成，双目精芒电闪，冷冷地看着这几个人，面无表情道："大将军常说，久战必亡。把他们绑在马背上，立即撤兵。"

霍去病见好就收，率军回师，把带不走的辎重全部烧掉。奔驰出十余里，后方烈焰腾空而起，映红了半边天。

此战霍去病折损百余人，斩首和掳获 2028 级。武帝龙颜大悦，封剽姚校尉霍去病为冠军侯，食邑 2500 户。军候（军职八品）邢山、徐自为、高不识、仆多擢为校尉（军职四品），百夫长（军职十品）赵破奴擢升为鹰击司马（军职五品）。其余百夫长、什长、伍长各有升迁。

漠南之战，汉军斩首和掳获万余级，却也覆没近万人，失去赵信，功过相抵，卫青没有益封，只赐千金。

● 张骞第一次出使西域，刘据封太子

漠南之战，大将军卫青的战术安排遭到朝野许多文武大臣质疑。首先是公孙贺遭到嘲讽，谁都知道他毫无战斗欲望，每战都在重要位置上避战不前，战后却毫无惩罚。李广善于冲锋陷阵，却拜为后将军，几无用武之地。公孙敖是个猛将，但拜为中将军指挥前后左右数路大军，显然心有余力不足，而赵信和苏建轻敌冒进，公孙敖有一定责任，大将军为何不亲自指挥呢？恐怕也是为了让亲信捞足战功。

战后论功行赏，如果说收复河套地区、大破右贤王那两次战争，大将军卫青基本是在外戚集团与门阀集团之间做平衡，那么这次漠南之战，益封与封侯的四人——公孙敖、郝贤、霍去病都是卫青的亲信，张骞则是卫青拉拢之人——普遍出身低微，门阀集团是瞧不上的，当然争先围绕卫青转。

门阀集团认为，除了霍去病，其余三人益封或受封列侯都名不副实，尤其是博望侯张骞。汉军每战都有不少匈奴降卒为其探路，张骞比匈奴人更熟悉大漠地形吗？显然不是。只是武帝想提拔张骞，卫青投其所好，将张骞拉入外戚集团。

说到张骞，要从十几年前讲起。武帝即位之后，立即着手反击匈奴。从匈奴降卒口中得知，昔日匈奴将月氏从河西走廊赶走，月氏举族西迁到西域的伊犁河流域，称为大月氏。老上单于杀月氏王，以其头为饮器，月氏人因此怨恨匈奴，想复仇，但无人援助。

武帝欲遣使说服大月氏与汉结盟，东西夹击匈奴。但由中原前往西域，须从匈奴控制的河西走廊经过，后面还要穿越塔克拉玛干沙漠，可以说是九死一生的任务，无人愿去。

公元前 139 年，武帝即位第二年，平民张骞打算碰碰运气，于是报名前往西域。武帝授张骞为郎（官职八品），率匈奴降卒堂邑父等起程，一行百余骑，由陇西出塞，准备经河西走廊去往西域。张骞 25 岁，出身不详，官职也不高，还是临时授予的。当时但凡有点身份的人，谁也不想接这种差事。陈胜说过：“壮士不死则已，死则举大名耳。”许多人不是怕死，而是不想默默无闻死在沙漠里，要死也死在战场上。

河西走廊地形狭长，呈西北—东南走向，长 1000 多千米、宽 100 ～ 200 千米。张骞使团刚进入河西走廊就被匈奴休屠王的兵马拦截，张骞被生擒。

休屠王将张骞交由右贤王罗姑比处置，此时乌孙已经将月氏赶走，占据伊犁河谷。但乌孙实力渐强，不再为匈奴右部养马，右贤王不在意大月氏，却有意远征乌孙。右贤王若出征

西域，自然要抽调汉朝边境休屠、白羊、娄烦等部落众多兵马。为了防止汉军乘虚而入，罗姑比就让侄子军臣单于配合他，不断侵扰汉地边郡。

于是右贤王将张骞交给军臣单于发落，表面上是服低做小，实则给军臣单于带来一个麻烦。若杀了张骞，汉匈关系当然会更差，双方交战频率和规模可能增大，这正是右贤王期待的效果。如果不杀张骞，单于也要派人马看管这100多人，费力不讨好。

张骞来到龙城，军臣单于没有杀他，只是将其人马拆散，并赏给他一个匈奴女人为妻。张骞身边有两人贴身看守，无法逃脱，也就在单于本部待了下来，甚至生下一个儿子。军臣单于见张骞已习惯大漠骑射生活，令人看管其子，允许张骞自由活动。张骞仍持汉节，常跑到右地活动，虽和跟随自己的两个匈奴人称兄道弟，内心还是想去西域联合大月氏。

公元前129年，车骑将军卫青兵出上谷，挥兵直捣龙城，斩首700级。此战虽然对匈奴实质影响不大，但短期心理打击不小，令军臣单于失光落彩，颜面扫地。

此时张骞被俘已经10年，他趁乱与堂邑父两人一路向西，途径匈奴右地，南下天山，取道车师（吐鲁番盆地），再沿塔里木河西行，经龟兹、疏勒等地，翻越葱岭，行数十日，抵达大宛（费尔干纳盆地）。张骞在匈奴就得知大月氏南迁，因此没有去伊犁河谷。

大宛地处费尔干纳盆地，大小城邑70余座，建都贵山城，有6万户，30万人，控弦6万骑。大宛王素闻汉朝人炊金馔玉、乘坚策肥，见张骞到来，心中甚喜，遣人做向导和翻译，送张骞至康居、大月氏。

张骞在大月氏活动了一年多，月氏王多次置酒高会。张骞希望大月氏北上夹击匈奴，月氏王却虚与委蛇。大月氏人对报复乌孙和匈奴完全没有兴趣，目标是河对岸的大夏。

月氏人控制了阿姆河北岸，复国称大月氏，南边称大夏，各城邦皆臣属大月氏。阿姆河是中亚水量最大、流程最长的一条河，成为南北势力的分界线，到今天阿姆河南岸属阿富汗，北岸分属乌兹别克斯坦和塔吉克斯坦。

站在大月氏的角度看，优先级最高的战略是越过阿姆河，占据整个盆地，攘外必先安内。匈奴离得太远，中间还隔着康居、大宛、乌孙等国，鞭长莫及。假设大月氏要复仇，也是找距离更近的乌孙，而不是匈奴。但乌孙也是汉朝拉拢的西域大国，大月氏不可能与乌孙并肩作战。

张骞在大月氏住了一年多，见结盟不成，只得辞归。

在随后的100多年间，大月氏越过阿姆河，进一步控制大夏各部，互相融合，定都蓝氏城。到东汉初，大月氏有10万户，40万人，控弦10余万骑。不久贵霜翕侯丘就却攻灭其余四翕侯，自立为王，统一了阿姆河盆地。

随后大月氏四面扩张，攻击安息，取高附地（今阿富汗的喀布尔周边），灭印度河上游的濮达、罽宾。贵霜王丘就却年八十余死，子阎膏珍即位，灭天竺，置一将领监领，控制印度河流域、恒河上游。随后贵霜定都富楼沙（今巴基斯坦的白沙瓦），建立起与罗马、安息、东汉并称的贵霜帝国。

公元前128年，张骞越过葱岭，沿昆仑山北麓的西域南道而返，经莎车、于阗、楼兰。

此路不如西域北道好走（有一条西东走向的塔里木河），所过之处多是沙漠，往往百里无人烟，连水草都不易得。

数十日后，张骞和堂邑父终于走出塔克拉玛干沙漠，来到河西走廊，又被浑邪王麾下部落所擒。这年右部动荡，右贤王率部远征乌孙，结果损兵折将。

第二年右贤王兵败归来，此刻连河套都被卫青所占。正当右贤王准备东山再起时，军臣单于派了自己的儿子来接管右地。罗姑比叱咤风云几十年，确实有些晚节不保，他在退位前将张骞送回龙城。

此时张骞如果想逃回长安，必然要经过匈奴白羊部和娄烦部控制的河套地区。公元前127年春，车骑将军卫青、材官将军李息领兵4万余出云中，以翕侯赵信为前导。汉军攻灭匈奴白羊、娄烦两部，斩首及掳获匈奴5371级，捕获战马上万、牛羊百万计。张骞南归之路打通，只等一个逃跑时机。

公元前126年，匈奴军臣单于去世，其弟左谷蠡王伊稚斜攻败左贤王於单，自立为单于。於单率数百骑降汉，封为涉安侯。

张骞趁匈奴内乱，带着堂邑父以及匈奴妻子南逃，从河套地区进入关中。张骞率100多人的使团，历时13年，往返数万里，最后仅张骞与堂邑父两人生还。张骞第一次出使西域的路线如图2-21所示。

武帝擢升张骞为太中大夫（官职六品），封堂邑父为奉使君。西汉封侯有列侯和关内侯之分，而有的宦官（太监）或女性则会封君，食邑与关内侯相当。堂邑父可能受过宫刑，因此封君。张骞虽没有封侯，但武帝重用他，擢为校尉（军职四品），跟随卫青出战，封侯是早晚的事。

这几年卫青出塞大破右贤王、漠南之战，张骞都在卫青身边，以“知水草处，兵马不至饥渴”为由封为博望侯，食邑不详。若论对大漠的了解，张骞无论如何也赶不上匈奴这些降卒，门阀集团认为张骞封侯，不过是卫青在拉拢武帝宠信之人。

质疑大将军用兵的主要是门阀集团的人，文的有乐安侯御史大夫李蔡、右内史汲黯、议郎周霸等，武的有岸头侯张次公、涉轵侯李朔、郎中令李广等。除了汲黯，其余全都有跟随卫青作战的经历，李蔡、张次公、李朔也都是跟随卫青封侯的。在卫青看来，正因自己大公无私，李蔡、张次公、李朔才得以封侯，如今却恩将仇报，反戈一击。然而门阀集团的视角完全不同，他们可以为皇帝战死，出身低微的外戚算什么？

汲黯性情倨傲，曾任太子洗马，陪伴刘彻（当太子时）左右，后擢为主爵都尉、东海太守、右内史。武帝初期外戚田蚡拜为丞相，九卿以下都要拜谒，汲黯却从不下拜，仅作揖而已。丞相公孙弘出身布衣，为了巴结汲黯，常请其先行发言，然后再附和其观点。汲黯却认为公孙弘一味阿谀，当面指责其过错，公孙弘满口认错，反说汲黯是贤臣。卫青拜为大将军，位在三公之上，自三公以下都要低头下拜，汲黯却长揖不拜。在卫青看来，汲黯这类文官的威胁远不及武将，于是暂时隐忍下来。几年后霍去病赴河西受降匈奴，汲黯出言讥讽，惹恼霍去病，从右内史（官职二品）谪为淮阳太守（官职三品），死在任上。

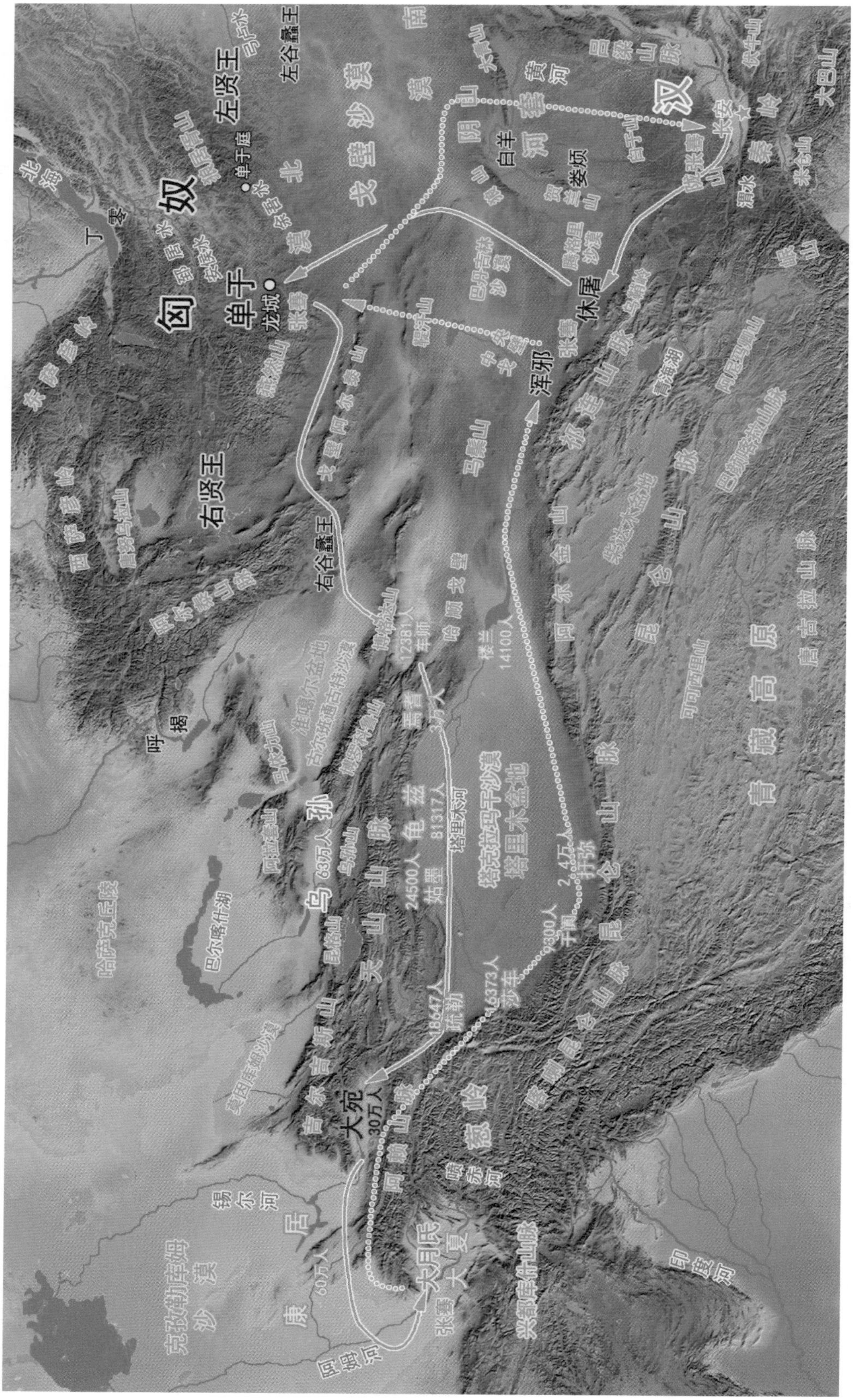

图 2-21 张骞第一次出使西域

周霸是当时儒家的代表人物之一，官职不高，但其弟子有不少在朝中任职。周霸认为苏建兵败一人逃回当斩，大将军卫青却包庇其罪。苏建授为代郡太守后，很快就因伤去世，和战死区别不大，周霸当然就不提这个事了，卫青也没为难他。

其他几个人都是手握兵权的，卫青会一个个铲除。

大破右贤王时，校尉李朔封涉轵侯，食邑 1300 户。卫青正好抓住一个把柄，涉轵侯李朔就因罪削爵为民，从此淡出历史舞台。此后几年内，张次公削爵，李蔡因罪自杀，李广出征归途自杀。

漠南之战结束后，卫青除了战略战术遭到质疑，还有一个需要他尽快解决的问题。武帝长子刘据出生 5 年，第二个儿子刘闳出生，也就是说卫青不再是唯一的外戚。卫青必须尽快请武帝立刘据为太子，如今皇后卫子夫失宠，王夫人得宠，过几年刘闳长大，武帝立谁为太子真不好说。如果刘据不是太子，卫青现在拥有的一切都是空中楼阁，毫无根基。

好在王夫人没有兄弟，连堂兄弟都没有，父亲也已过世，对卫青的威胁大减。漠南之战后武帝赏赐卫青千金，卫青拿出一半给王氏亲族。不久王夫人去世，刘闳就更没有威胁了。

当然卫青不可能自己去跟武帝说立刘据为太子的话，那样必将弄巧成拙，甚至引来杀身之祸。卫青必须找到一个劝武帝早立太子之人，此人说话要有分量，而且永远不会出卖他。

卫青想到了张汤，几年前张汤办理陈皇后的案子，最大的受益者是卫子夫和卫青姐弟，命运把他们联系到了一起。只要张汤能办成此事，以后就吴越同舟，共同进退。为了拉拢张汤，卫青找到一个突破口。

公元前 127 年，武帝采纳主父偃的建议，颁行“推恩令”。诸侯王除以世子继承王位外，其余诸子在原封国内封为列侯，新封侯国不受王国管辖，把矛盾转移到藩国内部。于是封国越分越小，大国不过十余城，小侯不过十余里。

公元前 126 年，武帝擢 29 岁的张汤为廷尉（九卿之一，官职二品）。

廷尉属官甚多，有廷尉正、左监、右监、掾史等，张汤便留心察看，谁苛刻谁宽厚，一一记在心上。遇到武帝交代的案子，若天子想严惩，便发给苛刻之人讯问，若天子想从轻发落，便发交宽厚之人审判。如果把握不了天子的态度，张汤还会判定几种不同的罪名和惩罚，分别呈上，请武帝做选择题。如此煞费苦心，自然深得武帝欢喜。

自“推恩令”颁布后，有淮南国和衡山国的人到长安告状，说淮南王和衡山王意欲谋反。武帝对此心生不悦，既怀疑二王的能力，又担心真有此事，遂令张汤彻查。

张汤办陈皇后的案子时还是一个侍御史（官职七品），当时武帝和文武百官都对陈皇后不满，张汤也是顺势而为。如今身居九卿，张汤升迁的空间不大了，这种诸侯王的案子查起来是要得罪一大堆皇亲国戚的，因此他一直拖着不结案。

大将军卫青当然不想卷入皇族争斗，故而并未参与此事。为了拉拢张汤，卫青当面告诉张汤，军方将为其撑腰办案。

公元前 122 年，廷尉张汤办理了淮南王刘安和衡山王刘赐的案子。

淮南王刘安是淮南王刘长之子，当年淮南王刘长去世，汉文帝将淮南国一分为三，即淮南、衡山、庐江，由刘长的 3 个儿子分别为王。刘安的世子刘迁与郎中雷被比剑时意外受伤，便威胁要报复。雷被惶恐不安，逃到长安告状，说他想参军抗击匈奴，刘安不准。武帝派中尉殷宏去淮南国，殷宏查明确实如此，回来后建议将刘安正法。武帝不以为然，杀不杀人无所谓，削弱藩王才是目的，便削除淮南国两个县。

淮南王刘安的长子刘不害是庶出，刘安迟迟不封他作列侯，刘不害嫉妒其弟刘迁，于是派人到长安告状，说刘迁谋反。刘不害企图借武帝之手废掉刘迁世子地位。张汤可不是殷宏，他知道武帝的最终目的是削弱藩国，能灭国实现郡县制最好。

张汤请求派兵去淮南国，武帝首肯，大将军卫青派军队护送。淮南王刘安闻讯自杀，汉军将淮南国王后蓼荼、世子刘迁、公主刘陵等，全部抓到长安弃市（在闹市斩首），淮南国数千人伏诛，淮南国除。告发弟弟的刘不害算盘落空，虽然保住了性命，却从王子变为尘埃，历史上再无记载。

卫青还趁机报复了质疑其漠南之战用兵的岸头侯张次公，他跟随卫青受封，食邑 1100 户。淮南王刘安的女儿刘陵长期生活在长安，与张次公情投意合。刘陵被杀，张次公受到牵连，削除爵位。

这一年，衡山国也出事了。衡山王刘赐是淮南王刘长之子，淮南王刘安之弟。

刘赐老了，想废长立幼，废掉世子刘爽，立次子刘孝，但皇后徐来的儿子更小，几兄弟争得头破血流。世子刘爽感觉地位不保，就派亲信到长安告状，说弟弟刘孝谋反。武帝派中尉司马安、大行令李息率军前往问罪，导致刘赐自杀。案子交到廷尉张汤手上，与衡山王刘赐有关的人全部被斩首，衡山国除。

司马迁是这么评价两国的："淮南、衡山亲为骨肉，疆土千里，列为诸侯，不务遵番臣职以承辅天子，而专挟邪僻之计，谋为叛逆，仍父子再亡国，各不终其身，为天下笑。"

一年之内，张汤为武帝削掉两个藩国，连坐死者数万人，武帝愈加信任他。

张汤上奏，说二王临死前竟大言不惭，言及自己的祖父是高祖，比当朝皇帝更有资格继承皇位。若论辈分来说，淮南王刘安和衡山王刘赐都是刘邦的孙子，是武帝的叔叔，若武帝后继无人，二人确实有资格争夺皇位。

武帝看着奏折，想起当年父亲的处境。景帝时期，同母弟梁王刘武想继承皇位，景帝为了断却梁王的念想，先后立刘荣、刘彻为太子。皇帝如果不立太子，兄弟、叔叔们往往蠢蠢欲动，武帝亲身经历过，对此刻骨铭心。

张汤办理完淮南王刘安和衡山王刘赐的案子后，武帝立即封刘据为太子，断了其他诸侯王的念想。卫青利用张汤，借两个已故诸侯王之口，把刘据扶上了太子之位。

张汤见武帝乐于削藩，便留心各诸侯王动向。据传武帝与江都王刘非不和，张汤便派人调查刘非，查到当年江都王刘非逼杀武帝的宠臣韩嫣。武帝立誓报复，可惜刘非已经死了五六年。

刘非之子刘建即江都王位，此君可是劣迹斑斑。刘非在世时，邯郸人梁蚡欲献绝色舞女给江都王，刘建闻之捷足先登，杀梁蚡霸占此女。

刘非40岁出头就去世了，可是人还未下葬，世子刘建就迫不及待闯入后宫，霸占其父所爱美人淖姬等数十嫔妃。刘建的异母妹刘徵臣回来奔丧，刘建强行霸占之。

刘建做了江都王后，更加昏淫无道。一次在湖中游玩，令四宫女乘小船，刘建以足蹈覆其船，四人溺死二人，刘建竟然大笑不止。刘建常令宫女剃光头，裸体击鼓，铁圈束颈。他认为谁犯罪了，便放狼咬死。刘建越玩越大，他想让宫女与禽兽交合生子，便派人按住裸体宫女，与羝羊（公羊）和公狗交合。

刘建仗着有景帝赐给他父亲的天子旗、将军印，越来越肆无忌惮。他令人造黄屋盖，刻皇帝玺，铸将军、都尉金银印；他以王后至父胡应为将军，中大夫疾善骑射，封为灵武君；他造了20个使臣用的符节，沟通越繇王，赠以锦帛奇珍，相约紧急时互相出兵援助；他还令人编织绶带1000余个，封赏军官，拜爵封侯，绘制天下战略地图。

刘建对近臣道："壮士不坐以待毙，欲为人所不能为耳。"

公元前121年，廷尉张汤掌握刘建的罪状后，一举告发。武帝勃然大怒，卫青派丞相长史率一队兵马前往，江都国竟无人敢反。刘建如梦方醒，自杀，刘建子女没入掖庭（后宫中等级较低的嫔妃和宫女的居所，有劳作场所），江都国除。江都王后及嫔妃宫女都被斩首，连坐死者上万，服劳役者数万。

廷尉（九卿之一，官职二品）张汤两年内除掉三个封国，其中淮南、衡山各有一个郡（国），江都有两个郡（国），为武帝收回4个郡（国）。当然背后若没有大将军卫青，张汤即使敢做也没有实力。武帝重用张汤，次年迁为御史大夫（三公之一，官职一品）。

第三节　征服河西走廊

● 第一次河西之战，六日破五国

出兵河西走廊前，汉朝从匈奴降卒口中精细入微地得知了很多具体情况。自右贤王在西域战败，失去河套地区，河西走廊的诸多部落就开始不听调遣。

匈奴在河西走廊总人口约50万，控弦10余万，分为两大势力，东部是休屠王范围，西部是浑邪王范围，各自又节制二十多个小部落。休屠部占据石羊河，族众五六万，控弦约1万骑，势力范围内族众二十多万，控弦三四万骑。浑邪部占据弱水上游，族众五六万，控弦约1万骑，势力范围内族众三十多万，控弦五六万骑。两大部落势力范围内的其他中小部落占据祁连山脉各河谷，族众多则上万，少则两三千。

右贤王出征西域时，两大部落出兵不多，兵力损失极少。卫青大破右贤王后，新的右贤王率部退居右地科布多盆地，伊稚斜单于顺势派人进入河西走廊，意图控制浑邪、休屠等部。

休屠王的势力范围在河西走廊东部，靠近汉朝边疆，休屠部比浑邪部更亲近单于。

公元前 121 年春，武帝拜 19 岁的霍去病为骠骑将军，率十几个校尉，1 万骑兵，配置 1.2 万匹战马，装载足量的木盾、强弩、箭矢、戈矛等，攻击河西走廊。霍去病第一次河西之战的路线如图 2-22 所示。

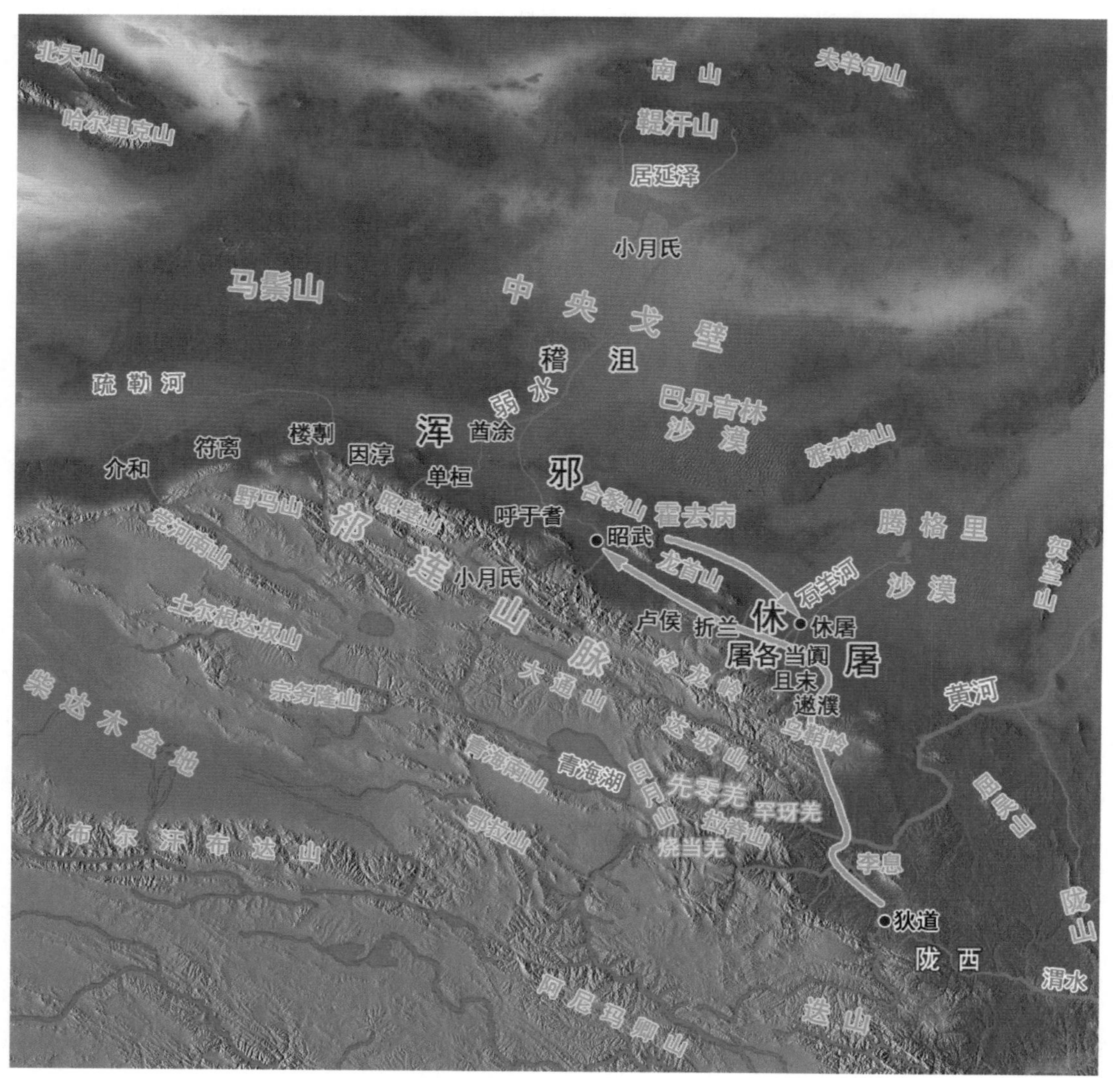

图 2-22 霍去病第一次河西之战

霍去病部逆渭水来到陇西郡，从狄道出发，向北沿着洮河进入黄河干流，再折向东。

大行令李息先行一步，前一年就来到黄河岸边修筑金城要塞（今甘肃兰州），金城之意是凭险而守，金城汤池。这几年李息在朔方郡监工修筑了数座城邑和要塞，驾轻就熟，劳苦功高。武帝派一个九卿为霍去病开路，可见关怀备至，生怕霍去病给匈奴人杀了。

古时在兰州一带渡黄河，人数少的时候用羊皮筏，千军万马就得用浮桥了，因为羊皮筏数量有限，而且战马受惊还容易翻筏。

短短几个月时间，李息除了修城，早就准备好木料和绳索，只等霍去病大军一到，便可架设浮桥渡河。

霍去病部渡过黄河，逆黄河走了几十里，遇到乌亭逆水（今庄浪河），转逆庄浪河北上。汉军只要沿着庄浪河谷走，翻越乌鞘岭便能进入河西走廊。另一种方法是向东北绕着乌鞘岭走，这样路途远了不少，还要经过腾格里沙漠边缘，且要渡过数条小河，会增加几天行程。

此战霍去病采用“兵者诡道”的战略，速度快，攻其不备，所以选择近道。

李息为何不把金城塞修在庄浪河与黄河汇流处的对岸呢？这样霍去病不就省去了来回折返的时间。古时渡黄河很危险，金城附近河道深，黄河流速减缓，而且河道也稍窄，无论羊皮筏渡河还是架设浮桥难度都小得多。再者金城地处一个河谷盆地，南北两岸有大片草场，便于军队扎营。

沿着庄浪河而上，汉军侦骑四出。这里是羌人的势力范围，羌人主要在河湟一带的高原河谷，有时也到河西走廊牧马，向匈奴进献一定量的牛羊骏马，双方相安无事。

庄浪河冰雪初融，天空飘着雪花，一片肃杀之气。汉军见河谷两侧尖石嶙峋，有如锐刀利剑，无不心惊。

不时有快骑来报，庄浪河畔的山谷中多处发现羌人踪迹。各军侯、百夫长摩拳擦掌，纷纷请命深入山谷侦察作战，校尉们却严令：“不要浪费箭矢。”

霍去病指着一处云封雾锁的谷口道：“这里若是修一座要塞，可与高阙塞媲美。”

身后的赵破奴却心不在焉，牛头不对马嘴答道：“李大行（李息）修城塞，肯定是固若金汤。”高不识和仆多已经是校尉，他却是低一级的军司马，难免有些情绪低落。

霍去病说的这个地方，后来修了令居塞（今甘肃永登），对汉朝控制河西走廊起了很大作用。

汉军穿过庄浪河上游一处山谷，向北越过乌鞘岭，进入河西走廊。霍去病走的路线是一条捷径，今天的兰新铁路和连霍高速几乎也是这样进入河西走廊的。

汉军越过乌鞘岭，来到古浪河的源头，这里气象一新。只见在清晨缥缈的薄雾下，起伏的丘陵谷地墨绿葱苍，远山则隐约朦胧，风景如画。沿河而下就是河西走廊，古浪河注入红水河，再入石羊河和休屠泽。

占据古浪河游牧的遬（chì）濮（pú）部，是匈奴四大部之一须卜氏的分支，自匈奴占据河西走廊，老上单于便令须卜氏拆出一部人马驻守河西走廊南端，称为遬濮部。

遬濮部是河西走廊地区中等大小的部落，人口上万，与匈奴本部一直有联姻关系，并为单于和右贤王提供大量战马。

此时正是初春时节，牛羊骏马繁衍盛期。遬濮部全体动员，忙于放牧，人困马乏，毫无战争准备。

霍去病以鹰击司马赵破奴为先锋，率600骑击之。遬濮王兵力捉襟见肘，再加上自视甚高，刚开始集结兵力，便率数百骑仓促迎战。

双方兵力相当，都怕对方援军赶来，都想速战速决。赵破奴是个军司马，好兄弟高不识和仆多都升为校尉了，他只想立头功，与霍去病一样封侯。遬濮王也想在霍去病大军赶来前将赵破奴军消灭，为后续援军集结赢得时间。

双方话不多说，列阵对战。遬濮王排出一个松散马阵，并缓缓前进，准备待汉军进入射程后立即发射，然后高速冲杀过去。这是匈奴人的基本战术，松散队形利于防御对方的箭矢。

赵破奴却排出一个紧密的方阵，一排30骑，前后约20排。

遬濮人见对方排出这种阵势，兴奋得好像前面不是敌军而是饕餮盛宴。因为军阵过于紧密，对方随便射都可以命中目标。像匈奴人这种松散的布局，汉军大部分箭矢会落空。

匈奴人正不住加速，眼看汉军将进入射程。汉军前排强弩30支箭矢射来，此后箭矢延绵不绝，射的都是中间位置。汉军装备精良，弓弩射程远，第一排射过之后并不向前冲，而是向两侧散开，第二排不间断发射，几次眨眼间，一连射出20轮，汉骑已经呈“一”字形。

汉军600支箭矢全部射在中间小范围，遬濮王的亲兵伤亡数十人，气得他破口大骂。眼看汉军也进入了匈奴射程，遬濮王下令射箭并冲锋。

号角响起，距匈奴最近的汉军忽然后撤，两边的骑兵却从外部开始包围，几个呼吸间变成圆形大阵将遬濮部围住，并向一个方向转动起来。

此时遬濮王若向任何一个方向突围都能全身而退，但他压根没想到会战败，因为双方人数相当，据骑哨所探，霍去病的骑兵大队距战场有10余里，遬濮部第一波援兵百余骑却正从两三里外火速赶来。

赵破奴摆出石磨轮射战术围攻是很有针对性的。汉军骑兵顶盔掼甲，就连战马的关键部位也都有护甲，防御力超强，但机动力不如对手，把敌人围起来射，确实是好主意。

汉军的强弩射程远，所有箭矢都朝遬濮王所在位置射去。几轮箭矢下去，遬濮王中箭落马。汉军却忽然放开一个缺口，任由遬濮部将大王抢出，与前来增援的100多骑会合，汉军再次形成石磨轮射阵。

遬濮王原本也想来个擒贼先擒王，冲击汉军主将所在，然而赵破奴诡计多端，所穿铠甲与其他骑兵无异，汉军除了扛旗的骑兵，其他人外表区别不大。

遬濮王忍痛下令四散攻击，愤怒的遬濮人立即全面向外围冲来。汉军骑兵多是匈奴降卒，骑射本领与遬濮人不相上下，不过兵器可就有天壤之别了。汉军每人配备一柄长矛、长戈或长戟，外加一把长剑，遬濮人则多持用牛腿骨打造的狼牙棒，二者短兵相接，汉军优势明显，而且汉军还有盔甲护身，遬濮人真是驱羊攻虎。

遬濮王见本部人马全面处于下风，立即下令撤退。赵破奴滚鞍下马，动作如游鱼之滑，如鸟雀之捷，亲手点燃一堆牛粪，燃起狼烟，随即下令所有人丢盔弃甲，特别是将战马的木甲卸下，再火速追击。

十几里外霍去病军早就跃跃欲试，看到一柱狼烟升起，纷纷卸下装备，在各校尉率领下追击。

遭遇战变成了追击战，汉军骑射功夫毫不逊色，武器却远胜敌人，追了十几里地遬濮部就损失殆尽。赵破奴取了遬濮王首级，翻身跃上马背，脸上再隐藏不住喜悦，仿佛马腹旁挂的不是遬濮王人头，而是一个沉甸甸的列侯爵位。

近万汉军马蹄声震天动地，扫荡山谷河川，遬濮部从此不见于史册。

此战汉军战损不到百人，霍去病非常满意，令赵破奴前军变后军，收拾兵器特别是箭矢，没有损坏的还要继续用。

遬濮部受休屠部节制，按常理霍去病下一步应该是找休屠王决战。

然而霍去病军却并没有沿古浪河、红水河、石羊河攻击休屠王城，而是紧贴祁连山脉西进，来到杂水河流域。杂水河是石羊河的支流，统治这里的是且末部。当初匈奴南下，且末人追随月氏人迁居西域，在昆仑山脉与阿尔金山脚下找到栖息之所。不过也有一部分且末人臣服于匈奴，占据了杂水河谷。

且末本是个大部落，上万人迁居西域，因路途遥远环境恶劣，只有千余人定居下来，称为西域且末。留下来的且末人也只有5000余，称为河西且末。若非匈奴战争不断，河西且末毫无保留地出力，恐怕早去名号融入匈奴了。

河西且末虽然活了下来，但苦不堪言，精壮战士和骏马都被调到休屠部，留下的是不足3000人的老弱病残妇孺。河西且末见到汉军，都不用族长号令，一心要逃跑。无奈跑得不快，大部分人成为汉军加官晋爵功劳簿上的数字。

霍去病继续沿祁连山脉西行，当阗部闻风而逃，跑上了冷龙岭。当阗部是羌族的一支，实力不弱，与遬濮部是一个等级的。羌人不会为了匈奴死战，因此避汉军锋芒去了。

再往西行，一支彪悍骑兵拦住去路，原来是屠各部。休屠部与屠各部，相当于单于本部与左贤王部的关系。休屠王往往派一个王子率领一部族众守护石羊河上游几处源头，等休屠王去世，这个王子就会拥兵称王。

屠各是这个休屠王子的名字，部落名就用王子之名。屠各部有族众两万左右，控弦4000骑，但初春时节屠各只凑了1000余人应战。当他们发现汉军兵威赫赫，便在损失十几个骑哨后，向休屠王城撤退，试图把汉军引到王城附近，与父亲一起围歼汉军。

霍去病军来到石羊河，却并不沿河北上找休屠王决战，而是渡河西进，过焉支山，附近的折兰、卢侯等部落提前躲得远远的。

汉军继续沿着弱水的上源之一羌谷水而下，进入浑邪部的势力范围。浑邪部显然也被这突如其来的形势震惊了，骑哨茫然不知所措。如果汉军不完全击败休屠部，怎敢孤军深入浑邪地盘？

霍去病如此行军，也不完全是赌对方阵脚未稳。霍去病早期帐下将士大多数是匈奴降卒，熟悉地形，了解匈奴习性，如此大胆行军是经过精密算计的。

浑邪部作为河西走廊西部实力最强的部落，其王城名为昭武城，位于羌谷水西岸，为月氏人所建，东西宽约 240 米，南北长约 220 米，高约 3 米多，无瓮城，也无护城河。唐朝时在此城以南约 2.5 千米处新修一城，合在一起称黑水城。新修的南城东西宽约 245 米，南北长约 220 米，面积与北城相当，但最高处约 10 米，修有瓮城，防御力大幅提高。不过在汉朝时，霍去病面对的是黑水北城。

浑邪王率 800 余骑出城游弋，令王子苏率 600 余人守城，打算以掎角之势先顶住汉军的攻击，再等待各路援军。预计只要三五天，浑邪王麾下 1 万骑都会聚集城下，10 天内，浑邪部势力范围内的四五万骑都会来援，届时汉军将插翅难飞。

浑邪王子苏站在城头，望见汉军顶盔掼甲，剑戟如林，一时骇然失色。

只听一个裂石穿云的声音道：“攻城！”

汉军万弩齐发，将浑邪守军压制在城内躲避箭雨，同时一对先登之士已登上城头。昭武城的城墙只能防骑兵突袭，步兵踩着同伴的肩膀便可攀墙而入。

汉军的铠甲除了露出五官，其余部位刀枪不入，浑邪部守军哪是对手。这是一场不对等的巷战，浑邪人即使逃出城也是死路一条。

汉军正攻城，阵后忽然喊声大震，又见尘沙飞扬，原来是浑邪王领军来袭，2000 多骑潜至近处，杀了几个汉军骑哨才被发现，确实骁勇善战。

烟尘之中，浑邪骑兵或赤裸上身，或身披兽皮，骑马搭弓冲杀过来。汉军当然早有防范，后队先用强弩射住阵脚，再摆出铁桶阵，浑邪王丢下几十具尸体撤退，救援行动宣告失败。浑邪人还是输在了装备上。

此战汉军损失数十人，掳获浑邪王子苏，斩首和掳获近千人。还意外掳获了伊稚斜单于的阏氏（夫人）和一名王子，以及相国、当户、都尉等数十人。原来单于为了拉拢河西走廊的部落，派阏氏和王子前往河西走廊，先去休屠部，赐祭天金人，后来到浑邪部。

伊稚斜单于知道河西走廊浑邪强于休屠，扶一个弱者达成实力平衡，但也不想开罪另一个。浑邪王楸然不乐，正讨价还价，向阏氏讨要单于的另一件宝器即东胡王头颅，忽然骑哨来报，说汉军已杀到十几里外。

从灭亡遬濮部到扫荡且末、当阗、屠各三部，再到击败浑邪王，霍去病风卷残云，只用了 6 天时间。六日破五国，胡尘千里惊。霍去病六日破五国形势如图 2-23 所示。

图 2-23　霍去病六日破五国

● 第一次河西之战，决战合黎山，血溅皋兰山

汉军喝令城内的老弱妇孺把上千人的尸体和死马堆积到城外，垒成个小丘，放一把大火烧了。接着把老弱妇孺赶回城内，紧闭城门，一副占城为王的姿态。

浑邪王脸色阴郁，令快马前往各部搬救兵，打算把这近万汉军围歼在王城内。

谁料两日后的清晨卯时，汉军却忽然城门大开，用掳获的战马补充战损，大摇大摆一路向东。汉军并不是原路返回，而是绕道龙首山北麓，目标是休屠王城。

休屠王城三岔城建在石羊河（狐奴河）上，位于今武威四坝镇三岔村，地处武威—民勤绿洲中心，水草丰美，西连弱水，东接河套，北抵休屠泽，南达祁连山脉。

匈奴人不善筑城，三岔城乃月氏人所建，南北长400米，东西长200米，高约3米多，有里外两重。

休屠王收到浑邪王城被端的消息，自是十分欢喜，若霍去病重击浑邪部，那日后整个河西走廊都是他的了。初春是游牧民族最忙碌的时候，休屠王虽然派人号令诸部准备迎敌，但也没要求各部落立即集结。

当休屠王得知汉军已接近王城时，站在城上甚至都能看到远处飞起的尘土了。随着轰隆隆闷雷般的声音越来越近，休屠王自知守不住这座年久失修的月氏古城，于是当机立断率众出城避祸。

慌乱中，休屠王忘了带走匈奴祭天金人，这可怎么向伊稚斜单于交代？

汉军只用了10多天时间，就在河西走廊奔袭一个来回，杀敌数千，自身减员只有300多，这都得益于每战以绝对优势兵力和武器压制对手。

霍去病军休整一日，9000余人忽然折返往西，沿焉支山—龙首山南麓，再次经过折兰、卢侯二部的领地，目标是浑邪王城。

浑邪王这次撤得干干净净，号令各部立即集结，准备围歼霍去病军，救出浑邪王子苏。

汉军过王城不入，持续追击浑邪部。在合黎山南麓，浑邪集结大军正恭候汉军。原来浑邪骑哨发现，霍去病军每人配备三到四个箭囊，每个箭囊装箭20支，如今大多箭囊已空，普遍只剩了几支箭。浑邪骑哨多次故意骚扰，发现汉军射过来的弩箭都是用过多次的钝箭。

既然汉军远程攻击威胁不大了，浑邪部也就不再撤退，打算就在合黎山南麓和霍去病做个了断。合黎山位于河西走廊中部，如果霍去病兵败，肯定就是全军覆没的局面。不过霍去病军出休屠王城时，所有人都用羊皮包好40支崭新的利箭，放在随身的包裹里，目的就是怕浑邪逃得太远。兵不厌诈，战国时孙膑让庞涓数灶台，这种虚虚实实的数字游戏，中原人至少不比游牧民族弱。

同一时间，折兰部和卢侯部各率千余兵力，总共近3000骑兵，隔20多里跟随汉军。一旦浑邪王率主力与霍去病军开战，这两部人马正好在汉军背后突袭。

折兰王勒住马缰，对麾下一名骑哨首领道：“多派几个人，到南面山上，侧后方，仔细察看。”骑哨首领应声而去，另一个当户满腹疑问：“大王，几里内肯定没有伏兵。”

折兰王深吸一口草原的气息，这才肯定道：“我好像闻到战马的气味，从侧后方山上来的。”

忽然，几里外的石坡上传来了一声凄厉的惨叫，划破了漆黑的夜色，把恐惧和吃惊分毫不差地塞进每个骑兵的心里。亲兵们虽不相信汉军能隐藏得如此悄无声息，但还是下意识地箭上弦，狼牙棒在手，迅速把折兰王围在了中间。

原来校尉仆多率1000骑离开汉军大队，在一名匈奴降卒的指引下，向南深入数十里，隐藏在一处山谷中，只派十几个骑哨打探折兰部和卢侯部的行踪。待二部人马过去，仆多这才率军出发，在十几里远侧后方的山坡上跟随。

回到霍去病这边，合黎山下，汉军的视野里，浑邪的主力大军终于出现了，只见旋风般冲出的骑兵转眼便铺天盖地。自浑邪部以下，稽沮、介和、因淳、楼剸、符离、呼于屠、单桓、酋涂、小月氏等，叫得出名号的部落几乎都来了，近两万骑，军容鼎盛。敌军的马蹄声先是隐约可闻，渐渐地越来越密集，震耳欲聋，地面也剧烈地震动起来，如同山洪暴发，死亡的气息扑面而来，让人心神俱裂。

霍去病身披白袍银铠紫金盔，盔顶三根鹤羽，镇定自若，脸上甚至浮现洋洋得意的笑容。汉军扔掉一切多余的辎重，从羊皮包裹中取出崭新的箭矢，就连战马都高昂着头，竖起双耳，随时准备投入你死我亡的战斗。

浑邪王在各部首领翘首以盼的目光中举起了马鞭，牛角号声立即响彻原野。各部落燃起斗志，似乎此前的不利在这一瞬间都化作云烟，荡然无存。

浑邪骑兵开始推进，大战一触即发。射程之内，浑邪人才开始上箭，汉军强弩射出的箭矢却漫天而来，立刻有上百骑兵摔倒在地。汉军的箭矢似乎无穷无尽，绝非每人只有几支钝箭。

此刻浑邪人也顾不得那么多，一心往前冲。两军接触的一刹那，数十名汉军骑兵在对方强悍的冲击下跌落马背，这和此前一边倒的战斗截然不同。浑邪军在撤退的过程中赶制了一种兽皮绳索，绑在狼牙棒细的那头，挥动过来不仅攻击距离比汉军的长兵器还远，砸在铠甲上还能发出沉闷的“铿锵”声，那是肋骨折断的声音。

突然，霍去病以裂石穿云之声下令：“变阵！”

汉军立即变为鱼丽阵，放浑邪骑兵入阵，10骑为一组，互相保护，也缓解前排骑兵的压力，躲过敌人最强的一波攻击。浑邪军杀入汉军阵内，三五成群，不管三七二十一，朝着汉军挥舞狼牙棒。汉军毫不示弱，长兵器迎敌而上，双方绞杀在一起。战马纷纷倒下，长剑对狼牙棒，不死不休。

约莫过了一个时辰，8000浑邪骑兵折损3000余，逃回来4000多人战马尽失。霍去病军8000余人折损2000余，还有约6000。汉军还是胜在装备，一身盔甲在近身肉搏中等于多了好几条命。

浑邪人战马富余，逃回来的人跨上战马，兵力仍有一万五六千骑。浑邪王还想再度冲击，其他部落却不愿意了。部落王都在考虑部族的生存问题，草原部落一旦大幅损失骑兵，轻则失去草场，势力范围萎缩，重则成为其他部落的附庸甚至消亡。

战斗还未结束，浑邪王当然不死心，说服各部落王，等霍去病派援军增援后方，或者折兰部和卢侯部击败堵住后路的汉军再来包围霍去病军，那各部肯定不会放过眼前这支汉军。

折兰部和卢侯部各有1000余骑，总兵力接近3000骑，堵住后路的汉军仆多部却只有

1000 骑，兵力悬殊，浑邪王这才寄予厚望，希望反转战果。

折兰部和卢侯部原本计划歼灭仆多部，再反身堵住汉军主力，但二王有豺狐之心，先派100 骑兵试着攻击，发现对方稀稀落落射来的箭矢果然都是钝箭。等到第二轮测试，汉军甚至连短箭都射了过来。

折兰王和卢侯王各派 100 人前冲，这回对方连箭矢都没有了，有几人还跌落马下。双方一接触，匈奴绑着兽皮绳索的狼牙棒大发神威，击倒数十人马，然后就是混战。不过汉军还是胜在一身盔甲，近身搏斗的优势明显。

二王再不犹豫，立即下令全面进攻，光是近 3000 狼牙棒挥打过去，就够汉军好受的。仆多亲自吹响牛角号，他将 1000 骑兵分成两部分，外围是 500 骑兵，里面的骑兵坐在地上，用1000 张强弩连续施射。

这一轮狂暴箭雨，至少射杀四五百匈奴骑兵，不过他们并没有朝一个方向冲，而是分别从左右冲击，这才躲过了更大的杀戮。

两军终于短兵相接，战场上喊杀声惊天动地，到处都是捉对厮杀的士兵。马上的骑兵往来飞奔，不时有人跌落马背，手执兵器的战士三五成群，舍身搏斗。折兰王和卢侯王知道被汉军耍了，白白葬送数百条人命，战斗欲不可遏制地喷发了，各自狂喊："给我杀！"

仆多望着身边的士兵被敌人扯掉头盔割喉，听着耳边凄惨的叫声，愤怒就像飞溅的鲜血喷涌而出，他挥舞着长刀，声嘶力竭地叫喊着。

当浑邪与汉军主力暂时脱离战场时，折兰部和卢侯部与仆多军仍在鏖战，双方各自至少损失了一半人马，再打下去似乎要同归于尽。

二王萌生退意，此刻他们仍有数十匹战马，仆多军的战马却几乎全部倒在血泊中。二王只要从两侧抽离战场，其他失去战马的幸存者也都能跟随逃离。

仆多的长剑早不知去向，他夺过一把斧头，奋力砍掉眼前一个敌人半个脑袋，仰面躺在一匹死去的战马腹上，大口喘气。

此时霍去病派出一支百人骑兵向后方战场杀了过来，二王不敢恋战，策骑便逃，余者一时不知有多少汉军杀来，乱了阵法，四散而去。

片刻之后，仆多翻身坐起，夺了一匹援军的战马，亲自率队追击。此战他身边大部分亲兵阵亡，点燃了他的复仇怒火。其他汉军凡是能动的，都提剑跟随追击二王。

折兰王和卢侯王人困马乏，数十骑没跑多远就被追上。折兰王身中数箭掉落马背而亡，卢侯王负伤下马本欲投降，仆多却根本不想留活口，一刀结果其性命。

激战合黎山，断甲溅腥血。折兰带箭亡，卢侯连阵没。霍去病合黎山之战如图 2-24 所示。

仆多这边汉军惨胜，杀掉折兰王和卢侯王，斩首千余人，阵亡 700 多。

不远处的山坡上，一人一骑伏在草丛里，看到战斗接近尾声，立即爬起来，策骑往回奔，正是休屠王的骑哨。

战到此时，浑邪王只好指挥各部脱离战场，并继续召集援军，与汉军保持 20 多里距离，仍不死心。

图 2-24　合黎山之战

霍去病军徐徐向东撤兵，此时兵力仍有约 6000，但战骑不足千，几乎是一群步兵，箭簇所剩无几，可说斧破斨缺。若不是身上有保命的盔甲，浑邪部绝对可以借助骑兵的冲击力将汉军围歼。

失去骑兵的机动力，霍去病军用了 5 天才抵达折兰部和卢侯部所在的焉支山南麓，这里的草场上连只羊的影子都没有。二王战死后，部族如惊弓之鸟，躲得远远的。

好消息是，浑邪王率部追至此处，竟垂涎折兰和卢侯的领地，只派小股人马佯装追击，自己却率大军控制二部广大牧场，兼并其族众。草原上就是这样，部落一旦兵败失去保护族众的能力，便只能融入其他更强大的部落。

浑邪王一路愁云惨淡，他明白伊稚斜单于拉拢休屠王来压制自己，那干脆一不做二不休，把霍去病军这个大麻烦丢给休屠部，最好双方同归于尽，浑邪部就可以一统河西走廊了。至于单于的阏氏和王子，当然也由休屠王去拯救，而自己的王子苏，实在爱莫能助，反正儿子多的是。

休屠王如果连一支汉军残兵都不敢打，而且还让对方夺走了祭天金人，那他在河西走廊恐怕难以服众，麾下部落敢于反抗者恐怕会层出不穷。何况汉军从陇西攻击河西走廊，休屠王的势力范围首当其冲，反而是浑邪王可以隔岸观火。

休屠王集结的骑兵越来越多，从 4 个方向远远围着霍去病军，但也不敢贸然进攻。霍去病军粮草用尽，行军速度越来越慢，用了 11 天才到达遬濮部所在。

休屠王犹豫片刻，并没有停下来收编遬濮部的族众，而是率众继续尾随汉军。草原上狩猎，秘诀之一是耐心，往往伤到大型猎物后，便在后面不断追赶，直到猎物力竭，反抗力大打折扣，这才痛下杀手。

霍去病军又用了 3 天，才从古浪水翻山越岭抵达庄浪水，沿河而下便能抵达黄河。现在汉军后面有近两万骑兵追击，前面也有上千骑虎视眈眈，随时可能会面临被前后夹击的局面。更糟糕的是，汉军派出的骑哨全部被截杀，黄河对岸的李息收不到霍去病的任何消息。

休屠王派骑哨去联络河湟谷地的羌人，希望能联手灭掉这支汉军，然而平日与休屠结盟的羌人此刻却不愿介入。站在羌人的角度看，他们不认为匈奴和汉朝任何一方有能力进军高原山地，若汉军与匈奴在河西走廊打起来，以后羌人东进牧马无需再看休屠王的脸色，这不是坏事。

休屠王率军穷追不舍，不断消耗汉军的箭矢和体能，眼看汉军箭尽粮绝，疲惫不堪，匈奴人咬牙切齿，力求围而歼之。

霍去病军饥肠辘辘，在狭长的河谷行军，前后是骑兵，中间是步兵，4 天后抵达金城对岸。对箭矢用尽且饥寒交迫的汉军来说，这是一段逃离鬼门关的漫漫长路。

看到河上的浮桥仍在，汉军将士燃起希望。按理说休屠前锋军应该毁掉浮桥，将汉军消灭在金城对岸，完成这场狩猎的最后一击。然而匈奴的骑哨渡过黄河后，发现汉军李息部只有约 300 骑，正组织上万民夫拖着辎重往南方的皋（gāo）兰山逃亡。金城还没修好，城墙到处是缺口，自然无法据城而守。骑哨首领怀疑汉军有诈，便派人深入金城南方的皋兰山，在方圆数十里范围快速侦察。结果骑哨全部安全返回，并未发现其他汉军的踪迹。

休屠王的胃口膨胀了，他要抓那 1 万多民夫回去，男的当奴隶，女的为部落添人口。汉军服劳役的民夫男女都有，有的是因犯罪一家被连坐。但男的普遍不会骑马，也未经军事训练，在军队面前，就跟羊和牧羊犬的关系差不多。

休屠王有把握在黄河北岸歼灭霍去病军，但浮桥肯定会被对方毁掉。于是他把对猎物的最后一击，放在了南岸的皋兰山与黄河之间的平原上。

李息的 300 骑兵一面驱赶匈奴骑哨，一面接应霍去病军，将伤者迅速转移到南岸。李息乃堂堂九卿之一的大行令，本来有四五千骑，但汉军公孙敖部计划从贺兰山方向出征河西走廊，与霍去病军呼应，将大部分骑兵调到贺兰山的西套平原去了。

霍去病军在皋兰山下列阵阻击。休屠王留 2000 人马守住浮桥北端，亲率 1.8 万骑，打算一举拿下这只受伤的猎物，并掳走 1 万多民夫。

汉军布阵点位于皋兰山的一座余脉下，此山南面是悬崖，汉军只需一面迎敌，这是宿将材官将军李息选择的地方。当年马邑之围，李息风华正茂，要是有这等作战经验，军臣单于哪有那么容易全身而退。

休屠王正犹豫是否将汉军围困在此山，如此在十天半月后，对方连战马都要吃掉，只有跪地投降或被宰的结局。此时一名骑哨飞奔而来，到休屠王前跃下马背道：“大王，遨濮部的地盘发现浑邪王的骑兵，至少有几百人。”

休屠王脸色数变，内心煎熬。这几十年浑邪与休屠争斗不断，经常争夺牧场。前几年休屠王率部夺了一处草场，砍死浑邪部数十人，浑邪王扬言要杀了休屠王复仇。休屠王最忌惮的是浑邪王，其次才是单于和右贤王，至于汉军不过是史上第一次交锋。

休屠王考虑再三，高举马鞭，简短有力地下令：“给我杀了霍去病，用他的头颅做尿壶！”

李息在皋兰山下藏了上百斤风干牛肉、100 多张强弓、200 多张强弩、两万多支箭矢。霍去病军补充了一些牛肉干，不得不再次投入敌众我寡的血战。

战况激烈，双方肉搏混战，汉军平时操练的阵法全都派不上用场。霍去病被匈奴人缠住，挨了好几记狼牙棒，五脏六腑移位，痛得撕心裂肺。霍去病此时已是血染白袍银铠，有匈奴人试图摘下其紫金盔，取其首级。

校尉徐自为见霍去病身陷重围，发疯似的扑过去，扯开嗓子大叫：“保护将军，保护将军！”

校尉高不识、邢山听到呼救，率猛士从四处迅速聚集过来，逐渐杀光围攻霍去病的十余人。

霍去病坐地背靠一匹死去的战马，想要抬手下令，却怎么也抬不起右手，原来他的右肩遭到重创，痛得彻心彻骨。高不识会意，从一个亲兵身上夺过牛角号吹响。

后面的李息率本部 300 人，坐在地上（战马早给了霍去病军）开始放弩箭。强弩将两万多支劲箭射出，匈奴数百人马摔倒在地，切断了休屠部与战场之间的联系，霍去病军赢得一丝喘息之机。

休屠王和诸部落王都惊愕不已，不知道汉军还有多少弩箭，只有用骑兵的生命才能换取答案。休屠王还想再攻，杀霍去病，夺回祭天金人，忽然一名骑哨飞驰而至，说休屠王城附近也出现了浑邪人的骑哨，意图不明。

休屠王惊魂不定，气得捶胸顿足，痛骂不绝，只好收兵。这个局部战场，汉匈双方各折损 3000 余人，皋兰山下满地残肢断臂。霍去病皋兰山之战如图 2-25 所示。

第一次河西走廊之战，汉军缴获匈奴祭天金人，杀遨濮王、折兰王、卢侯王，斩首和掳获 8960 级，掳获浑邪王子苏、相国、都尉等。汉军损失约 7000 人，失去 11000 多匹战马。

此战前匈奴经过一个冬天，战马消瘦，又忙着给牛羊接生，是最疲弱的时候。霍去病马不停蹄，如秋风扫落叶，丝毫不给匈奴喘息之机。战后冠军侯霍去病益封 2200 户，总食邑 4700 户。其余校尉的战功，并入两个月后的第二次河西之战。

图 2-25 皋兰山之战

● 第二次河西之战，饮马弱水

河西之战，按照原计划，春季由霍去病率 1 万骑，在河西走廊东端骚扰休屠部，见机行事，吸引匈奴军力。接着夏季由合骑侯中将军公孙敖率 3 万骑，从西套平原并进居延泽，逆弱水而上，对浑邪部的后方雷霆一击。同时李广、张骞从右北平出兵，攻击匈奴左部，牵制伊稚斜单于，让其不能救援河西走廊的匈奴。

然而霍去病的春季攻势用了一个多月就结束了。由于兵力只剩三成，战马更是所剩无几，已经不能再次从河西走廊东端牵制休屠部。霍去病带伤回到长安，请武帝再拨 1 万骑，夏季再战河西走廊。

武帝见霍去病伤得不轻，便派人修骠骑将军府，希望他先养伤。霍去病却答："匈奴未灭，何以家为！"

武帝爱霍去病胜过卫青，霍去病帐下几乎都是匈奴人，卫青则以匈奴为前部或向导，主力还是汉人，李广等将领则几乎不用匈奴人。武帝爱用霍去病，主要原因是 8 个字："夷胡相攻，无损汉兵。"

武帝见其执意再战，便从各属国及北军长水营拨匈奴降卒，并霍去病残兵共 1 万人。

霍去病春季从陇西出发，越皋兰山，渡黄河，过金城、令居（今甘肃永登），渡乌亭逆水（今庄浪河），从乌鞘岭的古浪峡进入河西走廊。如果夏季还走这条路，容易被敌人堵在古浪峡，要么过不去，要么回不来。

公孙敖的出兵路线是从北地郡西套平原出发，越贺兰山北部，横穿乌兰布和沙漠，从雅布赖山与狼山之间通过，沿巴丹吉林沙漠北缘抵达居延泽（居延海），然后逆弱水南下，一直杀到祁连山下。最后根据实战情况，进可攻击浑邪王城，退可顺弱水到居延泽。

汉朝拿下的西套平原划归北地郡，在西套平原北部黄河以西置浑怀障，开都尉府；在毛乌素沙地东部置神泉障，开都尉府；在西套平原南部黄河以西置北典农城（上河城），开农都尉府，进行军屯。汉军出发点选择在北地郡的西套平原，目标是西北方向的居延泽，沿途黄沙莽莽，直线距离都有数百里，中途无法补给食物，只能多带干粮。

霍去病不打算从陇西出兵，于是西线霍去病与公孙敖兵分两路，一前一后。骠骑将军霍去病领兵 1 万骑先行出发，半个月后中将军公孙敖领主力 3 万骑出发。霍去病与公孙敖第二次河西之战的路线如图 2-26 所示。

霍去病的兵力除了来自各属国，还有从公孙敖军中抽调的部分匈奴人和善骑射的汉人。公孙敖军中的匈奴降卒几乎被霍去病抽调一空，几十头骆驼也全部给了霍去病，这也为后续公孙敖所部迷路失道埋下伏笔。

霍去病军从贺兰山北麓出发，带足 10 天的干粮，第一天来到一个小绿洲。上河农都尉府早派人赶了 100 头肥羊，待大军一到立即杀羊犒军。羊儿全部圈了起来，因为要留着为数不多的牧草给霍去病军的战马。第二天霍去病军再到狼山与雅布赖山之间一个绿洲，仍有农都尉准备的肥羊。

从第三天开始，茫茫大漠，路途难觅，农都尉府也爱莫能助，霍去病军只能靠自己了。大军昼伏夜行，沿巴丹吉林沙漠边缘寻找附近的绿洲。为减少身体水分流失，整体路线七弯八折，呈蛙跳状，行军距离超过 1000 里。12 个昼夜，要走这么远的沙漠，人有干粮可以坚持，战马根本吃不消。并不是每个绿洲都能让 1.2 万匹战马饱食一顿。

霍去病与公孙敖先后出发，也正是考虑绿洲的容量有限。后队公孙敖路过的绿洲，有可能已经长出新草。

到最后几天，战马陆续倒下，所有人都下马步行，用绳索拖着兵器物资往前走。等到了居延泽畔，战马损失 3000 多匹，已不能一人一马了。

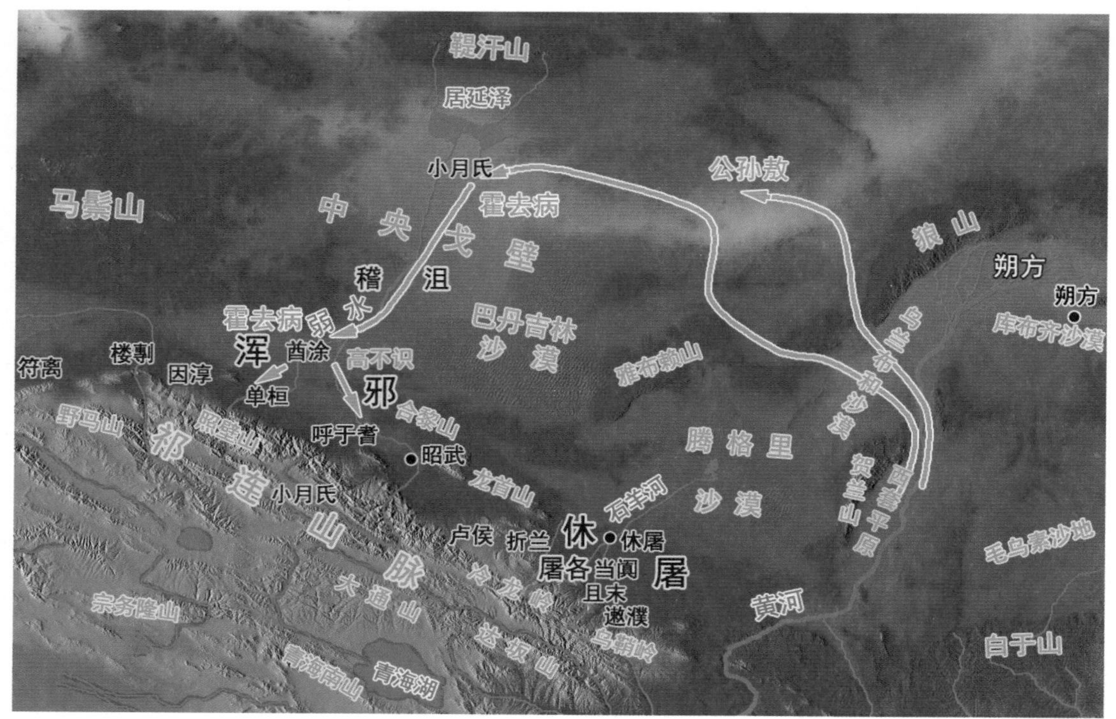

图 2-26　霍去病第二次河西之战

羌谷水（弱水上游）源自祁连山脉，过合黎山后与呼蚕水汇流称弱水（黑河、额济纳河），向北穿行中央戈壁，最后在鞮（dī）汗山下形成居延泽。弱水长 948 千米，是中国第二长内流河。弱水下游分为东西两支，分别形成东居延海（苏泊淖尔）和西居延海（嘎顺淖尔）。

20 世纪由于上中游建立众多水库和过度用水，弱水经常断流，无力抵达居延海。1961 年西居延海干涸，1993 年东居延海干涸。

居延海干涸，生态急剧恶化，草场沙化，胡杨林只剩树根。天上无飞鸟，地上不长草。千里无人烟，风吹石头跑。居延海北边是地势较高的鞮汗山，处于东西风口上，湖底泥沙很细，很容易形成沙尘暴。而这里吹起来的泥沙，向东可以覆盖华北平原，北京的部分沙尘暴源头就在这里。

经过数年综合治理，减少上中游用水，调整种植结构，2003 年弱水重新流入东居延海。2018 年，西居延海也有了水，戈壁大地欢腾起来。

今天东居延海面积超过 40 平方千米，碧波荡漾，芦苇摇曳，游人如织。西居延海也在逐渐扩大，生态环境逐步改善。

当年月氏被迫离开河西走廊，有一部分人留下，匈奴人将他们分为三部，称小月氏。其中一部主动翻越祁连山，与西羌人杂居，称湟水月氏；一部在弱水上游龙首山南侧的小河卢水流域为奴，称卢水月氏；一部在居延泽南部牧羊，称居延月氏。

这三部小月氏，只有湟水月氏日子稍好一点，卢水月氏是最惨的，部落几乎已经没有了，只剩下一群放羊牧马的奴婢。居延月氏北有匈奴右部，南有弱水大部落稽沮，他们经常遭受压迫，只剩下1000老弱战士，族众3000余人。

两个多月前，霍去病第一次来到河西走廊，意外见到居延月氏前来联络的人，说只要汉军能杀到居延泽，他们就举族起兵降汉。当时霍去病军正被浑邪王追击，对此半信半疑，但肯定无法反身穿过河西走廊杀到居延泽。

这一天小月氏人举行盛大的野火会招待霍去病，居延泽畔喜气洋洋，族人在湖的四周燃起数百篝火，烧烤鹿腿和羊腿，肉香四溢。

居延城外猎天骄，骠骑将军夜射雕。霍去病将一块插着烤雕肉的小刀递给旁边的老者，此人正是居延月氏的老国王杆者，客气道："大王，能否给我10个向导，避过稽沮人耳目，这胜过给我千军万马。"

杆者恨恨道："莫说10个向导，就是举族为复仇而战，我们绝不皱半下眉头。"

这次霍去病来到居延泽，居延月氏果然投诚，不但补齐汉军战马，1000骑兵全部充当向导。

小月氏人中有个右苴王，名叫稽谷姑，在小月氏老弱骑兵当中鹤立鸡群。稽谷姑给霍去病献策："将军，弱水长3000里，若我们一个个山洞打过去，必然打草惊蛇。不如先派少量人马堵住各山洞口，等待大军驰援，务求一举歼灭稽沮。"

霍去病见稽谷姑双目生辉地打量自己，此人年纪不过30多，粗壮强横，背宽肩厚，颈脖特别粗，一副孔武有力的外形，无论年龄、体型、思维都与众不同，坐在地上都威武慑人，有王者之姿。

汉军吃饱喝足睡了一觉，待天色一暗下来，立即启程。小月氏王杆者年老，一条腿还有残疾，已经是生命最后两年了，由其子杆胜代父出征。

稽沮是河西走廊西部仅次于浑邪的大部落，控制弱水下游数百里河段，族众有三四万，控弦五六千骑。平日欺压居延月氏最甚的便是稽沮，弄得月氏人惶恐度日，自春天霍去病出兵后月氏人便日夜盼望这个救星早点来。汉军一到，居延的小月氏人欢欣鼓舞，奔走相告。

稽沮的势力范围遍布弱水中下游的中央戈壁两侧。中央戈壁气候炎热，植被稀疏，几乎没有河流，战马牛羊全靠弱水滋养，仅靠帐篷根本抵挡不住这里的沙尘暴，稽沮人便学戈壁野狼，钻石成洞，居住在两岸的石洞中。

弱水三千里，仇池十九泉。浑邪部一直垂涎这条狭长的走廊，却对稽沮毫无办法。稽沮人的石洞大小上千个，有的已经遗弃，外人很难分辨哪些是住人的。大的洞穴内如蜂巢，左弯右折，洞内有洞，洞洞相通，人马牛羊分洞而居，如迷宫一般。洞穴内冬暖夏凉，稽沮人在洞内打水井，井水干涸便换洞而居。

居延月氏人大多曾为稽沮放羊牧马，对这一带的石洞非常了解。汉军昼伏夜行，在居延月氏人的指引下，每到一处石谷或石洞便堵住谷口或洞口，简直和圈羊一样，一个都跑不掉。

霍去病军兵分两路，霍去病在弱水西岸，校尉高不识在弱水东岸，各自南下，每日的任务就是堵住洞口，以绝对优势兵力和装备收割战功。由于俘虏太多，不便押送，23天内汉军便杀了2.6万人，其中1000小月氏骑兵杀了数千俘虏。鹰击司马赵破奴掳获稽沮王，这个部落从此衰亡。

此战后，小月氏王杆者封瓡讘（zhí niè）侯，食邑760户。右苴王稽谷姑战功最多，封騠（tí）兹侯，食邑1900户。霍去病第二次河西之战的路线如图2-27所示。

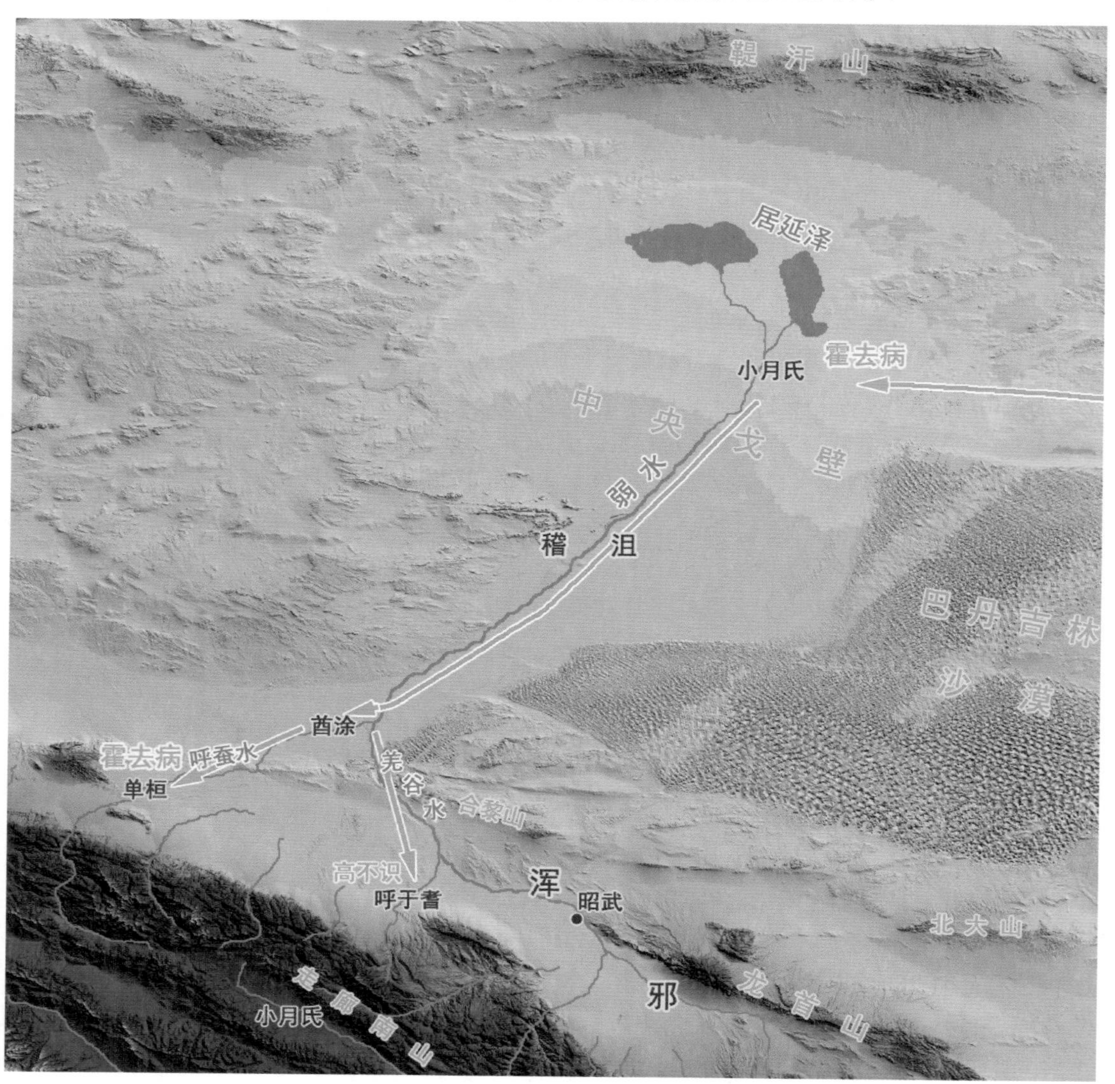

图2-27 霍去病第二次河西之战

扫荡弱水中下游后，汉军来到呼蚕水（北大河）与羌谷水（黑河）汇流处，两河交汇便是弱水。按时间算，霍去病1万骑先行，10天后公孙敖3万骑出发。此时已经过去一个多月，公孙敖的大军早应抵达弱水流域，可实际情况是公孙敖缺少匈奴向导，也没有识途的骆驼，刚从乌兰布和沙漠进入腾格里沙漠便迷了路。

公孙敖为什么会迷路呢？黄河以西至中央戈壁的沙漠面积极大，巴丹吉林沙漠面积约4.43万平方千米，腾格里沙漠面积约4.27万平方千米，乌兰布和沙漠面积约0.99万平方千米，再加上雅布赖山，整个地区面积超过10万平方千米，几乎是江苏省或浙江省的面积，而且到处都是流动沙丘，要穿越过去真的很难。

汉军箭矢用尽，斧破斨缺，霍去病却兵行险着，令小月氏人留在弱水流域清扫稽沮残余，然后分兵两路，一路亲率主力逆呼蚕水（北大河）西进，攻击酋涂部、单桓部；另一路由高不识率偏师逆羌谷水（黑河）东进，攻击呼于耆部。

浑邪王麾下这几个弱水部落，都已得知汉军从居延泽杀入弱水，但行动上却磨磨蹭蹭，犹豫不决。几十年来，这些部落拿稽沮部毫无办法，那些石洞简直是各部的梦魇。没人料到霍去病军有精准的向导，可以在二十几天内解决稽沮部。匈奴人都认为汉军将受困于上千个石洞，自身难保，不可能深入弱水上游。

浑邪王也是这么想的。他正亲自率军前往焉支山，安抚当地部落族众，填补折兰王、卢侯王的空缺。然而休屠王似乎不满足遬濮王旧地，竟派军队来夺焉支山下的牧场。双方你争我夺，在焉支山下摆开架势，互不相让。

霍去病军出现在呼蚕水上，酋涂王立即率众躲入山中，只派骑哨打探，用小股人马骚扰。

霍去病将大营扎在酋涂王城外的一座土山上，愁眉不展。由于没有公孙敖的物资补给，特别是箭矢已经用尽，汉军在与匈奴的远程对抗中苦不堪言。

酋涂王奸狡诡谲，令部下专射汉军战马，以此消耗对方。汉军将士顶盔掼甲，连马腹上都有皮甲，这导致骑兵机动力下降，追不上匈奴人。

霍去病再次分兵，自己留1600余骑，令校尉仆多、邢山、徐自为等各率1000骑，四出游猎。若匈奴人躲避，则掳其牛羊，以战养战，等待公孙敖的兵力和物资增援。

几天之后，酋涂王发现己方不落下风，便邀请同在呼蚕水上的单桓王一道出兵，方圆百里形成了新的局势：霍去病率1600余人守住中军大帐，几里内酋涂、单桓两部约6000骑则围之数重。汉军距离最近的援军也有数十里之遥。

霍去病要干什么呢？他要以自己为诱饵，把匈奴主力吸引过来。

汉军所占土山外围，匈奴骑兵排列成阵，东一队，西一队，不计其数。随着号角声响，匈奴人高举狼牙棒，向小山上不断发起冲击。

双方杀声震天，防御的一方抵敌不住，逐渐向山上退去。沙尘中山上杀出一队人马，为首的将军白袍银铠紫金盔，盔顶三根鹤羽，大呼陷阵，帮助己方夺回阵地。

不远处酋涂王目不转睛地盯着战场，身旁一个小王疑惑道："这真的是霍去病吗？"

酋涂王心情不错，脸露不屑之色道：“他这一身白袍银铠紫金盔，都是汉人皇帝所赐，要是穿在别人身上，两人都是死罪。即使霍去病真的偷梁换柱，我们灭了这支孤军，也没什么坏处。”

霍去病退回山上，下马吐出一口血水，皋兰山之战中的旧伤发作了。鹰击司马赵破奴吓得脸色发白，骇然道：“将军，点狼烟吧！”

霍去病凝望山下的战局，低沉道：“时候未到。”

此刻数十里外，一股狼烟冲天而起！原来酋涂王做过功课，汉军在灭遬濮部时，赵破奴亲手点燃狼烟，霍去病才挥兵追击。酋涂王猜汉军是在以狼烟示警，于是派骑哨到几十里外点燃狼烟，意图把霍去病可能的援军引走。

匈奴人齐声欢呼，四下里大叫起来：“活捉霍去病，活捉霍去病！”数千战马践沙扬尘，土山四周涌起团团黄雾，匈奴骑兵争先恐后向土山涌来。

又打了吃一顿羊肉的功夫，霍去病站在土山高处凛然不动，十余名亲兵举起铁盾，在他四周挡住射来的箭矢。

霍去病一个眼神，赵破奴会意，立即吹响早就准备好的牛角号。两三百名汉军忽然拉动地上的绳索，土山四周的匈奴立即人仰马翻，惨叫连连。汉军把戈、戟、钺、钩等兵器的杆子取掉，绑在长绳上，埋在沙草下面。一根长绳上绑着数个兵器，共 100 根长绳，两到三人拉动一根。兵器从地下冒出，马腿首当其冲，人马倒在地上，又被利刃无差别攻击，惨不忍睹。

匈奴人熟悉这座山，汉军不可能隐藏军马，却没想到霍去病把兵器藏在沙草之下，待匈奴人靠近才发难。这一轮战斗，喝一壶羊奶的工夫，匈奴损失兵士 300 多人、战马 500 多匹，比此前所有的损失还大。匈奴气为之夺，败退下山，攻势顿缓。

此时百里范围内数处出现狼烟，这是酋涂王的疑兵之计。总体战况对匈奴有利，若酋涂王就此撤兵，以后还怎么服众。

天色渐黑，匈奴人害怕汉军还有什么陷阱暗器，便停止攻山。

汉军摸黑从战场抓了 5 个受伤的匈奴人回来，带到霍去病面前。霍去病拔出宝剑，递到一名俘虏手里，说道：“我是骠骑将军霍去病，这是大汉天子所赐宝剑，你拿去给酋涂王，告诉他只要撤兵，我不但不再攻击他的领地，还把整个弱水都让给他，到时候酋涂部的实力绝不亚于浑邪部。”

两名俘虏，一个背着霍去病的宝剑，另一个在身后随行，熟练地摸下山，往浑邪王的大帐摸去。

酋涂王把玩着霍去病的宝剑，赏给两个俘虏一大块羊肉，忽然铁青着脸问道：“你们下山，可有汉军跟踪？”

两人一边嚼肉一边回答：“我们走 20 步就回头望，一路从山上下来，绝无跟踪者能瞒过我们的双眼。”

霍去病确实没有派人从山上开始跟踪，而是早在山下埋伏了骑哨。汉军骑哨本就是匈奴人，脱了战甲，混在战场边缘，远远看着两个匈奴俘虏进入了一座大帐。

土山上，剩下的三名俘虏遭到一顿毒打之后，各自指出酋涂王营帐所在，与两名俘虏所去的地方基本吻合。

霍去病亲率数百骑兵，趁着夜色，人衔枚，马裹蹄，悄然来到酋涂王大帐前数十步，对方守军才发现并大声喝止，汉军忽然发动雷霆一击。

酋涂王步步算计，却小黠大痴，最后还是被汉军用刀剑顶着脖子，下令麾下不得轻举妄动。

酋涂王派了一个儿子前往单桓王营帐，告诉单桓王，霍去病突围被生擒，请单桓王赴宴，商议下一步的行动。酋涂部与单桓部同在呼蚕水上，平日经常为争夺牧场产生摩擦，互相提防。

单桓王是花霾脖子，见酋涂王子口中报喜却面无喜色，立刻看出有诈，但仍装作大喜过望的样子。送走酋涂王子后，单桓王立刻派人上山，试探攻击，结果山上空无汉军。单桓王亲自跑到山顶查看，只见酋涂部营地生起篝火，飘来阵阵羊肉香味，凭着火光和气味，至少杀了 30 头羊，这是要给全部骑兵加餐啊。

单桓王这才率 1000 骑去赴宴。不过从进入酋涂部营帐范围后，他便逐渐减少身边骑兵，到酋涂王大帐前，还有 100 多亲兵跟随。

此时伏兵四出，酋涂王宁可把草原牧场留给汉军，也不愿留给单桓王这个老对手，汉军生擒单桓王，单桓部四散而走。

这场局部战争，汉军损失 600 余人，匈奴损失 900 余人，汉军掳获酋涂王和单桓王，两部共 2500 人投降。霍去病只剩 1000 人，俘虏却有 2500 人，气氛依旧紧张。

过了两日，6000 汉骑陆续赶回，他们杀了 1000 余匈奴，但没遇到什么重要人物。还好霍去病夜袭敌营，否则结果难料。

又过了几日，东边高不识也率部归来，生擒呼于耆王，斩首 1000 多。不过他去时带了 2000 骑，回来只剩 1400 多骑，且人人负伤，可见战况之惨烈。

从西套平原出发至今已有两个多月，霍去病军人困马乏，兵器耗尽，再无法承受大战。由于等不到公孙敖的援军，霍去病只好沿弱水撤兵，再次从居延泽向东穿越沙漠回到西套平原。

第二次河西之战，汉军损失 1500 余人，掳获稽沮王、酋涂王、单桓王，斩首 3.02 万人，掳获 2500 余人。战后冠军侯霍去病益封 5400 户，总食邑 10100 户。

鹰击司马赵破奴在河西两战中杀遬濮王，掳获稽沮王，封从骠侯，食邑 1500 户。赵破奴懂匈奴语，从小生活在匈奴，但他自称是九原郡汉人，自小被匈奴掳走。为了证明自己是汉人，更名赵破奴。

校尉高不识（匈奴人）掳获呼于耆王，封宜冠侯，食邑 1100 户。

校尉仆多（匈奴人）因军功封煇渠侯，食邑不详。

霍去病在河西征战，长安城里却流传一首童谣：“生男无喜，生女无怒，独不见卫子夫，霸天下！”

卫青及其三子，再加上霍去病，一门五侯，可谓势倾朝野，烜赫绝伦。汉军中的将军校尉多是卫青提拔起来的，霍去病那支匈奴骑兵更是只听霍去病一人号令。卫青位极人臣，又引荐多人担任地方太守、都尉等封疆大吏。

朝中的中大夫主父偃，地方上的从平侯上党太守（官职三品）公孙戎奴、众利侯上谷太守（官职三品）郝贤、渔阳太守（官职三品）解、西河太守（官职三品）常惠、云中太守（官职三品）遂成、随城侯定襄都尉（军职四品）赵不虞、东海都尉（军职四品）宁乘等，都是卫青这几年举荐的。

童谣传到武帝耳中不久，上党太守公孙戎奴免官，众利侯上谷太守郝贤和随城侯定襄都尉赵不虞削爵免官。而卫青的好兄弟合骑侯公孙敖，也因河西之战迷路，削爵免官。在漠南之战中，公孙敖已经成为汉军的二号人物，前将军赵信、后将军李广、左将军公孙贺、右将军苏建等都受其节制。

西汉功臣侯犯罪后削爵，有不少是从列侯削成关内侯，或保留列侯减少户数。比如宜城侯燕仓，从 1300 户削到 600 户。安远侯郑吉，从 1090 户削到 790 户。信成侯王定，从 1600 户削到 1100 户。义阳侯乌厉温敦，从 1500 户削到 1000 户。合骑侯公孙敖食邑 9500 户，直接削为零，处罚似乎过于严厉。

这是武帝首次出手大范围打压卫霍集团。不过到了次年，霍去病又举荐校尉路博德出任右北平太守（官职三品）、校尉邢山为北地都尉（军职四品）。

● 李广战左贤王，张骞削爵

霍去病第二次河西之战时，东线由郎中令李广、博望侯卫尉张骞率兵出右北平，率军 1.4 万骑，攻击匈奴左部。汉军东西两路出兵路线如图 2-28 所示。

李广兵出右北平，与霍去病攻击河西走廊，可以说是齐头并进，并不是作为偏师牵制。1.4 万人虽然不及霍去病、公孙敖人多，但霍去病两次河西之战都只投入 1 万骑。

两年前的漠南之战前，李广从右北平太守（官职三品）迁为郎中令（九卿之一，官职二品）。张骞则是在漠南之战后，由校尉（军职四品）迁为卫尉（九卿之一，官职二品），封博望侯。李广和张骞的官职相当，排位上郎中令在卫尉之前，李广是三朝元老，资历老，但张骞是列侯，地位尊贵。

如果各尽其才，比较合理的安排是张骞为前部探路，发现敌情后李广再率主力决战。但漠南之战后张骞封侯，李广等人曾提出质疑，张骞和李广来自不同阵营，属于道不同不相为谋。张骞和李广，显然谁也不想听对方指挥，于是各自掣肘和妥协，李广率 4000 骑先行探路，张骞率 1 万骑主力跟进，虽然表面上张骞是主将，但李广也不用受其节制。

李广率 4000 骑为前驱，张骞领兵 1 万，前后相隔数十里进兵，大致是一日的路程。李广在右北平做了 4 年太守，对这一带的地形非常熟悉，每年都要多次北上，不是试探左部虚实，就是找乌桓人的麻烦。

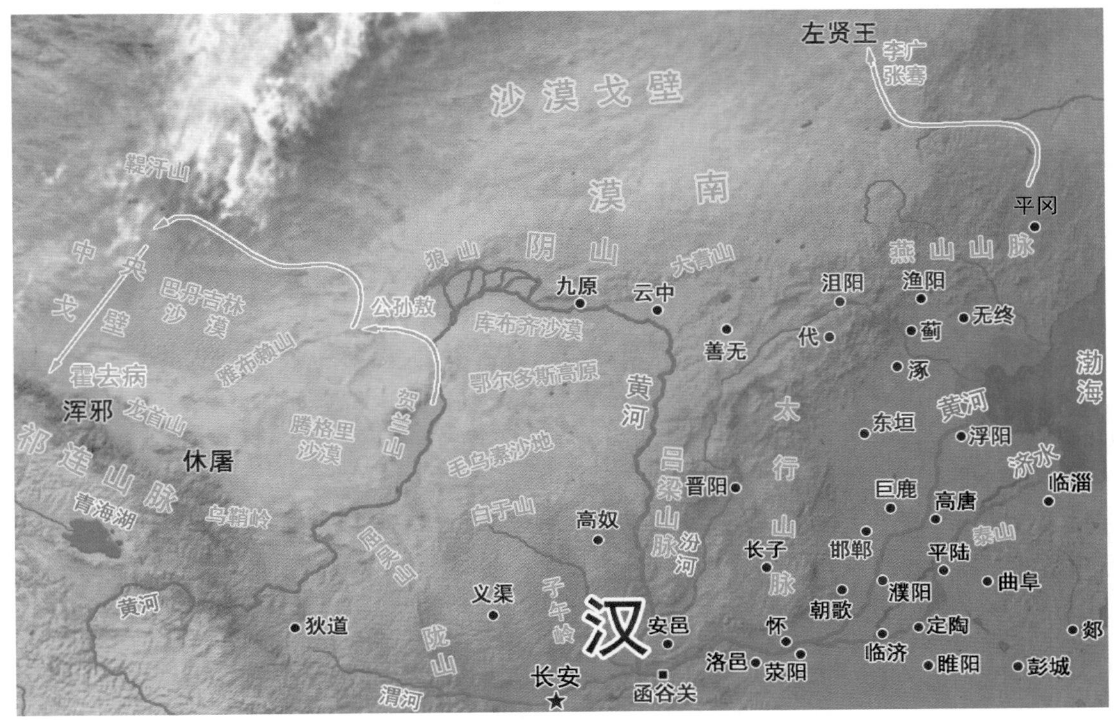

图 2-28 河西之战东西两线

卫青为汉军开创了一种作战方式，即前军轻骑突进，辎重留在中军或后军。待前军箭矢和物资耗尽，可回到后方及时补充。如此一来，前军轻骑的战力就源源不断，经久不衰，所谓锐兵不绝。卫青和李息用这个模式收复了河套，霍去病与公孙敖在河西走廊，李广与张骞在右北平，都打算用这个模式。

也就是说，仗由前军李广来打，张骞后军主要负责运送辎重。如此想要封侯的李广乐意，已经封博望侯的张骞也求之不得。

北边尘头大起，成千上万骑兵急赶而来，李广双目闪出凌厉的光芒，杀机遽盛，冷冷道："是乌维的军马。"

匈奴分成几十个百人队，四下兜截。大约挤一桶牛乳的时间，只见东南西北四方一队队骑兵如乌云般涌来，兽皮旗下一人乘着高头大马，正是左贤王乌维。

匈奴主力全数抵达后，兵力达到 4 万骑，围之数重，只有北面兵力稍弱。匈奴的包围战术源自草原狩猎，并不是四面围困，而是留下缺口，将猎物赶到悬崖上，猎物要么掉下悬崖，要么无路可走被迫作自杀式冲击。

李广当然清楚匈奴的战法，汉军最大的优势是强弓劲弩和铜盔铁甲，布阵与对方周旋是上策。李敢策骑出阵，"嗖"的一箭，远远射倒一名敌骑，汉军欢呼。

乌维早就领教过李敢兄弟的箭术，他泰然自若，派小队人马不断靠近侵扰，汉军用强弩回应。乌维的战法一针见血，就是要不断消耗汉军轻骑的箭矢，汉军一旦丧失远程攻击的优势，匈奴几乎就立于不败之地了。

李广指挥兵士，布成圆阵，面皆朝外。匈奴骑兵不敢进逼，汉军强弩四射，箭如飞蝗。

战斗持续大半天，汉军每人 40 支箭矢消耗殆尽。

匈奴的包围圈开始收缩，弓箭专射汉军战马。乌维的想法简单粗暴，一旦汉军失去战马，即使一身铠甲，在大漠边缘，也等于披甲的绵羊。

匈奴的包围圈，像拉磨一样绕着汉军走，也像剥洋葱一般层层往内，双方各有数百人伤亡，但汉军有上千匹战马倒下。

乌维在亲兵护卫下驰近汉军，数十名骑兵挺着木盾，前后护住，以防汉军强弩。乌维意气昂扬，大声叫道:“李将军，我敬你是英雄，快投降吧，你的几千兄弟都可以活下去。”

李广一眼窥破乌维的诡计，这么早来劝降，无非是想打击汉军士气，提升匈奴斗志。

李广取下背后的彤弓彤矢，对面如临大敌，数十人把乌维包在中间。但听弓弦响起，彤矢一去无迹，射穿一面木盾，盾后的人一命呜呼，又射入另一面木盾，持盾人后仰倒地，也受伤不轻。乌维的亲兵大惊失色，立即补缺将其围在中心，慌忙后退，汉军则大声欢呼。这一局乌维弄巧成拙，汉军士气高昂，人人愿赴死一搏。

乌维恼羞成怒，催兵急攻，匈奴包围圈又剥了半个时辰洋葱，汉军再倒下数百人。乌维这次不再亲自劝降，而派了一个汉语流利的匈奴兵来传话。李广话不多说，割了其双耳逐出汉营。

乌维气急败坏，匈奴继续剥洋葱，激战整日，太阳在草原尽头隐没。这夜汉军为防匈奴夜袭，在阵内布置了拒马和陷阱，乌维则派小队人马整夜骚扰。

天明时汉军人困马乏，但人人松了口气，因为张骞的后队有 1 万骑，数百辆骡车，装载着数不尽的箭矢、粮草。30 里路，张骞再慢，以战马代步，还不是说到就到。

匈奴骑兵休整一夜，乌维丝毫不给汉军喘息之机，包围圈收得更紧了。汉军的战力明显不如前一天，死伤惨重。李广令将士张满弓弦，勿得轻发。

打到日中时分，汉军战死和重伤达到 2000 人，可张骞的军队还是没有出现。

汉军疲惫不堪，个个面无人色，老将李广却仍抖擞精神，，一连射死数人。匈奴久畏李广善射，不敢迫近。

张骞此前跟随卫青多次出兵，见大将军指挥若定，下达每一个军令都从容自若。如今张骞自己领兵，作每一个决定都举棋不定。张骞虽然距离李广不远，但当他得知李广遭遇匈奴主力，就开始犹豫是立即向李广靠拢，还是布阵等李广把匈奴引过来，或者一边布阵一边分兵接应李广。张骞考虑再三，最终还是害怕遭到伏击，不敢分兵，于是下令一边布阵，一边龟速向李广靠拢。

等到李广与乌维激战后的夜间，张骞的骑哨趁黑摸到李广军附近，这才回报说前军陷入困境。而张骞又不敢连夜开拔，硬是熬了一个晚上，清晨才下令保持作战大阵，再次向李广军靠拢。

李广军见张骞的增援迟迟不到，看着遍地同伴和战马的尸体，神态自若地，命少子李敢先行夺围杀敌。

李广跃下马背，取下背后的彤弓彤矢，交到李敢手中，只简单说道：“用这把弓。”

李敢背上彤弓彤矢，左持长槊，右勒马缰，腰挂短刀，跃马陷阵，率 49 骑出阵杀敌。汉军不敲战鼓，李敢一马当先，50 骑一鼓作气朝百丈外的敌人冲锋。

虎筋弦响弓开处，雕羽翅飞箭到时。

李敢第一箭，犹如流星赶月，一名匈奴骑兵应声落马，汉军齐声喝彩，声震草原。

李敢第二箭，从一名匈奴骑兵头顶掠过，后面另一人躲避不及，被箭矢穿过面门，连惨叫都来不及，朝后坠跌毙命。弦音爆竹般连串响起，匈奴多人东歪西跌。

汉军射出第一轮箭矢，立即高举盾牌，以应付匈奴人名震大漠的射术，此举果然挡住对方一轮箭雨。

几个呼吸间，李敢军杀入匈奴大阵，对方争相躲避，怕误伤自己人不敢随意施射。匈奴骑兵挥舞着狼牙棒，像一群虎视猎物的饿狼，磨牙舞爪，恨不得扑将下去，痛噬正与己方骑兵厮杀的 50 名汉骑，尽显匈奴骑兵悍不畏死的勇气。

附近几个匈奴当户、都尉见己方人仰马翻，立即吆喝召回攻敌骑队，重整骑阵，力求一举围杀这群死士。

汉军骑兵深陷敌阵，血战虽只小半炷香的工夫，除李敢还有余力，其他人体力耗尽，难再硬撑下去。李敢知道此时抽身返回己阵是明智之举，立即号令回兵。

匈奴岂会放过全歼汉骑的机会，将汉军围得密不透风。李敢取出彤弓彤矢，一箭将前方匈奴骑兵射落马下，彤矢又穿透后面一匹战马腹部，两骑连人带马掀翻在地。李敢连射六箭，一双铁臂力软筋麻，硬是杀出一条血路，将汉军骑兵带回大阵。

汉军 50 人，有三人没回来，重伤两人，但人人负伤。李敢这一仗打得漂亮，就是彤矢用得太多，当年文帝所赐彤弓彤矢，其中彤矢只有 100 支。

李敢策骑来到父亲身前，轻蔑地说道：“胡虏不过如此，不足为虑。”

李广军的士气立即攀上沸点，齐声发喊。

局部一场小胜利，并不意味着可以活着回到右北平郡，关键还得看张骞的援军。李广、张骞战左贤王的路线如图 2-29 所示。

战争打到第二个日落时分，汉匈各自折损约 3000 骑，眼看李广军很难熬过这个夜晚，张骞的援军姗姗而来。

双方各自罢兵歇息一夜，李广还要再战，张骞却力主退兵。李广指挥不动张骞的军马，于是东线汉军南归。乌维率军追了数十里，见汉军物资充足，箭矢源源不断，只好撤兵北走。

此战李广杀死匈奴 3000 余，所部将士死伤相当，功罪相抵，不赏不罚。张骞延误战机，罪当斩首，拿钱赎罪，削爵罢官，废为庶人。

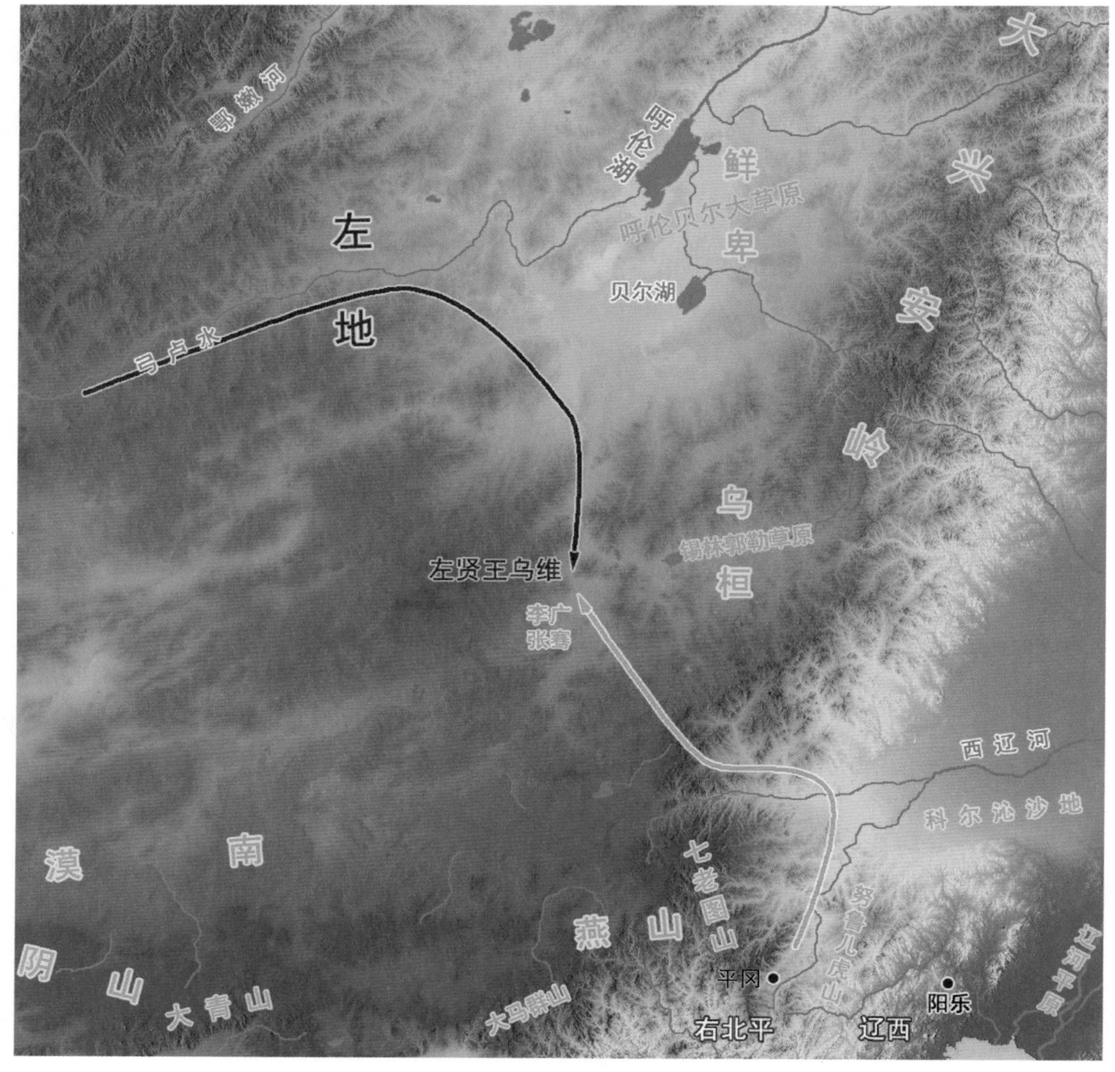

图 2-29　李广、张骞战左贤王

● 河西受降，设河西四郡，断匈奴右臂

霍去病两次出击河西走廊，匈奴战损 4 万余骑，接近其总兵力的一半，绝对是伤筋动骨了。具体来说，浑邪王势力范围内，折兰部、卢侯部、稽沮部消亡，酋涂部、单桓部、呼于耆元气大伤。

休屠王的情况好一些，但也不乐观，遬濮部消亡，单于赐给休屠王的祭天金人被霍去病夺走。

河西走廊这些匈奴部族，每年都为右贤王提供牛羊骏马，出征时还要派兵跟随，打下来的地盘却一寸都得不到。这些年浑邪和休屠率河西走廊各部，极尽全力削减匈奴右部的控制，终极目标是学乌孙，划地为王，不再受右贤王节制。

前几年右贤王出征西域，浑邪与休屠出兵就不多。这几年匈奴右部连续在西域和河套吃败仗，浑邪和休屠眼看着在逐渐摆脱右贤王的控制。然而伊稚斜单于和霍去病，先后来填补右贤王的势力空缺，面对自己的宗主伊稚斜单于和苦主霍去病，浑邪王与休屠王的想法完全不同。

浑邪王损失巨大，如果没有外力介入，他的势力范围将会萎缩，在焉支山一带，他肯定争不过休屠王，浑邪部可能会沦为河西走廊的二流部落。而且伊稚斜单于的阏氏和王子在浑邪王城被汉军掳走，单于暴跳如雷，派人前来疾言厉色地问责。

浑邪王的老对手休屠王，与伊稚斜单于关系密切，虽然丢了祭天金人，伊稚斜单于一时火冒三丈，但长久来说单于与休屠王极有可能联手。浑邪王思前想后，暗中派人去金城，找霍去病谈归降条件，但仍未下定决心。

休屠王也有烦恼，弄丢了匈奴的祭天金人，等于汉朝丢了传国玉玺和氏璧，这是个大罪。不过休屠王面临的形势还不错，后续先拿下焉支山南麓，再进一步打压浑邪部，休屠部将会是河西走廊唯一的霸主。

霍去病夏季攻势刚结束，伊稚斜单于就派人到河西走廊，请浑邪王和休屠王到龙城赴宴。匈奴一般在正月小会单于庭，主要请左地部落首领；在 5 月大会龙城，主要请匈奴本部首领。河西走廊这些部落以往只参加右贤王的大会，这几年各部逐渐摆脱右贤王控制，但伊稚斜单于乘虚而去，目的是把匈奴三部统一起来。

浑邪王清楚这是鸿门宴，即使单于不杀，阏氏和王子背后的势力会放过自己吗？一人性命事小，搞不好整个部落都要从此走向消亡。此刻浑邪王才果断决定投靠霍去病，只有背靠大汉朝，才能与休屠周旋。

休屠王也不想去龙城，毕竟祭天金人在他手上被汉军夺走。这年秋天，二王密谋后派人联络汉朝，假装投降，争取汉朝庇护，先度过危机。

此时大行（九卿之一，官职二品）李息领兵在黄河边筑城，见到浑邪王使者，立即遣人飞驰快报武帝。过了几日休屠王的使者也到金城，李息不敢怠慢，请武帝发兵受降，以免情况有变。

武帝疑是诈降，大将军卫青也不敢定夺。昔日左贤王於单投降，是因为手上没有了像样的军队，为保命才投降。现在河西二王至少还有 5 万骑，怎会背弃祖宗来降？满朝文武都说有诈，唯独霍去病力排众议，希望领兵前往受降。

武帝从长水营拨匈奴降卒，并霍去病残兵共 1 万人，再次派霍去病前往河西走廊。

霍去病领兵来到金城黄河南岸，扎下营寨。汉旗一簇聚山椒，霁日清风看射雕。脱帽胡儿遥稽首，汉家新将霍剽姚。汉军与匈奴距离数里，遥遥相望，霍去病看到了浑邪王的战旗，却不见休屠王的王旗。

这次浑邪王是真心投降，率几乎所有部落前来，控弦近 3 万。休屠王也倾全国之兵，有近 3 万骑，不过休屠王有自己的盘算，假装同意投降，准备等浑邪部渡河后立即反水，然后占据空虚的河西走廊。

匈奴最敬英雄，浑邪王甘愿投降，主因是被霍去病打怕了。浑邪王麾下这些部落王，大多也愿意跟随浑邪投奔霍去病。草原上的部落兼并犹如家常便饭，对他们而言，单于、右贤王、霍去病都是部落王，谁强就臣服于谁，这是天经地义的。霍去病麾下几乎都是匈奴人，在浑邪王等人看来，霍去病就是一个王者，当然他们不懂什么叫郡县制。

休屠王虽然也在霍去病面前吃过败仗，但除了被灭的遬濮部，其他部落损失不大，故而不太愿意投降。而且浑邪王率部投降后，河西走廊多出很多优质牧场，试问谁能不心动？

汉匈双方在金城隔黄河相望，匈奴有 5 万余骑前来投降，霍去病只有 1 万骑前来受降。

这天日出时分，黄河南岸的汉军旌旗齐整，人马雄壮，但除了马蹄声、铁甲声、旌旗猎猎外，再无半点人声，的确是军纪严整的精锐之师。

按计划浑邪部在早晨时过浮桥投降，休屠部在巳时过桥。当然休屠王另有打算，他要等浑邪部过桥后，拆了北边的浮桥，然后挥师河西走廊，填补各部空白，效仿当年月氏赶走乌孙，成为河西走廊唯一的王者。

此时浑邪部悄然提前结阵，号声悠扬，响成一片。匈奴的号角声，悠扬为集结，短促为示警。

休屠王一边催促手下跟进吹号，一边骂道：“浑邪王这个白痴，投降还这么积极，赶着去投胎。”

此刻浑邪部骑兵飞驰而来，俯身趴到马背上，身体重心前倾，不住加速加快，双耳贯满呼啸的风声。

休屠王这次只带本部人马冲锋，甚至都未通知麾下其他部落王，以免走漏风声。浑邪和休屠麾下各部全都呆立在战场边缘，完全不明白浑邪部为何要率军冲击休屠大营。

休屠大营乱作一团，休屠王听到奔雷一般的马蹄轰鸣声，心情沉重，浑邪王最终还是识破了自己的计谋，并且在最后一刻扭转乾坤。

浑邪王率部围住休屠残部，包围圈直径只有 100 步，休屠王是插翅难飞了。

休屠王身边只余寥寥数骑，眼中尽显悲伤，对马背上的两个儿子道：“你们两个下马，去给浑邪王牵马。”

日磾与伦两个少年不明就里，但匈奴阵前绝不重复军令，只得滚落马下，真的向浑邪王走了过去。休屠王露出了凄惨的微笑，拔出短刀自刎。

浑邪王没有杀休屠王的两个儿子，因为匈奴本来人口就少，只要投降做骑奴，便不会追究出身。

汉军见对岸发生变故，阵中鼓声大作，千军万马如波浪般向浮桥上冲过来。前部数十面大旗迎风飘扬。后面一队队长戈、长戟、弓箭、盾牌骑兵疾奔而来，分列两旁，接着是赵破奴等 10 余名顶盔掼甲的校尉簇拥着霍去病出阵。

霍去病白袍银铠紫金盔，盔顶三根鹤羽，鹰目方口，不怒自威。

霍去病随着骑哨策骑赶到浑邪王前，双目似要喷出火来，瞪着浑邪王，拔出宝刀，声若惊雷般喝道："大王，是战是降，给个痛快！"声音夹着风声，如龙吟虎啸一般。

浑邪王和麾下将领见霍去病少年英雄，无不骇然心惊。匈奴没有尊老爱幼之说，向来是重少轻老，饮食衣物先给少年善骑射者，有剩余才给老弱。

百闻不如一见，霍去病在匈奴看来像是天降神将。浑邪王左右，无一不是身经百战的勇将，刚猛剽悍，但见霍去病一怒，人人不寒而栗。

浑邪王不由自主翻身下马，麾下首领们也跟着下马，四周霎时间鸦雀无声。浑邪王身体不由得微微打颤，说道："将军，是休屠部临时起了歹意，我已经杀了休屠王，愿率众归降大汉，只是休屠麾下仍有不愿投诚的部落，正在调转马头撤兵……"

霍去病打马在阵前奔跑起来，双目扫视浑邪部众，突然拉紧马缰，狂奔的战马前腿弯屈在半空中作势，嘶叫随着高昂的马头响彻平原。

霍去病人随马势，整个人都悬在了半空中，裂石穿空般吼道："降者生，反者死。"声震四野，山谷鸣响。匈奴近处的大小首领都听得清清楚楚，不由得人人色变。

霍去病还刀入鞘，双目射出利比刀刃的光芒，深深刺进浑邪王内心去，下令道："大王你率军引路，今日便做个了断，部落首领主动降者封列侯，不降者格杀勿论！"

浑邪王领命，立即派人通知麾下楼剸、符离、介和、因淳等部，阻击休屠麾下撤退的部落。草原生存法则，小部落依附大部落，大部落依附王者，而霍去病在浑邪麾下部落看来就是那个王者。

于是霍去病率汉军与浑邪联军，对休屠部一些不愿投降的部落进行围歼。符离部屯兵在庄浪水与黄河结合部，也就是匈奴联军的最后，符离王敞屠洛见休屠部麾下部落撤兵，一咬牙下令堵住河谷，用血肉之躯抵挡潮水般后撤的匈奴骑兵。

浑邪王麾下都尉舍吾率军奋勇冲杀，逃兵挡者披靡，把休屠部两三万人切割成一队队失去统一号令的散兵。

战斗持续到日中时分，北岸草地上倒下 8000 多个鲜活的生命，战马折损上万匹，偶尔有还未断气的人或马躺在草地上哀叫。

这场战争后，浑邪王协助霍去病集结兵力，匈奴各部仍有 4 万余骑。

霍去病为防再有变故，立即率所有 4 万余匈奴骑兵南渡黄河。不久汉军派人到河西走廊，召集匈奴部众 20 余万，赶着牛羊内迁。

祁连缚尽犬羊群，万里胡天散阵云。塞外降王三十部，来朝尽隶霍将军。

霍去病立即派人将浑邪王先行送往长安，以免再生祸端。然后自己率领 1 万骑兵和 4 万多匈奴骑兵徐徐向关中进发。

这次河西受降，霍去病杀敌 8000 多人，受降 4 万多人，汉军损失很小。夷胡相攻，无损汉兵。这样的战将，哪个帝王不爱？

武帝闻讯，立即下令发车 2 万辆前往迎接。可是，长安城没有这么多拉车的战马，长安县令只好向百姓租马，先使用后付费。百姓见官方要赊账，多将马匹藏匿。见马匹不能凑齐，武帝龙颜大怒，要杀长安县令。

右内史汲黯苦谏道:“蛮夷来降，各县传驿相送，至天下骚动，疲敝中国，以事胡人乎？”随后多个公卿都来劝谏，武帝才网开一面，赦免长安令死罪。

浑邪王一行沿渭水来到长安城西，北军五校尉列阵欢迎，只见旌旗密布，弓弩全张。匈奴人听闻此为汉军精锐，有军官5000，兵力5万，而霍去病部下战力还要稍逊北军，匈奴人人畏服，不敢喧哗。

来到长安城脚下，匈奴人驻足仰视，面前仿佛一座天城矗立人间。长安城高12米，基宽12～16米，面积约36平方千米，是同时期罗马城的4倍，比明清时期的北京城稍大。长安城外有8米宽、3米深的护城河，城门处用吊桥连接城内外。

长安城四面，每面有3门，共计12门。每门前皆有大道3条，谓之三涂。横直相连，三三得九，故谓之九逵（kuí）。浑邪王麾下4万余大军便在北军五校的监督下驻扎在长安城西，仅浑邪王率亲信和大小部落王数十人入城。

长安城内道路平正通达，并用铁椎筑得坚实，左右栽种树木两行，中间可并列马车12辆，两旁为行人往来之径。人不得顾，车不得旋。红尘四合，烟云相连。

长安城层层叠叠的宫殿楼宇如高山峡谷，大街上有王侯府邸百余处，民居闾里160个，屋宇整齐，门巷平直，真是皇都之地，首善之区，说不尽的繁华富丽。

未央宫面积约5平方千米，是明清紫禁城的7倍，前殿台基南北长400米、东西宽200米，最高处15米。未央宫巍峨壮丽，殿堂、楼阁、亭台、廊道等无不法度严紧、气象肃穆，不同区域有高大的宫墙相隔，若没有引路之人，迷途是毫不稀奇的事。

大殿位于一处高台，是一座两层楼阁式的殿堂，殿堂两旁分布着几间大小不等的小殿，各殿宇以回廊、坡道相连。台柱上有彩绘壁画，四处可见各种龙凤造型的雕刻，真是气势磅礴、富丽堂皇，教人敬慕。

看到此情此景，浑邪王等一行不由自主跪了下来，尽皆匍匐而进，拜于未央宫大殿阶下。武帝稳坐龙椅，大赦天下。

浑邪王封为漯阴侯，食邑10000户。

符离王敞屠洛堵住败兵去路，封湘成侯，食邑1800户。

都尉舍吾奋勇冲散败兵，改名董舍吾，封散侯，食邑1100户。散侯董舍吾是个明白人，将其世子改名为董安汉。

呼毒尼封为下摩侯，食邑700户。应疕（鹰庇）封为煇渠侯，食邑不详。乌黎（禽犁）封为河綦侯，食邑600户。大当户稠雕封为常乐侯，食邑570户。

至于休屠王的两个儿子日磾和伦，都罚为官奴，在少府管辖的黄门养马，其中长子日磾后来有大作为。

冠军侯霍去病河西受降，兵不血刃为汉朝带来4万余骑兵，20余万人民，益封1700户，总食邑11800户。

武帝赏赐数十上百万钱，数不尽的绫锦缎匹等，照次序赏赐各部落头目。

汉法规定，百姓将兵器和铁器售予胡人是死罪，边塞的百姓都谨小慎微，但长安人哪当回事。浑邪王部众到京，赏赐堆积如山，又买了很多铁器。于是廷尉以下各路官吏，为立功大肆抓捕百姓下狱，竟多至 500 余人。

汲黯进谏道：“匈奴断绝和亲，屡攻边塞，朝廷兴兵讨之，人民死伤，不可胜数，糜饷数百万。臣愚以为陛下捕得胡人，多应罚作奴婢，分赐将士，取得财物，遍赏兵民，以此谢天下之劳苦，平百姓之怨气。浑邪王率数万人来降，陛下厚加赏赐，府库为空。又发良民侍养，如奉骄子。重外轻内，庇叶伤枝，臣窃为不可，即使不能视其为俘虏，亦何必优加待遇？”

武帝听后，变色不答，但下诏将 500 人从轻发落。

河西受降后，汉朝在陇西、北地、上郡、朔方、云中五郡置属国，号为五属国，安置 4 万余匈奴降卒，后来 20 余万匈奴部族也陆续从河西走廊赶来，五属国生生不息，一直为汉朝提供源源不断的兵源和战马。

这 5 个属国相隔数百里，彼此之间逐渐生疏，反倒利于汉朝统治。属国周边一般都水草丰茂，适合游牧。汉朝置属国都尉，驻兵管辖。日后征战西域，汉朝会频繁调动属国的匈奴骑兵。

经过两次河西之战，河西受降之后，汉朝完全控制了河西走廊，这里地广民稀，水草宜牧，牛羊骏马为天下饶。河西走廊通西域，隔绝羌人，阻断匈奴。汉朝先后设酒泉郡（前 121 年）、张掖郡（前 111 年）、敦煌郡（前 111 年）、武威郡（前 101 年），合称河西四郡。西汉所设河西四郡如图 2-30 所示。

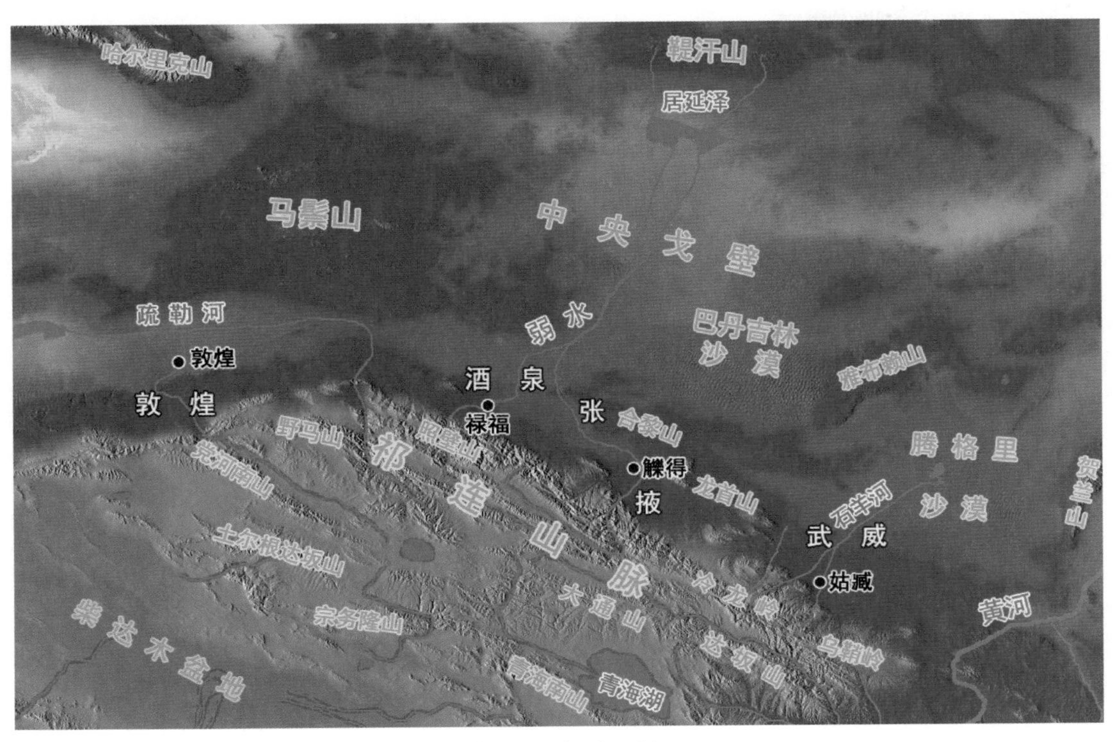

图 2-30　河西四郡

河西四郡设立后，陇西、北地、上郡一带边患渐少，武帝诏减去其地戍卒一半，以省徭役。

而匈奴失去河西走廊，作歌唱道："失我祁连山，使我六畜不蕃息，失我焉支山，使我妇女无颜色。"

河西四郡从东往西依次是武威郡、张掖郡、酒泉、敦煌郡，合计领35个县，减去二三十万内迁的匈奴诸部，增加从中原迁入的人口，有71270户，280211人。

武威郡在原休屠王势力范围，地处石羊河流域，为彰显汉朝的武功军威而命名武威。武威郡首府姑臧（今武威凉州区）领10县，有17581户，76419人。西汉武威郡如图2-31所示。

图2-31　武威郡

武威郡南部有祁连山脉的支脉冷龙岭、乌鞘岭、毛毛山、马牙山等。古浪（古浪河谷）与天祝（庄浪河谷）地处河西走廊与金城郡之间的要冲，通一线于广漠，控五郡（河西四郡与金城郡）之咽喉。

西营河、石羊河、杂木河、古浪河等从祁连山脉呼啸而下，交汇后称石羊河（狐奴河），形成石羊河绿洲，武威城区就在这片绿洲上。

武威郡置一太守府和一都尉府，太守府在姑臧（今武威凉州区），休屠王城置都尉府。

休屠王城三岔城建在石羊河上，位于今武威凉州区四坝镇三岔村，地处武威—民勤绿洲中心，水草丰美。三岔城沿石羊河北上，至休屠泽，原本都是休屠王的领地。石羊河水雄浑磅礴，石羊河畔胡杨屹立，芦苇摇荡，水鸟云集。今天这里修建了红崖山水库，设计库容1.27亿立方米，水库面积约30平方千米，是我国最大的人工沙漠水库。

休屠泽虽然已经干涸，但石羊河下游形成了民勤绿洲，像一把扇子镶嵌在沙漠之中。

张掖郡大部分地区在原浑邪王故地，东南有部分在原休屠王势力范围，地处弱水（今黑河）绿洲和弱水下游，直达居延泽。朝廷希望“张国臂掖，以通西域”，故而得名张掖。张掖郡首府觻（lù）得，领10县，有24352户，88731人。西汉张掖郡如图2-32所示。

大马营河、童子坝河、洪水河、黑河、梨园河等从祁连山脉呼啸而下，交汇后称黑河，形成黑河绿洲，张掖城区就在这片绿洲上。

张掖郡置一太守府和三都尉府，太守府在觻得（今张掖市区北部），北部居延泽附近建居延城，置居延都尉；弱水中游建肩水金关，置肩水都尉；焉支山下建番和城，置农都尉。

居延城北有遮虏障，南有甲渠塞，三座小城外围还有长城围起来，以防匈奴骑兵突袭。张掖郡有了居延都尉，向北攻击右贤王和单于，比朔方郡的高阙塞要近。欲随将军取右贤，沙场走马向居延。后来路博德长期在此训练骑兵，李陵则从居延北上，越过鞮汗山，与且鞮侯单于大战，最终兵败投降。

居延泽有部分水源来自北边的鞮汗山，因此过居延泽北上初期一段路程还算是可以的。

也正因为距离匈奴近，居延三城可攻可守，居汉朝边郡第一线。

弱水中游的肩水金关，距两大支流呼蚕水与羌谷水汇入点不远，如果匈奴骑兵攻破这里，便可分兵两路，一路沿羌谷水东进攻击张掖郡太守府所在的觻得，武威郡也可能不保。另一路沿呼蚕水西进，攻入酒泉郡，还可在敦煌郡后面捅一刀。

肩水金关位置如此重要，朝廷在弱水两岸修了4座城，分别是肩水金关、地湾城、东大湾城、西大湾城，城外同样有长城围起来。

肩水金关四城主要是用于防御，其都尉名为肩水都尉，排位在地方都尉之前。

农都尉负责屯田牧马，为远征漠北和西域的汉军提供粮草和战马，大致来说焉支山东部主要屯田，发展为今天的金昌市，焉支山西部主要牧马，发展为今天的山丹马场。

焉支山又名胭脂山、燕支山，东西长约34千米，南北宽约20千米，主峰百花岭（也叫百花池），海拔约3978米，向南纵目远眺，不望祁连山顶雪，错将张掖认江南。

焉支山挡住了北方的黄沙和寒风，焉支山与祁连山脉之间山光草色翠相连，是马匹繁衍、生长的理想场所。进入这个走廊，气候比河西走廊其他地方更舒适。虽居焉支山，不道朔雪寒。

今天的山丹马场便位于焉支山下，面积约2190平方千米，是我国最大的马场。盛夏时节，在雪山映衬下，蓝天白云，草原碧绿，花海如潮。把酒临风，纵马驰骋，令人心旷神怡，顿觉天地之博大和心灵之净美。

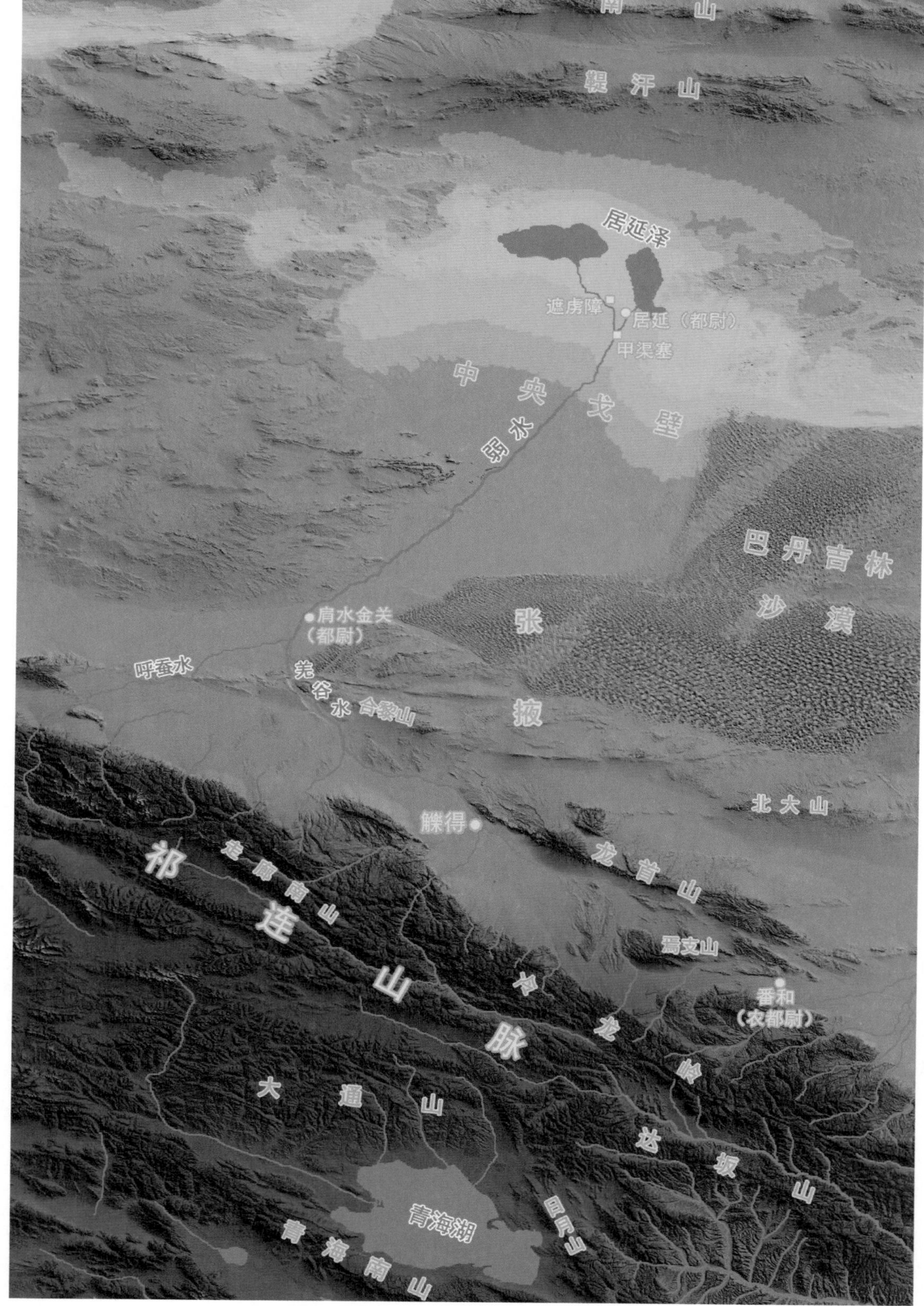
南山
鞮汗山
居延泽
遮虏障
居延（都尉）
甲渠塞
中央戈壁
弱水
巴丹吉林沙漠
肩水金关（都尉）
张掖
呼蚕水
羌谷水
合黎山
北大山
觻得
龙首山
焉支山
番和（农都尉）
走廊南山
祁连山脉
冷龙岭
大通山
达坂山
青海湖
日月山
青海南山

图 2-32　张掖郡

山丹马体形匀称，粗壮结实，雄健剽悍，耐粗饲，适应性良好，速度和持久力俱优，是驮、乘用的良骥。

酒泉郡在原浑邪王势力范围，地处弱水两大支流呼蚕水与羌谷水夹角地区，南有祁连山脉，北有马鬃山（北山），因“城下有泉，其水若酒”而得名酒泉。

酒泉郡首府禄福，领9县，有18137户，76726人。西汉酒泉郡如图2-33所示。

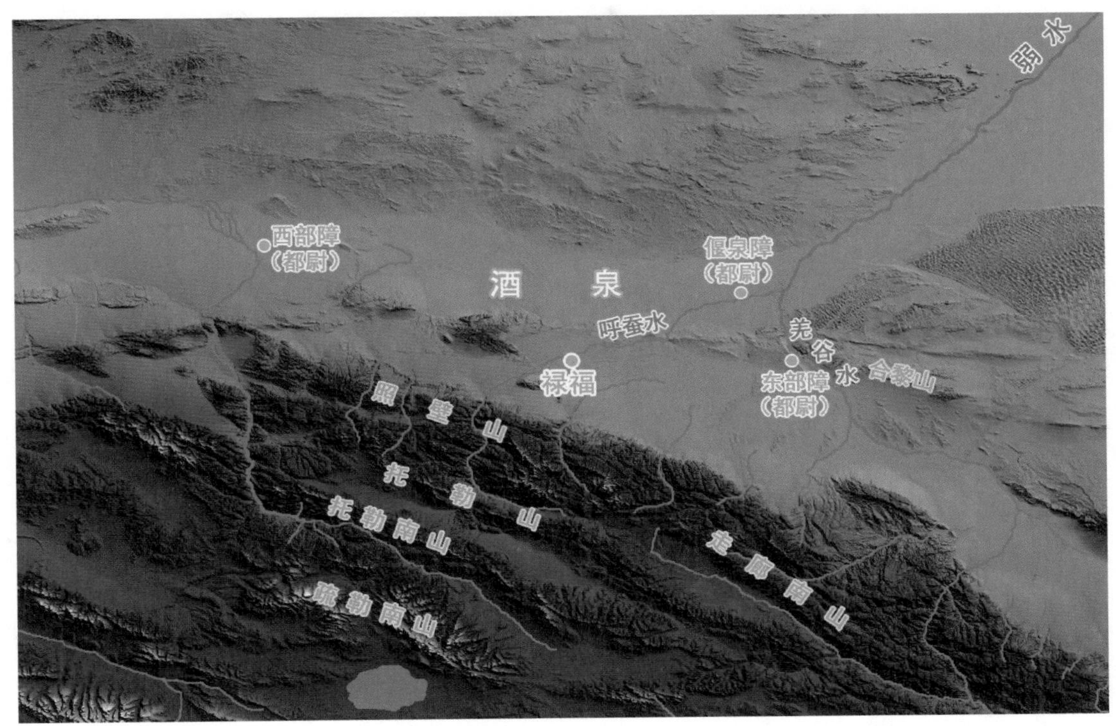

图2-33　酒泉郡

酒泉郡置一太守府和三都尉府，太守府在禄福（今酒泉市区），酋涂故地建偃泉障，置北部都尉；单桓故地建西部障，置西部都尉；呼于耆故地建东部障，置东部都尉。

酒泉郡的名称虽不如武威、张掖霸气，但酒泉郡的军事功能丝毫不弱。向北，沿呼蚕水—弱水直达呼延泽，越过鞮汗山，可攻击右贤王或单于本部。向西，沿疏勒河到敦煌的玉门关或阳关，可控制整个西域。从防御角度看，如果呼延泽—弱水一线失守，凭借北部都尉和东部都尉，守住呼蚕水与羌谷水下游，可捍卫整个河西走廊的安全。

酒泉郡成为汉军练兵的场所，李广利与右贤王战天山，就在酒泉郡囤积军马。随后李陵也在酒泉、张掖练兵，然后北上居延泽与单于大战。

敦煌郡在原浑邪王势力范围，地处疏勒河流域，西接茫茫沙海。

敦煌郡首府敦煌，领6县，有11200户，38335人。西汉敦煌郡如图2-34所示。

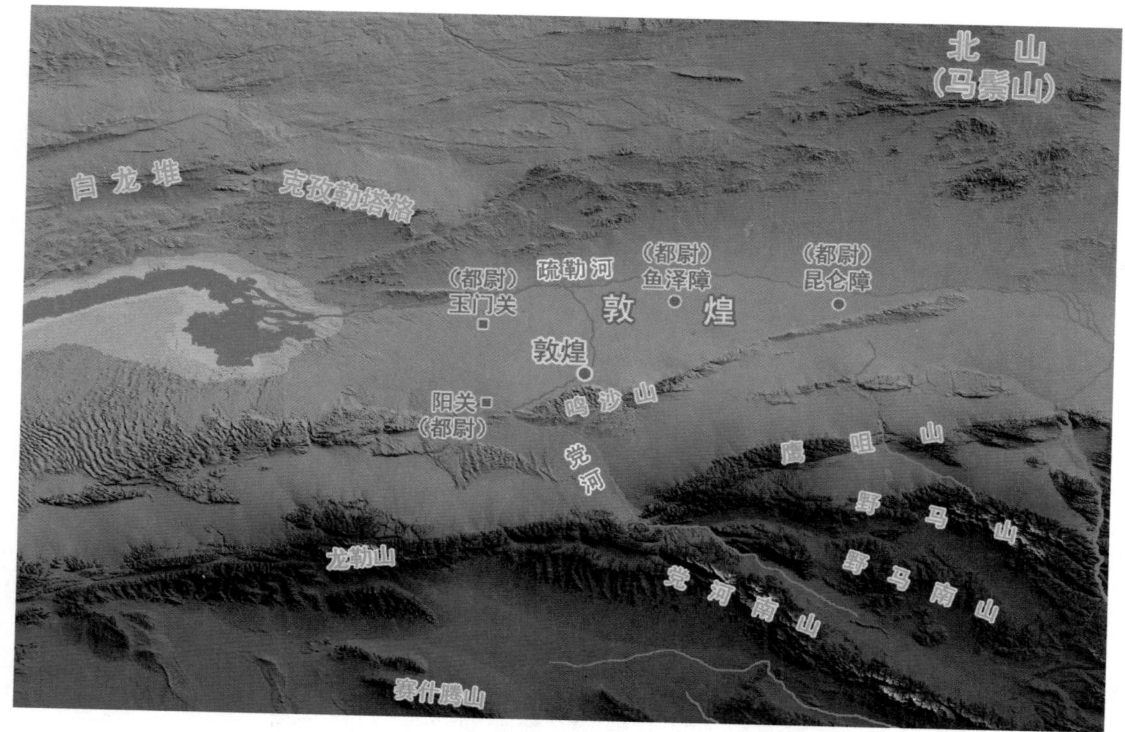

图 2-34　敦煌郡

敦煌郡设一个太守府和 4 个都尉府，军队长期保持两三万骑，是汉军出征西域最后一郡，也是必经之地。赵破奴破楼兰，李广利征大宛国，都是从敦煌郡玉门关或阳关出兵。

敦煌城位于疏勒河的支流氐置水（党河）上，敦煌以东有鱼泽障（今敦煌市东北）、昆仑障（今甘肃安西县南），西边是玉门关和阳关。

敦煌城和四大都尉府骑兵都不少，敦煌城有属国骑和汉骑各 3000，都尉府各有约 3000 骑，包括 2000 多属国骑兵和数百汉骑，算上其他亭障、关隘、烽燧等，敦煌郡的军队长期维持在两三万之间，远胜其他边郡。

汉军每次出征西域都要先在敦煌屯兵屯粮，步兵主要来自中原，骑兵主要来自河西四郡和各属国。汉朝不断从属国调胡骑到河西走廊尤其是敦煌郡，既方便出征西域，又能削弱属国骑兵，还能防范北边的匈奴，可谓一举多得。

鱼泽障和昆仑障在疏勒河上，不仅骑兵多，两大都尉还各自掌握数万屯田民夫，为大军西征准备部分粮草。

出玉门关沿疏勒河西行就能到达盐泽（蒲昌海、罗布泊），也就是楼兰人的势力范围。黄河远上白云间，一片孤城万仞山。羌笛何须怨杨柳，春风不度玉门关。

汉军在玉门关的南方又修筑了阳关，紧贴阿尔金山和昆仑山脉北麓的绿洲带西行，这条路线是丝绸之路的南道。

第四节　决战大漠

● 漠北之战，卫青战伊稚斜单于，斩首掳获 1.9 万

公元前 120 年，秋高马肥之际，匈奴兵分两路各数万骑南下，伊稚斜单于攻定襄，左贤王乌维攻右北平，杀掠千余人而去。

公元前 119 年春，太史司马谈择定黄道吉日，武帝在长安未央宫城北门外赐宴，张黄幄，设御座，陈敕印，文武百官会集，奏乐，陈百戏。武帝再授卫青大将军印和霍去病骠骑将军印，赐衣马弓刀，面授方略，并亲赐御酒。大将军卫青和骠骑将军霍去病跪受叩饮，太子刘据赐饮李广等将军，三公九卿向校尉、都尉、军司马敬酒。

卫青和霍去病领众军谢恩，大军开拔，武帝远送过渭水，大将军率众将军校尉跪请回驾。

送完武帝，卫青回到中军大帐，神光内敛，脱下朝服，换上战甲。此时他立刻像是换了一个人，渊停岳峙，目光如电般扫视众将军，自有一股睥睨天下的气势。诸将不论在战场上有多强横，在卫青强大的气场下都不由自主低头听令。平日卫青在长安只穿朝服，就算出征誓师也如此，功成不居、虚怀若谷，到了军中则表现得胆气横秋、气宇轩昂，又是另一番形象。

汉军出发前，在漠南抓到几个匈奴人，说单于和左贤王都在左地的单于庭祭天。于是武帝决定让卫青攻龙城，霍去病攻单于庭。单于庭比龙城更远，霍去病帐下大部分是匈奴降卒，更适合远征。

汉军兵分两路，西路卫青率 5 万骑兵、7 万战马、两万步兵，出定襄郡，目标匈奴本部龙城；东路骠骑将军霍去病率 5 万骑兵、7 万战马、两万步兵，出代郡，目标匈奴左地单于庭。东西两路分道前进，长城附近还有数十万运送物资的民夫。漠北之战两路汉军的路线如图 2-35 所示。

西路军方面，大将军卫青领 1 万骑兵、两万步兵，带武刚战车，并节制全军。公孙敖虽削爵罢官，但此战授校尉，跟随卫青左右，打算重新凭战功封侯拜将。

拜郎中令（九卿之一，官职二品）李广为前将军，领 1 万骑。

李广是三朝勇将，八任太守，两任九卿，资历无可匹敌。与其他几个将军相比，李广打硬仗的本事恐怕也要强得多。原本武帝见李广戎马一生，长子次子皆为国捐躯，有意留其在朝为官，而派其子李敢追随霍去病。李广生而为将，只有一颗精忠报国之心，遂多次向武帝请战。

拜平阳侯曹襄为后将军，领 1 万骑。

曹襄是曹参的玄孙，继承万户侯，他母亲是武帝的姐姐平阳公主，因此益封至 23000 户。曹襄的夫人，是武帝与皇后卫子夫的长女（卫长公主），他也要称卫青为舅舅。曹襄有三重身份，一是袭爵万户侯，二是武帝的外甥，三是武帝的女婿。这三个身份中的任何一个，都能让他坐上后将军的位置。4年后卫青迎娶平阳公主（曹襄的父亲曹时早已死了），曹襄又成为卫青的继子，真是上天眷顾之人。

图 2-35　漠北之战

拜太仆公孙贺为左将军，领1万骑。

公孙贺从小陪太子刘彻（武帝）读书，跟着卫青封南窌侯，食邑1300户。公孙贺官至太仆，娶皇后卫子夫的姐姐，人生趋于完美，早无所求，甚至连捡战功的兴趣都不大。

拜主爵都尉赵食其为右将军，领1万骑。

4年前的漠南之战，卫青的亲信合骑侯公孙敖益封8000户，右北平太守郝贤和校尉张骞封列侯，而门阀集团的赵食其斩首660级，却只是赐爵关内侯。赵食其认为卫青报功时偏向亲信，卫青则以为赵食其不懂感恩，双方积怨已久。

此外西河太守（官职三品）常惠（长罗侯另有其人），云中太守（官职三品）遂成，各率本部人马跟随卫青中军。

卫青这一路人马，四将军，两太守，再加公孙敖，可以说星光璀璨。这些将领都是汉人。

大军在定襄郡集结，然后向西越过云中、九原，在五原郡的高阙出塞北上。

卫青临行之际，武帝曾密嘱道："李将军（李广）年老，勿使其为先锋。"李广有三个儿子，当时长子李当户已经阵亡，次子李椒受重伤病逝在代郡太守任上，三子李敢这次跟随霍去病出征。武帝爱惜老将李广，本不忍令其出征，李敢若立下战功封侯，与李广亲自封侯区别不大。然而李广戎马一生，与匈奴人打了三四十年，若不让他踏上漠北匈奴人的地盘，他感觉自己的人生立刻黯淡无光。

汉军出塞行至漠南，卫青作出重大调整：令李广与赵食其合兵，走东线穿过大漠，在龙城会合。

李广知道东行路线弯曲，逾沙轶漠，深入不毛之地，沿途水草甚少，多需时日，谈何容易。李广与卫青本就有隙，以为大将军不欲其立战功。

李广闯入中军大帐，拱手对卫青道："臣为前将军，当为先锋击敌。今大将军调臣出东路，不知何意？且臣束发从戎，即与匈奴交战，直至今日，始得漠北一战单于，臣愿率领所部，效死杀敌。"

卫青城府极深，见李广不肯听令，毫无不悦之色，放低姿态和颜悦色道："此乃上意（武帝之意），还请将军速回所部，遵照上意行事。"

李广见卫青不许，心中愤怒，现于颜色，也不向卫青告辞，愤然走出中军大帐，回到自己军营，会合赵食其之兵。

卫青催兵北进，行数百余里，至大漠西侧，来到燕然山东南方向的蒲奴水，意外遭遇伊稚斜单于大队人马。匈奴每年正月春祭，各部落首领小会单于庭。卫青从边塞俘虏口中得知，伊稚斜单于应该在单于庭，而不是龙城。

然而实际情况令汉军惊讶，伊稚斜单于不仅人在龙城，而且还挥兵南下到蒲奴水阻截，严阵以待，可见其是有备而来。

卫青作战喜欢用前军轻骑突进，用后军拉着辎重和兵器，这样前军随时可撤回补充骑兵、战马、粮草、箭矢等，如此战力源源不断。自次王赵信熟悉卫青的战法，他告知伊稚斜单于，破阵的关键是将前军引开，夺取后军的辎重，如此前军必成孤军。

为防万一，赵信又建议单于将龙城的辎重送到北方，就算在卫青军兵临龙城前，匈奴未攻破其战车辎重，也有足够时间与其周旋。

前将军李广、右将军赵食其率领两万骑兵，由东路进兵，军中鲜有匈奴降卒，路途不熟。伊稚斜单于派了一支 5000 人的骑兵，假装迎战李广和赵食其，实则一步步将这支汉军带入大漠深处。卫青这个分兵的动作后来遭到质疑，因为这样分兵等于自断臂膀，丧失生擒伊稚斜单于的大好机会。分兵可以，是否有更好的方式呢？比如留下赵食其那 1 万骑兵。

卫青现在没有前军了，只好令公孙贺率左军 1 万骑急进，到中军的左前方，蒲奴水对岸呼应。

卫青坐镇中军，目送公孙贺军渡河，只见北方不远处尘土蔽天，无数轻骑奔驰而至，人喧马嘶，不计其数。

匈奴几排兵马势若奔雷般冲将过来，汉骑立即前冲迎敌，不让对方靠近武刚战车。

忽然数十支牛角号齐声吹动，匈奴骑兵大声欢呼："大单于来啦！"双方骑兵都试图退出战场，却不住转头向北方张望。漠北之战卫青战伊稚斜单于的路线如图 2-36 所示。

只见蔽天黄沙之中，一队人马急驰而来，数骑并举一根长杆大纛（dào），顶端挂着一整张狼皮。欢呼声由远而近，匈奴骑兵勇气百倍。一个身材高大的中年汉子策骑越众而出，他头戴铁盔，下颌生了一丛褐色胡子，双目精光四射，正是伊稚斜单于。

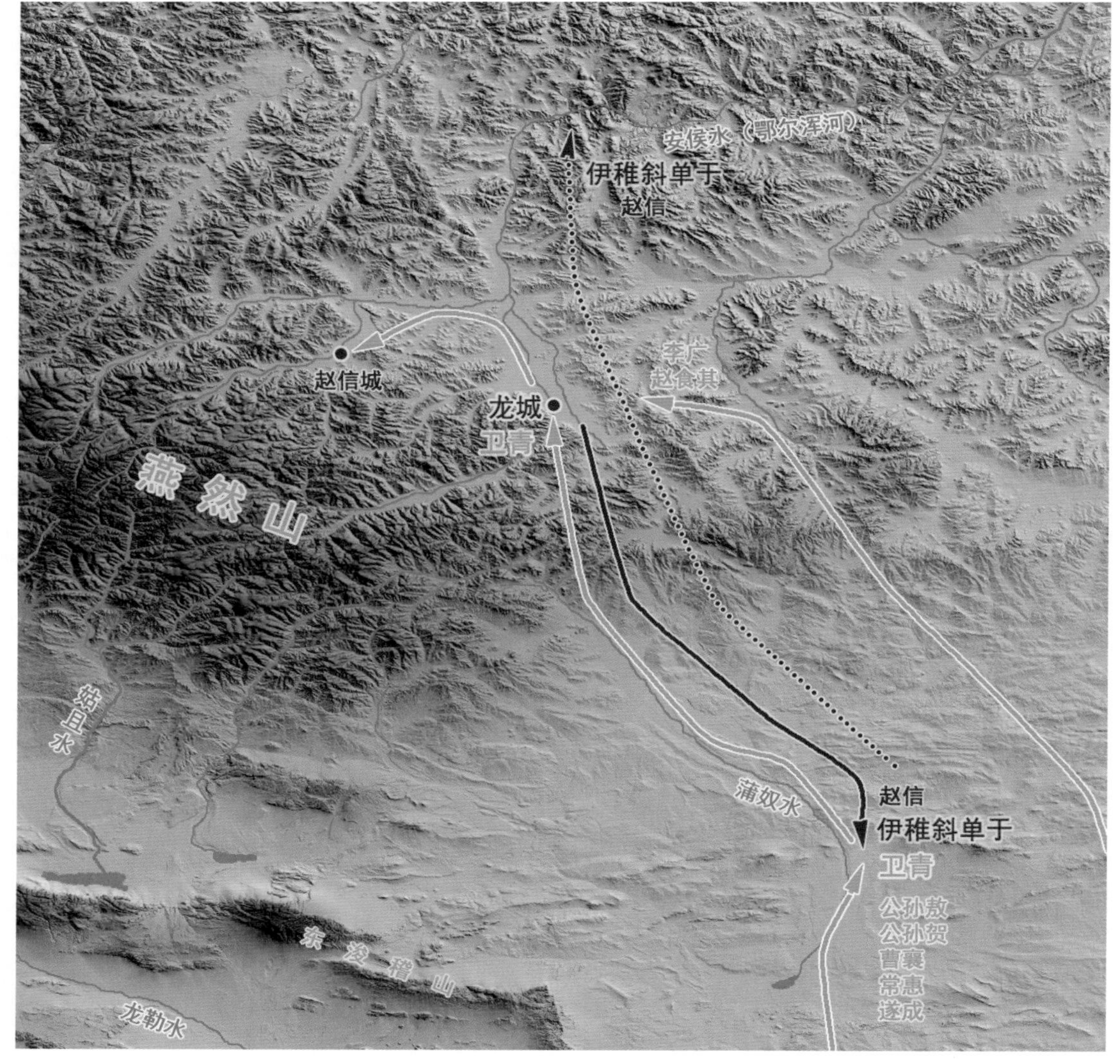

图 2-36 漠北之战卫青战伊稚斜单于

原来单于用 5000 骑引开李广、赵食其军，派赵信率 1 万骑缠住汉军左翼公孙贺军，然后他亲率 5 万余骑，在蒲奴水上游截住卫青中军。

伊稚斜单于和赵信策划多时，几乎是卧薪尝胆，如今用 5 万匈奴骑兵包围汉朝大将军卫青的 1 万骑兵和两万步兵。

伊稚斜单于先按兵不动，将 1 万骑移到东边上风处，一时万马践沙扬尘，战场四周涌起了一团团黄雾。此时日头将没，大风忽起，吹得尘沙滚滚，扑面而来，两军对面不能相见。

伊稚斜单于显然是看出了汉军的弱点，一旦视野不清，汉军的强弩根本不知道往哪儿射。

单于这才下令让 1 万骑逼近汉军，然后绕汉营寻薄弱处突破。匈奴战骑的马蹄逐渐形成巨大的轰鸣声，骑兵大军就像决堤的洪水一泻如注，气势磅礴，地面震颤起来。

卫青下令用武刚战车环绕为营，令公孙敖领骑兵5000守在外围。汉军战鼓擂响，铁骑启动。公孙敖无法判断匈奴铁骑主攻何处，便绕着大营走，一时刀光矛影，箭矢飞射，杀声震天。

激战了半个多时辰，天色黑下来，汉军折损上千骑兵，战马损失3000多匹。还好卫青营中备有两万匹战马，失去战马的战士跨上战马又是骑兵。匈奴的损失也不相上下，但这次匈奴骑兵多，战马多，如此打下去汉军必亡。

卫青派骑哨通知后将军曹襄立刻率军逼近中军，但不要贸然攻击匈奴，布阵牵制敌人即可。

汉匈双方不断投入援军，又过了半个时辰，汉军总计折损骑兵3000多，战马损失过万，而且人困马乏。汉军骑射的本领不如匈奴，很多人一个照面就被匈奴的狼牙棒扫落马背，只得身披厚重的盔甲与来去如风的匈奴骑兵搏命。亏得卫青中军精锐，要是曹襄那种后军，在没有弩箭掩护的情况下，战力根本无法与匈奴抗衡。

此时已经有匈奴骑兵接近武刚车阵，但闻车阵中兵戈铿锵，马鸣萧萧，气场摄人。

武刚战车长一丈五尺，高六尺五寸，车厢四围包裹着一层铁壁，内藏兵器粮草辎重。上开小窗瞭望，下留弩眼，四围横排枪头，各车用铁钩连在一起。武刚战车使敌骑不得冲突，弩箭不能贯穿，当真是防御利器，只是太过笨重，只能用于防御。

又过了半个时辰，外围骑兵战场越发接近武刚车阵。汉军1万骑兵悉数登场作战，总计损失6000多骑兵，余者人人负伤，3万战马损失超过两万。汉军的武刚车阵却毫无反应，像一头熟睡的巨兽，安静地俯卧着，全然不在乎人类你死我亡的厮杀。

借着月色，战阵内的汉军利用武刚战车掩护，不时抛出长矛攻击匈奴骑兵，可见公孙敖的骑兵快要顶不住了。几个汉军把满身是血的公孙敖抬进车阵，公孙敖用力抓住卫青的手道："大将军，快吹号吧，兄弟们死伤惨重。"

卫青差点落泪，紧握公孙敖的手道："好兄弟，我欠你很多！再等等，胡人还不够近。"

眼见外围守将重伤，西河太守常惠和云中太守遂成自告奋勇，卫青便令二人各率500骑投入战阵，与匈奴骑兵血战。

忽然一声巨响，匈奴人用骡子拉着一根断木，将一辆战车轰出一个凹陷，但没有击穿。随着多处响起撞击声，匈奴人用断木持续冲击汉军的战车和铁锁，这样下去迟早会冲破大阵，那时汉军步兵将直面匈奴骑兵，卫青这次麻烦大了。

"咚咚咚"，汉军营地传出击鼓声，接着武刚战车上燃起火炬，它们像刚睡醒的猛兽睁开眼睛。然后急促的号角声此起彼伏，武刚车阵里发出惊天动地的厉啸，弩箭破空而起，呈抛物线射向匈奴骑兵，敌人一个个坠马或人马一同轰然倒地。

这是卫青的一个新阵。当战鼓敲响，所有外围骑兵都向武刚车阵靠拢。当号角声响起，武刚战车每5辆为一组，间隔点燃火炬。也就是说5辆燃起火炬的战车两侧，各有5辆黑灯瞎火的战车。汉军骑兵立即躲到无火炬的战车前，而匈奴骑兵由于本能，会向有火光的区域靠拢。接着汉军点燃火炬的战车，犹如嗜血猛兽张开血盆大口，强弩连发，吞噬敌人。

武刚战车上的火炬时明时暗，汉军骑兵的首要任务不是杀敌，而是根据灯光信号躲闪弩箭。匈奴骑兵成批中箭坠地，半炷香功夫，汉军射杀四五千匈奴人，余者惊魂未定，不敢恋战，立即带伤撤出弩箭射程。

每辆武刚战车上都藏了一辆弩车，平时弩车只在城头和关隘配置，看不出它有多大威力。卫青料到这次攻击龙城很有可能是一场遭遇战，因此装备了数百台弩车。几百台弩车轮番交错发射，那种惊天动地的威力连汉军都瞠目结舌。

弩箭破空的厉啸声停了下来，到处是重伤的匈奴人死亡前的哀嚎声，汉军步兵知道打退了敌军，欢呼雀跃。

汉军左翼，蒲奴水对岸，左将军公孙贺夜战自次王赵信。公孙贺布阵密不透风，双方你来我往，互相攻杀了大半夜，各自折损上千骑。公孙贺不是没能力，是没动力，真逼他打起来，不说所向无敌，起码也是铜墙铁壁，匈奴人很难讨得便宜。赵信曾多次与公孙贺跟随卫青出征，一向觉得公孙贺只是个跟着卫青捡战功的纨绔子弟，这次以为能捏个软柿子，想不到一脚踢在铁板上。

汉军后方，后将军曹襄摆出防御方阵过夜，而伊稚斜单于派了 1 万骑伏击。曹襄军前部，由一名校尉率千骑，试图打通与大将军卫青之间的通道，结果遭伏击全军覆没。这夜任凭麾下校尉如何请命，曹襄谨遵大将军号令，不派一骑增援。若曹襄派少股人马前往增援，不但起不了作用，大概率还要被匈奴伏兵吃掉。有时候心怀畏惧，才能活得长久，战场上尤其如此。

清晨，汉军放眼望去，四周原野上敌军人马遗尸遍地。卫青并曹襄军清点战果。此战汉军一共斩首匈奴约 1.4 万人，损失约 1.2 万人，战马折损 3 万匹。其中卫青军斩首敌军 1 万余人，损失 9000 余人，3 万战马仅剩 4000 多匹。公孙贺军斩首上千骑，折损上千骑，无功无过。曹襄军有 1000 人覆没，杀敌甚少。

伊稚斜单于收拾兵马，总兵力不足 4 万骑。昨夜如梦魇，在某个时刻汉军忽然有如神助，令匈奴瞬间折损四五千骑，大军气为之夺。

匈奴大军一路撤到龙城，共 4.5 万骑，摆出死战到底的态势。

卫青军还有 3.8 万人，其中 1.8 万骑兵，两万步兵。战马数与骑兵相当，再打下去，马就要比人少了。卫青重组大军，把后将军曹襄请到中军大帐，名为请其运筹帷幄，实则收其兵权。卫青以校尉郭昌、荀彘（zhì）为前部，各率 2000 骑兵试探虚实。左将军公孙贺率本部 8000 多骑，仍沿蒲奴水西岸与卫青军平行北上。卫青的中军只有 5000 多骑兵和两万步兵，带着武刚战车缓缓北进。

其实龙城的匈奴骑兵只有 1.5 万骑，由自次王赵信统率。伊稚斜单于亲率 3 万骑，隐藏在燕然山西麓。匈奴人花了数年时间选择合适的山谷山洞，这次派上用场了。

等公孙贺的骑兵过去之后，伊稚斜单于的 3 万骑悄然下山，渡过蒲奴水，与首战相隔 5 天后，从后方袭击卫青的中军。

伊稚斜单于特意派一队人马赶到此前的战场，从汉军阵亡将士身上剥下 2000 多套战甲。他打算用 2000 多穿戴汉军战甲的匈奴骑兵作为先锋冲击武刚战车。只要打开一个口子，后队匈奴骑兵杀入车阵，就如狼入羊圈，里面的汉军步兵绝无活路。

首战是夜战，匈奴人看不清武刚战车阵，输得莫名其妙，不甘心就此战败退兵。

汉军骑兵很快不敌，拨转马头纷纷向武刚战车阵内撤离。汉军打算用武刚战车对付匈奴骑兵，这正中匈奴人下怀，他们可不想浪费时间在外围与汉骑鏖战。

2000 多匈奴骑兵武装了汉军的战甲，向车阵狂奔杀去。只要能冲破外围战车阵，匈奴便可大开杀戒。武刚战车交错列阵，待匈奴骑兵已至阵前，弩箭呼啸而出。

只见战马上的匈奴骑兵凌空后飞，战马则栽倒在地，有的骑兵被弩箭钉在马背上。原来汉军的弩箭有两种规格，首战用的是短箭，可穿透皮甲，此战用的是长箭，可穿透铁甲。

后面的匈奴勒住战马，目瞪口呆地望着恐怖的战车，双耳充塞弩车的轰鸣声和人畜被践踏后骨肉的碎裂声。

伊稚斜单于魂飞天外，眼睁睁看着 2000 多骑损失殆尽，再无打下去的斗志。

伊稚斜单于乘坐六骡战车，率领数万惊骇不已的骑兵向西北退兵而去。匈奴不仅牧马，还有不少骡、驴，马在沙场驰骋，驴在营中劳作。

战马高大帅气，速度快，冲击力强，适合冲锋陷阵。其缺点是耐力一般，食量大，在恶劣环境中抵抗力一般。驴体型小，四肢短，优点是吃得比马少很多，体格健壮，皮粗肉厚，抵抗能力极强，吃苦耐劳。

马骡指公驴和母马杂交所生的后代，也就是我们常说的骡。驴骡，是公马和母驴杂交所生的后代，体型似驴，不如马骡好。

马骡个头比马还大，力量也比马大，但比马省草料，具有驴的负重能力和抵抗能力，壮年期比马和驴都长。其弱点是速度不如战马，灵活性也稍弱。伊稚斜单于的战车由 6 头马骡拉着各前跑，动力十足。

卫青得知单于逃了，令校尉郭昌、荀彘率 4000 骑追击。春天的草原沿河北上，无穷无尽地伸展，连接苍穹。郭昌、荀彘追击 200 余里，到安侯水上，天下起了大雪，彻底失去单于踪迹。二人不敢孤军深入，准备等卫青和公孙贺军接近，再继续北走。

月黑雁飞高，单于夜遁逃。欲将轻骑逐，大雪满弓刀。

4 天后，卫青大军来到龙城，这里早已是空城一座，伊稚斜单于不但把人口都转移走了，连战马的草料都没给卫青留一点，可见早有准备。

卫青从匈奴降卒口中得知，单于沿安侯水北上逃了，便令公孙贺守住龙城，自己亲率大军继续向北追去。然而沿安侯水走了两日后，卫青忽然转向西侧一条支流，杀向赵信城。

这次漠北之战，匈奴处处占得先机，只因赵信此人曾是汉朝前将军，卫青的嫡系，他对汉军和卫青了如指掌。也正因如此，伊稚斜单于才封其为自次王，以其姐嫁之。

赵信可能没想到，卫青不追单于，反而来袭击自己的老巢。汉军抵达寘颜山赵信城，城中人马早已逃跑，剩了不少积谷。卫青令大军生火造饭，人马皆得饱餐。

赵信城外猎天骄，白草连天野火烧。次日卫青班师，下令把带不走的粮草辎重都烧了，赵信城毁于火海。

此时李广和赵食其的军队来到龙城附近，卫青立即派大将军长史前去通知李广，不得追击伊稚斜单于。大将军长史官职五品，相当于助理，官不算大却能代表将军说话。秦朝时上将军章邯的长史司马欣，后来封塞王，与雍王章邯共掌关中，足见将军长史的重要性。

大将军长史先去赵食其大营，收其右将军印，这才进入李广大营。李广听长史说要收其前将军印，还要追究失道误期责任，气得一声不吭，却拒不交出前将军印，仍想追击单于。

长史早有准备，掏出右将军印，对大帐中校尉道："右将军已经交出大印，诸位失道有罪在先，若执迷不悟，将来连坐，个个都是重罪。"

李广领兵，对将士宽缓不苛，与士卒同餐食，每得赏赐立刻分与部下，与帐下将士情同父子兄弟。李广见长史故意拿帐下校尉出气，怒道："诸校尉无罪，是我自行失道，不必累及他人。"说罢交出前将军印。

长史走后，李广对诸校尉道："我年少与匈奴战，四十多年来，大小七十余战，今日想必是最后一战，天意竟让我不能封侯。而后还要面对刀笔之吏，任其舞弄文墨，诬加罪名。"

接着李广支走帐中校尉，拔出佩刀，自刎而死。

卫青并李广、赵食其之骑兵，有 6.5 万人，其中 3.6 万骑兵，1.9 万步兵，战马只剩 3 万匹，骑兵穿戴着沉重的战甲，只能轮流乘马，这又加大了战马的负荷。

卫青不让李广追击，大家的焦点都在伊稚斜单于，卫青却一直惦记一个人——右贤王。

卫青大破右贤王罗姑比后不久，军臣单于强行用一个儿子替换，不过一年后军臣单于就去世了。伊稚斜单于夺位后，顺势派人进入河西走廊，意图控制浑邪、休屠等部。新的右贤王率部退居右地科布多盆地，不怎么把叔叔伊稚斜单于放在眼里。

右贤王越是没有音信，卫青越是忌惮，他相信军臣单于不会安排一个碌碌无为的儿子去做右贤王。匈奴没有孬种，当年的冒顿单于，连阏氏（夫人）都被迫送给东胡王，后来还不是割了东胡王首级当尿壶。

卫青军南归至蒲奴水，果然遭遇右贤王的人马。右贤王不敢与汉军正面对抗，而是化整为零，用数百个小队不断骚扰，专射汉军战马。

卫青军行军速度大减，花了半个月才抵达长城之下。这一路没有大战，但汉军战马损失却达到 1 万匹。西路卫青军入塞，斩首和掳获 1.9 万级，折损 1 万余人，战马损失 5 万匹。

不久后右贤王才得知，汉军连破龙城和单于庭，而伊稚斜单于一时下落不明。右贤王视左贤王乌维为无物，自立为大单于。一年后右贤王见伊稚斜单于实力犹在，才宣布退位。

大将军卫青回到长安后，遭到门阀集团群起攻之，主要有三点质疑：首先是将李广和赵食其两万骑兵支开，导致遭遇单于主力时兵力不足；其次是与李广会师后，拒绝追击，否则与霍去病会师单于庭，从匈奴左地撤兵，根本不用提防右贤王；最后就是李广之死，卫青难辞其咎。

漠北之战西路卫青军打得还不错，按理说卫青可以益封，公孙敖也能再度封侯，然而武帝却顺应门阀集团，最终长平侯卫青没有益封，帐下亲信公孙敖、公孙贺等也没有封赏；西河太守常惠赐爵关内侯，食邑 200 户；云中太守遂成赐爵诸侯相，食邑 200 户。

右将军赵食其失道，去官，赎为庶人，替卫青背了锅。别忘了赵食其和其兄赵周少年时都是太子刘彻（武帝）的玩伴，将来赵氏兄弟反噬卫青，力量肯定不小。

漠北之战，霍去病战左贤王，斩首掳获七万余

此前霍去病出征河西走廊都只带 1 万骑，帐下几乎都是匈奴降卒。这次漠北之战，东路霍去病有 5 万骑兵，汉匈各占一半，却再无一名将军。武帝特意叮嘱，以李广之子校尉李敢为大校，行裨将之事，掌控霍去病军中的汉军。漠北之战形势如图 2-37 所示。

霍去病所部，包括从骠侯赵破奴（在匈奴长大）、宜冠侯高不识（匈奴人）、煇渠侯仆多（匈奴人）、昌武侯赵安稽（匈奴人）、因淳王复陆支（匈奴人）、楼专王伊即靬（匈奴人）、右北平太守路博德、渔阳太守解、北地都尉邢山、校尉徐自为、校尉李敢等。如果说卫青率领的是全华班，霍去病率领的就是以归化球员为主的兵团。两支军队的战斗方式和作战能力还是有很大差异的。霍去病用兵特点就 8 个字：夷胡相攻，无损汉兵。

赵破奴、高不识、仆多、邢山、徐自为一直追随霍去病，麾下几乎都是匈奴人。赵安稽是匈奴降将，他跟随军臣单于之子左贤王於单投降，后来收容了一些来投的匈奴人，有骑兵上千。因淳王复陆支（匈奴人）、楼专王伊即靬（qián）都是浑邪王麾下部落王，这次率河西走廊骑兵相随。路博德是袭侯陆强（原为匈奴部落王）的族人，改路氏，在卫青帐下任校尉，霍去病举荐为太守。李敢是李广之子，帐下几乎都是汉人，在霍去病军中反而显得不太合群。

21 岁的霍去病率骑兵从代郡北上，两万步兵全部留在长城附近。霍去病的战法与卫青全然不同。霍去病在河西走廊两战都用了轻骑突袭的方式，到了大漠他也不打算改变战术。

霍去病军行至梼（táo）余山，右北平太守路博德、渔阳太守解各率一支骑兵与之会合，霍去病军正式集结完成，5 万骑兵，7 万匹战马。

进入锡林郭勒草原后，霍去病军兵分两路，一路由李敢率两万汉骑（3 万匹战马）守住草场，霍去病亲率 3 万匈奴铁骑（4 万战马）向东攻入乌桓山。

自冒顿单于称霸大漠以来，匈奴每年向鲜卑、乌桓征收牛羊骏马以及虎豹狼貂等皮革。若逾时不交，便夺其妻子为奴婢。冒顿单于在世时，鲜卑和乌桓心存畏惧，不敢不从。冒顿单于死后，鲜卑和乌桓的反抗越发激烈，不但不再为匈奴牧马，而且常年与匈奴左部争夺牧场。

鲜卑和乌桓负多胜少，却斗志不减，输了就逃入鲜卑山和乌桓山。鲜卑在北边，汉朝对其了解甚少；乌桓在南边，与汉朝仅隔着燕山山脉，汉朝边塞常有乌桓人来做生意。

此前的右北平太守李广，心情舒畅时便狩猎于乌桓山，闷闷不乐时还是狩猎于乌桓山，乌桓人对李将军是既恨又怕。在匈奴和汉朝的夹击下，乌桓的生存空间越来越小。路博德就任右北平太守后，立即改变了战略，派人与乌桓言和。

乌桓和匈奴有什么区别呢？

匈奴是游牧民族，乌桓则是游牧和渔猎并举。每逢凛冬，大漠牛羊冻死无数，来年匈奴就必须南下劫掠，否则部族连生存都是问题。乌桓则可以入山捕鱼狩猎，生存空间比匈奴大。

匈奴单于和各部首领都是父死子继或兄终弟及，乌桓的首领却非世袭。乌桓分为五部，每部的首领称大人，部以下是落、邑，首领称为小帅。无论大人还是小帅，都是各部、落、邑推举英雄产生，不能传给儿子或兄弟。

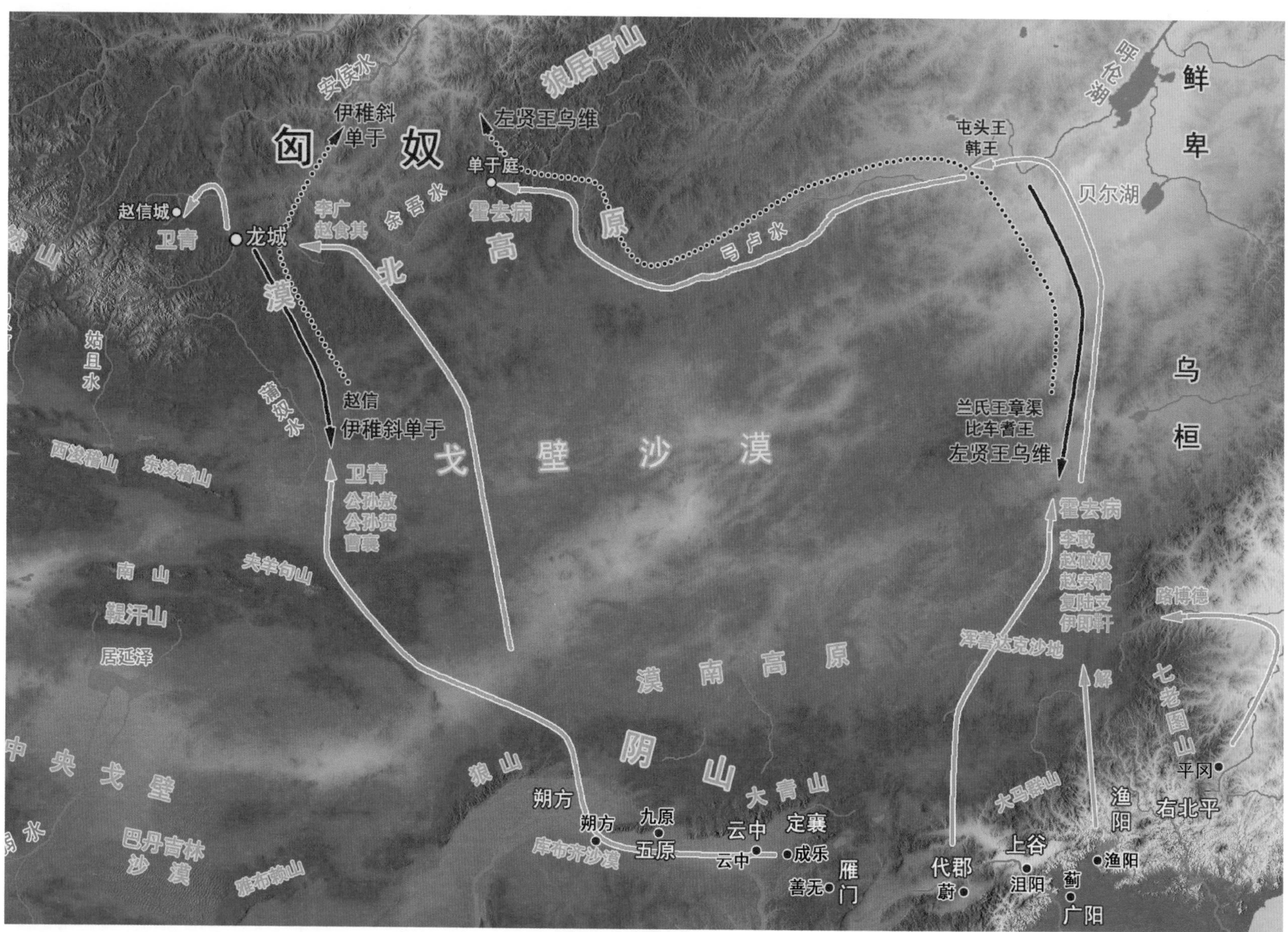
鲜卑
呼伦湖
贝尔湖
乌桓
屯头王
韩王
狼居胥山
左贤王乌维
单于庭
霍去病
安侯水
伊稚斜
单于
匈奴
余吾水
李广
赵食其
赵信城
卫青
龙城
弓卢水
漠
北
高
原
姑且水
蒲奴水
赵信
伊稚斜单于
兰氏王章渠
比车耆王
左贤王乌维
西浚稽山
东浚稽山
戈壁沙漠
卫青
公孙敖
公孙贺
曹襄
霍去病
李敢
赵破奴
赵安稽
复陆支
伊即靬
路博德
夫羊句山
南山
鞮汗山
居延泽
浑善达克沙地
漠南高原
解
七老图山
中央戈壁
阴山
大青山
狼山
朔方
九原
五原
云中
定襄
成乐
平冈
右北平
渔阳
大马群山
上谷
代郡
蔚
沮阳
蓟
广阳
雁门
善无
库布齐沙漠
巴丹吉林沙漠
雅布赖山

图 2-37 漠北之战

乌桓有母系社会特征，乌桓人怒则杀父兄，而终不害其母。乌桓男女结合后，男方送马、牛、羊到女方家，并且在女方家为仆一两年之久。乌桓人没有姓氏，各部以大人的名字为姓。

匈奴的语言文字与中原相似，毕竟匈奴是夏朝后裔。乌桓和鲜卑则都是东胡系语言，没有文字，刻木为信。

匈奴男人蓄长发，与中原无异。乌桓男人髡头（剃发为光头），常留个小辫子。

匈奴左部对于霍去病北上早有准备，左贤王乌维率 5 万骑南下，弓卢水上还有两万余骑，赶着数十万头牛羊，作为乌维大军的后盾。

匈奴有兵力优势，但汉军披坚执锐，故而乌维并未发起强攻，而是用小股骑兵不断骚扰，试图将汉军引走。

五六天后，乌桓山方向传来一个令人震惊的消息：霍去病军 3 万骑入山，出来后只剩约 1.5 万人，战马还有 1 万匹。除数百伤兵用绳子固定在战马上，其他人都是轮流骑马，人困马乏，士气低落。可见乌桓山中血战一场，汉军吃了败仗。

此前匈奴也多次攻入乌桓山，几乎也是有去无回。匈奴驰骋草原，在山地密林中却施展不开，连骑哨进入乌桓山都很难全身而退。李广多次北上狩猎，也只在草原与森林交界地带活动，山中有很多乌桓人布置的陷阱。

大校李敢立即变阵，向霍去病军靠拢，接应败兵。两天后双方会合，有 3.5 万人，4 万匹战马。

乌维的大军也不似之前那样远远分散扎营，而是结阵向霍去病军压了过来。霍去病把步兵放在长城一线，又自不量力兵败乌桓山，乌维获得这千载难逢的机会，要是再不敢与霍去病军决战，他这个左贤王的位置恐怕也坐不稳。

两军对峙，霍去病令汉军结阵南走，保持战斗力。乌维单于怎会放过良机，他和李广李敢交过手，也总结了一套经验：只要对汉军实施包围，并用小股游骑不间断骚扰，消耗其箭矢，射杀其战马，最终汉军在大漠里插翅难飞。

两天过后，汉军箭矢消耗过半，战马也倒下数百匹，距边塞却还不知道有多远。四周尘头大起，扬起十余丈高，宛似龙卷风，从内而外偶闻马嘶蹄声，竟听不到一句人声。匈奴在外围制造尘土，一是让汉军无法精确还击，二是延缓汉军撤兵的速度。

一群大雁列队从南往北飞过天空，乌维昂首笑道："除非霍去病化身为雁，否则插翅难飞。"

李敢数次请战突围，都被霍去病拒绝。两年前李敢跟随父亲从右北平北上，同样遭遇左贤王乌维，李敢在对方万军中来去自如，他自诩是汉军中仅次于父亲的战将。

忽然北边喊声震天，透过黄雾穿透而来。莫非乌维使诈，想引汉军入瓮？不一会黄尘中出现一队数十人马，挺矛而来，打的是汉军旗号。

有骑哨认出来，是北地都尉邢山。很多人以为他已经战死在乌桓山，如今见他忽然出现在战场，真是喜从天降。

霍去病这才下令全面突击。李敢虽有些不可置信，却还是毫不犹豫跨上战马。

原来霍去病攻击乌桓是在演一场戏。右北平太守路博德与乌桓 5 位大人密谋，汉军假装杀进乌桓山然后惨败而逃，好让匈奴紧追残余汉军。不过汉军自前将军赵信投降匈奴，双方各有卧底，几乎打的是明牌。霍去病事先没有告诉李敢，只有自己身边最亲近的几个校尉知道此事。

隐藏在乌桓山的汉军约 1.5 万，主力是河西走廊因淳王复陆支、楼专王伊即轩的部众，这些人虽然也是匈奴，却与漠北匈奴瓜葛不大。

10 余万人大鏖战，羽箭长矛在空中飞舞，一时杀声震天，血肉横飞。乌维制造的黄尘救了自己，他咬牙退出战场，麾下各部落王就没这么幸运了。

此战匈奴兰氏王章渠被俘，兰氏是匈奴四大部之一，此战后便逐渐消亡。比车耆部更惨，比车耆王战死，部族再不见于史册。

李敢遇到匈奴左大将，率一支精骑突入敌阵，砍倒对方战旗，又闻声杀掉擂鼓的士兵，取对方战旗和牛皮大鼓。

锡林郭勒草原之战，汉军折损 2000 余人，战马损失 1.2 万匹，斩首和掳获 2.3 万人。霍去病没有见好就收，而是以乌桓向导为前驱，向弓卢水（克鲁伦河）进军。

此前的千百年，中原军队从未踏足弓卢水，匈奴上下都未料到霍去病如此有恃无恐，不可一世。

关中花鸟已应阑，塞外风沙犹自寒。左贤王乌维在弓卢水南岸重新集结兵力，匈奴仍有 6 万余战骑，账面实力在汉军之上。

这日清晨，兵器甲盔相撞之声此起彼伏，白雾笼罩之下，汉军骑兵不见尽头。汉军 4.8 万骑（战马 6.4 万匹），乌桓 1.5 万骑，总数 6.3 万骑，战马 7.9 万匹，军容鼎盛。

乌桓 5 位大人各派出 3000 精兵，跟随汉军出战。霍去病给乌桓人开出条件：汉朝边塞五郡长城外，以后任由乌桓游牧。而乌桓人只需在战争中为前驱，开战后策应，主攻的重任还是在汉军。如此优厚的条件，乌桓这些大人和小帅怎能不心动？

乌维没有退路，他的骑兵可以跑，但数十万牛羊如果丢失，那可是灭顶之灾。乌维派人进入乌桓大人帐中，一番游说，作用还是有的。乌桓人的想法非常简单，如果乌维逃了，数十万牛羊就没了，乌桓当然要跟随汉军追击掳获匈奴人，进一步壮大自己。而且乌桓不怕匈奴报复，因为东边鲜卑山上的鲜卑人，时刻都在惦记自己的故土，弓卢水流域可是鲜卑人的祖地，肯定要趁机收复，将来匈奴很难再占据此地。

反过来乌维战胜霍去病，乌桓骑兵当然不会无动于衷，肯定也会对汉军痛下杀手，抢夺战马、兵器等资源，以壮大部落。

霍去病还是用第一次河西之战时的套路，将箭矢藏在羊皮包裹中，迷惑匈奴骑哨，等对方列阵冲击时，强弩源源不断射出箭矢。匈奴人平日在草原上的狩猎对象主要是狼，因此他们善于隐藏，长于伏击，却不大会玩这类虚实游戏。

严风吹霜水草凋，筋干精坚胡马骄。天兵照雪弓卢水，虏箭如沙射匈奴。

乌维见势头不对，大声喝令约束，无奈阵势已乱，士无斗志，不到半个时辰，大军已被冲得土崩瓦解，大股被歼，小股逃散。

乌维落荒而走，这次真的是大败亏输，从此匈奴在弓卢水的势力范围急速萎缩，陷入与鲜卑人争夺牧场的绝境，而且鲜卑的势力越来越强。

弓卢水之战，汉军折损 3000 多人，战马损失却达 3 万匹，掳获屯头王、韩王，斩首和掳获匈奴 3.1 万人。汉军现有骑兵 4.4 万人，战马却只剩 2.8 万匹，箭矢告罄，可说斧破斨缺，再难西进突袭余吾水上的左贤王领地。

霍去病在弓卢水上犒赏大军，杀羊宰牛，下令各营，准备南返。这夜各营将士喝酒吃肉，右北平太守路博德仗剑起舞，渔阳太守解击鼓助兴。

次日一早，霍去病重新整军，令右北平太守（官职三品）路博德为主将，渔阳太守解（官职三品）为副将，校尉（军职四品）李敢为大校，领兵 2.4 万，战马 2000 匹，屯在弓卢水上。这个安排看似是按官职来的，实际上违背了武帝的想法，他想让李敢成为霍去病一人之下的将领。

霍去病则率从骠侯赵破奴、宜冠侯高不识、煇渠侯仆多、昌武侯赵安稽、因淳王复陆支、楼专王伊即靬、北地都尉邢山、校尉徐自为等匈奴系将领，领兵两万、战马 2.6 万匹，突袭余吾水。

漠北草原之上，春风化雨，夏草青青，秋风萧瑟，冬雪皑皑，千百年来，首次有中原军队抵达余吾水河畔。

乌维本打算趁汉军班师，尾随寻找机会再战，却没料到霍去病如此兵行险着。霍去病所率军队中以匈奴人居多，汉匈两军都有间谍互通消息，在摊牌开战的情况下，霍去病下达命令往往连自己人都骗，以至汉匈两军都以为汉军要撤兵。

霍去病军一路蹈锋饮血，斩关夺隘。敌可摧，旄头灭，履胡之肠涉胡血。

乌维只得率领败兵北渡余吾水，来到苍茫的狼居胥山下。夜间乌维站在山崖之旁，向南眺望，只见汉军营火有如繁星，密布于河的南岸，不由心下黯然。一阵冷风吹来，乌维大叫："不好，快撤。"

左贤王乌维能力并不弱，见汉军在河北岸毫无灯火，便猜到汉军会悄然渡河，赶来擒拿自己，于是逃之夭夭。匈奴单于庭的位置如图 2-38 所示。

午时与未时之交，太阳升上中天，光耀大地，霍去病在狼居胥山的余脉姑衍山上寻到一块平地，设祭台，史称"封狼居胥"。

古代封禅是祭天地的大典，一般由帝王主持，告太平于天，告祥瑞于地。其中，"封"是在山顶筑坛祭天，"禅"是在山下平土祭地。霍去病在狼居胥山的余脉姑衍山上设祭台，因此称"封狼居胥"。

两万汉骑，广布余吾水北岸平原上，旌旗如海，军容鼎盛。

霍去病点燃火堆，将缴获的匈奴战旗投入火中，率众校尉及部落首领，先祭天地，次祭日月星辰、风云雨雷、五岳四泽、名山大川。

台下鼓号齐奏，台上烈火熊熊。

最后向天敬酒，天地寂然无声，鼓号齐敛，霍去病率众将杯内的酒一饮而尽。

远处的山崖上，左贤王乌维看到此情此景，气得咬牙切齿，却无可奈何。

举行封禅仪式，一般会在上山之时将马蹄和车轮包裹起来，恐伤及山中土石草木，触怒山神。霍去病军却开山劈林，未把漠北山灵放在眼里。

大风忽起，飞沙走石，霎时天色昏黑，大雨如注。霍去病草草结束封禅之礼，寻找大树躲雨，相当狼狈，军中患风寒者众。

图 2-38　匈奴单于庭（今乌兰巴托）的位置

雨过天晴，霍去病登到狼居胥山高处，极目而视，只见山原舞动，林海无限。从匈奴降卒口中得知，沿余吾水可绕过狼居胥山，马行五六日可至天地之尽头北海（贝加尔湖）。

霍去病再率军沿余吾水而上，一路遇到匈奴便杀，不论男女老幼，以充军功。悬胡青天上，埋胡紫塞傍。

塞外悲风切，瀚海（北海）百波重。几日后霍去病来到北海，旧伤发作，便奏凯而回。汉军长距离行进，加之一身盔甲，战马消耗极大，很多骑兵失去战马，只能用骡、驴代步。

霍去病的漠北之战，折损约 1 万人，但战马损失六万余匹，仅剩不足万匹。此战斩比车耆王，掳获兰氏王章渠、屯头王、韩王，掳获匈奴将军、相国、当户、都尉等高级将领 83

人，斩首和掳获70443人。

战后冠军侯霍去病益封5800户，总食邑17600户（算上五次封赏的零头，实际为17700户）。

楼专王伊即靬封为众利侯，食邑1800户。

右北平太守路博德封为符离侯，食邑1600户。

因淳王复陆支封为杜侯，食邑1300户。

北地都尉邢山封为义阳侯，食邑1200户。

从骠侯赵破奴益封300户，总食邑1800户。

昌武侯赵安稽益封300户，总食邑不祥。

渔阳太守解赐爵关内侯，食邑300户。

校尉李敢赐爵关内侯，食邑200户。

校尉徐自为赐爵大庶长。

此战乌桓协助汉军战胜匈奴左部，霍去病兑现承诺，允许乌桓在上谷、渔阳、右北平、辽西、辽东五郡塞外牧马。朝廷置护乌桓校尉（军职四品），监督乌桓五部，使之疏远匈奴，为汉朝侦察匈奴动静。

此外被匈奴挤压到大兴安岭西麓的鲜卑，逐步占据大草原（呼伦贝尔大草原），并填补弓卢水（克鲁伦河）一带的空缺。几百年后取代匈奴称霸大漠的就是鲜卑。

匈奴的势力范围整体西移，汉朝在燕山一带的压力顿减，匈奴很难越过鲜卑和乌桓攻击汉朝，造成“漠南无王庭”的现象。胡雁哀鸣夜夜飞，胡妇眼泪双双落。

唐朝的李白看到这段历史，写下6个字：“胡无人，汉道昌。”

汉朝防御重点同样西移到阴山一带，后来出朔方郡高阙塞以北数百里，修筑城邑、烽燧。

● 李广难封，霍去病杀李敢

漠北之战，卫青与霍去病两军斩首和掳获匈奴9万，汉军死伤亦有数万，战马14万匹出征，入塞不满3万匹，数年内汉朝也难再有大规模北伐之举。

武帝为嘉奖卫青、霍去病，改太尉为大司马，将三公排序改为大司马、丞相、御史大夫，拜两人为大司马，筹划兵事。自景帝平七国之乱，拜周亚夫为太尉五年，后来一直不设太尉。武帝初期为控制局势，以舅舅田蚡为太尉，时间仅一年。如今武帝将太尉复用古名，拜卫青、霍去病为大司马，名为器重，实则削其兵权，把二人控制在朝中，不再率军出征。

卫青7次出击匈奴，斩首和掳获5万余级，封长平侯，食邑16300户。其帐下封列侯者14人：合骑侯公孙敖、南窌侯公孙贺、岸头侯张次公、平陵侯苏建、翕侯赵信、博望侯张骞、乐安侯李蔡、龙额侯韩说、陟轵侯李朔、随成侯赵不虞、从平侯公孙戎奴、宜春侯卫伉、阴安侯卫不疑、发干侯卫登；拜将者15人，其中13人跟随卫青拜将：前将军后将军李广、将军张骞、骑将军左将军公孙贺、轻车将军李蔡、后将军曹襄、将军韩说、右将军苏建、材官将军李息、中将军公孙敖、强弩将军李沮、张次公、前将军赵信、右将军赵食其；卫青不再带兵后，前部下有拔胡将军郭昌、左将军荀彘二人拜将。

霍去病6次出击匈奴，斩首和掳获11万余级（含河西走廊受降），封冠军侯，食邑17600户。其帐下封列侯者6人：宜冠侯高不识、煇渠侯仆多、符离侯路博德、从骠侯赵破奴、杜侯复陆支、众利侯伊即靬、义阳侯邢山。

武帝一生封了87个列侯，其中外戚侯12个（卫青、霍去病在外戚侯中），功臣侯75个。75个功臣侯当中，有39个是匈奴降将，剩下36个是真正的军功列侯。

36个军功侯当中，唯独飞将军李广没有封。李广难封，穿越层层迷雾，有其自身原因，也与卫霍集团和陇西集团的矛盾分不开。

李广一生经历大小上百战，最后因迷路误期，自到绝域，裹尸南归，汉军相率举哀。汉朝百姓闻李广自尽，亦皆垂涕。

李广有三子，长子李当户英年早逝，有遗腹子李陵；次子李椒，年纪轻轻官至代郡太守，可惜负伤病死；三子李敢，漠北之战跟随霍去病立功，刚封了关内侯。武帝怜李广死得无辜，遂以其子李敢承袭父职，授郎中令。

李广之死，拉开了卫霍集团与陇西李氏夺嫡之争的序幕。

武帝此时只有4个儿子，卫子夫（皇后）的儿子刘据在公元前122年已立为太子。武帝次子刘闳，母亲王夫人已去世，卫青早就将王夫人亲属牢牢控制。武帝三子刘旦和四子刘胥，母亲是李姬，来自陇西李氏。

李姬可不简单，她与李广、李蔡血缘关系较近。李姬比卫子夫小十几岁，第一胎生了个公主，后续才生下两个儿子。

二者比较，卫子夫是皇后，生下三女一子，分别为卫长公主、石邑公主、诸邑公主、太子刘据。李姬生下一女二子，分别为鄂邑公主、刘旦、刘胥。不过李姬不久前香消玉殒，扶立两位皇子的重任落在陇西李氏身上。

卫青比谁都清楚，一旦刘据出了意外或失去太子之位，李氏就会扶立李姬的两个儿子，到时候大将军、大司马、长平侯这类头衔并不能保命。

卫霍与陇西李氏的矛盾，根源上是门阀集团瞧不起外戚集团，汉朝史官将卫青和霍去病归为外戚侯，而不是功臣侯。物以类聚，人以群分，绝不是说说而已。在多年对匈奴的战争中，陇西李氏质疑卫青用兵故意压制非亲信将领，卫霍报军功时也优先考虑自己人，霍去病几乎只用匈奴人则遭到群嘲。

现在陇西李氏卷入夺嫡之争，也是武帝故意为之，希望借陇西李氏来适当制衡卫霍集团。不过夺嫡之争可不是一般的官场争斗，这是血雨腥风，不是你死就是我亡。

朝中夺嫡之争激烈到什么程度，让我们来看看三公九卿的配置就清楚了。

三公当中，大将军卫青、骠骑将军霍去病同为大司马，李蔡为丞相，张汤为御史大夫。张汤也属卫霍集团，三公当中李蔡面临不测之渊，有倒悬之患。

九卿当中，除宗正中立，其他8人泾渭分明。

宗正刘受保持中立，他是楚王刘交之孙，袭爵沈猷侯。按辈分刘受是武帝的叔叔，处理刘氏宗族事务，一般不涉及大臣之间的争斗。

郎中令李敢，属陇西李氏，是九卿中兵权最大的。

太常李信成，属陇西李氏，是戚侯李必的曾孙，袭爵，食邑 1500 户。

大行令李息，属陇西李氏，与卫青、霍去病都有交情，是陇西李氏为数不多与卫霍关系尚可的高官。

大司农颜异，颜回（颜子，孔子弟子，孔门七十二贤之首）第十世孙，属门阀集团，站在陇西李氏一边。

太仆公孙贺，卫霍集团的首脑之一。

卫尉张骞，前几年和李广出征，延误战机，削爵去官，免为庶人，卫青举荐其任卫尉。

廷尉禹，属卫霍集团，是张汤的心腹。

少府产，是卫青举荐的。

九卿当中有 8 人（四对四）卷入卫霍集团与陇西李氏之争，双方实力算是旗鼓相当。不过长安城还有一些位比九卿的官职，比如中尉王温舒、左内史敞、右内史义纵，这几人都是酷吏，是御史大夫张汤的心腹。

卫霍集团在三公中对丞相李蔡形成围攻之势，又通过廷尉掌握司法体系，他们正是从李蔡这里打开缺口的。

公元前 118 年，廷尉禹发难，告发丞相李蔡侵占景帝阳陵墓地，将其抓捕下狱。李蔡不堪受辱，在狱中自杀。九卿之一的廷尉抓捕三公之一的丞相，若背后没有军方支持，谁敢相信？

大司农颜异在朝堂上大骂御史大夫张汤，结果被判诽谤而诛杀。太常李信成据理力争，也被削爵去官。

如此一来，陇西李氏惨败，三公卫青、霍去病、张汤属同一利益集团。九卿当中卫霍与陇西李氏形成四比二的局面，而李息与卫霍关系还不错，实际上是四比一，这个一就是李广之子李敢，他成了卫霍集团的眼中钉。

等武帝消了气，回过神来，当然知道是卫霍集团在暗中操弄。不过皇帝要面子，大司农颜异死也就白死了，李信成的爵位和官位也不可能恢复，但卫霍集团必须受到惩罚。

首先是廷尉禹，弃市（斩首并弃尸闹市）。武帝授司马安为廷尉，他属门阀集团，与司马迁是亲戚，是汲黯的外甥。

接着是右内史义纵，弃市，以门阀集团的苏纵顶替。

李蔡留下的丞相之位，并没有按惯例提拔御史大夫张汤，而是拜老臣武强侯庄青翟为丞相。庄青翟是武强侯庄不识之孙，属门阀集团，在武帝登基前任太子少傅，武帝登基初期任御史大夫。庄青翟已卸任 17 年之久，过着列侯的快乐日子，不想入朝为官，更不想担任丞相，这回是临时给武帝救场。

卫尉（官职二品）张骞，属卫霍集团，谪为中郎将（军职四品），率 300 人出使西域。张骞留下的卫尉空缺，由门阀集团的充国担任。

太常李信成的位置，由栾贲顶替。栾贲是俞侯栾布之子，早已袭爵，属门阀集团。

经过一番调整，卫霍在三公中仍占据绝对优势，但九卿当中却是门阀集团占优，九卿中兵权最大的郎中令李敢，成了卫霍集团的下一个目标。

夺嫡之争并没有就此平息，反而愈演愈烈，卫霍集团打算向李敢下手。

李敢有其父李广之风，处事单刀直入，大马金刀。李敢见父亲李广自刎，叔叔李蔡自刎，都和卫青有关，便闯入大司马大将军府上质问卫青，为何派长史责问李广，导致其自刎。

卫青对李广之死毫无歉意，喝令李敢不要以下犯上。李敢怒从心头起，竟出手击打卫青。卫青连忙闪避，额头被划伤，数名亲兵急忙架开李敢。李敢愤愤而去。卫青数日后痊愈，对府上所有人说不要外传此事，却故意令亲兵将此事泄露给霍去病。

一日，武帝到甘泉宫游猎，霍去病和李敢随行。

时值初秋，天气清爽，阳光明媚，大军旌旗对对，甲仗森森，向甘泉宫狩猎场进发。到了甘泉宫，将士人人斗勇，个个争先。御车者进退周旋尽显驰驱之技巧，射箭者箭无虚发夸尽神射之技艺。鹰犬借势而猖狂，狐兔畏威而乱窜。弓响处血肉狼藉，箭到处毛羽纷飞。

骠骑将军霍去病摘下紫金盔，卸下银铠，对众将领说：“匈奴比豺狼虎豹还凶猛，我们还不是封狼居胥山，禅于姑衍，登临翰海。”

将领听闻后自惭形秽，纷纷卸下装备，交给亲兵。

此时一只受惊的松鼠出现在众人的视野里，它在草丛和树上来回跳跃移动，并无人在意。一般狩猎用弓弩射杀大型动物，用捕鼠器来捕捉灵活的小动物。

忽然嗖的一声，一支劲箭射中空中跳跃的松鼠，余势不衰，半只箭插入树木中。

李敢得意洋洋，没人看见他弯弓搭箭，如此神乎其技的射术世间少有。将校们不敢大声叫好，以免吓走附近的野兽，内心都默默称赞。

远处山坡上，出现一只梅花鹿，正警觉地盯着霍去病等人。此时策骑过去，梅花鹿肯定逃之夭夭，然而距离太远，射又射不到。

在众人不可置信的目光中，李敢取出彤弓彤矢，奋力一射，但听虎筋弦响起，红光一闪，一支彤矢穿过一片落叶，插在梅花鹿的颈脖上，它轰然倒地。落叶挡住了彤矢的光芒，令梅花鹿猝不及防。

另一道寒芒同时射出，李敢睁大双眼，露出不可思议的神色，从战马上摔了下来，颈脖上也插着一支箭矢。

霍去病虽善骑射，但比李敢还是差点，论箭术李敢若称第二，同时期的大汉朝无人敢称第一。善射者必然善于躲避箭矢，是以李敢多次领兵深入匈奴战阵，都能全身而退。

霍去病张满弓，李敢以为他射不到梅花鹿，怎会料到霍去病这一箭是为自己准备的。李敢屏气敛息，全部注意力都在梅花鹿上，而彤弓虎筋弦发出的巨响，也掩盖了侧面而来的箭矢破空之声。霍去病射杀李敢，也只有这个机会。真是明枪易躲，暗箭难防。

李广、李蔡、李敢在三年内相继非正常死亡，陇西李氏遭到沉重打击。

李广长子李当户有个遗腹子叫李陵，这一年 11 岁，入宫做了羽林郎，任为侍中（非官职，贴身跟班），常在武帝左右。李广次子李椒没有子女，三子李敢有一子李禹和一女李氏，年纪尚幼，武帝令带入宫中保护起来，更有栽培之意。

郎中令李敢死了，顶替之人是校尉徐自为。早在汉景帝时期，曾经有7个匈奴小王南下投诚，全部封侯，其中徐卢封容城侯。徐卢并非中原的徐氏，只是用了徐这个姓氏，而徐自为是这个家族年轻人中的佼佼者。

徐自为是霍去病的部将，漠北之战虽然未能封侯，却也赐爵大庶长。徐自为在郎中令这个兵权最大的九卿位置上坐了18年，居西汉所有郎中令之首，直到后来卫霍集团与李广利夺嫡之争，徐自为延误战机，消极拒战，这才免官。

武帝诸子第一次夺嫡之争分出胜负，太子刘据地位稳如泰山，李姬两个儿子再没有强大靠山。

公元前117年，武帝立次子刘闳为齐王、三子刘旦为燕王、四子刘胥为广陵王。武帝封三个儿子为王不算稀奇，但在这个时间点上，可以说是保护了3个皇子，让他们离开旋涡中心长安。

王夫人和李姬红颜命薄，是巧合还是被人谋害，恐怕只有皇后卫子夫能回答。武帝不仅要保护皇子，还想生儿子，只是他现在还不知道，从这个时间点到卫青去世，十几年间他不会再有儿子，直到卫青去世5年后，另一位李夫人才会给他怀上儿子。这又是巧合吗？有人怀疑是卫皇后做了暗室亏心之事。

武帝刚立3个皇子为王，23岁的霍去病却忽然病故，史载为旧伤复发所致。霍去病在天子眼皮底下明目张胆射杀猛将李敢，这件事放在任何朝代都是晴空霹雳般的存在，天子与骠骑将军，恐怕只能二选一。

东汉末董卓杀丁原、张温，行废立之事，颠覆朝政。汉武帝显然不是汉少帝或汉献帝，千百年来一直有人怀疑是否武帝赐死了霍去病。这个千古谜团，或许将来打开霍去病的墓穴才能知道。

霍去病死后，武帝赐葬于自己的茂陵旁，起高冢（zhǒng），象征祁连山。茂陵以东约1000米，依次是卫青墓、霍去病墓、金日磾墓。武帝陵与霍去病墓的位置如图2-39所示。

武帝发属国铁甲骑兵，皆穿素服，从长安至茂陵送葬。

霍去病有两子，长子霍嬗只有3岁，袭爵冠军侯，食邑17600户。武帝授霍嬗为奉车都尉，不料7年后霍嬗便病死了，年仅10岁，无子，国除。霍去病有个同父异母的弟弟叫霍光，武帝召其入宫为侍中，在左右伺候。霍光在武帝死后拜大将军大司马，权倾朝野，他一生未上过战场，在那个尚武的时代算是另辟蹊径。

霍去病与李敢，这对年轻的帝国双璧，若不是敌手，而是携手战匈奴，那才是我们期待的历史，可惜了。

霍去病之死，最紧张的人莫过于大将军卫青。两年后，卫青娶平阳公主，得以续命10多年。

平阳公主是武帝唯一的同父同母姐姐，她先嫁平阳侯曹时，生下独子曹襄。公元前131年，曹时去世，曹襄继承万户侯爵位，食邑23000户（高祖封10600户，文帝益封12400户）。平阳公主则改嫁汝阴侯夏侯颇，夏侯婴的曾孙，食邑6900户。

公元前115年，平阳公主二婚第16年，汝阴侯夏侯颇和他亡父的婢女通奸，事情败露。这件事要是发生在其他爵爷身上，毫无波澜，因为夏侯颇的父亲已经去世19年。但平阳公主不肯放过出轨的夫君，驸马爷汝阴侯夏侯颇被逼自杀，封国除。

图 2-39　武帝陵与霍去病墓

事情到这里，大家应该看明白了，如果平阳公主再嫁，一定是几千甚至上万户的侯爵，但是这些侯爷大多数都有夫人，即使丧偶，谁敢娶一枚随时可能自爆的核弹回家。

卫青与平阳公主认识多年，当年卫子夫和卫青都在平阳公主府上做事。卫子夫成为皇后，卫青拜大将军后，平阳公主让独子曹襄娶了卫皇后的长女（卫长公主）。漠北大战前平阳公主亲自登门，请卫青带曹襄出征建功。

谁也没想到，就在汝阴侯夏侯颇自杀的这一年，38 岁的卫青火速迎娶 43 岁的平阳公主。三婚的公主也是刁蛮公主，绝对不好伺候，夏侯颇死不瞑目。卫青的夫人虽然不在世了，但他有 3 个儿子，如果不是为了保命，何必如此忍辱负重娶个三婚的刁蛮老公主？

第三章　开疆拓土

第一节　南征北战

● 征南越，设九郡

漠北之战后，伊稚斜单于接受现实，听取自次王赵信的建议，不再牧马漠南，不再接近汉地边塞，引诱汉兵深入，乘其疲困击之。而汉朝也没有足够的战马支撑北伐，随着李广、李敢、霍去病等将领去世，卫青放弃兵权娶平阳公主，武帝将目光转移到南方的南越国。

赵佗早在秦朝就称南越王，但是直到汉朝建立约90年后才攻灭南越国，为什么这么慢呢？

刘邦定天下，南越武王赵佗自恃地处险远，不肯称臣纳贡。刘邦欲兴兵攻之，但是一个白登之围令刘邦清醒过来。面对赵佗，但求不来侵犯，保得边境安宁而已。

公元前196年，刘邦杀梁王彭越后，派陆贾南下游说，言明只要赵佗北面称臣，便下诏封赵佗为南越王。

陆贾来到赵王宫，发现赵佗头不戴冠，身不束带，箕踞而坐，毫无迎接之意。

陆贾见赵佗如此傲慢无礼，便走近前数落道："足下乃是中国人，祖宗坟墓，兄弟亲戚，都在真定。如今足下反其天性，弃却冠带，徒以区区之南越，欲与天子抗衡，不肯降服，祸将至矣。当日秦失其政，豪杰并起，今天子灭暴秦，平强楚，五年之间，海内平定，此非人力，实乃天意。天子闻王据南粤，不助天下诛讨暴逆，诸将相大臣，皆请移兵问罪。天子怜百姓劳苦，权令休息，故遣臣来授君王印绶。足下理应亲自出郊迎接，北面称臣，谁知竟欲以敌国之体相待。天子之怒，伏尸百万。若不肯北面称臣，天子必遣人掘烧君王先人坟墓，诛灭宗族，命一偏将，领十万之兵前来，平定南越，易如反掌。"

赵佗身经百战，不会被几句话吓倒，但还是装作认为对方说得有道理的样子，即时离座起立，笑对陆贾谢道："吾久居蛮夷之中，以致失礼，幸勿见责。"

赵佗命赐座，上酒肉。陆贾刚坐定，赵佗便笑嘻嘻发难道："我比汉之皇帝，何人较贤？"这是一道难题，说刘邦贤，赵佗随时可能翻脸；说赵佗贤，回去长安是要砍头的。

陆贾确实做足了功课，正色道："皇帝起丰、沛，诛灭群雄，为天下兴利除害，上继五帝三皇之业，统治中国。中国之人，以亿兆计算，地方万里，土壤膏腴，万物殷富，政由一家，自开天辟地以来未曾有此。今王人众不过数十万，皆属蛮夷，崎岖山海之间，不过如汉之一郡，王何得自比于汉？"

赵佗见陆贾不卑不亢，颇为赏识，留他住了数月，终于接受南越王印绶，北面称臣。陆贾回到长安后，刘邦授为太中大夫（官职六品）。

到了吕后时期，令长沙王吴右禁止向南越国出售铁器，以防其作乱。

南越王赵佗岂是善与之辈。公元前 187 年，赵佗自号南越武帝，与汉朝天子并立。同时起兵攻击长沙国，残破数县，虏掠人畜货物而去。

公元前 181 年，吕后令隆虑侯周灶领兵击之。周灶在刘邦统一天下时只是个都尉，此时也挑起大梁了。五六月天气，南方酷暑天热，北方士卒不服水土，军内瘟疫横行。赵佗又遣兵防守边界，汉兵不能越南岭侵入一步。第二年，吕后去世，周灶班师回长安，无功而返。

赵佗再胜一局，愈加得意，遂利用兵威财物迫使闽越、西瓯皆来归附，所占土地，东西万余里。赵佗于是用天子仪仗，乘黄屋，建左纛，俨然与汉朝并立。

公元前 179 年，汉文帝即位当年，修书一封，令太中大夫老陆贾起程，再赴南越。文帝的核心思想是“得王之地，不足以为大，得王之财，不足以为富”，意思是我们汉朝地大物博，我不要你的地和财，只要你北面称臣。

文帝把罪责全都推到吕后身上，然后罢免长沙两将军，给赵佗台阶下。接着派人去真定，为赵佗先人父母修塚，希望能够尽弃前嫌，通使如故。

文帝之书表面语气和善，实则杀机四伏。古代对祖先陵墓甚为尊敬，后人定期对祖先的坟墓进行祭扫。赵佗无法亲自为先祖父母修塚上坟，汉文帝命人代劳，可以说执礼甚恭。反过来说，如果赵佗不从，汉文帝也可以挖了赵佗祖坟。

古时对祖先陵墓的完整性极为重视，如果谁的祖坟被挖，皆视同己身受辱，日后也没有颜面去祭祀祖先，在旁人面前也抬不起头。

挖人祖宗坟墓迫降，这是有先例的。春秋时期晋国攻打曹国，晋国中军将先轸令一半军士去挖曹人祖坟，还没开始挖，曹共公便请求和谈，后曹国国都也是因此被攻破的。

战国时五国伐齐，燕国大将骑劫兵临即墨城下，派兵卒尽掘城外齐人祖坟，烧死人，暴骸骨。即墨城头的守军从城上望见，皆涕泣，欲食燕人之肉，以报祖宗之仇。后来田单复齐，就是从即墨开始反攻的。

像赵佗这种诸侯王，一旦祖坟被掘，等于直接断了龙脉，他在南越国的影响力恐怕会大为降低。刘邦也曾用赵佗祖坟威胁，那时候赵佗正值壮年，未放在心上，现在人老了，一提到坟字就讳莫如深，怕无颜见祖宗。

赵佗接见故人陆贾，拉着手一番叙旧，诚恳道：“愿奉汉诏，永为藩臣。”遂除帝号，依旧称南越王。

赵佗写给文帝的回书也诚意满满：“老夫身定百邑之地，东西南北数千上万里，带甲百万有余，然北面而臣汉，何也？不敢背先人之故。老夫入南越四十九年，今抱孙焉，然夙兴夜寐，寝不安席，食不甘味，目不视靡曼之色，耳不听钟鼓之音，以不得事汉也。”

公元前 138 年，赵佗之孙赵胡即南越王位。公元前 136 年，闽越王驺郢兴兵击南越边邑，武帝遣兵救之。事平之后，武帝命严助示意南越王赵胡，令其入朝。南越群臣谏阻不可去，赵胡遂称病不肯来朝，遣太子赵婴齐入京宿卫。

赵婴齐在南越早已娶妻生子，但没有带家小去长安。

长安城，满天星座，伴着一弯新月，一座著名的妓院之内，灯红酒绿。

赵婴齐熟练地穿东走西，来到一处隐秘的居所，止住几名随身侍卫，独自入内。

只见一女生得娇嫩若盛放的牡丹芍药，乌黑如云似瀑的秀发长垂至后背心，身材窈窕动人，风姿绰约，正巧笑倩兮，用那对媚眼望着赵婴齐。

此风尘女子为生于邯郸的樛（jiū）氏，赵婴齐爱之不可自拔，便娶为妻，生子赵兴。

公元前 122 年，赵胡病亡，赵婴齐嗣立为南越王，回南越后上书请立樛氏为王后，立赵兴为太子。

武帝准奏，但遣使者去召赵婴齐，希望他来长安朝见。赵婴齐做了南越王，独据一方，生杀任意，何等快乐，于是再三称病，但遣其子赵次公去长安为质。

公元前 113 年，南越王赵婴齐病死。太子赵兴即位，尊其母樛氏为王太后。当年樛氏未嫁赵婴齐时，与灞陵人安国少季关系密切。武帝遣使吊丧，使臣中就有安国少季，目的是劝南越王及太后入朝。与此同时，武帝令卫尉路博德领兵南下，屯在桂阳，遥为声势。

南越国太后寝宫，樛太后倚靠在秀榻之侧，幽幽一叹，盈盈而起。

安国少季悄然看去，十几年没见，樛氏鼻梁微曲，朱唇丰厚，妖媚更胜当初，一对会说话的眼睛亦在熠熠生辉地打量着安国少季。

樛太后轻移莲步，走动时双峰摇颤，旋即已至安国少季胸前，香泽可闻，芳香盈鼻，于是两人旧情复燃。

樛太后是土生土长的中原人，便欲倚借汉廷威势，力劝南越王赵兴及其近臣，请求内属。赵兴年少，一切听从母亲的，愿除去边关，三年入朝一次。

南越王赵兴与樛太后命人整束行装，满载许多财物，准备起程北上入长安。然而南越国第二大族吕氏不肯内附。

南越相国吕嘉，相赵胡、赵婴齐、赵兴三王，宗族 70 余人为大官。吕氏所生之子皆娶王女，所生之女皆嫁南越王子弟宗室。吕嘉又与苍梧秦王赵光联姻，赵光是苍梧部落首领，苍梧算是南越的属国，赵光的姓氏也是赵佗所赐。总之吕嘉在南越位高权重，人心所向。

吕嘉数次谏阻南越王不要归顺汉朝，但赵兴只听母亲的。吕嘉便称病不朝，也不见汉使。如此一来，南越王赵兴竟然无法动身，因为人心多不归附，军民都不配合。

武帝闻之，遣济北相韩千秋与樛太后弟樛乐，率兵 2000 驰入粤境协助南越王北走。

吕嘉再也坐不住了，与其弟率军入宫，攻杀南越王、太后、安国少季，并杀死另外两名使臣终军、魏臣，遣人通知苍梧秦王赵光及南越郡县，立赵婴齐长子术阳侯赵建德为南越王。

韩千秋与樛乐并驱进兵，南越吏卒殷勤接待，愿为向导，畅行无阻。谁知来到越都城番禺以北 40 里，南越兵忽然四面杀到，重重裹住。

韩千秋只有 2000 人马，前无去路，后无救兵，最后全军覆没，无一生还。

当然此二人也不会白死，平定南越后，韩千秋之子韩延年封成安侯，食邑 1380 户；樛乐之子樛广德封龙侯，食邑 670 户。

天子之怒，伏尸百万。武帝龙颜大怒，恨不能立刻出兵南越，却无将可用。

满朝200多个侯爷，竟无人主动请缨，一个个早就没有了战意。刘邦打天下封了153个侯，加上惠帝、吕后、文帝、景帝、武帝所封功臣侯和外戚侯，少说也有300多个侯，除一部分削爵外，仍有200多个列侯。长安大街上，随时都有侯爷的身影，但这些人都已封妻荫子，哪还有人愿意提着脑袋去立战功。

此时齐国相国卜式上书道："今南越反叛，群臣宜尽死节。臣愿与吾儿及临淄习射、博昌习船之人，前往死战，以尽臣节。"

卜式早期是皇室的牧羊官，后任缑氏县令（官职五品）、成皋县令（官职五品）、齐国相国（官职三品）。

武帝喜出望外，但卜式并非合适人选，遂赐卜式为关内侯，黄金40斤，田10顷，布告天下。卜式寸功未立却封了侯，武帝欲借此激励群侯，使之闻风兴起。

不料侯爷们在温柔乡里待久了，一个个装聋作哑。武帝找来三公，疾言厉色，令二人想办法让侯爷们重回战场。三公中太尉卫青早不参政，只有丞相赵周和御史大夫石庆。

赵周的父亲叫赵夷吾，当年七国之乱，赵夷吾是楚王的相国，死谏楚王不要起兵谋反。赵夷吾的死没能阻止楚王起兵，但却给赵周的仕途开辟出一条坦途。汉景帝拜赵夷吾之子赵周为太子太傅，辅佐刘彻，后来封为高陵侯。

石庆的父亲叫石奋，开国功臣之一，汉文帝时任太子太傅，曾辅佐太子刘启（汉景帝）。后来石奋官至九卿，汉景帝拜他的4个儿子为两千石官员，一家5个两千石官员，石奋号称万石君。石奋之子石庆也曾担任太子太傅，辅佐过刘彻（汉武帝）。

武帝信任这两个儿时的老师，但二人意见相左，提出的方法完全不同。丞相赵周是保守派，建议加大封赏劝说侯爷们出山，而石庆是激进派，他提出了一个一网打尽的方法。

恰好时值八月，祭宗庙，照例诸侯王及列侯皆应贡金助祭。贡金多少，按照所食户口计算，都有定额。诸王侯按照数目，各向少府缴纳，分量成色难免打点折扣，少府哪敢得罪这些侯爷。这件事朝廷上下包括皇帝都知道，但王爷和侯爷们不会提，其他没有封侯的人不敢提，皇帝也就不会认真计较。

武帝便让御史大夫石庆主持此事，又令齐相卜式协助石庆查案。此番石庆和卜式认真查验，发现分量不足、成色低下者不计其数。武帝放过了王爷，下诏剥夺侯爷爵位，此次因酎金失侯者共107人，几乎涉及一半的侯爷。

在这107人当中，丞相高陵侯赵周与符离侯路博德赫然在列。武帝划掉了路博德的名字，以大局为重，却没放过丞相赵周，削其爵位，逮捕入狱，逼其在狱中自杀。

最终，武帝以上缴酎金成色不足为由，将106位侯爷削掉爵位。侯爵们失去食邑，纷纷毛遂自荐，希望重操旧业，再赴沙场。

御史大夫石庆因功升为丞相，封牧丘侯，齐相卜式一跃成为御史大夫。

公元前112年秋，武帝下诏大赦天下，尽发罪人从军，计十余万人，兵分五路南下番禺。汉军五路下南越国的形势如图3-1所示。

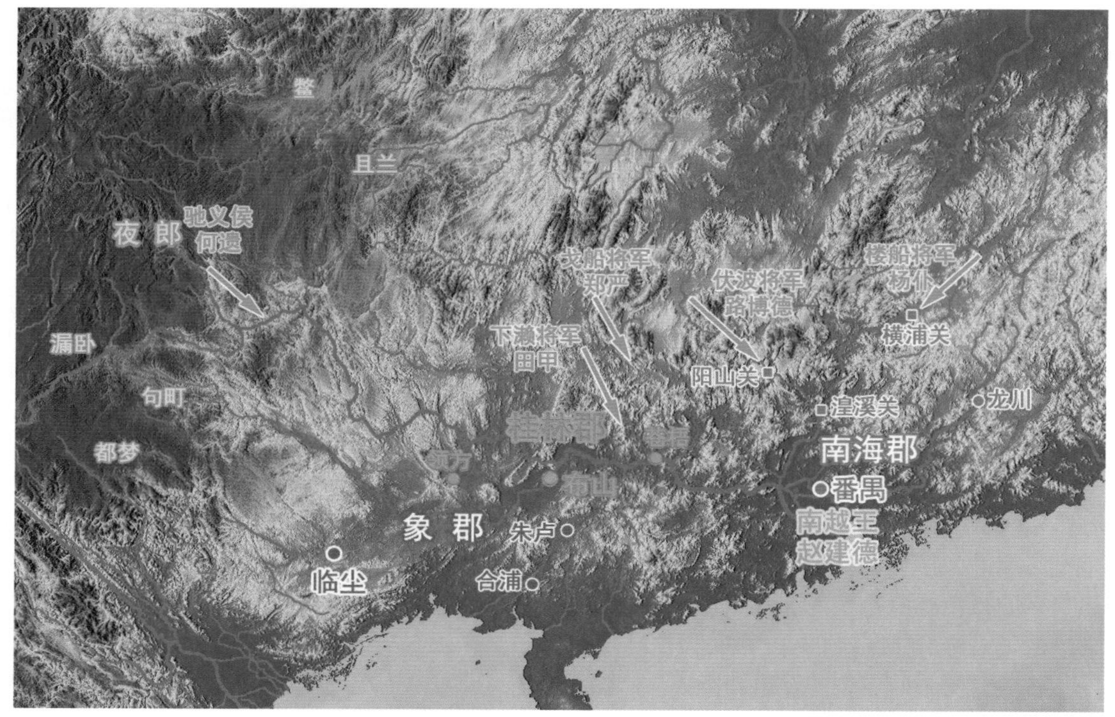

图 3-1 汉军五路下南越

第一路卫尉（九卿之一，官职二品）路博德拜伏波将军，出桂阳，下湟水（连水）；第二路主爵都尉（官职四品）杨仆拜楼船将军，出豫章，下浈水；第三路归义侯郑严，拜戈船将军，出零陵，下漓水；第四路归义侯田甲，拜下濑将军，出零陵，下苍梧；第五路驰义侯何遗，率领巴蜀罪人和夜郎兵，下牂牁江。

主将路博德官居卫尉，早在漠北之战后封为符离侯，食邑 1600 户。这种跨越汉朝南方大部分郡的军事行动，必须有位高权重、战功赫赫的人物总揽全局。

自从汉朝通往身毒（天竺、印度）的使臣受阻于昆明，武帝便在上林凿通一池，号为昆明池，以杨仆和韩说为将，率水师操练水战。杨仆是赤泉侯杨喜的后人，韩说是韩王信的后人，都是豪门大族。杨仆官至主爵都尉（官职四品），主管封国各王及其子孙封爵夺爵等事宜。

归义侯郑严、田甲，驰义侯何遗，都是南越人，曾追随赵婴齐、赵次公等入汉，他们熟悉南越国，因此委以重任。但这三路军队是否能胜任，真的要打问号。

郑严、田甲从湘江进入漓江后，无法突破南越苍梧秦王的封锁，他们直到战争结束都未能赶到番禺。何遗率领巴蜀罪人，还没到夜郎，在且兰国就受阻，且兰君不愿出兵，何遗就陷在贵州高原上，等南越平定后汉朝再分兵去救他，真是贻笑大方。

五路大军攻南越，实际上重任落在路博德和杨仆这两路。但路博德属卫霍集团，杨仆属门阀集团，两大阵营互相鄙夷，两位将军自视甚高，恐怕很难戮力齐心。

楼船将军杨仆率领水师，由豫章郡赣江支流南下，然后走一小段陆路，进入大庾岭南方的浈江，攻破横浦关，进入南越国境，再入北江南下，攻破湟溪关。这些关卡都在今广东韶关附近，作为广东的北大门，韶关历来是我国南部门户区域的一道天险。

杨仆率水师大军沿北江而下，在一个叫寻峡的峡谷地带遇到第一波较大的抵抗。

寻峡江面甚窄，水流湍急，浪声如雷，两岸皆是峻岭，壁立千仞。南越有 1 万人镇守峡谷两侧，投石车和滚木隐藏在林木间，专门攻击大型舰队。杨仆先将船只泊定，自率精兵，攀藤附葛登上河岸，水战变野战，杀得越军措手不及。

杨仆破了寻峡，沿途无阻。将近番禺，遥见两岸山势对峙如门，此为番禺城北最后一道关卡——石门。杨仆挥师攻击石门，南越王赵建德、相国吕嘉派军出城迎敌。越军不敌汉军的强弩，丢失石门，大败奔入城中，不敢再与汉军野战。杨仆的兵力不足以围困番禺城，便驻兵休整，等候路博德军到来。

伏波将军路博德由长沙国桂阳进兵，所部士卒大部分是罪人，沿途逃散一空。路博德从九嶷山进入连水，攻克阳山关，然后沿北江南下，还好杨仆已经攻克沿途关卡，一路顺利。路博德率先锋千余人赶到番禺以北的石门，比杨仆晚了一个月。路博德与杨仆的攻击路线如图 3-2 所示。

图 3-2　西汉灭南越国

路博德战功赫赫，7 年前的漠北之战就已封符离侯，食邑 1600 户。从军职来说，伏波将军与楼船将军平级；从官职来说，卫尉比主爵都尉高两级。这场战争的主将应该是路博德，两路人马应该合并，但两大阵营对立，事情没有那么简单。

杨仆这边不仅人多，麾下还有东越王驺余善统率的一支 8000 人劲旅，想立首功。他见路博德这边人少，后续可能也没多少兵增援，便坚持各自领本部兵马攻城。于是杨仆攻东南，路博德攻西北。

杨仆自出兵以来连胜数仗，兵势正锐，于是下令架起云梯，尽力攻打，又令军士多备引火之物，缚在箭头，射入城中，放火烧城。然而番禺乃是南越国都，城高濠深，城上遍插旌旗，满布守军，一时难下。杨仆心急火燎，催促东越王驺余善加强攻势，严词厉色，语言刻薄。余善作为诸侯王，不敢正面冲突，却冷眼相待，充耳不闻。

路博德驻扎在番禺西北，却无力攻城，便安营扎寨，多筑壁垒，虚插旌旗，遥张声势，同时暗自遣人入城，遍告守将速来归降。

番禺城中四处火起，烧毁民居无数，烟焰冲天，又听得城外汉兵杀声震天，守将和百姓愈加慌乱。尤其一些富商小贩，东奔西窜，各想逃生，满城鼎沸。守城将领亦各顾家室，无心拒敌。

南越人素闻符离侯路博德威名，知其漠北之战斩首和掳获匈奴 1.27 万人。于是南海郡太守和将军毕取率军民打开西北城门，向路博德军营纳款投降。南海太守在南越国中位高权重，他出城投降，成为此战的重要转折点。平定南越国后不久，南海太守病逝，其子封涉都侯，食邑 2040 户。南越将军毕取封膫侯，食邑 510 户。

南越王赵建德及吕嘉得知南海太守出降，面如死灰，遂各率心腹数百人，突围出城，意欲逃入海中小岛。

杨仆率数万大军入城，将赵氏和吕氏一网打尽，就是没找到南越王和南越相国。

路博德自己入城和杨仆会师，却令麾下 1000 多人追击。结果军司马苏弘俘南越王赵建德，封海常侯，食邑不详。南越降将孙都俘南越相国吕嘉，封临蔡侯，食邑 1000 户。

杨仆前后忙活几个月，不想却被路博德坐享其成，可见斗力不如斗智。

南越各郡县闻说番禺已破，南越王和相皆被擒，便望风归附。苍梧秦王赵光见汉兵到来，即出投降，封随桃侯，食邑 3000 户。桂林监居翁，率瓯骆民四十余万降，封湘成侯，食邑 830 户。揭阳县令史定率军民出降，封安道侯，食邑 600 户。

符离侯路博德，办酎金案与战功并存，将功折罪，不益封也不惩罚。杨仆摧锋陷坚，封将梁侯，食邑不详。

长安未央宫城周长 8800 米，正门向北，称为北阙。南越王赵建德被斩，头颅悬挂于长安未央宫北阙，南越相吕嘉的头连悬在北阙的资格都没有。南越国灭亡，自尉赵佗称王传五世，93 年而亡。

武帝将南越之地设九郡，分别为南海、苍梧、郁林、合浦、珠崖、儋耳、交趾、九真、日南。

● 平西南夷，设四郡

汉初时蜀郡之西为西夷，有冉（rǎn）駹（máng）、徙、邛都、莋都、僰（bó）等数十个部落，其中冉駹、莋都较大。巴郡之南为南夷，有夜郎、且兰、漏卧、句町、都梦等数十个部落，以夜郎为大，且兰次之。西夷之南、南夷之西，也有滇、劳浸、靡莫、昆明、巂等数十个部落，以滇国为大。这100多个部落，汉初统称为西南夷，地方数千里。

我们先来看南夷，也就是贵州高原上的部落群，如图3-3所示。

公元前135年，大行令（九卿之一，官职二品）王恢出征闽越，闽越王之弟驺余善效仿公子阖闾刺吴王僚，杀了闽越王驺郢，将首级送到王恢军前，请求罢兵。

武帝令王恢派人南下，乘着平闽越的东风，召南越王赵胡入朝。王恢派鄱阳县令（官职五品）唐蒙前往南越宣旨。

南越人设席款待唐蒙，肴馔中有一种蒟酱，味颇甘美。唐蒙问此物从何而来，粤人答道："此物来自夜郎，由牂（zāng）牁（kē）江（北盘江）运来。"

唐蒙回到长安后，访寻蜀中商人，问千里之外的夜郎如何输送物资到南越，这才明白枸酱出自蜀地，商贾先逆乌江而上，将其带到夜郎国。而夜郎国临牂牁江，南下接红水河—黔江—浔江—西江，沿江而下便可抵达番禺。南越国羁縻（笼络控制）夜郎，却也不能令夜郎完全臣服。

唐蒙知道武帝早有平南越的雄心，便想拓地徼功，上书献策，说南越王黄屋左纛（dào），地方东西万余里，名为外臣，实一州主也。然而从长沙国或豫章郡南下，山路水路都很难走。如果大汉在夜郎设官置吏，再借道夜郎，浮舰牂牁，出其不意，必可攻灭南越。

武帝点头咂嘴，擢唐蒙为中郎将，率军千人、民夫万余人，到夜郎宣旨。大军带着庞大的礼物车队，由巴郡符关进入赤水河，一路山岭崎岖，蛮烟瘴雨，甚是难行。

贵州高原西有乌蒙山，东有武陵山脉，北有汾关山、大娄山，南有苗岭，地势西高东低，山地居多，且起伏较大，称为山原。当地的气候和交通，一言以蔽之：天无三日晴，地无三尺平。

唐蒙率军跋山涉水，终于抵达夜郎国都，见到夜郎王竹多同。

夜郎周边有10余个南夷部落，以夜郎最大，且兰次之，中间隔着广袤的苗岭。夜郎与中原交通阻隔，夜郎王坐井观天，唯我独尊，以为天下夜郎国最大，故有成语曰"夜郎自大"。

夜郎王头顶羽冠，披着巴蜀长袍，问唐蒙道："汉比我国，谁为较大？"夜郎对巴蜀和楚国有所了解，对后来的秦汉知之甚少，故有此问。

唐蒙笑道："夜郎区区之地，如何比得大汉？"

唐蒙对井底之蛙夜郎王详细介绍了中国土地之大、人民之众、物产之多、文化之美，并将带来的金帛货物厚赐予夜郎。夜郎王和各部落首领哪见过如此五光十色的明珠美玉、锦绣缎匹，看得目不暇接。

唐蒙提议夜郎王率南夷诸部内附，设置官吏，不失封侯，并可使夜郎王之子为县令，由汉廷置吏辅佐。

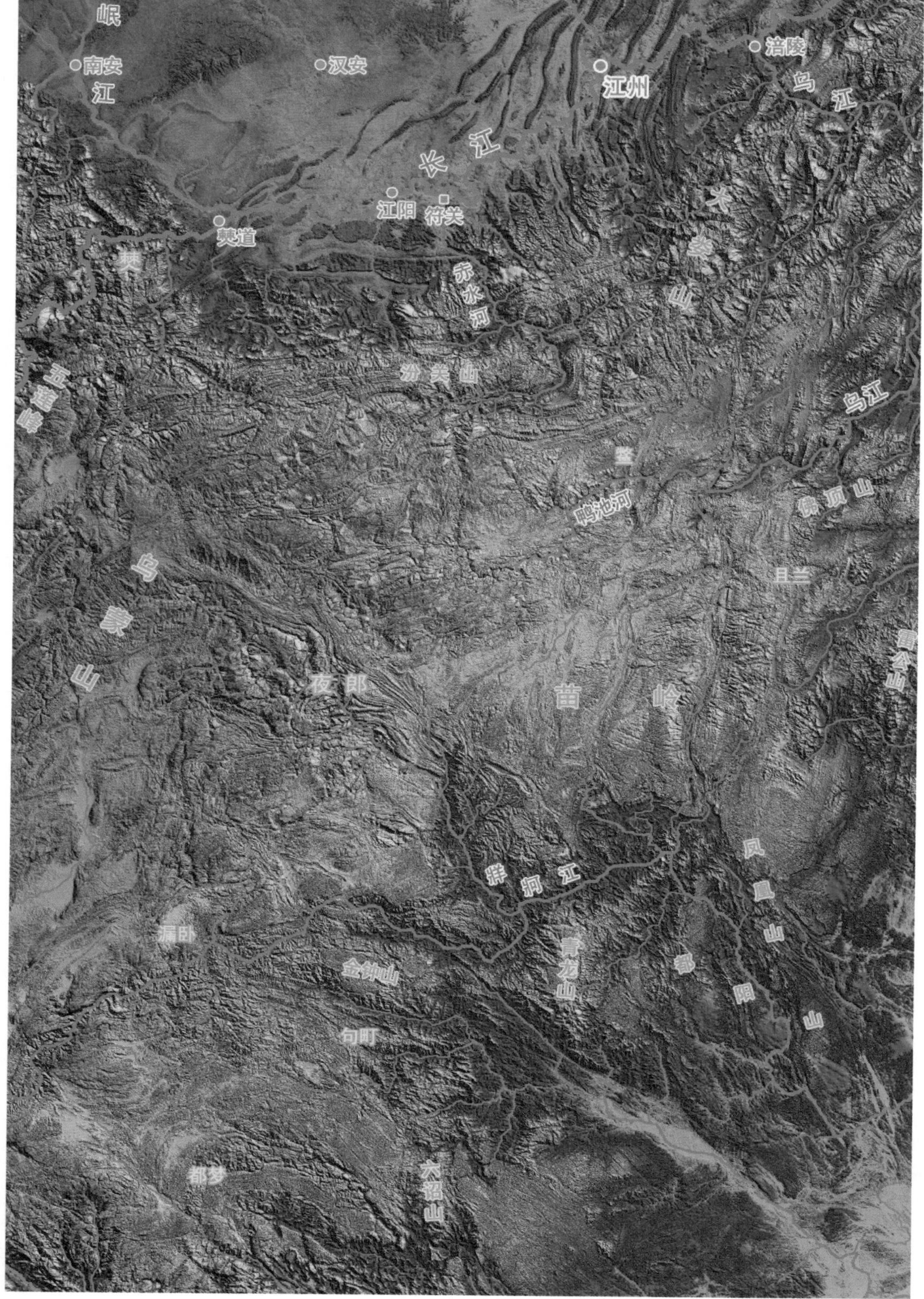
岷
江
南安
汉安
江州
涪陵
乌
江
长
江
江阳
符关
僰道
僰
赤水河
大
娄
山
汾关山
五
莲
峰
乌江
鳖
鸭池河
佛顶山
且兰
乌
蒙
山
夜郎
苗
岭
雷
公
山
凤
凰
山
牂
牁
江
漏卧
金钟山
青
龙
山
都
阳
山
句町
都梦
六
诏
山

图 3-3　南夷

夜郎王与部落首领垂涎汉之缯（zēng）帛，以为道路险远，朝廷不可能发兵前来，纷纷赞同。

于是武帝从蜀郡分出僰道、南安、汉安，从巴郡分出江阳、符关，再加上巴蜀南部山区，设犍为郡，首府在僰道。最引人注目的是，在乌江上游鸭池河的源头设汉阳县，置都尉府，几乎把刀架了在夜郎头上。犍为郡的位置如图 3-4 所示。

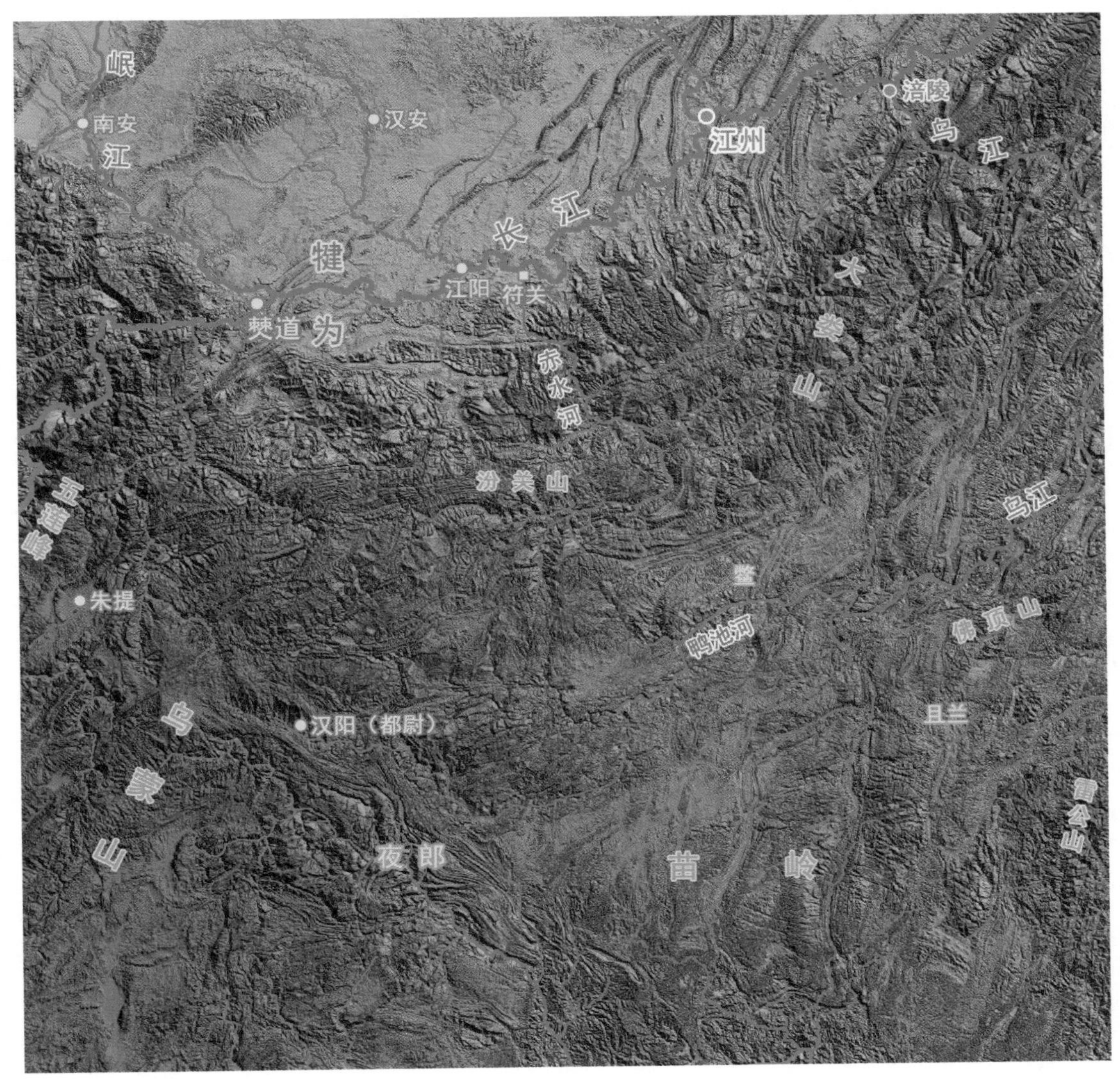

图 3-4　犍为郡

武帝令唐蒙再次前往，发巴、蜀士卒千人、民夫万人修路，自犍为僰道直达牂牁江。夜郎自大，夜郎王仍夜夜笙歌，不知武帝决心平定整个贵州高原，夜郎国首当其冲。

然而唐蒙立功心切，用军法管理民夫，有逃跑者即诛灭，弄得巴蜀人心惶惶，讹言百出。武帝闻信，便遣司马相如前往，警示唐蒙勿得轻举妄动，并作檄文晓谕各地，巴蜀方才太平。

司马相如是成都人，少时好读书，学击剑。景帝时，为武骑常侍（军职七品）。然而景帝不好辞赋，倒是梁王刘武喜欢这个年轻人。司马相如便跟随梁王去了梁国，创作传世经典《子虚赋》。等到梁王去世，又没人赏识司马相如了，他只得回到蜀郡，投奔好友临邛县令王吉。

司马相如娶了临邛县富豪卓王孙之女卓文君，岳父家有家僮 800，分 100 家僮，以及钱百万给司马相如，更有嫁妆无数。司马相如带着卓文君回到成都，买田宅，置产业，俨然富人。

武帝读到当时的畅销书《子虚赋》，惊为天人，派人把司马相如请到长安，令其再写一篇《上林赋》。

司马相如官职没有唐蒙高，但他是皇帝身边的红人，唐蒙也只好安抚巴蜀士兵百姓，宽以待人。

司马相如是蜀地人，对西南夷有一定了解，他给武帝带回一个消息：西南夷其他部落羡慕朝廷给夜郎赏赐，皆愿归附。而且西夷徙、邛都、莋都、僰等，近蜀地，秦朝时就曾置县，汉初才废弃，若重新置以为县，比夜郎更易控制。

武帝深以为然，遂拜司马相如为中郎将，出使西夷。又以王然于、壶充国、吕越人为副使，乘坐驿车 4 辆，前往蜀郡，招抚西夷。西夷的形势如图 3-5 所示。

司马相如是成都人，这次衣锦还乡，乘坐高车驷马，拥旌旄，饰舆卫，声威赫濯，前呼后拥。蜀郡太守率众出郊远迎，成都县令身负弩矢作为前驱。岳父卓王孙从临邛县赶来，领着一帮富商，各备牛酒厚礼，望风进献。

司马相如风光无限，率队驰入西夷，派人把车中随带的金帛分给西夷各部。冉駹、邛都率各部落，奉表称臣。

武帝在蜀郡增置一都尉，十县令。从蜀郡登山，地势迅速高起，极目均是崇山峻岭，根本没有道路，于是蜀郡凿山道，架木桥，拓边关，打通交通。

过了十几年，张骞第一次出使西域，在大夏国看到了邛竹杖、蜀布，是当地人从身毒（天竺、印度）买的。身毒国地处邛西南 2000 里，大夏国东南数千里，气候卑湿暑热，人民乘象而战，国临大水。

张骞回来后对武帝进言，如果汉朝从蜀地开发通往身毒的官道，如此就可避开西北黄沙莽莽之地，抵达大夏、安息。

公元前 122 年，武帝下诏蜀郡、犍为郡，分遣使者王然于、柏始昌、吕越人等 10 余人，出駹，出莋，出徙、邛，出僰，四道并出，皆各行一二千里。

然而汉朝使臣抵达滇国，财物多被夺去，在一个叫昆明的部落，使者甚至被杀伤，道路就此中断。

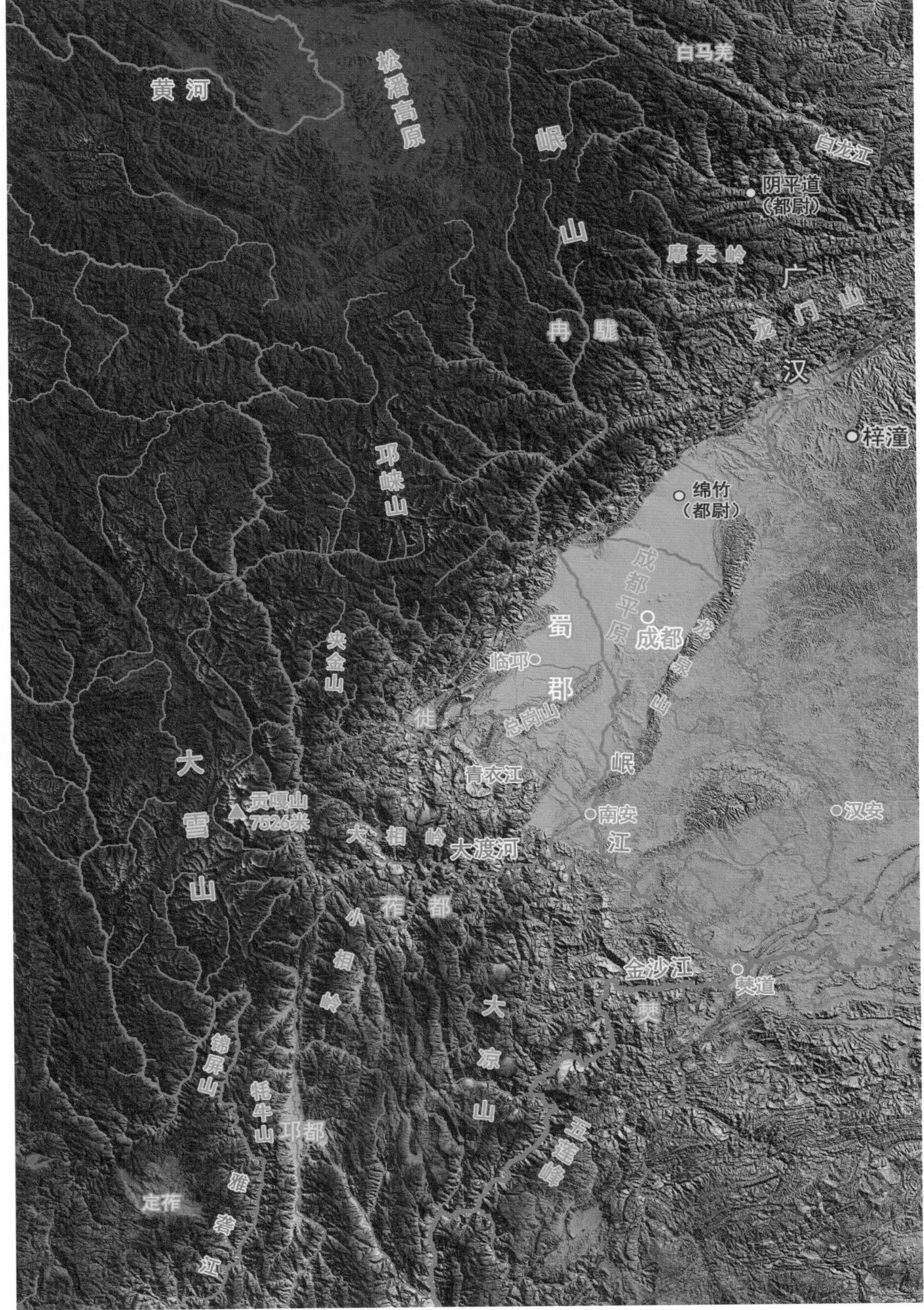
黄河
松潘高原
白马羌
岷山
白龙江
阴平道
（都尉）
摩天岭
广
龙门山
冉駹
汉
梓潼
邛崃山
绵竹
（都尉）
成都平原
蜀
成都
龙泉山
临邛
郡
夹金山
徙
总岗山
岷
青衣江
大雪山
贡嘎山
7526米
南安
汉安
江
大相岭
大渡河
小相岭
莋都
金沙江
僰道
僰
大凉山
锦屏山
牦牛山
邛都
五莲峰
雅砻江
定莋

图 3-5　西夷

战国时楚国与秦国争夺四川盆地，派将军庄蹻向西经过沅水，出且兰国，攻入夜郎国，打算从夜郎北进乌江入川，与秦国争夺四川盆地。实战中庄蹻不但攻入夜郎，还一直向西攻到滇池，赶走当地部落昆明。后来秦军攻克黔中郡，庄蹻就断了归路，借机在滇地称王，号称滇王（或称庄王），都城在云南晋宁。

滇国地方数百里，势力范围数千里，管辖数十个部落。滇池也称昆明湖，古称滇南泽，水面海拔约 1886 米，南北最长约 40 千米，东西最宽约 7 千米，面积约 300 平方千米，是云南省最大的淡水湖，居中国第六位。滇池主要入湖河流为盘龙江，主要出湖河流为螳螂川—普渡河—金沙江—长江。

滇池附近数百里山势延绵，泉清溪浅，林木幽深，宛如世外桃源。

那个被庄蹻赶走的昆明部落，仍控制滇国以西数百里地域，其势力范围以洱海为中心。昆明一带数百里靠近横断山脉，地势高低起伏，全是褶曲的山形，登高极目全是延绵的大纵谷。

这片通往身毒的区域，不同部落分据山川河谷，风俗习惯各异，不相统属。滇国有浓厚的楚文化，但昆明对中原文化并不认同，因此攻杀汉使，截取财物。

武帝打算南平昆明，但当时霍去病正要出兵河西走廊，无力征讨昆明。武帝便在上林凿通一池，号为昆明池，周长 40 里。昆明池东西立二石人：一为牛郎，一为织女。昆明池中有楼船百艘，船上遍列戈矛，四角立幡旄羽盖，武帝的旗舰上建有宫室，可容纳万人。武帝令杨仆和韩说训练水师，练习水战，准备日后讨伐南越、东越等。

公元前 112 年，武帝出征南越，驰义侯何遗从犍为出发，率领巴蜀罪人和夜郎兵下牂牁江。何遗率军先到且兰，国王闻听要兼并自己的军队，当即就率众反了。一场混战，犍为郡太守殉职。何遗不敢退兵，率八校尉击之，大军困在且兰，陷在贵州高原上。

次年南越平定，武帝令中郎将郭昌、卫广引兵攻且兰。郭昌、卫广都是追随楼船将军杨仆的，在平定南越的过程中功劳苦劳都不少，但路博德抢了头功，麾下多人封侯，杨仆军就只有杨仆封侯，武帝也是给郭昌、卫广机会立功。

郭昌是卫青旧部，漠北之战以校尉（军职四品）追随卫青出征，那场战争卫青部下大多没有升迁。8 年后，郭昌擢为中郎将（军职四品），军职不变，只是排位往前了。卫广是卫青的幼弟，资质平庸，轻而易举地做了中郎将。还好武帝识人善用，让郭昌主导，卫广为副，若反过来可能会把两人都毁了。

中郎将郭昌、卫广来势汹汹，诛且兰王，斩首数万。夜郎王吓得胆战心惊，随后率众入朝，武帝仍以为夜郎王。

武帝便在南夷设牂牁郡，首府在且兰故地，称故且兰。朝廷在夜郎国设夜郎县，置都尉府，夜郎离削自守，实力大不如前。朝廷虽强干弱枝，却也未能吃下整个夜郎，而贵州高原上的漏卧、句町、都梦等部落依然存在。牂牁郡的位置如图 3-6 所示。

与平南越置九郡不同，对于汉朝在南夷取得的战果，武帝不甚满意。平南越有多人封侯，平南夷却无人封侯，或许是平得不够彻底。

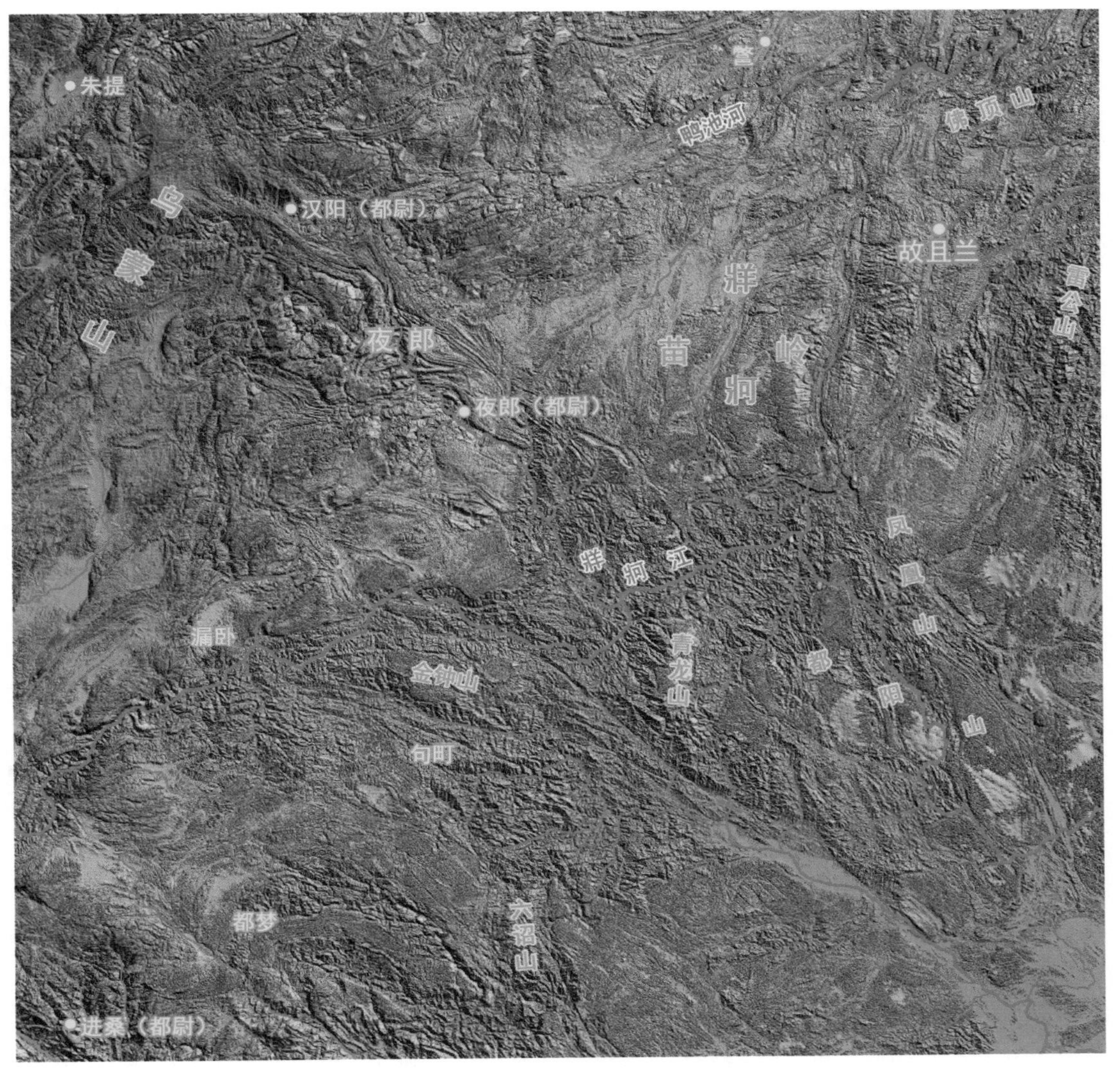

图 3-6　牂牁郡

南夷后来果然有反复，比较严重的一次是公元前 27 年（汉成帝河平二年），夜郎王兴、句町王禹、漏卧侯俞，三大势力联手反汉。大将军王凤以金城郡司马陈立为牂牁郡太守，领兵南下。陈立此前担任过连然县长、不韦县令，这两个县都属益州郡，故而他非常熟悉高原地形和民风。

陈立果然不负大将军所望，阵斩夜郎王。句町王禹、漏卧侯俞吓得骨颤肉惊、魂飞魄散，立即献上粟千斛，牛羊无数，犒劳汉军。夜郎王子邪务与外祖父翁指，又纠集 22 邑反汉，也被陈立平定。

驰义侯何遗得救了，但他害怕回去遭武帝发落，便再领一军，过巴郡，从蜀郡登山，攻击邛都、莋都，杀二王，将功折罪。

武帝又在蜀郡西南部的莋都设沈黎郡，不久并入蜀郡；在邛都设粤嶲郡，首府在莋都（今西昌）。

此后蜀郡西北的冉駹恐惧，请求纳土入朝，朝廷在此设汶山郡，首府汶江道，宣帝时并入蜀郡。

又从陇西南部分出一部分，连同归顺的白马羌，在广汉郡西北方设武都郡。

距离最远的滇国，人口数万，连同旁支劳浸、靡莫等，实力不容小觑。

公元前 109 年，武帝令王然于率巴蜀兵击灭劳浸、靡莫，而后兵临滇国。王然于登上高处，但见滇池碧波万顷、云雾缭绕，隐见岛屿。

滇王这才举国请降，请朝廷置官吏，于是设益州郡，首府在滇池。

总的来说，在巴蜀的南边设牂牁郡、粤嶲郡、益州郡，在北边设武都郡，其中夜郎王和滇王仍保留王印。

● 平东越和闽越，深入河湟地区

武帝平东越和闽越，并不是一蹴而就。

公元前 135 年，闽越灭东越（东瓯），还出兵南下侵扰南越国，武帝拜大行令（九卿之一）王恢、大司农（九卿之一）韩安国为将军，南下征讨。

后来驺余善杀了其兄闽越王，武帝仍将浙闽丘陵分为东越和闽越两地，南边以闽越王驺无诸之孙繇君丑为闽越王（又称闽繇王），北边以驺余善为东越王，占东瓯国旧土。

公元前 120 年，闽越王丑去世，由其子居股即位。此后东越和闽越几乎都在东越王驺余善的控制下，驺余善首要目标是统一东越和闽越。他借机练兵，从汉军处学习先进战法，想要日后灭掉闽越王居股。到那时，汉军如果前来平乱，驺余善也有一定的把握守住浙闽丘陵和武夷山脉各处山口，自成一国。

汉朝平南越前，东越王驺余善示好武帝，自请率兵 8000 南征，武帝令其跟随楼船将军杨仆。

在实战过程中，东越军以捡战利品为主，几乎没打过硬仗。围攻番禺时，杨仆多次催促驺余善加强攻势，东越王却虚与委蛇。杨仆未能攻下番禺，首功被路博德夺走，东越军确实有一定责任。后来番禺城破，杨仆令麾下人马平定南越国各地，东越军来到揭阳，仍是围而不攻。结果路博德派人来招降，揭阳县令史定率军民出降，战功又记在路博德头上。

在征讨南越的战争中，杨仆军的功劳苦劳不少，至少前期将番禺以北所有南越军据点都拿下了，然而事后论战功，路博德麾下及南越降将一共十余人封侯，杨仆军却只有杨仆一人封侯，食邑也不多。杨仆迁怒东越王驺余善，便上书武帝，说东越王反复无常，日后必反。

武帝也并非完全相信杨仆，只命杨仆部下数名校尉各自领兵留驻豫章、梅岭，听候诏令。

驺余善跟随杨仆南下的过程中，发现南越国北江各城邑年久失修，兵员缺乏训练，形同虚设。驺余善引以为鉴，见汉军在豫章郡屯兵，立即发兵把守要隘。

在与朝廷和汉军接触的过程中，驺余善还自诩窥破汉军一个弱点，就是攻强守弱。平南越过程中，汉军始终处于攻势，后方防备松懈，压根没考虑南越是否有能力反攻。东越王驺余善决定以攻为守，打汉军一个措手不及。

公元前 111 年秋，东越王拜驺力为吞汉将军，领兵侵入白沙、武林、梅岭，杀汉朝三校尉。

杨仆主动请缨领兵前往平乱。武帝认为杨仆矜功自伐、锋芒毕露，没有派他前往，而是遣大农令张成、前山州侯刘齿率众驻守边境。

张成是张汤家族的人，属卫霍集团，是太子刘据的座上宾。张成毛遂自荐，出发前武帝授其为大农令。

刘齿是城阳王刘喜之子，封山州侯，因酎金案被削爵，他也希望通过这场战争重新封侯，再度过上乘肥衣轻、醉生梦死的生活。

张成与刘齿二人为捡军功来到豫章郡。他们根据过往的历史判断，当年王恢和韩安国挥师南下，还没开战对方就自乱阵脚，回去后两人都获武帝重用。

张成与刘齿不敢迎击，竟引军退避，等待东越军投降。

武帝听闻二人裹足不前，怒其软弱无能，召回斩之。

这年冬季，武帝兵分五路南下。第一路横海将军韩说出句章，浮海从东方往；第二路楼船将军杨仆出武林；第三路中尉王温舒出梅岭；第四路戈船将军郑严出如邪；第五路下濑将军田甲出白沙。五将军入东越的路线如图 3-7 所示。

王温舒是酷吏出身，在河内郡任太守时就杀豪强，连坐数千家，后擢升为廷尉、中尉、少府等，常年活跃在朝堂上。不过王温舒的特长是办案，行军作战不行。

戈船将军和下濑将军都是南越人，五路南下征南越，他们二位就是其中两路，结果困在苍梧，等到战争结束也未能赶到番禺。这次两位将军的主要任务是在杨仆左右与后方护卫，并非主力。

攻击的重任落在前两路——韩说和杨仆头上。韩说是韩王信之后，弓高侯韩颓当之孙，早在 13 年前，韩说以校尉身份跟随卫青大破右贤王，封为龙额侯，食邑 1300 户。不料两年前因酎金案被削爵，这次重操旧业，也是想要重新封侯，过上日食万钱、列鼎而食的生活。

东越王驺余善趁着楼船将军杨仆立足未稳，令徇北将军北攻武林，杀杨仆军将军长史和数校尉。杨仆知道此时如果扛不住，此战后恐怕就是花钱赎罪免官削爵的命运，于是一面着令戈船将军郑严和下濑将军田甲火速增援，一面拼死抵挡。

这场战争极为惨烈，也是整个战役的胜负手。杨仆麾下有一员猛将，来自钱塘的辕终古，混战中击杀徇北将军，东越军由此溃乱，汉军一举扭转局势。战后辕终古封为蓹儿侯，食邑不详。

战争打到这个份儿上，越人内部已然乱作一团。东越衍侯吴阳，以其邑 700 人起兵，攻越军于汉阳。战后吴阳封为卯石侯，食邑 1000 户。

接着闽越王驺居股与闽越建成侯敖起兵，杀了东越王驺余善，率其众降横海将军韩说。战后驺居股封为成侯，食邑 10000 户；敖封为开陵侯，食邑 2000 户。

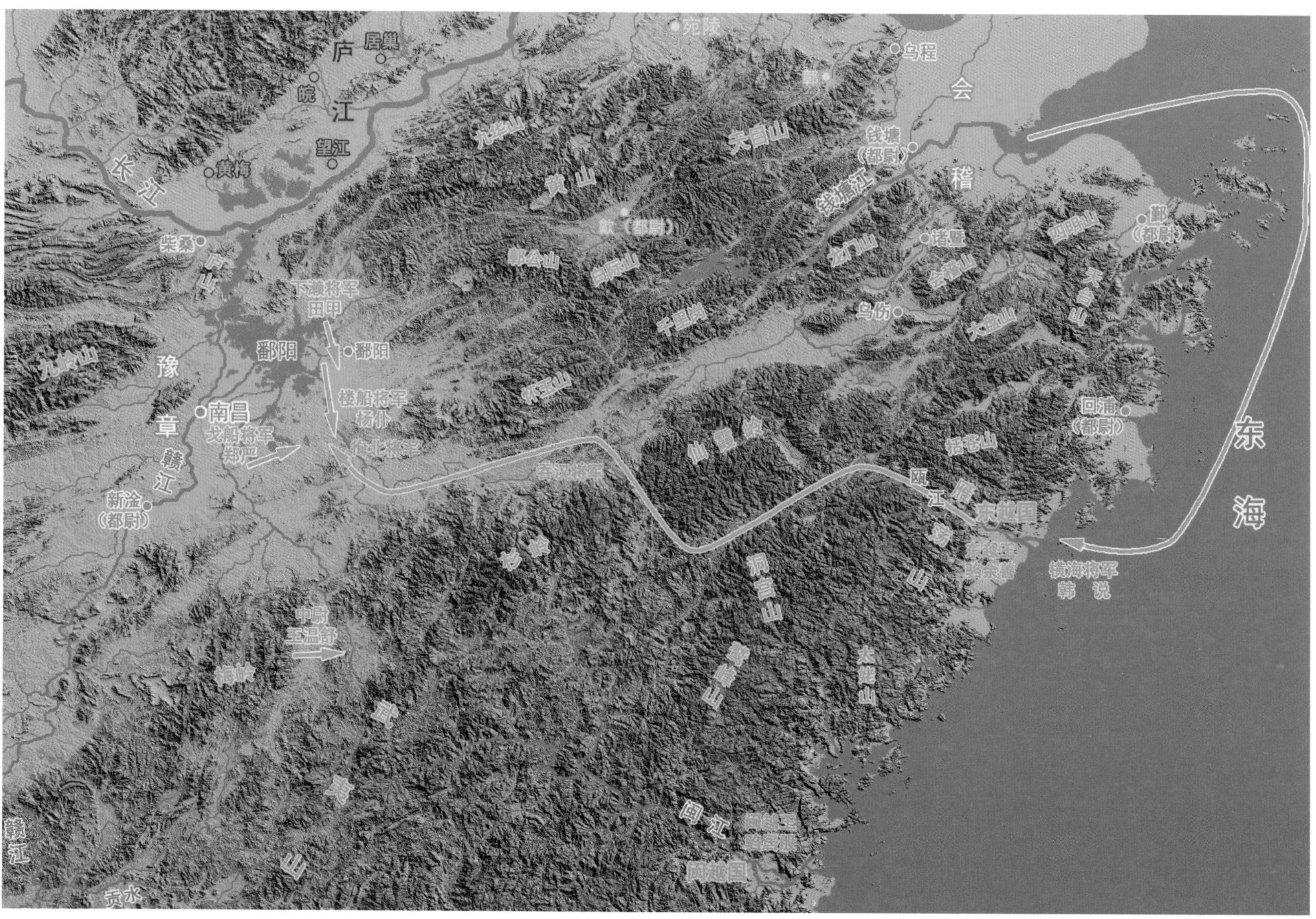
庐江
居巢
皖
望江
黄梅
长江
宛陵
乌程
鄣
会稽
天目山
钱塘（都尉）
钱塘江
九华山
黄山
歙（都尉）
柴桑
庐山
下濑将军
田甲
鄱阳
鄱阳
九岭山
豫章
南昌
戈船将军
郑严
楼船将军
杨仆
新淦（都尉）
赣江
鄣公山
白际山
千里岗
怀玉山
龙门山
诸暨
乌伤
会稽山
四明山
天台山
大盘山
鄞（都尉）
回浦（都尉）
括苍山
仙霞岭
东海
瓯江
雁荡山
东越国
横海将军
韩说
洞宫山
太姥山
杉岭
中尉
王温舒
梅岭
武夷山
闽江
闽越国
赣江
贡水

图 3-7　五将军入东越

吞汉将军驺力知道自己杀汉军太多，即使投降也难逃一死，便率众隐没山林，从此消失于史书。

东越将领多军，见汉兵至，阵前率军投降，封为无锡侯，食邑 1000 户。

瓯骆部左将黄同，斩驺余善之子西于王，封为下鄜侯，食邑 700 户。

横海将军韩说封为按道侯，食邑不详。韩说麾下校尉刘福封为缭嫈侯，食邑不详。刘福是城阳王之子，封为海常侯，因酎金案削爵，这次再封侯，比其兄刘齿运气好多了。

这次战役中，最大的硬仗是杨仆与徇北将军之战，杨仆战损较大，苦劳极多，但也就是麾下猛将辕终古一人封侯，可见杨仆军战损不小。

武帝见浙闽丘陵地势险阻，下诏尽移其民于江淮，于是东越、闽越之地遂虚。

汉朝在南方对南越、东越、西南夷用兵之时，西北诸羌与匈奴南呼北应，蠢蠢欲动。羌人是三苗之后，被舜帝放逐于三危山，其中一部分去了河湟地区，有大小二十多个部落，控弦十几万。

河湟地区主要有三大河谷，从北往南包括大通河、湟水、黄河的河谷地区。河湟地区是黄土高原和青藏高原接壤之处，也是农业文化与草原文化的结合部，更是中原与青藏高原的流通孔道。河湟地区的地形如图 3-8 所示。

图 3-8　河湟地区

河湟地区海拔 1500 ～ 2400 米，山河交错，形成高山、峡谷、盆地共同构成的高原河谷。

3 条河当中，大通河与黄河两侧陡峭，河谷很窄，适合游牧的地方很少。湟水河谷较宽，而且东西有 300 多千米，两侧有大片牧场。由于地处三河中间位置，湟水流域又称湟中地区。

以湟中地区的西宁为例，海拔 2200 ～ 2400 米，有大片河谷平原，人口达到青海省的一半。再加上湟水上的海东、民和等地，湟水流域人口占到青海的七成，整个河湟地区人口占到青海的八成。

青海省的青海湖，在 20 万年前与黄河水系相连，是一个淡水湖。后来周围山脉隆起，青海湖成了堰塞湖。由于矿物质日积月累沉淀下来，青海湖成了一个咸水湖。

由于气候干燥，几千年来中国的大多数湖泊都在萎缩。距今 1000 多年的唐朝，青海湖周长达 400 千米，但到了距今 200 多年的乾隆时期，其周长缩减到 350 千米。到今天，青海湖周长仅 300 千米出头，海拔约 3198 米。

最近的一百年，青海湖尤其萎缩得厉害。1908 年，俄国人勘测青海湖面积约 4800 平方千米，20 世纪 50 年代面积为 4568 平方千米，2013 年面积为 4337 平方千米。尽管如此，青海湖比鄱阳湖、洞庭湖、太湖都要大，是中国面积最大的湖泊。

青海湖及其周围的山脉成了西宁进入青藏高原的障碍。青海湖以西以北以南是高原荒漠地带，几乎没有适合人类生存的环境，因此人口稀少，历史上很少与中原文明交融，现在这些地方是 6 个自治州所在地。

青海湖以北是祁连山和大通山，山脉延绵，人口稀少。

青海湖以西是柴达木盆地，属干旱荒漠地带，植被稀疏。柴达木盆地有极为丰富的盐资源，储量为全国第一。这个海拔 3000 多米，泥土盐分比海边沙滩还多的地方，除了少量绿洲，大部分区域不适合人类生存。

青海湖以南的共和盆地，平均海拔超过 3000 米，年均温度 4℃，由于黄河从该盆地东侧流过，这里才没变成柴达木盆地。现在整个共和盆地只有十几万人，这还得感谢我们前人在黄河这一段修筑了龙羊峡水电站，既能发电也能灌溉盆地的东部。

只有青海湖以东的湟中地区，即西宁市和海东市所在，才是历朝都苦心经营的河谷地带。青海省其他地方大多为雪山高原，古时人口比例与现代差不多。

河湟地区的动植物有着鲜明的特点。牦牛，牛中的王者，身体强健，性情凶猛，体重达 1 吨左右。雪豹，豹类中的极品，智商颇高，尾巴和腿一样粗，连牦牛都敢咬杀。植物方面，冬虫夏草和雪莲，都是珍贵的补品。

生长在这里的人，练骑射，吃牦牛，猎雪豹，用冬虫夏草开胃，泡雪莲当茶，人人彪悍威猛。橘生淮南则为橘，生于淮北则为枳。诸羌虽然是三苗之后，但在独特的环境下，极易生出异心。

河湟地区地势比河西走廊要高，冬季来得快，大雪来得早。早在月氏和匈奴控制河西走廊时期，诸羌经常东进牧羊，多少会侵占月氏或匈奴的牧场。但诸羌也会留下牛羊作为买路钱，因此边尘不惊、相安无事。

汉朝拿下河西走廊后，在陇西、北地、上郡、朔方、云中五郡设属国，将匈奴人口都移到这 5 个郡。同时汉朝多次调遣中原军队、百姓戍边，先后设置河西四郡。

漠北之战后，汉军渡河湟，筑令居塞，加强陇西与河西走廊的交通。从此自朔方郡逆黄河到令居塞，通沟渠，置田官，移中原之民耕种。

随着金城、令居的修筑，陇西郡南北跨度过大，陇西郡的管辖范围也达到鼎盛。陇西郡鼎盛时期的形势如图 3-9 所示。

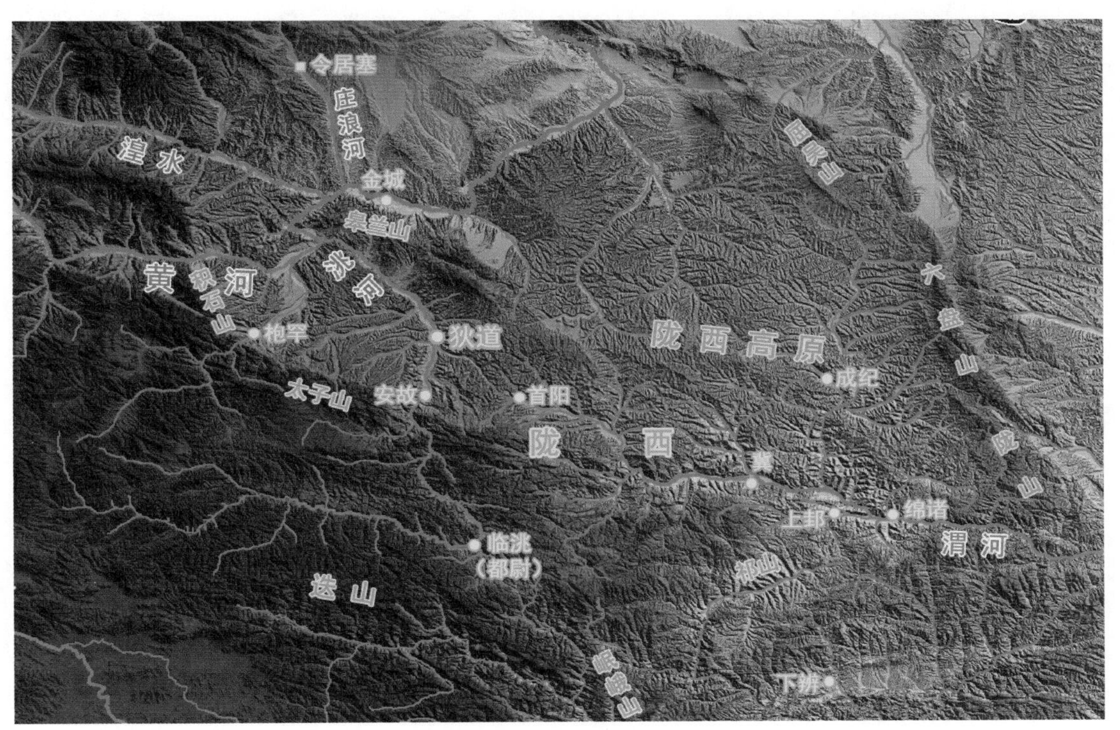

图 3-9　陇西郡鼎盛时期

公元前 114 年，汉朝在陇西郡东部分出天水郡，主要是渭河以北的部分。天水郡太守府在平襄，同时在襄武置骑都尉府，从此天水郡自成体系，军事势力可观。3 年后在白马氐为首的氐人之地设武都郡，将陇西东南部的下辨等地分给武都郡。陇西郡分天水郡与武都郡后的形势如图 3-10 所示。

汉朝屯田军民自然不允许羌人东下牧马，破坏农田，两方面的矛盾因此激化，甚至势不两立。

湟中诸羌本来就时常彼此争斗，抢夺牧场。此刻各部在先零羌、封养羌、牢姐羌这三大部首领主持下和谈，一致决定东进抢夺汉朝牧场。于是湟中诸羌以先零羌为首，共 20 余部，骑兵 10 余万，攻击令居（今甘肃永登）、安故（今甘肃临洮南）等地，围枹罕。

公元前 111 年，汉军在东南方向出征闽越，在西北方向则兵分三路出击河湟地区。

第一路，郎中令徐自为、大行令李息，领步骑 10 万，是汉军主力。

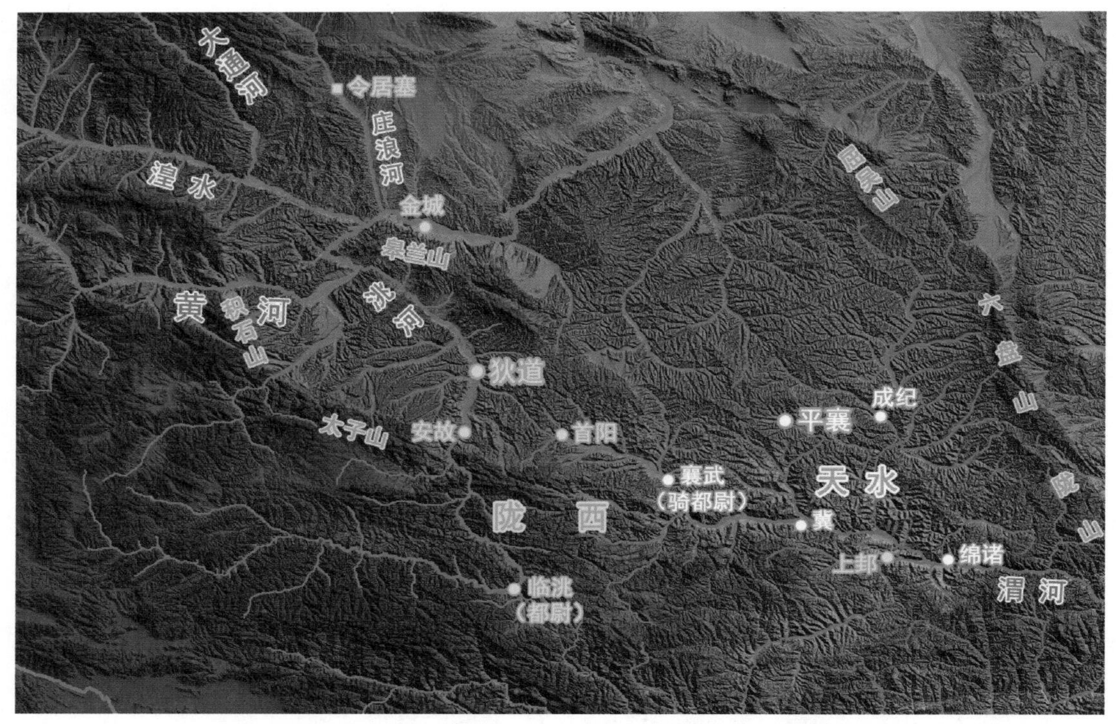

图 3-10 陇西郡（分出天水郡和武都郡后）

第二路，拜前从骠侯赵破奴为匈河将军，率两万骑出令居数千里至匈河水（今蒙古拜达里格河），主防匈奴右部南下。

第三路，拜前南窌侯太仆公孙贺为浮沮将军，率 1.5 万骑出九原 2000 里至浮沮井（匈奴境中井名），主防匈奴单于南下。

郎中令（九卿之一，官职二品）徐自为是霍去病的部将，赐爵大庶长，官职更是高居九卿当中兵权最大的郎中令。

大行令（九卿之一，官职二品）李息的资历比卫青还老，早在马邑之围时，李息就拜材官将军，在大行令将屯将军王恢帐下效力。王恢成了马邑之围失败的替罪羊，李息却并未受到影响。卫青收复河套之时，李息杀敌的战功不多，但筑高阙塞、鸡鹿塞，修补长城，苦劳可不少，因此擢为大行令。卫青出高厥击右贤王时，李息和岸头侯张次公领兵出右北平牵制匈奴，那一战 1100 户食邑的岸头侯张次公将功劳让给李息，李息被封为关内侯，食邑 300 户。霍去病收复河西走廊时，李息一直在黄河边修筑要塞，保障后勤，苦劳也不小。

河湟地区的羌人虽然控弦十几万，但有大小二十几个部族，兵力相当分散。实力最强的先零羌控弦四五万，但在装备顶级的汉军面前如螳臂当车、蚍蜉撼树，不多久先零羌首领便率众归降。

一场战争刚开始就结束了，武帝对此并不满意，因为羌人保留了实力，终究是心腹大患。

此战徐自为和李息都没有获得封赏。武帝封先零羌首领为归义侯，又称归义羌侯，令其居湟水流域，不得南渡黄河。

武帝又在令居塞置护羌校尉府，管辖诸羌。不过后来羌人混战不断，在武帝时期不敢侵犯，朝廷便不再置护羌校尉。

第二路的赵破奴，一年前在酎金案中被削去从骠侯爵位。他是在匈奴长大的汉人，没有根基也没有家底，削爵后就是个穷人。由俭入奢易，由奢返俭难。赵破奴做了10年千户侯，花天酒地、挥金如土的日子过惯了，哪还受得了苦。赵破奴这次是毛遂自荐，希望再建战功，再封列侯，但这次无功而返。

第三路的公孙贺是武帝的头号心腹，也在酎金案中被削去南帇侯爵位。公孙贺一生征战次数可真不少，他有作战能力，却没有参战动力。公孙贺娶了皇后卫子夫的姐姐，身居高位，人生趋于完美，安之若固，甚至连捡战功的兴趣都不大，战场上总是毛里拖毡，畏缩不前，这次当然也没遭遇匈奴大队人马。

总的来说，这场西征羌人的战争效果不错，保了三四十年太平，直到宣帝时羌人才再次作乱。

公元前110年，武帝巡边，率十二将军、18万骑至朔方，向匈奴示威。

武帝由云阳取道北行，经上郡、西河、五原、朔方，出长城之北，北临大漠。一路旌旗蔽日，戈矛如云，首尾千余里，络绎不绝，紫气透迤龙凤盖，势可驱山塞沧海。

匈奴人躲得远远的，避影匿形、潜踪蹑迹。

武帝遣郭吉往见乌维单于，郭吉以教育人的口吻说道："吾奉汉帝之命，特来传语单于知悉，现在南越王之头，已悬于长安未央宫北阙之下。单于若敢与汉兵交战，大汉天子亲统大军，驻在边境等候，不妨一决雌雄；单于若畏服大汉兵威，便当稽首称臣于汉，何必埋头漠北，在此寒苦无水草之地，忍辱偷生？"

乌维单于听了勃然大怒，喝令将郭吉拿下，迁到北海（贝加尔湖）地方。

公元前109年，乌维单于遣使到汉请求和亲。武帝遣使告诉乌维单于，和亲可以，先派左贤王到长安为质子。

乌维单于是缓兵之计，武帝也根本不想休战，双方都不打算和亲。武帝兵威赫赫，继续对朝鲜半岛用兵。

● 远征朝鲜半岛，设四郡

朝鲜半岛三面环海，北边连着亚洲陆地。相对中原来说，朝鲜半岛更早看到日出，"朝"是太阳或日出的意思，"鲜"有新和美好之意。朝鲜的历史，要从商朝说起。

商王帝乙晚年，商朝仍然与东夷战争不断。帝乙为让太子受（后来的商纣王）顺利继位，决定暂时放下兵戈，改善商朝东部的外交策略。

帝乙后宫佳丽不少，但只有3个儿子，长子微子，次子微仲，三子受。前两个儿子都非正妻所生，只有幼子受乃王后所生，因此将受立为太子。

太子受聪明勇猛，才力过人。一次商王帝乙召集群臣到御园玩赏牡丹，不料年久失修的飞云阁塌下一梁，太子急切中用一双铁臂托梁，避免了一场流血事件。

商王帝乙对这个最小的儿子如老牛舐犊，可是太子受比他的两个哥哥小得多，实力上远不及自己的兄长。不仅如此，商王帝乙的两个弟弟比干和箕子也是出将入相、树大根深。这四人常年在商朝军中供职，统领千军万马，在军中翻山倒海，堪称商朝“四贵”。

为避免太子受即位时的内忧外患，商王帝乙主动与东夷停战，拜东夷之主姜桓楚为东伯侯，并令太子迎娶东伯侯的女儿东姜。

商太子受与东姜结合，中原与东夷联姻，黄帝后人与炎帝后人成为一家，天下休战，实乃双方百姓之福，两地边疆迎来短暂的和平。

商朝南边的鄂国，隔着大别山、桐柏山等山脉，率众多南蛮族群，与商朝军事摩擦不断。

商王帝乙封鄂国为南伯，以鄂宗禹为南伯侯，统领南方一众南蛮。鄂宗禹也利用这个封号不断增强实力和影响力，双方各取所需。

商朝西边的周国，西伯侯姬昌即位第一年，将都城从岐山脚下迁到沣水西岸的丰京（今陕西西安西南），来到关中中部。姬昌即位第二年，周国灭邘（yú）国（今河南沁阳）。姬昌即位第五年，周国灭耆（qí）国（今山西长治）。

商王帝乙与姬昌签订城下之盟，再次封姬昌为西伯侯（姬昌的父亲姬季受封过一次），统领西部大小方国。

商朝北边的崇国原本是商朝的附庸。商王帝乙封崇国为北伯，以崇虎为北伯侯。帝乙无论有大小事情，崇虎召之即来，常在朝议政，并统领大小诸侯，年年进贡。商朝末年的形势如图 3-11 所示。

经过商王帝乙努力修复，四大方伯统领天下诸侯 800 个，每年一进贡，三年一大朝。帝乙坐享太平，万民乐业，风调雨顺，国泰民安，四夷拱手，八方宾服。

商王帝乙驾崩，太子受即位，是为商纣王。东姜升级为王后，其子郊立为太子，商朝与东夷的关系更上一层楼。

商纣王手能格禽兽，身能跨骏马，智足以拒谏，言足以饰非。他即位后遭遇的内忧外患，比他父亲想象中要严重得多。

内忧是商朝“四贵”——两个叔父比干与箕子，两个兄长微子与微仲。

与后世各朝父死子继不同，商朝在天子继承方面遵循优胜劣汰的原则，有许多兄终弟及的案例。父传子，通常发生在子的实力比叔父们强大的情况下。

公元前 1075 年，商纣王即位时正是而立之年，实力不算弱，但也不能完全控制“四贵”。两位老王子自持身份高贵，比干更是自称圣人，得到上天的垂青，从天理层面挑战天子纣王。纣王三兄弟与王叔比干，到了水火不容的地步。

为了摆脱“四贵”的控制，纣王迁都朝歌。

商纣王下诏令四镇方伯，每一镇选美女百名，不论富贵贫贱，只以容貌端庄、性情和婉、礼度贤淑、举止大方为标准，以充王庭。

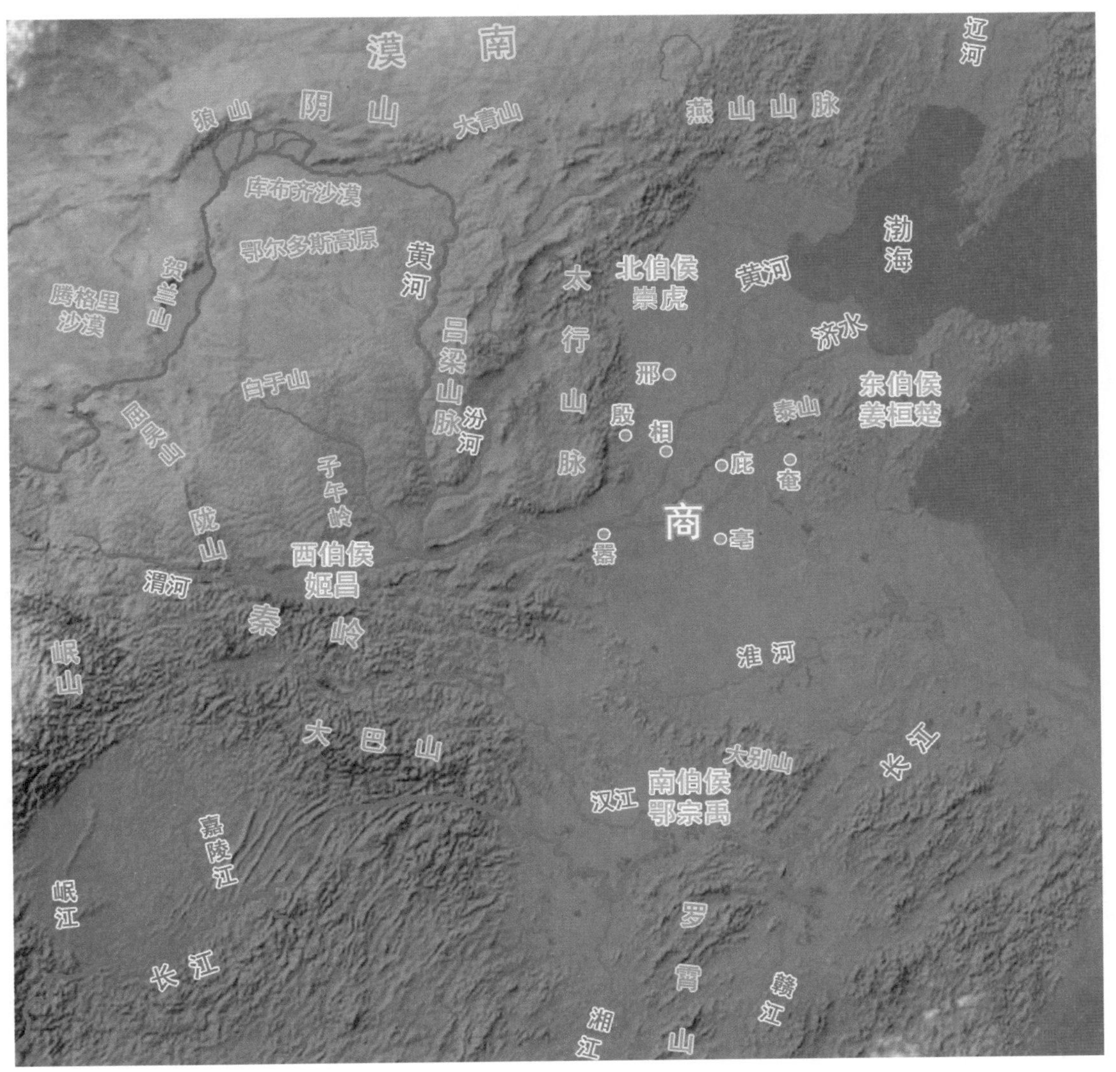

图 3-11 商朝末年形势

北伯侯崇虎所辖范围内，有一个诸侯叫冀侯苏护。此君有一女，仪容绝世，年方十七，在北国芳名远播。崇虎为了让苏护献出女儿，亲自奔走冀国，软硬兼施，最后以大量金帛说服苏护。

苏护之女名为妲己，姿色倾国，绣工、音乐等无所不通，在400名进献的美女中鹤立鸡群，艳压群芳，一入宫便受宠于商纣王。

纣王给妲己盖了一座规模庞大的宫殿，名为“受仙宫”，又在宫殿内建起高10余丈的大楼，号为“摘星楼”，朝夕与妲己游宴其上。

纣王如此作为，王后东姜很不高兴，她地位尊贵，性好雅重，妲己受宠令其醋意大发。

一场宫斗在朝歌的后宫展开。姜后贵为王后，是后宫之主，背后有东伯侯姜桓楚这个大靠山，在宫斗中占据绝对主动。

时间飞快地流逝，妲己心生烦恼：她一年与商纣王交合无数次，数年过去却不见有身孕。如果没有子嗣，总有一天太子郊会即位，她就会面临悲惨结局。

姜后也有同样的担忧：如果妲己生了儿子，那太子郊是否还保得住太子之位，就很难说了。

姜后度日如年，她屡屡向妲己挑衅，甚至连姜后身边的宫女宦官也不把妲己放在眼里。幸好商纣王多次为她撑腰，否则妲己恐怕早已灰飞烟灭。

纣王越是护着妲己，姜后越是妒恨妲己。

一日，王后姜氏不等纣王召请，率众宫女直上摘星楼，上谏书一封，请纣王贬妲己出宫。

纣王是谁？从小便受万人敬仰，他要做什么事，谁也不敢阻拦，即使在战场上，敌人也会畏惧他。姜后一而再地让他颜面扫地，纣王终于龙颜大怒。

力可拔山的商纣王，左手抓住姜后的衣服，右手抓住她的头发，像抛一件衣服一样，将姜后从“摘星楼”上投了下去。

姜后头破脑裂，当场身亡，惨不忍睹，众宫女吓得跪倒于地，不敢做声。

事后，纣王懊悔不及，毕竟姜后入宫十多年了，他对姜后还是很有感情的。而且姜后之父姜桓楚是东方侯伯，为四大方伯之首，若他拥东夷甲兵乘机起兵，纣王多少有些忌惮，因此下令以厚礼葬姜后。

姜后意外身亡，东伯侯派人到朝歌，请纣王斩妲己，正国法，洗明沉冤。纣王不当回事，很快就册封妲己为王后。

比干和箕子与东伯侯关系本就密切，更想利用这个机会进一步拉拢，好在外面有个强援。朝歌的气氛剑拔弩张，比干和箕子各成体系，另一方商纣王与两个兄长结成同盟，三兄弟计划对叔父比干和箕子下手！

比干和箕子率群臣进谏：“皇后无失德而被刑，臣等请大王辨明冤枉！”

比干的心腹梅伯更是进言道：“大王听谗宠色，刑加王后。臣请大王斩除妲己，整肃宫闱。”

面对群臣紧逼，纣王脸现不屑之色，厉声喝道：“大臣轻侮朝廷，炮烙伺候。”

“炮烙”之刑，就是铸铜柱，内煽焰火，外涂脂膏。犯人裸身抱柱，即皮肉朽烂，筋骨烤焦。但见梅伯被禁卫解衣抱柱，痛哭受刑，顷刻肉焦骨碎，化为飞灰。

梅伯既死，群臣皆心惊胆战。纣王对比干和箕子的追随者，施用“熨斗”之刑伺候。“熨斗”之刑，就是将铜斗置于火中，治罪时熨手熨足，直至手脚焦烂。若犯人说错话就用熨斗熨嘴，十足的酷刑。

纣王在大殿之前立几个大铜柱，再摆放数十号铜斗，群臣每次入殿看到这个阵势，畏惧之下皆缄口。此举将比干和箕子的气势完全压制了下去，但从此忠臣也裹足不进，缄口不言。

过了几年，又到大朝之时，姜桓楚、鄂宗禹、姬昌、崇虎四大方伯到齐。四大方伯都接到王子比干的邀请函，宴会上，酒过数巡，比干道："天子荒淫，沉湎酒色，不理朝政，奏折堆积如山，此大乱之兆也。"

四大方伯闻言大惊，他们不知比干仗着自己是王叔，实力超群，早把这几句当作了口头禅。

商朝新都朝歌，四大方伯坐车进入宏大的宫城，但见殿宇齐整，楼阁丰隆，非自己宫殿能比。四乘高车停于宫殿外，四人挺胸整理朝服，轻摇玉佩，过宫门和殿前小桥，至大殿之外。

此刻钟鼓齐鸣，文武百官在殿内山呼"万岁"，四大方伯立即在殿门外拜倒，口中附和"万岁"。

纣王当着四大方伯的面，皱眉对比干道："汝自谓圣人，吾闻圣人之心有七窍，不如剖之视其心。"话音刚落，纣王喝令武士将比干推出，剖腹摘心，以示朝歌真正的主人只有一个。

比干一声不吭，他双目圆睁，怒不可遏，与他对视的侍卫不寒而栗。勇士将宝剑刺入比干腹中，手入腹中，摘心而出。比干面如土色，仰面朝天，一地鲜血溅染龙庭。

殿内众多大臣战战兢兢，不敢多言。四大方伯更是连大气都不敢出，气氛威严肃杀。

比干惨死，另一个王叔箕子具棺贮葬，痛哭不已。纣王对箕子下手只是时间问题，除非箕子放弃所有财产，将封地和家臣全部充公，否则纣王必然猜忌。

箕子为人低调，佯装生病，逐渐精神失常。即便是这样，纣王还是派一支精锐军队包围了箕子的府邸，将府中从人全部撤出，换上几十名宦官和侍卫照顾和监视箕子。

箕子每日披头散发，或笑或哭，语话癫狂，蓬头跣足，卧仆于地，一切都是疯子的症状，从此隐居不出。

纣王叹道："此废弃之人，杀之何益！"

箕子越来越疯，整天呆在茅厕，敲敲打打，一身污浊。

一日，侍卫和宦官远离茅厕坐着，喝点小酒打发时光，箕子趁机与替身掉包，化妆成侍卫离开府邸。

离开朝歌城，箕子回头望着巍峨的城墙，不觉潸然泪下。

箕子潜回封地箕（今山西太谷、榆社一带），立即准备启程远行。普天之下，莫非王土。箕子要去的地方，正是商朝天子无力征讨的地方，名为朝鲜。

朝鲜位于商朝东北方向，从朝歌出发，有数千里路程。朝鲜东南西三面环海，北面有长白山和千山隔绝辽东，还有鸭绿江横贯在山脉间。朝鲜这个世外桃源，距离中原遥远，陆路又有两座大山脉和一条大河阻隔，中原的势力很难威胁到它。

箕子策划了家族大逃亡计划，此番万里大迁移，人数达到数万，几乎是在纣王的眼皮子底下，带着无数的物资和技术，抵达朝鲜半岛。

纣王发现箕子的计划后，立即调动追兵，下令沿途的诸侯围追堵截。可是箕子计划周密，虽然最终抵达朝鲜的箕子大军只有 5000 人，但也足以在这里建立统治政权，史称"箕子朝鲜"。

纣王是商朝最后一任天子，周武王灭商后，仍册封箕子朝鲜为诸侯。

箕子朝鲜统治朝鲜半岛北部，立国 900 多年，传国 41 世，从商末到秦末，时间跨度比周朝还长。

汉初燕王卢绾卷入刘邦诸子夺嫡之争，刘邦令卢绾支持并保护赵王刘如意，导致卢绾与吕后等沛县帮反目。由于刘邦忽然去世，周勃大兵压境，燕王卢绾不想与汉军开战，率数千骑兵及从众投奔匈奴。

卢绾的部将卫满，率千余骑兵远走辽东，进入朝鲜半岛。卫满杀朝鲜王箕准，建都王险城（今朝鲜平壤），收容燕齐亡命之徒，攻略四周小邑，降服诸夷，实力渐强，史称卫氏朝鲜。

汉惠帝和吕后之时，天下初定，卫满强盛，其南方的真番、临屯等大部落都来归附，地方数千里。汉朝辽东太守与卫满立约，使为外臣，禁约塞外蛮夷，勿得侵犯汉朝边境。蛮夷君长欲入见天子者，不得阻止。

武帝时期，卫氏朝鲜已经传至卫满之孙卫右渠，其故意诱导亡命汉人前往，阻止濊（huì）人、真番、临屯入朝中国。汉武帝时期的卫氏朝鲜如图 3-12 所示。

公元前 128 年，濊人首领南闾不堪忍受卫氏朝鲜的侵扰，率 28 万族人内附辽东。

濊人生活在东朝鲜湾，与卫氏朝鲜隔着北大峰山脉、阿虎飞岭。濊人部落总人口至少 30 万，是汉朝一个郡的规模，如此都挡不住卫氏朝鲜的扩张，可见其战力可观。

武帝在濊人故地设沧海郡，不过并未派太守和军队驻防，两年后裁撤。

濊人来投的前 5 年，汉朝组织了马邑之围，打响了反击匈奴的第一枪。濊人来投的前一年，武帝遣李广、公孙敖、公孙贺、卫青 4 位将军出塞讨伐匈奴。此时汉匈战争正如火如荼，而且汉朝处于劣势，无力分兵来管朝鲜半岛的事情。

公元前 109 年，漠北之战 10 年后，汉朝已经平定南越、西南夷。今时不同往日。这年武帝遣涉何为使，到朝鲜责备卫右渠，令其放南方的真番、辰韩国入朝，还要亲自到长安称臣。

卫右渠知汉之强盛，对涉何客客气气，但不肯奉诏去长安。涉何离开时，卫右渠派了一个裨王一直送到浿（pèi）水（清川江）。

涉何见出使目的未能达到，恼羞成怒，便指挥帐下士兵偷袭朝鲜裨王，取其首级飞驰入塞。涉何上表朝廷，说朝鲜王不肯奉诏，于是袭杀朝鲜裨王，取首级而还。武帝不察底细，见涉何斩将报功，授为辽东郡东部都尉。

卫右渠见其裨王被杀，勃然大怒，又闻涉何为辽东都尉，正无从发泄，便遣将领兵，乘其不备，袭攻辽东，竟将涉何杀死。

天子之怒，伏尸百万。

武帝龙颜大怒，下诏左将军荀彘、楼船将军杨仆，各率 5 万人马，兵分两路讨伐朝鲜，约定会攻朝鲜都城王险城。左将军荀彘的主力来自幽州，外加各地死罪囚徒，走陆路，从辽东进入朝鲜；楼船将军杨仆的主力来自朝廷水师及齐地，再加上各地死罪囚徒，走海路，从胶东半岛出兵，渡黄海，登陆朝鲜半岛西部。

鸭绿江
江南山脉
狼林山脉
盖马高原
长津湖
妙香山脉
番汉
清川江
增地
大同江
北大峰山脉
沮
东朝鲜湾
西朝鲜湾
阿虎飞岭
讲邯
朝鲜
驷望
马息岭
濊
粘蝉
王险城
屯有
列口
广州山脉
昭明
太白山脉
临屯
真番
江汉
江华湾
辰
小白山脉
庆尚山脉
韩
马
韩
弁
韩

图 3-12　卫氏朝鲜

荀彘曾作为校尉追随卫青参加漠北之战，一度成为侍中，在武帝身边。荀彘既是卫霍集团的一员，也是武帝身边红人，这才拜左将军，总领朝鲜战场全局。

杨仆是赤泉侯杨喜的后人，昆明池水师两大将领之一。五将军下南越，杨仆军扫除了大部分障碍，最后被路博德取得头功。五将军征东越，杨仆军正面攻杀徇北将军，吸引了东越大部分兵力，最后韩说渡海取得头功。两场战争杨仆明明战胜，却茫然若失，朝鲜此役当然绝不想让头功旁落。

朝鲜王卫右渠得报，急忙分派将士固守险要地方，以防汉军突破进入国境。

杨仆的水师船舰分批次渡海，杨仆本人率领载有7000先锋军的船队抵达大同江口。按理说杨仆可以先等主力到齐，甚至等荀彘军开拔到位，再寻朝鲜主力决战，然而他急于立首功，想抓住荀彘未到之机，冒险在涨潮时浮水轻进，船队逆大同江来到王险城下。

杨仆令7000大军悉数登岸，列阵，准备攻城。

卫右渠的主力调到了鸭绿江一线，蓦闻汉兵乘船而来，却也心惊。但当卫右渠见汉军只有7000时，大呼“天助我也”，遂命大开城门，督兵出战。朝鲜军人手一把木盾，用于防备汉军强弩。两下交战一阵，汉军寡不敌众，死伤大半，其余四散逃生。杨仆率败军正要逃回战舰，不料遭遇退潮，战舰多半搁浅。

杨仆与部众失散，落荒而逃，至深山之中藏匿10余日，渐渐收集溃卒。清点人数，每三人只剩一人，7000人马折损近5000。

左将军荀彘率辽东士兵为先锋，日夜兼程抵达浿水，结果遭到埋伏，虽损失不大，却也是出师不利。荀彘等大队人马到齐，才发现朝鲜军已在对岸扎营，挡住去路。双方僵持数日，汉军声东击西，总算渡过浿水。接着连番交战，互有胜负，彼此相持多日，汉军未能突破朝鲜防线。

现在两路汉军，楼船将军杨仆率4.5万人困在大同江里，左将军荀彘率4.9万人困在浿水东岸，连王险城的城墙都没看到。

武帝见汉军劳师远征，兵困城下，师出无功就算了，一旦断粮形势就会急转直下，便遣卫山为使，到王险城求和，晓以利害。

卫山是卫青的堂弟，也是太子刘据的座上宾，常活跃在武帝身边。漠北之战时，卫山跟着霍去病擒匈奴一王，封义阳侯，食邑1100户。卫山代表武帝，也代表太子，更代表卫霍集团，要战功有战功，其身份不是之前使臣涉何能相提并论的。

果然卫右渠一见卫山，相见恨晚，当下认祖归宗（都是春秋卫国后裔）。卫右渠顿首谢罪，说自己早欲请降，今见使节，情愿归附，即令太子随同卫山入朝谢罪，并献战马5000匹，又送了许多粮食犒赏汉军。

卫山在朝鲜赚足了面子，与朝鲜太子起程归国，卫右渠派了一支全副武装的万人军队护送。大军抵达浿水，卫山告诉朝鲜太子，朝鲜兵不可渡浿水入汉境。朝鲜太子担惊受怕，便率众驰回。

卫山见事不成，只得回报武帝。武帝怒其失计，立将卫山斩首，一面遣人催促二将进兵。

于是左将军荀彘驱军急进，攻破数道险关，直抵王险城，与楼船将军杨仆会师。接着荀彘与杨仆，一人攻城南，一人攻城北，数月未下，到冬季大雪纷飞，汉军只好原地休整。

话说卫山的功劳其实不小，汉军多了5000匹战马和许多粮草，不仅实力大增，打持久战的能力也大增。反之朝鲜失去5000匹战马，就很难出城与汉军交锋，只能固守王险城。朝鲜失去许多粮食，打持久战的能力当然也被大幅削弱。如果这是象棋对弈，本来旗鼓相当，朝鲜却把自己的马给了对方，形势便完全不同了。

对双方来说，这都是一个难熬的冬天。汉军中荀彘军多来自幽州，对这种天气的适应性相对更强一些；杨仆军是水师，不擅攻城，也不适应冬季作战。

只要不下雨雪，荀彘便日夕督师猛攻，并令杨仆同样进攻。然而杨仆记起前次与路博德围攻番禺，出尽死力，欲占首功，结果反被路博德坐享现成。杨仆一心想学路博德，派人入城讲和。于是卫右渠与荀彘力战，与杨仆谈和，荀彘对此牢骚满腹。

论军职，左将军（军职二品）比楼船将军（官职三品）高一级，杨仆要听荀彘的。但杨仆在征南越后封将梁侯，加上他所统兵马确实不擅攻城，因此任凭荀彘催促，却吩咐将士就城下排阵，摇旗呐喊，虚张声势，装模作样攻城。

杨仆学路博德有板有眼，虽然卫右渠一意固守，但将军王唊，左右相韩陶、路人，以及尼溪相（官职名）参等，都与杨仆建立联系，希望在合适的时候投降。

武帝知道两将不和，于是立即遣济南太守（官职三品）公孙遂前往督军。

公元前108年春天，公孙遂到了朝鲜，当然偏向上级左将军，与荀彘一起，把楼船将军杨仆骗到帐中拿下。荀彘将两支军队并在一起，约有9万人，将全城围住，四面猛扑，日夜架起云梯攻打。

城中危如累卵，投降派见杨仆消失，知道再不投降恐怕就没机会了。首先是将军王唊率队带头出城投降，后来封平州侯，食邑1480户。

接着左右相韩陶、路人相继开城出降。韩陶封荻苴侯，食邑540户。路人比较倒霉，死在去长安的路上，结果其子路最封涅阳侯，食邑与韩陶差不多。

此时朝鲜几乎必败，尼溪相参想到如此投降恐无战功，便索性杀了卫右渠，献首汉营，后来封澅清侯，食邑1000户。

战争并未结束，将军成已宁死不降，率军据城抵抗。

荀彘使降人招谕守兵，如再抗违，一体屠戮。守兵栗栗危惧，朝鲜王子卫长、路人之子路最率军共杀成已，战争总算结束。朝鲜王子卫长后来改名张阖，封几侯，食邑可能有数千户。

朝鲜平定，濊人、真番、临屯部落称臣，武帝在朝鲜半岛北部设四个郡：乐浪、玄菟、真蕃、临屯。汉武帝在朝鲜半岛设立的四郡如图3-13所示。

乐浪郡首府设在朝鲜（今朝鲜平壤），主要是卫氏朝鲜的地盘。

真蕃郡首府设在霅城（今韩国首尔），并设有昭明都尉府。

临屯郡首府设在东暆，并设有不而都尉府。

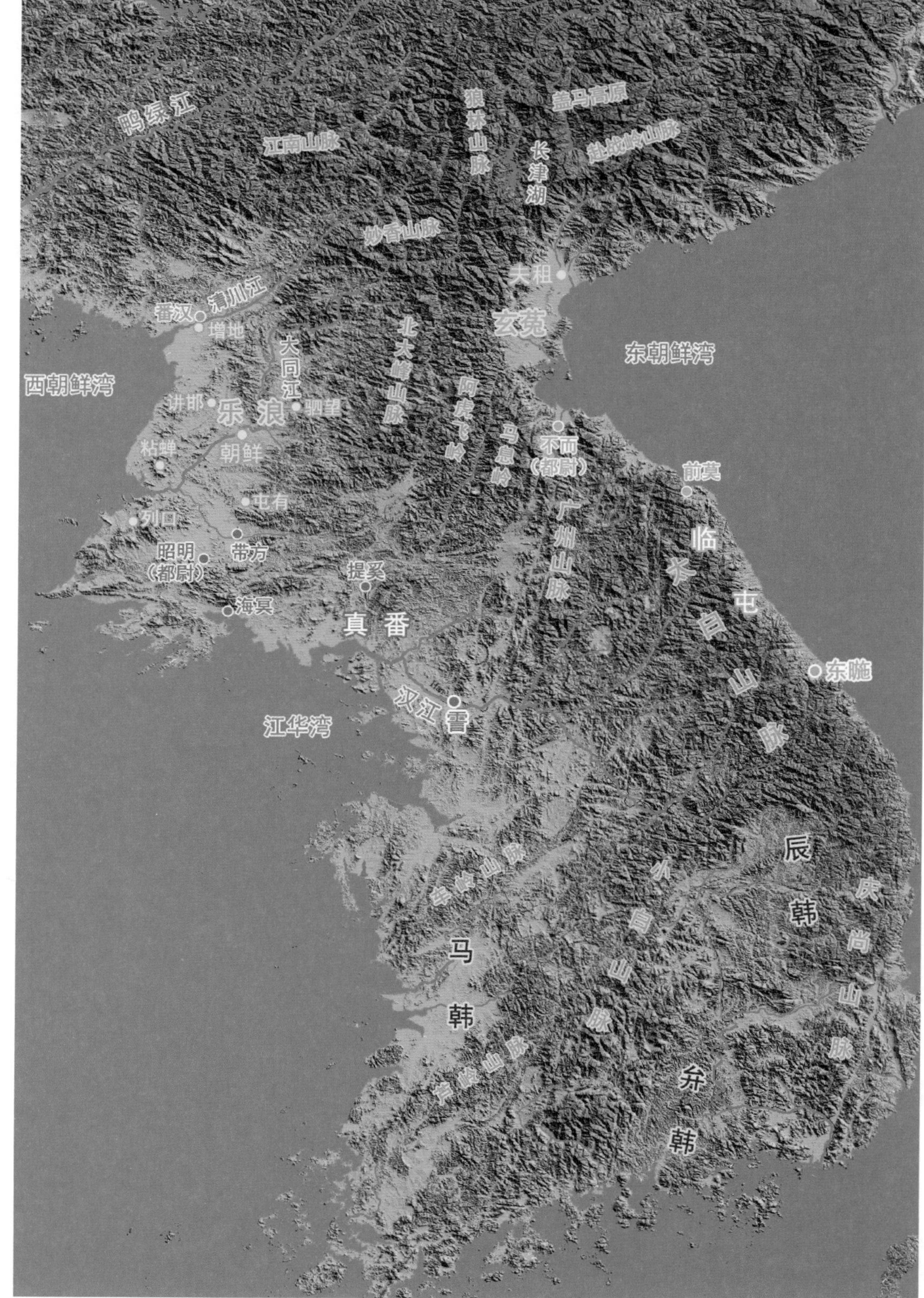

鸭绿江
江南山脉
狼林山脉
盖马高原
长津湖
赴战岭山脉
妙香山脉
夫租
番汗
清川江
增地
玄菟
大同江
北大峰山脉
东朝鲜湾
西朝鲜湾
阿虎飞岭
讲邯
乐浪
驷望
马息岭
不而（都尉）
朝鲜
粘蝉
前莫
屯有
广州山脉
列口
临屯
带方
昭明（都尉）
提奚
太白山脉
海冥
真番
东暆
汉江
霅
江华湾
辰韩
车岭山脉
小白山脉
庆尚山脉
马韩
韩
芦岭山脉
弁韩

图 3-13　朝鲜四郡

玄菟军首府设在夫租（今朝鲜咸兴），后经过多次重置，到三国时已整体迁移到辽东郡以北。

两位将领回到长安，以为凯旋归来定有重赏，尤其是荀彘还指望封侯。

然而武帝却责怪他们互相争功延误战机，先将主将左将军荀彘斩首，可见武帝对卫霍集团下手之狠。杨仆则被削爵去官，拿钱赎罪，废为庶人，这已经考虑到其征战南越和东越劳苦功高了。

济南太守公孙遂也未能幸免。武帝派他去监军，不但未能化解将领不和，还伙同左将军一起抓捕楼船将军，推出斩首。

至此远征朝鲜的左将军、济南太守都被武帝处死，楼船将军成了庶民，反而朝鲜降将有5人封侯，也是一桩怪事。

第二节　远征西域

● 张骞第二次出使西域

西域地方广大，东西6000余里，南北4000余里，东接河西走廊，西达波斯高原。西域南北皆有大山，中央有河。由敦煌往西域，有南北两道。南道出阳关，依昆仑山西行，经且末、精绝、扜弥、于阗、皮山、西夜至莎车，西逾葱岭，出大月氏、大夏，达安息、身毒等国；北道出玉门关，由楼兰傍天山溯塔里木河西行，经山国、尉犁、渠犁、轮台、龟兹、姑墨至疏勒，西逾葱岭，则至大宛、康居等国。北道以北尚有焉耆、车师等大国。以上诸国，统称西域三十六国，或西域四十八国，均为概数。

西域除了高山便是沙漠，其中塔里木盆地的塔克拉玛干沙漠是西域人的噩梦。塔里木盆地按逆时针方向，由天山山脉、帕米尔高原、昆仑山脉、阿尔金山围成。塔里木盆地呈椭圆形，东西最长约1500千米，南北最宽约600千米，总面积约53万平方千米。塔里木盆地海拔高度在800～1300米之间，地势西高东低，东部盐泽（蒲昌海、罗布泊）是盆地最低处，也是积盐中心，海拔约780米。

塔里木盆地的边缘为山麓、戈壁和绿洲（冲积平原），中部是塔克拉玛干沙漠，这里是世界上距离海洋最远的地方。由于塔里木盆地被高山环绕，海洋的湿润气流很难到达，盆地年降雨量极少，塔克拉玛干沙漠几乎终年不雨。

塔克拉玛干沙漠是世界第十大沙漠，东西最长约1000千米，南北最宽约400千米，面积约33万平方千米。西域地形如图3-14所示。

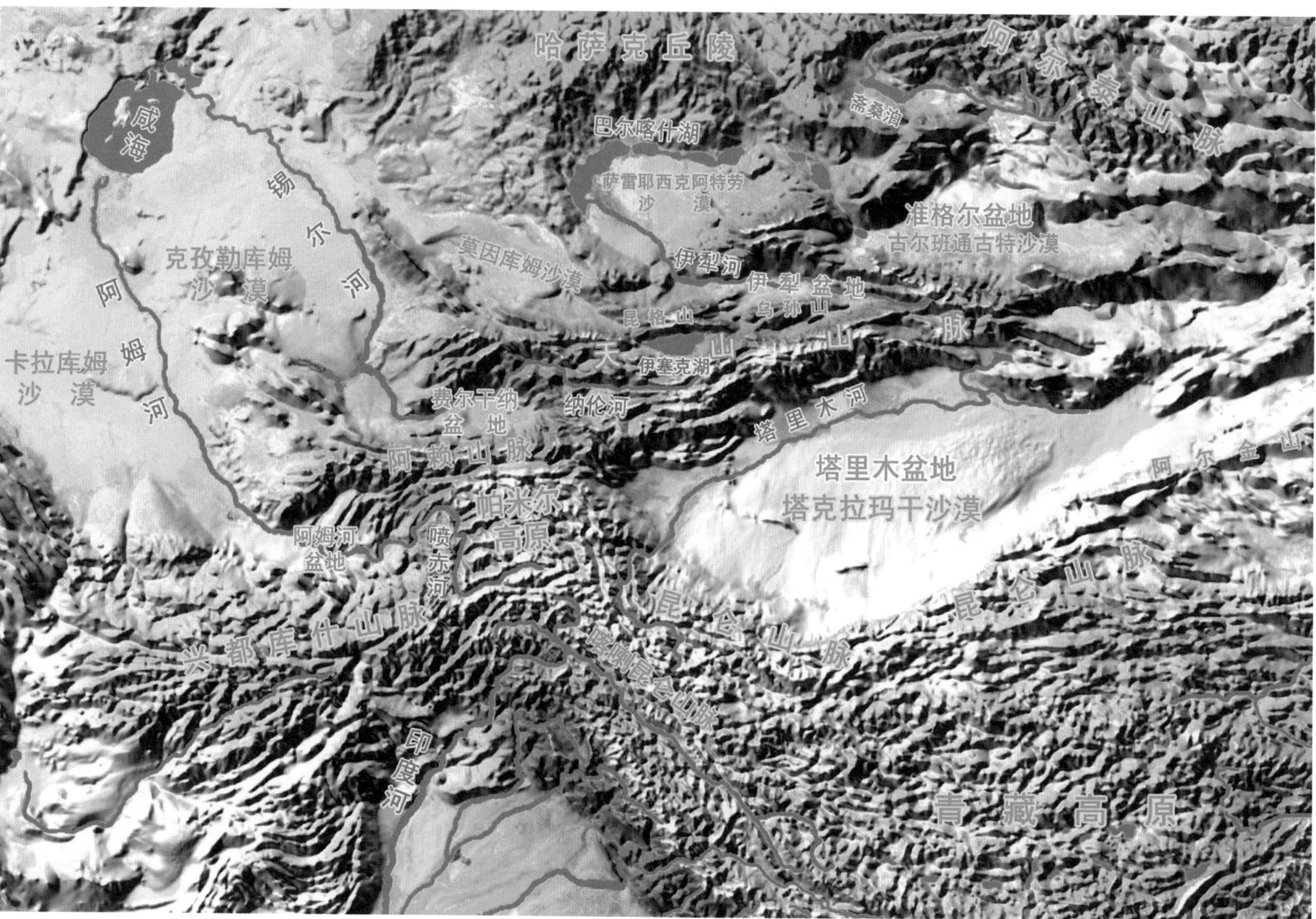
哈萨克丘陵
阿尔泰山脉
斋桑泊
咸海
巴尔喀什湖
萨雷耶西克阿特劳沙漠
准格尔盆地
古尔班通古特沙漠
锡尔河
克孜勒库姆沙漠
莫因库姆沙漠
伊犁河
伊犁盆地
乌孙山
昆格山
天山山脉
伊塞克湖
阿姆河
卡拉库姆沙漠
费尔干纳盆地
纳伦河
塔里木河
阿赖山脉
塔里木盆地
塔克拉玛干沙漠
阿尔金山
帕米尔高原
阿姆河盆地
喷赤河
昆仑山脉
兴都库什山脉
喀喇昆仑山脉
印度河
青藏高原

图 3-14 西域地形

清朝历史地理学家顾祖禹曾写道：欲保秦陇，必固河西；欲固河西，必斥西域。意思是若想保住秦陇，必须稳固河西；想要稳固河西，必须开拓西域。

公元前 119 年，漠北大战同年，卫尉张骞筹划再次出使西域，他向武帝进言："蛮夷恋故地，又贪汉财物，此时若厚赂乌孙，招其东居故地，以公主和亲，则断匈奴右臂也。既连乌孙，则其西南大宛、大夏、康居等，必闻风归附。"

河西走廊自浑邪王率众投降以来，汉朝将匈奴降兵部族迁离，在陇西、北地、上郡、朔方、云中五郡置属国安置。河西走廊兵力空虚，人口匮乏，常被匈奴偷袭。张骞的意思是把乌孙请回河西走廊故地，帮汉朝戍守边疆，以防御匈奴。在匈奴看来，乌孙人恩将仇报，二者必有恶战，如此匈奴的威胁自然减弱。

不久张骞卷入夺嫡之争，武帝将其谪为中郎将（军职四品），率 300 精锐，战马 600 匹，赍（jī）金币丝帛数千万，牛羊万头，出使乌孙，目的是结盟乌孙夹击匈奴，断匈奴之右臂。

这是张骞第二次出使西域，仍走河西走廊，这回汉朝已经完全控制该地区，不用担心休屠和浑邪，而且沿途有亭障、关隘、烽燧可以提供补给。张骞一行过楼兰、焉耆、车师，绕过天山山脉北部的依连哈比尔尕山、博罗科努山、阿拉套山，来到伊犁河盆地。

乌孙和月氏原来都在河西走廊，后来月氏独占河西走廊，乌孙北上投靠匈奴。匈奴用了几十年时间帮乌孙收复河西走廊，把月氏人赶到了西域伊犁河流域。但匈奴将河西走廊据为己有，右贤王麾下休屠部和浑邪部入主，几十万匈奴人鸠占鹊巢。乌孙迫不得已，继续西行追击月氏，占据伊犁河流域，随后大月氏南迁阿姆河盆地。

乌孙国有 12 万户，63 万人，控弦 18.88 万骑。乌孙的势力范围，包括伊犁河流域和天山以北部分区域，在伊犁河谷中央有一座乌孙山，见证了乌孙人的辉煌历史。

巴尔喀什湖与天山山脉之间是大片的沙漠，伊犁河流出河谷后，由于水量充足，在损失巨量水分后还是注入巴尔喀什湖西侧。天山上其他河流水量就没有这么充足了，巴尔喀什湖东面的河流时断时续，主要依靠伊犁河补充水源。

巴尔喀什湖东西长约 605 千米，最宽 74 千米，最窄只有 9 千米，我们也可以将其看作一条比较宽的河流。伊犁河入湖后，由于湖面比河面宽得多，水流减速，缓慢东流。这就造成湖口是淡水，越往东水越咸。巴尔喀什湖最窄处，位于中央位置，看起来像一个水阀。人们习惯将巴尔喀什湖视作半淡水半咸水湖泊，西部是淡水湖，东部是咸水湖。

乌孙原本依附匈奴，但匈奴独占河西走廊，令曾经唇齿相依的盟友关系破裂。乌孙占据伊犁河流域后，便不再向匈奴岁贡牛羊，右贤王曾多次对乌孙用兵。汉朝也是利用右贤王兵力空虚，逐渐收复河套地区与河西走廊的。

乌孙的王称为昆莫或昆弥，与汉朝皇帝、匈奴单于是一个意思。乌孙昆莫名叫猎骄靡，他的父亲难兜靡是被月氏人杀的。猎骄靡一生颇为传奇，其在婴儿期随部众寄居匈奴，青少时期率乌孙军多次与月氏、秦汉军队交锋，中年时期收复河西走廊却被匈奴占据，老年时期率部众赶走月氏人占据伊犁河流域。

猎骄靡的王城莫昆城在特克斯河盆地中，称为赤谷城（可能是特克斯县博斯坦古城）。博斯坦古城地处特克斯河北岸阶地上，距特克斯河约 200 米，位于特克斯县城西南约 2000 米。博斯坦古城呈长方形，东西长 206 米，南北宽 162 米，城墙高 5 ～ 7 米。

但猎骄靡又在西南侧的天山上修筑了赤谷城。每到夏季，猎骄靡就率子孙到赤谷城，对着太阳升起的地方祭天、祭祖，那里是乌孙人的故乡河西走廊。因此乌孙有两座赤谷城，一座是都城，一座是祭天城。

猎骄靡的寿命很长，此时已经到了 90 岁鲐（tái）背之年。张骞传达武帝之命，赐予金币丝帛。猎骄靡自称年老体衰，坐受不拜，礼如单于见敌国使臣。

张骞见猎骄靡身体肥大，像座肉山般横卧在羊毛毡上，闭目养神，身旁四五个侍女给他捶打身体，一副没把汉使放在眼中的模样。

张骞愤然道：“我大汉天子远遣使者赐乌孙，大王若不肯拜受，则请将金币丝帛退还。”

猎骄靡闻言坐了起来，只见他的貂皮帽上嵌着大小不一的各色宝玉，细长的眼射出两道凌厉的光，冷哼道：“听说张大人曾去大月氏，要夹击我们乌孙和匈奴，怎么今日又来挑拨乌孙与匈奴，是何居心？”

张骞不亢不卑道：“匈奴是我大汉心腹大患，匈奴的敌人就是大汉的朋友。”

简单的两句话说到猎骄靡心里去了。现在乌孙与匈奴在天山山脉东北部激烈争夺，若非卫青霍去病屡败右贤王，乌孙与匈奴右部的交战规模只怕会越来越大。

猎骄靡一生大场面见多了，闻言装模作样起身离座，拜了两拜。

张骞赠完礼物，便进言道：“乌孙若能东归故地，为大汉戍守边疆，大汉当以公主嫁为夫人，结兄弟之好，同拒匈奴，破之甚易。”

猎骄靡听了沉吟不答，左支右绌，他只想要汉朝的金币丝帛。

十几年前，张骞经大宛去大月氏，是要约大月氏共击乌孙和匈奴的。这笔账猎骄靡没算在张骞头上，就已经是看在金币丝帛的份上宽仁大度了。乌孙人已经在伊犁河谷安家多年，近两代人都对河西走廊知之甚少，当然不想回去与匈奴开战。

猎骄靡还有自己的难处。他有十几个儿子，太子早逝，太孙军须靡（官号岑陬）不能服众。另有一子大禄，能征善战，公开表示自己应该继承昆莫之位。

如今乌孙四分五裂，太孙军须靡领兵 1 万余骑，大禄领兵 1 万余骑，昆莫其他儿孙各有兵力数千或数百。各大势力虽表面上统属于昆莫猎骄靡，但各有封地，对老昆莫表里不一。

就算乌孙上下铁板一块，他们也未必愿意为汉朝守土，何况伊犁河流域的自然环境并不亚于河西走廊。

为了拉拢乌孙共击匈奴，张骞许诺嫁汉朝公主给猎骄靡。但匈奴在大漠以北仍很强势，只要匈奴不主动攻击乌孙，猎骄靡不敢随便得罪匈奴而娶汉朝公主。

张骞坐镇乌孙，命副使分往大宛、康居、大月氏、安息（今伊朗）、身毒（天竺，今巴基斯坦和印度）等西域大国。汉使最远西至安息，南至身毒。张骞第二次出使西域如图 3-15 所示。

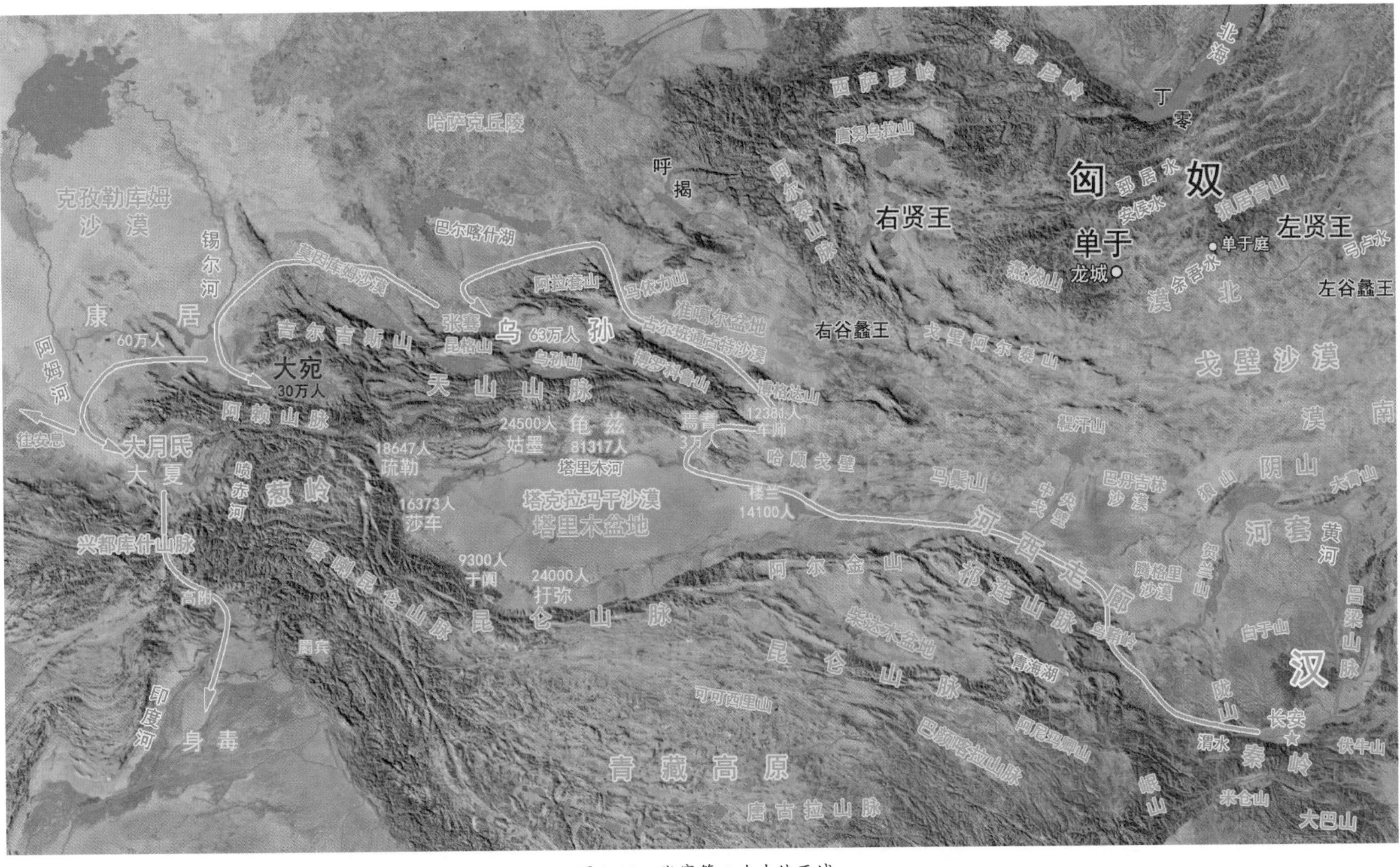

图 3-15 张骞第二次出使西域

安息国，定都番兜城（今伊朗北部的达姆甘），地方数千里，有大小数百城。安息王令两万骑东行数千里，迎汉使于东界。汉使回去时，安息王回赠大鸟卵（鸵鸟蛋）及犁靬（今埃及亚历山大港）眩人（西方幻术师或魔法师）给武帝。

身毒并不是一个统一的国家，大致范围是印度河与恒河流域的广大平原，有数十国，数百城，各有国王和城主，都称身毒（天竺）。从大月氏往东南方向可至身毒，从汉朝蜀郡西南方向也可达身毒。身毒气候卑湿暑热，身毒人乘象而战，但战斗力不如大月氏。

公元前 115 年，张骞从乌孙归国，昆莫猎骄靡遣使护送张骞，赠战马数十匹回礼。

武帝见乌孙所献之马甚是雄壮，喜形于色，授张骞为大行令（九卿之一，官职二品），这是张骞第二次授九卿，但和亲未成，张骞没有再次封侯。

过了一年，张骞去世，此前去往大夏等国的副使皆陆续带着他国使臣归来。西域诸国始知汉朝之广大富庶，都想与之通商。张骞曾封博望侯，后来汉朝派往西域的使臣都尊称为博望侯。

乌孙昆莫猎骄靡的使者从长安回去后，将汉朝之地大人众、物产富厚，绘声绘色报于昆莫。猎骄靡虽仍不愿与汉朝和亲共击匈奴，但态度好转了不少，双方建立了互访机制。

西域与汉朝往来频繁起来，各国只知博望侯张骞，不知汉朝皇帝姓名。张骞死后，汉使亦讳言张骞已死，只说是由博望侯所遣。

● 赵破奴破楼兰、王恢破姑师

汉朝与乌孙未能立即和亲，战争的方向转向其他地方。等汉朝相继平南越、西南夷、朝鲜，焦点再次来到西域。如果说汉朝占据河西走廊是断匈奴右臂，那么控制西域就是断匈奴一条右腿。

公元前 108 年，汉军灭卫氏朝鲜同年，武帝对西域楼兰和姑师（车师）用兵。

楼兰和姑师都是吐火罗人，来自北欧，与凯尔特人、日耳曼人相近，金发、蓝眼、高鼻梁，须髯浓密。在我国夏商时期，吐火罗人迎着太阳升起的地方东迁，在塔里木盆地东北部，建立了龟兹、楼兰、焉耆、姑师等国。

后来雅利安人从东欧到伊朗高原、印度河流域、恒河流域，比吐火罗人要晚，吐火罗人与雅利安人无论语言相貌都不同。

楼兰位于塔里木盆地东部，地处盐泽（蒲昌海、罗布泊）旁，位于孔雀河下游，是塔里木盆地东出入口，在汉朝与西域交通必经之道上。罗布泊现在虽然干涸成戈壁，钾盐储量丰富，但古代是一个超级大湖。罗布泊是咸水湖，盐度很高，岸边不适合放牧。

罗布泊地势低洼，湖水有三个主要来源：一是来自天山山脉方向的塔里木河、孔雀河；二是昆仑山脉方向的车尔臣河；三是祁连山脉方向的疏勒河。罗布泊面积的大小，取决于这几条支流的流量。极盛时期，罗布泊面积达 2 万平方千米。但这一带的自然环境一直在变迁，南北朝时期气候干旱，鄯善（楼兰）人口剧减，被柔然麾下的高车所灭。后来罗布泊逐渐干涸，唐朝玄奘西行归来时，楼兰已经是黄沙莽莽中的古城了。后来罗布泊又有水了，1959 年罗布泊湖面达 5350 平方千米，比青海湖还大。

从罗布泊逆孔雀河西北而上，沿天山南麓走，这是丝绸之路北线；如果逆车尔臣河西南而上，沿昆仑山北麓走，就是丝绸之路的南线。罗布泊是河流汇聚之地，楼兰也成了东来西往的必经之地，更是兵家必争之地。作为东来西往贸易中转站，楼兰迅速繁荣起来，沿孔雀河修建了不少驿站。

公元前 108 年，武帝令匈河将军（军职三品）赵破奴、中郎将（军职四品）王恢领兵，以骑都尉（军职四品）李广利为监军，出征楼兰与姑师。王恢是汉使，楼兰和姑师都去过，熟悉道路。

4 年前赵破奴从骠侯爵位被削，武帝拜其为匈河将军，率两万骑兵，从金城郡令居塞北上，至匈河水，无功而返。由于没有战功，赵破奴没有再次封侯，只能等待机会。

骑都尉李广利、协律都尉李延年、李季三兄弟是中山人，他们的妹妹李夫人得宠，三兄弟也鸡犬升天。李延年本是宫中宦官（太监），负责饲养宫中的狗，但他精通音律，喜欢唱戏。

一次平阳公主入宫探望武帝，李延年献歌：“北方有佳人，绝世而独立，一顾倾人城，再顾倾人国。宁不知倾城与倾国，佳人难再得。”

武帝问道：“果真有如此绝代佳人？”

平阳公主一生最爱给武帝介绍嫔妃，当即回应道：“此倡优之妹便是绝代佳人。”

于是李氏从平阳公主府上入宫。她生得姿容秀媚，体态轻盈，而且能歌善舞，颇得武帝欢心。李氏长兄李广利颇有军事才能，做了羽林郎，二兄李延年做了小黄门（太监）。

4 年前赵破奴无功而返时，李夫人刚入宫，李广利参加了战争，但当时只是一名普通的羽林郎，赵破奴并不认识他。没想到 4 年没见，李夫人生下龙子，李广利青云直上，做了骑都尉。

为国羽翼，如林之盛，汉朝羽林郎是皇帝的亲兵，主将是羽林中郎将（军职四品），副将是骑都尉（军职四品）。羽林军是汉朝地位最高的一支骑兵，天子出宫必有羽林郎护卫。李广、卫青、霍去病等都是从羽林郎起步的。

普通羽林郎的俸禄是比三百石，军职在百夫长（统率 100 人）与屯长（统率 50 人）之间。骑都尉李广利带了 100 个军官来到西域，有两层意思：一是监军，因为武帝并不完全信任赵破奴；二是锻炼李广利，日后好拜将对抗卫霍集团。

李夫人二兄李延年做了协律都尉，意思是音乐都尉，不是常设官职，算是给了一个四品官职。

李广利家族是中山李氏，与卫霍集团展开夺嫡之争。李广利跟随赵破奴出征，卫霍集团的顶梁柱赵破奴，当然要想办法甩开李广利。双方阵营不同，立场不同，留在身边太危险。

楼兰有 1570 户，14100 人，控弦 2912 骑。姑师有 1544 户，12381 人，控弦 4144 骑。

武帝给赵破奴的军队，包括 100 羽林郎，700 属国骑兵，1000 北军，1000 边郡兵，3 万郡国恶少年，成分复杂。

属国骑兵主要来自六大属国，大多是当年霍去病河西受降后的匈奴后裔，这些属国骑兵当年还是孩子，如今各个弓马娴熟。北军是长安城外的守军，长期以实战来练兵。边郡兵主要是北方各边郡的守军，作战经验丰富，但骑射不如属国骑兵，强项是摆方阵，打各种防御战。郡国恶少年来自各郡国，不说单兵和团队战力，首先战斗意志就不强，几乎是一盘散沙。

沙漠中行军极易迷路，骑兵可以带干粮和水袋，战马却无法两天不喝水不吃草。沙漠上的绿洲面积都不大，汉军只能兵分多路，一支队伍最好不超过 2000 人。赵破奴当年跟随霍去病作战，战法灵动迅速，这次他打算率轻骑突袭楼兰，当然要百里挑一，700 属国骑兵足矣。正好借机将李广利留在后面，统率剩下的 3 万多兵力，这样也说得过去。

李广利与王恢率 700 属国骑兵出了玉门关，先北渡疏勒河，再沿河西下。一路林木稀疏，不见人踪。高挂天上的太阳，把荒漠的各种色彩混融在炫目的白光里，远处的景物变得模糊不清。骑队走半个时辰，战马就要聚在河滩喝水吃草，骑兵则坐在岸旁石上喝水吃干粮。赵破奴破楼兰的路线如图 3-16 所示。

进入疏勒河下游，河道与盐泽（蒲昌海、罗布泊）连在一起，河面非常宽广，水也几乎不流动，变成咸水。队伍改为昼伏夜行，夜间仍沿着疏勒河西行，白天则在北边石山里面找遮阴的谷地睡觉。

旷野布满砾石，间或有突兀起伏的山岩、乌黑的石块。一连数日，景色再没有丝毫变化，时间似乎停止，每个景象都只是在重复，死一般的静寂。

一轮红日升起，赵破奴亲率骑哨离开谷地，在骆驼的带领下寻找绿洲。太阳从令人赏心悦目的曙色，变成火热的白光，沙石灼热起来，骑哨人人神色紧张，期待早些找到水草，马蹄则包裹两层牛皮以防灼伤。

赵破奴看着一堆被风化了的骆驼骸骨，只见它脖子扭曲，似在经历离世前的挣扎。良久，赵破奴自言自语道：“这风就像旁边有一堆篝火，有人拿着扇子往人身上煽火。”

王恢一边拧干白头巾又戴上，一边道：“将军，西域最大的敌人就是沙漠。经常有整队上百人的商队忽然消失。不过只要找到淡水就有马草，熬过这几天就好了。”

这块地方叫白龙堆，上无飞鸟，下无走兽，极目四望，唯以死人枯骨为标识。

赵破奴拉着王恢，扯着嘶哑的嗓子道：“这条路你确定走过好几次吗？”

王恢答道：“沙石是流动的，同一条路回来肯定不一样了，就算绿洲的位置也不是固定的。不过我们一直往西走，在抵达盐泽前不远处肯定有绿洲。”

终于，地平线上出现了令人赏心悦目的绿点，在烈光下如真如幻。一阵风刮起漫天黄沙，扑面打来，本已干涩的眼耳口鼻更是难受。幸好那点绿色让人联想到河流和青草，战士们心中燃起了希望。

骑队牵马坚持前行，半个时辰后，绿色的点变成山谷中的一片绿洲，湿润的感觉随风而至。战马兴奋起来，不用催促便放蹄奔去。沙石地变成松软的土地，前方绿草如茵，连风也变得清凉舒爽。

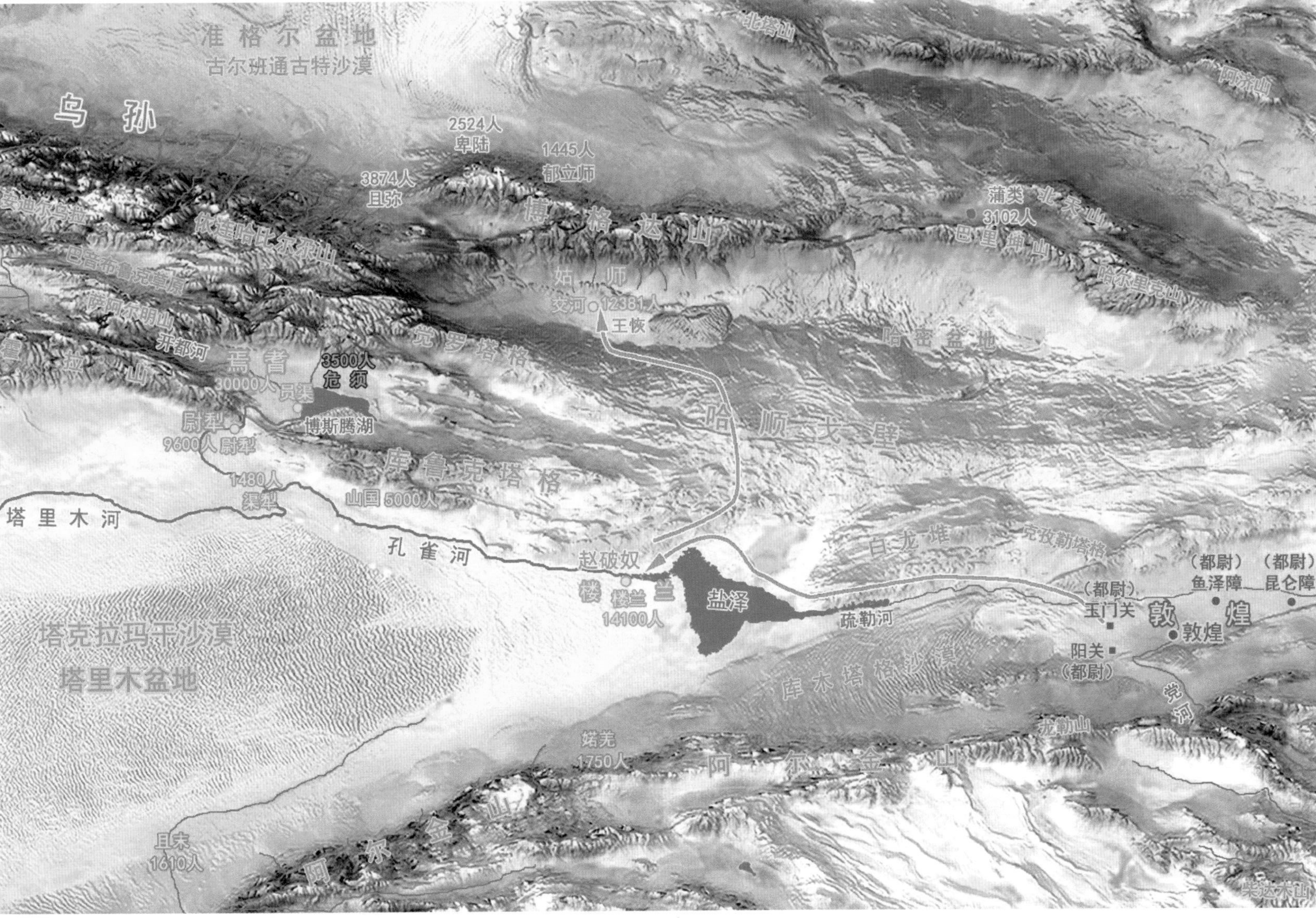
准格尔盆地
古尔班通古特沙漠
乌孙
北塔山
阿尔泰山
2524人
卑陆
1445人
都立师
3874人
且弥
蒲类
3102人
北天山
巴里坤山
博格达山
依连哈比尔尕山
巴音布鲁克草原
萨阿尔明山
哈尔里克山
姑师
交河
12381人
王恢
哈密盆地
觉罗塔格
开都河
焉耆
30000人
3500人
危须
员渠
尉犁
博斯腾湖
9600人
哈顺戈壁
库鲁克塔格
1480人
渠犁
山国 5000人
塔里木河
孔雀河
赵破奴
楼兰
14100人
盐泽
白龙堆
克孜勒塔格
疏勒河
（都尉）
鱼泽障
（都尉）
昆仑障
（都尉）
玉门关
敦煌
阳关
（都尉）
党河
塔克拉玛干沙漠
塔里木盆地
库木塔格沙漠
龙勒山
婼羌
1750人
阿尔金山
且末
1610人
柴达木山

图 3-16 赵破奴破楼兰

人和马卸下负载，忘情地在小湖里饮水泡身体，从没有一刻觉得淡水是如此令人心旷神怡。

小湖边有不少胡杨木，粗壮的树身因干枯龟裂而扭曲，枝叶却不屈地在沙漠中四处生长延展，显示出强大的生命力。

王恢感叹道："这些胡杨，生而一千年不死，死而一千年不倒，倒而一千年不腐。"

楼兰古城是一座有众多石楼拱卫的城邑，主城位于塔里木河北岸，两岸十几里范围内还有几百座大小石楼和石屋。主城并不大，城墙也不高，里面人数不上千。大部分居民、军队、商旅都住在外围。

夜幕降临，楼兰城却不设防，因为东西方向从未有骑兵能威胁楼兰。汉军铁骑突入城中，战马的奔腾声惊碎了楼兰人的美梦。城内城外，一时杀声震天。赵破奴疾驰如飞，在战马上来回指挥，捷若猿猴，轻如飞鸟，不愧霍去病帐下猛将。

楼兰人吓得紧闭门户，守军丢盔弃甲，楼兰王逃无可逃，献城投降。青海长云暗雪山，孤城遥望玉门关。黄沙百战穿金甲，不破楼兰誓不还。

赵破奴在城外设营立寨，构筑防御工事，截断沿塔里木河西方的道路，摆出防止龟兹、焉耆、车师等吐火罗人来援的姿态。

楼兰王称臣，赵破奴知道自己再次封侯已是板上钉钉，至于下一步是否攻击车师，他立即上表天子请旨定夺。

从楼兰去姑师，常规路线只有一条：逆孔雀河西进，在孔雀河与塔里木河交界处转而北上，进入焉耆盆地，然后从博斯腾湖东北侧绕过觉罗塔格，进入吐鲁番盆地西半部，最后才是攻击交河城。这条路线沿途经过 5000 人的山国、9600 人的尉犁国、3 万人的焉耆国。假设这 3 个国家配合，汉军也只能抵达博斯腾湖，接下来绕着觉罗塔格东部这段路并不好走，没有孔雀河这样的大河可以依托。

王恢作为汉使曾去过姑师，走的就是这条路。最大的问题就是距离太远，即使沿途国家配合，姑师国也早有准备，甚至还会惊动匈奴右部来援，届时恐怕凶多吉少。

赵破奴每日仍率骑哨西进探路，忽然前方报警声传来，只见 300 步外几骑呼啸而来，勒马停定，隔着沙丘打量他们。对方牧民打扮，腰佩马刀，年纪最大的不过十五六岁，最小的顶多十一二岁，稚气未脱，却个个神色傲然，有的还把手按在刀把上。

王恢忙道："将军，不要惹他们，免得节外生枝。这些是山国人，他们就在山里游牧，没人知道他们的安身之所，只在河边建了一个土楼，名为王城，实为他们与商旅易物之处。山国人从不打劫商旅，但本性彪悍，绝不会臣服任何势力。"

赵破奴饶有兴致地问道："他们有多少人马？"

王恢答道："他们有国王，总人数可能有 5000，没人知道具体人数，不过至少有二十几个部族，人数在几十到几百不等，各自占据山谷，对西域诸国没有任何威胁。"

赵破奴道："他们会帮楼兰人吗？"

王恢肯定道："绝对不会，山国是塞人，楼兰和姑师都是吐火罗人，只要我们不动手，大家就是朋友，他们不会率先动刀。"

不久李广利的大队人马也开拔到楼兰，不过只有100羽林郎、1000北军、1000边郡兵，3万郡国恶少年却一个都没来。李广利练兵一个多月，也看出郡国恶少年难堪大用，就留他们在敦煌继续训练，只率2100骑兵赶来。此举令赵破奴感觉如芒在背。假以时日，李广利或许真的能威胁到卫霍集团。

接着武帝诏书也到了，封赵破奴为浞野侯（食邑不详），责令楼兰王将太子送到长安为质。武帝令赵破奴镇抚楼兰，威示西域诸国，至于是否顺势拿下姑师，由几个将领便宜行事。

王恢见武帝只封赵破奴一人为列侯，自己连个关内侯都没拿到，白跑一趟，以为赵破奴贪天之功，便主张赵破奴坐镇楼兰，自己率军攻击姑师。

赵破奴受封浞野侯，个人目的已经达到，绝不会轻易犯险。王恢认为不必绕路焉耆，直接北上从库鲁克塔格穿过去，那里有一条捷径。

赵破奴与王恢僵持不下，如果没有李广利在，赵破奴会借机杀了王恢。然而李广利也不是泛泛之辈，这段时间把2000多骑兵训练得如臂使指。李广利也想建功立业，于是力挺王恢，要求北上一战。

转眼到了初冬，不宜开战，汉军屯兵楼兰，但也征骑四出，特别是对楼兰北方的库鲁克塔格进行了重点侦察。库鲁克塔格东侧的哈顺戈壁是没有道路的，汉朝使臣和商队从不走这里，没有人会放着孔雀河不走而去穿越戈壁。

赵破奴也逐渐改变了想法，他的如意算盘是，如果王恢和李广利兵败，正好借刀杀人除掉李广利，到时候还可把责任推给王恢。

公元前107年春天，赵破奴坐镇楼兰，王恢率300属国骑兵北上。李广利率100羽林郎、1000北军、1000边郡兵，共2100骑跟随，仍作为监军。

赵破奴率军逆孔雀河而上，不断营造声势，以误导焉耆、姑师等国；而王恢和李广利走库鲁克塔格东侧的哈顺戈壁北上，偷袭姑师王城交河。交河故城的地形如图3-17所示。

博格达山南麓有个高台，呈柳叶形，南北长约1650米，中间最宽约300米。一条大河从北往南，从高台两侧穿过再汇合，因此这里称为交河城。高台为石质结构，侧面平均约30米高，而且非常陡峭，只有两个狭窄的勉强能爬上去的入口。交河城这种地理结构，防御起来固若金汤，平时很难攻破。

汉军千辛万苦穿过哈顺戈壁，减员达到五六百，战马损失过千。白日登山望烽火，黄昏饮马傍交河。

还好姑师人并未设防，汉军一举捣破姑师王庭交河城。姑师王闻风而降，情愿内附，从此汉朝称姑师为车师。

武帝封王恢为浩侯（食邑不详）。骑都尉（军职四品）李广利迁为羽林中郎将（军职四品），相当于从羽林军副将转成正将。

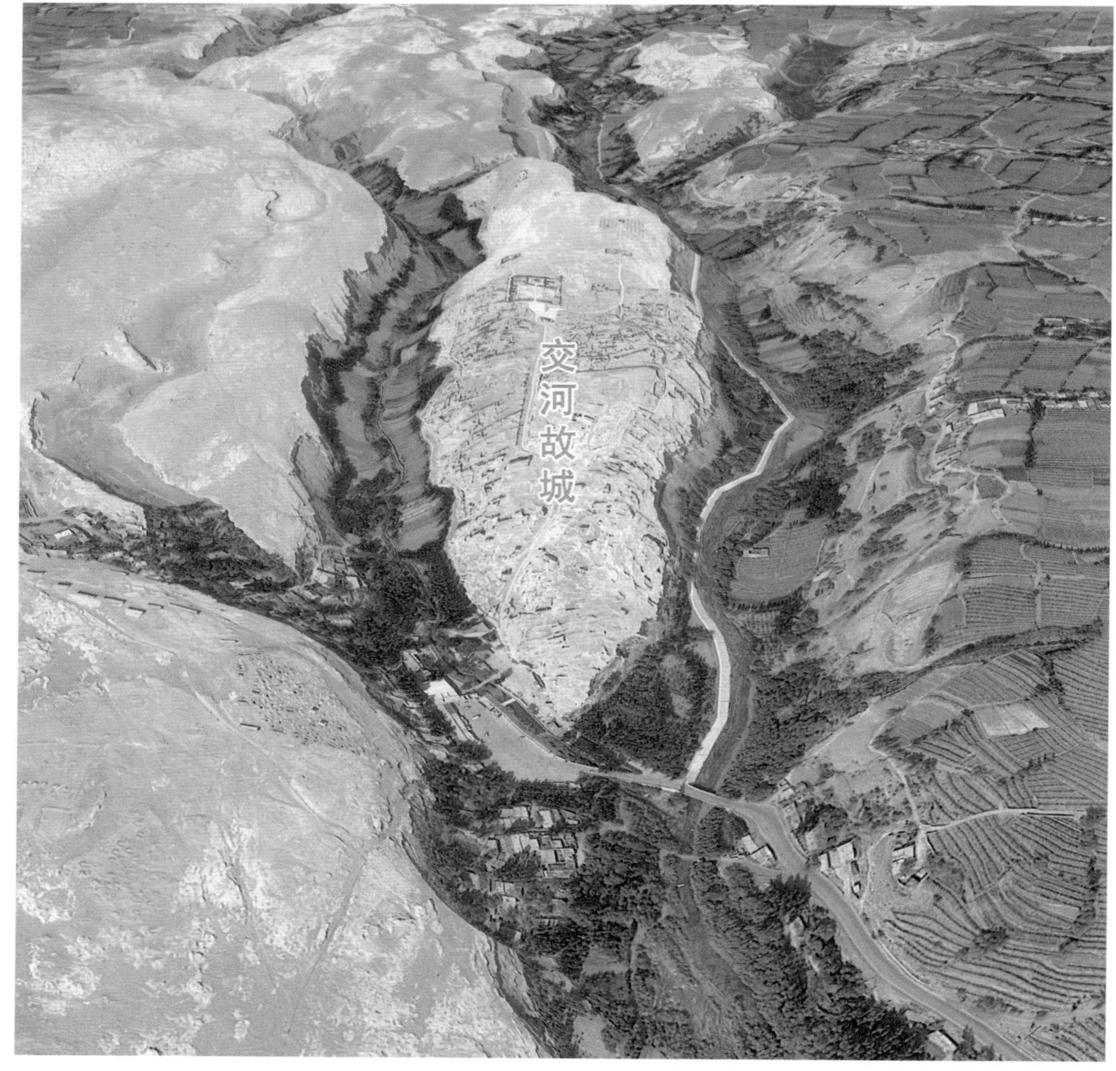

图 3-17　交河故城

汉朝与乌孙和亲，大宛杀汉使

公元前 106 年，卫青去世，武帝赐葬于自己的茂陵旁，起高冢，象征阴山。茂陵以东约 1000 米，依次是卫青墓、霍去病墓、金日磾墓。

卫青之死导致卫霍集团群龙无首，另一个外戚李广利很快就会蹿升。

武帝征服楼兰、姑师（车师）之后，使者往来西域诸国再无阻碍。

乌孙昆莫猎骄靡闻楼兰、姑师皆为汉兵所破，汉使往来大宛、大夏，想起 10 年前张骞和亲之言，与孙子商议之后，派使臣来和亲。

猎骄靡已经年过百岁期颐（yí）之年，10 年前他拒绝和亲，现在为何感兴趣呢？汉朝破楼兰和姑师后，乌孙来往汉朝的确方便一些，但这不是主因。汉朝也不可能万里迢迢来攻击乌孙，毕竟匈奴才是汉朝的主要敌人，而且汉军抵达乌孙几乎也是强弩之末。

猎骄靡当然不是贪图美色，毕竟再好色也是过了百岁的人。

猎骄靡的太子早就去世了，太孙军须靡不能服众，另一个儿子大禄实力最强，公开宣传下一任昆莫（昆弥）是自己。猎骄靡喜欢太孙，军须靡领兵万余骑，大禄也领兵万余骑，十几个儿子各自私养战士，猎骄靡担心自己死后，乌孙立即四分五裂。

猎骄靡感觉自己活不了几天，按照乌孙的习俗，他死之后，新一任昆莫太孙军须靡将续娶猎骄靡的小娇妻。如果猎骄靡与汉朝和亲，不久后太孙军须靡续娶汉朝公主，背后有汉朝撑腰，乌孙不至于土崩瓦解。

猎骄靡诚意十足，送 1000 匹乌孙战马作为聘礼，欲娶汉朝公主，约为兄弟之国。此前汉匈和亲，汉朝不仅嫁翁主，陪嫁的人员和物资也非常丰厚，然而从匈奴却几乎无所得。武帝兴致勃勃地检阅 1000 匹雄壮的乌孙战马，乐得抚掌大笑，和亲已成定局。

公元前 105 年，武帝选江都王刘建之女翁主刘细君，对外宣称是公主，与乌孙和亲。刘细君的曾祖父是景帝，按辈分是武帝的侄孙女。乌孙的势力范围如图 3-18 所示。

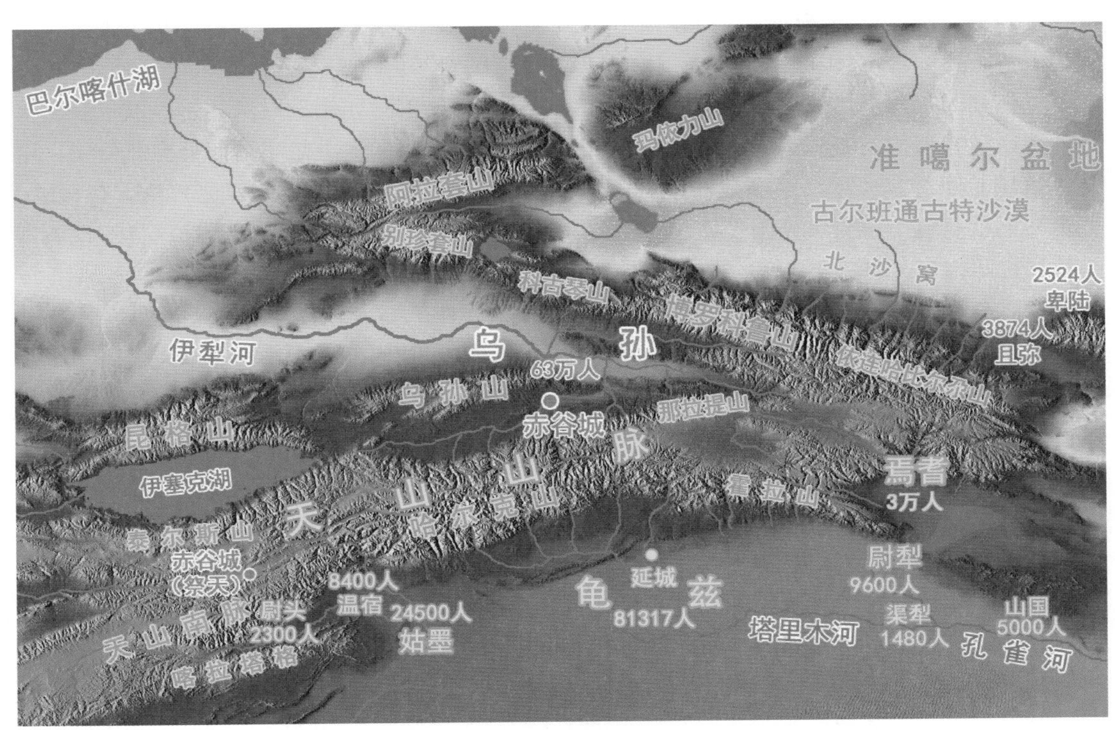

图 3-18　乌孙的势力范围

刘细君虽然贵为江都王之女，但她 9 岁时江都王刘建自杀，母亲以同谋罪被斩首。

刘细君9岁就是孤儿了，此后没入掖庭（后宫中等级较低的嫔妃和宫女的居所，有劳作场所）。刘细君身份特殊，作为诸侯王之女，却没有哪个侯爷敢娶她，她性情孤傲，也不愿下嫁。

刘细君到25岁还是单身，没事了写几首情诗，孤芳自赏。刘细君既有宗室公主身份，她远嫁乌孙又没人伤心牵挂，成了和亲的绝佳人选。

武帝见乌孙赠千匹战马为聘礼，于是给刘细君的嫁妆甚厚，宦官宫女数百人，车马和御用器物无数。

匈奴闻汉朝与乌孙和亲，立即遣公主嫁乌孙昆莫猎骄靡。老昆莫以匈奴公主为左夫人，以刘细君为右夫人，匈奴公主在汉朝公主之上。猎骄靡原本目的是结盟汉朝，待死后太孙能够控制全局，乌孙不至于四分五裂。没想到匈奴如此忌惮汉乌和亲，太孙将来续娶匈奴与汉朝公主，老昆莫可以放心离开了。猎骄靡乐得左拥右抱，还达到了等距外交的效果。

刘细君带着数百宦官、官女等到了乌孙，自行选址建居所，一年与昆莫相会几次。每会置酒宴饮，出币帛赐昆莫左右，真是相敬如宾，猎骄靡毫不在乎。

细君公主悲愁，作歌曰："吾家嫁我兮天一方，远托异国兮乌孙王。穹庐为室兮旃为墙，以肉为食兮酪为浆。居常土思兮心内伤，愿为黄鹄兮归故乡。"

汉朝与乌孙联姻后，除匈奴外，四夷无不宾服。派往西域的使者相望于道，使团多则数百人，少则百余人。西域诸国人口普遍不多，除了乌孙、康居、大宛、大夏这几个大国人口有数十万，其他几十个国家大多只有几万甚至几千人，最少的千人都不到。

汉朝使团带着金币丝帛数千万，朝廷对来访的西域诸国使团也散财帛赏赐，以示汉之富足。武帝巡行郡国，不忘带上这些西域客人，专走人烟稠密的地方炫富，四处兜风耍宝，沿途行赏赐，观奇戏怪物，游酒池肉林。诸国来使遍观仓库府藏之积，见汉之广大，倾骇之。武帝要的就是这个效果，外国使臣越是惊骇于汉朝之富足，武帝越开心，当然这样对汉朝国力消耗也是比较大的。

此时在一片欢乐祥和的气氛中，发生了朝野震动的事件：大宛国居然攻杀汉朝使臣壮士车令。

大宛国地处费尔干纳盆地、锡尔河流域，气候宜人，河道纵横，土壤肥沃，物产丰富。

锡尔河古称药杀水、叶河，发源于天山山脉，分南北两源头，北源为纳伦河，南源为卡拉河。锡尔河平均水量约1180立方米/秒，全长约2256千米，流经乌兹别克斯坦、塔吉克斯坦、哈萨克斯坦3个国家。

费尔干纳盆地纬度约为北纬39.5°～42°，盆地东西最长约310千米，南北最宽约110千米，总面积约2.2万平方千米。

费尔干纳盆地群山环绕，按顺时针方向依次是库拉明山、费尔干纳山脉、阿赖山脉，只有西侧有个狭窄出口。纳伦河自东往西从库拉明山与费尔干纳山之间冲入盆地，与卡拉河汇流后称为锡尔河。盆地河道纵横，多条河流注入锡尔河，适合发展农业，也适宜居住。

如今费尔干纳盆地面积是我国重庆市的1/4强，人口则超过1400万，接近重庆的一半，俨然国际大都市，是中亚人口密度最大的地方。

大宛国地处费尔干纳盆地，东北是乌孙，西边是康居（哈萨克南部），西南通安息（伊朗）、条支（叙利亚），南通大夏（阿富汗北部）、身毒（印度）。大宛国恰好处在汉朝通往西方的十字路口上，因而商队络绎，经济繁荣。

大宛国有 6 万户，30 万人，控弦 6 万骑，大致是一户一骑兵。大宛人眼窝深陷，多留有胡须，擅长买卖，爱财。

大宛人是塞人，源自伊朗高原北部，活跃于整个中亚。大宛民俗与大月氏、安息同，兼有中原、羌族、希腊等特性。大月氏是河西走廊迁过去的，当时在大宛南方喷赤河流域建立大夏。安息在伊朗高原，属波斯文化圈。此前亚历山大从爱琴海打到中亚，大宛也有一些希腊的习俗，女性地位比较高。

大宛人筑城，与希腊的海边城不同，大宛人主要依山势而建城。大宛有七十几座城邑，城郭宫室似中原，多分布在盆地南北山麓地带，中间平原旷野用来牧羊和耕种。大宛虽然城邑像中原，但采用的是希腊的城邦制，都城为贵山，另有贰师、郁成等大城，各有城主（即诸侯王）。大宛人对走出盆地扩张兴趣不大，但遭遇外敌时，各城邑立刻结成城邦，一致对外。

大宛并不是一个纯粹的游牧民族，而是农耕和游牧相结合。农作物除了主食粟，还有葡萄、苜蓿等。葡萄用以酿酒，大宛人多嗜酒；苜蓿用以饲马，大宛马嗜苜蓿。大宛富人藏酒多至万余石，琼浆玉液珍藏数十年仍如甘露。

大宛国盛产汗血宝马。大宛马激烈奔跑之后，马的前肩以及臀部、背部都会出汗如血，因此得名“汗血马”。大宛国的地形如图 3-19 所示。

图 3-19 大宛国

匈奴战马个头虽矮小，但上山下坡、出入涧溪、载着主人烧杀抢掠毫不逊色。因此汉朝初期很在意战马的质量，武帝更是对优质马种孜孜以求。他卜了一卦，卦上曰："神马当从西边来。"使臣暴利长从敦煌来，献上一匹好马，武帝隆重赐名"太乙天马"。张骞从西域归来，献上乌孙国的良马，武帝把"太乙天马"扔到一边，改封乌孙马为"天马"。

张骞告诉武帝，乌孙旁边的大宛国有更神奇的马，汗流如血，传说是天马在凡间的后代，其中贰师城的汗血马最威武，高首长颈，神骏非凡，能日行千里。武帝又把乌孙马改名"西极"，派出使团，携带"数千巨万"的财物，前去大宛求取天马。

随着朝廷对天马无休止的索取，大宛开始产生疑虑，毕竟汉朝这些金银财货看多了，也不再稀罕。贰师城有善马者，藏匿不肯与汉使，不管汉人出多高的价也不给。

整个西域世界对中原的态度，在匈奴的干预下，不再盲目崇拜，甚至纷纷转而刁难、虐待汉使。尽管西域来使备受汉朝优待，但汉使在西域却四处碰壁，以至拥强汉之节，馁山谷之间，乞食无所得，一些国家甚至明火执仗地打劫使团。

西域诸国有一些共识，那便是汉距我远，胡距我近。汉使常数百人来，死者过半，安能遣大军乎？西域诸国的意思是，如果要在汉朝与匈奴之间得罪一个，那只能是汉朝，因为汉朝距离远，人傻钱多，不可能派大军来。反而是匈奴就在卧榻之侧，来去如风，其打击能力迅速有力，威慑力十足。

汉朝使臣往往带着财帛赏赐而来，要求西域诸国的国王像臣子一样跪拜接旨领赏，张骞与乌孙昆弥初次见面礼，就让一把年纪的老昆弥下拜。而且汉朝使团人数多，吃喝拉撒需要各国供应，时间一久，各国都不厌其烦，大宛更不愿用天马向汉朝换一堆不实用的宝器。

公元前 104 年（太初元年），武帝命壮士车令（车府令，官职七品）带着上林苑工匠铸造的金马和黄金千斤前往大宛国，求取汗血马。车令负责宫中车辆管理和出行随驾，甚至亲自为皇帝驾驭，非皇帝绝对信任的腹心近臣不能担当。还记得赵高吗，他就是秦始皇时期的中车府令。

汉朝太仆（九卿之一，官职二品）掌管车马交通，旗下奉车都尉（官职四品）掌管皇帝车马，驸马都尉（官职四品）另有一组副车，再往下有多位车府令（官职七品），各掌管一组车马。武帝巡游天下，奉车都尉或驸马都尉负责安排车马，大致由各车府令及所部人马轮流执勤。

壮士车令的"壮士"，就是这一组车马的名称。每个车令都有一个名称，比如龙营、虎营、熊营等，或者理解为阿拉伯数字亦可。壮士车令亲自到大宛来选马，回去后要用这些天马给武帝驾车，皇帝一高兴，肯定升官快。

壮士车令到了大宛都城贵山城，向大宛王毋寡传达武帝之言，并呈上了大汉铸造的金马，摆铺下黄澄澄的千金。

大宛与希腊相似，是城邦国家，大宛王所在的贵山城位于费尔干纳盆地北部，贰师城在盆地南部，二者是联盟而非从属关系，贵山的大宛王只是这个地区塞人的首领。

大宛王召集贵山各部落首领会议，结果大多数人认为不该去麻烦贰师人，用汗血马交换金马。大宛人认为，汉朝距离遥远，能过盐泽（蒲昌海、罗布泊）已然不易，一路缺水草，还有匈奴侵扰，汉朝使臣数百人，到大宛往往不到一半，汉朝没有实力派大军威胁大宛。

会议可以总结成一句话："真理在大炮射程之内。"

大宛王毋寡的眼神从未离开金马，嘴上却对壮士车令道："汗血马乃大宛国宝，请汉使回吧。"

壮士车令给天子驾车，如果没有带回天马，不只是面子问题，脑袋可能都不保。何况大宛国的人口约是汉朝一个郡的规模，大宛王也就是一个郡太守的级别。车令本来就对大宛人开关门会议感到羞辱，因此冲冠眦裂，一口一个"贼"，一边痛骂大宛国君臣，一边取出铁锥，当国王的面把金马戳成碎屑，连同千金携之而去。

车令当场爆锤礼品，发泄愤怒，对大宛人伤害性不大，侮辱性极大。

大宛君臣当面敢怒不敢言，等车令一走，骂道：汉使藐视我国，欺人太甚，必须设计惩治，方出此气。

众人又开了一个会，决定以大宛王毋寡的名义派人到东边的郁成国，授意郁成王派兵在汉使必经之路上攻杀壮士车令一行。

大宛国的城邦主当中，郁成王是最烦汉使的，因为郁成处在大宛国与疏勒的必经之路上。汉使每次路过郁成回去，不但需要供给吃喝用度，还要满载而走，因为从郁成到疏勒数百里很难取得像样的补给。郁成接到大宛王通知，便派出千人骑兵，在汉使必经之道上堵截。

于是，壮士车令魂丧郁成，金马和黄金千斤都摆到了郁成王的石桌上。

大宛王不做则已，既然动手了，索性一不做二不休，急告西域葱岭以东各国，一起封锁西域南北两道。没想到大宛一呼百应，葱岭东西各国见到汉使就杀，前雁门太守攘、中郎将江、中郎将朝都葬身西域，连带身毒（印度）的访汉使团也遭池鱼之殃，死得莫名其妙。

● 李广利一征大宛，兵败郁成

大宛杀汉使，武帝龙颜大怒，召集文武大臣和使臣前来商议，评估远征大宛的可行性。

朝中大部分人认为西域路途遥远，与汉朝隔着沙漠，得之不为益，弃之不为损（意思是得到没啥好处，放弃没什么坏处）。

使臣姚定汉却进言道："大宛国兵弱，三千汉兵用强弩射之，可破大宛矣。"

大宛国控弦 6 万骑，如果在平原旷野交战，汉军 3000 兵有射不完的箭矢，对方确实无法近身。后来李陵以 5000 步兵，与单于 8 万余骑兵对峙，斩首 1 万余骑，箭矢耗尽前主力犹存，可见汉军强弓劲弩之霸道。但大宛人绝不会在平原上飞蛾扑火，他们很可能龟缩到城邑里面拒守。大宛北有乌孙，西有康居，南有大夏，兵力都比大宛强，可大宛还是牢牢占据这块宝地，可见其在防御战中经验十足。

武帝见前次赵破奴攻楼兰，仅带轻骑 700 便掳其王，遂深信姚定汉之言。大宛国的位置和地形如图 3-20 所示。

图 3-20 大宛国

但是真正起到决定作用的，是汉朝与匈奴对峙的形势。如果汉匈战况激烈，汉朝是不可能分兵远征大宛的。

公元前 105 年，大宛杀壮士车令前一年，匈奴乌维单于去世，其子左贤王乌师庐年幼，人称儿单于。

乌维单于精明一世，却在立嗣问题上犯了致命错误，他立幼子乌师庐为左贤王，立长子为左大都尉。乌维单于尸骨未寒，左大都尉就起兵攻打儿单于乌师庐。儿单于有两个叔叔——右贤王呴犁湖和右谷蠡王且鞮侯，二人实力都很强，而且早就在觊觎单于大位，此时乘机也起兵东向，名为帮助儿单于攻击左大都尉，实则随机应变，随时准备取代儿单于。

几场战争下来，左大都尉实力大损，不但失去了竞争单于的资格，甚至连性命都很难保住。

左大都尉派人南下，与汉朝约定投降。武帝正和赵破奴筹划这件大事，并且调兵遣将，准备迎接左大都尉。

武帝令因杅将军公孙敖率军北上，在朔方郡西北数百千米的卢朐山东侧筑受降城。再遣郎中令徐自为北上，以受降城为中点，东至五原郡，西至居延泽，建了数百个障、塞、关、亭、燧，号称塞外长城，因郎中令又称光禄勋，故塞外长城又称光禄塞。

由于工程浩大，而且战线太长，于是游击将军韩说、长平侯卫伉也率军协助，总计骑兵 5 万、步兵 10 万、民夫数万。同年，强弩都尉路博德在居延泽上筑居延城，城北建遮虏障，城南修甲渠塞，有 1 万多骑兵和数千民夫。路博德多次拜将，封符离侯，这年因儿子犯罪削爵，以都尉身份重上战场。

武帝又拜浞野侯赵破奴为匈河将军、郭昌为拔胡将军，令二位大将屯兵朔方，接应公孙敖。

郭昌是卫青的嫡系，漠北大战时已经是校尉（军职四品），那场战争卫青部下大多没有升迁。8 年后，中郎将（军职四品）郭昌、中郎将卫广（卫青的幼弟）率兵攻打阻绝滇道的且兰，斩首数万，设牂牁郡。

又过两年，将军（军职三品）郭昌与中郎将卫广率领巴蜀兵击灭西南夷的劳浸、靡莫，迫使滇国投降，设益州郡。郭昌终于拜将，卫广则依然是中郎将，主要是混资历。

赵破奴和郭昌都是卫霍集团的核心成员，实际上整个北方面向匈奴的战场，大多数将领属卫霍集团。

可以预见，在未来一两年内，匈奴的左大都尉将会率军到受降城投降，匈奴遭此重挫，当然没有实力与汉朝正面硬撼。也就是说，汉朝北部可能会按甲休兵，太平几年。

既然北线无战事，武帝当然要发兵远征大宛，犯我强汉者，虽远必诛。但派哪些将军去呢？

朝野上下对西域的理解是这样的：大宛、大夏、安息皆大国，多奇物，而兵弱；乌孙、大月氏、康居，地广万里，兵强。

既然大宛兵弱，3000 汉军就能攻破，武帝心中最佳人选是李广利，他想让这个初出茅庐的外戚通过战争掌握一定的兵权，与卫霍集团抗衡。李广利渴望战功，却不想屈居卫霍集团这些将领之下，也只能另辟蹊径，出征大宛国。

大宛汗血宝马中，贰师城的最为神骏。公元前 104 年夏秋之际，武帝拜羽林中郎将（军职四品）李广利为贰师将军（军职三品），率属国骑兵 6000，以及郡国恶少年 3 万，西出玉门关，剑指大宛国。为了帮助李广利顺利完成任务，武帝还命中郎将（军职四品）浩侯王恢为向导。李广利一征大宛的路线如图 3-21 所示。

武帝时期的属国骑兵大多来自河西走廊匈奴右贤王麾下浑邪王与休屠王所部，当初霍去病一次性受降 4 万多人。此番出征西域，6000 匈奴属国骑兵是精锐，但 3 万恶少年打架还行，长途跋涉过沙漠，那可就太高估他们了。不过这 3 万恶少年在赵破奴破楼兰时就在敦煌集结，训练了 3 年，李广利对他们还是有信心的。

李广利这次出兵大宛存在 4 个问题：一是出兵时间不对，如果春天出兵可以在夏秋班师，夏秋出兵一旦拖到冬天就陷入死地了；二是兵力不足，真正善战的只有 6000 属国骑兵，大宛可是控弦 6 万骑；三是对大宛不了解，大宛都城是贵山城，拜李广利为贰师将军而不是贵山将军，汉军究竟是打贵山城还是贰师城；四是对郁成这个城邦国认识不足，他们既然敢杀汉朝车令，肯定也敢阻击汉军。

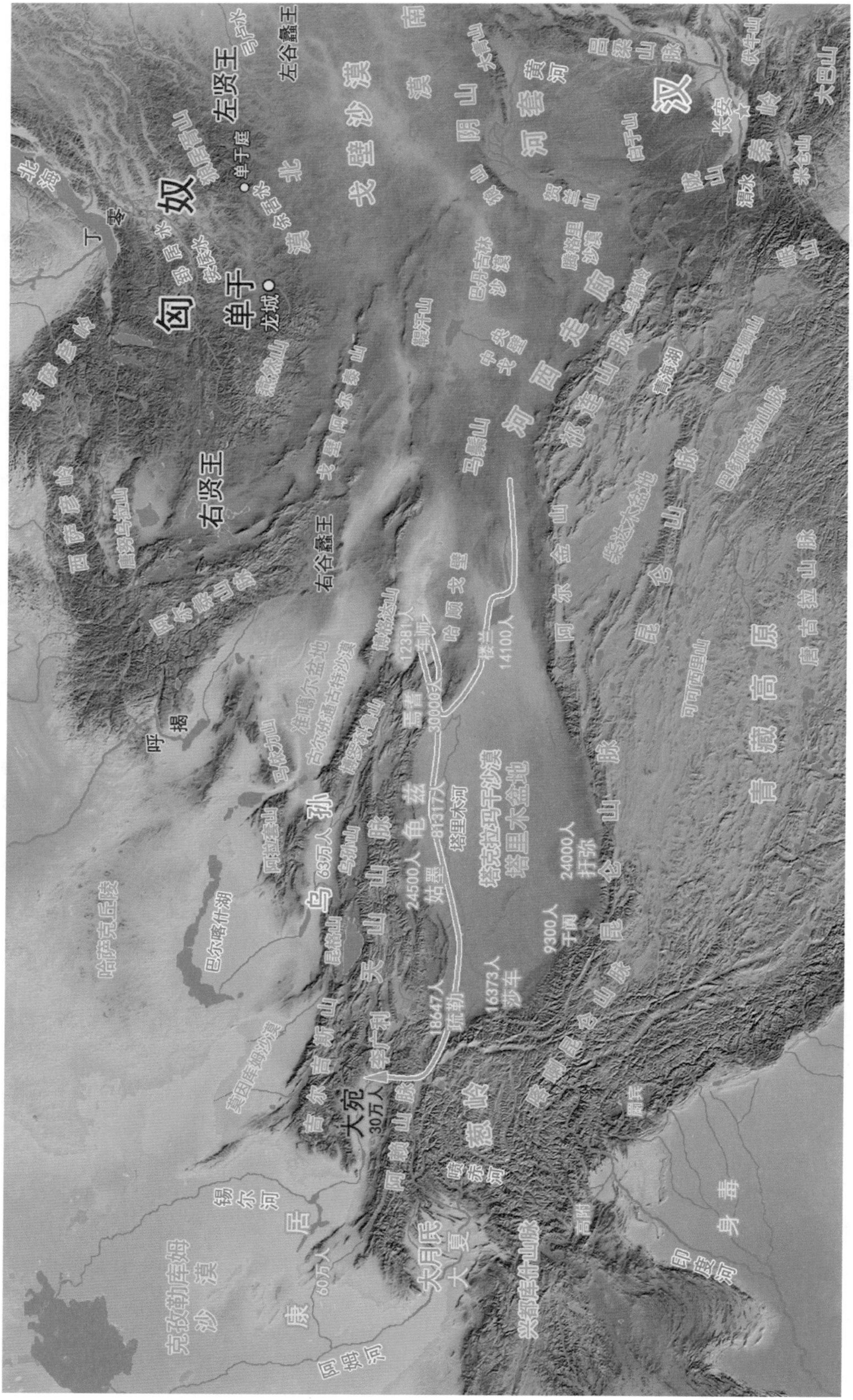

图 3-21 李广利一征大宛

从玉门关到楼兰这段路，乃是一片沙碛（qì），草木不生，水又咸苦不可饮，且旷野布满黄沙砾石，并无一定道路，行人只能以人畜骸骨及驼马粪作为引路标记。好在赵破奴攻破楼兰后，汉军在这条路线上修筑了一些亭障、烽燧指引道路。

这次李广利所部人马众多，沿途极度缺少淡水，等抵达楼兰，恶少年已失散三四千。玉门关距楼兰约 1400 里，楼兰只是西域第一站，距大宛贵山城还有约 5500 里。

自赵破奴攻破楼兰以来，楼兰人常冒着沙尘暴“负水儋粮”到盐泽（蒲昌海、罗布泊）迎接汉使，而汉使常以上国自居，勒索、掠夺财物。楼兰人口 1.4 万，根本没有足够的粮草供应数万汉军，真是苦不堪言。

目前整个西域只有楼兰和车师两国与汉朝有臣属关系。如果汉军继续西行，沿途的尉犁、轮台、龟兹、姑墨、温宿、疏勒等国，本来就供应不足，若闭起城门，汉军即便发兵攻之，恐怕也是急切难下。

浩侯王恢出了一个主意：去车师。几年前赵破奴攻破楼兰，次年副将王恢与李广利攻破姑师，改名车师，任命一批车师人为官，也掳了车师王子到长安。

于是李广利率军沿孔雀河而上，过焉耆地盘，兵进车师。汉军对车师国一番搜刮，人马都获得补充，但是绕道车师增加了十几天行程，这几乎是致命的。

这年深秋，李广利军从车师重新出征，进入龟兹的势力范围。龟兹以库车绿洲为中心，北枕天山，南临大漠，东西跨度 1000 多里。龟兹有 6970 户，81317 人，控弦 21076 骑，是塔里木盆地人口与兵力最多的国家。

龟兹与车师、楼兰都是吐火罗人，见汉军灭了车师和楼兰，内心敌意甚浓。龟兹大小城邑紧闭城门，汉军中的恶少年病的病，逃的逃，伤病者任由风沙掩埋、苍鹰啄食，人数严重缩水。面对龟兹这种大国，李广利不想节外生枝，毕竟此行目的地是大宛国。

3 万人的队伍，再加上骆驼、战马，本该声势浩荡，可是在塔克拉玛干沙漠中，却显得渺小而无力。野营万里无城郭，雨雪纷纷连大漠。

熬过龟兹千里之地，李广利军来到姑墨国，距大宛国还有 2831 里，兵未战而折损过半，减少的主要是恶少年，可见龟兹国那 1000 多里路多么艰难。

姑墨位于阿克苏河下游，有 2200 户，24500 人，控弦 4500 骑。姑墨也是塞人，对汉人敌意没有那么大，李广利军获得喘息之机。

从姑墨西行千里，李广利率军来到疏勒国，距大宛贵山城还有 1831 里，恶少年又减少数千。

疏勒位于克孜勒河、盖孜河、吐曼河、恰克马克河、博古孜河等河流汇聚之地，如果把西域当成一个整体来看，疏勒正好居中，有道路通往大宛、乌孙、莎车、龟兹等地。疏勒都城方五里，有大城 12，小城数十，共有 1510 户，18647 人，控弦 2000 骑。

当年张骞路过疏勒，曾疑惑疏勒控制的这块地方水草肥美、城邑众多，为何人口这么少？

疏勒的兴衰和贸易有关，往来的使臣和商旅越多，疏勒越兴盛。反之只要西域战事一起，疏勒的生意就冷清了，因此疏勒与汉朝有共同的目标，即维系丝绸之路的安全。

疏勒的外来人口可能比本地人还多，塞人、吐火罗人、大宛人、乌孙人汇聚于此，甚至与阿姆河盆地的大月氏关系密切，后来疏勒王安国无子，他死后大月氏派兵护送其舅舅臣磐回疏勒继位。

时已初冬，寒风凛冽，汉军沿克孜勒河西行 651 里，来到捐毒国，距大宛贵山城还有 1180 里，恶少年再减少数千。

捐毒是塞人，但臣服于乌孙，服饰类似乌孙。捐毒有 380 户，1100 人，控弦 500 骑。

李广利军继续西行 260 里，挑战愈发严峻，来到葱岭的余脉阿赖山与外阿赖山之间，距大宛贵山城还有 920 里，这里的谷地由休循国控制。此时 3 万恶少年所剩无几，除了病死冻死的，余者逃散一空。而 6000 属国骑兵，战马损失过半，兵力倒是还有 5000 余人。

休循人选了一个名为鸟飞谷的山谷，与其说都城，不如说巢穴。从休循往北四五百里，翻越阿赖山，途中再无其他国家，也是此次李广利军西征最艰难的一段路。

帕米尔高原因多野葱，古称葱岭。这种葱是高寒山坡地带野生的一种沙葱，形似杂草，叶小，中空，很像我们吃的葱。

葱岭冰川如林，崖岭数百重，幽谷险峻，恒积冰雪，寒风劲烈。汉使常道：“西域东有白龙堆，西有葱岭，行人身热、头痛、苦不欲生。”

初冬时节，李广利军终于翻越阿赖山，进入费尔干纳盆地。此时属国骑兵不足 5000，战马更是只剩 300 多匹，翻山越岭损耗巨大。

李广利军从阿赖山北麓沿纳伦河支流而下，来到一座大城——郁成，距贵山城仍有 200 里。大宛国是城邦国家，各城主占地为王，对外则统称大宛。郁成的地形和位置如图 3-22 所示。

此前郁成王杀死汉使，还担心汉军前来报复，便派骑哨日夜监控河谷道路。现如今见汉军衣衫褴褛，饿得面无人色，战马摇摇欲倒，顿时有了主意。

李广利和王恢见郁成骑兵出城迎战，对视一眼，各自露出久违的微笑，立即指挥汉军布阵迎敌。如果汉军能够夺下这座城邑，即使今冬拿不下贵山城，也足以抵御寒冬。

双方话不多说，直接开战，都想赶在大雪来临前结束战争。郁成军没想到汉军强弩射程如此远，穿透力这么强。汉军也没料到大宛汗血宝马如此强悍，而汉军衰弱至很多人连弓弦都拉不起来。

总之双方都低估了对方，汉军折损数百，浩侯王恢魂断西域。郁成也损失了两三百骑兵，退入城中，紧闭城门。

大雪飘飞，李广利腰悬长剑，像雪人一样卓立雪原之上，身前是郁成城，身后是汉军大营，身边躺着浩侯王恢冰冷的尸体。

李广利终于意识到，如果再打下去，等大宛援军云集，肯定是寡不敌众，覆军西域，匹马无归。

汉军杀负伤的战马充饥，然后拔营南走。李广利军抵达疏勒时，北风怒号，大雪纷飞，四方白茫茫一片，无法再行军，只好在疏勒过冬。

图 3-22 大宛郁成城的位置

公元前 103 年初春，李广利从疏勒买了几百匹战马，带着 3000 多人黯然东归，驻扎在玉门关，派人向武帝请罪。长风几万里，吹度玉门关。由来征战地，不见有人还。

武帝见李广利惨败，勃然大怒，立刻遣小黄门前往玉门关，传语李广利道："有敢入玉门关者，斩之。"

以往汉朝大将吃了败仗要削爵免官，用钱赎罪，但这次武帝没有惩罚李广利，主要原因是李广利的妹妹李夫人。

李夫人为武帝生下第五子刘髆（很快封为昌邑王）。李夫人专宠后宫，自生下刘髆后，就像一张撑满的弓，张到极致后弓弦断了。武帝遍召名医诊治无效，李夫人渐渐形销玉损，产后不到数日，殁了。

李夫人不仅人美歌甜舞技出众，智商更是拔群。武帝来探病，她却用被子盖住脸面，不肯与武帝见面。

武帝关切道："夫人不如见我一面，朕将拜你兄弟为上卿。"汉朝的官职，只有三公和将军级别才称为拜，其他称为授。李广利已经拜为贰师将军，武帝强调这个"拜"字，确实是想重用李广利。

李夫人深知男人的嘴骗人的鬼，若是让武帝见到自己憔悴的模样，哪还会照顾自己兄弟。于是便在被子里面答道："拜不拜上卿在陛下，不在一见。"

武帝再无耐心，动手掀掉被子。李夫人双手抱脸，转身向内而卧，任凭武帝说什么，只是独自抽泣。

武帝拂袖而去，一旁相熟的宫女不解，问道："夫人如此受宠，为何不与天子见一面？"

李夫人叹口气道："以色事人者，色衰而爱弛，爱弛则恩绝。"意思是靠颜值吃青春饭的女人，一旦容颜衰老，就不再死心塌地的爱，恩宠皆绝。

李广利出征途中，李夫人去世，武帝悲痛欲绝，将李夫人葬于自己的茂陵中，墓穴称李夫人墓，封土规模与诸侯王相当，比卫青、霍去病墓都要大，位于武帝茂陵封土西北侧。此时卫子夫仍是皇后，武帝却没有给卫皇后修王后陵，这令卫霍集团坐立不安。

武帝命画师将李夫人生前容颜画下，挂在甘泉宫，时不时去睹物思人。日有所思，夜有所梦，武帝梦见李夫人赠自己蘅芜（héng wú），醒后尚有遗香，历久不散，因此而命名卧室为遗芳梦室。

这种情况下，武帝不但不会杀李广利，还要重用他。卫霍集团在外掌控兵权，宫内子少母壮由皇后卫子夫把持，武帝要扶持李广利这个外戚对抗卫霍集团。

武帝调兵遣将，囤积粮草，为李广利再次西征大宛做准备，同时准备纳降匈奴左大都尉。

公元前 103 年，当李广利在敦煌集结人马准备再次西征大宛时，武帝拜赵破奴为浚稽将军，率 2 万骑出朔方，接应匈奴左大都尉。公孙敖则南下西河郡练兵，为再次北上做准备。

赵破奴率军北行 2000 余里，过受降城，到了浚稽山下，却迟迟没有左大都尉的消息。

赵破奴一面缓慢北走，一面派帐下匈奴人潜入漠北打探消息。原来左大都尉兵败，被儿单于乌师庐诛死。

赵破奴见受降不成，便引军南还。忽闻后面有呐喊声，正是儿单于率军追来，连忙反身迎敌。

此战打得天昏地暗，儿单于乌师庐绝没有传闻中的那么弱，汉军折损数千，但斩首和掳获各有数千，赵破奴放心南归，战功足以益封。

赵破奴军退至受降城 400 里之处，遥见尘头大起，匈奴兵漫山遍野而来，足足 8 万骑，将汉军围之数重。匈奴为首的不仅有儿单于，还有右贤王呴犁湖和右谷蠡王且鞮侯，面对强敌三人还是能团结起来的，而且儿单于还让右谷蠡王且鞮侯兼任左大都尉。

此战赵破奴突围南走，结果意外被俘，汉军又战死数千，此前掳获的匈奴人也全都跨上战马成了敌骑，逃回边塞的汉军不足万人。

匈奴没有全力追击汉军，否则恐怕汉军没几个人能逃回。儿单于率军来到受降城，这才是他们的眼中钉，必须拔之而后快。

受降城耸立于夫羊句山与狼山之间，西倚卢驹山，气势磅礴沉稳，乃关外雄镇。在茫茫荒漠面前，受降城像个坚韧不拔的忠心护卫，屹立在汉匈之间，绝不屈服于风沙的淫威。受降城南北长 100 丈，东西宽 150 丈，城墙高起 3 丈，内有水井，以猛将精兵守之，固若金汤。

镇守受降城的塞外都尉（军职四品）顽强抵抗，受降城坚若磐石。

此时正是秋高马肥之际，儿单于便率军南下汉朝边塞，大掠而去。

● 李广利二征大宛，破贵山，灭郁成

尽管赵破奴损兵折将，武帝仍令属国骑兵、北军长水营骑兵、边郡骑兵在敦煌集结，二征大宛势在必行。

李广利出征前夕，发生了一件大案。

李广利、协律都尉李延年、李季是三兄弟，他们的妹妹李夫人为武帝生下一子刘髆（昌邑王）。三兄弟当中，李广利颇有军事才能，拜了贰师将军。李延年是宦官，官居协律都尉，负责宫内戏曲表演。至于李季，勇武不如大哥，音律不如二哥，却不知天高地厚，他的一举一动尽在卫霍集团眼里。

李夫人在世时，常约见几位兄长。李夫人去世后，李季也多次入宫找李延年喝酒。不久长安城盛传，李季淫乱宫阙，与后宫佳丽私通。很快就有人堂而皇之上奏，武帝龙颜大怒，交给廷尉杜周处置。

杜周曾任张汤的廷尉史，张汤根据武帝喜怒断案，杜周则看张汤眼色行事。杜周担任廷尉期间，汉朝缺兵少马。两千石（官职四品）及以上的官员因罪下狱的达 100 余人，这些人通常拿钱赎罪，或者直接用战马和家奴抵罪。每年关中监狱要逮捕六七万人，受株连的也有 10 余万人，这些没钱赎罪的，只能服兵役或劳役。

武帝还将这把烈火烧到了郡县，他派出绣衣御史，持虎符带兵，到地方办案，目的是抓捕作战所需的兵力和劳役，征集战马及各项战备物资。

杜周也是卫霍集团的人，接了李季的案子，不由分说先上酷刑，将李季屈打成招，定罪为私通宫女，李延年则以包庇欺君罪受到株连。杜周将二人枭首，并抄家灭族。

卫霍集团在此时曝出李季丑闻，因李广利第二次出征大宛兵力甚众，严重威胁到卫霍的兵权，两大外戚只能存其一。杜周并不看好李广利此战，便痛下杀手，没有给自己留任何后路。

公元前 102 年，贰师将军李广利率 50 名校尉、都尉，骑兵 6 万，带战马 6 万匹、骆驼和驴各 1 万头，满载粮草，二征大宛。同时还带了水利工匠若干，预备将贵山城外的河川改道，并建造大型攻城器械。李广利二征大宛的路线如图 3-23 所示。

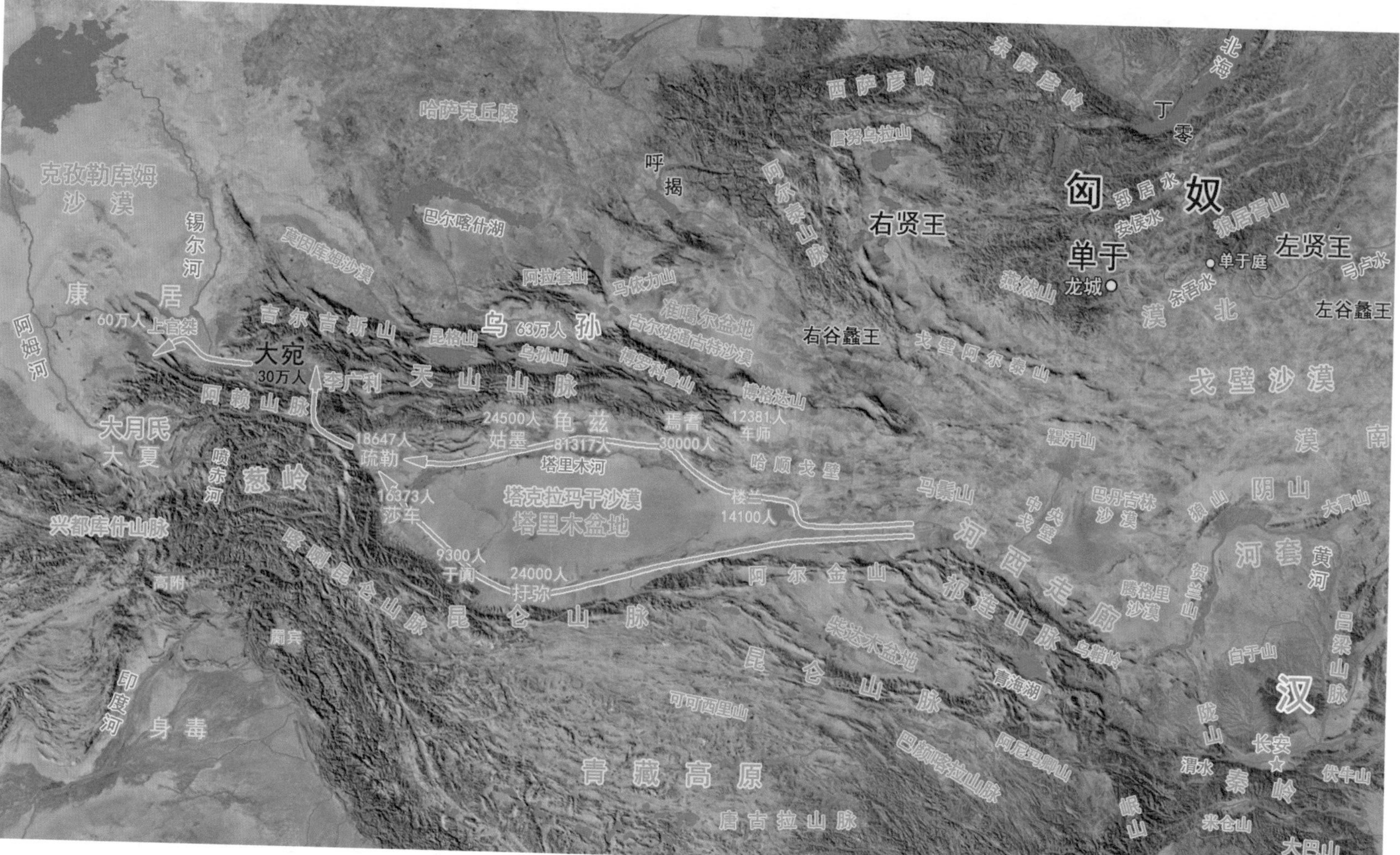

图 3-23 李广利二征大宛

为了保障后勤，武帝发郡国兵18万屯于河西四郡，用牛10万头，发天下七科谪戍运送粮草。七科谪戍是指罪犯、亡命之徒、赘婿、小商贩、曾做过小商贩的、父母做过小商贩的、祖父母做过小商贩的。

武帝发四方壮士，善骑射为骑兵，壮者为步兵，其余为民夫。这次出现了新的兵源，一是“负私从者”，即骑着自己的战马，用自己的兵器，甚至带着家丁出征的人，出力又出装备；二是“奋行者”，即自告奋勇入伍的志愿者，这类人不如负私从者有钱，只出力不出装备。

此行除李广利外，主要的军官有搜粟都尉上官桀、校尉王申生、前大鸿胪壶充国、军正赵始成、校尉李哆。又拜善于相马二人，一为执马都尉，一为驱马都尉，以备攻破大宛时，择取汗血宝马。

二征大宛不仅兵多将猛，粮草充足，武帝还派使臣前往乌孙，希望能够合击大宛。就在一年前（公元前103年）李广利兵败大宛郁成时，乌孙昆莫（昆弥）猎骄靡去世，其孙军须靡继承王位。按照乌孙习俗，新王要继承旧王的所有妻妾。

细君公主备感耻辱，派人向武帝请求归国，武帝却命她接受乌孙风俗，以成就联合乌孙共击大宛和匈奴的大局。细君只得再嫁新的昆弥军须靡。到李广利二征大宛时，细君为军须靡生下一女，名少夫。一年后（公元前101年），细君公主逝于西域，武帝又把楚王刘戊的孙女解忧公主嫁给军须靡。

吸取一征大宛的教训，这次兵分南北两路，拆分为数十支人马，陆续出发。沿途所过小国，见汉兵势盛，不敢拒敌，皆出城迎接，提供粮草，唯有轮台闭城不纳。

轮台国有110户，1200人，控弦300骑。轮台人是吐火罗人，车师的一个分支，算是龟兹的附庸国。轮台国300骑当然不敢螳臂当车，然而沙漠霸主龟兹却不会轻易就范，令轮台人试探汉军的底线。

秦灭六国时期，秦王嬴政对魏国使臣唐雎说：“天子之怒，伏尸百万，流血千里。”李广利二征大宛，代表武帝的意志，螳臂当车者必然结果不妙。

只见城中百姓人不算多，各自奔逃哭叫，推拥滚扑，汉骑来回奔驰，手舞长刀，向人群砍杀。有人试图抵抗，当场被长刀长矛格毙！

李广利刚喝下一碗热羊奶，屠杀就结束了，轮台人就这样成了炮灰。三军大呼天山动，轮台城头旌头落。千刀万箭瞬时杀，城中白骨无处躲。

由轮台西行，龟兹再不敢造次，再无城邑敢让汉军吃闭门羹。到疏勒后，李广利军开始集结，这里是汉军最后一个大的水草补给点，至少人马都要吃饱，再带上干粮和马草上路。

汉军集结到3万人时，继续西行，登上葱岭，过捐毒，抵休循，转而向北翻越阿赖山，终于到达大宛境内。骏马似风飙，汉兵上天山。愿将腰下剑，直为斩大宛。

大宛地处费尔干纳盆地，大小城邑70余座，建都贵山城，有6万户，30万人，控弦6万骑。

郁成人这次不敢抵抗，缩在城中。李广利本欲一击泄恨，却担心陷入持久战，便过而不攻，长驱直入，直扑贵山城。

大宛王毋寡遣将搦战，汉军强弩齐射，贵山人未放一箭便折损500多骑，气为之夺，退回城中拒守。

贵山城（今乌兹别克斯坦卡散赛）依山而建，垒石而筑，正面顺着地势起伏蜿蜒，形势险峻。城后紧靠高耸入云的悬崖峭壁，层岩裸露，突兀峥嵘，飞鸟难越。大宛贵山城的位置和地形如图3-24所示。

图3-24　大宛贵山城的位置

费尔干纳盆地中央纳伦河附近海拔只有300多米，卡散赛北高南低，海拔南部约800米，北部约1000米。

贵山城高3丈，城墙外还有三四丈高的峭壁，建城时选址应该是在一处石台上，然后将城墙外的坚石削成与城墙基本平行，真是固若金汤。

李广利迫不及待下令攻城，一时箭如飞蝗，杀声震天，汉军或叠土抢登，或竖立云梯，或抛掷钩索攀援。但城中勇将煎靡率众死守，攻到傍晚，汉军折了1000余人，贵山城却屹立如山。

次日李广利再次下令攻城，又折了数百人。贵山城头守军嘻笑辱骂，气得李广利暴跳如雷，放眼望见没来得及安葬的骑兵尸体，更是心惊。

汉军带了不少随军工匠，几天时间造出数十台投石车。这日李广利再次下令攻城，1万多汉军架起投石车，檑木带着汉军的愤怒砸向城中。然而贵山城地势本来就高，檑木投过去刚开始下落便着地，威力大减。再加上贵山城的房屋都是用石头堆砌的，被檑木摧毁的甚少，守军伤亡也很小。

一连数日，虽然汉军想尽办法，但贵山城几乎毫发无损。

李广利来到贵山城背靠的山下，只见悬崖高耸接云，四面都是险岩怪石，无可攀援。李广利来到悬崖脚下，命人往上爬。汉军攀藤附葛，一步步爬上去，只爬了六七丈高便无法继续，上方光溜溜的崖陡如壁，寸草不生。

李广利顾不了那么多，选囚犯中身轻如燕者，站在望车上，用短刀在石壁上慢慢凿孔，供后来的攀登者立足。可是短刀再利，凿三五个孔后也必锋摧刃折，只好从下方递刀上去。

一名囚犯接刀时，本已手足酸软，向下一望，顿感头晕目眩，索性闭眼跌落下来，放弃了生命。下方的死囚吓得魂飞魄散，有的还试图闯到李广利身前求饶，李将军令军正赵始成军法伺候，当众斩首。

李广利命囚犯5人一组，每一组上去凿10个可落脚的孔便可原路攀下来。如果有人跌落下来，就5人全部处斩。如此一来，5人小组的配合自然就娴熟起来，有凿孔的，有加固的，有递水递刀的，忙完后紧紧贴在石壁之上涉险下来，还要请神仙保佑其他人平安无事。

汉军正面攻势也未停，除了投石车每日投送檑木，李广利还命一支人马挖水沟引走河水，又派人向城内掘地道，在贵山人面前大兴土木。

悬崖高达数十丈，第一个登顶的汉军把绳索缚在腰上，腾云驾雾般向上攀爬，然后将长索一端在大石头上固定好，再垂下地面，终于大功告成。

顶上的汉军极目四望，悬崖旁群峰壁立，景色瑰丽无比，山石或似异兽怪鸟，或似琼花瑶草。汉军无心欣赏，回头望去，却只能看到一小段悬崖，原来有的岩石凸出峭壁外，阻挡了视线。

汉军在山顶上找到一处可容人的平台，从这里看贵山城，分为内外两城。外城呈半个椭圆，连接两侧山体。内城背靠大山，另一半城墙呈不规则的方形。内城不仅比想象中广大，而且后方山洞似乎也不小，贵山人如蚂蚁般从山洞中进出，甚是忙碌。

校尉商丘成本是李广利的门客，此时慷慨陈词道："将军，登顶之人多为囚徒，下山后便陷之亡地，若无两千石尉官坐镇，恐有变故。小臣不才，愿登临山顶，率囚徒下山一搏，此城不破，小臣愿喋血贵山！"

李广利大赞："善！"

山峰平台不在正后方，位于侧翼，汉军若垂长索下去，也只是进入了外城。山峰平台方圆不广，500 多人拥得密不透风，后来者几无立足之地。于是垂下十几条长索，先登死士长索系腰，慢慢爬下峰顶。

汉军先登之士足一着地，附近的守军便惊觉有异，双方立即展开激战。汉军从天而降，对方惊慌失措。接战片刻，汉军已攻到城门附近。

有的敌军以为天兵下凡，慌乱之间竟忘了厮杀，跪在地上磕头膜拜，汉军遂斩关开城。

汉军蜂拥而入，里应外合，奋勇攻杀，生擒贵山勇将煎靡，贵山外城告破。

从兵临城下到攻破外城，李广利用了四十多天。贵山人逃入内城，守个几十天可能也没问题。早在 40 多天前，大宛王毋寡就派人到大宛各城邑搬救兵，还派人去康居求援，奇怪的是，竟然没看到一人来援。

大宛其他城邦当然想增援贵山城，但汉军的强弩大杀四方，大宛其他地方的骑哨都不能接近贵山城，更不用说成建制的骑兵了，来多少都是飞蛾扑火。

李广利看到要攻克内城还需时日，便心生一计。原来乌孙昆弥军须弥派了 2000 骑兵前来，但只是远远观望，不肯出战。李广利拿下外城后，请乌孙人观摩贵山城，把乌孙将领带到外城的城头上。

贵山人分为主战与主和两派，本来是主战派占绝对优势，但随着勇将煎靡被俘，外城告破，主战派力量被大大削弱，士无斗志，主和派的人数多了起来。当贵山人看到乌孙人出现在外城，大宛其他城邦或康居人却一个没来，心理防线立刻崩溃了。

大宛王毋寡是主战派，另一个贵族昧察是主和派。昧察率军攻杀了毋寡，枭取其首级派人出城与李广利谈判。大宛人同意提供战马给汉军，但要求汉军休战并从外城退走。大宛使臣还说，如果汉军不答应，贵山人只好杀尽汗血宝马，死守到底。

李广利倒是不怕贵山人死守到底，只怕对方杀尽汗血宝马，那就真是功亏一篑了。于是双方谈妥，贵山城献汗血宝马 3000 匹，双方握手言和。

李广利遣执马都尉和驱马都尉率一队人马，跟随大宛使臣进入内城选马，其余汉军仍驻守于外城。

汉军选马小队从外城前往内城，只见除一条蜿蜒坡道，还有数条百级石阶组成的小道，海拔不断攀升。从外城到内城，建筑多以石块堆筑，门关重重，朴实无华中彰显恢弘气魄。

内城的店铺民居均以青砖灰瓦白石等较耐用的建材筑成。普通百姓骑马者居多，且兵器弓矢随身，店铺外均设有马栏，供人系马。

执马都尉和驱马都尉选汗血宝马3000余匹，粮草无数，悉数运往外城。昧察亲自送到外城，李广利立其为大宛王，与之盟誓，然后罢兵而归。

李广利大军猛攻贵山城时，另一支军队正在200里外的郁成（今吉尔吉斯斯坦乌兹根）城下。郁成城东高西低，东部海拔约1000米，西部海拔约800米。

郁成王接到大宛王求援令，想去解围，但他见识过汉军强弩的威力，不敢贸然派兵前往。看到汉军后续援军不断，于是决定围魏救赵，攻击汉军后队。

校尉王申生、前大鸿胪壶充国出发时有2000骑兵，但途中遇到沙尘暴，只剩了1000余人，战马100多匹，来到郁成城下。

校尉王申生是一刀一刀砍到校尉这个军职的，但想要更进一步，除非立下盖世军功。壶充国是使臣出身，曾以副使随司马相如出使邛、莋、西南夷，后入朝做了大鸿胪（九卿之一，官职二品）。壶充国适合跋山涉水出使，却不适应朝中的尔虞我诈，因此丢了官，这次希望通过战功再回往日巅峰。

这支失去大部分战马的疲惫饥饿之师来到郁成城下。王申生派人到城前交涉，要求对方提供食物，遭拒后便屯在城下打算攻城。

郁成王先发制人，率3000骑兵倾巢出动，围歼了千余汉军。王申生、壶充国等力战而死，仅有数人逃脱，报知李广利。

李广利攻克贵山城后，满载而归，心急回去邀功，便留下搜粟都尉上官桀领1万人马围攻郁成城。

此时武帝身边有5位侍中，上官桀40岁，苏武38岁，霍光35岁，金日磾（jīn mì dī）32岁，李陵29岁。

霍光与金日磾压根不想上战场，上官桀、李陵、苏武却渴望建功立业，然而三人都看不起李广利，没有跟随李广利一征大宛。李陵属门阀集团，苏武是平陵侯苏建（已故）之子，属卫霍集团。这次出征大宛，汉朝许多能战善战的将尉都没有去，就是因为身处不同阵营。

李广利二征大宛，李陵、苏武仍不愿追随，倒是上官桀醍醐灌顶，想通了。

上官桀本是羽林郎（军职十二品），跟随武帝去甘泉宫，赶上大风，马车不能前进。武帝下车后，上官桀取下车盖，为武帝扛着。虽然风很大，上官桀一双铁臂牢牢控制车盖，不久下起了雨，武帝却没有淋到一滴雨。武帝很欣赏上官桀的勇力，很快就升他做了未央厩令（官职七品）。

未央厩令是太仆帐下的官员，负责给天子的未央宫养马，官职不算高，但非常重要。

一次武帝大病初愈，去未央厩看马，发现马儿都瘦了，勃然大怒道："你以为我再也见不着这些马了吗？"

上官桀叩头落泪道："小臣听说陛下身体不适，日夜为您担心，哪里还顾得上看马呀！"

上官桀的政治智慧和临机应变可真是出类拔萃。武帝认为上官桀忠心耿耿，便让他做了侍中。这个职位没有俸禄，但侍从皇帝左右，出入宫廷，与闻朝政，卫青、霍去病都曾担任侍中。

作为天子的亲信，上官桀就是来熬军功的，但两个多月来没捞到什么大的战功。李广利有心拉拢这个天子身边的红人，就顺水推舟，留下1万人马，把攻打郁成城这个立功封侯的机会让给了上官桀。

上官桀将贵山城下的投石车等装备拉到郁成城下，攻势甚猛。郁成虽然地势也比较高，但没有贵山那种背靠悬崖的优势，城中房舍损失不小。

郁成王的心态也完全不一样了，当初他杀汉使是受命于贵山城的大宛王，后来击败李广利第一次西征又给大宛王解围了。现在大宛王已经易主，汉军正骑着贵山的战马，吃着贵山的粮食，围攻自己这个倒霉蛋。

郁成王觉得吃了哑巴亏，不论汉军能否攻破郁成城，自己实力已经受损，日后在大宛地界恐怕难以自保。郁成王决定率军出城躲避风头，等汉军退兵再回来，论骑术他不信汉军能追上。

郁成王早探知西门汉军力量薄弱，便率近3000骑开城西奔。围师必阙，上官桀亲率一支精锐，在西门二十几里外等候，见郁成军过来，便强弩射之，又黏上去短兵相接，大杀一阵。郁成王无心恋战，在100多亲兵拥护下西逃，郁成大军也四散逃跑，汉军则分路追击。

郁成城这边，汉军入城之后举刀乱砍，上万人命丧当地，汉军铁蹄踏着遍地尸首，来回屠戮，郁成这个名字消失于史册。

郁成王率心腹人等逃往康居，上官桀率军咬住急追。从大宛的贵山城至康居卑阗（tián）城有1510里，从郁成城去卑阗城就更远了。

康居位于大宛以西，地域辽阔，不属西域都护府管辖，有12万户，60万人，控弦12万骑。

康居定都卑阗城（今撒马尔罕），另有5个小王，分别建城于苏薤、附墨、窳匿、罽城、奥鞬。此前亚历山大从爱琴海打到中亚，康居与大宛一样受到影响，也是城邦制国家，各城邑形成联盟，康居王算是盟主，其他城主相当于诸侯王。

撒马尔罕位于泽拉夫尚河的冲积平原上，历来是中亚大城，唐朝时称为康国，是昭武九姓之一，唐高宗置康居都督府。蒙古崛起时，撒马尔罕是花剌子模的都城，成吉思汗西征，8日攻破，并屠城。蒙古帝国后控制中亚的是帖木儿帝国，定都撒马尔罕。

卑阗城，康居王率众立在墙头，只见八骑出现在东北方向，踢尘土，迎风沙，大模大样、有恃无恐地朝城门驰来，还在马背上谈笑自若，丝毫没把远近分布的数百康居骑兵放在眼里，其豪雄姿态令人不敢小觑。其中一人，赤色的披风在背后随风拂扬，正是上官桀。上官桀远赴康居生擒郁成王的路线如图3-25所示。

七骑勒马在城外停定，上官桀策骑入城。康居王近观城下七人神态各异，或豪勇威猛，或从容淡定，或冷漠悍狠，但没一个显露丝毫畏怯之状，视己方城池如无物。长安羽林好身手，气如车轮胆如斗。

图 3-25　上官桀生擒郁成王

片刻上官桀在康居守军簇拥戒备下登上城头，反而衬托出其英雄气概。他朝康居王等人望过来，如电的凌厉光芒在众人身上来回梭巡，康居王不免雄躯一震。

上官桀走到康居王前一丈远，早有几个亲兵挡在前面以防不测。上官桀声如洪钟道："大王，我是大汉搜粟都尉上官桀。我身后有 6 万铁骑，刚攻破大宛贵山、郁成。现在我只要郁成王，便立刻撤兵。"声色俱厉，气势骇人，言外之意不交人就要破城而入。

康居王故作从容道："就凭你这几个人也敢大放厥词？当年我还是太子，你们博望侯（张骞）说中原有战国七雄，带甲数百万，地方万里，常远征数千里，看来所说非虚。这些年博望侯派汉使给我捎来不少礼物，若非看在博望侯的面子上，你还有命跟我说话吗？"

张骞或许跟康居王讲过战国七雄的故事，康居王分不清楚历史和现实，混为一谈了。

上官桀双目闪过讶色，立刻变换口风道："康居不愧西域大国，大王从未去过中原，却如耳闻目睹、身临其境，怪不得博望侯回去后夸赞康居兵强地广，威震西域。"

康居王其实有自己的小算盘，就威胁程度来说，大宛远胜于大汉，远交近攻的道理他怎会不懂，一个虚弱的大宛国对康居再好不过。

上官桀口风变软，正是给康居王台阶下，于是可怜又可恨的郁成王就成了上官桀的囚犯。

不过康居王也不是易与之辈，人交给上官桀，却不肯多给一匹马，他想看看上官桀到底有没有人马接应。上官桀一行只好将郁成王绑在马背上东行，其他 8 人轮番骑 7 匹马，速度缓慢。

上官桀当机立断，选 4 个骑士 5 匹马，押着郁成王先行，剩下的 4 个人换着骑 3 匹劣马断后，以防康居王变卦。

先行的 4 个骑士走了没多远就发现了康居的骑哨在四周虎视眈眈。这还是在康居境内，要是到大宛国，岂不是更危险。于是商议后一致认为，应该先杀了郁成王，带着首级回去。

关中上邽骑士赵弟年龄最小，胆子却最大，拔出剑来，斩郁成王首级。

上官桀这个人，如果不是后来成了外戚，做了汉朝官方定义的奸臣，也是可以青史留名的。先破郁成城，再千里追击郁成王，智勇双全。

这年冬天来得早，一场大雪将李广利大军困在归途中，3000 多匹汗血宝马冻毙 2000 匹，汉军非战斗性减员也不少。

公元前 101 年春，李广利大军陆续班师。在盐泽（蒲昌海、罗布泊），李陵率 100 羽林郎迎接李广利。李陵是建章监（官职七品），李广利的部下。但李陵又是武帝身边的侍中，和上官桀一样，李广利也想拉拢。

李陵恃才自傲，既不愿跟随卫霍集团的赵破奴北征，也不愿跟随另一个外戚李广利西征。

李陵当然不是简单地迎接李广利，而是奉武帝之命前来监军。清点李广利人马，入玉门关者不满 2 万，汗血宝马 1000 余匹，极品好马只有 30 匹。出发时带去的战马 6 万匹、骆驼和驴各 1 万已损失殆尽。

李广利两次西征大宛，首战折损 5000 多属国骑兵、3 万恶少年；次战折损 4 万多属国骑兵、北军长水骑兵、边郡骑兵。即使不算恶少年，两次西征大宛，损失精锐骑兵也接近 5 万。汉家旗帜满天山，不遣胡儿匹马还。愿得此身长报国，何须生入玉门关。

武帝先得乌孙良马名曰“天马”，今得大宛汗血宝马更在乌孙之上，乃改称乌孙马为“西极马”，独称大宛马为“天马”。

李广利西伐大宛，屠轮台、诛贵山、灭郁成，扬大汉天威于葱岭内外，西域各国震惧，多半遣子入侍，武帝当然要重赏将士。

战后大宛王毋寡的首级悬于长安未央宫北阙，待遇等同南越王赵建德。贰师将军李广利封为海西侯，食邑 8000 户。

武帝对“负私从者”和“奋行者”封赏官爵过其望（也就是比他们的期望值还高），以鼓励更多青年才俊参加战争，一刀一枪搏个功名。

赵弟杀郁成王，封为新畤侯，后擢升为太常（九卿之一，官职二品）。严格来说赵弟的主要功劳只是杀了一个俘虏，但他是“负私从者”，骑着自己的战马杀敌，是武帝树立的英雄榜样，因此一战成名。

此战封列侯的就这二人。抓到郁成王的搜粟都尉（军职四品）上官桀，擢为少府（九卿之一，官职二品）。武帝没有给他封侯，日后会加倍补偿，拜左将军（军职二品），封安阳侯，当然这是后话。

校尉商丘成率军从天而降奇袭外城，不久后擢为大鸿胪（九卿之一，官职二品），后来又拜御史大夫（三公之一，官职一品），封秺（dù）侯，食邑 2120 户。

校尉（军职四品）李哆，在军中出谋划策，领上党太守（官职三品）。

军正赵始成，力战，功最多，授光禄大夫（官职四品）。

近两万幸存将士，有 1000 多人得到封赏。授九卿的有 3 位，领郡太守（官职三品）、国相（官职三品）、校尉（军职四品）、都尉（军职四品）的有 100 多人，约占整个汉朝三四品官职的 1/3。领县令（官职五品）、军司马（军职五品）及以下官职的有 1000 多人。

武帝对李广利二征西域还是认可的，然而朝堂上的门阀集团却认为得不偿失，史书中也是褒者少、贬者多。概括起来就是:“捐五万之师，靡亿万之费，经四年之劳，仅获骏马三十匹，虽斩宛王毋寡之首，犹不足将功补过，罪恶甚多。”

第四章　大漠孤烟

第一节　匈奴反击

● 苏武牧羊，到贝加尔湖了吗?

在李广利远征大宛这4年，匈奴进入多事之秋。

公元前102年，李广利二征大宛国，在西域大杀四方，匈奴的麻烦也从天而降。这年秋高马肥之际，儿单于率军南下，攻入定襄、云中等地，杀掠数千人，

儿单于再归途中，遭到右贤王呴犁湖和左大都尉且鞮侯的伏击，呴犁湖杀侄子儿单于，自己做了大单于。

公元前101年，李广利回到长安，呴犁湖单于派兵东进，攻击单于庭，目标是儿单于所立的左贤王。战争很快就结束了，正当呴犁湖单于志得意满时，左大都尉且鞮侯杀其兄呴犁湖单于，号且鞮侯单于。

优胜劣汰，且鞮侯单于确实是自冒顿单于后，匈奴最有能力的大单于。且鞮侯单于重用了一个汉人，名叫卫律，封为丁零王。

汉朝将河西走廊的匈奴诸部迁到六属国，是举族迁徙，而那些分散来投的匈奴一般都安置在长水营。长安北军五校，其中长水营因驻扎在长水附近得名。卫律的父亲是长水营的匈奴人，卫律在长水营长大，不知何故高攀上了协律都尉李延年（李广利之弟）。

通过李延年举荐，卫律出使匈奴。卫律这个人能说会道，又有双重身份，匈奴人容易接受他，李延年这个举荐并无问题。但卫律还没出发，李延年和李季就出事了，生死未卜。

卫律吓得立即出发，见到儿单于后，极尽恭维，赞儿单于为龙驹，大阏氏为凤雏。单于的王后称为“颛渠阏氏”，首位妃嫔称为“大阏氏”，此时单于还没有立颛渠阏氏，大阏氏就是后宫之主。

卫律滞留匈奴，派人回朝打探，得知李延年和李季被诛族，再无一丝回去的打算。此时呴犁湖杀侄子儿单于，卫律又去讨好呴犁湖单于。一年后且鞮侯弑兄，卫律再次拜在且鞮侯单于麾下。当初儿单于的大阏氏现在成了且鞮侯单于的大阏氏，卫律仍然将他们称为龙驹和凤雏，还拜大阏氏为母，言外之意单于是其父。

卫律这类人，在汉朝看来就是三姓家奴，认贼作父，朝野上下嗤之以鼻，视如敝屣。且鞮侯单于却看重卫律，封为丁零王，甚加宠信。

卫律绝非只会阿谀逢迎，他还会察言观色，投其所好。且鞮侯单于刚夺位，首先要把儿子们扶上左右贤王的位置，面临的挑战不少，基本无力与汉朝大规模交战。

自李广利征服大宛之后，汉朝兵威大震，西域诸小国闻风恐惧，多遣其子弟随从李广利到汉朝来朝贡。以后汉使前往西域，所过之处，皆以礼相待，不敢轻慢。卫律建议单于控制

西域的车师国，攻杀汉使，断却汉朝与乌孙的联系。

匈奴右地到西域比汉朝敦煌郡去西域更方便，匈奴若控制车师，便能以小博大。且鞮侯单于对卫律的建议深以为然，立即派兵控制车师，另立国王，令其配合匈奴截杀汉使。

西域是汉朝必争之地。公元前 101 年，武帝在西域设使者校尉（西域都护的前称），派数百骑和数千民夫到轮台、渠犁屯田，以供给往来之汉使。不久更名为屯田校尉，由扜弥国太子赖丹担任此职。日后汉军再出征西域，就可在自己的屯田据点进行休整。

公元前 100 年，且鞮侯单于夺位仅一年，浞野侯匈河将军赵破奴与其子赵安国趁乱逃走，再次投入汉朝。这次回来爵位和兵权都没了，赵破奴只能寄生于太子刘据门下。

卫律又建议且鞮侯单于先控制匈奴各部，表面上与汉朝和平相处，坐等汉朝卫霍与李广利两大外戚集团内斗，再伺机南下。

且鞮侯单于决定依卫律所言，先与汉朝结盟。为表达善意，且鞮侯释放了之前扣押的汉使路充国等人。路充国还是 7 年前出使匈奴被乌维单于扣留的，7 年经历 5 个单于，可见匈奴的局势风云变幻、动荡不安。

来而不往非礼也，武帝决定派使臣前往和谈。40 岁的苏武知道机不可失，立即自告奋勇要求前往，希望立功升官。

苏武是前卫尉（官职二品）苏建次子，苏建跟随卫青伐匈奴立功，封平陵侯，食邑 1100 户。卫青再次伐匈奴，前将军翕侯赵信投降匈奴，右将军苏建与赵信同行，虽逃回但连坐当斩，赎为庶人。后苏建复出，领代郡太守（官职三品），病死在任上。

苏建死后，按照他的遗愿，4 个儿子中前三个苏嘉、苏武、苏贤入宫做羽林郎。羽林郎初期是汉阳、陇西、安定、北地、上郡、西河六郡的良家子弟，逐渐推广到所有边郡。其中一部分是阵亡将士的后代，这些人有良好的战争基因，国家意图通过这种方式培养人才。由于羽林郎经常跟着天子出行，很多人常在天子左右，更容易飞黄腾达。因此一些将校军官（像苏建这样）给子孙后辈留下遗言，让他们入宫做羽林郎。

苏建的 3 个儿子自少皆以父荫为羽林郎，爬得都很快。

长子苏嘉官至奉车都尉（军职四品），管理皇帝的车驾。原来皇帝车驾由多位车令（车府令，军职七品）管理，属太仆（九卿之一，官职二品）以下的太仆丞（官职五品）。奉车都尉出现后，代替负责管理车驾的一名太仆丞，品级要高一级，常陪伴皇帝左右，甚至给皇帝驾车。

次子苏武官至栘中厩监（官职七品），负责宫中栘园马厩，是弼马温之一。

三子苏贤官至羽林左监（官职七品），几年后因李陵投降匈奴，擢其为骑都尉（军职四品），

苏氏三兄弟忠心耿耿，武帝喜爱苏武，便留在身边担任侍中。当时李陵也不过是建章监（官职七品），同为侍中，官职都不算高，二人关系不错。

武帝拜苏武为中郎将（军职四品），与副中郎将张胜、属吏常惠，率领百余骑出使匈奴。苏武持节护送扣留在汉朝的匈奴使者回国，武帝厚赠金帛等礼物给且鞮侯单于。

苏武知道此行吉凶难卜，便与母亲、娇妻、儿子及亲友诀别。

苏武率人马来到龙城，交还匈奴使者，赠送金帛，一切按流程走。

且鞮侯单于暂停兵戈是有道理的，想反叛他的大有人在。卫律在匈奴混得不错，然而麾下的长水胡人虞常虽是匈奴血统，但从小在汉营长大，母亲和亲弟都在长水营，此人一心想回归汉朝。另有浑邪王的外甥缑王，本是赵破奴麾下干将，也跟着赵破奴投降匈奴。赵破奴南逃，缑王却因故未能随行，错失跟随赵破奴返回汉朝的时机。

虞常和缑王虽都是匈奴人，但一心向汉，虞常与副中郎将张胜相熟，自然想跟苏武、张胜回去。可是单于不开口，这两人当然回不去。而且空手回去，也没什么便宜，于是两人合计，杀了受单于宠信的汉奸卫律，回去后肯定能加官晋爵。

虞常和缑王麾下有70多骑，虽都是胡人血统，但其实是汉军的一员，他们要杀卫律有点困难。因此虞常向张胜借了强弩，汉朝的强弩威力大、射程远，如此便可远距离击杀卫律。

一日，且鞮侯单于外出狩猎，带走了不少人马，虞常和缑王兴奋起来，决定增加难度，不单要杀卫律，还要劫持单于母阏氏，如此回去之后功劳必是不小。

虞常此人可真是给卫律来送战功的，他是卫律手下，他的手下当然视卫律为上级，故而行动未开始便暴露了。卫律得信后悄然发动突袭，杀了缑王等数十人，活捉虞常。

且鞮侯单于闻变驰归，封卫律为丁零王，并将虞常交给其上级卫律审讯。虞常在酷刑折磨下招认了与张胜的关系，但苏武行事谨慎，并未亲自接见虞常。

且鞮侯单于怒斩虞常，令卫律抓捕张胜。副中郎将张胜倒是条硬汉，虽然承认虞常和自己的关系，但咬死说苏武不知情。

且鞮侯单于当然知道，如此大的动作，副使不可能瞒着正使，因为就算杀了卫律并挟持阏氏，副使也不可能把正使晾在龙城自己逃回汉朝。

卫律做了丁零王，上任三把火，把张胜折磨得死去活来，终于招认苏武也知情。

卫律又去责问苏武，只是没有单于命令，不敢动粗。苏武戳指喝骂道："卫律！汝为人臣子，叛主背亲，屈膝蛮夷，我何屑见汝？汝试想，南越杀汉使，屠为九郡；大宛杀汉使，头悬北阙；朝鲜杀汉使，立时诛灭；匈奴若杀汉使，下场亦如此！"

苏武将卫律骂得脸色青一阵紫一阵，甚是痛快，但他也知道自己身份特殊，不仅是正使，更是武帝身边的侍中，日后难免屈节辱命，丢了天子颜面，于是骂完便拔出佩剑欲自刎。常惠早知苏武有自刎之意，眼疾手快，挥剑阻挡。苏武虽倒地，颈上鲜血直流，却并未死。

卫律回去禀报单于，说苏武是皇帝身边的红人，杀了苏武胜过杀一万汉军。且鞮侯单于却想招降苏武，若苏武投降，代表人心所向，匈奴各部很快会聚集在单于大帐周围。

且鞮侯单于宴请苏武，许诺只要苏武投降，便赐爵为王，拥众数万，人畜满山。

没想到苏武干脆利落地拒绝了。单于须髯如戟，令卫律说服苏武，方法不限。卫律动用酷刑，将苏武关在地窖中，不给饮食。几日后苏武饿得眼中火冒，腹内雷鸣，卧在窖中不能动弹。恰逢天降大雪，苏武冻得堕指裂肤，却啮雪嚼旃（zhān），数日后便气若游丝。

单于仍然不想杀苏武这条大鱼，卫律便将苏武带到自己封地——北方丁零地界，也就是北海（贝加尔湖）周边，叫苏武牧一群羝羊（公羊）。卫律以为羝羊不能生育，苏武最多吃完这些羊，不冻死也该饿死了，届时卫律便可撇清关系。苏武出使匈奴及流放北海路线如图4-1所示。

北海
萨彦岭
丁零
雅布洛诺夫山脉
苏武
郅居水
青特山
狼居胥山
安侯水
匈奴
单于廷
龙城
杭爱山脉（燕然山）
苏武
余吾水
蒙古高原
左贤王
弓卢水
戈壁沙漠
乌桓
戈壁阿尔泰山脉
羯汗山
内蒙古高原
阴山
大青山
狼山
后套平原
前套平原
北山
中央戈壁
库布齐沙漠
巴丹吉林沙漠
乌兰布和沙漠
河南地
黄土丘陵
黄河
鄂尔多斯高原
雅布赖山
河西走廊
合黎山
贺兰山
西套平原
毛乌素沙地
祁连山脉
龙首山
腾格里沙漠
太岳山
河南山
黄河
白于山
大通山
冷龙岭
乌鞘岭
罗山
日月山
达坂山
子午岭
王屋山
青海湖
陇东高原
中条山
拉脊山
六盘山
汉武帝
长安
秦岭

图 4-1 苏武出使匈奴

贝加尔湖呈新月形，南北长 680 千米，东西平均宽 40 ～ 50 千米，面积约 3.15 万平方千米，是亚洲面积最大的淡水湖，居世界第七。

贝加尔湖属于断层湖，是世界最深的湖泊，平均深度 758 米，最深处约 1642 米。由于有足够的深度，其蓄水量达到约 23.6 万亿立方米，占全球流动的河川、淡水湖总水量的 17% ～ 20%，超过北美五大湖，是世界水量最大的淡水湖。

● 李广利攻车师，李陵为何不增援？

苏武没入匈奴，武帝失光落彩，颜面无存，怎肯善罢甘休。派出使臣索要苏武无果，武帝龙颜大怒，亲自规划了一盘大棋，要把匈奴打得乖乖交出苏武。

夺回苏武，当然不是简单地派军队攻往龙城，实际上武帝提前几年就进行了布局，苏武被扣留只是战争的导火索。

公元前 99 年，战争一触即发。这场大战，表面上是武帝索要苏武向匈奴施压，实则布局已久，力求对西域（车师）、匈奴右地、单于本部三管齐下，痛下杀手。

此次汉匈大战，从西往东大致分为 4 个战场。汉军规划进军路线如图 4-2 所示。

第一战场，李广利率精锐 3 万骑出玉门关，过楼兰，北上攻击车师。这条路线李广利走过一次，一征大宛就曾这样行军。李广利的任务是围城打援，不仅要在车师耀武扬威，还要越过博格达山，引诱右贤王来战。

在河西走廊练兵的骑都尉李陵，随后率领 5000 步兵和物资增援李广利。这是考虑到右贤王也会增兵，李广利军必须有充足的箭矢供应。汉廷上下对李陵这支荆楚兵并不抱太高期望，目的主要是输送兵器，增加劳动力。

第二战场，在李陵支援李广利的同时，屯兵居延泽的强弩都尉路博德，率 1.2 万骑兵，北上游弋涿邪山，牵制右贤王去往博格达山的部分兵力，给李广利减压。路博德军和公孙敖军出兵路线如图 4-3 所示。

第三战场，因杅将军公孙敖率 3 万骑兵出西河（因杅是匈奴地名），游弋东西浚稽山，切断单于本部与右贤王部的联系，并且随时可支援强弩都尉路博德。如果单于倾巢出动，公孙敖就把单于引到光禄塞即受降城附近，配合徐自为 15 万集团军将单于主力歼灭。

第四战场，郎中令徐自为集团军，率 5 万骑兵、10 万步兵，准备迎战且鞮侯单于。其中徐自为率两万骑兵、4 万步兵，屯受降城；卫伉率两万骑兵、4 万步兵，屯受降城与居延泽之间；游击将军韩说率 1 万骑兵、两万步兵，屯受降城与高阙塞之间。徐自为、卫伉、韩说出兵路线如图 4-4 所示。

汉军四路大军，总兵力 22.7 万，其中骑兵 12.2 万、步兵 10.5 万，规模超过当年卫青霍去病的漠北之战。

图 4-2 汉军规划进军路线

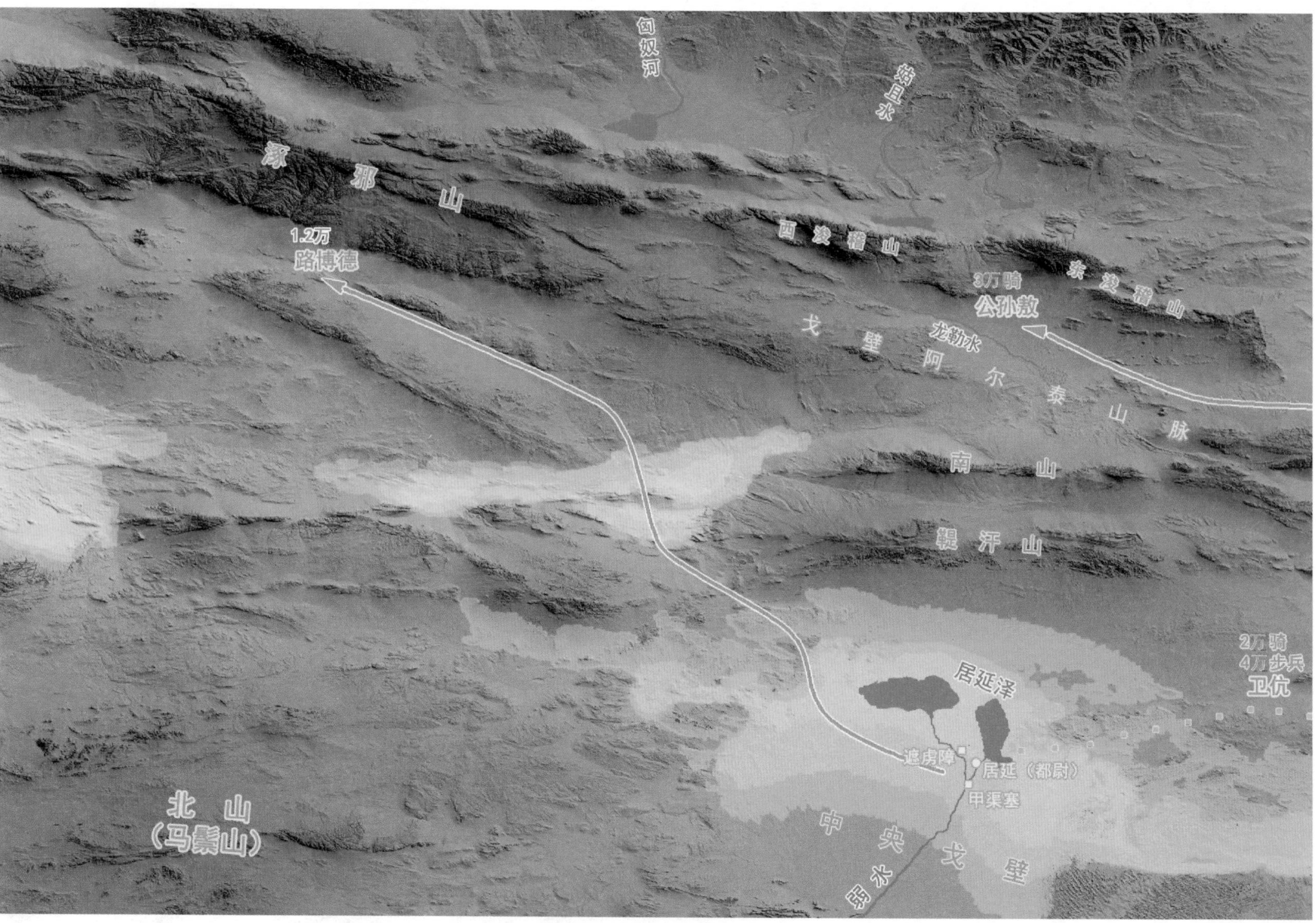

图 4-3 路博德军和公孙敖军

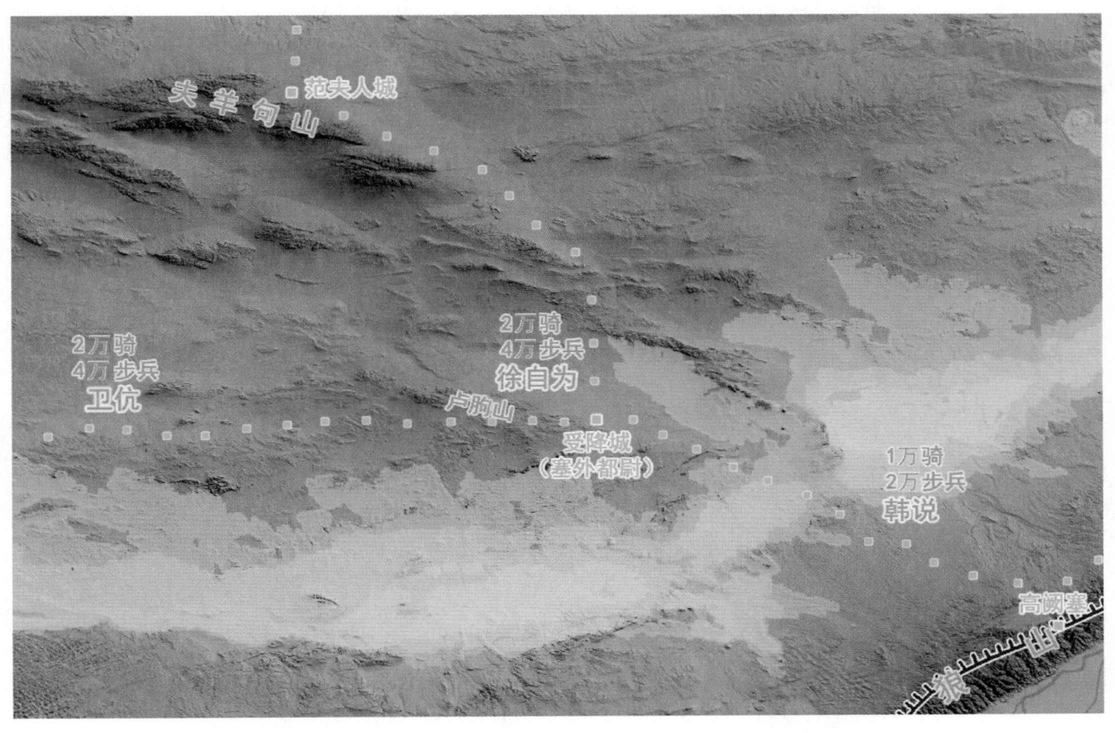

图 4-4 徐自为军

公元前 99 年五月，贰师将军李广利领骑兵 3 万，出征车师，第一战场开启。这场战争导火索是苏武被且鞮侯单于扣留，由李广利打响第一枪，如果匈奴右部增援车师，李陵也会增援李广利。第二战场的路博德，也可牵制部分匈奴右部援军，确保李广利取得胜利。如果且鞮侯单于增援匈奴右部，则第三战场开启。如果匈奴倾巢出动，公孙敖可以把匈奴主力吸引到第四战场，到时候匈奴再难全身而退。以上前三个战场，除增援物资的李陵是步兵，其余全部是骑兵，机动能力强，可以说立于不败之地。

第一战场，李广利出玉门关，沿疏勒河过盐泽（蒲昌海、罗布泊），逆孔雀河西进，过楼兰、山国、渠犁、尉犁、焉耆，抵达吐鲁番盆地。由于武帝提前设屯田校尉，在轮台、渠犁屯田，汉军可以在渠犁取得补给，安全度也大为提高。李广利出兵路线如图 4-5 所示。

李广利军抵达吐鲁番盆地后，李广利令介和王成娩统率本部 2000 骑攻击车师国。成娩本来是河西走廊匈奴一个小王介和王之子，父亲投降汉朝后安置在属国，成娩承袭介和王之位。

成娩所率属国骑兵都是精锐，此战打得漂亮，迫使车师王送王子到长安为质。成娩因此封为开陵侯，食邑 1020 户。

李广利率大军从博格达山西侧绕到北侧，途中乌孙系的部落且弥、卑陆，大月氏系的郁立师，都多少提供了补给。汉军兵力比这三国人口总和还多，如果抵抗，轮台国就是那个“以史为鉴”的悲剧国家。

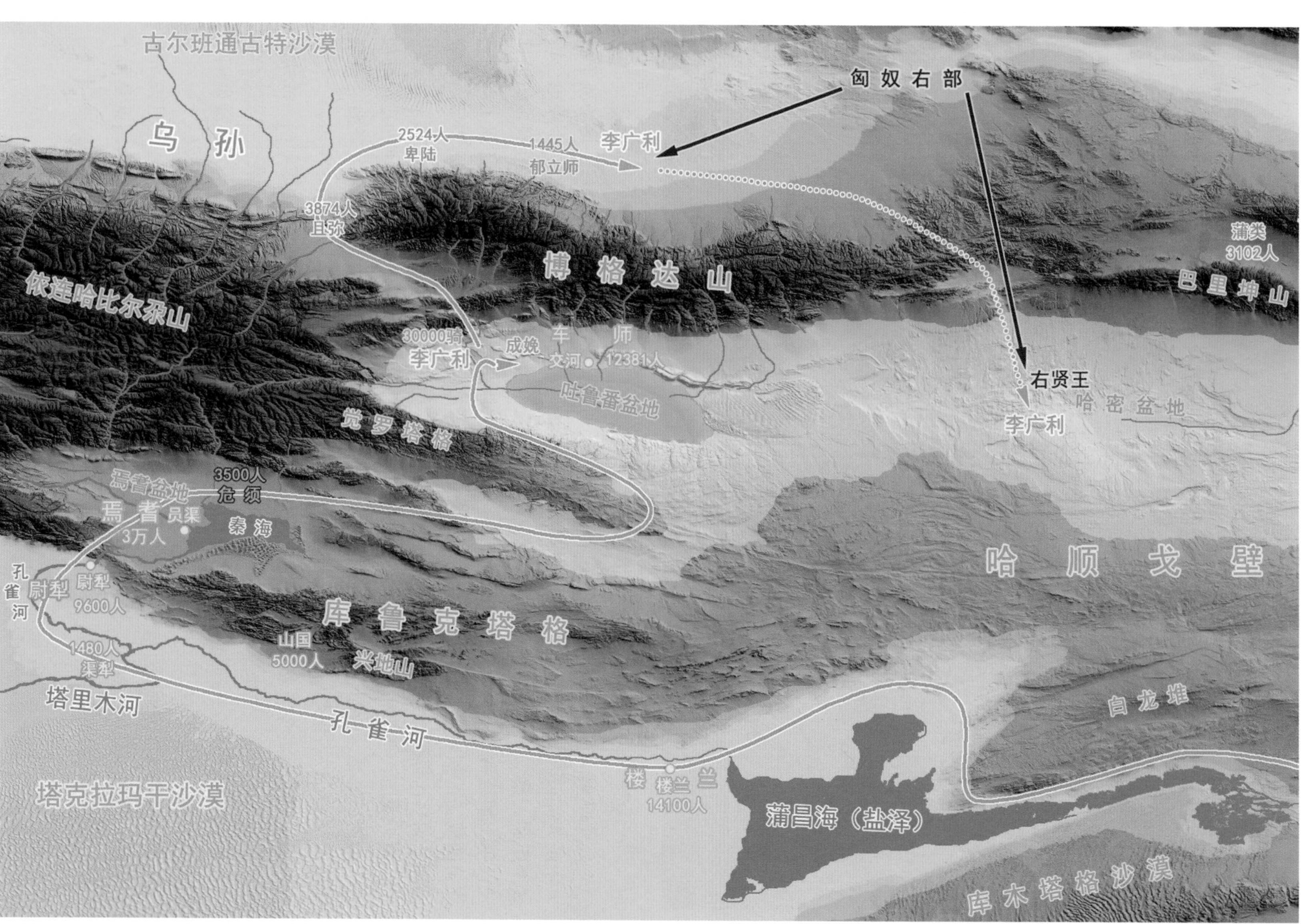
古尔班通古特沙漠
匈奴右部
乌孙
2524人
卑陆
1445人
郁立师
李广利
3874人
且弥
博格达山
蒲类
3102人
巴里坤山
依连哈比尔尕山
30000骑
李广利
成娩
车师
交河
12381人
右贤王
吐鲁番盆地
哈密盆地
李广利
觉罗塔格
3500人
焉耆盆地
危须
焉耆
员渠
3万人
秦海
哈顺戈壁
孔雀河
尉犁
9600人
库鲁克塔格
山国
5000人
兴地山
1480人
渠犁
塔里木河
白龙堆
孔雀河
楼兰
14100人
塔克拉玛干沙漠
蒲昌海（盐泽）
库木塔格沙漠

图 4-5　李广利进军路线

在博格达山北麓，李广利与右贤王的一支大军交战，斩首 1 万余级，大获全胜。不过箭矢所剩不多，战马也折损过半，李广利下令奏凯而回。

右贤王怎甘遭此败局，竟调集五六万骑兵，倾巢出动，紧紧尾随汉军，随时准备发动群狼战术。

李广利军绕到博格达山东侧，准备向南进入哈密盆地。按计划李陵的 5000 步兵已经从酒泉郡来到敦煌郡，此刻应该已经从玉门关北上，抵达双方约定的哈密盆地。李陵军虽然缺少战马，但黄牛、骡子却不少，用大车满载弓弩箭矢盾牌等战备物资。这几年汉军在玉门关以北修筑了不少亭障，有骑哨往来，李陵绝不会迷路。李广利指挥若定，盼着右贤王不要放弃追击，好扩大战果。要是李广利知道李陵根本没有来增援，而是回长安向武帝请求改变计划，绝不会故意示弱匈奴。

右贤王侦骑四出，探知南边并无汉军接应，便用五六万骑对两万余汉军围之数重。此时若李广利军每人有 20 支箭矢，匈奴人不过是飞蛾扑火。但实际情况是，李广利军箭矢耗尽，人困马乏，粮食和水也没有了。

汉军好不容易进入哈密盆地，并且组织了多次反击，但匈奴人却不硬拼，只和汉军远距离对射，消耗汉军体力。

李广利终于得知李陵并未按计划增援，恐慌和绝望的情绪在汉军中蔓延，大军被匈奴分割成多部，各自为战，军队人数逐渐减少。现在汉军南走没有意义，因为没有十几天到不了疏勒河（补充淡水），途中估计大部分人马都会葬身沙漠戈壁，或许只有骆驼能得以幸免。

每当危难之际，总有英雄奉命于危难之间，这次是假司马（军职六品）赵充国自告奋勇，率死士百余骑，披甲操戈，开始突围之战。赵充国顶盔掼甲，匹马当先，见胡骑密布，有如蜂屯蚁聚，他大呼陷阵，向矛戟林中横冲直撞，如入无人之境。匈奴本只想慢慢消耗汉军，故并不硬战，而是退走回避，竟被赵充国杀开一条血路。

李广利趁势麾兵，这支汉军用尽最后力气杀出重围。李广利将各路分散的人马重新结阵，虽仍被匈奴包围，但总算不会被分割消灭。

天无绝人之路，李广利军找到了水源，大军再次回血，燃起斗志。右贤王知道再追下去，己方可能战损更大，只好放弃追击。

汉军退回疏勒河，到玉门关清点人数，十死六七，所剩不足 1 万，算上后来匆忙撤回的成娩部人马，约 1 万人回来。那些脱离大队的人马都葬身西域了。

赵充国是陇西上邽人，羽林郎出身，这次全身遭受 20 余创，死里逃生。李广利想培养赵充国，自己屯兵玉门关休整，却令赵充国回长安养伤，向武帝禀报军情。

武帝在大殿上亲自召见赵充国，令其脱衣，验视伤痕，可见血迹未干。武帝感叹当日血战之苦，及其勇敢之状，不禁扼腕兴嗟，先授中郎（官职七品），后擢为车骑将军长史（官职五品），留在朝中用事。

李广利此战失利，责任不完全在他。如果第二战场的路博德能够牵制一两万右贤王的骑兵，李广利何至如此狼狈。如果骑都尉李陵的战备物资能按时送达，加上这 5000 荆楚步兵生力军，李广利完全可以取得大胜。

路博德是卫霍集团的顶梁柱之一，他们团结在太子刘据周围，只有太子即位才能确保荣华富贵，若其他王子登基，则性命难保。李广利如果没有外甥刘髆，或许可以加入卫霍集团，但刘髆的出生让李广利没有选择，只能独撑大局，一步步走下去。

路博德故意放匈奴右部大队人马过去，还可以编个借口说没有发现敌情，北方大漠千里黄沙，骑哨没有发现匈奴人也不意外。但李陵没有按时把物资送到李广利营中，实属抗旨不遵。

当李广利首战斩首1万余级，正徐徐退兵时，遭遇右贤王的主力骑兵。李陵本应在此刻出现在李广利军中，实际上他却飞骑驰回长安，向武帝请求改变战术。李陵屯兵的位置如图4-6所示。

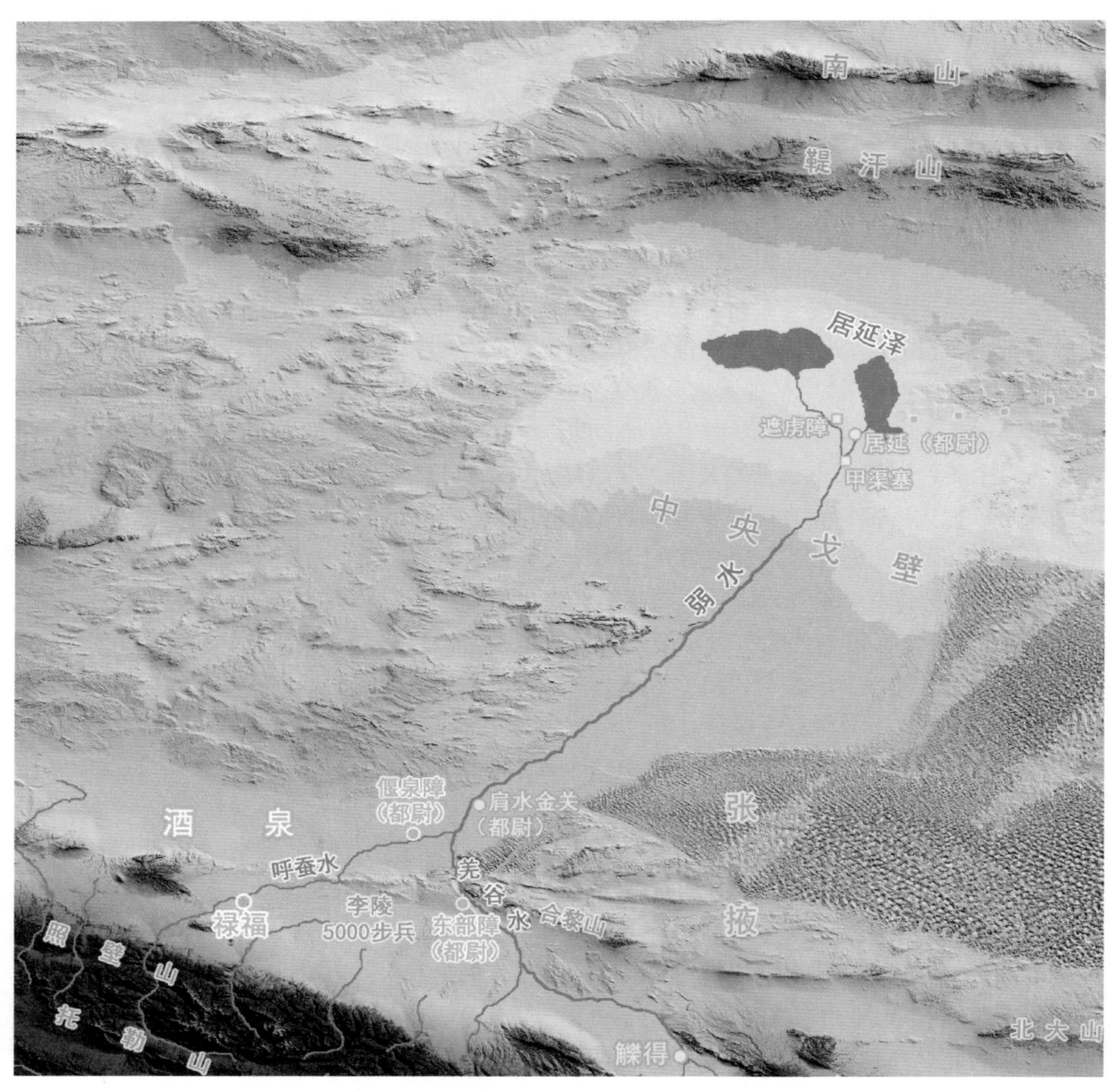

图4-6 李陵军

李陵家族是陇西李氏（秦国），李广利是中山李氏（赵国），大约180年前有共同的先祖李兑（赵国相国），如今血缘关系已经很淡了。

由于李兑饿杀赵武灵王，杀代王赵章，他死后其子李昙逃到秦国，拜御史大夫。李昙长子李崇领陇西太守，封南郑公，这就是李广李陵所在的陇西李氏始祖。李陵家族中，几乎每一代都有人领太守这种封疆大吏，入朝拜三公九卿的也不少。

留在赵国的李氏有多个分支，最大的一支是赵郡李氏，以李牧和其孙李左车为代表。李广利所在的中山李氏，是赵国李氏的一个分支，先祖是李牧之弟李齐，只因一个太监李延年能唱会跳，李广利一下子成了外戚。

几年前李陵的堂弟李禹做了太子舍人（官职十三品），陪太子读书；堂妹李氏做了太子中人，相当于太子夫人之一。武帝如此安排，有意化解卫霍集团与陇西李氏的矛盾，毕竟李蔡、李广、李敢之死与卫霍集团都有直接关系。

李陵性格孤傲，从不掩饰与卫霍的仇恨。如果李陵与李广利交好，一心扶立昌邑王刘髆，或许也能干出一番惊天伟业，可惜他恃才自傲，根本瞧不起李广利这种外戚。在李陵看来，陇西李氏这等豪门大阀，李广利永远比不了。

这年李陵31岁，祖父李广在这个年龄已经在平七国之乱中立下赫赫战功，领上谷太守（官职三品）；叔父李敢在这个年龄也因漠北之战封200户关内侯，随后擢为郎中令（九卿中兵权最大的，官职二品）。

李陵少年成名，善骑射，有李广之风，武帝是将其往李广、李敢这个方向培养的。李陵20岁出头便授建章监（军职七品），带领800骑过居延，深入匈奴2000余里视察地势，不见胡骑而回。

然而这十来年，汉军无论征南越、朝鲜还是西南等地，都由卫霍集团的将军统领大军，征大宛则是另一个外戚李广利领军。李陵始终放不下仇恨，既不愿跟随卫霍集团的将军们出征，也看不起李广利，因此到了而立之年还寸功未立。

长安城，李陵入朝，叩头道："臣部下皆荆楚精锐，力能扼虎，射必命中，情愿率本部人马，出鞮汗山，寻匈奴主力决战，如此亦可分右贤王兵力，解贰师将军之围。"

早在3年前，李广利二征大宛，武帝发郡国兵18万屯于河西四郡，其中有数万人来自荆楚（战国时楚国旧地）。李陵从荆楚兵中挑出5000孔武有力、行走如飞的勇士，组建了这支荆楚精锐。

李陵如此公然抗旨，若武帝年轻时，早就直接推出去斩了。

可武帝是真心喜爱李陵，只假装生气道："少卿（李陵）不愿属贰师将军吗？寡人已经没有战马给汝。"

李陵奋然道："臣无需战骑，愿率所部5000荆楚步卒，以少击众，直入龙城单于之庭！"

李陵言外之意，右贤王档次不够，我要打就打单于，你派别人去增援李广利。

武帝见李陵有李广、李敢之胆量，便调整战略，让因杅将军公孙敖西进增援李广利至涿邪山，李陵则北上与强弩都尉路博德会合，封锁东西浚稽山。等于将第二战场和第三战场的军队互换，李陵想打单于，武帝便满足他的要求。

调整后的第三战场，李陵率 5000 荆楚步兵沿弱水北上，途经居延泽，与强弩都尉路博德一起，北上封锁东西浚稽山，若遇单于主力，便退到光禄塞围歼匈奴。第二战场，因杅将军公孙敖游弋涿邪山，封锁右贤王本部与博格达山第一战场的要道，给李广利减压。

李广利攻车师，精锐尽出，本来斩首 1 万余人，却功亏一篑，李陵恐怕要负重要责任。

● 李陵大战且鞮侯单于，兵败投降

公元前 99 年九月，李陵回到张掖，率荆楚步卒 5000 人抵达居延城，竟发现路博德已经退兵居延泽附近，早就远离涿邪山。原来大家都抗旨不遵，简直是要把李广利置于死地。

路博德看了诏书，不假思索就拒绝了。强弩都尉排位在一般地方都尉之前，却在羽林军的骑都尉之后。路博德自受封符离侯后，又拜伏波将军平定南越国，后来因其子犯逆不道，连坐削爵，这才授强弩都尉（军职四品），去居延屯田。路博德即使和李陵没仇，也羞于屈居李陵之下。何况路博德与李陵真不是一路人。

当年李广从右北平太守入京做了郎中令，卫青正率军与右贤王死磕，值此用人之际，霍去病却举荐卫青军中的校尉路博德为右北平太守。漠北之战路博德跟随霍去病封符离侯，食邑 1600 户。战场之上，不是战功大就一定封侯，而且食邑数还这么多。主将写奏折报军功都有自身的考量，往往趁机提拔亲信。同样是漠北大战，李陵的叔父李敢战功不比路博德少，却只封了个关内侯，食邑 200 户。

路博德当着李陵的面向武帝写请战书，大意是如今秋高马肥，步兵不宜和匈奴开战，不如自己领骑兵北上东西浚稽山，而李陵则回到张掖酒泉去募兵，等来年春天募足 1 万骑兵再北上不迟。

李陵哪能让路博德抢了风头，立刻也写了请战书，说自己的 5000 荆楚步兵足矣，不如让路博德待在居延泽伺机而动。

路博德想甩掉李陵这个包袱，李陵也不想和路博德搅和在一起。武帝看到两人的请战书后，并未进一步下达命令，于是李陵北上，路博德留在居延随时增援。

也就是说李陵的步兵在前，路博德的骑兵在后，相隔几百里，看起来完全搞反了。但在当时的通讯条件下，武帝未能及时作出调整，仗还没打汉军就陷入被动局面。

骑都尉李陵、校尉韩延年率骑兵百余，荆楚步卒 5000，牛、骡、驴各百余头拉车，肥羊 300 多头，出遮虏障，至西浚稽山南，扎驻龙勒水上。李陵和韩延年各从军中挑选 800 精锐，人人以一当十，好似当年剽姚校尉霍去病首战所率人马。李陵军的布局如图 4-7 所示。

韩延年的父亲韩千秋官至济南相（官职三品），汉军平南越时战死，韩延年做了羽林郎，代其父受封成安侯，食邑 1380 户。

李陵军在途中未遇一敌，便令画匠将山川形势绘制成地图，派羽林郎陈步乐飞驰回长安奏闻武帝。

陈步乐拜见武帝，将地图呈上，将李陵夸赞一番。武帝龙颜大悦，授陈步乐为郎（官职八品），留在朝中。

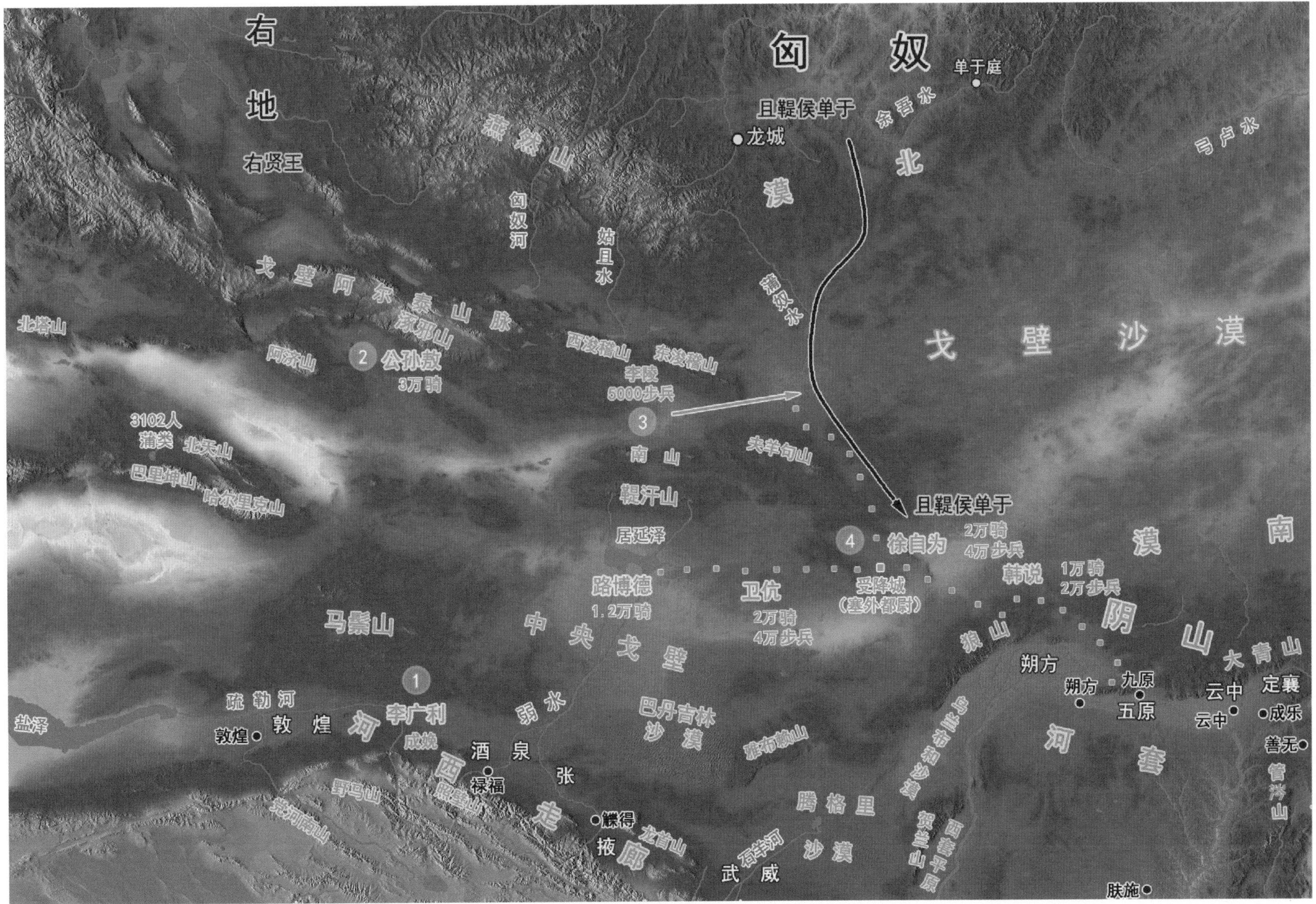

右地
匈奴
单于庭
且鞮侯单于
余吾水
龙城
燕然山
马卢水
北漠
右贤王
匈奴河
姑且水
蒲奴水
戈壁阿尔泰山脉
涿邪山
北塔山
阿济山
公孙敖
3万骑
西浚稽山
东浚稽山
李陵
5000步兵
戈壁沙漠
3102人
蒲类
北天山
巴里坤山
哈尔里克山
南山
夫羊句山
鞮汗山
且鞮侯单于
居延泽
徐自为
2万骑
4万步兵
南漠
受降城
(塞外都尉)
韩说
1万骑
2万步兵
路博德
1.2万骑
卫伉
2万骑
4万步兵
马鬃山
中央戈壁
阴山
狼山
大青山
朔方
朔方
九原
五原
云中
云中
定襄
成乐
李广利
疏勒河
盐泽
敦煌
敦煌
河西
成娩
弱水
巴丹吉林沙漠
酒泉
禄福
张
雅布赖山
乌兰布和沙漠
河套
善无
管涔山
野马山
祁连山
腾格里沙漠
觻得
龙首山
贺兰山
西套平原
掖
走廊
武威
石羊河
肤施

图 4-7　李陵军的布局

其实陈步乐离开李陵大营次日，且鞮侯单于的 1 万骑兵先锋就和李陵军遭遇。李陵首次经历大战，有些低估了匈奴。且鞮侯单于对汉军的布置了若指掌，过蒲奴水却并未南下受降城，而是绕到东浚稽山南麓，从侧翼攻击李陵军。单于专门挑了李陵这支人数较少的步兵，打算一口吃下。

李陵军屯在东西浚稽山间，以大车据险立营，大阵呈圆形环绕，用战车将辎重围在中间。战士围绕大阵外侧列阵，戟盾在前，弓弩在后。军令很简单：“闻鼓即进，闻金即止。”李陵这个大阵，是步卒对骑兵的典范，卫青在漠北之战也用过相似的车阵。李陵军北上路线如图 4-8 所示。

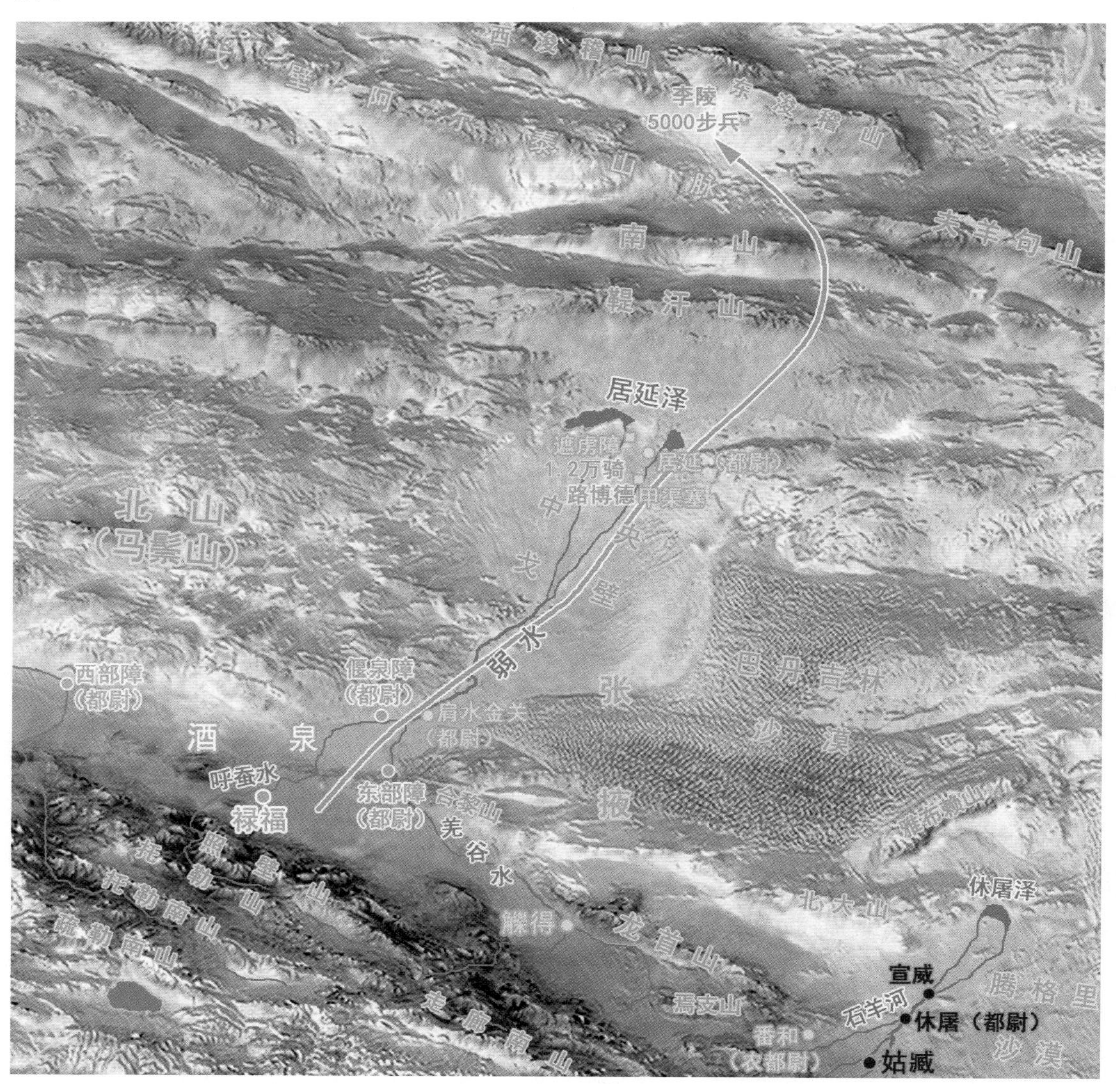

图 4-8 李陵军北上

这些战车的车厢包裹着一层铁壁，内藏兵器粮草辎重，车身可伸出长枪御敌，各车用铁钩连在一起。敌骑不得冲突，弩箭不能贯穿。而且战车中装备了数十台弩车，其长箭可穿透铁甲，甚至直接把人马射飞。

匈奴先锋见汉军骑兵少，便四面蜂拥扑向汉军大阵，打算一鼓而下。李陵坚守不动，等匈奴骑兵靠近，一声鼓响，汉军千弩齐发，箭如飞蝗射出，前队匈奴骑兵应弦而倒，后面的立脚不住，只有10余骑冲到战士跟前，也被杀得人仰马翻。匈奴折了数百人，只好退走上山，从高处观察李陵布阵。

李陵却率仅有的100多骑掩杀而出，队伍如旋风般冲上山又杀下来，如入无人之境，每人射完40支箭矢，正好回到大阵。匈奴的弓箭射程不及汉军强弩，根本无法靠近。此战汉军用大车运载50万支弩箭，平均每人100支，在匈奴看来就是有射之不尽的箭矢。

李陵首战赢得非常漂亮，仅损失10余人，杀敌上千。

次日匈奴援军陆续赶来，且鞮侯单于略感意外，他高踞战马之上，一副稳操胜券的表情。李陵知道匈奴主力来了，很难相持下去，于是拔营南走，且战且行。

匈奴一路尾随，并不断增兵至八万余骑。李陵且战且走，几天内大小战斗数百回合，每战必胜，斩首匈奴上千骑，损失600多人，4200余人来到一个山谷。

此时汉军人人负有箭伤，李陵令中一箭轻伤者战斗，中两箭伤者推二轮车和独轮车，中三箭或重伤者躺在车上，总之轻伤不下火线。

李陵军撤兵途中一直未能结成大阵，导致300多头肥羊跑了一大半，汉军开始陷入粮草危机。李陵当机立断，杀了军中数百随军妇女。军中女子无非两种，一是将领为图享乐带的，二是服劳役或无家可归的妇女。

武帝一朝，每逢战争，必发天下赘婿、罪犯、恶少年、小商贩服劳役或上战场，而大量罪犯、小商贩消失后，他们的妻女也被迫服劳役。平日里随军妇女负责生火造饭等轻体力活，也能减轻军队负担，将尉往往睁一只眼闭一只眼。李陵军中就有数百关东盗贼的妻女，关键时刻李陵决定弃车保帅。

将数百妇女的尸首掩埋后，李陵许诺战后向皇帝请赏，于是士兵再无牵挂，人人摩拳擦掌，预备厮杀。

次日再战，汉军把仅剩的十几头肥羊全宰了，饱餐一顿，战力不降反增，阵斩敌首千余级，自损500多人，3700余人抵达大泽。且鞮侯单于自恃兵多，不肯放弃，仍催兵追赶。

大泽中遍布芦苇，李陵军借此掩护。匈奴人借着北风，在外面上风处放火，李陵军在里面放火，沿着灰烬走以自救，一日后竟然走出大泽。

匈奴骑兵早已占据前方高地，且鞮侯单于亲自列阵以待。他立马山上，遣其子左贤王率两万骑伏击李陵，只等李陵部走出大泽，便要来一次全面冲锋。

不过大泽中水源充足，汉军陆续宰黄牛、骡、驴充饥，士气和体力都未丧失。汉军箭矢所剩无几，李陵将数十台弩车藏在芦苇中，派几队衣衫褴褛的步兵前去诱敌。左贤王沉不住气，下令追杀，结果汉军弩车齐射，其长箭可穿马腹，大把匈奴骑兵从战马上飞跌落地。

吃一顿牛肉的功夫，汉军射完所有弩车的长箭，沙地上遍是尸骸，李陵又率军上去补刀，没死的一刀一个。

此战李陵击退左贤王，杀敌 3000 余，汉军损失四五百人，仍有 3200 人。

李陵远远看到且鞮侯单于的狼旗，便率一队亲兵潜到高地下。李陵的亲兵个个善骑射，目力极佳，见单于在 10 余骑的簇拥下策骑指挥，李陵与单于之间有数十匈奴骑兵，再靠近就会暴露行踪。由于是仰射，若要一击杀敌，距离必须缩小一半。

在亲兵不可思议的目光中，李陵取下背后的彤弓和最后一支彤矢，瞄准且鞮侯单于。只听虎筋弦响起，红光一闪，单于身边一人应弦倒于马下。若非这人忽然加速，单于可能就要饮恨鞮汗山北。且鞮侯单于心胆俱裂，来不及责备左贤王，策骑躲避。

李陵等人撤回后，且鞮侯单于心有余悸，对左右小王道："这是汉朝精兵，连战不疲，日夕引我南下汉塞，莫非另有埋伏不成？"

丁零王卫律早看出左贤王没打好这仗，但还是换了一套说辞："大单于，我等是汉兵数十倍，此战若不能覆灭之，日后恐令汉人轻视。况且李都尉与汉军其他将领历来不和，不会有人增援的。此处往南多山地，我们还可围攻数日，若公孙敖、徐自为的骑兵赶来，我们再撤也不迟。"

于是次日且鞮侯单于又令左贤王出战，希望他将功折罪。左贤王知道李陵军的弩车威力巨大，便趁李陵军进入一片树林，弩车视野受阻，发起了攻击。

谁料这又是李陵的一个圈套。弩车的长箭已经用完，李陵却仍旧用为数不多的骡、驴拉着走，就是为了震慑匈奴，让他们不敢发起大规模骑兵冲击。

李陵军分为地面和树上两部分，地面的用长枪、盾牌，以弩车作掩护，树上的人以绳索固定身体，用长戈、长戟攻击。汉军设伏得当，人人精神抖擞，奋力杀敌，一日大战数十次，再杀匈奴千余骑，汉军损失 400 人，仍有 2800 人。

战后匈奴人复盘，大多数人觉得左贤王两战李陵，兵力都有巨大优势，败得莫名其妙。左贤王的声望一落千丈，后来他也斗不过兄弟狐鹿姑，丢失了单于大位。

匈奴骑兵士无斗志，且鞮侯单于打不下去了。此时，忽有一汉军降将来投，说有重大军情要报。

此人名为管敢，是一位军候（军职八品），曾被一名校尉责打 50 大板，心中怀恨，竟去投降匈奴。军候统兵 200，李陵这支 5000 人的军队有 25 位军候，这种级别的人既知道将领的意图，也熟悉士兵的情况。

根据管敢的描述，李陵军根本没有援军，并且这十几天已射光了 50 万支箭。只有李陵麾下亲兵 800 人和校尉韩延年手下亲兵 800 人（旗帜为黄白二色）尚有一战之力。这两支人马目前各还有 600 余人，若用精骑驰射，必破无疑。

汉军在撤退过程中始终保持战力，关键一点是汉军每日都要重组队伍，补充轻伤者进入李陵和韩延年的亲兵队中。战场中哪儿最激烈，这两支军队就会出现在哪儿解围，这也是为何单于 8 万人追了十几天不能全歼李陵军的重要原因。

听闻管敢所言，且鞮侯单于立刻改变战法，不再忌惮汉军弩箭，集中兵力射击旗帜为黄白二色的队伍，箭如雨下。

李陵军不仅耗尽全部箭矢，其他长短兵器也都基本折损，不得不尽弃车辆，卸掉车轮，截取车轴削尖作为兵器，军中的文吏则以尺刀为武器。

李陵本计划从大泽东南部突围，将匈奴吸引到受降城（塞外长城），但这条路很远，步兵一两天之内无法走出山谷平地。汉军失去强弩远射的优势，只能任由匈奴骑兵宰割。

李陵放弃往东南方向撤兵，而是南走，奔入鞮汗山谷，此时约有3000伤兵，手中各执空弩，战马损失殆尽。如果战争就此结束，李陵用2000人的代价杀敌万余，足可比肩霍去病首战。可惜徐自为、公孙敖、路博德这些宿将，一个都没来增援。

鞮汗山位于居延泽以北，东西最长约300千米，南北最宽约120千米。鞮汗山北坡底海拔约1400米，南坡底不足1000米，中间顶部约1800米左右。从北坡登山难度远小于从南坡登山，再加上鞮汗山中到处是山洞，便于隐藏，李陵的选择并无问题。

单于另一子狐鹿姑率部先行，用石头堵住狭窄谷口，阻击汉军。此时匈奴箭矢也几乎射光，索性便骑马抛石，砸伤不少汉军。

这日天色渐黑，李陵到营外查探敌情，傲然对左右亲兵道：“大丈夫当孤身往取单于首级！”然而借着月光看到山上到处是敌骑，李陵又自言自语道：“此番恐怕难以突围！”

李陵终于意识到不能再这样耗下去，便召集部将，令各军候、百夫长率部自行突围去遮卢障求援，由他（李陵）率部留下阻击匈奴。

校尉韩延年道：“骑都尉大人以少击众，威震匈奴。如今天命不遂，何不暂时委屈，效仿浞野侯（赵破奴），虽为虏所得，后逃归汉地，仍不失富贵。”

成安侯韩延年是不可能投降的，他有食邑1380户，死了可以传给子孙，投降则两代人前功尽弃。但李陵没有侯爵这个负担，的确还有选择的余地。

然而韩延年的建议李陵听起来分外刺耳，他斩钉截铁道：“君勿再言！吾若不死，非壮士也。”

韩延年低头自感惭愧，想父亲征南越宁死不屈，自己决不能辱没先辈名声，暗下决心慷慨赴死。

李陵下令掘一大坑，砍断旌旗丢进去，并把叔父李敢留下的彤弓以及其他宝物全都放进去埋了。彤弓彤矢是汉文帝赐给李广的，后传给李敢，又到了李陵手上，不过彤矢只剩一支，在射单于时用掉了。寻常的箭矢当然不配用彤弓，李陵也不想将皇帝亲赐的宝器落入匈奴手中，只好埋了。

夜半时，突围开始。李陵军每人各带干粮2升，冰一片，由军候、百夫长率领分散突围，至遮卢障求援。

李陵军尚有十几匹战马，李陵一马当先，韩延年在后，率十几个骑兵，冒死杀出谷口，2800步兵在军候、百夫长率领下分散突围。

李陵和韩延年策骑跑了一里许，韩延年的战马负伤轰然倒地，李陵也只好勒马停下来，数百匈奴人追了上来，环绕数重。

成安侯韩延年战到最后一滴血，只求一死。

李陵杀了数人，战马负伤倒地，他战得力竭，嘴上不断说：“无面目见陛下了！”匈奴骑兵却忽然如潮水般退开数十步，一队人马如众星捧月般拥着一位王者策骑而来，匈奴人高呼“大单于，大单于来了！”

且鞮侯单于高踞马上，自有君临天下的气度。从李陵的方向看，匈奴大单于有一副经得起风寒的强健体魄，更有一股难以言述的逼人气势。

李陵竟含泪弃了战刀，摘下战盔，投降且鞮侯单于。誓扫匈奴不顾身，五千荆楚丧胡尘。

李陵军大半覆没，还好鞮汗山中洞穴多，有400余汉军脱逃，入居延塞报知边军。

武帝闻李陵投降，派人去责问陈步乐。陈步乐未作任何解释，毫不犹豫挥剑自杀！

应该说李陵在投降前，其战场表现相当了得，然而正是弃刀摘盔而降这个行为，导致后世风评不佳，汉匈战争的格局也因此发生了变化。

李陵骨子里有其祖父李广之风，但李广父子年少便从军，视生命如鸿毛，视名节如泰山。李陵年少时就在武帝身边，享不尽的荣华富贵，内心深处是不舍得慷慨赴死的，这一点他不如韩延年，不如陈步乐。

朝中的两大外戚集团异口同声责备李陵不该投降，武帝便将李陵之母、妻、子都关押起来，等候进一步的消息。

复盘李陵与匈奴之战，战争的地点在南山、鞮汗山、夫羊句山之间，对匈奴和汉朝来说，这是一个中间地点。汉朝多次北伐，打到漠北，人力物力消耗巨大。李陵大战且鞮侯单于的地点在大泽周边，对汉朝而言是一个难得的良机。李陵大战且鞮侯单于的形势如图4-9所示。

东南方向郎中令徐自为负责的第四战场有5万骑兵、10万步兵。徐自为率两万骑兵、4万步兵，屯受降城（光禄塞）；卫伉率两万骑兵、4万步兵，屯受降城与居延泽之间；游击将军韩说率1万骑兵、两万步兵，屯受降城与高阙塞之间。

原计划李陵将且鞮侯单于主力吸引到第四战场，然后徐自为、卫伉、韩说率军围歼单于主力。

此外因杅将军公孙敖在涿邪山南麓，强弩都尉路博德在居延泽，公孙敖有3万骑兵，路博德有1.2万骑兵，合计4.2万骑兵。

若公孙敖和路博德出兵大泽，徐自为也率骑兵北上，各军夹击且鞮侯单于，肯定能重创匈奴。

然而实战当中，除了李陵军，其他汉军都按兵不动。

徐自为集团军时刻都有骑哨紧盯李陵军，当然知道李陵军身陷重围。李陵过了大泽后，改变方向南走鞮汗山，而不越过东南方向的夫羊句山，把且鞮侯单于主力带到光禄塞。徐自为等人明知李陵不能前来会合，却按兵不动，失去一次重创单于主力的大好机会。

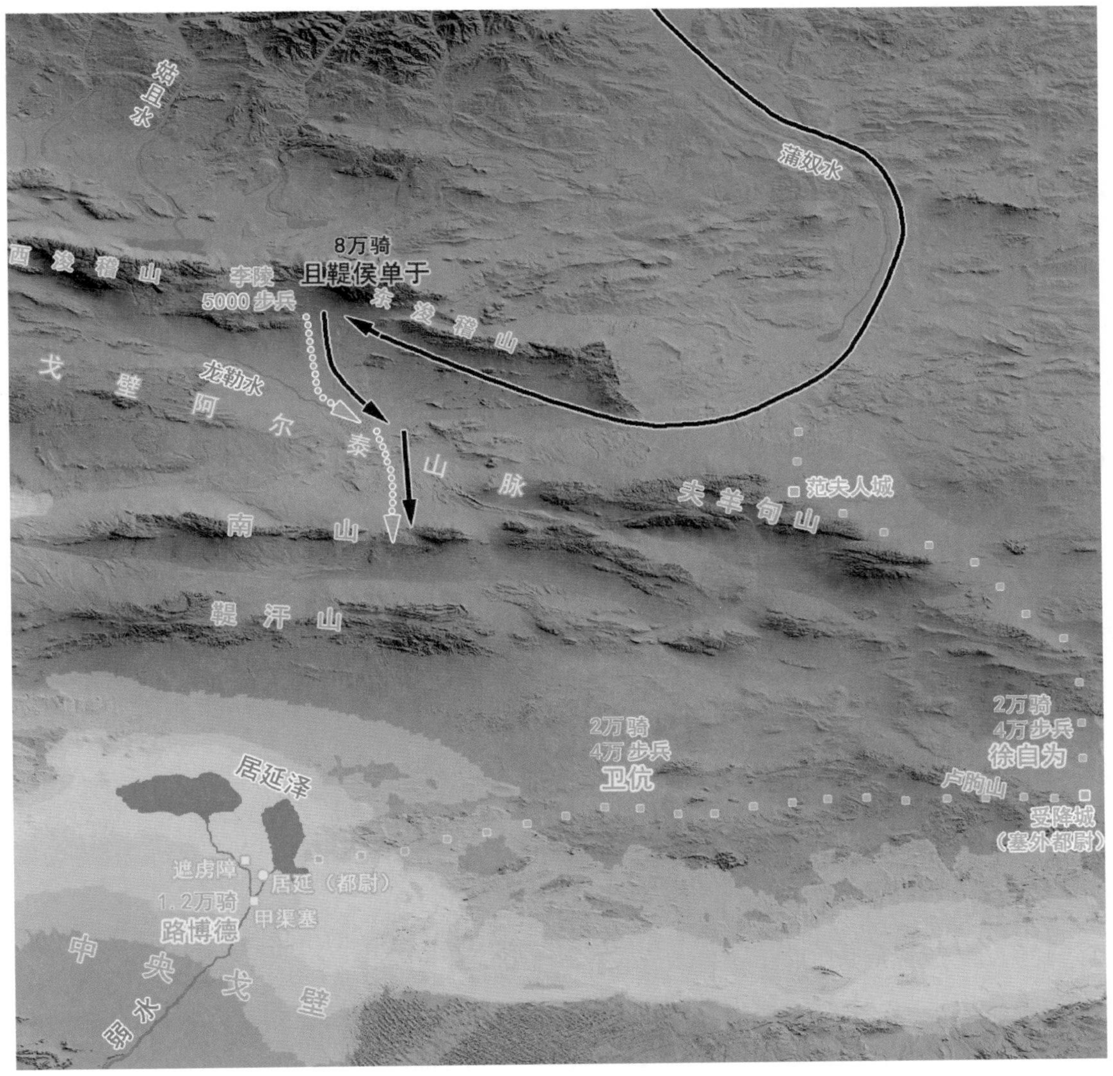

图 4-9　李陵大战且鞮侯单于

● 李广利大战且鞮侯单于，饮马余吾水

李陵兵败，郎中令徐自为负有重大责任，武帝将其调回长安，免官。徐自为的两万骑兵划给李广利，4 万步兵划给韩说。

卫青大破右贤王后，武帝封卫青 3 个儿子各 1300 户，其中卫伉是宜春侯。公元前 112 年，三兄弟都失去侯爵之位。公元前 106 年，卫青去世，卫伉袭爵长平侯，食邑 16300 户。

卫伉毫无战功，与其夫人诸邑公主（武帝与卫子夫的二女儿）的关系也很僵，武帝一怒之下削其爵位。卫伉的两万骑兵划给李广利，4 万步兵分别划给公孙敖和路博德。

游击将军韩说也有失职的嫌疑，他回到长安后，在朝上斥责徐自为，说自己两次派人提醒徐自为，李陵是步兵，可能无法将匈奴引入包围圈，应该主动出击，以免像马邑之围那样无功而返。

韩说曾跟随卫青大破右贤王，封龙额侯，食邑1300户。武帝曾怀疑韩说也是卫霍集团的人，不过韩说当众揭发郎中令徐自为，洗清了自己的嫌疑，也与卫霍集团彻底翻脸。

韩说是韩王信的曾孙，弓高侯韩颓当之孙，名门之后。家族中与他同辈的还有襄城侯韩释之、弓高侯韩则、龙额侯韩增，以及亲兄韩嫣（武帝初登基时被迫杀掉最爱的宠臣韩嫣）。

韩说属门阀集团，与外戚集团泾渭分明，与李陵是同一类人。韩说两度拜将横海将军和游击将军，两度封侯龙额侯和按道侯，即使没有卫青，他迟早也会拜将封侯，当然不会唯徐自为马首是瞻。

郎中令徐自为免官后，武帝授韩说为郎中令，继续以游击将军领兵，接收徐自为的步兵，但骑兵划给李广利。

而因杅将军公孙敖和强弩都尉路博德，也分别削夺兵权，公孙敖的3万骑划给李广利，路博德的1.2万骑归李广利统率。

武帝的设想是，李广利统率骑兵，韩说、公孙敖、路博德分别统率步兵。

李广利派出数路将领，分别接收徐自为、卫伉、公孙敖、路博德、韩说的骑兵。那些长期追随卫霍集团的骑兵将领当然不肯转投李广利，一些属国骑兵首领拒绝交出兵权，与李广利派去的将领对峙起来。混乱的局面持续到第二年，若非匈奴趁机南下，汉军恐怕要内战。

公元前98年，李陵兵败不到一年，且鞮侯单于率军南下，围攻受降城，拔之。

镇守受降城的塞外都尉（军职四品）名为李绪，是李广利亲族，刚到任不久。没想到卫律代表单于来说降，卫律是李广利之弟李延年的亲信，自然认识李绪。亲眼看到卫律在匈奴受重用，在断粮少箭的情况下，李绪开城出降。

戈壁大漠沙似雪，受降城外月如霜。受降城是整个塞外长城的核心，当受降城遭到攻击，附近障、塞、关的守军理应增援，只要给城内输送粮草箭矢，补充兵力，受降城坚不可摧。

实战当中，单于围攻受降城两三个月，没有一个汉兵前往增援。汉军内部动荡，李广利和韩说完全无法掌控这支北方大军。等到韩说率军赶到受降城，已经人去城空。

且鞮侯单于留李绪在身边用事，李绪趋炎附势、溜须拍马的本领不错，送了一堆财宝给单于的首位嫔妃大阏氏。单于的身边，卫律和李绪这对组合熟悉汉军部署，卫律封丁零王，李绪也封了王。

公元前97年春正月，李陵兵败一年多后，汉朝北击匈奴。李广利第一次北伐匈奴的路线如图4-10所示。

汉军兵分三路，总兵力21万，其中骑兵7万，步兵14万余。西路贰师将军李广利率6万骑兵、7万步兵，出朔方郡，目标匈奴本部龙城。强弩都尉路博德，率1万余步兵为后应。东路因杅将军公孙敖率1万骑兵、两万步兵，出雁门郡，目标匈奴左地单于庭。游击将军韩说，领步兵3万人出五原，策应李广利军和公孙敖军。

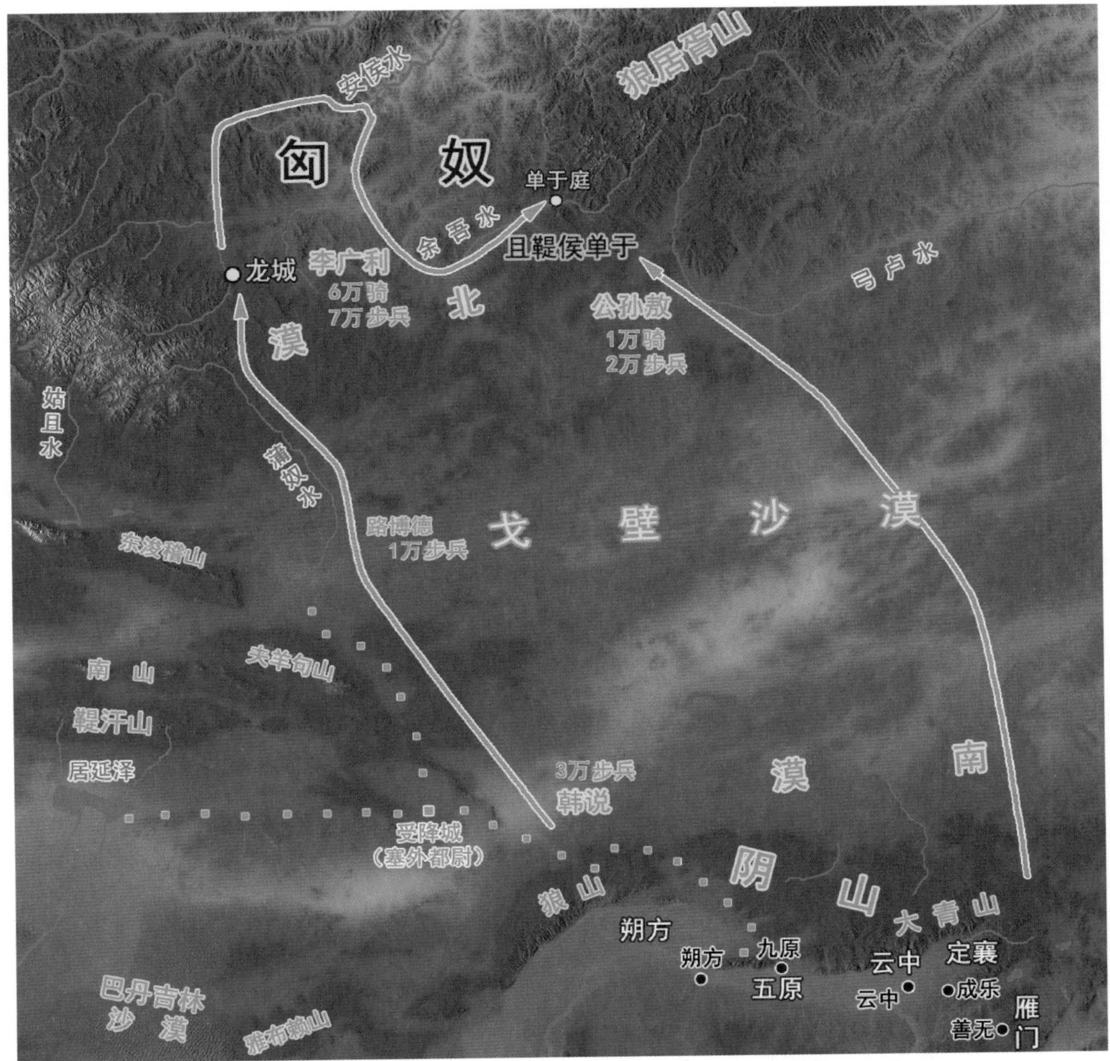

图 4-10 李广利第一次北伐匈奴

武帝再发天下七科谪戍为民夫。

前面四类以前经常征召，实在没人了，这次连祖上做过小商贩的都不放过，看来这几年汉朝人口损失很大。

时隔 22 年，李广利走的是当年卫青的路线，公孙敖则沿着霍去病的足迹，武帝想复制漠北之战的辉煌，就连北征的时间都与上次北伐一样，选在匈奴在单于庭小会之际。

李广利用了 7 年时间成为汉军首屈一指的将军，他的统兵数比其他三人之和还多，卫霍集团的公孙敖和路博德合计 4 万人马，而门阀集团的韩说也与卫霍势不两立，夺嫡之争本来太子刘据占有绝对优势，现在攻守之势易也，至少从北征统兵数看是这样。

这场战争规模之大，超过卫青霍去病的漠北之战。武帝令李广利夺回李陵，活要见人死要见尸。武帝听说李陵出现在单于庭，又担心李广利记仇，因前两年李陵没有增援，便又叮嘱老将公孙敖道："汝能相机深入，迎少卿（李陵）还朝，便算不虚此行了！"

四队人马陆续开拔，李广利军最先出塞，北上直扑龙城。大漠少行人，贰师出边庭。上马汉家军，鸣镝追前旌。

且鞮侯单于闻信，召集大小诸王议事，李陵一言不发，卫律和李绪劝单于放弃龙城，北撤到左贤王所在的单于庭，单于应允。

漠北朔风渐和，雪花小了一些，草原上仍苦寒。正月漠北雪，无花只有寒。烽火动大漠，天兵夹马鞍。

李广利进占龙城，他是继卫青之后，汉军第二位攻占此地的统帅。

龙城是座空城，李广利率军沿安侯水北上，折回到余吾水，一直追到单于庭。附近乱草丛中，竟发现有二十多年前战死的尸骨。饮马余吾水，水寒风似刀。昔日剽姚战，白骨乱蓬蒿。

且鞮侯单于不敢正面迎战，将妇女、牲畜、辎重徙往余吾水以北，自引精骑10万分散在南岸的崇山峻岭中，以待汉军。

当年伊稚斜单于与左贤王分别迎战卫青与霍去病，采用列阵硬刚的方式，结果一败涂地。且鞮侯单于吸取教训，把河边大片平原让给汉军扎营，只袭击汉军骑哨和营地边缘落单的人马。

双方交战10余日，互有杀伤，李广利有力使不出。这期间公孙敖在乌桓向导的指引下率骑兵出现在单于庭，与左贤王军发生小规模战斗。

李广利折损骑兵上万，战马更是损失了两万多匹，心生退意。战场在漠北，要想全身而退，还真要保存主力才行。

武帝希望李广利与单于纠缠厮杀，像当年的漠北之战一样，重创匈奴。李广利却想通过战争，不断扩大和巩固兵权，等有了绝对实力，再一举扳倒卫霍集团并杀掉太子，以昌邑王代之。

正好有骑哨来报，龙城附近发现不少匈奴骑兵。李广利便对部下道："谨慎小心，一千次不多；莽撞送死，一次也太多了！"

于是李广利班师，公孙敖比他跑得还快。

且鞮侯单于怎会放过李广利，于是汉军且战且走，连战10余日，退到龙城以南。此时路博德的军队已经推进到蒲奴水，两支汉军非常接近，且鞮侯单于这才放弃追击。

李广利与路博德一同南归，互相却未碰面，可见关系之僵。两大外戚集团只能存其一，不是你死就是我亡。

东路的因杅将军公孙敖没打大仗，却损失了数千步兵，只斩首几百匈奴，也匆匆撤兵。就算李广利不撤，他也熬不住。

中路游击将军韩说得知李广利班师，接收了其步兵，重新在塞外长城进行布局。

武帝的将领中，卫青是第一个远征龙城的，霍去病是第一个远征单于庭的，李广利是第二个远征龙城和单于庭的。统率千军万马征漠北，和单于大战，仍能全身而退，除了卫霍，李广利确实是武帝帐下第三人。

李广利与单于互相折损的兵力相当，不胜不败，无功无赏。

公孙敖就不一样了，他是卫青的异姓兄弟，资历之老在汉军中无人能及。但此次公孙敖仅与左贤王小规模交战数次，还损兵折将不少。为了免于责罚，公孙敖称在左贤王阵中看到了李陵，正是李陵给左贤王出谋划策，自己才损兵折将。

公孙敖故意把李绪说成是李陵，撒下弥天大谎，他怎么如此胆大包天？当年窦太主（馆陶公主）和陈皇后（陈阿娇）派人抓捕卫青，公孙敖就敢拼着性命救下卫青。公孙敖不怕死，只怕削爵去官，子孙后代失去荣华富贵。

武帝确实没料到公孙敖敢如此明目张胆欺君，便信以为真，下令杀掉李陵的母亲、娇妻、儿子。

卫霍和李广利集团都说李陵投降可耻，门阀集团也不敢发声。唯独太史令司马迁，为李陵辩护，说李陵以 5000 步兵抵挡匈奴 8 万余人，杀敌 1 万多，矢尽援绝，才身陷匈奴，他日李陵或可归汉。

武帝正在气头上，哪听得进去，命禁卫押下去，交给御史大夫杜周处置。杜周这个人，曾担任张汤的廷尉史，一路攀升就靠一招——酷刑，有罪的治罪，没罪的也要屈打成招。杜周和张汤一样，也是卫霍集团的一员，曾把李广利两个弟弟和子嗣都杀了。两年前杜周办了个大案，把御史大夫王卿逼得自杀。杜周擢为御史大夫之后，举荐心腹郭居为廷尉，实际他还控制着廷尉府。

司马迁根本没机会辩解，被定了罪名诬罔，稀里糊涂就被处以宫刑。

司马迁为何要替李陵辩护？司马迁写《史记》时，对卫青霍去病的战功还是详细记载了的，但过程几乎全部省略。对李广家族，虽然战功一般，却用了很多褒奖的话语。司马迁与李陵私交很深吗？私交固然重要，但主要还是因为司马迁与李陵是同一类人，都是门阀集团的。

司马氏与李氏一样，也分赵国与秦国两族。赵国李氏在战国末期的代表是武安君李牧，秦汉之际是李牧之孙李左车。赵国司马氏在战国末期的代表是司马尚，担任李牧的副将，秦汉之际是司马尚之子司马卬，项羽封为殷王。

秦国李氏在战国末期的代表是李信，李广、李陵就是李信的后人。秦国司马氏在战国时期的代表是司马错和司马梗。司马梗之孙司马欣，项羽封为塞王。司马迁的祖先是司马错的另一支后人，司马错之孙司马靳是白起的副将，与白起同被赐死。秦始皇时期，司马靳之孙司马昌为主铁官（主管冶炼铁器），相当于汉朝的大司农属官铁市长。刘邦时期，司马昌之子司马无泽担任长安市长（管理长安市场）。司马无泽之子司马喜，没有做官，爵位是五大夫（20 等军功爵位第 9 等），是大夫的最高等，再往上就是卿了。司马喜之子司马谈，为太史令（官职七品），司马迁是子承父业。司马迁的一个女儿，门当户对嫁给了赤泉侯杨喜的曾孙杨敞。杨敞后来拜丞相，封安平侯，食邑2047户。

李氏与司马氏都分为秦赵两脉，其中秦国这一脉在战国时都是名将。到了汉朝陇西李氏有多人官居三公九卿和太守，封侯拜将的也不少，司马氏的地位则要低一些。如果说李氏基本定位是卿，司马氏则是大夫，本质上都是名将之后，卿大夫之列。当然如果司马氏另一个支系塞王司马欣投降刘邦，那司马氏很有可能与李氏并驾齐驱，封侯拜将位列三公九卿的人也不会少。

● 匈奴再入西域，楼兰、龟兹反汉

李陵投降且鞮侯单于后，本不愿真心效力，但在得知其家族被诛后，李陵痛不欲生。且鞮侯单于将女儿嫁给他，并封他为右校王。李陵本来在匈奴势单力薄，但是匈奴公主带着人马嫁给了他，他得以逐渐站稳脚跟。

公元前96年，且鞮侯单于去世，其子左贤王曾在与李陵的大战中溃不成军，在匈奴人中威信尽失。匈奴有传闻说左贤王平日荒淫无度，帐中多姹紫嫣红的汉朝女子，于是送外号“胭脂左贤王”。

且鞮侯单于临死前，立另一子狐鹿姑继位，是为狐鹿姑单于。且鞮侯单于还让两兄弟达成协议，等狐鹿姑去世，再将单于位传回给胭脂左贤王。而狐鹿姑与李陵的匈奴公主夫人同父同母，此后李陵的实力日渐强大。

李陵听说公孙敖误将李绪当作自己，导致武帝诛杀自己全家。

于是李陵杀了李绪，用首级祭祀家人。

单于之母大阏（yān）氏（zhī）闻知大怒，欲杀李陵。匈奴单于称母亲为“母阏氏”，称王后为“颛渠阏氏”，称首位妃嫔为“大阏氏”。这个大阏氏，便是且鞮侯单于的首位妃嫔，却不是狐鹿姑单于的母亲。

狐鹿姑单于为了保护李陵，也是为了增强自身实力，便让李陵去北海地界，暂时在丁零王卫律势力范围内活动。李陵带着匈奴公主去了北海，也见到了苏武，这是后话。

不久李陵便有了儿子，彻底断绝了归汉之念。

狐鹿姑单于即位后，汉朝与匈奴正面战争减少，战场转向西域。当初汉朝与乌孙结盟控制西域诸国，目的是断匈奴右臂，匈奴眼看汉朝日渐渗入西域，则有意把右臂接起来。

早在狐鹿姑单于即位的5年前，武帝便在西域设使者校尉（西域都护使的前称），率领数百骑和数千民夫到轮台、渠犁屯田，以供粮草给往来之汉使。不久更名为屯田校尉（军职四品），由扜弥国太子赖丹担任此职。西域屯田校尉和乌垒（轮台）的位置如图4-11所示。

轮台就是李广利屠灭之国，与龟兹同种，都是吐火罗人，是龟兹的附属国。汉朝在此屯田，龟兹人义愤填膺。而渠犁是塞人国家，原本吐火罗三大势力龟兹、焉耆、楼兰，准备蚕食中间塞人建立的尉犁、渠犁、山国。汉朝势力横空出世，吐火罗人将势力范围连成一片的构想成为泡影。

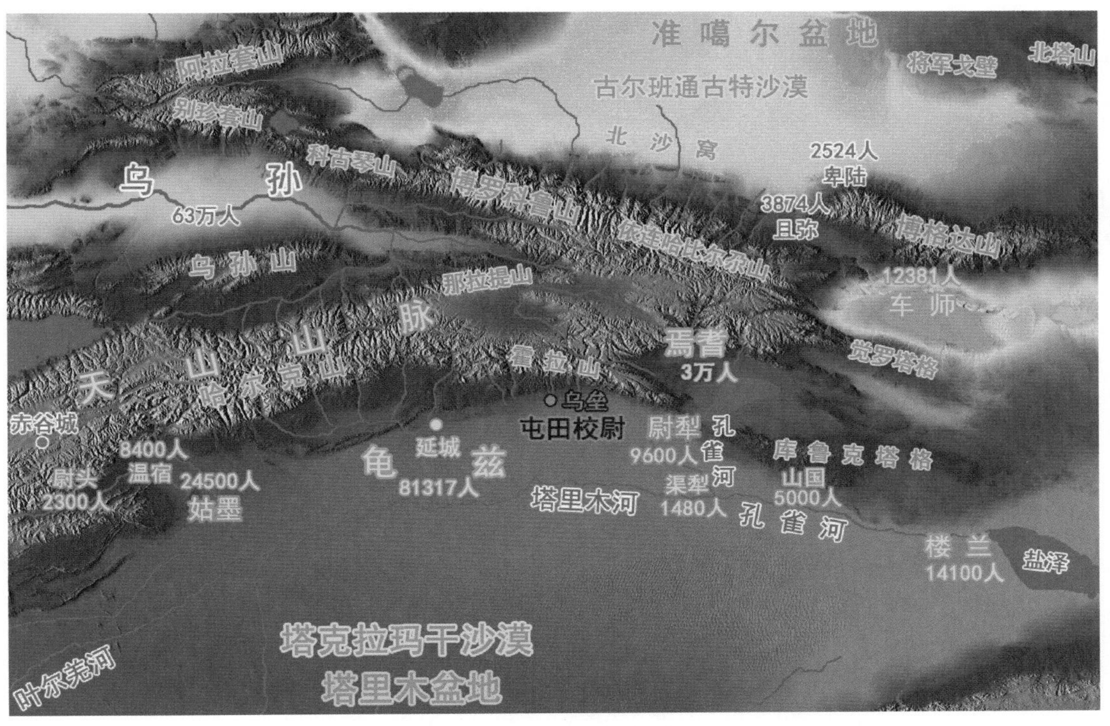

图 4-11　西域屯田校尉

屯田校尉赖丹本是扜弥世子。李广利第二次远征大宛，回师途中路过昆仑山北麓的扜弥国，得知扜弥太子赖丹在龟兹作质子。扜弥与龟兹之间隔着塔克拉玛干沙漠，只有在于阗河（和田河）丰水期，两国之间才能往来。扜弥国可是昆仑山北麓人口和兵力最多的国家，竟然如此害怕龟兹。

李广利挟破大宛取天马之余威，派人责问龟兹，令龟兹王释放赖丹，并让赖丹随汉使到长安。

启用扜弥太子赖丹为屯田校尉，是以夷制夷的做法。此前汉军大量使用匈奴降将担任将尉，赖丹并非第一个比两千石的封疆大吏。

本来要做龟兹人质的人，翻身做了汉朝的封疆大吏，对龟兹上下指手画脚，龟兹王屏气吞声，心里憋着一口恶气。

屯田校尉的职责不仅是屯田，还要修筑亭障。此后自盐泽以西，直到乌垒，处处起亭，为行人休息之地。

狐鹿姑单于即位当年，立刻在西域针锋相对地进行了布局。

公元前 96 年，匈奴狐鹿姑单于任命二子为左右日逐王（左右奥鞬日逐王），地位在左右贤王和左右谷蠡王之下。右日逐王掌管西域军事，其下又设僮仆都尉，与汉朝的使者校尉针锋相对。

匈奴日逐王、僮仆都尉常率军进入西域诸国势力范围（如图 4-12 所示），加强控制，其中乌孙系受到的冲击较大。

图 4-12 匈奴设日逐王和僮仆都尉

距匈奴右部最近的是位于北天山与巴里坤山之间的蒲类国，属乌孙系，有 425 户，3102 人，控弦 1133 骑。

再往西沿着博格达山北麓，有月氏系的郁立师，190 户，1445 人，控弦 331 骑；乌孙系的卑陆国，689 户，2524 人，控弦 772 骑；乌孙系的且弥国，523 户，3874 人，控弦 1310 骑。

除了控制这些国家，匈奴还安插了 3 个部落在乌孙边地，从东至西依次是单桓、劫国、乌贪訾离。单桓有 27 户，194 人，控弦 45 骑。劫国有 99 户，500 人，控弦 115 骑。乌贪訾离有 41 户，231 人，控弦 57 骑。

单桓本是河西走廊一个匈奴部落，属浑邪王，人口有数千。霍去病第二次出征河西走廊时，掳获单桓王，从此这个部落就衰败了，残余部分逃往匈奴右贤王部。日逐王将单桓安置在此，虽只有 194 人，也算是重回史书了。

别看匈奴这 3 个部落人口都很少，却是匈奴向乌孙方向扩张的桥头堡，最起码可以充当匈奴的骑哨，战时为匈奴引路。单桓、劫国、乌贪訾离的位置如图 4-13 所示。

车师位于吐鲁番盆地，是距离最近的吐火罗人国家，只能再次向匈奴称臣，送王子为质。对于觉罗塔格以南的几个吐火罗系国家，匈奴人相对客气一些，距离稍远的秦海（博斯腾湖），焉耆不仅有 3 万人口，控弦 6000 骑，野心也不小。焉耆一直在筹划灭掉秦海北边的中原部落危须，独霸秦海，然后沿着孔雀河南下，屯兵尉犁和渠犁。焉耆西南方的龟兹有 81317 人，控弦 21076 骑；焉耆东南方的楼兰，有 14100 人，控弦 2912 骑。

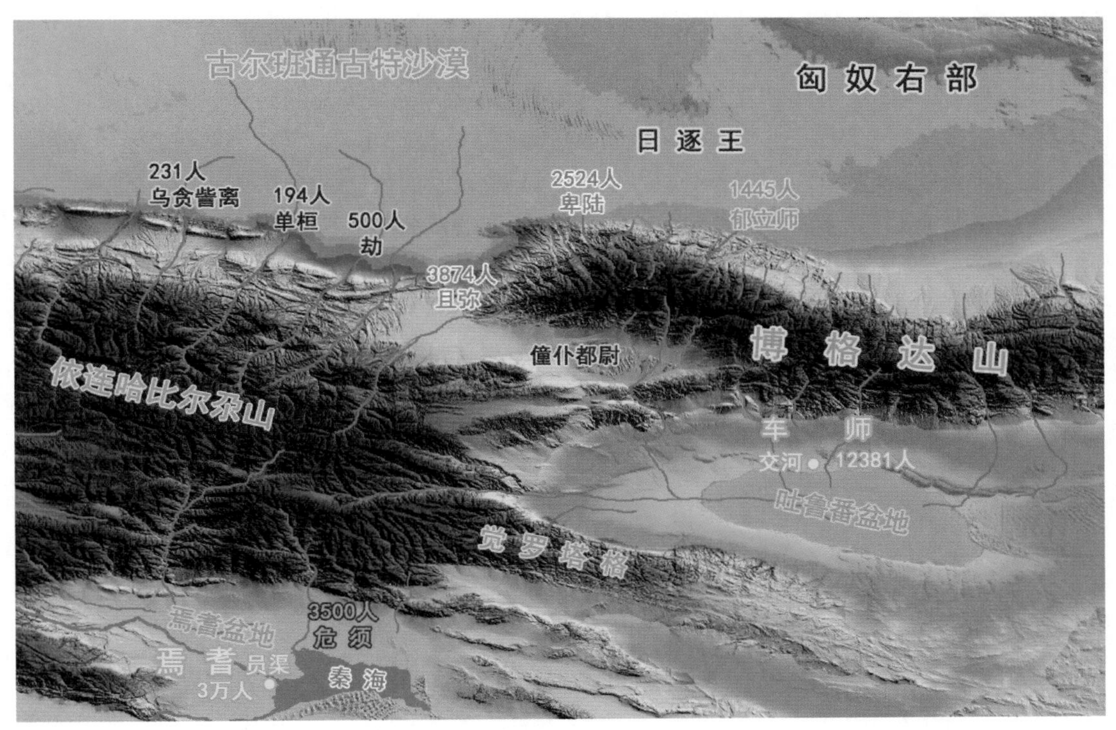

图 4-13　匈奴设单桓、劫国、乌贪訾离

吐火罗的焉耆、龟兹是匈奴不愿正面硬碰的，以笼络为主，而楼兰就要弱一些，匈奴对楼兰的态度要强硬得多。

楼兰王在汉匈之间根本无法站队，只能将长子派到匈奴为质，将次子派到汉朝为质。

武帝得知楼兰王派个次子来，龙颜大怒，下诏令正在玉门关的军正（军职五品）任文立即率军前往楼兰问责。

楼兰王认错态度诚恳，甚至提出举国内附河西走廊，以求汉朝庇护。任文也没办法，因为匈奴肯定不会同意楼兰王的长子与其次子对换，此事只能不了了之。

狐鹿姑单于即位第一年就在西域破局，此时汉朝这边在做什么呢？

公元前 96 年春，大战刚过去几个月，汉朝就开始内斗。李广利在这次北伐战争中掌控了大部分兵权，令卫霍集团坐立不安，便向李广利的心腹赵弟下手了。

李广利征大宛时，骑兵赵弟杀郁成王，封为新畤侯，后擢为太常（九卿之一，官职二品）。很多文人墨客感叹李广难封，而赵弟封侯升官简直太容易了。其实放到夺嫡之争这个背景下就好理解了，李广利急于提拔心腹，安插一个亲信到朝中担任九卿，再正常不过。

案子由卫霍集团的御史大夫杜周出面办理，杜周又将案子交给心腹郭居，郭廷尉给赵弟定的罪名是“审讯狱案不实”，赵弟被削爵免官。

李广利遭受重创，卫霍集团还没高兴几天，门阀集团便对公孙敖出手了。公孙敖误把李绪当做李陵，究竟是看错了还是故意的，成为一桩悬案。但其结果是武帝盛怒之下杀了李陵全家，让李陵回归再无回旋余地。

武帝当然后悔，于是下诏释放司马迁，并擢升为尚书令（官职三品）。门阀集团趁机反扑，武帝收回公孙敖的将军印，并令其拿钱赎罪，废为庶人。没过几天，又将公孙敖腰斩，灭族。

公元前 95 年，卫霍集团持续对李广利施压，这次遭殃的是楼兰王子。

李广利两征大宛，西域诸国畏服，李广利在西域的威名与卫霍在匈奴相当。西域各国的质子到了长安，都要先拜望贰师将军，这些人都算是李广利的门生。

楼兰在汉朝的质子（即楼兰王的次子）被杜周逮到罪证，施以宫刑。楼兰王子犯什么罪无人理会，但以宫刑来惩处等于羞辱楼兰国，当然也是给李广利制造麻烦。

这件事对汉朝和李广利在西域的声誉影响不小。3 年后，楼兰老国王去世，汉廷才发现送一个身体有致命残缺的王子回去即位，不但无法传承，而且将来他是否会报复汉朝也不好说，最主要这是对楼兰人极大的侮辱。

武帝以喜爱楼兰王子为由，遣使令楼兰人再立一位王子为国王，但不许迎回在匈奴的楼兰王子。可是新国王屁股还没坐热，身在匈奴的楼兰王子安归便带匈奴骑兵杀回到楼兰，杀死这个兄弟，自立为楼兰王。武帝龙颜大怒，派人责令楼兰王安归到长安朝见。安归不敢来，就将实力不俗的异母弟尉屠耆赶到汉朝为质。

安归与匈奴亲密，暗中给匈奴通风报信，先后截杀汉使卫司马（军职六品）安乐、光禄大夫（官职四品）王忠、期门郎遂成。安息及大宛遣使前来贡献，路经楼兰，也被楼兰人杀死，并夺取贡物。

楼兰人如此大胆，不仅是因为有匈奴撑腰，还因其背后有同种的龟兹。

龟兹以库车绿洲为中心，北枕天山，南临大漠，有 6970 户，81317 人，控弦 21076 骑，是塔里木盆地人口与兵力最多的国家。龟兹定都延城（今新疆库车附近），城周长近 8000 米，城墙最高达到 7 米。

龟兹王与屯田校尉赖丹积怨已久，早就欲杀之而后快，于是趁匈奴势力渗入西域诸国，楼兰屡杀汉使之际，起兵攻杀轮台的屯田校尉赖丹，此后汉朝在西域影响渐降，回到李广利征大宛前的状态。

若换在几年前，汉朝肯定发兵攻灭楼兰、龟兹，但此时卫霍集团与李广利的夺嫡之争进入白热化阶段，汉帝国的精气神都用在处理内讧上，没心思管西域发生了什么。

短短几年，匈奴控制蒲类、郁立师、卑陆、且弥、车师等国，立单桓、劫国、乌贪訾离 3 个匈奴系国家，断掉汉朝与乌孙、大宛的往来。汉朝除了派玉门关的军正（军职五品）任文去问责了楼兰王，并无其他军事行动，特别是光禄大夫王忠这种比两千石的大员被杀，武帝竟然无动于衷。

李广利损失一名楼兰王子和一名打弥太子，却结成一门皇室姻缘，他将女儿嫁给涿郡太守刘屈氂的儿子。刘太守是中山靖王刘胜之子，景帝之孙，也就是武帝的亲侄子。刘屈氂的亲兄弟中，除了刘昌继任中山王，其他封侯者有 20 余人，这一刘氏支脉在华北地区影响力巨大，直到 300 多年后刘备自称中山靖王之后。西域大国的位置如图 4-14 所示。

图 4-14　西域大国

● 巫蛊之祸，武帝元气大伤

公元前 94 年，御史大夫杜周去世，卫霍集团举荐绣衣御史暴胜之为御史大夫，武帝应允。暴胜之又举荐隽不疑为廷尉，武帝却没有采纳。

暴胜之这个人，手段不如张汤和杜周，或者说内心相对善良，很少用酷刑，也很少株连无辜的人。而隽不疑是渤海郡名士，一举一动必合礼节，受人敬重，虽然担任青州刺史检查太守、都尉等，一个性本善的人很难做好廷尉这种酷吏。

在御史大夫—廷尉这条线上，仍然都是卫霍集团的人。与此同时李广利也推出了一个人，名叫江充，试图对抗卫霍集团。

江充，原名江齐，邯郸人，有个能歌善舞的妹妹，是赵国世子刘丹的妾室。江齐容貌壮伟，人品极差，常狐假虎威，欺下瞒上，睚眦必报。后江齐妹妹失宠，仇家找江齐算账，刘丹也不袒护，江齐只好逃到长安，改名江充。

赵王刘彭祖是景帝第七子，比武帝大10岁，他在赵国60年，天子任命的赵相没人能挺过两年。刘彭祖在赵国为所欲为，他派人严密监视历任赵相，偷听国相说的每一句话，赵相们因犯忌讳失言，大者死罪、小者入刑。刘彭祖已经70岁，世子刘丹也50岁了，就等着即赵王位。

江充逃到长安，便找御史告状，告赵国世子刘丹与赵王的妾室及异母姐妹淫乱后宫。当时的廷尉杜周负责审理此案，废掉刘丹世子之位。杜周看到江充身材高大，容貌甚壮，便收其为门生。廷尉帐下有不少绣衣御史，前往郡国办案无不雷厉风行，唯独关中的绣衣御史要面对皇亲国戚，往往不敢深究，武帝对此颇有微词。杜周便举荐江充为绣衣御史，专门在三辅地区纠举贵戚近臣不法之事。

杜周不用心腹去当炮灰，这才举荐江充。谁料江充执法不阿，一言不合就带人直接到各王侯府上抓人。偏偏王侯们还真是纸老虎，一帮皇亲子弟，心中惶恐，求见武帝，叩头哀求，情愿出钱赎罪，不多久武帝就取得数千万钱。

武帝最喜欢的就是江充这种不怕任何皇亲公卿的大臣，感叹道："燕赵每多奇士。"

但无论江充有多么奇特，他都不是杜周的心腹，杜周甚至还故意与其保持距离。当年张汤在廷尉任上，废陈皇后，灭淮南国、衡山国，虽背靠如日中天的卫霍集团，还是被清算了。杜周对待皇族是相当谨慎的，赵国世子刘丹那种案子，要是由当年的张汤来办，直接就灭国为郡县了。

杜周早就筹划好了，三辅地区的宗室日后清算，就都推到江充头上。所以当杜周从廷尉擢为御史大夫时，他引荐了自己的心腹——另一位绣衣御史郭居。几年之后绣衣御史暴胜之擢为御史大夫，江充始终未能进入卫霍集团的核心圈子。

江充也是聪明人，知道这样下去，能够以绣衣御史善终算是最好的结局了，但大概率还是会被皇族清算。李广利在廷尉府也有人，于是派人秘密联络江充，只要江充交出一个投名状，便保他节节高升。

一日，太子家臣驾车行走在天子车驾才能走的驰道上，江充伏兵四出，抓捕之。太子果然派人到江充处质问，要求其放人，谁料江充把这个心腹也一并抓了，并通过大鸿胪（九卿之一，官职二品）商丘成向武帝告御状。商丘成原本只是李广利的门客，远征大宛，从天而降奇袭外城，不久后擢为大鸿胪（九卿之一，官职二品）。

武帝将案子交给廷尉府处置，廷尉郭居只好弃车保帅，杀了太子家臣。李广利又派人举荐，武帝将江充擢为水衡都尉（官职四品），掌管上林苑，兼管皇室财物和铸钱。

公元前92年，廷尉郭居去世，李广利集团举荐常为廷尉，此人连姓氏都没有，出生低微，不过此举改变了廷尉系统长期由卫霍集团把持的局面。

公元前91年，江充正式上书告发太仆公孙敬声，称其擅用北军1900万钱。

公孙贺可能是与武帝感情最深的大臣，尤甚卫青。公孙贺的父亲公孙昆邪是义渠人，平定七国之乱有功，封平曲侯，食邑3220户。因罪五年后就被汉景帝削爵，却不影响儿子公孙贺的仕途。公孙贺年少就陪太子读书，是刘彻的太子舍人（官职十三品）。武帝登基后，立即提拔为太仆（九卿之一，官职二品）。卫青出高厥击右贤王时，公孙贺封南窌侯，食邑 1300 户。此后公孙贺无欲无求，作为将门之后，爵位和官职拿到了大满贯。

武帝将公孙贺拜为丞相后，便以其子公孙敬声为太仆。父子一个是三公，一个是九卿，这不多见。

1900 万钱有多少呢？武帝赏赐同母异父姐府邸一座，田百顷，钱千万，奴婢三百。宣帝时大司农田延年侵吞 3000 万钱，结果畏罪自刎。

可见公孙敬声擅用北军 1900 万钱，构成死罪，但按照武帝时期的规矩，可拿钱赎罪，最后免官而已。

公孙贺从小跟着武帝，这世上恐怕没第二个人比他更了解武帝，他请命抓捕朱安世，仍想保住儿子的官职。朱安世又称梅花大盗，因其在作案后留下梅花，曾被陈阿娇的母亲馆陶公主刘嫖收买，绑架卫青。后来武帝下诏抓捕，四十多年过去，卫青也去世十几年了，朱安世早就成了两鬓斑白的老人，也没人再追究他。不过武帝曾几次梦到有刺客带剑闯入建章宫，但禁卫军并未发现踪迹。公孙贺明面上是抓捕半截身子已经入土的朱安世，实则治疗武帝心病。

令公孙贺没想到的是，朱安世恨极了卫霍，他按照高人的指点，一口咬定公孙贺与公孙敬声诅咒武帝。古代有巫蛊一词，巫是指诅咒，常见的是做木偶人诅咒；蛊是指用毒，常见的是放毒虫咬死目标。巫蛊的特点是神不知鬼不觉，悄无声息清除目标。

但要证明公孙敬声诅咒武帝并不容易。李广利集团是从后宫找到突破口的。皇后卫子夫有 3 个女儿——卫长公主、诸邑公主、阳石公主，虽然都已嫁人并且有封邑，但平时还是住在宫中。

李广利长期控制羽林军，再加上有宫中黄门苏文等亲信，一番安排之后，便举报 3 位公主都藏有木偶人，上面刻着刘彻的名字。

案子交到江充手中，他背后虽然有李广利撑腰，但要入宫搜查，难免让人一眼看出端倪。此时韩说起了作用，军中李广利掌骑兵，韩说掌步兵，双方已经有了一定的默契。

在李陵事件中，韩说与太子集团彻底交恶。丞相公孙贺亲自上书弹劾郎中令韩说，不过武帝并没有理会。韩说不是绵羊，而是一头猛虎，作为韩王信的曾孙，他两度拜将横海将军和游击将军，两度封侯龙额侯和按道侯，官至九卿之中兵权最大的郎中令。

韩说亲自率江充等众，气势汹汹进入后宫，锹锄齐下，东开一洞，西挖一沟，纵横相接，掘出桐木人 6 个，身上皆用针刺，刻有武帝刘彻之名。

卫长公主嫁给了万户侯曹宗，曹参、曹窋（zhú）、曹奇、曹时、曹寿，世为平阳侯，食邑 10600 户。曹宗（曹寿之子）是平阳侯曹参的四世孙，其母为武帝亲姐平阳公主，按照辈分曹宗是武帝的外甥和女婿，益封至 23000 户。

诸邑公主嫁给了长平侯卫伉，卫伉是卫青之子，十多年前继承爵位，食邑 16300 户。卫子夫与卫青是同母异父的姐弟，卫子夫之女嫁给卫青之子，亲上加亲，但也不是完全的表姐弟。卫伉宠妾较多，与诸邑公主关系冷漠，且无子女。李陵投降匈奴时，卫伉没有发兵救援，武帝大怒，以卫伉擅自入宫为名削爵，并罚为城旦（筑城、守署、青铜器制造）。城旦有两种，一种要服 6 年劳役，剃头，并用铁圈束脖子，另一种是纯粹的劳作。无论哪种，侮辱性都很大。

阳石公主本来要嫁给公孙敬声，可是公孙敬声之母卫君孺与卫子夫是同父同母的姐妹，那么公孙敬声与阳石公主便是亲表兄妹，因此没有明媒正娶，两人的书面关系是私通，虽私通了十几年，却无一子女，公孙敬声并不缺女人。

三位公主都有诅咒之罪，全部被斩首，可见武帝晚年越发冷血，连亲女儿都杀。大女婿曹宗有皇室血脉，免除死罪，削去爵位，处以完刑（5 年劳役），罚为城旦。二女婿卫伉早已削爵，便给其夫人陪葬。三女婿公孙敬声不仅被处死，连其父公孙贺都未能幸免。

丞相公孙贺、太仆公孙敬声都死于狱中。常办案不力，廷尉换成李广利集团的信（人名）。李广利又派人举荐，武帝拜涿郡太守刘屈氂为丞相，封澎侯。

巫蛊之乱的本质是外戚李广利与太子集团的斗争，但功臣门阀集团和宗室也卷入其中。

李广利深知，武帝命不久矣，日后太子刘据即位，他这个贰师将军海西侯肯定地位不保。李广利身经百战，兵行险着的事情没少干，他策划了一场反败为胜的大戏。

武帝在甘泉宫养病，太子刘据度日如年，太子少傅石德献策道："为今日计，不如收捕江充，再作计较！否则奸臣敢这般妄为，太子岂不蹈秦扶苏覆辙吗？"

太子经营数十年，实力还是有的，于是持节矫诏，抓了江充，杀之，又派兵攻入韩府，杀了按道侯韩说。

这个过程中也有漏网之鱼，黄门苏文、御史章赣逃到甘泉宫，向武帝告状，说太子起兵谋反。

武帝传诏，凡三辅将士尽归丞相刘屈氂调遣。太子与丞相督兵交战，双方各有数万兵马，杀了 5 个日夜，血流成渠，胜负未分。

丞相刘屈氂力量有限，背后主要是李广利在支撑。除了大鸿胪商丘成，李广利遣心腹马通、景建调兵遣将，几乎处于不败之地。

太子想调动北军，护军使者任安虽是卫青的门客，此时却因为害怕而闭起营门不纳太子的人。太子又派一个叫如侯的亲信持节前往北军，调动长水营与宣曲营的胡人军队。谁料马通、景建正在营中，立刻将如侯斩首。

太子这一方，最主要还是缺少战将，公孙敖、赵破奴、路博德在几年前陆续去世，公孙贺则死于狱中，否则随便一人，无论如何也能调动部分北军。

太子兵败，山阳卒（底层士兵）张富昌和新安令史（官职十五品）李寿堵住太子，刘据无路可逃，自缢。京兆尹于己衍偏向太子，后被抓捕入狱，死于狱中。丞相司直（官职四品）田仁放走太子，腰斩。

御史大夫暴胜之也有包庇太子的嫌疑，死于狱中。拜大鸿胪商丘成为御史大夫。东宫属吏，随同太子起兵，并皆族诛。

任安终归是太子集团的人，李广利借机将其抓捕入狱，与田仁同日腰斩。

武帝又遣宗正刘长、执金吾刘敢收取卫后玺绶。卫后把玺绶交出，大哭一场，自缢。黄门苏文、姚定汉以小车将她的尸体载到公车令的空房安置，用小棺殡殓，葬于长安城南的桐柏亭。

巫蛊之乱，前后约 10 万人死，国本动摇，实为西汉由盛转衰的转折点。巫蛊之乱对汉朝打击有多大，我们从死亡名单中即可一窥究竟。西汉长安城的位置如图 4-15 所示。

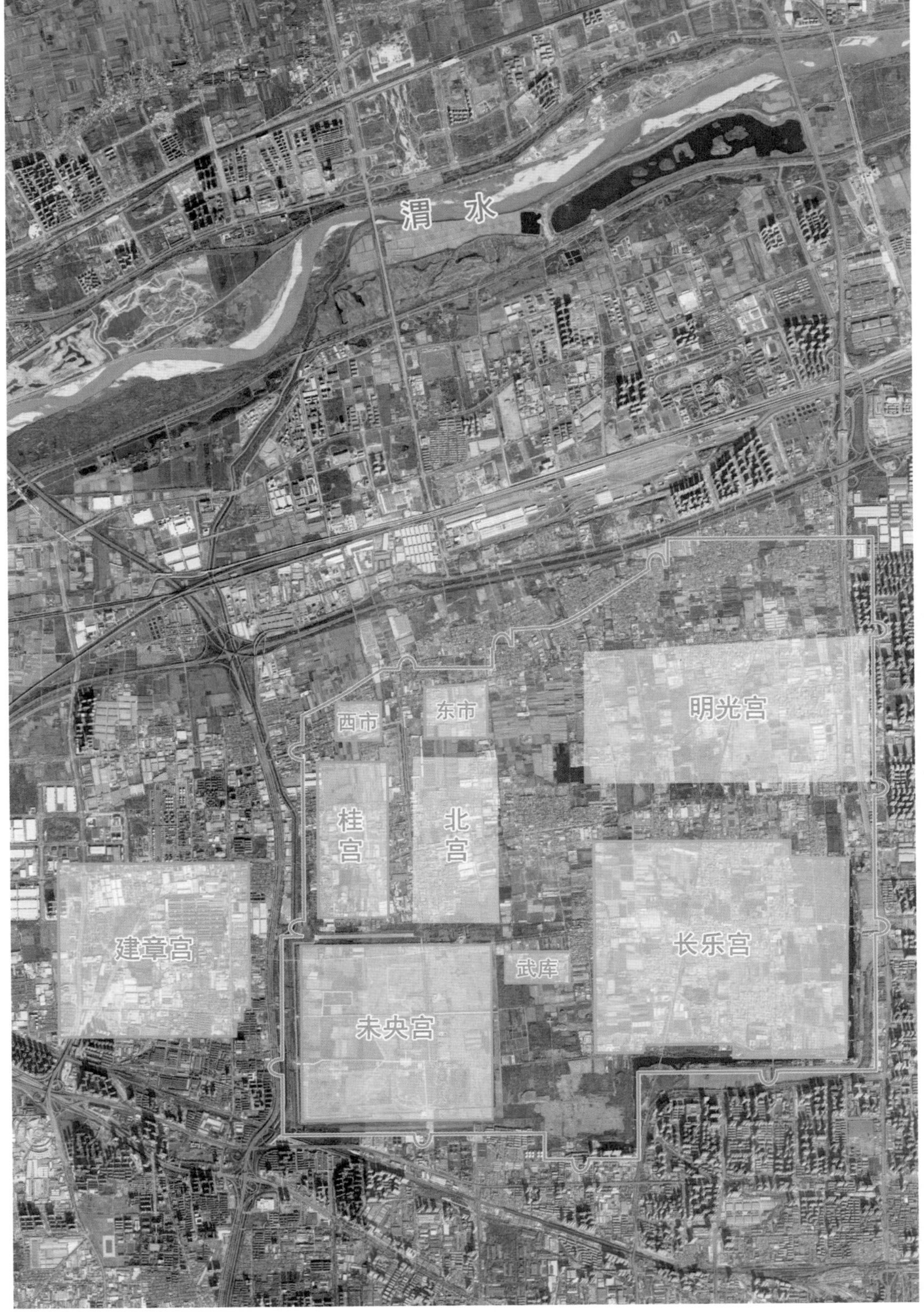

图 4-15　西汉长安城

首先是皇室，皇后卫子夫自缢；太子刘据自缢；太子妃史良娣处死；皇太孙刘进（太子刘据长子）处死；皇太孙妃王翁须处死。

卫氏三姐妹谢幕，长女卫君孺嫁给公孙贺，生子公孙敬声；次女卫少儿，先和县吏霍仲孺私通，生下霍去病，后嫁与詹事陈掌（陈平曾孙），无子女，巫蛊之祸前已经去世；三女卫子夫，贵为武帝的皇后，生太子刘据，有太孙刘进，曾孙是汉宣帝刘询。

卫子夫的三个女儿卫长公主、诸邑公主、阳石公主，全部处死。卫氏家属，悉数坐死。

丞相公孙贺、御史大夫暴胜之、太仆公孙敬声（公孙贺之子）、郎中令韩说、京兆尹于己衍、太子少傅石德、长平侯卫伉（卫青长子）都死了。随太子起兵者，照族诛，被太子胁迫从逆者，皆流放敦煌郡。

太子少傅石德，他的祖父石奋曾任太子太傅，辅佐太子时期的汉景帝。石奋自己位列九卿，俸禄两千石，4 个儿子也都是两千石大官，5 个人加起来一万石，景帝戏称石奋为“万石君”。石德的父亲石庆曾任太子太傅，辅佐太子时期的刘彻，后位居九卿之一的太仆。石德担任太子少傅，辅佐太子刘据，他们家族几乎承包了皇帝老师这个职位。假以时日，太子登基，石德肯定也会位居九卿甚至三公。

武帝终究怜太子无辜枉死，于是便拿江充和苏文出气，江充已死，便诛族，然后将苏文烧死。

巫蛊之乱，李广利是最大的受益者，不久商丘成由大鸿胪（九卿之一，官职二品）迁御史大夫，封秺侯，食邑 2120 户；侍郎（官职十品）马通封重合侯，食邑 4870 户；长安大夫景建封德侯，食邑 3735 户；新安令史（官职十五品）李寿迁为卫尉（九卿之一，官职二品），封邗侯，食邑 150 户；张富昌封题侯，食邑 858 户。

● 匈奴南下，贰师将军为何投降匈奴？

公元前 90 年，匈奴闻汉朝发生巫蛊之祸，便兵分两路南下：狐鹿姑单于攻入五原郡，杀成宜的中部都尉；右贤王攻入酒泉郡，杀偃泉障的北部都尉。汉朝朝野震动。

匈奴如此猖獗，人们无比怀念卫霍那个时代。秦时明月汉时关，万里长征人未还。但使龙城飞将在，不教胡马度阴山。

先来看西线，匈奴右贤王坐镇涿邪山，麾下大将偃渠与左右呼知王率领的两万余骑南下。他们越过鞮汗山，来到居延泽，却并不攻城。可惜路博德已经病逝，汉朝在居延一带兵力空虚。匈奴大军沿着弱水南下，一路寻找战机，兵抵肩水金关，仍未遭遇机动的汉军。匈奴南下的西线如图 4-16 所示。

匈奴人昼伏夜行，只留 400 骑暴露在关塞烽燧之下，主力骑队与弱水保持二十几里距离。汉朝烽火台发现敌兵，放烽烟时分为 4 个等级：10 人以下，10 ～ 500 人，500 ～ 1000 人，1000 人以上。

匈奴表面上放 400 骑让汉朝边塞发现，以作诱饵，迷惑汉军侦骑，大队人马则保持二十几里距离，随时准备围歼前来支援的汉军。匈奴这种排兵布阵的方法明显吃透了汉朝军事制度，这得益于卫律、李陵等一批汉朝降将。

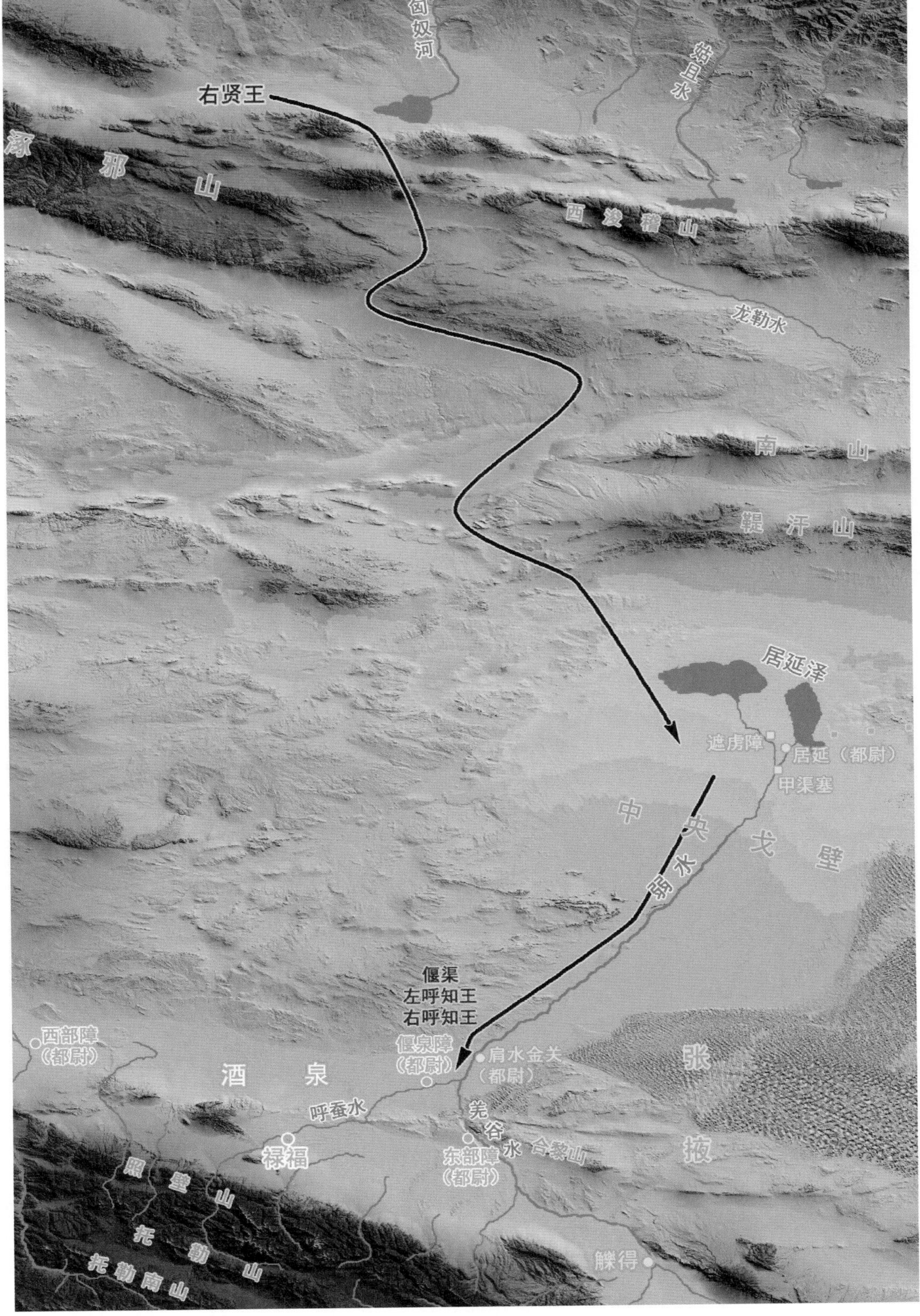
匈奴河
右贤王
涿邪山
西浚稽山
龙勒水
南山
鞮汗山
居延泽
遮虏障
居延（都尉）
甲渠塞
中央戈壁
弱水
偃渠
左呼知王
右呼知王
西部障（都尉）
偃泉障（都尉）
肩水金关（都尉）
酒泉
张掖
呼蚕水
禄福
羌谷水
东部障（都尉）
合黎山
照壁山
托勒山
托勒南山
觻得

图 4-16 匈奴南下西线

无论是居延城还是肩水金关的守军，深知位置重要，都尉非常谨慎，怀疑匈奴有诈，不敢派大队人马侦察，更不敢贸然迎战。

酒泉郡偃泉障的北部都尉见烽火提示匈奴不足500人，便率一半守军500骑沿着呼蚕水来到弱水。偃泉障都尉的正式官名是酒泉郡北部都尉，镇守酒泉郡北部，他的如意算盘是与肩水金关的守军夹击不足500的匈奴，若立战功很可能官升一级授太守或拜将军，再不济也可退守偃泉障自保。

偃泉都尉判断失误，在弱水边被围，一路杀出重围来到呼蚕水，再遭匈奴伏击，最终全军覆没，都尉也丢了性命。

十里一走马，五里一扬鞭。匈奴围酒泉，烽火断无烟。

再来看东线，狐鹿姑单于亲率八万余骑南下，并没有攻击距离较近的朔方郡，而是将五原郡的石门障团团围住。在李陵、卫律等降将指点下，匈奴人造了不少攻城器械，攻破外城，形势危如累卵。匈奴南下的东线如图4-17所示。

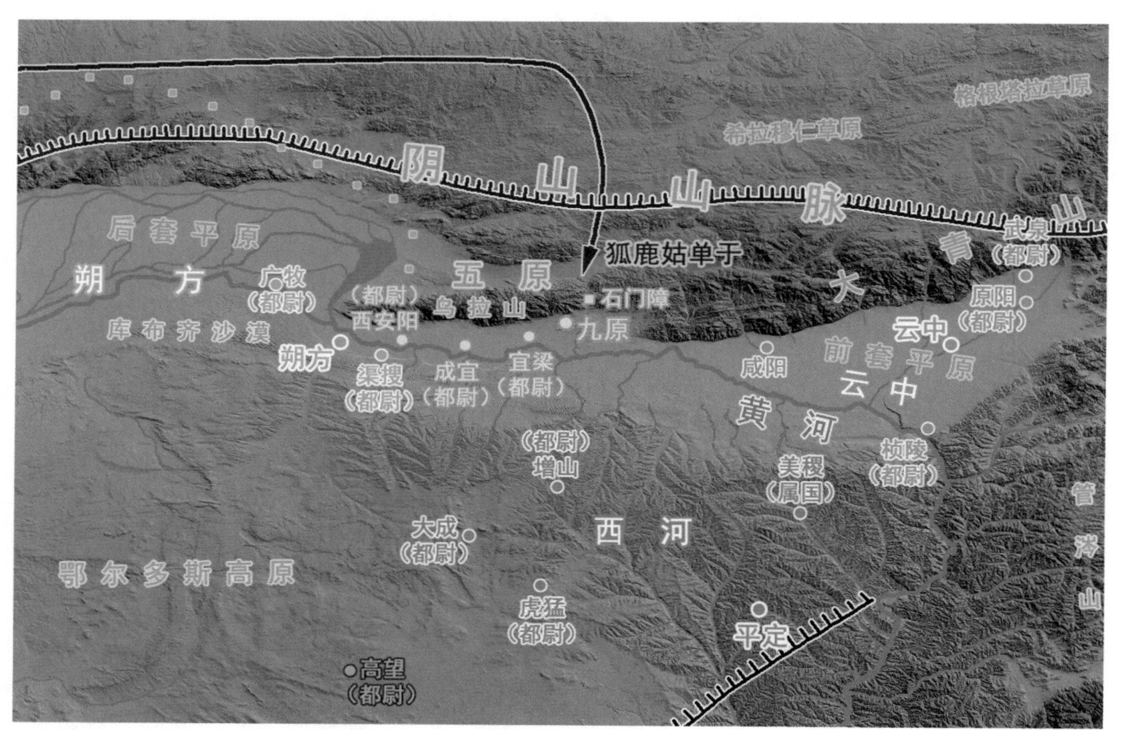

图4-17 匈奴南下东线

五原郡此时没有太守，西安阳的西部都尉、成宜的中部都尉、宜梁的东部都尉各自率军来支援。但是因为缺少太守统一调度，三大都尉意见不统一，而且还各自争功，最终导致成宜的中部都尉阵亡。

这几年汉朝内部动荡，匈奴却牛马繁殖，人口增长，在大漠上有与汉朝分庭抗礼之势。

汉朝与匈奴打了上百年，各地都尉阵亡约有十几人，这次失去两个都尉，武帝怎能咽得下这口气。羽檄起边亭，烽火入长安。天子按剑怒，旌甲被胡霜。

匈奴给汉朝造成的是外伤，巫蛊之乱却是内伤，包括太子刘据、太孙刘进在内的10余万人死亡，名将如游击将军韩说（郎中令，九卿之一）、浚稽将军赵破奴，朝中大臣如丞相公孙贺、御史大夫（三公之一）暴胜之、太仆（九卿之一）公孙敬声，人生都画上了句号。

如今卫霍集团就只剩一个躲在武帝身边的霍光，昌邑王刘髆成了最大赢家，其舅舅贰师将军李广利在军中的地位无可撼动。李广利的亲家刘屈氂既是武帝亲侄子，还拜了丞相；李广利的门客商丘成升任御史大夫；李广利的亲信马氏三兄弟也都手握兵权。

在诸子当中，武帝与太子刘据感情最深，想起这个儿子，武帝常暗自神伤。武帝虽然已66岁，生命走到最后三年，有时候是糊涂，但他清醒的时候，那也是气贯长虹，有虎狼之威的。

李广利是厉害，杀得长安尸横遍野、血流成河，但任何时候都不要低估了武帝。为了将匈奴逐出汉境，武帝把李广利、商丘成、马通这三人都调到前线，等他们一走，就要先杀丞相刘屈氂全家，开启帝王的复仇之路。

汉军一共兵分四路，总计15万余人（含西域六国兵力）。从西往东，第一路开陵侯成娩率2000属国骑兵以及西域六国兵攻车师；第二路重合侯马通率4万步骑出酒泉千余里；第三路御史大夫商丘成率3万余步骑出西河；第四路贰师将军李广利率7万步骑出五原。

第一路，开陵侯成娩从敦煌玉门关出塞，集结楼兰、山国、渠犁、尉犁、危须、且渠六国兵，目标吐鲁番盆地的车师国。开陵侯成娩的出兵路线如图4-18所示。

图4-18 第一路汉军

成娩本来是河西走廊匈奴介和王之子，父亲投降汉朝后安置在属国，后来成娩承袭介和王之位。李广利两征大宛，成娩追随左右，是李广利在属国骑兵中的心腹。9 年前成娩跟随李广利攻击车师，迫使车师王送王子到长安为质，封为开陵侯，食邑 1020 户。

这次成娩的总兵力有一万多，匈奴右部却没有增援车师，车师王率众投降。成娩闻东边的马通撤兵，不敢久留，虏车师王及臣民而还。

在汉朝内部看来，成娩这一路取得的战果喜人，这是自赵破奴破楼兰以来，汉朝用“夷胡相攻，无损汉兵”战术取得的最大战果。成娩以属国骑兵为核心，调动西域六国骑兵参战，这几乎成了日后汉朝在西域用兵的常规方式。

不过成娩撤兵后，右贤王也立即派了 4000 骑兵入主车师，并以屯田为名赖在车师不走了。汉朝第三次出击车师，结果仍不算好。

凭借此战的功劳，开陵侯成娩回到属国足可高枕无忧当个事实上的诸侯王，只是自赵信投降匈奴后，汉朝不再拜匈奴人为将军，否则成娩还能更上一层楼。

第二路，马通在酒泉郡整军，率 4 万步骑沿弱水到居延泽，再向西北抵达涿邪山以南，追上了右贤王麾下大将偃渠与左右呼知王率领的两万余骑兵，这些人不久前杀了酒泉郡偃泉障的北部都尉。匈奴人见汉军持枪鹄立、兵强马壮，收兵不敢与之作战。

马通几个月前还是一个侍郎（官职十品），由于杀了太子刘据的亲信如侯，阻止太子调动北军，竟封为重合侯，食邑 4870 户。

马通无论是兵力还是装备都优于匈奴，可惜他全无统兵经验，竟不战而退兵，差点害了开陵侯成娩。

第三路，商丘成率三万余步骑出西河郡，从鸡鹿塞北上东西浚稽山，这一路是李广利的偏师，从侧翼保护李广利军。

商丘成原本是李广利的一个门客，第二次远征大宛，从天而降奇袭贵山外城，不久后擢为大鸿胪（九卿之一，官职二品），后来又拜御史大夫（三公之一，官职一品），封为秺侯，食邑 2120 户。

狐鹿姑单于早有打算，令右校王李陵率 3 万骑迎战。

李陵连李广利都瞧不上，更不用说商丘成这种人，但匈奴的装备远不及汉军，便在东西浚稽山之间设伏。

汉军战将辈出，商丘成确实能力不俗，他得知第四战场已经开打，便忽然转向东，打算和李广利包抄右大都尉的 5000 骑。

商丘成这一改变，不但避免掉入李陵的伏击圈，而且变被动为主动。李陵为了给右大都尉和卫律军赢得撤退时间，不得不追上商丘成军，并与之开战。

右校王李陵的势力范围是北海（贝加尔湖）以西、叶尼塞河与鄂毕河上游地区，这里有个部落叫坚昆，控弦 3 万骑。坚昆人身材牛高马大，红头发、绿眼珠、白皮肤、黄胡须。李陵的 3 万骑兵以坚昆人为主。

商丘成军与李陵军遭遇，激烈交战，从东浚稽山打到蒲奴水，转战 9 天，双方各自折损数千人马。李陵军救出了右大都尉和卫律，但商丘成与李广利会师后，李陵只能北撤，丢失了不少战马和牛羊。此战李陵本想好好收拾商丘成，可说是玩砸了。

李广、李敢、李陵祖孙作为校尉率千人冲锋陷阵，绝对是一流的。但是拜将统率万人作战，便显得有些笨手笨脚，进退失据。如果作为统帅领兵数万，总是显得有勇无谋、马失前蹄，完全发挥不出来。

李陵自言自语道："若得5000强弩兵，哪轮到商丘成逞能。"在那一瞬间，谁也没注意到，一滴悲伤、羞愧、不甘、嫉妒的眼泪从李陵眼中滑落。

匈奴战马的轰鸣声淹没了李陵微不足道的话语。两万多骑北撤，竟没人停下交谈，匈奴人从小不是在战场上，就是在奔赴战场的路上，这是他们与生俱来的天性。

第四路，贰师将军李广利率7万步骑出五原郡，一路跟着匈奴战马的足迹，寻找狐鹿姑单于决战。单于在这个方向，只令右大都尉与卫律率5000骑断后，单于并无信心在这一带与汉军决战。第二三四路汉军的出兵路线如图4-19所示。

夫羊句山方向，李广利只是派出2000属国骑，右大都尉与卫律竟无心恋战，且战且退。也就是在这个时刻，商丘成嗅到了战机，开始往东移动，右大都尉与卫律也意识到了有被包抄的风险。

李广利军射杀匈奴数百人，与商丘成军会师，又乘胜追击，一直追到范夫人城，这里已经人去城空。

这次大战本来已经结束，四路大军有三路获胜，贰师将军李广利又立功了。

第一路成娩虏车师王及臣民而还，第二路马通率军从张掖郡撤兵，第三第四路商丘成和李广利派军亲扫战场，追击散兵游勇，花了半个多月，也打算撤兵。

此时小黄门（太监）带着武帝诏书赶来，令李广利、商丘成速战速决，立即班师赶回长安。同行的还有一队羽林军，为首的羽林将领前来担任将军长史，其实是监军。小黄门还没走，李广利府上一个门客满身尘土仓皇逃来，原来丞相刘屈氂出事了，贰师将军府也被羽林、虎贲包围，这个门客正好在外办事，这才日夜兼程赶来报信。

李广利以清扫战场为由没有动身，令商丘成先与小黄门回去，便宜行事。但李广利将商丘成的部分军队留了下来，骑兵4万、步兵4万，一共8万人，以防有变。

商丘成还没赶到长安，准确的消息传到范夫人城，丞相刘屈氂及其妻儿游街示众，刘屈氂腰斩于东市，妻、子皆枭首华阳街，族灭，其中包括李广利的女儿和外甥。李广利的妻、儿也都株连下狱。

李广利心中恐惧，脑中呈现与刘屈氂最后一次见面的情形。当时是三月，李广利率兵出征匈奴，刘屈氂设宴饯行，亲自送至渭桥。临行李广利屏退左右，向刘屈氂嘱咐道："愿君侯早请主上立昌邑王（李广利外甥）为太子，将来昌邑王得嗣帝位，君侯必封王，长保富贵。"刘屈氂闻言许诺，二人珍重道别。

见李广利沉思良久，贴身侍从胡亚夫献策道："将军若就此回去，岂不一同受罪？此行若立有大功，主上不敢怠慢军心，必然赦免将军和家小。"

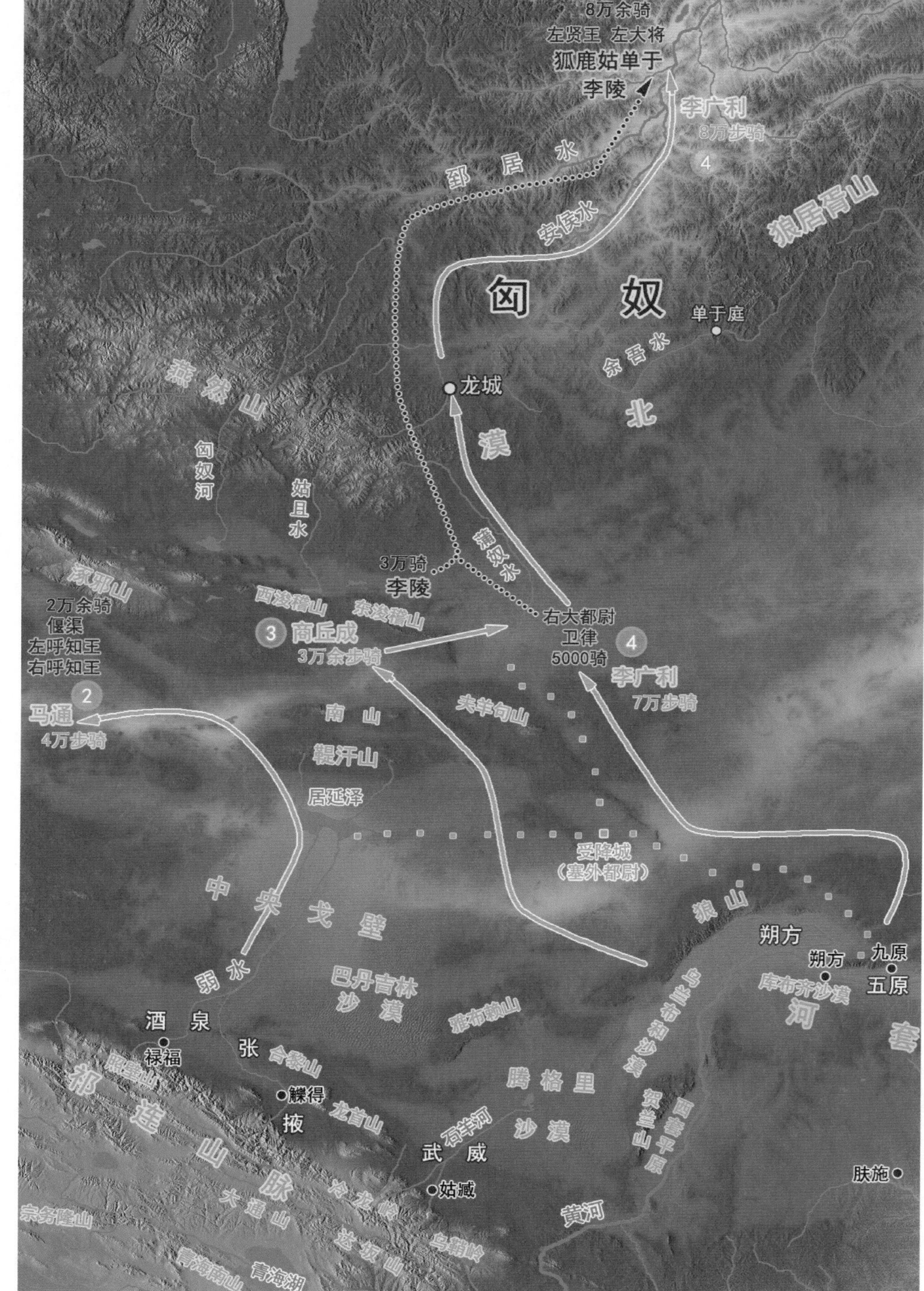

图 4-19　第二三四路汉军

李广利点点头，传令 8 万大军分数路先后北上，剑指狐鹿姑单于。

蒲奴水旁一座小山丘旁，单于大帐中，狐鹿姑单于与其兄胭脂左贤王及大小诸王正在议事。有人觉得应该退回龙城，伺机反攻；有的说早前辎重已经运到赵信城，不如退到赵信城。李陵认为李广利身经百战，兵力强劲，抱着玉石俱焚的心态来，匈奴只退到龙城或赵信城是远远不够的，不如退到郅居水。

郅居水！匈奴大小王听到这个词，一个个炸了锅。自汉匈战争以来，匈奴从来没有退过这么远，此前单于最多退到安侯水以北，左贤王最多退到余吾水以北。

狐鹿姑单于力排众议，认为李陵是对的，决定和胭脂左贤王一起退到郅居水（色楞格河）以北，集中力量伺机反攻。

李广利第二次打到龙城，这里仍然是座空城。汉军沿安侯水北上，远远就能发现单于的断后骑队，却总是追不上匈奴主力，显然单于也不想放弃反击汉军的机会，似乎一直在诱敌深入。

汉军沿安侯水两岸进军，原以为单于会撤到余吾水流域，没想到一路追到郅居水。

李广利来到郅居水旁，令护军都尉率两万骑兵渡过郅居水，仍不见匈奴主力。李广利再传令进军，一日后两万汉军终于遭遇两万匈奴骑兵。

单于大帐内，只有李陵一人认为时机未到，其他人（包括卫律）都认为汉军已经没什么战斗力了。匈奴诸王觉得汉军舍弃大多数辎重，他们最怕的弩箭也快用完了，已经是强弩之末。

于是狐鹿姑单于遣胭脂左贤王、左大将统两万骑前来，打算拖住汉军，再由单于率 6 万精骑加入战团，一举吃掉两万汉军。两军从早杀到晚，没想到匈奴左大将被杀，死伤甚众。原来汉军将箭簇集中起来，藏在放干牛肉的车中，就连骑哨都只准带两支箭矢。胭脂左贤王经过此战后，再无力控制左地，狐鹿姑单于之子左谷蠡王壶衍鞮逐渐接管左地控制权。

狐鹿姑单于后悔不已，恨没有听李陵的，当然也不敢再加入战团。

北风卷地白草折，胡天九月即飞雪。狐裘不暖锦衾薄，愁云惨淡万里凝。汉军虽然获胜，但从来没有向北远征到这种地方，再加上都知道李广利家出事了，士气并不高，很多人认为劳师远征，打过头了。决眭都尉仆雷建议撤兵，因战马损耗严重，不可能所有人都靠两条腿安全南撤。

仆雷是煇渠侯仆多之子，早已嗣爵，本是五原郡的属国都尉（军职四品），出征前授为决眭都尉（军职四品），替李广利掌管所有属国骑兵。仆雷的父亲仆多是卫霍集团的栋梁，可仆多是匈奴人，在汉朝没什么根基，仆雷对李广利还是非常尊重的，只是客观情况如此，确实不能再打了。

将军长史却只想早日将李广利带回长安，便在大帐中直言李广利违抗圣意，不如及早撤兵。李广利执掌羽林军时，这个将军长史便是他的属下，现在太仆上官桀兼任骑都尉，将军长史就是上官桀下属。上官桀表面上也是李广利的人，毕竟他是跟随李广利出征西域后才平步青云的。将军长史如此放肆，让李广利勃然大怒，愤然将其斩首，李广利与上官桀之间多了一笔糊涂账。

李广利知道漠北冬天寒冷，大雪弥漫，朔风凛冽，若不能在冬季前撤离，汉军必然冻得手指坠落，肌肤破裂，到时恐怕冻死者甚众。李广利虽不甘心，却恐再生变乱，只好传令班师。

匈奴果然早有准备，右贤王派来的一支援军在燕然山东南侧候着李广利军。狐鹿姑单于则亲率 6 万精骑，一路南下追击。

李广利不以为然，令大军扎好营帐，接着南北挥兵进战，混战一个下午，双方人困马乏，各自收兵。

此战没有出现李广利想象中的大胜，因为混战中一部分匈奴降兵投降单于了，就连与李广利亲近的一个军司马都投降匈奴了。现在谁都知道，李广利回到长安很可能面临的是灭顶之灾。

次日李广利点齐军马，向南徐徐进兵，目的是冲破右贤王援军的阻击，进入蒲奴水。最南面的先锋军似乎很顺利，冲开包围圈，但迎接汉军的是无数个带尖刺的陷坑。原来这支阻击军队自知力量有限，便挖了许多数尺深的陷坑，里面放尖刺，坑口铺羊皮，上面盖沙子。

单于在后面挥师猛攻，前面汉军数百人跌入陷坑，惨叫声此起彼伏，一时军心大乱，四散逃生。李广利看看身边这些跟随多年的亲兵，自知损兵折将回去必死，把心一横，率众投降。

李广利 8 万大军，大多数都尉校尉都不想跟着李广利投降，又担心前方有埋伏，便先向东逃了数十里，再南下汉境。6 万多人南逃，却只有不到两万人回来，大部分因为恶劣的气候倒在路上，小部分被杀或被俘。随李广利投降的约两万人，基本是李广利的嫡系。不过随后一年多，很多人也开始南逃，到李广利死时，短短一年多，只剩 3000 多人。汉代史书包括《史记》和《汉书》都是门阀集团写的，书中对外戚评价普遍不高，对卫青霍去病尚且有贬低之嫌，更不用说李广利了。

客观来看李广利参与的六场大战，不是在战场上，就是在奔赴战场的路上。

公元前 108 年，武帝拜赵破奴为匈河将军（军职三品），拜王恢为中郎将（军职四品），骑都尉（军职四品）李广利为监军，出征楼兰与姑师。当年赵破奴攻破楼兰，次年王恢和李广利攻破车师。战后赵破奴封为浞野侯，食邑不详；王恢封为浩侯，食邑不详；骑都尉（军职四品）李广利迁为羽林中郎将（军职四品）。从玉门关到车师国交河城直线距离约 560 千米，李广利首战就是远征。

公元前 104 年，武帝拜羽林中郎将（军职四品）李广利为贰师将军（军职三品），率属国骑兵 6000，以及郡国恶少年 3 万，西出玉门关，剑指大宛国，结果兵败大宛郁成。次年春，3000 多人黯然东归，驻扎玉门关，派人向武帝请罪。从玉门关到大宛国郁成城直线距离约 1950 千米，李广利创造了汉军远征距离的纪录。

公元前 102 年，贰师将军李广利，率 50 名校尉、都尉，骑兵 6 万，带战马 6 万匹，骆驼和驴各 1 万头，满载粮草，二征大宛。李广利屠轮台，破贵山，灭郁成，封为海西侯，食邑 8000 户。从玉门关到大宛国贵山城直线距离约 2000 千米，李广利再次创造汉军远征距离的纪录，此战上官桀打到康居都城，从玉门关算直线距离约 2250 千米。

公元前 99 年，李广利率精锐 3 万骑出玉门关，过楼兰，北上攻击车师，最远到达北天山北麓。此战李陵率 5000 荆楚精锐在河西走廊练兵，但未能按计划率军和带物资增援，导致李广利先胜后败。从玉门关到北天山北麓直线距离约 700 千米。

公元前 97 年，李广利率 6 万骑兵、7 万步兵，出朔方郡，攻克龙城、单于庭，饮马余吾水。李广利与单于互相折损的兵力相当，不胜不败，无功无赏。从高阙塞到单于庭直线距离约 740 千米。

公元前 90 年，李广利率 7 万步骑出五原郡，一路跟着匈奴战马的足迹，寻找狐鹿姑单于决战。此时长安城中，李广利的亲家丞相刘屈氂被腰斩于东市，妻、子皆枭首华阳街，族灭，其中包括李广利的女儿和外甥。李广利的妻、儿也都株连下狱，李广利遂投降匈奴。从五原郡到郅居水北岸直线距离约 940 千米。

相比之下，卫青两次打到龙城，从高阙塞到龙城直线距离约 660 千米。霍去病打到北海（贝加尔湖），从代郡到北海直线距离约 1300 千米。

● 武帝驾崩，刘弗陵即位

李广利最后一次出征匈奴时，算上心腹商丘成、马通的兵马，一共有 14 万，这是汉军实力最强劲的一支力量。朝中到处是李广利的人，包括丞相刘屈氂（李广利亲家）、卫尉李寿、马氏三兄弟等，看似高枕无忧，足以支撑大局。然而李广利还是小看了武帝，秦皇汉武能在中国历史上高其他皇帝一等，绝不是偶然。武帝有一项出色的能力，那就是对将领的才能洞若观火，知人善用，否则汉朝也不会在武帝时期名将辈出。

武帝这次仰仗谁呢？还记得上官桀吗？此人十几年前以搜粟都尉身份跟随李广利出征大宛，攻破郁成，带几个人跑到康居国生擒郁成王，回来后迁为少府（九卿之一，官职二品）。上官桀是武帝晚年五大侍中（非官职，贴身跟班）之一，当骑都尉苏贤出事后，便兼任骑都尉（军职四品），掌控羽林军。

太仆（九卿之一，官职二品）公孙敬声死后，武帝便让少府上官桀改任太仆，掌管帝国车马，仍保留骑都尉军职。另外两个侍中，霍光任奉车都尉，金日磾任驸马都尉，都在上官桀帐下效力。还有两个侍中，李陵投降匈奴，苏武出使匈奴被扣留。

太仆上官桀手持虎符，率领羽林军，调动北军五校，将丞相府与贰师将军府包围，并一举攻克。

刘屈氂和李广利是巫蛊之祸的两个主谋，刘屈氂腰斩，其妻、子都斩首；李广利妻、子都收押，不久李广利投降，族灭。

李广利投降匈奴后，狐鹿姑单于知道这个贰师将军比李陵的骑都尉高一级，不说推轮捧毂，起码十分礼遇。最主要的是，李广利投降时帐下还有两万多人马，这是李陵没法比的，卫律更是差远了。不久狐鹿姑单于见李广利族灭，便以女嫁之，地位在李陵之上。

卫律曾多亏李广利之弟李延年提携，向武帝引荐，这才有机会出使匈奴。如今李延年早就家败人亡，李广利也满门抄斩，卫律唯恐单于改封李广利为丁零王，便存心谋害李广利，欲置之于死地。

此前李广利放任帐下将士成群结队南逃，匈奴人也很难阻拦。狐鹿姑单于数次派人质疑，李广利只当耳边风，最后身边只剩了 3000 余人。

狐鹿姑单于之母阏氏抱病，卫律通过巫师向狐鹿姑单于进言道：“李广利上次打到龙城，先单于曾立誓，定要擒获贰师将军，将他祭祖。今大单于已获贰师，何故不祭祖？阏氏之病，正因此事。”

狐鹿姑单于恼怒于李广利放任部下南逃，加上卫律买通巫师进言，便遣人将李广利抓捕？杀之祭祖。卫律见除了李广利，心中暗自称快。可见小人万不可结交，到头来身受其祸，害了家人，真是可怕。

李广利到死都不知是卫律陷害，怒道：“我死之后，定做厉鬼，灭匈奴。”

李广利死后，漠北忽然天降大雪，一连数月，牲畜冻死不少，牧民也遭疫病。狐鹿姑单于记起李广利之言，以为是冤鬼作祟，心中恐惧，便为李广利立起祠堂，每年祭祀。

武帝在李广利出征时，只清算了李广利和刘屈氂家族，御史大夫商丘成和将军马通还带兵在外，其他巫蛊之祸的参与者都存侥幸心理。

李广利在匈奴这一年，武帝再次清洗其党羽。还是上官桀出手，御史大夫商丘成和卫尉李寿毫无抵抗之力，商丘成入狱后自杀，李寿在狱中被打死。

上官桀接下来要对付的，肯定是马氏三兄弟。马何罗官为侍中仆射，相当于代理侍中，常年围绕武帝身边，仍幻想迁为侍中。马何罗之弟马通，封重合侯，曾率 4 万骑去北天山征匈奴，手上有兵权。三弟马安成虽然只是侍郎，但因为两位兄长的关系，结交了不少长安权贵。

李广利虽然倒了，但昌邑王（李广利外甥）刘髆还在。太仆骑都尉上官桀、奉车都尉霍光、驸马都尉金日磾，准备联手清除李广利余党，杀死昌邑王，永绝后患。

马何罗在宫中也感受到了威胁，于是袖中藏了一把利刃防身，主要是防上官桀。没想到平日和颜悦色的金日磾带人在殿前公然抓捕马何罗，以刺杀罪将其带到武帝跟前。

金日磾是休屠王之子，他父亲本来与浑邪王一同投降，浑邪王封了万户侯，休屠王却死于投降时的兵变。为了补偿休屠王之子，武帝赐其姓金，名为金日磾，在太仆帐下任马监（官职七品）。武帝和后宫嫔妃一同赏马，养马的官员都偷着看如花似玉的嫔妃，小黄门在一旁监视，发现只有金日磾不敢偷看。武帝让金日磾站起来，见他身高八尺二寸，容貌威严，养的马也肥壮，便提拔其为侍中，后授驸马都尉（军职四品）。

金日磾的长子聪明乖巧，从小就得武帝欢心，有一次竟然从后面抱住武帝的颈部。金日磾当场没有发作，事后痛打长子一顿。长子日渐成了小青年，一次竟调戏宫女，正好被金日磾撞见，遂杀长子以证忠心。

金日磾何等聪明，知道武帝去日无多，见霍光将女儿嫁给上官桀的儿子，知道日后就是这两人的天下，再不站队就危险了。

上官桀哪能让金日磾抢了风头，立刻率军抓了马何罗之弟马通和马安成，族灭。

至于德侯景建和题侯张富昌这两个小人物，上官桀不费吹灰之力，族灭。

武帝终于为太子刘据报仇，将巫蛊之祸的主谋和从犯一举剿灭，不过他自己也走到了生命的最后几个月。这时候昌邑王（李广利外甥）刘髆忽然去世，他可还是个少年，汉史对此讳莫如深，没有记载任何细节。若没有武帝首肯，上官桀胆子再大恐怕也不敢对刘髆下手。

公元前 87 年 2 月，汉武帝驾崩，享年 69 岁。武帝口含夜明珠，身着雕刻蛟龙鸾凤的金缕玉衣，葬于茂陵。

秦始皇灭六国，分天下为 36 郡，后扩张至 48 郡。汉初疆土与秦末相当，高祖吕后为削藩，在秦 36 郡的基础上拆出 26 郡（国），总计 62 郡（国）。文帝和景帝再度削藩，各拆出 6 郡（国），总计 74 郡（国）。武帝开疆拓土，新增 28 郡（国），合计 102 郡（国）。昭帝新增 1 郡，为 103 郡（国）。

西汉鼎盛时 103 郡（国），武帝开拓 28 郡（国），此中兴之主，保四境安如泰山，边疆无烽火之虞，连大漠西域为一家，功追三皇，绩平五帝，与秦始皇并称秦皇汉武。

武帝的陵墓叫茂陵，位于西汉陵墓群最西边，动用天下赋税 1/3，历时 53 年建成，是汉朝帝陵中规模最大、修造时间最长、陪葬品最丰富的一座。茂陵的建筑物分布在东西 9.5 千米、南北 7 千米范围内，主体建筑是两座城——茂陵陵园和茂陵邑，茂陵陵园安葬武帝，茂陵邑则是守护陵园的城邑。汉武帝茂陵的位置如图 4-20 所示。

茂陵陵园中心有一座城中城，是茂陵的核心墓穴，城墙东西长 431 米、南北宽 415 米。墓穴中央是封土，高 46.5 米，底部东长 243 米，西长 238 米，南宽 239 米，北宽 234 米，面积 5688 平方米。

茂陵没有皇后墓，西北侧有李夫人墓，距茂陵封土约 350 米。李夫人墓封土底部东长 127 米，西长 127.7 米，南宽 108.3 米，北宽 102.5 米，高 23.99 米。

茂陵邑位于茂陵陵园东北方，周长 11190 米，面积约 5.5 平方千米。武帝徙天下富豪 6 万余户于此，人口最多时达到 29 万，比长安城人口还要多。

茂陵除陵园和陵邑，还有许多陪葬墓和陪葬坑。卫青墓位于茂陵东北 1000 米处，再往东紧挨着的是霍去病墓和金日磾墓。

武帝临死前，拜奉车都尉（军职四品）霍光为大将军（军职一品）、大司马（官职一品），领尚书事；驸马都尉（军职四品）金日磾为车骑将军（军职二品），太仆（官职二品）兼骑都尉（军职四品）上官桀为左将军（军职二品），搜粟都尉桑弘羊为御史大夫，再加上丞相田千秋，令这五位托孤大臣辅佐幼子（第六子）刘弗陵即位，是为汉昭帝。

丞相田千秋和御史大夫桑弘羊是文官，兵权在大司马大将军霍光、车骑将军金日磾、左将军上官桀三人之手。此前上官桀是九卿之一的太仆（官职二品），奉车都尉（军职四品）霍光和驸马都尉（军职四品）金日磾都在其帐下任职，而且上官桀还兼任骑都尉（军职四品），掌羽林军。武帝托孤后，霍光和金日磾手上的兵权反而比上官桀要大，最大的受益者是霍光，兵权等同当年卫青与霍去病之和，而且还领尚书事，权力更胜卫霍。

霍光有其兄霍去病的光环加身，再者他从小就跟在武帝身边，从未上过战场，看起来像个文弱书生，武帝最信任的就是他，拜大将军还有使羊将狼的感觉。让这样一个人掌兵权，武帝才能高枕而卧，放心而去。却不知霍光眼神深邃，神鬼莫测，实有移天易日之心。

图 4-20　汉武帝茂陵

金日磾的父亲是休屠王，死于霍去病河西受降时，他在朝中没有根基。金日磾的长子在武帝身边侍奉，和宫女说笑，金日磾毫不犹豫杀了长子，向武帝请罪。在武帝看来，此等忠心，日月可鉴。却不知一个随时能杀亲儿子的狠人，会对别人忠心？

上官桀有一双铁臂，力能扛鼎，带几个骑兵就敢远赴康居抓捕郁成王，胆壮气粗，颇有名将风范。偏这样一个猛将，却又胆大心细，在武帝面前婢膝奴颜，极尽阿谀逢迎之能事。却不知上官桀有虎狼之心，是奸人之雄。武帝既需要上官桀帮助昭帝控制朝臣，又要利用霍光和金日磾压制上官桀。

武帝有 6 个儿子，长子即太子刘据自杀；次子齐王刘闳年少去世已经 23 年了；第五子昌邑王刘髆死了一年多，他的舅舅就是李广利。

排除三个，还有三个，分别是第三子燕王刘旦、第四子广陵王刘胥、第六子刘弗陵。燕王刘旦与广陵王刘胥是同父同母的亲兄弟，母亲李姬早已去世，母家来自陇西李氏，当年丞相李蔡就死于夺嫡之争。

燕王刘旦与广陵王刘胥有野心，但此二人长期在外，与武帝不亲近，属于孽子孤臣。只有幼子刘弗陵是武帝 62 岁时出生的，武帝晚年得子，老蚌生珠，最宠刘弗陵。

刘弗陵的母亲钩弋（yì）夫人来自河间赵氏，其父曾受宫刑，入宫为中黄门（太监）。武帝册封钩弋夫人为婕妤，又称赵婕妤。武帝决心立刘弗陵后，为避免主少母壮，便赐死钩弋（yì）夫人，将其葬于云阳，此为“杀母立子”的典故。

钩戈夫人下葬之日，大风扬尘，闻者皆为落泪。云阳在泾水中游的黄土高原上，不在关中，更不在武帝茂陵范围内，可见武帝做事干脆利落，不留隐患。

武帝的茂陵与秦始皇帝陵一样，没有皇后墓，秦始皇没有立皇后，但武帝可是有两位皇后的。

大将军霍光主张将卫皇后合葬到茂陵中，遭到卫霍集团以外所有人反对。刘姓宗室认为，陈皇后是武帝所立第一位皇后，是文帝的外孙女，有资格入主茂陵。卫皇后是第二位皇后，并系歌女出身，地位低贱。上官桀等人各怀鬼胎，害怕卫霍集团进一步壮大，当然不会支持霍光。

昭帝的母亲钩弋（yì）夫人已经葬在云阳，年少的昭帝想把母亲的灵柩迎到茂陵安葬，霍光与上官桀都不同意。至于燕王刘旦与广陵王刘胥的母亲李姬，她的两个儿子都想继承大统，如果将她移葬茂陵，霍光等人恐怕死无葬身之地。齐王刘闳的母亲王夫人更是想都别想，刘闳已死多年，这条血脉是彻底断了。

还有一个昌邑王的母亲李夫人，也就是李广利之妹，因李广利投降匈奴，绝不可能移葬茂陵。昌邑王本人在李广利死后一年也死了，死因离奇，留下个儿子叫刘贺。

当然，霍光、上官桀在昭帝面前也退了一步，派两万人前往云阳，重新为钩弋夫人修墓，称为云陵，再修一座 3000 人的城邑守护。

武帝死时，刘弗陵 8 岁，一切事务皆由顾命大臣主持。丞相田千秋、御史大夫桑弘羊都是文官，兵权在大司马大将军霍光、车骑将军金日磾、太仆左将军上官桀三人之手。

第二节　争夺西域

苏武归国，霍光杀上官桀独揽大权

公元前 85 年，狐鹿姑单于去世。当年狐鹿姑单于夺位，与其兄胭脂左贤王达成协议，等他去世，便还政于胭脂左贤王。

但实际情况是，颛渠阏氏（王后）与卫律主丧，召集大小部落王到龙城，祭天地鬼神，立左谷蠡王壶衍鞮为单于。胭脂左贤王、右贤王、右谷蠡王都不服，三人都拒召不至龙城。

颛渠阏氏与卫律恐内乱外患，便遣使南下，希望与汉朝和亲。汉廷亦遣使相报，索回苏武、常惠等人，方准言和。然而胭脂左贤王、右贤王、右谷蠡王都不希望壶衍鞮单于岁月静好。

公元前 83 年 9 月，匈奴入代郡，杀代郡都尉（军职四品）。一个秩比两千石的军官被杀，汉朝怎么可能与匈奴和亲。

10 月，西南地区益州郡姑缯、叶榆呼应匈奴，再次起兵叛汉，左将军上官桀再遣水衡都尉吕破胡率各郡地方兵击之。蛮夷遂杀益州郡太守（官职三品），乘胜与吕破胡战，汉军战死、溺死者 4000 余人。此战后吕破胡遭朝廷弃用，上官桀的势力也遭受打击。

11 月，大将军霍光令大鸿胪田广明击益州郡。田广明历任河南都尉、淮阳太守、大鸿胪，敢于诛杀地方豪强，是武帝信任的九卿之一。这次田广明不负霍光所托，斩首和掳获两万余人。

公元前 82 年 8 月，大鸿胪（九卿之一，官职二品）田广明、军正王平、羌骑校尉范明友，再击益州郡，大破之，斩首和掳获 3 万余人，获畜产 5 万余头。田广明是霍光的人，后来拜为御史大夫。范明友也是霍光的人，两年后将娶霍光第四个女儿，此战后擢为中郎将（军职四品）。

西南夷这边基本平定，我们来看匈奴的情况。

9 月，匈奴左右部两万骑，兵分四路入边为寇，又想破坏匈奴与汉朝和亲。汉兵追之，斩首和掳获 9000 人，生擒瓯脱王。匈奴大军随即远去，不敢南下牧马，发牧民屯瓯脱地。

两个月内，汉朝在南北两个方向大捷，逐渐稳定了局势。而匈奴左右部经此一败，已经很难阻挡单于本部与汉朝和亲了。

汉使到了龙城，向壶衍鞮单于索要当年扣留的苏武。单于想糊弄过去，便说苏武早就死了。还记得常惠吗？当年跟随苏武出使匈奴，他可是日夜盼着回到汉朝。时间过了十几年，常惠通匈奴语，渐与看守胡人相熟，称兄道弟，相视莫逆。常惠便秘密求见汉使，把当年出使匈奴的汉使现况说了个仔细。

壶衍鞮单于很年轻，苏武还是他祖父在位时拘禁的，对他而言此事已不太重要，便令李陵去北海（贝加尔湖）召回苏武。北海（贝加尔湖）的位置如图 4-21 所示。

北海朔风凛冽，人迹罕见。苏武随身只有一柄汉节和一群羝羊。偏丁零人得知有苏武此人，便夺其羝羊，苏武拼死保着汉节。

北海夏季飞禽走兽不少，但不生五谷，冬季大雪纷飞，野兽都冬眠不出，苏武便织网捕鱼。苏武唯一活下去的信念，就是效仿张骞，逃回汉朝面见武帝。

北海有一种野鼠，冬季会囤积野草在洞中。苏武便掘地寻鼠，意外发现野鼠囤积的野草也是可以充饥的。

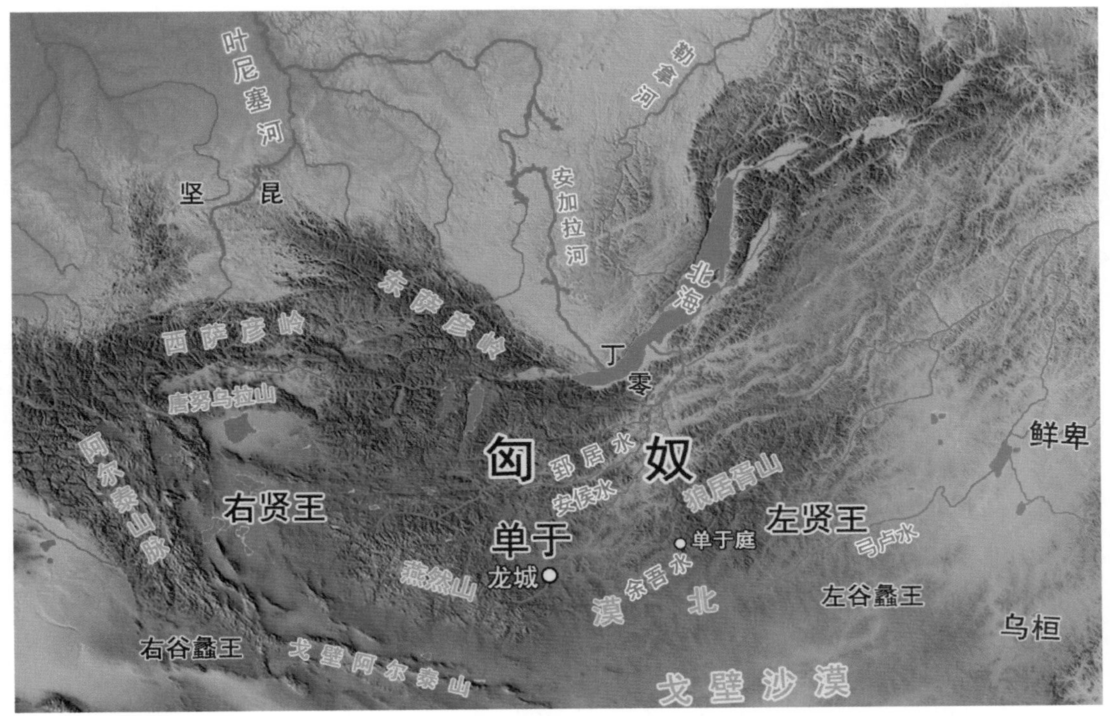

图 4-21 北海（贝加尔湖）

苏武在土窟内安身，野鼠做伴，掘草为食，年复一年，只为信念而活。

苏武将那一柄丝绸包裹的汉节看得比性命还重要，常端在手中，睹物思归。如此日复一日，也不知年节岁时，但见节旄落尽，只剩得一把光柄。

过了五六年，那年特别寒冷，连野鼠都冻死不少，苏武勉强扛过了冬季，瘦骨伶仃的他快坚持不住了。且鞮侯单于之弟於（wū）靬王到北海射猎，正好遇到苏武。於靬王敬其忠义，心生怜悯，赐苏武羊血羊奶，苏武这才捡回一条命。

於靬王张起毡帐，驻在北海之上，日常领众四出射猎，发现苏武编织的渔网很有用。苏武不似从前寂寞，相聚日久，彼此熟悉，闲时便替於靬王结网捕鱼，矫正弓弩，修理猎具。

於靬王见苏武是个能工巧匠，愈加赏识，便命麾下供给其衣食。苏武方脱下身上破旧衣服，换上新衣，弃却野鼠草食，吃羊肉饮牛乳。

又过了 3 年余，於靬王忽得重病，临死前拨出许多牛羊骏马、穹庐用具等，赐予苏武，并威吓丁零人不得骚扰。苏武依然孤身一人，但有了各种牲畜器具，日子好过多了。然而丁零人闻知苏武牲畜众多，便来偷盗一空，苏武的生活再次陷入穷困，但那一柄汉节始终没有丢弃。

天无绝人之路，苏武的好友李陵来了。

苏武出使一年多后，李陵投降匈奴。武帝杀了李陵全家后，单于将女儿嫁给李陵，封李陵为右校王，势力范围是贝加尔湖西侧的大片地方，这里的人统称为坚昆，控弦3万。李陵投降时，手下没几个汉兵，他在匈奴势单力薄，根本掌控不了坚昆人。但是匈奴公主嫁给李陵时，带了人马过来，这让李陵逐渐控制部分坚昆骑兵。

公元前96年，且鞮侯单于去世，其子狐鹿姑单于即位。狐鹿姑单于与李陵的匈奴夫人同父同母。此后李陵的实力突飞猛进，兵强马壮，融入匈奴这个群体。

且鞮侯单于曾令李陵去劝降苏武，但李陵自己就是降将，没脸见苏武，只派人接济苏武衣食。狐鹿姑单于即位几年后，苏武家发生了几件大事，李陵认为时机成熟，决定亲自去劝降苏武。

李陵率一支军队，以及奴隶仆从无数，数车食物，到北海见苏武。

当年武帝跟前的五位侍中，按年龄大小分别是上官桀、苏武、霍光、金日磾、李陵，武帝认为这五人都忠心耿耿。可是五人互相知根知底，上官桀力能扛鼎也很会演戏，苏武人品好对武帝赤胆忠心，霍光眼神深邃神鬼莫测，金日磾大义灭亲连亲儿子都杀，李陵有名将之风却恃才自傲。李陵只敬重苏武一人，苏武也对李陵颇有好感。

二人久别重逢，苏武早闻李陵投降匈奴，也不点破，只饮酒叙旧。酒酣耳热之际，李陵说出了几件事情。

苏武的长兄奉车都尉（军职四品）苏嘉，跟随武帝到雍都棫阳宫，扶着天子的车驾下殿阶，碰到柱子，折断了车辕。苏嘉伏剑自刎，武帝赐钱200万安葬。

苏武的三弟骑都尉（军职四品）苏贤，跟随武帝到河东祭祀，结果宦官骑马与一位驸马爷同乘一船，船翻后驸马爷淹死。武帝派苏贤查案，结果牵连到多位王侯，苏贤不愿开罪他们，便服毒自杀，了结此案。

苏武的母亲已去世，苏武的夫人带着独子苏元改嫁，苏武的两个妹妹和一个小弟不知去向。

讲完这几件事，李陵开导道："人生有如朝露，当日我初降之际，终日恍惚，痛不欲生。后闻天子诛灭家人，再无所顾虑。今子卿（苏武）家也后继无人，且天子春秋已高，法令无常，大臣无罪被诛灭者不下数十家，连太子、皇后都未能幸免。朝政如此混乱，子卿纵然归国，为谁尽节？"

李陵想用同理心说服苏武，但在苏武看来，苏嘉和苏贤自杀是忠心之举，反而更坚定了他效仿兄弟、一心事主的决心。至于母亲去世，娇妻带子改嫁，苏武心中何等酸楚，但他立志不降。

苏武含泪对李陵道："吾父拜为将军，爵列侯，吾兄弟官居两千石，随侍天子左右。吾愿肝脑涂地，杀身以报，虽斧钺汤镬亦所甘心，请勿再劝。"

李陵劝说未果，只能回去，派人遍告周边丁零部落，若有抢夺苏武财物者，灭族。

回去后李陵自然不甘心，便用其妻名义，赐予苏武牛羊数十头。

苏武对匈奴的牛羊美酒倒是来者不拒。一次痛饮美酒后，送酒的匈奴女子忽然凑了上来，李陵的美人计成功了。

李陵寻美女的意图是给苏武做伴，最好和苏武生个儿子，延续苏家血脉，以此断却苏武回汉朝的决心。不久苏武与胡女生下一子，取名苏通国。

等到汉武帝驾崩，李陵又到北海来见苏武。

喝了几杯酒后，李陵故意轻描淡写地问："子卿（苏武），还想回去见天子吗？"

苏武苦笑道："我偷生北海，只为再见天子一面，死也甘心！"

李陵不动声色道："近日汉地边界自太守以下至吏民，皆穿素服，说是天子已崩。"

苏武闻言脸色发白，颤抖问道："真有此事？"

李陵故作平静答道："真有。"

苏武听了整个人像散了架一样摊在地上，捶胸顿足，又爬向南号哭，撕心裂肺，五内俱焚。

李陵想到自己全家被戮，也泣下沾襟，遂劝慰一番，便自行归去。

两年后狐鹿姑单于去世，壶衍鞮单于几乎忘记了那个被祖父囚禁的苏武。

苏武命不该绝，当年的随从常惠竟悄然联系上出使匈奴的汉使，请求带苏武和自己回去。

壶衍鞮单于还是派李陵去北海，将苏武先接到龙城。

李陵见到苏武，举杯感慨道："今子卿（苏武）归国，名扬匈奴，功显汉室，虽古史所载，丹青所画，不能胜过足下，但恨陵不能相偕还朝。今家族被诛，为世人所耻笑，陵有何颜面南归故乡。从此一别，彼此异国，恐成永诀！"

李陵说到此处，悲愤交集，遂起舞作歌道："经万里兮度沙漠，为君将兮夺匈奴。路穷绝兮矢刃摧，士众灭兮名已颓。老母已死，虽报恩，将安归？"

李陵歌罢，透骨酸心，流下两行眼泪，苏武也为之泪下。归欤尚握汉臣节，留者永衣胡人衣。李陵同时代出现苏武这个披肝沥胆的大忠臣，反衬李陵之不忠，这也是李陵的悲哀。

公元前 81 年春，苏武踏上归途。

当年苏武出使匈奴，随行百余人，如今只有苏武、常惠、徐圣、赵终根等 9 人南归，外加一个马宏，共计 10 人。武帝晚年，马宏跟着光禄大夫王忠出使西域，路过楼兰，被楼兰告知匈奴，发兵截击，王忠战死，马宏被擒。

苏武出使时 40 岁，如今须眉尽白，手中尚持汉节，旄头早已落尽。朝堂上公卿赞不绝口，自愧不如。苏武朝见昭帝，缴还使节，奉诏谒告武帝陵庙。

昭帝授苏武为典属国（官职三品），赐钱 200 万，田二顷，府邸一套。常惠、徐圣、赵终根授为光禄大夫（官职四品），其他人年老，各赐钱 10 万归家。唯独马宏没有封赏，因为他的上级王忠战死，他却活着，不惩罚已经是开恩了。

苏武原来有一子名为苏元，留在匈奴的胡妇也生了一子名为苏通国。壶衍鞮单于放苏武归国，却留了一手，扣下胡妇和苏通国，还好有李陵帮助照顾。

大将军霍光与左将军上官桀看到了一个打击匈奴的机会，便派李陵昔日好友任立政出使匈奴，劝李陵率部归降。霍光、上官桀的话李陵根本不信，他不想再次受辱，拒绝南归。

而此时，霍光与上官桀的斗争进入决胜阶段。

公元前 87 年，武帝驾崩前，将兵权交给大将军（军职一品）霍光、车骑将军（军职二品）金日磾、左将军（军职二品）上官桀。其实三人早就联姻，上官桀独子上官安娶霍光长女，金日磾次子金赏也娶霍光之女。若非上官桀再无儿女，否则也要和金日磾联姻。

公元前86年，武帝驾崩一年后，金日磾去世。霍光奏请昭帝追封其为秺侯，食邑3000户，次子金赏（霍光女婿）袭爵。金日磾的父亲是匈奴休屠王，他在汉朝没有根基，因此死后留下的势力几乎都倒向与他有联姻关系的霍光。

昭帝年少，朝中一山不容二虎，上官桀当然也会拉拢其他实力强劲的人物。

这年五月，益州郡廉头、姑缯起兵叛汉，杀长吏。牂牁郡谈指、同并等24邑，三万余人皆叛。上官桀遣亲信水衡都尉吕破胡发犍为郡、蜀郡1万余人击益州郡、牂牁郡，大破之。

昭帝即位时，武帝仅存三子中的另外两个——燕王刘旦与广陵王刘胥是同父同母兄弟，二人心中闷闷不乐。燕王刘旦为长兄，更存篡夺之意。为了安抚燕王、广陵王，昭帝各益封13000户，并加赐燕王钱3000万。

昭帝的玺书送到蓟城，燕国群臣悲痛，刘旦一心谋夺帝位，怒道："我当为帝，更受何人之赐！"

燕王刘旦与中山哀王之子刘长、齐孝王之孙刘泽等密谋起兵，亲弟弟刘胥不敢参与。刘旦效仿刘姓灭诸吕的过程，当年文帝以惠帝子都非亲生为由全部杀之，刘旦遣人到各郡国，散布消息说刘弗陵（昭帝）非武帝之子，而是大将军霍光之子。刘弗陵出生前十多年，武帝确实没有其他子嗣，属晚年得子，因此不少人将信将疑。

燕王刘旦召集各地亡命之徒，扩充军队，收聚民间铜铁制造兵器，不时亲自出外操练。刘旦出入亦用天子仪仗，左右近臣皆称侍中，谋反之心昭然。

刘旦没有想到的是，他的一举一动朝廷都看在眼里，并在其身边布下了天罗地网。时机一到，青州刺史隽不疑便将刘泽及其党羽捉拿。隽不疑是渤海郡名士，御史大夫暴胜之举荐其为廷尉，武帝没有采纳。这次隽不疑用雷厉风行的手段处理皇室宗亲，可见暴胜之还是很有眼光的。

大将军霍光以昭帝的名义下诏处斩刘泽，将隽不疑调回长安，擢升为京兆尹。

接着左将军上官桀亲自率军北上燕国。上官桀何许人也，当年领着区区几个人就敢深入康居国抓捕郁成王的英雄。汉军未至，燕国群臣几乎都反对燕王刘旦，有的劝谏其请罪，很多人打算第一时间投降。等到汉军兵临城下，燕军大开城门迎接，毫无抵抗意志。

刘旦吓得六神无主，对着上官桀叩头请罪。想象中血流漂杵的局面没有出现，上官桀没有霍光、金日磾这等出身，几乎靠一己之力从羽林郎奋斗到军中第一名将，权倾朝野，绝不是只会杀人。

上官桀扶起燕王刘旦，请其上座，自己站在一旁，屏退左右叙话。上官桀得到刘旦的承诺后，上书说的都是燕王的好话，燕王成为上官桀强大的外援。

上官桀独子上官安娶霍光长女，生下一女，年方5岁，昭帝彼时也只有11岁。上官桀从燕国回去后，将孙女嫁给昭帝，先册封婕妤，后立为皇后。上官安以皇后父亲的身份拜车骑将军（军职二品），封为桑乐侯，食邑1500户。看起来上官桀、霍光、昭帝是拴在一起的，实际上这个关系链是很脆弱的。

上官安在军中顶替了已故的金日磾，现在军方三大将军是大将军（军职一品）霍光、车骑将军（军职二品）上官安、左将军（军职二品）上官桀。

上官桀拉拢的人物，还有鄂邑公主、御史大夫桑弘羊、苏武的儿子苏元等。

鄂邑公主是昭帝唯一在世的姐姐，昭帝即位后，增加其封邑13000户。在上官安的女儿封皇后的过程中，鄂邑公主在昭帝面前说了好话。鄂邑公主嫁给盖侯王受，其子王文信嗣爵。鄂邑公主年过40，孙子都有了，却有一个情夫丁外人。上官安想为丁外人求一个列侯爵位，遭到霍光反对，昭帝也觉得不妥。

公元前80年，左将军上官桀与大将军霍光两方火并，从未上过战场的霍光全胜。在这次火并中有个关键人物张安世（张汤之子），任光禄勋（郎中令，九卿之一），帐下有羽林军、虎贲营，掌帝国最忠诚的精锐之师。事后张安世封富平侯，食邑2800户。

上官桀、上官安被杀后诛族，御史大夫桑弘羊、苏元被杀，鄂邑公主自杀。燕国那边，燕王刘旦用绶带自缢，燕王后及嫔妃二十余人自杀。

苏元死后，苏武也被免官，他在汉朝就没有儿子了。又过了6年，宣帝即位时，苏武托平恩侯许广汉帮忙，派人去匈奴将胡妇所生的儿子苏通国接了回来。

铲除上官桀这一年，昭帝14岁，皇后上官氏8岁。从此霍光权倾朝野，一手遮天，再无人能掣肘他。

● 傅介子刺杀楼兰王，宣帝即位

苏武的故事告一段落，我们将视线移到西域，看看楼兰的情况。

武帝末期，楼兰王安归从匈奴率军夺位，先后截杀汉使卫司马（军职六品）安乐、光禄大夫（官职四品）王忠、期门郎遂成等。安息及大宛遣使前来汉廷贡献，路经楼兰，也被楼兰人杀死，并夺取贡物。

由于巫蛊之祸，加上霍光与上官桀争权，有十几年时间汉朝无暇西顾。

公元前78年，大将军霍光遣骏马监（官职七品）傅介子出使大宛。汉朝通往大宛之路，途中的楼兰、车师、龟兹等国地界早就过不去了，只能绕行丝路南道。傅介子是毛遂自荐要去的，而且他不绕道，就走丝路北道，经过楼兰、龟兹二国。

傅介子祖上是开国功臣傅宽，封阳陵侯，食邑2600户。门阀集团的一些子弟确实有先辈遗风，轻死重气，在战场上甘死如饴。

傅介子到了楼兰，责备楼兰王安归道："王何以私教匈奴拦杀汉使？汉起大兵，不日将至。"

楼兰王安归从小在匈奴长大，回楼兰夺位后，将异母弟尉屠耆赶到汉朝为质，可谓一箭双雕。

傅介子到了龟兹，对龟兹王道："从居庸关到玉门关，汉廷已备足二十余万骑兵，要一举攻灭匈奴，大王好自为之。”

龟兹王杀了汉朝在西域的屯田校尉赖丹，不过这是巫蛊之祸前的事情，时间将近20年，新龟兹王是当年杀屯田校尉的龟兹王之子。龟兹不是楼兰，实力强得多，距离也远一些，没那么容易被吓倒，但新龟兹王也忌惮汉朝的军力，不敢截杀傅介子。

傅介子到了大宛，归路又至龟兹，这次他获得一个重要情报：匈奴使者从乌孙回去，也在龟兹国。

傅介子听说后抚掌击节，传令弃却辎重，数十吏卒顶盔掼甲，各执兵器，轻骑直闯匈奴使者馆舍。银鞍照白马，飒沓如流星。数十汉军乘其不备，一拥而入，将匈奴使者杀死，枭首驰归。

不过霍光对此不以为然，既然龟兹和楼兰没有为难汉使，汉朝没有必要在西域无事生非，主要精力还是要放在匈奴上。因此霍光以昭帝的名义下诏，傅介子转授为平乐厩监（官职七品），补为中郎（官职八品）。

骏马监和平乐厩监都是养马的官，品级一样，傅介子没有升官。不过中郎虽然官不大，却可以上朝，眼界是不一样的。

傅介子不甘心，他有很多榜样，比如赵破奴破楼兰封为浞野侯，王恢破车师封为浩侯，李广利破大宛封为海西侯，成娩破车师封为开陵侯。

傅介子还想立功，便向霍光提议：“楼兰、龟兹二国，反复无常，朝廷空言责备，若不加诛，将来后患无穷。”

霍光正打算对匈奴、乌桓用兵，便直言道：“楼兰、龟兹相去遥远，且烽燧废弃，沙碛延绵千余里。昔日李广利远征，劳师绝域，兵挫于坚城之下，如宋公之自衄于泓也。”霍光的意思是，若兴师远征，未必能取胜，即使取胜亦损兵折将。他讲了一个典故，春秋时宋襄公为了称霸中原，在泓水列阵迎战楚军，结果大腿中箭，不久就死去。霍光说李广利损兵折将，不自量力，自取其辱，他与李广利有私仇，偏见较深。

傅介子知道大将军绝不会轻易发兵，又出主意道：“若置之不讨，转损国威。龟兹虽有八万众，但地方广大，人口分散，龟兹王身边亲卫不多，不如借出使之名刺杀之，另立亲汉新王，威慑西域诸国。”

此时汉朝不仅面临匈奴的军事压力，而且湟水流域的羌人、巴蜀以南的西南夷随时都可能兵变，霍光不想在西域惹事，说道：“王者之于西域戎狄，叛则征讨之，服则安抚之。刺杀夷狄王者，此盗贼之行，今后遣使西域诸国，谁肯轻信？”

傅介子接话道：“夷狄者，歼之不为不仁，夺之不为不义，诱之不为不信。何也？信义者，人与人相与之道，非以施之非人者也。”傅介子这话是没把楼兰人当人看，自然不必讲信义。

霍光眼中露出一道杀气，旋即神光内敛，面朝傅介子道：“龟兹所杀屯田校尉赖丹本为扜弥人，汝袭杀匈奴使者，二事可相抵。楼兰王却三次杀我汉使，其心可诛。龟兹道远，不如以楼兰王首级祭祀。”

其实霍光早就想刺杀楼兰王，只不过话要先由傅介子讲出来，万一事情不成，后果肯定也是傅介子承担，这就是霍光的高明之处。

霍光完全不考虑出征西域，因为他正要出兵匈奴、乌桓。当年霍去病漠北大战，乌桓协助汉军战胜匈奴左部，霍去病兑现承诺，允许乌桓在上谷、渔阳、右北平、辽西、辽东五郡塞外牧马。朝廷置护乌桓校尉（军职四品），管理监督乌桓五部，使之疏远匈奴，为汉朝侦察匈奴动静。

这些年乌桓趁匈奴衰落抢了不少草场，有崛起的迹象，甚至掘了一座单于墓。匈奴得知此事，上下怨恨，于是胭脂左贤王发兵两万骑，攻入乌桓领地。

大将军霍光与女婿中郎将（军职四品）范明友商议后认为，匈奴与乌桓相争，谁也灭不了谁，让他们互相消耗，汉军无所为，是上策。然而乌桓这些年不服护乌桓校尉管束，不时反叛，任由其发展，将来恐怕很难制约。

公元前 78 年冬，霍光请昭帝拜范明友为度辽将军，领两万骑北上攻击匈奴。范明友率军抵达辽东，胭脂左贤王早就逃之夭夭。范明友调转马头，突袭乌桓骑兵，乌桓人望风逃跑。范明友挥师追击，斩 6200 级而回。

经此一战，乌桓再不敢反叛朝廷。昭帝封范明友为平陵侯，食邑不详。

公元前 77 年三月，傅介子率精兵百人，赍持金银币帛，一路扬言奉天子诏令，颁赐西域各国。四月，傅介子来到楼兰。楼兰的位置如图 4-22 所示。

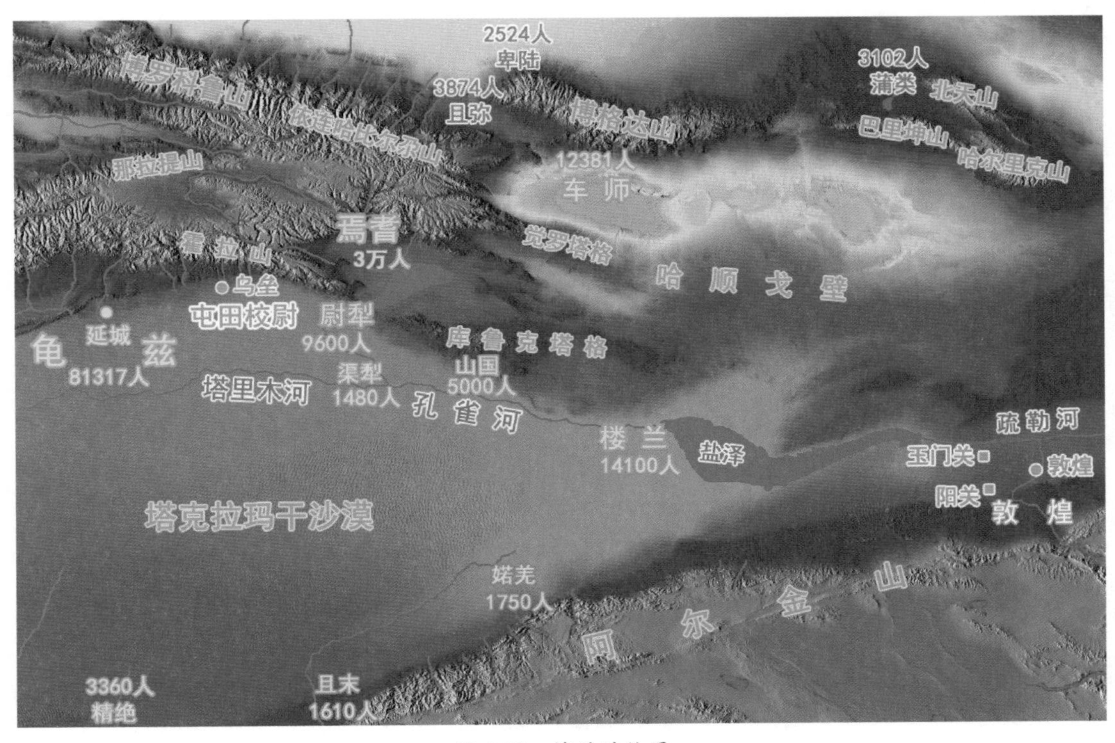

图 4-22　楼兰的位置

楼兰王安归亲自接见，但左右亲卫环绕，各带兵器，严阵以待。

傅介子见难以下手，皱眉喝着葡萄美酒，心生一计。

傅介子连夜整装，遣人辞别楼兰王，看似准备启程西行。楼兰王派人探知虚实，傅介子故意将所带黄金锦绣取出，与楼兰人观看，告之曰："我此来奉天子命，携此珍贵之物，遍赐各国。今到汝国，汝王以重兵相压，此非对上国使臣之礼也。汝可回去告知汝王，若不速来受取，我即前往他国矣。"

楼兰王闻言，相信傅介子此行并无恶意，绝不敢过于开罪汉使，毕竟楼兰是汉朝通往西域的第一国，此前被赵破奴灭过一次。

傅介子一路行到楼兰国西界，楼兰王随带国中贵人和亲兵数百人追来，望见傅介子，笑容满面。

傅介子将楼兰王等 10 余人迎入帐中坐定，排下筵宴，一同入席饮酒。副使将黄金锦绣陈列筵前，楼兰王见了不觉眉飞色舞，遂与傅介子开怀畅饮。

饮到酒酣耳热，傅介子见楼兰王目眩神迷，十几个楼兰贵人及亲兵面色微醺，皆有醉意，便举杯掷地。汉军倒酒的二人双剑齐出，从楼兰王背后刺入，剑尖直透其体，从前胸穿出，楼兰王大叫一声，立时倒地而死。

楼兰贵人亲兵酒醒了八九分，都跳起来拔刀，傅介子大吼一声："汉兵将至，毋动，动，灭国矣！"

楼兰贵人面面相觑。傅介子又道："楼兰王安归私通匈奴，劫杀使者，罪在不赦，天子遣我前来诛王。今王安归既已伏诛，其余一切如故。现有王弟尉屠耆在汉，汝等当立之为王。汉兵不日将到，汝等勿得妄动，以免自取灭亡之祸。"

楼兰贵人闻言，只得连声应诺，傅介子命他们各就原职，等候新王尉屠耆。

傅介子便枭楼兰王安归首级，飞马入玉门关，又一路乘坐驿车，赶到长安，奏知大将军。

霍光命将楼兰王首级悬挂在未央宫北阙之下示众，待遇等同南越王赵建德、大宛王毋寡。

楼兰阴事匈奴阳奉汉，傅介子夺楼兰之魄，寒匈奴之胆。昭帝封傅介子为义阳侯，食邑 759 户，立尉屠耆为楼兰王，改其国名曰鄯善。

公元前 74 年，昭帝刘弗陵驾崩，年仅 20 岁，在位 12 年，葬于平陵。此时上官皇后只有 14 岁，两人并无子嗣。后宫佳丽不少，但昭帝也无其他子嗣。昭帝从未亲政，大小事情决于霍光，历史上一直有人质疑他的死可能与霍光有关。

武帝六子（如表 4-1 所示），还剩广陵王刘胥。卫霍集团与刘胥的仇恨三天三夜也讲不完，霍光不可能立刘胥，转而在武帝的孙子辈中寻找目标。太子刘据的儿子已故，齐王刘闳早夭，燕王刘旦与广陵王刘胥的儿子直接排除，昭帝刘弗陵没有儿子，就剩昌邑王刘髆的独子刘贺。

刘贺 4 岁时，父亲昌邑王刘髆去世，如今刘贺也不过 18 岁。

刘贺好游猎，驰驱昌邑国中，一日两百里，动心娱目，不知休息。刘贺生性喜欢与宦官厨夫相聚一处，狗马声色，俾昼作夜，穷奢极欲，国事一概不管。不过昌邑国也有忠臣，比如中尉王吉、郎中令龚遂，都经常劝谏刘贺勿要宴安鸩毒。

表 4-1 汉武帝六子

1 刘彻（汉武帝）	太子刘据（母卫皇后，属卫霍集团）	刘进（母史良娣）	4 汉宣帝刘询（母王翁须）
	齐王刘闳（母王夫人）		
	燕王刘旦（母李姬）		
	广陵王刘胥（母李姬）		
	昌邑王刘髆（母李夫人，属李广利集团）	3 汉废帝刘贺（昌邑王、海昏侯）	
	2 汉昭帝刘弗陵（母钩弋夫人）		

注：绿色为皇帝，数字为即位顺序。

由于刘髆的舅舅李广利被诛族，这个仇肯定要算到霍光头上。国不可一日无主，霍光本来没考虑刘贺，可是听闻刘贺不问国事的性格后，打算给刘贺一个月试用期。

霍光以上官皇后之名作成玺书，遣大鸿胪（九卿之一）行少府事的史乐成、宗正（九卿之一）刘德、光禄大夫丙吉、中郎将利汉，往召昌邑王刘贺入京主丧。

刘贺率昌邑国大小官吏200余人抵达长安城外，霍光率群臣出迎。刘贺车驾一路行来，诱取民间貌美女子，暗藏车内取乐，到长安时人数已不少了，却仍想遮人耳目，令霍光哭笑不得。

霍光与刘贺并肩站在高台上，北军五校顶盔掼甲，各营将领下马在台下行礼，向大将军问安。礼毕便是操练，只见旌旗蔽日，尘土遮天，将士兵强马壮，训练娴熟。

刘贺没见过如此宏大的场面，言不由衷地奉承霍光道："大将军，幸好是友非敌，否则我必落荒而逃，或奉上首级。"

霍光甚是得意，笑道："王爷夸奖，愧不敢当。我出身将门，镇守边陲，抚定蛮夷，原是本份的事。"

只听号角声响，北军五校齐声呐喊，声震四野，刘贺吃了一惊，双膝一软，一屁股坐到高台上，顿时面如土色。

6月丙寅日，霍光率领群臣奉上天子玺绶，刘贺遂即帝位，尊14岁的上官皇后为皇太后，葬昭帝于平陵。

刘贺即位之后，立即授昌邑国相安乐为卫尉（九卿之一，守宫城），保护自己安危。从昌邑国过来的200余人各有封赏，其中不少人授两千石以上大官。

对昭帝的老臣，刘贺一个都没封赏。刘贺把长安当成了昌邑，带着一帮新封的昌邑官员，驾天子、太后车驾，驱驰北宫、桂宫。桂宫和北宫，一般是被贬的皇后居所，也有先帝的嫔妃、宫女，都修筑复道连接未央宫。刘贺在两宫中射野猪斗猛虎就罢了，最离谱的是，他还淫乱先帝的嫔妃宫女。

权臣迎藩王入京即位，早在汉初就有先例，太尉周勃迎代王刘恒入京称帝，是为汉文帝。文帝为了稳定局面，将女儿嫁给周勃的儿子周胜之，在吕雉的旧臣中立了一个王，封（或益封）了 16 个列侯、98 个关内侯。文帝对代国旧臣倒是显得格外吝啬，封侯的仅两人。藩王入京应该如何稳定局势，文帝几乎是写下了教科书。等自己能掌控大局，文帝还是逼死周勃，杀掉女婿周胜之。

刘贺的其他行为老臣们还可忍受，但没有任何封赏实在令人胆寒。将来等刘贺掌控了局面，这些老臣还不是案板上的肉？尤其是霍光，卫霍集团与李广利集团本来就势不两立，别人或许还存有侥幸心理，霍光知道若不先下手，霍氏早晚会被诛族。

昌邑国这些人见霍光总揽大权，便在刘贺面前商议，如何除霍光，再驱逐各大臣，改用昌邑群臣。霍光经营长乐宫、未央宫多年，这些话很快就传到了他的耳朵里。

霍光立即在未央宫举行朝会，请昭帝时两千石以上旧臣参加，右将军张安世率羽林军护场。

人到齐后，霍光说道："昌邑王行为昏淫，恐危社稷，如何是好？"众人闻言，俱大惊失色，目瞪口呆，面面相觑，竟无一人答话，口中应道："是，是。"

大司农田延年奋然离座，行至群臣之前，手按佩剑，对着霍光声色俱厉道："先帝托将军以幼孤，寄将军以天下，因见将军忠贤，能安刘氏也。今长安鼎沸，社稷将倾，若使汉家绝祀，将军虽死，何面目见先帝于地下乎？今日之议，不得迟疑，群臣若有不从者，臣请以剑斩之。"

田延年是霍光的门生，本任河东太守（官职三品），霍光调其入京，擢升为大司农（九卿之一，官职二品），目的就是让他干别人不敢干的事。

霍光假意拱手称谢道："大司农责光是也，天下汹汹不安，光当受责。"

文武大臣见此情形，心知废立势在必行，有大将军及其心腹冲在前面，不如顺水推舟，遂齐向霍光叩头说道："唯大将军令，不敢不从。"

霍光见群臣并无异辞，再不演戏，拿出太后诏书，迁光禄勋右将军张安世为车骑将军，掌长安乃至关中兵权。

霍光一个眼色，张安世取出预先写好的奏章，由丞相杨敞领衔，群臣依次署名。群臣署名完毕，跟随霍光前往长乐宫，入见皇太后，备述昌邑王淫乱情形，请太后下诏废之。上官太后只有 14 岁，当然全听外祖父霍光安排。

秋 7 月，上官太后身服珠襦，在未央宫承明殿武帐中传诏刘贺和群臣。羽林军数百人持戟排列两旁，虎贲营执刀陈列殿下，群臣各依班次上殿，却没有一个刘贺熟悉的昌邑国面孔。

张安世率羽林郎围守宫外，凡昌邑群臣入宫，来一个擒一个，200余人，不曾走脱一个。

刘贺至承明殿，跪听上官太后诏命。只听宦官宣读自己的罪行，主要是说：先帝大丧期间，不穿素服，私纳民女，毫无悲痛之情；昌邑随行官吏200余人，无功授两千石多人；麾下驾太后车驾，驱驰北宫、桂宫，射野猪斗猛虎；沉湎于酒，荒耽于色，淫乱先帝嫔妃宫女等。刘贺与麾下一共有1127件罪状，最后结论：失帝王礼，当废。刘贺迷迷糊糊，直到听见最后这6个字，才如梦方醒。

刘贺立刻站起来仰首道："天子有诤臣七人，虽无道，不失天下。"刘贺这句话出自孔子，意思是天子身边有7位勇于直谏的忠臣，即使天子无道，也不会失去天下。言外之意霍光等人都不是忠臣，不应该废自己帝位。刘贺随口便可引经据典，文化素养还是可以的。

霍光听了果然勃然大怒，接口道："皇太后有诏废王，怎可仍称天子？"霍光边说边走近刘贺，解其玺绶，奉与太后。

霍光又对刘贺道："王所行自绝于天，臣宁负王，不敢负社稷，愿王自爱！"说罢令宦官强行扶刘贺下殿。

刘贺做了27天皇帝便被废除帝位，史称汉废帝。而且，刘贺连昌邑王也未能保住，直接被贬为庶人，保留汤沐邑庶民2000户。昌邑国除，改为山阳郡。王侯的封地一般称封国，皇太后、太后、公主的封地一般称汤沐邑，刘贺失去王爵，连侯爵都没有，因此封地称为汤沐邑。当初昌邑国有17万户、80万人，如今刘贺却只剩2000户、1万人。

霍光命将昌邑入京的200余人一律处斩，唯有中尉王吉、郎中令龚遂屡次进谏，得免死刑，髡（kūn）为城旦。

200余人绑赴市曹，面向东方，对刘贺凄声号呼："当断不断，反受其乱！"

废了刘贺，霍光早有人选，那就是武帝太子刘据之孙刘病已（刘询），此时17岁，和霍光有亲属关系。宣帝的曾祖母卫皇后（卫子夫）是霍光之父霍仲孺的小姨子。

刘询出生那年便发生了巫蛊之祸，父亲刘进和母亲王夫人都遇害，他从小就在狱中。狱卒喂以稀粥，任其屎尿淋漓，也无人替他更换。刘询从小面黄肌瘦，总是一副奄奄一息的样子，狱卒以为他随时要死，称其为刘病已。几个月后廷尉右监（官职五品）丙吉发现了这个皇曾孙，立即将其移到高燥宽敞处居住，又派狱中年轻刚生育的女犯二人为乳母，日夜轮流照料。

一年后武帝后悔不该杀太子，丙吉这才上报，说狱中有这么个皇曾孙。但武帝怎会认错，丙吉便将刘询送到太子妃史良娣的母家史府，武帝默许。武帝驾崩前，下遗诏命宗正将刘病已的名字登入簿籍，并收养于掖庭（后宫中等级较低的嫔妃和宫女的居所，有劳作场所），令掖庭令张贺奉养。

掖庭令是主管后宫嫔妃宫女的，由太监担任。张贺是张汤之子，太子刘据的亲信，在巫蛊之乱中受宫刑。也就是说，刘询4岁时才得到卫霍集团的庇护。

张贺请人教武帝曾孙读书写字，还想把女儿嫁给他。

张贺之弟张安世当时拜右将军，立即阻止兄长，意思是要嫁女儿你就嫁给现在的天子

（昭帝），嫁给武帝曾孙（刘询），恐怕会惹霍大将军怀疑。当时霍光的外孙女是皇后，其他嫔妃当然日子不会好过，天子（昭帝）一直无子，要是哪个嫔妃生个儿子，恐怕会招来杀身之祸。思虑再三，张贺也就放弃了，女儿既不嫁武帝曾孙，也不嫁当朝天子。

张贺安排许广汉照顾刘询，许刘二人同处一室，关系亲密。

许广汉是昌邑人，曾为昌邑王的郎官，后因罪处以宫刑，入宫做了宦者丞，与上官桀关系不错。后来霍光铲除上官桀，许广汉包庇其藏的数千条绳索，霍光将他送入掖庭，后任暴室啬夫（主管宫中织作染练作坊）。

刘询逐渐长大，满朝公卿列侯的想法与张安世一样，都不敢把女儿嫁给刘询，免得天子和霍光起疑。

许广汉在受宫刑前有一个女儿叫许平君，原本许配给欧侯氏之子为妻，没想到欧侯氏之子忽然病死，许广汉就把女儿嫁给了刘询。

刘询娶了许平君，生下一子叫刘奭。少年刘询喜游侠，足迹行遍三辅。

随着昭帝驾崩，霍光先立后废刘贺，再扶立17岁的刘询为帝，是为汉宣帝。

宣帝即位后，下诏博陆侯大将军霍光益封14850户，总食邑17200户。值得一提的是，霍光之兄霍去病总食邑只有17600户，从未上过战场的霍光，待遇竟与其兄霍去病相当。

车骑将军张安世益封10600户，总食邑13640户。

龙额侯前将军韩增益封1000户，总食邑2300户。

后将军赵充国封为营平侯，食邑1279户。

平陵侯度辽将军范明友，益封至2920户。

安平侯丞相杨敞益封4847户，总食邑5547户。

左冯翊田广明封为昌水侯，食邑2700户。

大司农田延年封为阳城侯，食邑2453户。

少府便乐成封为爰氏侯，食邑2327户。

光禄大夫王迁封为平丘侯，食邑1253户。

阳平侯御史大夫蔡义，益封至700户。

此外赐爵关内侯者8人，其中苏武就是在此时得封关内侯，食邑300户。

霍光废刘贺，迎立宣帝，大权独揽，威震朝野，人人畏服。

霍光把小女儿霍成君嫁给宣帝，打算立为皇后，文武百官安敢不从。宣帝是个重情义之人，确实深爱许平君，对大将军说什么都可以依你，就是请立平君为皇后。

宣帝与霍光是亲戚，再加上霍光认为这件事有回旋余地，便答应立许平君为皇后，但不能立刘奭为太子。意思是等霍成君生了皇子，当然是立此子为太子。双方都作为一种权宜之计，互相妥协。霍光与许广汉本来就有过一段不愉快，为了打压许氏外戚，霍光借口许广汉受过宫刑，不得封侯，宣帝只好封许广汉为昌成君。

西汉皇帝即位第一年都要选风水宝地修帝陵，可宣帝即位后，霍光不许其修帝陵，故而说明刘询仍有随时被废黜的可能。

● 汉朝与乌孙合击匈奴，龟兹成汉家女婿

话说傅介子刺杀楼兰王，汉朝再次与乌孙建立联系。当年武帝以楚王刘戊的孙女刘解忧为公主，嫁与乌孙昆弥军须靡（岑陬）。军须靡去世前，本要立自己与匈奴公主所生的泥靡为太子，但泥靡年龄小，军须靡的叔父大禄实质上已经拥兵自立，军须靡便传位给堂弟翁归靡（大禄的儿子）。

翁归靡身形粗壮，肚子圆如牛皮大鼓，号称肥王。按照乌孙风俗，新的昆弥翁归靡复娶解忧公主。解忧公主与军须靡没有子女，后来与翁归靡（肥王）生了三子二女，长子元贵靡已经是乌孙世子，次子万年在汉朝为质，三子大乐是乌孙的左大将，长女弟史嫁给龟兹王，次女嫁给乌孙若呼翕侯。

乌孙在西域影响力愈发大，虎啸风生；乌孙与汉朝的关系愈加深，用夏变夷。这是匈奴无法容忍的，昭帝时匈奴发兵与车师共侵乌孙。解忧公主派人到长安，以肥王之名，愿发乌孙一半精兵，与汉朝一起夹攻匈奴。乌孙势力范围如图 4-23 所示。

图 4-23　乌孙势力范围

从汉朝的角度看，乌孙请求合击匈奴，真是求之不得。当年张骞出使西域，目的就是联合大月氏共击匈奴，后来汉朝也陆续派人联合乌孙合击匈奴，但效果都不理想，想不到这次乌孙主动要求与汉联手，东西夹击匈奴。

公元前72年，朝廷征调郡国兵，要求官吏三百石以下善骑射者皆从军。当年武帝出兵，首选罪犯、恶少年、小商贩、赘婿等，霍光却从下层官吏当中征召士兵，思路不同，这样就可使民间得以休养生息，汉朝越发强大。

大将军霍光发骑兵16万，拜五将军，分道出兵，互不统属。从西往东依次是：后将军赵充国为蒲类将军，领3万骑出酒泉郡；御史大夫田广明为祁连将军，领4万骑出西河郡；度辽将军范明友领3万骑出张掖郡；云中太守田顺为虎牙将军，领3万骑出五原郡；前将军韩增，领3万骑出云中郡。

霍光又派光禄大夫（官职四品）常惠率百骑，持节前往乌孙，监护乌孙之兵。此战乌孙昆弥翁归靡（肥王）亲征，率5万余精锐骑兵东进。

汉朝与乌孙总兵力21万余，兵分六路，全面攻击匈奴。我们从西往东来看6个战场。

第一战场，乌孙5万余骑兵攻入阿尔泰山脉南麓的匈奴右谷蠡王庭，斩首数千，掳获3.9万人，获马、牛、羊、驴、骡、骆驼70余万头。

此战表现尤为抢眼的是前昆弥军须靡之子泥靡。军须靡去世时，泥靡年龄小，翁归靡继位。现在泥靡长大了，作战勇猛，为人狂放，号称狂人。乌孙大部撤兵，泥靡却又在右谷蠡王庭几百里范围内，来回三次以犁庭扫穴之势扫荡，史称“犁庭扫闾”。白刃洒赤血，流沙为之丹。

泥靡的母亲是匈奴人，他如此好战，并不是恨匈奴，而是借机提升实力。这些年军须靡的亲信部落庇护小泥靡，又跟着青年泥靡出战，抢到的战利品都归各部落，和现任昆弥翁归靡不和。

狂人泥靡率军取得大捷，又伺机对汉史下手，率部突入汉营。常惠少年时跟随苏武出使匈奴，19年后才回来，授为光禄大夫（官职四品）。现在时间又过了9年，常惠再无升迁。这次出使乌孙，是他绝佳的立功机会。然而汉军只有100人，尚沉浸在胜利的喜悦中，怎么也没想到乌孙人会突入自己营中，而且泥靡还抢走了常惠的使节和印绶。

常惠忧心忡忡地回到长安，怕宣帝治罪，便先去见霍光。按照霍光指点，常惠见到宣帝，言明愿发乌孙骑兵攻击龟兹，为屯田校尉赖丹报仇。宣帝封常惠为长罗侯，食邑2850户。

第二战场，后将军赵充国率3万骑出酒泉1800余里，本应赶到天山东部的蒲类泽附近，与乌孙合击匈奴。但是赵充国延误了战机，等他率3万骑赶到，大战已经结束，乌孙正在撤兵。赵充国便扫荡了蒲类泽以北地区，掳获壶衍鞮单于的使者蒲阴王等300余人，获马、牛、羊7000余。

赵充国是羽林郎出身，以假司马（军职六品）身份跟随贰师将军李广利出征天山北麓，他率死士百余骑，披甲操戈突围，矛戟林中横冲直撞，如入无人之境，全身二十余创，帮李广利杀出重围。武帝感叹当日血战之苦，先授中郎（官职七品），后擢为车骑将军长史（官职五品），留在朝中用事。

赵充国早就脱离李广利，他和金日磾交好，又拜在金日磾的亲家霍光门下。等霍光女婿度辽将军北上攻击乌桓时，赵充国已经是护军都尉（军职四品）了。这次与乌孙合击匈奴，几个将军中只有赵充国曾打到过天山以北，再加上年轻时的英雄事迹，霍光对赵充国寄予厚望，临时拜其为后将军（军职二品）。

不过赵充国为将的整体思路较为保守，这次他的战略是坐山观虎斗，明显延误了战机。在乌孙斩首、掳获近 4 万匈奴人的情况下，距离乌孙最近的赵充国部完全可以北上，扫荡一次匈奴右地。可惜世间只有一个卫青，一个霍去病。霍光对赵充国是既拉拢又提防，考虑到他的行军距离最远，功过相抵，不予追究。

第三战场，度辽将军范明友率 3 万骑出张掖 1200 余里，至蒲离水，距离赵充国军 600 里，随时可以驰援。范明友军没有遭遇匈奴大队人马，于是斩首和掳获共 700 余级，获马、牛、羊万余。

范明友是霍光女婿之一，年纪轻轻便以羌骑校尉（军职四品）身份随大鸿胪田广明击益州羌人，授中郎将（军职四品）。后来拜度辽将军（军职三品），北上攻击乌桓，斩首 6200 级，封平陵侯。

范明友这一路，在没有遭遇匈奴主力的情况下，战果相当可以。

第四战场，御史大夫祁连将军田广明率 4 万骑出西河 1600 里，至鸡秩山。田广明是三公之一，官职最大，兵力也最多，目的并不是北上龙城，而是将单于主力堵在漠北，令其不能增援右部。若壶衍鞮单于胆敢南下，4 万汉军铁骑完全可以迎战，加上左右侧翼有范明友和田顺两支大军随时可以驰援。

田广明军遇到出使匈奴归来的汉使冉弘等人，说鸡秩山以西有一部匈奴人。田广明却置若罔闻，下令撤兵。这一路汉军将领级别最高，兵力最多（4 万骑），却草草收场，斩首和掳获 19 级，获牛、马、羊百余。

田广明戎马一生，身经百战，立功无数，二十几年间历任天水郡司马（军职六品）、河南郡都尉（军职四品）、淮阳郡太守（官职三品）、大鸿胪（九卿之一，官职二品）、卫尉（九卿之一，官职二品）、左冯翊（官职二品）、御史大夫（三公之一，官职一品）。两年前还是左冯翊时，因协助霍光扶立宣帝，封为昌水侯，食邑 2300 户。

田广明认为他的主要职责就是把壶衍鞮单于堵在漠北，因此没有出击鸡秩山以西的匈奴，也还说得过去。但此时田广明做了一件莫名其妙的事情：塞外都尉刚去世，其棺柩还停在受降城堂内，田广明就鬼迷心窍，和都尉的寡妻通奸。

田广明此事在军中引起轩然大波。汉军奋勇作战，一旦战死，其妻就成了将军的玩物，就连塞外都尉（军职四品）都不能幸免，何况普通士兵。

再加上汉使冉弘回到长安后，告田广明迟滞不前，贻误战机。面对各方压力，霍光决定弃车保帅，给田广明治罪，而田广明害怕牵连子孙，畏罪自杀。然而这件事影响太大，田广明之兄淮阳郡太守（官职三品）田云中竟遭处决于闹市。

第五战场，虎牙将军田顺率 3 万骑出五原 800 余里，至余吾水上，斩首和掳获 1900 余级，获马、牛、羊七万余，即顿兵不前。田顺是前丞相田千秋之子，现在是云中太守，袭爵富民侯。当年田千秋不过是高陵的一个侍郎（官职十品），上书为太子刘据鸣冤，戳中了武帝的痛处，旬月之间，先擢为大鸿胪（九卿之一，官职二品），又拜为丞相（三公之一，官职一品），封为富民侯，食邑 1600 户。田千秋没有才能学术，又非功臣名门之后，更无战功，他当丞相当然很多人不服。就连壶衍鞮单于都取笑汉使道：“汉置丞相，并非任用贤人，只须一妄男子上书，便可取得。”

田顺是五路汉军中战功最大的，有人质疑他没有乘胜追击扩大战果。但从田顺的角度看，如果田广明不能齐头并进，他不孤军深入也没有错。

田顺的父亲田千秋是霍光的心腹，田顺继承了爵位，官至云中郡太守，拥有如此高枕无忧的位置，当然不想继续追击。然而有人查出田顺虚报战功，他斩首和掳获的首级、获得的马牛羊远少于上报的数目。

汉军出动 16 万骑，整体战绩欠佳，需要有人背锅，而田顺做官还只是第二代，背景浅薄，是背锅的不二人选，回去后畏罪自杀。

第六战场，前将军韩增率三万余骑出云中 1200 余里，至乌员、候山，目的是阻击匈奴左部。由于胭脂左贤王避战，韩增部斩首捕虏 100 余级，获马、牛、羊 2000 余。

韩增是韩王信玄孙、韩颓当曾孙、按道侯韩说之子。韩说死于巫蛊之祸，其长子韩兴嗣爵按道侯，不久后遭武帝清算。武帝临死前，还是要恢复韩氏爵位，便令韩说的次子韩增嗣爵。韩说曾两度封侯，龙额侯和按道侯，两任按道侯都死于非命，很不吉利，因此韩增嗣爵龙额侯。

韩增的父亲韩说是卫霍集团的死对头，霍光对他是既拉拢又提防。此战前五路都是围绕匈奴右部，只有韩增游离于外，他的军队有很强的独立性，不必考虑其他战场的形势。韩增为人圆滑，这次霍光认为韩增功过相抵，不予追究。

这次汉朝与乌孙夹击匈奴，导致匈奴右部死伤惨重，牛羊战马损失不计其数，壶衍鞮单于决定找乌孙报仇雪恨。汉朝与乌孙六路合击匈奴的路线如图 4-24 所示。

公元前 72 年冬天，壶衍鞮单于亲自率数万骑兵，加上左右贤王之兵，近 10 万人马西击乌孙。匈奴出兵一般是秋季南下，冬季北归，此番打破常规，初冬时节远征，不仅是咽不下这口气，更因牛羊损失过多，这个冬天会有无数骑士挨饿，更不用说老弱妇孺了。

匈奴此战的首要目标是抢回一部分牛羊战马及人口，其次才是打击乌孙。几日后匈奴大军出现在依连哈比尔尕山北麓，抢回牛羊不少，获得数百老弱，竟是几个月前乌孙掳获的 3.9 万人中的一部分。

根据这些人提供的线索，乌孙人押送大批匈奴人走了才一两天。

壶衍鞮单于哪肯放过夺回人口的机会，立即驱兵追击，一路沿着博罗科努山北麓，不断发现有匈奴老弱被乌孙丢下。两三天后匈奴大军抵达阿拉套山，一共找回数千匈奴老弱，但没有乌孙大军的影子，小股乌孙人也躲到山中洞穴了。

原来此为乌孙之计，故意释放数千匈奴老弱，给匈奴人增加负担，然后吸引匈奴西进，不断消耗匈奴。这样即使匈奴真的闯到阿拉套山以西，也是强弩之末了。单于本部和左部的匈奴人对西域缺乏了解，很多人是第一次闯入乌孙势力范围。

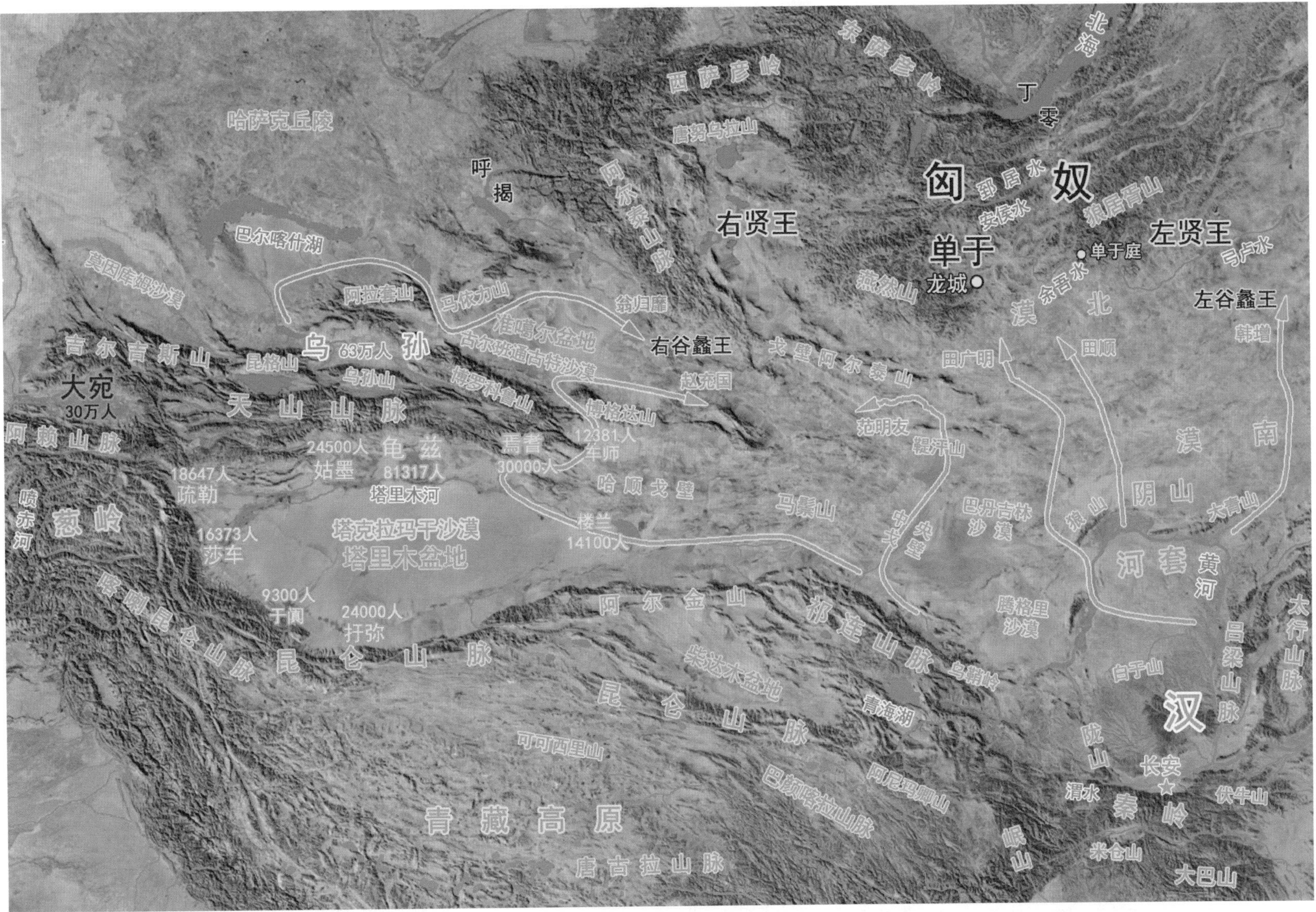

图 4-24　汉朝与乌孙六路合击匈奴

事态的发展对乌孙极为有利，隆冬天降大雪，一日就深达丈余，道路阻隔难行，匈奴大军冻死无数，最后不到1/10的骑兵逃回。

匈奴出兵后，汉朝也配合乌孙，出北方边塞试探性扫荡漠南，一共出兵3000余骑，竟然掳获数千匈奴牧民。此外朝廷令上谷郡、渔阳郡、右北平郡、辽西郡、辽东郡五郡乌桓骑兵攻击匈奴左部，也有不小的收获。

与此同时，北海（贝加尔湖）的丁零人也趁机南下，一直杀到单于庭附近。

汉朝、乌桓、丁零三方一共斩首和掳获匈奴数万级，获取战马数万匹、牛羊数十万头。

这一年匈奴连番惨败，总人口损失三成，牛羊战马损失过半，国力虚弱，丁零、鲜卑、乌桓、坚昆、呼揭等羁縻势力皆瓦解，甚至还反击匈奴。

公元前71年春，昭帝驾崩已3年，霍光假装要将政事归还宣帝亲理，宣帝也假意谦让不肯收受，一切政事皆先经霍光过目，然后上奏。

宣帝即位前皇后许平君生一子，即位后皇后又生一子，而霍成君的肚子却不见动静。霍光忍不住要杀皇后，但事关重大，不能由他亲自安排，只能让其妻霍显来做，万一有事可保全家族。霍显的做法倒是简单，令女太医淳于衍直接毒死皇后，导致刚出生的皇子也夭折了。

宣帝在悲伤中也起了疑心，下诏将当日接近皇后的太医和宫女一律抓捕下狱。霍显害怕淳于衍招供，立即把她弄了出来，赏钱百万、金百斤，又为她造府邸，赐奴仆，破费无数钱财。

许皇后死后仅两个月，霍成君便成为皇后。霍光毒杀许皇后，致皇子夭折死，又立女儿为皇后，不知不觉活成了自己最痛恨的样子，已经是妥妥的大奸臣。

我们再把视线移到西域。长罗侯常惠再次来到乌孙，名义上是持金帛来赏赐乌孙有功之人，实际上他在霍光面前保证，愿借乌孙之兵灭掉龟兹。一年前常惠刚封了侯，但把使节印绶丢了，急于将功折罪。

龟兹以库车绿洲为中心，北枕天山，南临大漠，东西跨度1000多里。龟兹有6970户，81317人，控弦21076骑，是塔里木盆地人口与兵力最多的国家。龟兹国都城延城（今新疆库车附近）的位置如图4-25所示。

长罗侯常惠率100汉骑来到乌孙，途中特意绕路去了焉耆、车师、且弥等国，希望必要时这些国家能够出兵支持。

乌孙昆弥翁归靡却对龟兹不感兴趣，整个塔里木盆地诸国，人口加起来也只有二十几万，而伊犁盆地的乌孙一国就有63万人。从自然环境来说，伊犁河盆地比塔里木盆地要好，乌孙既然不想占据，当然也没有兴趣出兵。

还好有解忧公主在。她说服夫君翁归靡出兵7000骑，远征龟兹国。有了这7000人马，常惠底气十足，派出多路副使联络诸国。各国都知道楼兰之惨状（公元前77年，傅介子枭楼兰王安归首级，悬挂未央宫北阙之下示众，待遇等同南越王赵建德、大宛王毋寡），纷纷应允。

图 4-25　库车（古龟兹延城）

于是龟兹以东两万骑，龟兹以西两万骑，乌孙 7000 骑，汉廷 100 骑，一共 47100 骑，陆续在龟兹国都城延城（今新疆库车附近）会师。

当年杀汉朝屯田校尉的龟兹王早已去世，新的龟兹王是其子绛宾。龟兹王绛宾看到城外每日增加的联军骑兵，吓得亲自到常惠营中谢罪，率众头领长跪不起，不敢举头仰视常惠。绛宾推脱说，其父亲之所以一时糊涂杀汉朝校尉，都是因为一个叫姑翼的人蛊惑。

常惠令龟兹王把姑翼交出来，绛宾照办。常惠立即将其就地斩首，用长枪挑着首级，树立在延城正门前。姑翼的首级当然没有资格悬挂在长安未央宫北阙之下。

龟兹王绛宾杀牛羊犒军，对常惠恭维道："我闻匈奴单于和乌孙昆弥为汉家女婿，我国小民少，愿为乌孙女婿。"

原来龟兹王绛宾为了保住国家，希望和汉朝联姻，又怕自己不够资格，便想娶乌孙昆弥翁归靡与解忧公主的长女弟史。

此事常惠做不了主，但要办成了也是大功一件，于是他罢兵回到长安。

经此一战，常惠立下战功，此前丢失使节、印绶的事情一笔勾销。至于龟兹王与弟史的婚事，宣帝未置可否，交给霍光处理。恰好解忧公主将长女弟史送到长安研习鼓琴，精学音律，事情就好办多了。霍光一面派人通知解忧公主，一面派人送弟史去龟兹做王后。

6 年后，龟兹王绛宾和王后弟史带着龟兹乐器羯鼓与筚篥来到长安。此时霍光已死，宣帝召见，赐黄金彩缎，并特赐金印紫绶（位比三公，官职一品），加封弟史为汉家公主。

龟兹王绛宾和王后弟史在长安住了整整一年，乐不思蜀，回去后龟兹王带头穿汉服，此后龟兹用汉朝礼仪。

车师一分为五

公元前 68 年 3 月，亦忠亦奸的三皇权臣霍光去世。霍光三度成为外戚，将外戚做到了极致。霍光同父异母之兄霍去病是武帝卫皇后的侄子，霍光的外孙女上官氏是昭帝的皇后，霍光的小女儿霍成君是宣帝的皇后。

历史上指鹿为马、老奸巨猾的大奸臣，往往一开始都是披肝沥胆、碧血丹心的忠臣，李斯、霍光、王莽、曹操都是如此。用 16 个字概括：上所用者，奸亦为忠；上所弃者，忠亦为奸。

霍光把自己的墓修在武帝的茂陵与昭帝的平陵之间，距武帝的茂陵稍近，意为承前启后的肱股之臣。满朝文武皆来送葬，从长安到茂陵，北军素缟护送灵柩，百姓扶老携幼前来观看。

霍光死前，在宣帝周边进行布局。独子霍禹拜右将军，袭封博陆侯，食邑 20000 户，总揽大局。

四女婿度辽将军范明友兼任未央宫卫尉，二女婿邓广汉为长乐宫卫尉，宣帝的安危在这两人手上。五女婿任胜为羽林中郎将，三女婿赵平为骑都尉，两人掌管皇帝身边精锐之师羽林军。

霍去病的儿子霍嬗已死，长孙霍山为奉车都尉（官职四品），掌管宣帝出行车马，而且还领尚书事（官职三品）。霍光遗命从 20000 户中分出 3500 户给霍山，为霍去病奉祀。

霍去病次孙霍云为中郎将，封冠阳侯。霍云为人骄纵，早朝时经常称病不去，派亲信代替，自己则带兵外出围猎，叔爷霍光不说话无人敢问。

此外霍光姐婿张朔为光禄大夫给事中，孙婿王汉为中郎将，朝中兵权皆属霍氏。宣帝对霍光表面上很信任，但内心十分忌惮，与之同车时“若有芒刺在背”。

霍光下葬完毕，宣帝便立刻对霍氏动手了。

宣帝首先以金日磾的侄子金安上、祖母史良娣的侄子史高为侍中，留在身边保护自己。金氏来自匈奴休屠部，在汉朝没有根基，因此只忠于皇帝一人，金氏自金日磾开始，就一直有人在天子身边侍奉。

史良娣是太子刘据的夫人，本来应该是皇后，可惜发生了巫蛊之祸，史高当然也是宣帝信得过之人。

霍光有个铁杆搭档张安世，此人帮霍光铲除了上官桀家族，又帮霍光废掉刘贺，拜车骑将军，封富平侯。张安世在霍光死前几年即主动交出将军印，一心过侯爷生活。这样一个人，霍光绝不会怀疑他，因为霍光做的这些杀戮大事，张安世都深度参与支持，两人的利益是分不开的。而且，张安世还把孙女张敬嫁入霍家，两家有联姻关系。

张安世的父亲张汤死于非命，故而他一生都非常谨慎，并不看好霍光家族的未来，这才早早辞去车骑将军，属于在野状态，适当与霍光划清界限。令人想不到的是，张安世与宣帝有秘密往来，宣帝启用张安世为卫将军，两宫卫尉、北军、南军、羽林军都归其统属。

汉朝一品将军是大将军和骠骑将军，二品将军排序为车骑将军、卫将军、前后左右将军、东南西北将军。张安世的卫将军，排位在霍禹的右将军之前。

张安世的第一招，便是将霍禹右将军（军职二品）印绶、虎符收回，改拜大司马（太尉，三公之一，官职一品），但大司马的印绶却不给霍禹。霍光一生都在武帝、昭帝、宣帝身边，霍禹是真的生于深宫之中，长于妇人之手，胆小如鼠，毫无抗争便交出了右将军印绶和虎符，只敢在府上生闷气，称病不肯上朝。

接着宣帝将未央宫卫尉范明友迁为光禄勋（郎中令），虽然是平调，但光禄勋的兵权不比卫尉小，宣帝为摆脱这位身经百战的度辽将军，也是迫不得已。长乐宫卫尉邓广汉迁为少府，也是平调，但少府没有兵权。有张安世掌控大局，霍光两个女婿安敢不从。宣帝又擢许皇后的二叔许舜为长乐宫卫尉，进一步清理宫中霍氏的力量。

羽林中郎将（军职四品）任胜迁为安定郡太守（官职三品），骑都尉赵平去官，收回羽林军的掌控权。

其他霍氏心腹，霍光姐婿张朔迁为蜀郡太守，王汉迁为武威太守，都调到边郡去了。

我们再把视线转到北方。匈奴连遭天灾人祸后，壶衍鞮单于实力大损，原本想让爱子继承单于之位，没想到伯父胭脂左贤王等了快 30 年，仍在觊觎单于之位。

胭脂左贤王已经老态龙钟了，但他儿孙众多，儿子们百炼成钢，凭借战功都身居高位，特别是右薁鞬王、日逐王这两位，在整个匈奴中都是出类拔萃者。

匈奴当中产生一股声音，认为壶衍鞮单于应该还政于胭脂左贤王，在其儿子中挑选一位兵强将勇者即大单于位。

壶衍鞮单于心力交瘁，为了稳定局势，只得令儿子们放弃继承权，改为扶立同母弟虚闾权渠。

霍光去世同年，壶衍鞮单于郁郁而死，其同母弟虚闾权渠即位，是为虚闾权渠单于。

匈奴的王后称为“颛渠阏氏”，首位妃嫔称为“大阏氏”，两个称呼可能在同一人身上。这次兄终弟及，虚闾权渠单于也要娶其兄壶衍鞮单于的颛渠阏氏。但虚闾权渠单于不好这口，改立右大将的女儿为大阏氏。颛渠阏氏的父亲是左大且渠，从此与虚闾权渠单于不和。

匈奴无力侵扰汉塞，虚闾权渠单于知道必须休养生息，于是想与汉朝和亲。左大且渠当然不会让单于发展壮大，便和呼卢訾王各率 1 万骑南下。

大将军霍光死前不久，令边塞骑兵驻扎在要害地方，又派 5000 骑兵分三路出塞，风驰电掣，掳获数十匈奴人。饥肠辘辘的匈奴大军畏缩不前，有 3 骑更是当了逃兵，整支军队成了惊弓之鸟，左大且渠只好撤兵。

这一年匈奴闹饥荒，牛羊战马损失十之六七，到了析骨而炊的程度。于是大部落搜刮小部落，小部落抢掠牧民，牧民只能带着家眷到处躲藏。

秋高马肥之际，匈奴无力南下，左地多个部落之间混战起来，西嗕（rù）王率数千族众驱赶牛羊向东躲避，在匈奴与鲜卑势力结合部的瓯脱地区遭到鲜卑人重创，损失惨重，只好率残部南下投降汉朝。

这年秋天，西域那边也发生了大事。

3 年前汉朝与乌孙合击匈奴，车师王派人到长安请罪。匈奴当然不会坐视不管，派人到车师，要求车师送世子军宿为质。军宿的母亲是焉耆公主，焉耆比车师强得多，他便逃到焉耆，求外祖父庇护。

老车师王无奈，又改立乌贵为世子，并让其娶一位匈奴贵族女子。很快老车师王去世，乌贵即位，立即与匈奴结盟，引导匈奴骑兵拦截汉使，断绝汉朝的丝路北道。

那时霍光还在世，遣范明友的心腹校尉（军职四品）司马憙率军 1500，带数千免刑罪人，前往西域渠犁屯田，预备积贮米谷，准备往攻车师。为了监督司马憙，宣帝以侍郎（官职十品）郑吉为监军。郑吉是会稽人，从军为底层士卒，数次来到西域，官虽不大，但熟悉西域各国环境与民风。

霍光去世这年秋收之后，司马憙发兵 1500，加上西域各国之兵万余人，共击车师，攻破其都城交河城。车师王乌贵逃到北部的石城，求救于匈奴，可是虚闾权渠单于位置不稳，根本无暇来救。

乌贵只好打劫了几个依附匈奴的小部落金附、小蒲类，作为投名状，投降汉朝。

司马憙将车师王妻儿送往长安，留一名小军官率 20 人留守，再派 300 民夫在车师屯田，然后率部回到渠犁。

公元前 67 年，宣帝立许平君之子刘奭为太子。宣帝立太子没有和霍皇后商量，也没有和霍氏集团任何人打招呼，此时霍光死了才一年。

宣帝有三大外戚——皇后的许氏、母亲的王氏、祖母的史氏，此时没有霍光的压制，宣帝都要进行封赏。

宣帝首先封岳父许广汉为平恩侯，食邑 5600 户。霍光一直以许广汉受过宫刑为由不许封侯，这次宣帝给岳父封侯，令霍氏颜面扫地。宣帝还封许广汉二弟许舜为博望侯，食邑 1500 户；封许广汉三弟许延寿为乐成侯，食邑 1500 户，对霍氏扫地以尽。

宣帝的父亲是武帝皇孙刘进，母亲是王翁须，王氏是涿郡广望人。王翁须从小能歌善舞，父亲把她送到广望节侯之子刘仲卿府上学习歌舞，打算日后嫁入豪门。后来刘仲卿背着王翁须父母将其卖给邯郸一个叫贾长儿的商人，在邯郸练习歌舞与豪门礼仪，最后送到太孙府上。有一类商人专门做这种生意，既能赚钱，又能巴结权贵。

王翁须与家人失散多年，在巫蛊之祸中王翁须虽然遇难，却无人知晓她的父母是谁。直到王翁须的死讯传遍天下，她的父母和两个哥哥才怀疑，这个与家人同名同姓的苦命女人可能就是失散的亲人，当然他们也不敢声张。

宣帝为了找到母亲的亲人，动员全国之力，层层追寻，把两个重要的当事人贾长儿、刘仲卿都给挖了出来，最终确认王翁须的母亲王媪健在，而且还有两个哥哥王无故和王武。

宣帝追谥外祖父王乃始为思成侯，封外祖母王媪号为博平君，封大舅王无故二舅王武为关内侯，食邑均为 600 户。封王无故之子王接为侍中，授中郎将；封王武之子王商为侍中，授卫尉。

宣帝的祖父是武帝太子刘据，祖母是史良娣。当年的巫蛊之祸中，史良娣及其兄史恭遇难，但史恭有 3 个儿子活了下来。宣帝封史恭（史良娣之兄）长子史高为乐陵侯，食邑 2300 户；封史恭次子史曾为将陵侯，食邑 2200 户；封史恭三子史玄为平台侯，食邑 1900 户。

宣帝又以金日磾次子金赏为奉车都尉，以其三子金建为驸马都尉。奉车都尉负责皇帝车驾，驸马都尉负责副车车驾，两人包揽了皇帝车驾。

其实霍氏也是宣帝的外戚，毕竟皇后还是霍成君，而且宣帝的曾祖母卫子夫也是皇后，卫氏与霍氏本就是一家。但霍成君没有生下皇子，而且有毒杀许皇后这个事，宣帝是不可能原谅的。

霍显（霍光之妻）、霍禹、霍山、霍云等日夜提心吊胆，寝食俱废。但此时霍光的影响力还在，宣帝便让霍光的门生赵广汉去试探一下。这是宣帝的手段，分化霍氏的门生故吏。

赵广汉是涿郡人，只是一个小吏，举茂材为阳翟县令（官职五品），后来擢为京辅都尉（官职四品）、颍川郡太守（官职三品）、京兆尹（官职二品）。赵广汉从一个小吏升到京兆尹，主要靠两点，一是办案雷厉风行，堪称酷吏，不怕得罪人；二是完全按照上级的意思办，无所顾忌。

废昌邑王刘贺的案子，当时赵广汉还是京辅都尉，在执行过程中他非常卖力，因此霍光赐其爵关内侯，迁为颍川太守。赵广汉也算是霍光的门生故吏，但霍氏今非昔比，京兆尹赵广汉便要借机与霍氏划清界限，向宣帝献上投名状。

霍光府邸中私设酒厂酿酒，当年很多显贵来见大将军，并不直接送礼，而是花钱买酒。霍光死了酒厂还在，赵广汉是了解霍光的，他的突破口就在酒厂。赵广汉认为这种酒应该纳税，便带领一队吏卒，冲入大司马霍禹府门内，果然搜出许多酒瓮。

赵广汉知道开酒厂不是什么大罪，此行目的也不是让霍禹补缴税款，而是羞辱霍氏，向天子证明自己不是霍氏门生。

赵广汉下令，将酒瓮酒坛全部摔碎，霍府酒流成河，香气溢满长安城。霍氏门庭原本何等尊贵，竟遭到赵广汉如此羞辱，可怜没有大司马印绶的霍禹，躲在内室气得脸色苍白、嘴唇乌黑，就是不敢带人出去教训赵广汉。

一帮人砸掉酒坛还不过瘾，走的时候，赵广汉下令用斧头砍破霍府大门。霍氏家臣众多，谁都看出霍氏大势已去。

霍禹早已六神无主，其母霍显入宫找女儿霍皇后告状。霍后便去见宣帝，哭得梨花带雨。宣帝安慰几句，话锋一转道：“子都（赵广汉）秉公办事，不可加罪。”

同年，虚闾权渠单于遣左大将率领 1 万余骑攻击车师，司马憙再次尽起 1500 骑北上救护。但是匈奴骑兵多，汉军只得退入交河城中固守。

交河城在一块河流冲刷而成的台地上，匈奴攻打数日不能登上台地，只得退去。左大将临去之时，在台地下对郑吉喊话道：“此地为单于所必争，万不容汉兵在此耕种。”

左大将退兵后，虚闾权渠单于和右贤王轮番派兵，常有数千匈奴骑兵在车师往来梭巡，不许汉兵耕种。车师王乌贵不堪其扰，率兵西逃至乌孙境内躲避战火。

为解车师之困，宣帝命长罗侯常惠率领张掖、酒泉二处骑兵共计 1 万，往迎司马憙。

常惠领兵出张掖之北 1000 余里，一路扬威耀武，虚张声势，匈奴则闻风退去。

常惠来到车师，将车师国人民尽数移往渠犁，然后立身在焉耆的原太子军宿为车师王。这样做无疑大幅削弱车师，再不能对汉朝形成威胁。

此时宣帝已经开始全面对付霍氏家族，常惠还有一个任务，便是架空司马憙，削霍光女婿范明友的兵权。常惠把司马憙带回了长安，此人很快失势，消失在史书中。宣帝的亲信郑吉则因功擢升为卫司马（军职五品），护鄯善以西也就是丝路南道。

不久匈奴右地来了一个人物先贤掸，他是胭脂左贤王之子，父亲死前不久他率军从左地来到右地接任日逐王。匈奴有左右日逐王的称号，但一般只有右地才置此王位，掌管西域军事。这些年匈奴在西域节节败退，日逐王往往损兵折将，并不是个好差事。

日逐王先贤掸来到右地，立车师王军宿的兄弟兜莫为车师王，领地在博格达山北麓靠近匈奴右地。兜莫的车师国称车师后国，军宿所在是车师前国，两国势同水火。

无论汉朝还是匈奴，都发现一分为二的车师更符合双方利益，汉匈各控制一国，可避免双方正面冲突。在这种思路的指引下，汉朝与匈奴再次将南北两个车师解体，车师实际上一分为五：车师前国、车师都尉国、狐胡国在博格达山以南，车师后国、车师后城长国在博格达山以北。

日逐王先贤掸很务实，他意识到如果越过博格达山南下，很难与汉朝争锋，故而将匈奴的经营重点转为天山东部，对这一带的王国采取了切割战术。天山东部主要部落国如图 4-26 所示。

距匈奴右部最近的是位于北天山与巴里坤山之间的蒲类国，属乌孙系，日逐王将其一分为二：蒲类前国和蒲类后国，将蒲类后国迁到博格达山北麓。蒲类前国有 325 户，2032 人，控弦 799 骑。蒲类后国有 100 户，1070 人，控弦 334 骑。

距离匈奴较近的还有博格达山西北麓的卑陆国，也属乌孙系，日逐王将其一分为二：卑陆前国和卑陆后国。卑陆前国有 227 户，1387 人，控弦 422 骑。卑陆后国有 462 户，1137 人，控弦 350 骑。

再往东是位于博格达山与依连哈比尔尕山之间的且弥国，也属乌孙系，日逐王将其一分为二：且弥前国和且弥后国。且弥前国有 191 户，1948 人，控弦 572 骑。且弥后国有 332 户，1926 人，控弦 738 骑。

此外，博格达山北麓月氏系的郁立师，190 户，1445 人，控弦 331 骑。匈奴系的有单桓，27 户，194 人，控弦 45 骑；劫国，99 户，500 人，控弦 115 骑；乌贪訾离，41 户，231 人，控弦 57 骑。

经日逐王先贤掸一番操作，天山东部北麓小国林立。先贤掸的实力与日俱增，他与右贤王的关系也逐渐紧张，最终势不两立。

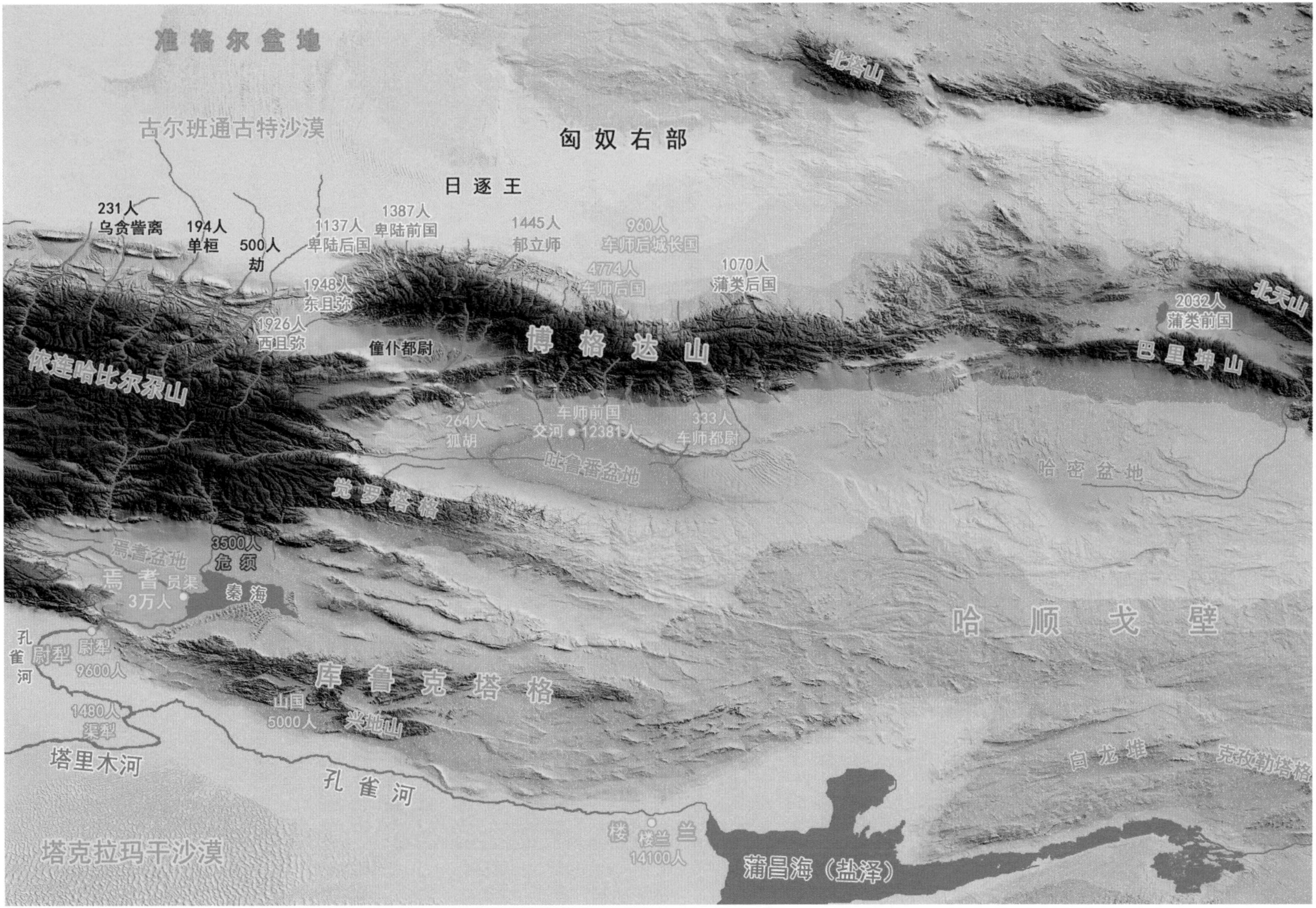
准格尔盆地
北塔山
古尔班通古特沙漠
匈奴右部
日逐王
231人
乌贪訾离
194人
单桓
500人
劫
1137人
卑陆后国
1387人
卑陆前国
1445人
郁立师
960人
车师后城长国
4774人
车师后国
1070人
蒲类后国
1948人
东且弥
1926人
西且弥
僮仆都尉
博格达山
北天山
2032人
蒲类前国
巴里坤山
依连哈比尔尕山
264人
狐胡
车师前国
交河
12381人
333人
车师都尉
吐鲁番盆地
哈密盆地
觉罗塔格
3500人
危须
焉耆盆地
焉耆
员渠
3万人
秦海
孔雀河
尉犁
尉犁
9600人
库鲁克塔格
哈顺戈壁
山国
5000人
兴地山
1480人
渠犁
塔里木河
孔雀河
白龙堆
克孜勒塔格
楼兰
楼兰
14100人
塔克拉玛干沙漠
蒲昌海（盐泽）

图 4-26　天山东部

霍氏族灭，冯奉世破莎车

公元前 66 年春，宣帝下诏禁止霍氏诸人出入宫禁，霍皇后被孤立起来。

很快奉车都尉金赏宣布休妻，也就是与霍光小女儿的婚事作废，与霍氏切割。

7 月，宣帝罢免霍去病长孙霍山尚书令（官职三品）之职，将次孙霍云从中郎将迁为玄菟太守，玄菟郡位于长白山脉，山高水远。

霍禹拜右将军（军职二品）时，其将军长史为任宣，帮他打理军政要务，而且霍光的葬礼也是任宣主持的。宣帝迁任宣为代郡太守，再去掉霍氏一位干将。

霍禹、霍山、霍云等自见势力日孤，聚在霍显身边商议，除了相对啼泣，自相埋怨，只是说着要毒死太子、杀掉平恩侯许广汉（太子的外祖父）、除掉丞相魏相的气话，却毫无对策。

霍氏要杀太子和许广汉可以理解，为何要杀丞相魏相呢？

昭帝时，魏相曾是卒吏，举贤良为茂陵县令，后迁为河南太守，这时就与霍光结仇了。当时丞相田千秋是霍光的心腹，其弟担任函谷关都尉，其子担任洛阳武库令。丞相田千秋刚去世，河南太守魏相就把洛阳武库令逼得辞官，还说对方是主动请辞，并装模作样派人去追其回来。田千秋之子逃到长安，向霍光告状，于是河南太守魏相下狱，关了一年多。

魏相的好友光禄大夫丙吉，表面上也是霍光的心腹，再次举荐魏相。魏相历任茂陵县令、扬州刺史、河南太守，等于官复原职。

宣帝即位后，授魏相为大司农（九卿之一，官职二品），后又拜御史大夫（三公之一，官职一品），宣帝明显是要对付霍光。此时魏相处事谨慎持重，不露锋芒，至少表面上对霍光言听计从，好似霍光并未关他一年多。

霍光去世一年后，老丞相韦贤辞官，宣帝拜魏相为丞相。在宣帝、许广汉、魏相三人的筹划下，霍氏才这么快就榱（cuī）崩栋折，其中魏相功不可没。

霍府的马夫们经常听到霍氏说气话，背后也纷纷议论，不知真假。有个马夫的朋友叫张章，曾是长安的一位亭长，后免官无处栖身而投奔马夫，当然也知道霍氏说的这些话。

张章把霍氏说过的话整理成一个奏折，交给了期门（官职七品）董忠，董忠又交给左曹杨恽。杨恽可不是一般人，他是前丞相杨敞次子，外祖父是司马迁。左右曹受尚书事，故而杨恽是皇帝的近臣。杨恽把奏折递给侍中金安上，宣帝看后大惊，把张章、董忠、杨恽都召入宫问问，结果人人言之凿凿，霍氏不反也得反，因为这些人都想立功封侯。

宣帝坐镇未央宫，由羽林军护驾，卫将军张安世调动北军，将霍氏家族及同谋亲友尽数拿下。张安世办事雷厉风行，很快就诛灭霍氏，结果如下：

霍禹（霍光独子）腰斩；太夫人显（霍光夫人）处斩；霍山（霍去病长孙）自杀、霍云（霍去病次孙）自杀；度辽将军光禄勋（郎中令）范明友（霍光四女婿）自杀；少府邓广汉（霍光次女婿）斩首弃市；安定郡太守任胜（霍光五女婿）斩首；赵平（霍光三女婿）斩首；代郡太守任宣（霍光亲信）斩首；与霍氏连坐诛灭者数千家，人口两三万。

宣帝下诏废霍皇后，移居昭台宫。霍皇后立后仅 5 年，并未生育子女。又过 12 年，宣帝将其再移云林馆，霍皇后忧愤自杀，葬于昆吾亭东。

霍光辅佐幼主，独揽朝政二十余年，诛上官氏，废昌邑王，一时风头无二。谁知身死两年，竟人亡族灭。天道有轮回，苍天饶过谁。

霍氏一族被诛之后，张章封博成侯，食邑 3913 户；董忠封高昌侯，食邑 1179 户；杨恽封平通侯，食邑 2500 户；金安上封都成侯，食邑 1771 户。

霍氏族灭后，山阳郡的前昌邑王刘贺觉得自己又行了，便上书宣帝，希望恢复王爵。原来当初昌邑王刘贺做了 27 天汉朝皇帝，被霍光所废，连带削除昌邑王为庶民，保留汤沐邑 2000 户。

在刘贺看来，霍光是自己的死敌，也是宣帝的死敌，霍氏族灭，当然要恢复自己昌邑王的爵位，甚至尊自己为太上皇都不为过。

几年前宣帝刚即位，便派心腹太中大夫张敞领山阳郡太守，职责之一便是监守刘贺。张敞将刘贺囚禁在昌邑宫城内。城内住着刘贺及其 16 个妻妾，11 个儿子，11 个女儿，183 个奴婢。昌邑宫城关闭大门，只开小门，除了购买食物和生活用品的小吏，其他人禁止出入。

公元前 63 年，宣帝封前昌邑王刘贺为海昏侯，食邑 4000 户，移居南方。豫章郡海昏县，即今江西南昌北部，靠近鄱阳湖，当时可是穷乡僻壤。

刘贺到了海昏，自然不甘心，又多次上书，请求到长安祭祖，并恢复王爵，退一步封豫章王也可。刘贺是武帝的孙子，是宣帝的叔父辈，但只比宣帝大一岁。刘贺如果到了长安，操戈入室，结党营私，搞不好又是一场巫蛊之祸。

侍中金安上揣摩帝意，进言道:“刘贺天之所弃，不宜奉宗庙朝聘之礼。”宣帝深以为然。

不久扬州刺史帐下的小吏从刘贺口中套话，大意是问刘贺，是否后悔当初没有下令斩首大将军霍光，刘贺当然回答后悔没有杀掉霍光。此话传到宣帝耳中，便有篡夺帝国之意。于是宣帝削海昏侯食邑 3000 户，只剩 1000 户。

公元前 59 年，33 岁的海昏侯刘贺去世，他做了 27 天汉朝皇帝、14 年昌邑王、4 年海昏侯。

海昏侯刘贺就葬在封地，他的墓葬中，有在长安称皇帝时的宝器，也有做昌邑王时的财宝，其中出土的黄金重量，超过已出土的任何其他西汉墓葬。

我们把视线移到西域。公元前 65 年，莎车王去世。莎车地处昆仑山脉与葱岭（帕米尔高原）的夹角处，在葱岭河（叶尔羌河）的冲积扇平原上，西北邻疏勒，莎车城位于叶尔羌河西岸。莎车国有 2339 户，16373 人，控弦 3046 骑。莎车的位置如图 4-27 所示。

莎车所处的位置，按理说应该人稠物穰、接袂成帷，但实际上莎车路断人稀、人丁不旺。莎车与疏勒都是塞人，两国互为兄弟国，但葱岭河上游及支流上，有西夜、子合、蒲犁、乌秅等羌人部落，莎车与疏勒之间还有一个依耐。莎车常与这些羌人部落争夺牧场，兵凶战危，风声鹤唳。塔里木盆地兵力最多的龟兹是吐火罗人，也常逆葱岭河而来抢掠，真是兵连祸结，白骨露野。

图 4-27　莎车的位置

莎车王无后，他死前有强烈的危机意识，希望得到大国庇护，请求立解忧公主的次子万年继承莎车王位，这样同时讨好了汉朝和乌孙。当时解忧公主的长子元贵靡已经是乌孙世子，次子万年在汉朝为质，三子大乐是乌孙的左大将，长女弟史嫁给龟兹王，小女素光嫁给乌孙若呼翕侯。

汉廷对此事当然是求之不得，宣帝立即遣奚充国为汉使，护送万年到莎车即位。西域诸国纷纷派人祝贺，大宛国更是派几千骑到莎车，为新国王万年助威。

莎车城，大宴结束后，大宛人一分为二，大部分人回国，小部分作为使臣前往汉朝。

莎车这个新国王万年，为人暴虐，而且他根本没有塞人血脉，在本地不得人心，老莎车王的弟弟呼屠征便起兵，杀了莎车王万年和汉使奚充国，自立为王。

当时汉朝派军司空令（军职六品）冯奉世护送大宛使臣回国，到了楼兰附近的伊循城，屯田都尉宋将告诉冯奉世，莎车反叛后，丝路南道已断，去往大宛国要改道丝路北道。

傅介子刺杀楼兰王安归后，立尉屠耆为楼兰王，改楼兰国名为鄯善。为了躲避匈奴，鄯善王举族南迁至阿尔金山北麓，并请汉廷派兵保护。朝廷派屯田都尉率官兵 40 镇抚，另有民夫数千屯田。

冯奉世是战国时韩国上党太守冯亭之后（就是那个将上党郡献给赵国，引发秦赵长平之战的冯亭）。冯奉世少学春秋，读兵书，通六韬三略。冯奉世以良家子的身份擢升为郎，后任武安县长（官职九品），前将军韩增表奏为军司空令（军职六品）。

冯奉世属门阀集团，渴望像先辈那样建功立业，6 年前常惠征西域兵制服龟兹的事，他可是刻骨铭心。如今机会就在眼前，冯奉世便想发西域兵围攻莎车。副使严昌提醒冯奉世，应先派快马驰奏天子，请旨定夺。

然而莎车与龟兹不同，龟兹都城距长安 7480 里，莎车都城距长安 9950 里，这多出来的 2470 里（约 1423 千米），几乎都在沙漠地带。丝路北道有东西走向的塔里木河，去龟兹几乎可以沿河而行，南道缺少一条东西走向的河流，寸步难行，沿途的人口也不如北道多。

丝路南道在莎车这里中断，汉使仍可以走北道去往乌孙、大宛等地，北道相对也要安全和便利。无论是宣帝还是韩增，恐怕都不会同意立即对莎车用兵，此时汉朝最主要的敌人还是匈奴。

冯奉世和他的先祖冯亭有点像，冯亭上任韩国上党太守后，立即将上党郡献给赵国，引发秦赵长平大战。冯奉世也不是个循规蹈矩的人，他没有派人回长安上奏宣帝，而是矫诏告谕西域诸国，发兵在莎车城下集结。

1.5 万西域兵轻骑疾驰，出现在莎车城下。莎车总兵力才 3000，都城只有 1000 余骑，怎打得过西域联军？莎车的地形如图 4-28 所示。

图 4-28　莎车的地形

莎车人想到当年李广利破大宛贵山城，城内贵族杀大宛王毋寡，献首级投降，保全了城中军民的性命，于是莎车城内发生兵变，莎车王呼屠征被杀，莎车人提首级出城乞降。

冯奉世入莎车城，另选前莎车王支裔为王，遣各路骑兵归国，令人将呼屠征之首送到长安报捷。西域各国，闻风归服。

冯奉世破莎车，在西域各国撼天震地，空中飘荡烈烈汉风。大宛国王得知冯奉世斩莎车王，魂摄色沮，进献龙马数匹给宣帝，此马似龙形，故名龙马。

冯奉世立功了，但矫诏发兵实乃大忌。若使臣到了西域，一言不合就矫诏发兵，西域永无宁日。于是冯奉世只擢为光禄大夫（官职四品），三年后迁水衡都尉（官职四品），没有封侯。光禄大夫有多人，水衡都尉只有一人，掌管上林苑，兼管皇室财物和铸钱。

宣帝很欣赏冯奉世，只要他再立战功，加官晋爵是早晚的事。宣帝得知冯奉世有两个女儿姿色俱佳，便令其送到太子东宫，成为太子嫔妃。

● 赵充国平先零羌

欲保秦陇（陇西郡），必固河西（河西四郡），而秦陇与河西之间还有一个河湟地区。

公元前 111 年，河湟地区的羌人各部围攻令居、枹罕。武帝令徐自为、李息发兵征讨，将羌人驱到湟水流域，在令居置护羌校尉。羌人遂与匈奴离隔，不得交通。不过后来羌人各部互相攻杀，朝廷就没有继续置护羌校尉。

从位置来说，令居并不在黄河或湟水之上，令居塞主要是保障陇西与河西走廊之间的通畅。如果要进一步控制诸羌，一是要增加兵力，二是要将校尉府设置到河湟地区中心地带。

公元前 81 年，苏武回来这一年，为了进一步控制诸羌，汉朝分陇西郡北部区域设金城郡。金城郡太守府在允吾（今甘肃永靖县盐锅峡镇），并在允吾西北不远的龙支置西部都尉府。陇西郡分设金城郡后的形势如图 4-29 所示。

到宣帝时期，匈奴又遣人绕道湟水流域，引诱先零羌叛汉，先零羌酋长杨玉便打算试探汉朝虚实。武帝时封先零羌酋长为归义侯（归义羌侯），如今的归义侯已经是第三代，年轻的归义羌侯杨玉没有见识过汉军的强弓劲弩和武刚战车。

光禄大夫义渠安国奉命巡视诸羌，来到先零羌部落领地。义渠安国是义渠属国骑兵首领，没有中原人的姓氏，就以义渠为复姓，在朝廷担任光禄大夫（官职四品）。杨玉便向义渠安国恳求，说是所部地方草场狭小，牛羊骨瘦如柴，乞请朝廷准其不时渡过湟水以北，在未耕荒地上牧养牲畜。

义渠安国不能定夺，派人火速上奏宣帝。朝堂上，年近 70 的后将军赵充国一见奏章便知羌人不怀好意，宣帝遂不准羌人之请。

羌人却借口天子允许，从此犯禁，常遣大队人马渡出湟水游牧，当地守军无力阻止。

公元前 64 年，虚闾权渠单于率领十余万骑近塞射猎，意欲入寇，与羌人呼应。

宣帝命后将军赵充国率 4 万骑，分屯北方边境九郡，防匈奴侵扰。赵充国领兵出征，指挥诸将各领人马驻扎于险要地方，布置甚是周密。虚闾权渠单于见汉军滴水不漏，无懈可击，便退兵回到漠北。

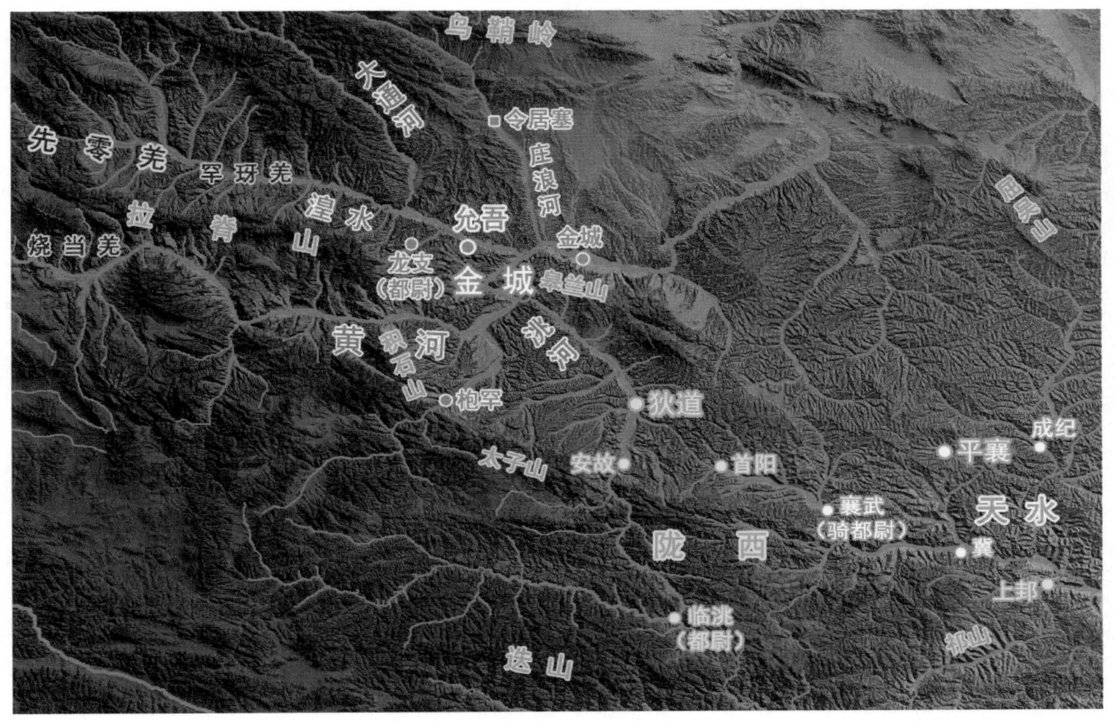

图 4-29　陇西郡分设金城郡

这年宣帝立王婕妤为皇后，封其父王奉光为邛成侯，食邑 2750 户。自两年前废皇后霍成君后，宣帝一直想再立皇后。但是已经生子的几位嫔妃决不能立为皇后，否则太子刘奭危矣。王婕妤没有生皇子，其父王奉光与宣帝早年就相识。

宣帝即位前是个游侠，喜欢游山玩水，足迹行遍三辅。当时的王奉光是个关内侯，与宣帝因斗鸡而相识。王奉光见宣帝即位，便把女儿送入宫，希望天子宠幸，自己以外戚封列侯。汉朝后宫佳丽三千，宣帝并不宠幸王婕妤，也就无子，没想到因此立为皇后，王奉光封邛成侯。

王皇后虽然没有子女，却安排王氏的美女王政君为太子妃，后来刘奭即位，王婕妤成了太后，王政君成为皇后母仪天下，王氏外戚愈发强大。这个王政君就是王莽的姑姑。当然这是后话，我们还是将目光拉回河湟地区。

公元前 63 年，归义羌侯杨玉打算扩大势力范围，遂与诸羌酋长 200 余人歃血为盟，旧仇一笔勾销。

后将军赵充国对宣帝说："从前西羌反叛时，亦先结盟。"

赵充国说这番话时，诸羌首领正聚集在一起，羌侯狼何道："羌人事汉，何等劳苦。张掖、酒泉二郡，本是我羌人之地，今被汉人占领，不如合兵取之。"

赵充国继续进言："羌人到了秋高马肥之时，必然有变，可先遣使者巡视金城郡，晓谕诸羌，破其密谋。”

宣帝深以为然，于是汉朝在金城、武威、张掖、陇西等郡屯粮，练兵，未雨绸缪，以防有变。

这一年，宣帝想起当初掖庭令张贺对其非常照顾，可惜即位后张贺已经去世。宣帝为张贺置守冢 30 家，亲自指定地方，此 30 家皆在张贺坟墓之西斗鸡舍南，系宣帝少时常游之处。宣帝又下诏封张贺嗣子张彭祖为阳都侯，张贺之孙张霸年 7 岁，亦赐爵关内侯。

公元前 62 年，大司马卫将军张安世（张贺之弟）去世，宣帝怅然若失。张贺将宣帝抚养大，而张安世则是朝中栋梁，诛灭霍氏的最大功臣。

这年宣帝命义渠安国率军再往西羌。安国从小习骑射，觉得上次被羌人耍了，他是带着满腔怨气前往河湟地区的。义渠安国率属国骑兵 3000 到了西羌，召集先零酋长三十余人，说他们狡诈凶恶，一律推出斩首，又纵兵杀戮先零种人，斩首千余级。

归义羌侯杨玉见义渠安国无端杀戮，不禁怒目切齿，即日率领诸羌，麾兵来击，在浩亹（wěi）阻击义渠人。羌人见了义渠人，万目睚眦，奋勇一战。义渠安国不是来拼命的，见羌人勇猛，便无心恋战，丢下车辆辎重撤兵。后见羌人不依不饶，便又投戈弃甲，退至令居塞，闭城拒守。

公元前 61 年，前将军韩增拜大司马（三公之一，官职一品）、车骑将军（军职二品），领尚书事。韩增是韩王信玄孙、韩颓当曾孙、按道侯韩说之子，为人圆滑，毫无悬念坐上一人之下万人之上的位置。

七十多岁的后将军赵充国则率 1 万步骑出征西羌。赵充国是羽林郎出身，以假司马（军职六品）身份跟随贰师将军李广利出征天山北麓，他率死士百余骑突围，至今快 40 年，真正是戎马一生。

赵充国有自己的主张，对乌桓、匈奴、西羌都是羁縻政策，刚柔并济，恩威并施，以夷制夷，因此带兵不多。

赵充国过金城、允吾，来到西部都尉府龙支。西部都尉报告了一个重要军情：罕玡羌首领靡当儿惧怕汉军报复，遣其弟雕库告知汉军，罕玡与先零自相攻伐多年，此次之举是被胁迫的。都尉便将雕库扣留，作为人质。

赵充国立即释放雕库，让他回去告诉罕玡羌首领靡当儿，朝廷诛讨有罪之人，罕玡羌当与叛贼隔绝，勿自取灭亡。凡能斩叛军者都有赏，斩大首领赏钱 40 万，中首领 15 万，小头目 2 万，斩男者赏 3000，女子及老弱每人千钱，捕获妻子财物可据为己有。

好一个以夷制夷，当年霍去病将“夷胡相攻，无损汉兵”的战略发挥到极致，后来这也成为汉朝的基本国策。

不过宣帝还是没有把全部希望寄托在赵充国这 1 万人马身上。赵充国开拔后，宣帝立即下诏发三辅、太常罪人，并三河、颍川、沛郡、淮阳、汝南材官，金城、陇西、天水、安定、北地、上郡骑士，以及近羌之武威、张掖、酒泉三郡太守所领防寇之兵，合计有 6 万步骑。

酒泉太守辛武贤上奏宣帝，他认为自己麾下兵强马壮，可以亲领 1 万骑兵，在夏季和秋季两次杀到湟水流域，夺羌人牛羊骏马，掳其妻子，羌人失去畜产人口，必然跪地求和。

赵充国不同意辛武贤之谋，他认为张掖以北就是匈奴地界，不宜调动河西四郡兵马。而且在湟水流域，容易遭羌人埋伏，到时候进退两难，徒取败亡。距汉军最近的是罕㸓部，如果出兵罕㸓，等于纵有罪而诛无辜，最终会彻底逼反罕㸓，失去以夷制夷的机会。

宣帝不敢调动河西四郡兵马，又想速战速决，几次催战，令赵充国之子中郎将赵印率北军越骑、射声二营约 1 万人助阵。

赵充国获得援军，抓住机会，在湟水上攻破先零羌，羌人溺水死者数百人，被杀及投降者 500 余人。汉军大获全胜，掳获牛羊骏马万余头，独轮车 4000 余辆，不少是此前义渠人丢下的。

赵充国乘胜率兵西进，行经罕㸓之地，果然全数归顺。到了秋季，羌人穷困，陆续来降者已有 1 万余人。

老将军赵充国想见好就收，意欲撤兵，只留 1 万民夫屯田。酒泉太守辛武贤等人却不断上奏，他们认为机不可失，应该彻底解决问题，不给羌人东山再起的机会。

宣帝便拜许延寿为强弩将军，率边郡两万人马；辛武贤为破羌将军，率本郡 1 万骑增援，约定十二月进击先零羌。许延寿是前皇后许平君的叔父，封乐成侯，是外戚，主要作用是监军，看赵充国有没有贻误战机。

许延寿、辛武贤来到河湟腹地，赵充国年老，封无可封，但儿子赵印还只是个中郎将，功劳不能让别人全抢了。于是赵充国令赵印、许延寿、辛武贤分三路出击，大败先零羌，许延寿斩首和掳获 4000 余人，辛武贤、赵印斩首和掳获都在 2000 左右。赵充国坐镇龙支，兵不血刃，也有 5000 羌人来降。

公元前 60 年五月，汉军统计战果，先零羌总数不过 5 万骑，掳获及来降者有 3.1 万骑，战死 7000 余人，沉溺河湟及饿死者五六千人，逃亡未获者不过 4000 人。罕㸓首领靡忘既已归顺，自向赵充国保证，可将逃羌尽数招抚，赵充国遂罢兵，只留屯田兵和民夫。

到了秋天，羌人若零等斩先零大首领犹非、杨玉首级，又有首领弟泽等率领余众 4000 余人来降。宣帝封若零、弟泽二人为王，其余依次封赏。

宣帝在大通河与湟水汇流处以西增设立破羌、安夷、临羌、护羌等县，安置西羌降卒。从用词来看，破、安、临、护，有海纳百川、气吞山河之势。至此金城郡的范围大幅西扩，深入河湟地区。今青海西宁市，大致在临羌与安夷之间。金城郡西扩后的形势如图 4-30 所示。

宣帝在护羌城重设护羌校尉（军职四品），以辛武贤之弟辛临众为首任护羌校尉。

不过河湟地区的问题并未彻底解决，羌人仍不时叛乱，一直到 200 多年后东汉末年，董卓就在征讨羌人的过程中不断壮大实力。

辛武贤在平先零羌的过程中，一直主张主动攻击，多次上奏，宣帝也采用了他的战略。但是赵充国并不认同，战报上没有给其表功。宣帝收辛武贤将军印，仍为酒泉太守。

辛武贤不服，后来设计陷害赵印，多次上奏说赵印违犯军律，导致赵印自刎而死。

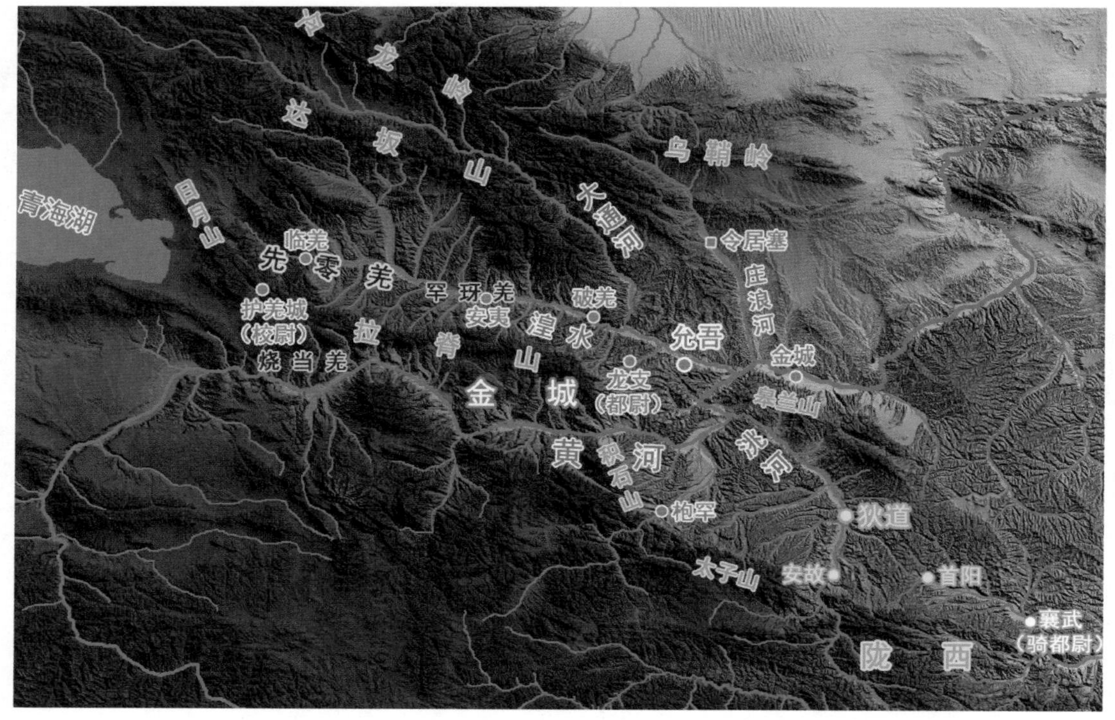

图 4-30 金城郡西扩

赵充国见长子死得冤枉，心灰意冷，便上书告老，退还后将军印绶兵符。宣帝准奏，赐以安车驷马，罢官归第。

辛武贤这一手确实居心叵测、不怀好意，引起军中震动。从此朝中大臣都和其保持距离，辛武贤终其一生就是酒泉太守。

第三节 匈奴日落

● 日逐王降汉，设西域都护府，五单于并立

公元前 60 年，虚闾权渠单于去世，在位 8 年。

8 年前虚闾权渠从其兄壶衍鞮手里接过单于大位，却没有按照匈奴传统改立壶衍鞮单于的颛渠阏氏（王后）为自己的颛渠阏氏，转而立右大将的女儿为大阏氏（嫔妃之首，有时候等同颛渠阏氏）。

这个颛渠阏氏父亲是左大且渠，因女儿之事与虚闾权渠单于不和，颛渠阏氏虽然也是单于的嫔妃，却与右贤王屠耆堂私通。虚闾权渠单于看在眼里，不以为意。

右贤王屠耆堂是乌维单于的耳孙（八世孙），他爬进颛渠阏氏的帐篷，当然不完全是为了偷欢。此人野心极大，想有朝一日自己做单于。

虚闾权渠单于去世后，右贤王屠耆堂与颛渠阏氏之弟左大且渠都隆奇结盟，杀虚闾权渠单于的心腹郝宿王刑未央，以及虚闾权渠单于的叔叔左贤王。

右贤王屠耆堂在龙城祭祀天地鬼神，自立为单于，是为握衍朐鞮单于。

早在握衍朐鞮单于还是右贤王时，麾下的日逐王叫先贤掸，是且鞮侯单于之孙、左贤王之子。右贤王生性残虐，日逐王又骄傲自大，常以其父左贤王为正统，期待虚闾权渠单于去世后父亲即大单于位。日逐王与右贤王不和，两人还有过火并，这也是近些年汉军在西域屡屡得手的原因之一。

虚闾权渠单于去世后，右贤王杀了左贤王，屠耆堂成了握衍朐鞮单于，哪还容得下日逐王。

日逐王先贤掸惶恐不安，知道大难临头，便派人联络监护鄯善以西的卫司马郑吉，希望率兵归降。

36 年前，狐鹿姑单于任命二子为左右日逐王（左右薁鞬日逐王），地位在左右贤王和左右谷蠡王之下，其中右日逐王掌管西域军事，右日逐王麾下又设了僮仆都尉，与汉朝在西域的使者校尉针锋相对。

右日逐王先贤掸若率军降汉，汉朝在西域将取得决定性胜利。郑吉不敢怠慢，发西域兵 5 万人往迎。先贤掸率 12 个小王（将领），骑兵 1.2 万来降。

郑吉护送匈奴降兵队伍到河曲（金城郡范围内），部分匈奴人逃跑，郑吉发兵追斩之。由于人数较多，郑吉未让匈奴大队渡过黄河，只带日逐王先贤掸等数十人来到长安。

宣帝大悦，封日逐王先贤掸为归德侯，食邑 2250 户。

迁卫司马（军职五品）郑吉为骑都尉（军职四品），封为安远侯，食邑 1090 户。

宣帝命郑吉兼护车师以西北道（西域北道），在乌垒城（今新疆轮台东北部）设立幕府，镇抚西域诸国，称为西域都护（官职三品），主掌西域军政，其他屯田校尉都属西域都护管辖。西域都护府的位置如图 4-31 所示。

西域都护官职与郡太守相当，管辖的范围却远胜各郡，控制的军队更是达到 30 万骑。西域都护府管辖范围包括葱岭东西、天山南北共 48 国，包括乌孙、大宛、龟兹等大国，完全断了匈奴右臂。西域的军队，光乌孙就控弦 18.88 万骑，总计约 30 万骑，此后汉朝频繁调动西域各国大军，北匈奴郅支单于就是在西域联军围攻下灭亡的。

西域都护的主要职责是守境安土，处理藩属国之间的矛盾和纷争，率藩属国防御外来势力的侵扰，维护西域的稳定和发展。有了西域都护府，小国不再惧怕大国兼并，大国的扩张也受到钳制。

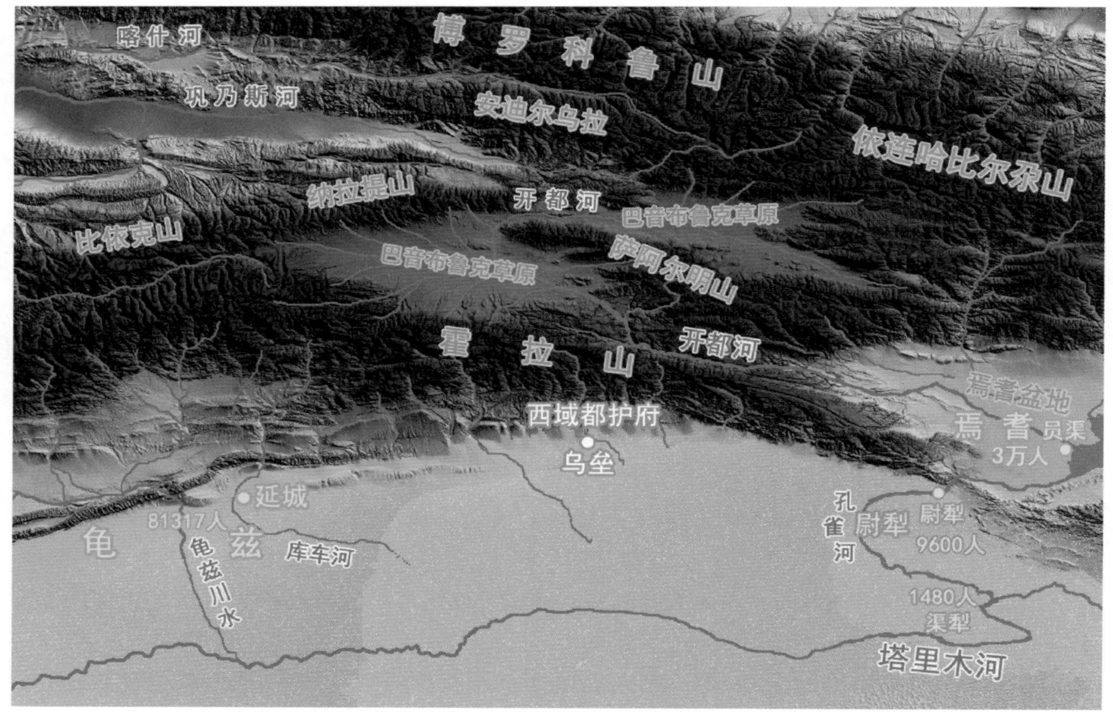

图 4-31　西域都护府

西域是大汉的疆域，藩属国内政诸部可以自行处理，但如果有牵扯到大汉的利益，都护府可以处置。

西域各国国王世袭罔替，但王权更迭需要经西域都护府上报朝廷，由汉帝册封。朝廷在各国设置官员，包括王、侯、将、相、都尉、且渠、当户、译长等，有 376 人佩汉朝印绶，不过这些官员也是西域本地人。

西域都护府还督察康居、大月氏、大夏等国，这些国家虽不属西域都护管辖，但有责任确保汉使和汉朝商队平安往来，保证丝路畅通无阻。

汉之号令西域，始自张骞，成于郑吉。西域都护府设立后，商队和使臣往来不绝，若在西域遇到困难，可向西域都护府求援。

西域都护府所在的乌垒城地处霍拉山南麓，高山冰雪融水在峡谷里急切奔流，自北向南由山石间跌宕而下，水气扑面而来，这里落差大，河水流速快。轮台（古乌垒城）的地形如图 4-32 所示。

乌垒城就是今奎玉克协海尔古城，位于轮台县城东南约 20 千米，汉军进行了加筑和改造。西域诸国的城邑多为圆形，利于防风，而汉朝的城邑则多为方形，新的乌垒城结合了汉朝形制与西域气候特点，城墙呈圆角方形，南北长 310 米、东西宽 260 米，周长约 900 米。

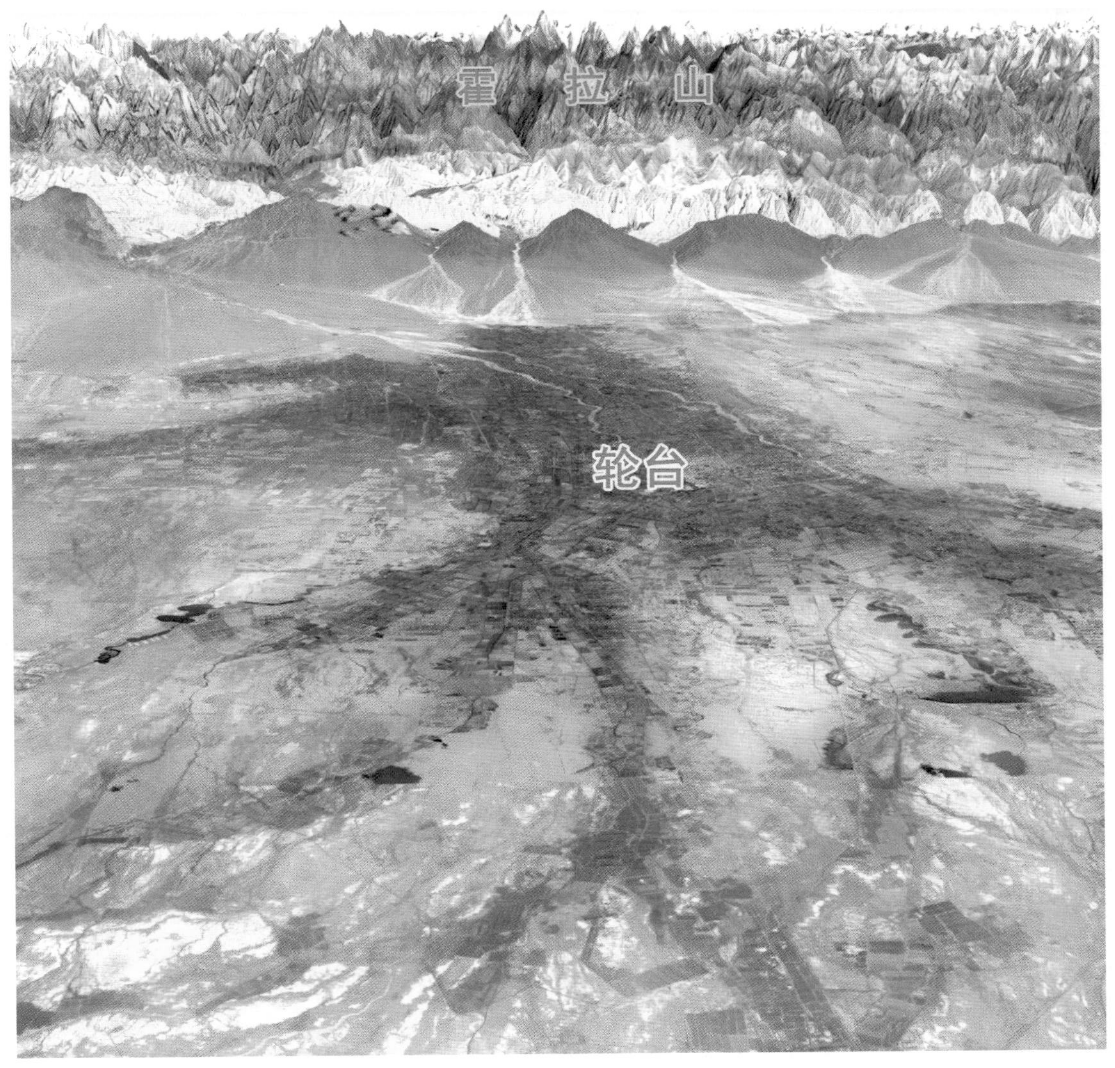

图 4-32 轮台

握衍朐鞮单于闻日逐王降汉，勃然大怒，遂杀其两弟，以堂兄薄胥堂为日逐王。但此时整个西域已经倒向汉朝，匈奴在西域的影响力大不如前，从此不设僮仆都尉。

握衍朐鞮单于夺位时杀了左贤王，他自己原来是右贤王，因此现在左右贤王全都空缺。握衍朐鞮单于以爱子为左贤王，以同母弟为右贤王。

握衍朐鞮单于是右地来的，他自己都很难掌控左地，更别提儿子左贤王了。

此时左薁鞬王死了，部族按传统立其子为左薁鞬王。握衍朐鞮单于却立其小儿子为新的左薁鞬王，留在龙城无法赴任。遭到已故左薁鞬王部抵制。

左贤王见形势失控，向父亲求援。握衍朐鞮单于派 1 万骑往击之，居然伤亡数千人而退。

此事令握衍朐鞮单于在左地威信全无，没人把左贤王当回事。

东南方的乌桓见匈奴左地发生内讧，便趁机攻击姑夕部，掳获不少牛羊和战马。姑夕王当到左地各部求援，左贤王无力击退外敌，匈奴左地真是内忧外患。

公元前 58 年，虚闾权渠单于之子稽侯狦自立为单于，是为呼韩邪单于。

稽侯狦娶了乌禅幕首领之女，乌禅幕本是乌孙与康居之间的一个部落，首领率数千人降匈奴。狐鹿姑单于将先贤掸（日逐王）的姐姐嫁给乌禅幕的首领，第二任乌禅幕的首领又将女儿嫁给狐鹿姑单于的孙子稽侯狦（呼韩邪单于）。也就是说乌禅幕这个部落，与降汉的日逐王先贤掸联姻，也与呼韩邪单于联姻。

乌禅幕的首领还曾劝说握衍朐鞮单于不要杀日逐王先贤掸的弟弟，结果单于不听，一连杀两个。

呼韩邪单于不仅有乌禅幕支持，左薁鞬王担心握衍朐鞮单于报复，也率军拥立。

呼韩邪单于还亲口承诺姑夕王，只要支持其夺取单于大位，便帮对方夺回乌桓人占据的牧场，夺回战马和牛羊。

呼韩邪单于率军攻入单于庭，杀左贤王，拉开匈奴内战的大幕。

匈奴最重军事实力，最初因为惧怕握衍朐鞮单于，各部才俯首称臣，现在有了新的单于，左地各部附骥攀鳞，纷纷依附呼韩邪单于。

呼韩邪单于率兵西征，兵进龙城。握衍朐鞮单于见兵力不占优，便派人去右部搬救兵，谁料他这个右贤王弟弟根本不敢派兵增援。

双方一场大战，握衍朐鞮单于败走，挥刀自杀。

呼韩邪单于到了龙城后，进行了一次重要的联姻，他娶了单于本部大族呼衍王的两个女儿。呼韩邪单于由此在单于本部扎下根基，此前乌禅幕的女儿只为他生了一个儿子，后来呼衍王的两个女儿却为他生下 6 个儿子。

呼韩邪单于占据匈奴本部与左地，坐镇龙城，以其兄呼屠吾斯为左谷蠡王控制左地。呼韩邪单于对右贤王的“本事”早有耳闻，知道他没什么威胁，便派人去右地各部，希望共斩右贤王人头，免得大动干戈。

呼韩邪单于没有兵力派往右地了，因为他把大部分兵力派到了左地，一方面帮其兄呼屠吾斯控制左地各部，另一方面出兵帮姑夕王教训乌桓。

右贤王虽是握衍朐鞮单于亲弟，却是个废材，毫无主意。左大且渠都隆奇率部逃到匈奴右部，找日逐王商议。好在握衍朐鞮单于的从兄日逐王薄胥堂能力不俗，于是两人击杀右贤王父子，立薄胥堂为屠耆单于，对抗呼韩邪单于。

屠耆单于起兵东进，他在龙城也有内应，呼韩邪单于兵力空虚，兵败逃回左地。

屠耆单于坐镇龙城，此时左右贤王都有空缺，但屠耆单于却不急于立左右贤王，而以其长子都涂吾西为左谷蠡王，以其少子姑瞀楼头为右谷蠡王。

屠耆单于的兵力超过 12 万骑，遣右薁鞬王与乌藉都尉，各率两万骑，到东边防御呼韩邪单于反扑。

此时匈奴右地极度空虚，两年前右贤王屠耆堂（握衍朐鞮单于）率军到龙城夺位，接着日逐王先贤掸率众降汉，现在日逐王薄胥堂（屠耆单于）又率兵到龙城夺位，而且将右奠鞬王与乌藉都尉都调离右部。

匈奴右地的西北方向有一个呼揭部，这个部落生活在额尔齐斯河上游，控弦 1 万余骑。冒顿单于时期，匈奴征服了这个部落，并且以其子为呼揭王。从血脉来看，虽然呼揭王与单于是同宗，但时间过去 100 多年，类似汉室宗亲。

右地空虚，呼揭王觊觎右贤王之位，屠耆单于身边的唯犁当户与呼揭王合谋，打算软硬兼施，夺取右地。

公元前 57 年，呼揭王率军挺进右地，屠耆单于识破唯犁当户与呼揭王的勾当，杀唯犁当户，并迅速出兵西进。呼揭王败逃额尔齐斯河，仍不服气，自立为呼揭单于。

屠耆单于当然无力远征，在他出兵右地时，在前线对阵的右奠鞬王和乌藉都尉反了。

右奠鞬王是日逐王先贤掸之兄，与屠耆单于这个支脉本来就不和，只是因为拥兵两万骑才得以自保，见屠耆单于疲于奔命，也就自立为车犁单于。

乌藉都尉也有两万骑兵，不想继续和呼韩邪单于作战，便自立为乌藉单于。

于是五单于并立，匈奴距土崩瓦解不远了。匈奴五单于争立的形势如图 4-33 所示。五单于世系如表 4-2 所示。

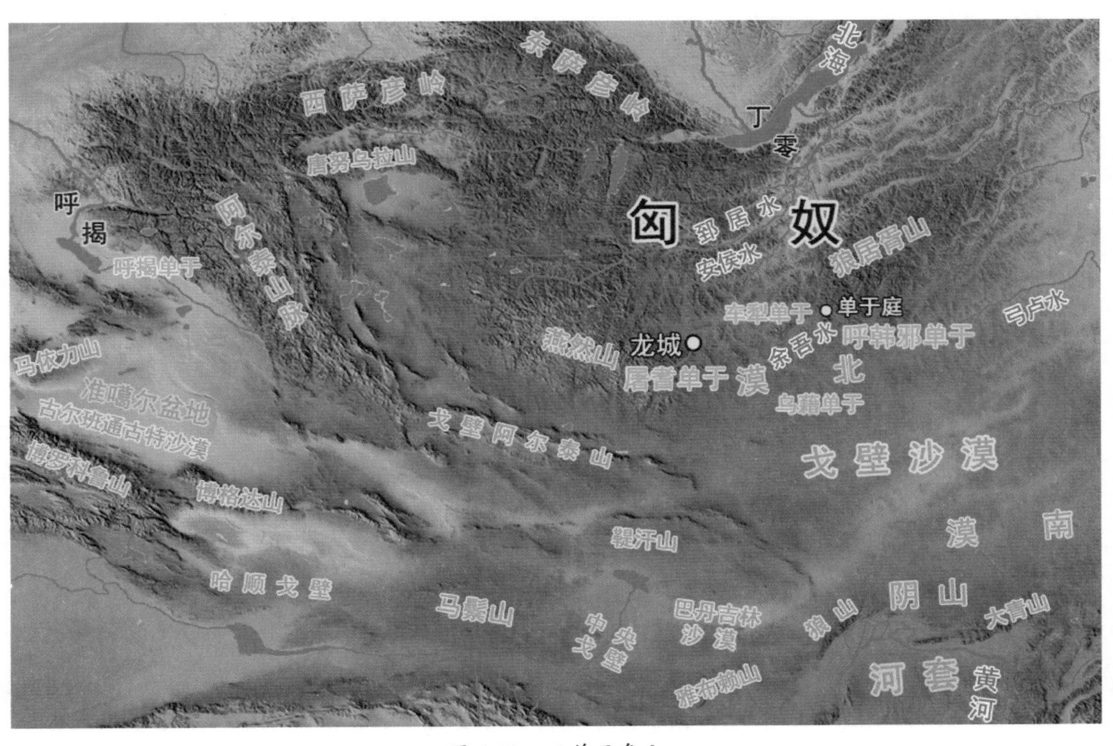

图 4-33 五单于争立

表 4-2　五单于世系

		乌维孙	乌维曾孙	乌维玄孙				乌维云孙	7 握衍朐鞮单于（乌维耳孙）
								乌维云孙	8 屠耆单于（乌维耳孙）
	2 呴犁湖单于								
1 乌维单于			5 壶衍鞮单于						
		4 狐鹿姑单于	6 虚闾权渠单于	呼屠吾斯（郅支骨都侯单于）					
	3 且鞮侯单于			8 呼韩邪单于					
		胭脂左贤王	8 车犁单于（右薁鞬王）						
			先贤掸（日逐王）						
				8 乌藉单于					
				8 呼揭单于					

注：绿色为单于，数字为继位顺序。

● 呼韩邪单于降汉

车犁单于和乌藉单于的位置在龙城与单于庭之间，西面是屠耆单于，东面是呼韩邪单于，唯有寻机撤回匈奴右地，部族才能生存下去。

于是两个单于边打边往西撤，绕过龙城，一个月后撤到了右地。西北方的呼揭单于自感唇亡齿寒，便起兵南下助战。三大单于当中，只有车犁单于是乌维单于的后人，另外两人只能算是宗亲。为了扭转颓势，乌藉单于和呼揭单于去单于号，推立车犁单于。

呼揭单于的势力范围本在额尔齐斯河，几次在匈奴右地损兵折将后，他萌生了退意。乌藉单于自知能力撑不起野心，也开始另谋出路。

屠耆单于遣左大将、都尉率 4 万骑屯龙城以东，防御呼韩邪单于，同时亲率 4 万骑西击车犁单于。

公元前 56 年，已经去单于称号的呼揭单于在败退过程中被杀。呼揭单于之子乌厉温敦与孙乌厉屈率数万族众投降。乌厉温敦的官名是呼速累，这是呼揭特有的，相当于匈奴的部落王或汉朝的将军。呼揭单于南下，不但有大把后勤人员，还拖家带口，把近亲族众都带了出来。

另一个已经去单于称号的乌藉单于，就没有族众这个大累赘，率军轻装逃跑，躲避锋芒。

车犁单于是日逐王先贤掸之兄，他没有退路，只能与屠耆单于力战到底，此时屠耆单于平定右地只是时间问题。

然而左地的形势急转直下，可谓倒悬之危。呼韩邪单于与兄右谷蠡王挥师西进，袭击屠耆单于的 4 万骑兵，杀万余人。

屠耆单于只好立即回师龙城，向东并诸部骑兵共 6 万骑，奔行千里，至嗕姑地，人疲马乏。呼韩邪单于率 4 万骑出现在前方，双方激战，呼韩邪单于惨胜，杀屠耆单于，再次占据匈奴本部和左地。

左大且渠都隆奇与屠耆单于少子右谷蠡王姑瞀楼头南走，因无路可逃，只好到光禄塞（塞外长城）下，投降汉朝。

右地这边，车犁单于去单于号，仍为右奥鞬王，臣服呼韩邪单于。乌藉都尉去单于称号之后，在李陵之子支持下，复乌藉单于称号。

右校王李陵已经去世，他的势力范围是北海（贝加尔湖）以西、叶尼塞河与鄂毕河上游地区，这里有个部落叫坚昆，控弦 3 万骑。坚昆人身材高大，赤发绿眼，白皮肤、黄胡须。李陵之子以坚昆人为主力，这才有实力扶立一个傀儡单于。

呼韩邪单于无法容忍另一个单于存在，立刻与其兄左谷蠡王呼屠吾斯起兵西进，在右奥鞬王（前车犁单于）的配合下，大破乌藉单于，取其首级回龙城，李陵之子则率坚昆军逃之夭夭。

呼韩邪单于离开右地前打算立其兄左谷蠡王呼屠吾斯为右贤王，然而呼屠吾斯却借故推辞，他觊觎的是左贤王之位。匈奴的左贤王相当于储君，上一个左贤王死后，匈奴 4 年未立左贤王。

呼韩邪单于没有让步，他以一个儿子为左大且渠，率兵镇右地，主要是监视右奥鞬王（前车犁单于）。

然而右地的情况着实复杂，已故屠耆单于的堂弟休旬王率五六百骑击杀左大且渠，并其兵，自立为闰振单于。

呼韩邪单于怒火攻心，他坐镇龙城，却没有足够的兵马去讨伐右地的闰振单于，而其兄左谷蠡王呼屠吾斯手中兵马不少，但是对出兵右地毫无兴趣。呼韩邪单于明白哥哥的心思，遂立呼屠吾斯为左贤王，前提是呼屠吾斯必须率军拿下右地。同时呼韩邪单于以其子铢娄渠堂为右贤王，欲日后控制右地。

左谷蠡王呼屠吾斯得到封左贤王的承诺，飞鹰走马，率军扑向右地。

公元前 54 年，左贤王呼屠吾斯攻杀闰振单于，平定右地。左贤王借新胜之余威，突袭右奥鞬王（前车犁单于），一举击杀右奥鞬王，并其众，收拾余烬。左贤王派人告诉其弟呼韩邪单于，说右奥鞬王与其弟日逐王先贤掸秘密往来，打算投降汉朝，因此迫不得已攻杀之。

从五单于并立，到如今只剩呼韩邪单于，匈奴的内乱并未停止。按匈奴继位制度，左贤王呼屠吾斯将在呼韩邪单于去世后即位，然而呼屠吾斯是呼韩邪单于之兄，单于打的如意算盘是，耗死兄长，再立自己的子嗣为左贤王。

左贤王呼屠吾斯这个人野心极大，他两次出征右地，兵力越打越多，已经远超呼韩邪单于。呼屠吾斯志在效仿冒顿单于，在北方建立草原帝国。

公元前 53 年，呼屠吾斯回师左地不久，自立为郅支骨都侯单于（简称郅支单于）。呼韩邪单于与郅支骨都侯单于并立的形势如图 4-34 所示。

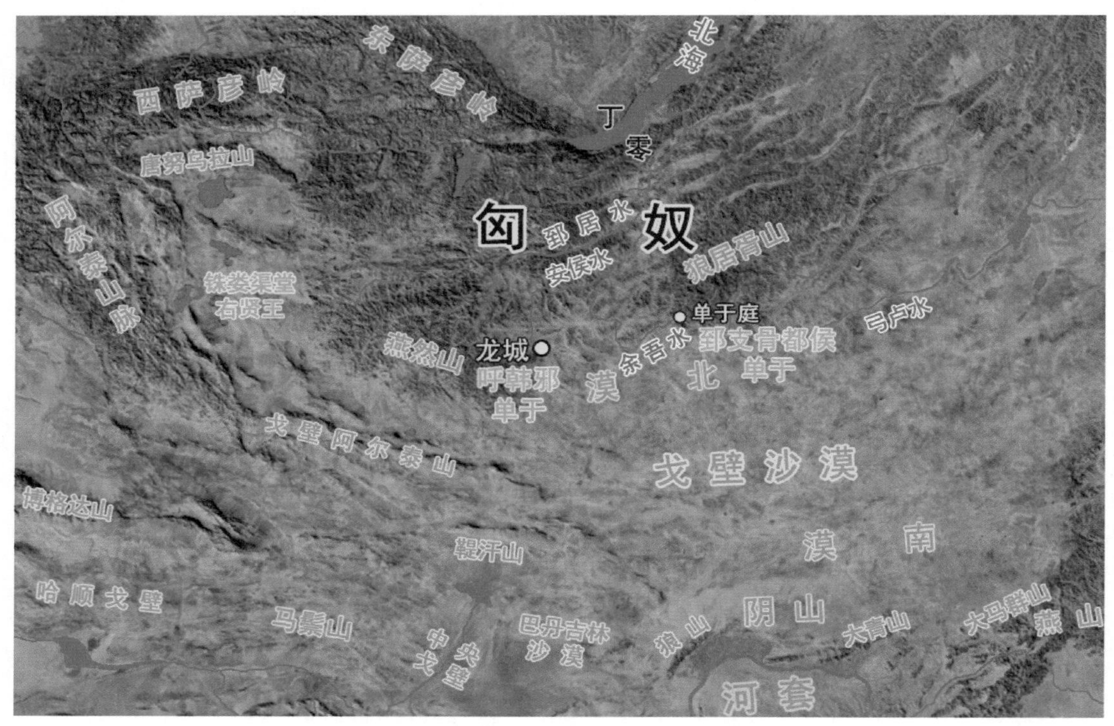

图 4-34　呼韩邪单于与郅支骨都侯单于

现在是两单于并立，呼韩邪单于和郅支单于都是虚闾权渠单于之子，同父异母。呼韩邪单于早期实力较强，依靠岳父的部落乌禅幕起兵自立。郅支单于跟着弟弟起兵，战功赫赫，从左谷蠡王到左贤王再到单于，实力急速膨胀。

虚闾权渠单于去世仅 7 年，匈奴竟然冒出 7 个单于，可见当时的情况多么混乱。

呼韩邪单于当然不能允许兄长自立为单于，于是派兵兴师问罪。这支前往弹压的大军中有一对父子——乌厉温敦与左大将乌厉屈，此二人本是五单于之一呼揭单于之子和孙。

3 年前呼揭单于死于军中，其子乌厉温敦与孙乌厉屈率数万族众投降屠耆单于。不久屠耆单于兵败，父子二人又投降了呼韩邪单于，单于以乌厉屈为左大将。两人明白呼韩邪单于是想消耗他们的兵力，然后兼并族众，让这些呼揭人成为匈奴的一份子。

乌氏父子为何不率军逃回故地额尔齐斯河呢？原来自呼揭单于死后，呼揭便开始内乱，几股势力互相攻杀。此刻乌氏父子若率族众回去，肯定会卷入战争，而且回去抢地盘，极有可能被群起而攻。

乌厉温敦与其子左大将乌厉屈不想做单于的炮灰，又不能回故地，便派人接触汉朝关塞的守将。如果汉朝给出的条件满意，便降汉。

公元前 53 年，呼遬累乌厉温敦与其子左大将乌厉屈率众数万人降汉。

宣帝封乌厉温敦为义阳侯，食邑 1500 户；封左大将乌厉屈为信成侯，食邑 1600 户。乌厉屈改名叫王定，从此与匈奴切割。乌厉温敦的后代改为乌氏或厉氏，融入中原。

此二人投降，进一步改变了匈奴内战的力量对比格局，促成后来呼韩邪单于降汉。

战争持续，郅支单于占尽优势。呼韩邪单于连龙城都丢了，打算率部众从燕然山南部绕到右地，找机会东山再起。

然而祸不单行，厄运接踵而至。郅支单于派人到右地游说各部落王，于是有人起兵，呼韩邪单于之子右贤王兵败，带几十个败兵逃往龙城，途中遇到其父。

现在右地也不能去了，呼韩邪单于只好南下，行权宜之计。从此举看，呼韩邪单于确实有些优柔寡断，此刻他若杀伐果断，立刻去平定右地，或许还能与郅支单于分庭抗礼，甚至有机会击败其兄。

既然南下，必然会遭遇汉军，那么是战还是和呢？

呼韩邪单于聚集各部落首领，商议其事。

左伊秩訾王劝单于降汉，称臣入朝，向汉朝求援。但是大多数部落首领不同意，有一人说道："我匈奴本以马上战斗为国，威名闻于百蛮。今兄弟争国，无论胜败，虽死犹有威名，子孙仍可称雄草原。汉虽强大，不能吞并匈奴，若称臣于汉，辱没先单于，见笑百蛮，有何面目再霸草原？"

左伊秩訾王自告奋勇，愿率千余人降汉，为单于探路。

快马报到长安，宣帝赐左伊秩訾王爵关内侯，食邑 300 户。

匈奴人不到万不得已是不会投降的。当时隆冬将至，数万人从龙城南下，没有多少辎重，最主要是没有过冬的牛羊储备，很难熬过一个隆冬。

呼韩邪单于又召集部落首领们商议，结果达成一个折中意向：单于遣其子右贤王铢娄渠堂入朝，向汉朝讨要粮食牛羊，若汉朝不给则作罢，若汉朝提供辎重，起码可以度过一个隆冬，来年再做打算。

右贤王铢娄渠堂丢了右地，正需要一个将功折罪的机会。汉匈双方很快达成和约，匈奴人屯在光禄塞以北，受汉朝边军庇护。同时匈奴提供少量战马，交换汉朝的牛羊和辎重。

郅支单于为渊驱鱼，为丛驱雀，又害怕汉朝直接出兵，于是便遣子右大将驹于利受入朝。郅支单于目的当然不是称臣，而是破坏呼韩邪单于与汉朝的联盟，只要汉朝不直接出兵，他的目的就达到了。

公元前52年，呼韩邪单于的部众好不容易熬过冬天，但情况越发不利，北边郅支单于的骑兵不断侵扰，己方还不断有人偷跑，有的还直接投靠了郅支单于。

转眼到了秋高马肥之际，往年这时候匈奴都要南下劫掠一番，此时呼韩邪单于的族众不过数万人，兵力只剩1万余，精锐殆尽。

呼韩邪单于遣使前往长安，再求汉朝拨给粮草牛羊，承诺次年开春到长安称臣。

公元前51年正月，呼韩邪单于率亲信数十人入塞，兵马族众仍留在光禄塞外，以备不测。宣帝派车骑都尉韩昌往迎呼韩邪单于，一路所过七郡，每郡拨出兵马2000排队迎接，以示优待。呼韩邪单于降汉路线如图4-35所示。

宣帝设朝于甘泉宫，呼韩邪单于入宫朝见，俯首称臣，位在诸侯王之上。关于呼韩邪单于的爵位，大部分朝臣认为应该比照浑邪王、闽越王，他们都是万户侯，是列侯，位在诸侯王之下。然而宣帝有意利用呼韩邪单于对付郅支单于，便听从太子太傅萧望之所言，赐爵位在诸侯王之上。

丞相于定国宣读圣谕，赐呼韩邪单于爵在诸侯王之上，子孙世袭永为大汉北方屏藩，呼韩邪单于跪下谢恩。宣帝亲赐冠带衣裳、黄金玺、玉绶、钢刀、彤弓彤矢，另赏车马、黄金、铜钱、衣被、戟矛盾枪若干。

接着宣帝在长安城渭水以北举行了隆重的欢迎仪式，漠北、西羌、西域等地降汉的诸蛮夷君长王侯随从数万人在渭桥南北迎接，高呼万岁，声如雷动。九重天子当阳日，万国降王执梃时。呼韩邪单于和其左右当户见降汉者如此之众，目瞪口呆。

呼韩邪单于在长安住了一个多月，这才向宣帝请辞，居光禄塞（塞外长城）下，为汉朝守北疆。此后呼韩邪单于部称南匈奴，郅支单于部称北匈奴。

宣帝应允，长乐卫尉高昌侯董忠、车骑都尉韩昌率1.6万骑兵，又发边郡士马以千数，送单于出朔方鸡鹿塞。

董忠屯受降城，保护呼韩邪单于，宣帝诏边郡转运米粮，前后3.4万斛，给赡其食。呼韩邪单于受宣帝厚待，感念天恩浩荡，从此一意归汉。西域各国，闻南匈奴附汉，自然从风而服，对西域都护奉命唯谨。

从五单于争立到统一匈奴各部，呼韩邪单于是一代枭雄。呼韩邪单于降汉后，还能继续遏制北匈奴，达到“夷胡相攻，无损汉兵”的效果。呼韩邪单于降汉，大漠南北震动，郅支单于当年便遣使献马，请汉朝勿出兵助呼韩邪单于。

自汉武帝废除和亲以来，匈奴不断有大人物投降。公元前126年，争夺单于位失败的左贤王於单，封为涉安侯，食邑不详。公元前121年，河西走廊浑邪王率4万余骑、族众20余万降汉，封为漯阴侯，食邑1万户。公元前60年，日逐王先贤掸率12个小王（将领），骑兵1.2万降汉，封为归德侯，食邑2250户。公元前51年，匈奴呼韩邪单于降汉，赐爵在诸侯王之上。

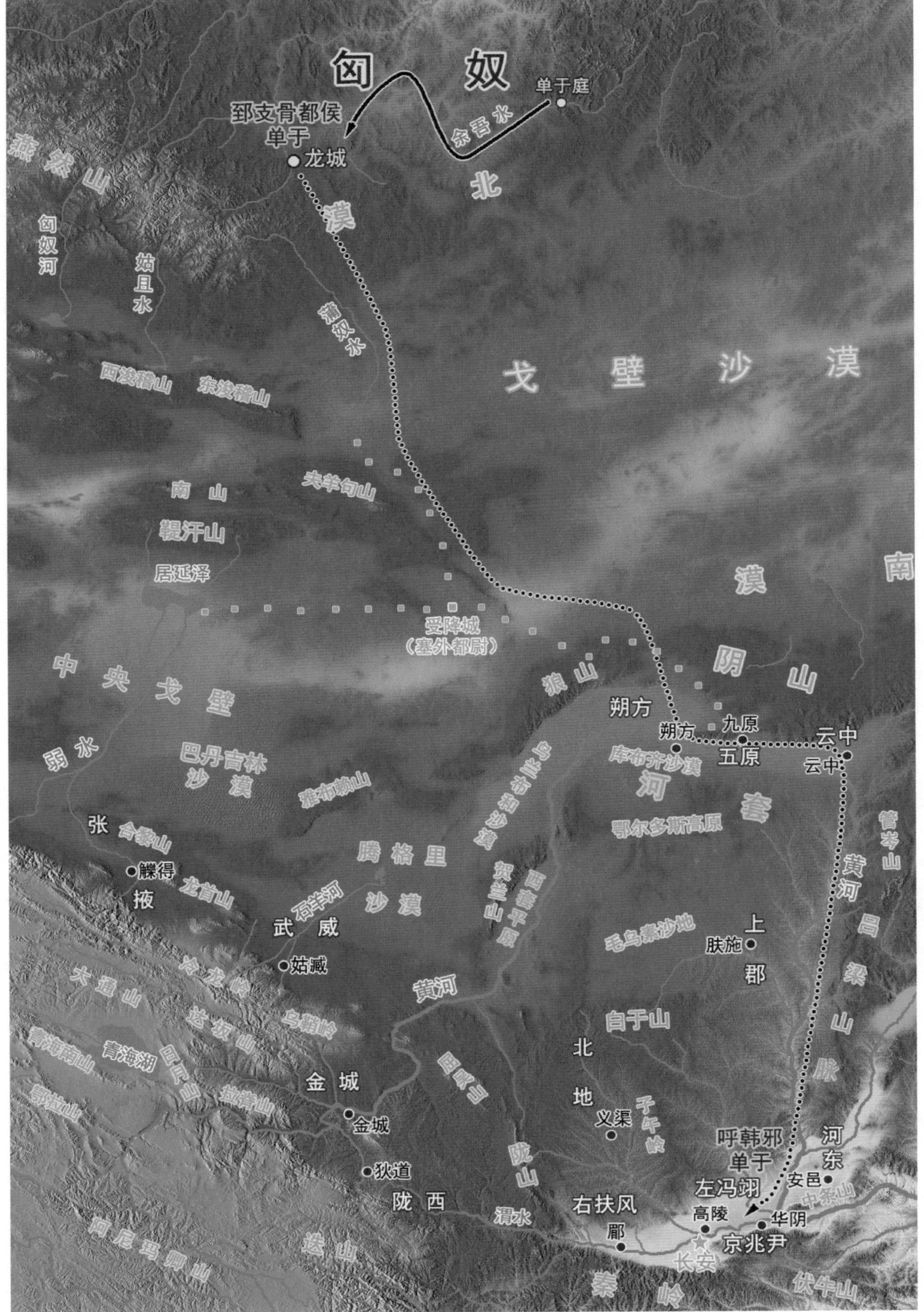

图 4-35 呼韩邪单于降汉

● 乌孙一分为二

公元前 60 年，虚闾权渠单于去世当年，匈奴大乱。西域这边，乌孙也风云突变，肥王翁归靡去世，乌孙陷入夺嫡之争。乌孙几代昆弥如表 4-3 所示。

表 4-3　乌孙几代昆弥

<table>
<tr><td rowspan="5">1
猎骄靡</td><td>太子</td><td>2 军须靡（岑陬）
娶细君公主、解忧公主</td><td>4 泥靡（狂王）
娶解忧公主</td><td>鸱靡
解忧公主之子</td></tr>
<tr><td rowspan="4">大禄</td><td rowspan="4">3 翁归靡（肥王）
娶解忧公主</td><td>5 元贵靡（大昆弥）
解忧公主之子</td><td>6 星靡（大昆弥）
解忧公主之子</td></tr>
<tr><td>万年（莎车国王）
解忧公主之子</td><td></td></tr>
<tr><td>大乐（左大将）
解忧公主之子</td><td></td></tr>
<tr><td>5 乌就屠（小昆弥）
匈奴公主之子</td><td></td></tr>
</table>

注：绿色为昆弥，数字为即位顺序。

当年昆莫（昆弥）军须靡去世前，本来要立自己与匈奴公主所生的泥靡为太子，但泥靡年龄小，军须靡的叔父大禄实质上已经拥兵自立。军须靡便在阗池（伊塞克）湖畔传位给堂弟翁归靡（大禄的儿子），并让翁归靡当着众多乌孙部落首领的面立誓，等泥靡长大，便还国于泥靡。

时间过去了 30 年，到 4 年前，昆弥翁归靡丝毫没有退位的打算，反而要立自己与解忧公主所生的长子元贵靡为昆弥。这对汉朝来说是好事，但对乌孙来说就有隐患了。泥靡正值壮年，打起仗来不要命，麾下将士也英勇善战。

翁归靡当然担心日后元贵靡控制不了局势，便通过常惠上书宣帝，希望汉朝再派公主嫁给元贵靡，共同掌控局面。

于是宣帝打算把解忧公主的侄女刘相夫嫁到乌孙。经过几年的准备，公元前 60 年，昆弥翁归靡派了一支 300 多人的使团，以马、骡各 1000 匹作为聘礼，到长安迎亲。汉朝则以长罗侯光禄大夫常惠为正使，率 100 多人的使团，送公主去乌孙。

队伍走到敦煌，从乌孙传来消息，昆弥翁归靡去世，乌孙众部落首领遵从三十多年前的誓言，立泥靡为昆弥，号称狂王。

常惠快马上书宣帝，希望把公主留在敦煌等待，自己先去乌孙，责备各部落首领，让他们重新立元贵靡为昆弥。

宣帝的看法却不同：我堂堂大汉，嫁公主（实际为翁主）给乌孙，是高看蛮族。尔等却立半个匈奴人为昆弥，难道没看到匈奴日逐王都已降汉，匈奴正土崩瓦解吗？

有匈奴血统的狂王泥靡当然也知道匈奴靠不住，很早就开始布局，此刻他的使臣赶到敦煌，带来一个令汉朝上下震惊的消息。

肥王翁归靡与解忧公主生下三男二女，他到晚年喜新厌旧，专宠年轻的嫔妃。狂王泥靡趁机下手，将解忧公主掳到账内，并且与之生下一个儿子叫鸱靡。乌孙风俗近匈奴，父死子娶其后母为妻，兄死弟娶其嫂为妻，肥王虽然还没死，但也默许了狂王这个举动。当年冒顿单于曾把最喜爱的阏氏（嫔妃）送给死敌东胡王，乌孙肥王与狂王之间的这种默契是可以理解的。

狂王泥靡事实上做了汉家女婿，只要汉朝挺他为昆弥，日后他与解忧公主所生的鸱靡将继承大位，这样鸱靡仍然有汉室血统。

朝廷认为，如果继续将刘相夫嫁给元贵靡，势必引发乌孙内战，大概率元贵靡打不过狂王。因此，宣帝召回刘相夫和使团，默认了狂王的存在。

公元前 59 年，宣帝以送还乌孙质子大乐为由，遣卫司马（军职六品）魏和意、卫侯任昌出使乌孙，令两人便宜行事。大乐就是肥王与解忧公主第三子，他成为乌孙的左大将。

狂王在赤谷城接见了汉使，大宴乌孙群臣，只字不提解忧公主。原来狂王只是利用解忧生子，一言不合就扯着解忧头发暴揍，待生下儿子后，再没去看过解忧。此前的昆弥肥王有不少嫔妃妾室，狂王现在和她们夜夜合欢到天明，哪还管这位已经 60 多岁的汉朝公主。

宴席过后，解忧公主派人找到两位汉使，说狂王暴虐，在赤谷城不得人心，诛之不难。

两位汉使在途中便反复推敲，计算各种情况的应对之策，既然狂王在赤谷城实力有限，确实可以诛之，再立汉家外甥为昆弥。好比傅介子诛楼兰王，回去后封义阳侯，食邑 759 户。

于是魏和意便排设筵宴，请狂王赴宴。酒酣耳热之际，魏和意密令几位随行勇士拔剑刺杀狂王。谁料大家都低估了狂王，他是一名真正的战士，顺势往地上一翻，虽然受伤却不中要害。勇士们正要再刺，狂王的侍卫已经拔剑挡在前面，狂王逃出大帐，跨上战马，如飞而去。

赤谷城的将领本就不服狂王，也就关起城门，拥立元贵靡为昆弥。

狂王有个儿子叫细沈瘦，母亲来自匈奴，一向不喜欢汉使。狂王还算有点分寸，没有亲自领兵来攻，而是派细沈瘦领兵，将赤谷城团团围住，四面攻打。魏和意这才搞清楚狂王的实力，立刻派人潜出城，向西域都护府求援。

西域都护安远侯郑吉闻解忧公主和汉使被困于赤谷城，立刻征调各国骑兵。轮台（乌垒）离乌孙国都赤谷城 1700 余里，加上各国骑兵调度往来，费了不少时日。等郑吉领兵到赤谷城下，汉使已被围数月，危在旦夕。细沈瘦见郑吉兵势强盛，不敢迎敌，引兵而去。

好在如今匈奴内乱，狂王不敢动粗得罪汉朝，没有再对赤谷城用兵。乌孙实际上已经分裂，狂王占据大部分地盘和人口，元贵靡则以赤谷城为中心占据部分地盘。

宣帝仍想杀狂王，于是遣中郎将（军职四品）张遵、车骑将军长史（官职五品）张翁、副使季都，带太医和金帛前往乌孙，医治狂王并重金抚慰，同时寻机杀之。中郎将比卫司马高两级，在西域仅次于西域都护，而且代表天子，说话肯定是一言九鼎。

张遵到了乌孙，先去狂王大营，承诺要把刺杀他的魏和意、任昌二人抓回长安并斩首。

魏和意、任昌二人出使乌孙，本来便宜行事，若是真杀了狂王，倒是大功一件，功比傅介子诛楼兰王，可惜缺少个顶级刺客。

为了取得狂王信任，张遵将魏和意、任昌押解回长安，留副使季都和太医留在狂王身边，车骑将军长史（官职五品）张翁则留在赤谷城，在解忧公主身边用事。

不久副使季都与太医也回到长安，临行前狂王竟然只率十余骑相送，而季都身边也有十余精锐，这是刺杀狂王的一次良机，无奈他不敢动手。季都回长安后，宣帝怒其胆怯不敢杀狂王，交给廷尉府处置，最终处以宫刑。

留在解忧公主身边的张翁，虽然官不算大，却是大司马车骑将军（军职二品）韩增的心腹。他狐假虎威，竟然对解忧公主严加诏问。公主只是叩头谢过，但不肯认罪。张翁见问不出口供，竟用手抓住公主头发，大骂一顿。张翁回到长安后，宣帝下诏直接斩首，看来皇室后代真不是能随便招惹的。

乌孙的纷争并未结束，元贵靡最有实力的兄弟叫乌就屠，其母来自匈奴。当狂王兵临赤谷城下时，乌就屠悄悄率军离开，并将百姓迁往北山居住。

狂王自汉朝派太医给他疗伤，便放松警惕，又开始狂了，到处狩猎。

公元前 53 年，乌就屠在狂王狩猎途中伏击，一击就中。狂王叱咤风云一生，最后还是阴沟翻船。

乌就屠自立为昆弥，他的母亲是匈奴人，乌孙匈奴系的人都依附乌就屠。

这年匈奴呼遬累乌厉温敦与其子左大将乌厉屈率众数万人南降汉，汉匈对决进入关键时期，宣帝怎会容忍匈奴血统控制乌孙。乌孙控弦 18.88 万骑，乌孙若倒向匈奴，整个西域都将不保。

于是汉朝出兵乌孙，分为三个部分，从东往西依次是酒泉太守辛武贤、西域都护郑吉、长罗侯常惠。

酒泉太守辛武贤在东边，7 年前他曾拜破羌将军，跟随赵充国出征西羌。如今辛武贤再拜破羌将军，领兵 1.5 万骑，屯兵敦煌。

西域都护郑吉坐镇中间，令西域南北两道诸国出兵，在轮台（乌垒城）附近集结五六万兵力。这是乌就屠最忌惮的，因为匈奴此刻不可能发兵来帮他。

长罗侯常惠率三校尉在西边，领 3000 骑兵，进驻赤谷城。

看似常惠以 3000 骑兵就想撬动乌孙十余万骑兵，实则乌就屠根本没有控制乌孙所有兵力，他不过是乌孙实力最强的一支力量。

当年解忧公主出嫁，有个随身侍女姓冯，知书达理，能说会道，嫁给了乌孙右大将，号称冯夫人。常惠不能亲自去乌就屠营中，以防不测，于是谒者仆射（官职六品）竺次、期门仆射（军职六品）甘延寿带着坐锦车、持汉节的冯夫人，前去见乌就屠。

竺次是宦官，他是宣帝的监军；甘延寿也是宣帝的亲信，他是此次谈判代表朝廷的主角。

甘延寿年少为良家子，善骑射，为羽林郎，投石拔距绝于等伦，尝超逾羽林亭楼，迁至期门仆射（军职六品）。投石即抛石头击中远处的目标，拔距即跳高攀爬，甘延寿常第一个登上训练用的羽林亭楼，足见其有先登死士之勇。

乌就屠率亲兵远远打量汉使，只见一个铁塔般的身材狼行虎步而来，牵在身边的战马都相形见绌，气场盖过随行所有汉人。乌就屠见这人鼻子钩曲，有若鹰嘴，双目如电，心神俱震。

在冯夫人的引荐下，乌就屠才知道眼前这位猛将叫甘延寿。在整个谈判过程中，乌孙人的注意力全在甘延寿身上，全然忘了还有个叫竺次的白胖子。

甘延寿也不多说废话，是战是和，叫乌就屠给句痛快话。乌孙和匈奴一样，最敬重英雄，在甘延寿面前，乌就屠掌控乌孙的自信荡然无存，立刻答应臣服汉朝，并愿亲自到赤谷城请罪。

长罗侯常惠早就和甘延寿商议过，对乌就屠可以恩威并施，并不会彻底解除他的兵权。

乌孙祭天的赤谷城，长罗侯常惠面对东方设坛，立元贵靡为大昆弥，有 6 万余户；乌就屠为小昆弥，有 4 万余户。此举将乌孙一分为二，此后大小昆弥互相掣肘，争夺牧场，西域都护多以调停者身份出现，乌孙对汉朝的威胁彻底解除。乌孙大小昆弥的形势如图 4-36 所示。

图 4-36　乌孙大小昆弥

解忧公主年将 70，思归中原，便上书宣帝，愿乞骸骨葬汉地。宣帝心生怜悯，遂遣使往迎解忧公主回汉。解忧带孙男女三人、冯夫人回到长安，宣帝命照公主例看待，赐以田宅、奴婢，朝见仪比公主。又过两年，公主身死，享年 70 岁，葬于长安，三孙遂留居中原，为其守墓。

公元前 51 年，乌孙大昆弥元贵靡去世，其子星靡嗣立为大昆弥。

小昆弥乌就屠闻讯，多次派军侵占大昆弥的草场，试探大昆弥部及西域都护的态度。

大昆弥星靡为人懦弱，他的叔叔左大将大乐长期在汉朝为质，回来后野心不小，在对抗小昆弥时不断扩张自己的领地。大昆弥部内忧外患，而西域都护郑吉也老了，有些力不从心。

公元前 49 年，第一任西域都护郑吉去世。郑吉是会稽人，从军为底层士卒，数次来到西域，熟悉西域各国环境与民风。公元前 68 年，校尉（军职四品）司马憙前往西域渠犁屯田，侍郎（官职十品）郑吉为监军。司马憙率军攻破车师国都城交河城，郑吉因功擢升为卫司马（军职五品），护鄯善以西（西域南道）。公元前 60 年，日逐王先贤掸率 12 个小王（将领），骑兵 1.2 万来降。郑吉迁为骑都尉（军职四品），封为安远侯，食邑 1090 户。随后郑吉兼领西域都护（官职三品），主掌西域军政，镇抚西域诸国。从底层士卒到西域封疆大吏，郑吉在历史上留下浓墨重彩的一笔。

公元前 48 年，第二任西域都护韩宣上任前向宣帝献策：不如顺势改立左大将大乐为大昆弥。大乐是解忧公主的儿子，星靡是孙子，都有汉室血脉。

宣帝一口拒绝了韩宣的提议。游牧民族有兄终弟及的传统，可西域诸国已经是西域都护所辖，都要随汉制，父死子继，如果规矩乱了，后患无穷。

韩宣去西域上任，宣帝派冯夫人前往乌孙调停，遣兵百骑护送。冯夫人不但是解忧公主的亲信，还有一个身份——乌孙右大将的夫人。冯夫人到了乌孙，右大将立刻表明态度，全力支持大昆弥星靡。于是左大将大乐立即宣布臣服自己的侄子，小昆弥那边也见好就收，不敢再越界。

● 元帝即位，郅支单于西迁

公元前 49 年，呼韩邪单于再次入朝。汉朝接见的礼仪仍在诸侯王之上，所赐礼物除了上回那些，还增加不少衣服、棉絮等。

公元前 48 年，汉宣帝驾崩。次年，太子刘奭即位，是为汉元帝。

刘奭的母亲许平君被霍氏毒死，宣帝在位时，特意立无子女的王氏为皇后，让她保护太子刘奭。王皇后就把侄女王政君送进了太子后宫，生下了刘骜，这是宣帝的长孙，太子刘奭的长子。

公元前 47 年，刘奭正式即位，此时刘骜已经 4 岁。于是元帝立王政君为皇后，王氏为皇太后（邛成太后），刘骜为太子。

在几年的时间里，元帝对王氏外戚进行了大封爵。

王禁，王政君之父，封阳平侯，食邑 2600 户，后益封 5400 户（总食邑 8000 户）。

王凤，王禁长子，与王政君同母，几年后袭爵阳平侯，食邑 8000 户。自霍光死后，三十几年不设大将军，元帝拜王凤为大将军，可见对其非常信任。

王曼，王禁次子，已经去世，有二子。其中王莽（王禁之孙，王曼之子）封新都侯，食邑 1500 户。

王谭，王禁三子，封平阿侯，食邑 2100 户。

王崇，王禁四子，与王政君同母，封安成侯，食邑 10000 户。

王商，王禁五子，封成都侯，食邑 4000 户。

王立，王禁六子，封涉安侯，食邑数不详。

王根，王禁七子，封涉安侯，食邑数不详。

王逢时，王禁八子，封涉安侯，食邑数不详。

元帝的外戚不只有王氏。后宫当中除了王皇后，还有傅昭仪、冯婕妤等。

武帝之后汉朝后宫分为十四等，第一等皇后，位比皇帝；第二等昭仪，官比丞相，爵比诸侯王；第三等婕妤，官比九卿，爵比列侯。

傅昭仪的父亲早死，母亲改嫁，她属于无根之木，经专门为豪门训练侍女的商人指导，练习歌舞与豪门礼仪，最后脱颖而出，进入太子府。

冯婕妤的父亲是冯奉世，在西域立过大功，官至光禄大夫、水衡都尉，元帝即位后擢为执金吾（官职二品）。当时冯奉世把两个女儿冯媛和冯习都送入了太子府，双保险。结果，冯媛生下皇孙刘奭，封为婕妤；冯习的运气没那么好，等级要低得多。

一次元帝率傅昭仪、冯婕妤及文武百官狩猎，将所获虎、豹、熊等猛兽圈在虎圈之中，天子率众观看猛兽自由搏杀。谁料一只黑熊会爬树，从数丈高的虎圈中爬了出来，咆哮跳跃直奔高台上的御座。包括傅昭仪在内的一众嫔妃吓得花容失色，慌不择路向后逃跑，只有冯婕妤挡在元帝与黑熊之间，花容如旧。数十侍卫各持大盾长戈，一拥而上挡住黑熊去路，黑熊以一己之力硬推数丈之远，最后轰然倒在冯婕妤面前。元帝感动不已，当即封冯婕妤为昭仪。

元帝即位第二年，右将军兼典属国常惠去世，冯奉世拜右将军（军职二品），任立为典属国（官职三品）。冯奉世有 9 个儿子，一人官至九卿，两人封侯，4 人领太守，几乎都是封疆大吏。

公元前 42 年，陇西郡的西羌彡姐旁种起兵反汉。原来护羌校尉辛汤嗜酒好残，激怒羌众，引发兵变。

元帝召大司马车骑将军王接、左将军许嘉、右将军冯奉世商议。前两位是纯粹的外戚，只有冯奉世是外戚兼战将，这场仗注定是要冯奉世来打。冯奉世慷慨陈词，给 4 万人马，1 个月平定。

大司马车骑将军王接害怕冯奉世兵权在握，将来其外孙与太子争夺帝位，于是通过丞相韦玄成、御史大夫郑弘的嘴，说陇西郡的西羌远不如金城郡，1 万人马足矣。

元帝折中处理，遣右将军冯奉世率 1.2 万骑出征，典属国任立、护军都尉韩昌为裨将。汉军抵达陇西郡后，兵分三路，冯奉世屯首阳西极上，任立屯白石，韩昌屯临洮。

汉军兵力太少，三路大军都陷入苦战，竟阵亡两名校尉。元帝调兵遣将，拜太常弋阳侯任千秋为奋武将军，率军 6 万增援。

冯奉世获得增援后，大破西羌彡姐旁种，斩首和掳获 8000 余级，获战马、牛、羊以万计，余羌并皆遁去。此外元帝拜定襄太守韩安国为建威将军，率 1 万人马增援。这一队人马走到半路听闻西羌已经平定，便原路返回。

冯奉世在本地屯田，到次年二月才回到长安。正好车骑将军王接去世，后面几个二品将军顺位提拔，分别是：车骑将军许嘉（宣帝皇后许平君的堂兄）、左将军冯奉世（元帝冯昭仪之父）、右将军王商（元帝皇后王政君的兄弟）。冯奉世又以左将军兼光禄勋（郎中令，九卿之一，官职二品），赐爵关内侯，食邑 500 户。

冯奉世在世时，冯氏还可适当制衡王氏，元帝在两大外戚之间作平衡。

公元前 39 年，冯奉世去世，这年王莽 6 岁。34 年后，王莽毒死汉平帝，拉开篡汉的序幕。

我们把视线拉回北方。南匈奴这几年发展不错，民众益盛，捕尽光禄塞下方圆数百里禽兽。

汉匈边界却不太平，在宣帝驾崩那年，各属国匈奴人心思归。西河属国的呼留若王率众数千反叛，打算北上投奔北匈奴。呼留若王是握衍朐鞮单于之弟，当初跟着日逐王先贤掸投降汉朝，他其实与先贤掸不是近亲。宣帝封先贤掸为归德侯，食邑 2250 户，却把呼留若王放在西河属国，不但没有封侯，还要受属国都尉管辖，呼留若王心中一直不服。

宣帝遣冯奉世率军追击，冯奉世与呼韩邪单于南北夹击，以强大的军力压制，才把呼留若王逼回了西河郡。

元帝即位当年，上郡属国归义降胡，1 万余人反叛，北上投奔北匈奴，这次汉朝来不及应对。

北匈奴这边，虽然南边时有匈奴前来归附，但叛逃的也不少，两下人数相当。如果南下打呼韩邪单于，对方有光禄塞的汉军加持，注定输多赢少。然而匈奴这种游牧民族，就是要靠打劫来补充力量，否则哪年冬季稍微冷一点，牛羊冻死一多，来年不能获取补充，就会衰落。而且北匈奴东有鲜卑和乌桓，北有丁零，南有南匈奴，西有新立的伊利目单于，战略形势不太乐观。

南北单于对峙，匈奴右地则另有其主。右贤王铢娄渠堂兵败投奔父亲呼韩邪单于后，屠耆单于（已故）的小弟收两兄余兵得数千骑，自立为伊利目单于，平定右地后，控弦 5 万余骑。

伊利目单于是从南匈奴手中夺取的右地，自然要和北匈奴联合。北匈奴的郅支单于以讨伐南匈奴为由，率 6 万骑兵南下，并邀伊利目单于一道出兵。结果郅支单于在燕然山南麓突袭右部，杀伊利目单于，迅速西进控制右地，并其兵 5 万余人，兵力达到 11 万余骑。

此时郅支单于还是想统一匈奴，但他仍无力兼并有汉军庇护的南匈奴。郅支想到了乌孙，其小昆弥乌就屠有一半匈奴血统，控弦有七八万骑。要是与乌孙小昆弥联手，重新控制西域，击败南匈奴和汉军便会更有把握。

然而乌就屠的想法截然不同，虽然他只是乌孙小昆弥，主要势力范围在伊犁河下游，地盘没有大昆弥广阔，但好歹有 4 万多户，控弦七八万骑。南匈奴所处的阴山以北，也就是漠南地区，没有一块地能和伊犁河谷相比，就算灭了南匈奴，乌孙人也没什么好处，他们不愿把牧场迁移到阴山以北。

小昆弥乌就屠认为这是郅支单于给自己挖的一个坑，相反郅支单于并右地后，对自己的领地形成了直接威胁。乌就屠同样畏惧西域都护府，因此他斩首北匈奴使者，将人头送到西域都护府。

郅支单于勃然大怒，兵进博格达山北麓。乌就屠毫不示弱，率 8000 骑迎击。这次乌就屠肯定是低估了郅支单于，只能兵败逃回。

郅支单于也没有追击，他知道乌孙实力强劲，把对方逼急了绝没好处。

郅支单于兵锋一转，对西北方的呼揭用兵。呼揭人游牧于额尔齐斯河上游，控弦 1 万余骑。呼揭王是冒顿单于之后，算是匈奴宗亲。

呼揭部在五单于争立的混战中损失不小，而且瓦解成了数股势力，郅支单于很快就重新统一呼揭部，实力进一步增长。

呼揭所在的额尔齐斯河上游在匈奴看来也是边缘之地，但汉朝控制西域后，呼揭成为匈奴去往中亚的跳板。

过去匈奴西击乌孙，由于准格尔盆地的古尔班通古特沙漠阻隔，只能从博格达山—博罗科努山北麓通行，只要天气稍有不测，非战斗性减员就很大。而且，西域都护府就在天山山脉南麓，匈奴有被切断归路的可能。北匈奴沿着额尔齐斯河征服呼揭后，就可以绕过准格尔盆地南下攻击乌孙，也不用担心西域都护府干预。

呼揭的东北方向，在鄂毕河与叶尼塞河上游，还有一个部落叫坚昆。狐鹿姑单于封李陵为右校王，其势力范围就是坚昆，控弦 3 万骑。李陵虽然去世了，但李陵的后人仍控制着这股强大的力量，在五单于争立时扶立乌藉单于。

郅支单于率军沿着额尔齐斯河西进，又折向东，来到坚昆属地。坚昆地方广大，气候比呼揭还要寒冷，再加上李陵后人的控制，郅支单于可说是步履维艰。

随后几年，郅支单于一度把单于庭设在坚昆地界上，东距龙城有 7000 里，南距车师 5000 里。经过数年不懈努力，郅支单于不断蚕食兼并坚昆各部，再次控制坚昆地，兵力达到 15 万骑。

坚昆东南方向的丁零，自冒顿单于以来臣服了 100 年，但二十几年前的壶衍鞮单于时期，丁零人与汉军合击匈奴，抢走了不少牛羊骏马。

郅支单于早在平右地的伊利目单于前，就想北上兼并丁零，但那时候实力不足。丁零人控弦 3 万骑，大部分兵力在贝加尔湖东南岸，对南边的匈奴严加防范。郅支单于绕行一大圈，先后兼并伊利目单于、呼揭、坚昆，率军从丁零的西部发起攻击，很快就再次征服丁零，总兵力 18 万骑。郅支单于的扩张路线如图 4-37 所示。

这几年北匈奴不断派兵骚扰乌孙小昆弥，常取得小胜。郅支单于觊觎乌孙人的伊犁河谷，反而是漠南这边形同鸡肋。

图 4-37　郅支单于的扩张

在与乌孙交战过程中，郅支单于得知乌孙西边的康居常年与乌孙争夺牧场，互相攻杀。郅支单于便与康居王结盟，互娶对方女儿，互为翁婿。

康居国定都康国（卑阗城，今撒马尔罕），距长安 12300 里，不属于都护府管辖。康居有 12 万户，60 万人，控弦 12 万骑。

郅支单于知道南边是无解之局，便决定放弃龙城，不再与南匈奴和汉朝纠缠漠南，而是率部西迁，将战略中心转移到西域。

公元前 45 年，郅支单于遣使到长安，请求送还其子右大将驹于利受。

元帝遣卫司马谷吉送右大将驹于利受回去。谷吉怎么也没想到，郅支看到儿子后非但不感激，还把自己绑起来虐待，以泄其愤，最后怒将谷吉等随从一并砍头。

当然谷吉也没有白死，他的儿子谷永因此举孝廉为官，后来出任安定郡太守、北地郡太守，最终官至大司农（九卿之一，官职二品）。

郅支单于并不怕汉朝报复，因为他已决心率军迁居到西域，在康居与乌孙之间的山麓和绿洲游牧，并在都赖水上修建都城，名为郅支城。

虽远必诛，杀郅支单于

北匈奴郅支单于征服呼揭、坚昆、丁零后，率军西迁，北边的龙城和右地空虚，南匈奴大小部落首领都劝呼韩邪单于北归，占据祖居地龙城。

呼韩邪单于也有北归的打算，但他害怕汉朝杀其子右贤王铢娄渠堂。得知汉朝刚送回了北匈奴郅支单于之子右大将驹于利受，呼韩邪单于便上书元帝，只说希望放归做质子的铢娄渠堂，隐瞒了想要北迁之事。

元帝遣车骑都尉（军职四品）韩昌、光禄大夫（官职四品）张猛（张骞之孙），送呼韩邪单于之子右贤王铢娄渠堂回归匈奴。

韩昌与呼韩邪单于可是老熟人，几年前呼韩邪单于入塞南下长安朝见宣帝，就是韩昌率军迎接到长安并护送回塞外的。张猛不但有张骞之孙这个招牌，还是光禄勋（郎中令，官职二品，九卿之一）周堪的弟子，前途一片光明。

韩张二人来到南单于庭，才发现南匈奴上下忙碌，归心似箭。韩昌把一万多人马都放在了塞内，只和张猛带了100亲兵前往，当然无法立刻阻止南匈奴北归。

事发突然，韩昌和张猛恐呼韩邪单于北归后难以约束，两人简短商议后，便与呼韩邪单于登上诺水东山，歃血为盟。当年老上单于攻破月氏，以月氏王的头骨作饮器，此物相当于秦汉的传国玉玺和氏璧。此时，双方高举月氏王头颅，喝下白马血勾兑的烈酒，对天盟誓，汉匈合为一家，子孙永世不得相攻，遇外敌则发兵相助，先背约者，天诛地灭。

韩昌和张猛放南匈奴回到漠北，在朝堂上引发争议。虽然宣帝没有处罚二人，但韩昌再也没有机会带兵。这件事单于明显是欺骗了元帝，从元帝的角度看，最佳方案应该是韩昌带着单于到长安来解释清楚。但韩昌毕竟不是霍去病，无法凭借个人威望令河西走廊数万匈奴骑兵投降。张猛不久后卷入朝臣与宦官（太监）之争，被贬为槐里县令，后来自杀。

呼韩邪单于北归后，归附的匈奴人可不少，国力逐渐恢复。不过南匈奴也再未南下骚扰汉朝边境。

我们把视线放到西部，来看看郅支单于西迁后的情况。

郅支单于西迁后，与康居王互相利用，屡次攻击乌孙，一度杀到赤谷城，杀得乌孙骑兵不敢迎战，掳获不少牧民和牛羊骏马。乌孙大小昆弥都不敢正面阻击，龟缩到伊犁河谷以内。伊犁河河谷外，直到康居境内，地方千里竟然空无人居。

郅支单于就在这千里之地建立了自己的王国，在都赖水（今塔拉斯河）旁修建了郅支城（今哈萨克塔拉兹）。郅支城有内外两重，内为土城，外为木城。

每天有500康居人服劳役修城，若有人偷懒，便砍其手足，丢入都赖水中，前后被杀者不下数百人，如此两年才完工。

郅支单于的实力尤胜西迁之前在漠北时。大国强势，郅支单于遣使分往大宛等国，责令每年进贡财物。大宛等畏其强暴，不敢不予。

郅支单于愈发骄纵，连康居王也不放在眼里了。康居公主与其争吵，郅支单于大发雷霆，竟拔刀杀了公主，并将陪嫁过来的贵人等数百人一并杀掉。对此康居王居然忍气吞声，不敢正面反对郅支单于，其他康居首领更是怒不敢言。

郅支单于西迁，呼韩邪单于北归后，汉朝廷才确认当年使臣谷吉被郅支单于杀了。元帝令西域都护派人前往郅支城，请郅支单于归还尸骸。谷吉死在漠北，郅支单于在西域，时间又过去这么久，哪还能找到尸骸，汉朝也只是借此问罪罢了。

郅支单于还是有些畏惧西域都护府的，当时汉军一人抵得上五六个胡兵，李陵5000人大战匈奴10万骑兵，在箭矢充足的情况下充分证明了这点。郅支单于屡次对汉使虚与委蛇，表示自己僻居外乡，并没有对抗大汉的意思，情愿归附大汉。事实上，郅支单于毫无归顺之心，不过是缓兵之计，希望西域都护不要发兵。

汉朝第一任西域都护郑吉已经去世，第二任到第五任都护都不想惹事，于是上书朝廷，说郅支单于有意归附。

公元前36年，第六任西域都护甘延寿率领五校尉上任，同时上任的还有个叫陈汤的副校尉。

西域都护（官职三品）虽和太守同级，但兼任骑都尉，掌控羽林军，手握西域30万骑兵，有翻云覆雨之能，令朝野侧目。除第一任都护郑吉干了11年，后面的都护，明确规定任期3年，时间一到就另外任用。

当年长罗侯常惠前往乌孙赤谷城分封大小昆弥时，甘延寿是副使，立有大功，回来后迁辽东太守（官职三品）。如今大司马（官职一品）、车骑将军（军职二品）许嘉举荐甘延寿为西域都护（官职三品），兼骑都尉（军职四品）。

陈汤好读书，擅长写文章，有一流的厨艺，在太官令（官职七品，掌宫廷饮食）手下担任太官献食丞（官职十二品）。后来陈汤拜在富平侯张勃（张安世之孙）门下，张勃举茂材荐陈汤。正当陈汤等待委任之时，其父去世。陈汤隐瞒父亲死讯，结果因父死不奔丧而下狱，张勃也因此破削掉了200户，剩13440户。不过万户侯张勃门户显赫，还是把陈汤推到了副校尉（军职四品）的位置上，让他跟随甘延寿出镇西域。

陈汤抱负远大，爱出谋划策，但他若是没有战功，最多也就是副校尉（军职四品）转为校尉（军职四品）。陈汤经过城邑山川，常登高远望，渴望建功立业。

甘延寿就任后，陈汤献策道："今北匈奴控制康居国，又蚕食乌孙、大宛，兵临赤谷城下，久必为西域大患，我等守则不足自保。不如发西域南北两道诸国兵，并乌孙、大宛骑兵，直指郅支城，千载之功可一朝而成也。"

甘延寿与陈汤不同，他是许嘉的门生，元帝也很欣赏他，现在已经是封疆大吏，3年后回去，大概率会迁为九卿之一。而且朝中几个掌权的外戚都认为南北匈奴互相掣肘才是对汉朝最有利的形势，绝不会同意西域都护发兵攻击郅支单于。

甘延寿本人多次来西域，与外戚的看法自然不一样。西域诸国现在臣服于汉朝，主因是匈奴式微，大宛、龟兹、楼兰、车师等都被汉军打得心胆俱裂，其他小国更是闻风丧胆、见风使舵。一旦北匈奴壮大起来，彻底控制康居、乌孙、大宛，西域诸国恐怕又会首鼠两端，甚至倒向匈奴。

甘延寿若向恩师许嘉请示出兵，必然遭拒，即使跳过许嘉上书元帝，天子还是会找堂舅许嘉商议。陈汤看出甘延寿的顾虑，便提议矫诏，出兵郅支城，一举荡平郅支单于部。

将在外君令有所不受，矫诏发兵行不行呢？当初军司空令（军职六品）冯奉世护送大宛使团，途中得知莎车反，便矫诏告西域诸国，征集兵马 1.5 万，攻破莎车。冯奉世擢为光禄大夫（官职四品），兼任水衡都尉（官职四品），只是因为矫诏而没有封侯。

矫诏兹事体大，当然有风险，弄不好就要被斩首。陈汤立功心切，见甘延寿犹豫不定，便要求一人揽下矫诏之责。陈汤写好诏书，以天子密信为由，令甘延寿立即发兵。

甘延寿狠下决心出兵，然而汉军只有千余骑精锐，算上屯田士兵总共也只有 6000 骑，攻击郅支单于当然是远远不够的，还要学常惠，征调西域各国骑兵。

当年常惠出使乌孙，说服乌孙用 5 万骑攻破匈奴右谷蠡王庭，斩首数千，掳获 3.9 万人，封为长罗侯，食邑 2850 户。后来长罗侯常惠又率 500 汉骑，召集西域南北两道 4.7 万骑攻破西域南北两道兵力最多的龟兹国。

甘延寿发车师戊己校尉屯田士兵、西域南北两道 15 国骑兵，总兵力四万余骑，西击郅支单于。甘延寿帐下有 6 个校尉，分为两队，都护甘延寿率 3 个校尉与 3000 汉骑，经温宿国，北上入乌孙，再集结乌孙骑兵，从东边攻击郅支城；另外 3 个校尉率 3000 骑经疏勒翻越葱岭，集结大宛骑兵，从西面包抄郅支单于。陈汤只是个副校尉，跟随都护甘延寿。

这次出兵总的战略是连结乌孙、大宛，驱逐康居，突袭郅支。甘延寿和陈汤西征郅支城的路线如图 4-38 所示。

乌孙分为大小昆弥两部，控弦 18.88 万骑，汉军若能将乌孙境内的康居和匈奴人赶走，必能得乌孙军相助，西域联军的数量将大幅增加。大宛控弦 6 万骑，帮大宛国驱逐康居人，可达到同样的效果。

康居控弦 12 万骑，可能有数支几百至几千骑的队伍在乌孙境内。康居不属西域都护府管辖，对康居还是以和为贵，驱离出乌孙境内即可。

郅支单于所控范围极广，包括康居与乌孙部分地盘、匈奴右地、丁零、呼揭、坚昆等部落的势力范围，总兵力 20 万上下。但是匈奴人逐水草而居，郅支单于的兵力极为分散，他的单于庭设在郅支城，兵力只有 3000 骑。三五天内能赶到的援军可达三四万骑，还有十余万骑可陆续赶到。当然这是单程，如果算上通风报信的路程，时间就要翻倍了。甘延寿和陈汤对症下药，准备突袭郅支城，打郅支单于一个措手不及。

陈汤率 2000 骑先锋军抵达赤谷城以东，正遇到康居副王抱阗的骑兵。抱阗率数千骑杀到乌孙腹地，杀大昆弥千余骑，掳获人口及牛羊战马甚多。

陈汤帐下这支人马主要是西域联军，汉兵不多。陈汤先是设伏，让康居人取得部分汉军辎重，再纵胡兵击之。

此前汉军早就威名远扬，李广利破大宛，上官桀远赴康居抓捕郁成王，这在康居都是神话级的故事。康居副王抱阗竟然率数千骑狼狈而逃，联军抓到抱阗的贵人（麾下部落首领）伊奴毒，杀康居 460 人，救回乌孙 470 人。

陈汤将救回的 470 人交还乌孙大昆弥，至于缴获的牛羊战马，则留为西域联军所用。

陈汤先锋军过乌孙，至阗池西，进入康居东界，令大军不得为寇。接着陈汤与康居贵人屠墨谈判，与之歃血为盟。

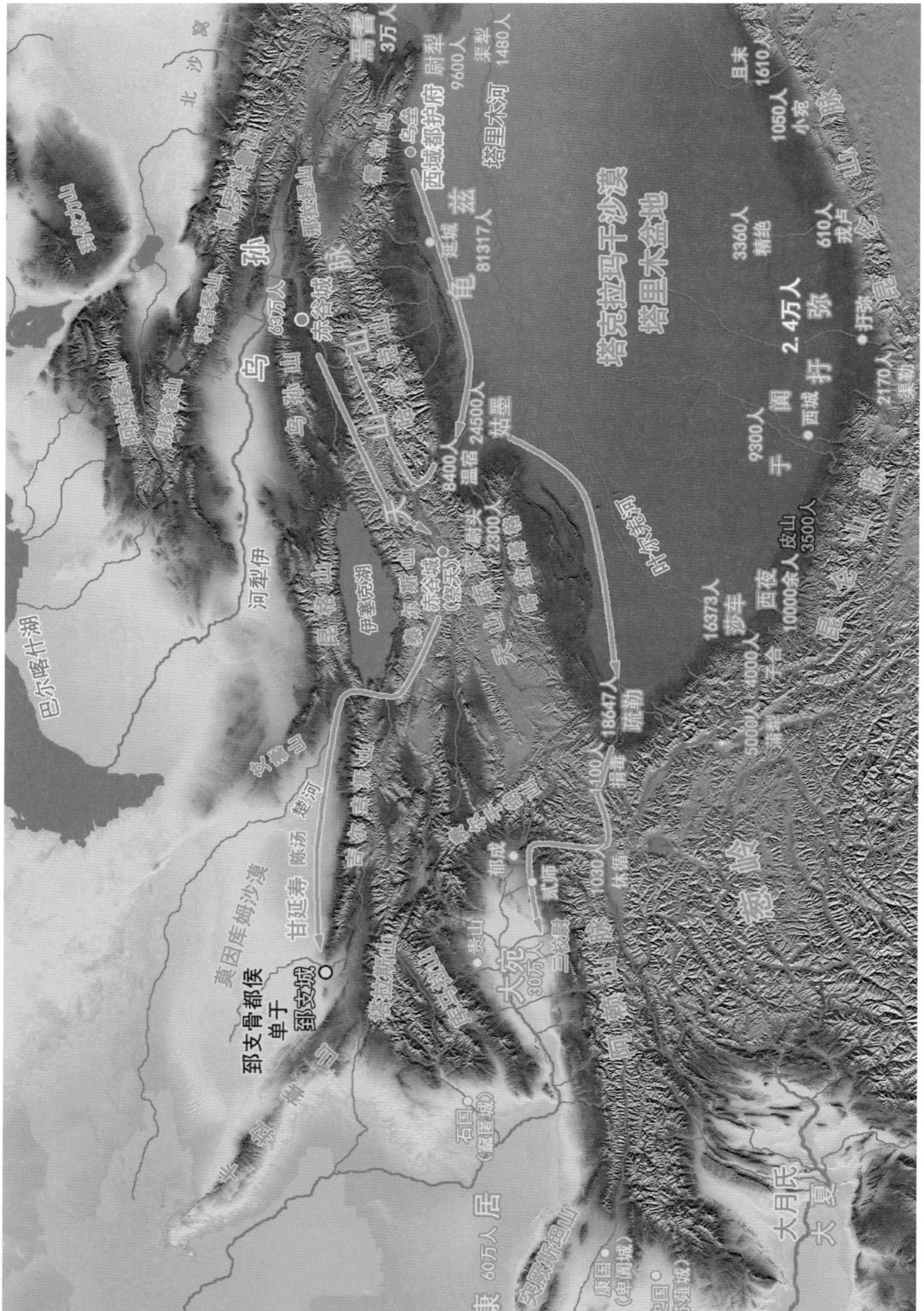

图 4-38　甘延寿和陈汤西征郅支城路线

于是康居人带路，先锋军来到单于城60里处安营扎寨，在这里又掳获屠墨的舅舅开牟。开牟长期在郅支城附近活动，一直怨恨单于部将强夺牧场，陈汤这才详细了解到郅支单于的军情。

次日开牟指点迷津，先锋军悄然潜至郅支城外30里处，在一山谷中隐藏。西域胡兵不善攻城，陈汤等待甘延寿的汉军主力集结。

然而一小队匈奴骑兵的到来令陈汤等将领惊愕不已，匈奴人既然发现了联军，突袭战就无法打了。

匈奴骑兵问道："汉兵为何而来？"

陈汤代表甘延寿回道："昔日单于上书言居困厄，愿臣服强汉，入长安朝见天子。今天子见单于屈居康居，故遣都护来迎单于及妻子，恐惊动左右，故未敢至城下。"意思是昔日单于上书要投降汉朝，如今却屈居小国康居，天子不忍心单于受苦，派西域都护来迎接。

这日郅支单于数次派人前来探听消息，陈汤又说："我等为单于远道而来，粮食和牛羊都已耗尽，单于既然知道我们来了，希望能尽地主之谊。"

郅支单于当然不信陈汤所言，他现在完全可以率军逃之夭夭。当初卫青、霍去病、李广利数次北伐，匈奴往往上演空城计，连龙城、单于庭都不守。

但是这次郅支单于却没有跑，他派侦骑四出，还抓到了落单的西域联军，得知联军只有3000汉军，其他都是西域诸国的军队，便打算在郅支城决战。单于打算让己方与敌军都在郅支城集结，只要守个三五天，等援军到来再围歼汉军。至于西域联军，单于根本不放在眼里。武帝时使臣姚定汉说过，3000汉兵，利用强弩，可破控弦6万骑的大宛。虽然有所夸张，但综合考虑能力、意志、装备等因素，五六个胡兵相当于一个汉卒，这是当时普遍的认知。

又过一日，甘延寿的3000汉军主力抵达郅支城（今哈萨克斯坦塔拉兹）前3里，在都赖水旁扎营。郅支城的位置和地形如图4-39所示。

现在形势是这样的：单于3000人在城内，粮草充足。西域联军有汉军3000骑、1万多胡骑屯在城外，没有大型攻城器械，粮草也不多。康居有1万余骑，分10余支骑兵队，在外围虎视眈眈。

在郅支单于看来，康居人是友军，不指望他们猛攻汉军，只要能牵制部分胡骑就算大功告成了。汉匈双方的援军在三五日后会陆续赶到，汉军的援军主要是北路的1万余西域胡兵，至于南路两万多人马，根本来不及增援。匈奴的援军则来自右地、呼揭、坚昆等，战斗力不可相提并论，单于稳操胜券。

郅支城有内外两重，内部是土城，外围是重木城，而且筑有城楼。

郅支单于在外城上立五彩旗帜，城墙上有数百人戴盔披甲，又出百余骑往来城下巡逻，步兵百余人夹门摆鱼鳞阵，丝毫未把汉军放在眼里。

郅支单于显然不想与汉军和谈，他的骑哨已探知西域联军的后续部队兵力有限。郅支单于还派出数路斥候，前往附近几百里搬取救兵。若单于能守个三五天，援军将陆续赶到，可说胜券在握。

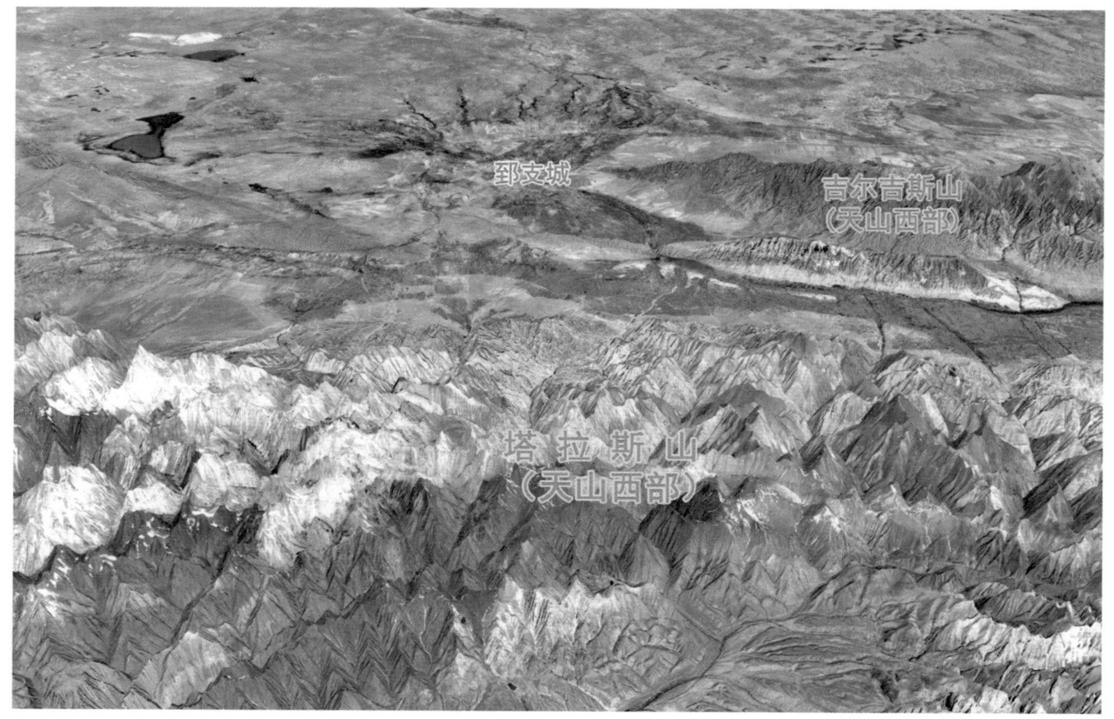

图 4-39　郅支城的位置

匈奴百余骑可不是要在城前列阵死守，而是纵马突袭汉军。不过汉军上下早有防备，迅速射出第一轮强弩，一时箭如雨注，将匈奴骑兵射退。

牛皮鼓声大作，甘延寿令西域胡兵轮番攻城，可是这些胡人骑马射箭还行，攻城就显得有些力不从心，束手无策了。匈奴人从城头和木城的间隙中射箭偷袭，胡兵叫苦不迭。

郅支单于和甘延寿都派人催促康居发兵，但康居人就是按兵不动。理论上来说，若汉军灭掉单于，这附近大片地盘就会落入康居人之手，这是好事。但康居将领还要看汉军战力到底如何。万一汉军战力不足，兵困城下，郅支单于的援军源源不断，那时康居只好配合单于将汉军歼灭。

三方人马心照不宣，各自胸有成竹，自诩都看透了局势。

西域胡兵试探性地攻了大半天，将战争拖到了晚上。此时胡兵虽然损失了数十骑，但首领们一个个愁眉苦脸，因为甘延寿令他们夜间不得停止攻击。

然而战场形势突变，外围的康居人忽然向联军方向靠拢，上万人马却一个火把都没有，黑暗可怕，隐藏在黑暗中的骑兵更令人胆寒。随着距离拉近，康居人前进的速度也在加快，分明是要突袭汉营。

原来康居的骑哨探知多支匈奴骑兵正从西边赶来，最快的天明就可抵达。康居准备先下手为强，正好为郅支单于献上投名状。

不过装备精良身经百战的汉军早有安排。甘延寿用胡兵攻城，却将精锐汉军放在外围，就是防止康居突袭。汉军用营寨作掩护，坚壁不动，先射出一轮弩箭，再用长枪大戟木盾组成的小型方阵迎头痛击康居人。

任他康居骑兵如何强悍，也是无孔可钻，连续驰突数次都被击退。不过康居人一点都不急，时间优势在匈奴和康居一方。汉军自然不会被动固守，陈汤早就准备了一支500人的偏师，趁康居重整队形时，忽然从斜刺杀出，又杀回汉营，砍倒康居上百骑。康居人气为之夺，立刻撤出战场，等待援军。

甘延寿用了田忌赛马的招式，下驷对上驷，上驷对下驷，即用胡人与匈奴对峙，用汉军精锐对付康居人。

城内，郅支单于和几个大将正大口嚼着牛肉，心情很好。原来一个骑哨潜入城中急报，次日清晨第一支300多人的匈奴骑兵就能抵达。这支援军人数虽然不多，但肯定能提振城内守军士气。只要此后援军源源不断，郅支单于就会立于不败之地，剩下就看如何更多地歼灭西域联军，以便日后控制整个西域了。

听闻刚才康居忽然发兵攻汉，郅支单于乐得合不拢嘴。此时帐外一股烟味随风飘入，单于等几人面露狐疑之色，起身登上内城墙头探看。

甘延寿令胡兵佯攻了一天，搞得匈奴守军也疲惫不堪。击退康居人后，汉军与西域胡军交换阵地，汉军用盾牌兵开道，支支火炬飞向木城，以干草和马粪助燃。风高物燥，干柴遇上烈火，任匈奴人射术如何精湛，也无济于事。

郅支单于派数百骑兵突出木城阻拦，正遇上汉军强弩箭雨，成片倒下，余者逃回城内。

匈奴守军被烟熏得七荤八素，外城形成多处破口。汉军前拥刀盾，后持弩戟，站在上风处，步步为营进入炙热的木城内。此战说明匈奴和康居人对筑城真是一窍不通，在干旱的沙漠地带建木头城，那不是等着敌人用火攻吗？

汉军以10匹战马为一组，用绳索拉拽城墙内的木头，结果没有着火的城墙纷纷坍塌，真是不堪一击。战后清理废墟，不少匈奴人被木墙砸死砸伤，有的困在乱木中动弹不得。擅骑射的匈奴骑兵以这种方式战败，确实够窝囊。

甘延寿挥兵再攻土城，其他西域胡兵见外城已破，士气又提了起来。不等都护下令，纷纷率本族人马围住郅支城，准备捉拿匈奴逃兵抢夺战功，丝毫不理会外围还有1万康居骑兵。康居人进退失据，果然悄悄退去，要不是次日清扫在战场上找到100多具康居人尸体，好似他们从未来过。

郅支城的内城虽然是土城，但规模不大，是郅支单于的宫城，里面只能容纳数百人。郅支单于披甲站在城墙上，数十阏氏（嫔妃）皆张弓射击汉军。

汉军先登四面架梯，猛扑内城。百余单于亲兵奋力阻止汉军登城，纷纷战死，阏氏们也都被弩箭射死。郅支单于被军候假丞杜勋一箭射中鼻子，坐在地上失去战斗力。杜勋生怕别人抢了战功，一跃上前，枭了郅支单于首级。杜勋还从单于身上搜到汉朝符节及谷吉等人所带的帛书，没想到郅支单于随身带着这些东西。

此战斩首匈奴 1518 级，生擒 145 人，迫降 1000 余人。甘延寿只要郅支单于的首级，将俘虏和其他战利品分发给了西域参战的 15 国，真是皆大欢喜。

甘延寿和陈汤回到西域都护府，将郅支单于的首级送到长安，上书道："臣闻天下大义，当混为一。匈奴郅支单于惨毒行于民，大恶通于天。臣延寿、臣汤将义兵，行天诛，赖陛下神灵，陷阵克敌，斩郅支首。明犯强汉者，虽远必诛。"

其中这句"明犯强汉者，虽远必诛"，成为千古名言。

郅支单于的头颅悬挂在长安城的稾（gǎo）街，这条街专门安置西域等地的蛮夷和羁縻国使臣。

甘延寿和陈汤矫诏是大罪，诛北匈奴郅支单于是大功，朝廷上下争论很久，大体上认为功过相抵。于是元帝封甘延寿为义成侯，食邑 400 户，授长水校尉（军职四品）；封陈汤为关内侯，食邑 300 户，迁为射声校尉（军职四品）。取得郅支单于人头的杜勋，竟然没有封赏。

西汉北军有中垒、屯骑、步兵、越骑、长水、胡骑、射声、虎贲八校尉，其中长水校尉统率胡族骑兵，射声校尉统率弓弩兵。

过了 40 年，王莽掌权后，重新为诛郅支单于这件事定性。汉平帝益封甘延寿的孙子义成侯甘迁 1600 户，总食邑 2000 户；追封已故的陈汤为破胡侯，益封至 1400 户，由陈汤之子陈冯嗣爵；封杜勋为讨狄侯，食邑 1000 户。

郅支单于既诛，呼韩邪单于又喜又惧。公元前 33 年，呼韩邪单于南下长安朝见元帝。元帝即位都 15 年了，呼韩邪单于首次来朝，可见确实畏威而不怀德。

为保匈奴安全，呼韩邪单于称愿为汉朝守北疆，永为汉臣，请汉朝罢边塞去戍卒（撤兵，废弃边塞），并请求和亲。

罢边塞去戍卒，汉廷上下当然不会答应，用郎中侯应的话总结："困则卑顺，强则骄逆，此匈奴天性也。"意思是匈奴被汉朝揍怕了，所以才卑微、恭顺，要是匈奴强大起来，必然骄横、叛逆，到时候边塞没有守军，匈奴自然长驱南下。

不过和亲的要求还是可以满足单于的。自汉武帝废除和亲以来，汉匈第 11 次和亲。元帝将后宫良家子王昭君嫁给单于，匈奴人称宁胡阏氏。呼韩邪单于去世后，其子雕陶莫皋即位，是为复株絫若鞮单于，他续娶了后母王昭君。

呼韩邪单于与王昭君生有一子，名伊屠智牙师，封右日逐王，后成为右谷蠡王，被呼韩邪单于的另一个儿子呼都而尸道皋若鞮单于所杀。

附　录

官职

九品中正制始于魏晋时期，为方便读者理解，本系列作品将汉朝官职分为朝廷、宫廷、军队、地方四个部分，根据官职的俸禄、权力等因素，官职体系从一品到十六品不等。

● 朝廷官职

丞相（大司徒）

丞相是三公之首，官职一品，金印紫绶。

丞相协助天子，日理万机，什么权力都有，唯独缺少兵权。

春秋时期，将相是一体的。齐桓公时期，管仲军政一把抓，是齐国的相。晋国六卿之首是中军将，“赵盾弑君”中的赵盾就是中军将。城濮之战兵败自杀的楚国令尹子玉，也是一人之下万人之上的。相、中军将、令尹，只是称谓不同，职位和权力相当。

战国时期，相与将的职能分开，一个管朝政，一个带兵作战。赵国的蔺相如与廉颇、郭开与李牧，秦国的魏冉与白起、吕不韦和蒙骜、王绾和王翦，这些都是著名的相将组合。

汉朝的丞相，权力不如战国时期的相，外有诸侯王，内有大将军和骠骑将军，位置都在丞相之上。如果以兵权论，军中的车骑将军、卫将军，九卿当中的郎中令、卫尉、太仆、大行令，地方上的都护、太守，风头都要盖过丞相。

伴君如伴虎，武帝时期共 13 个丞相，其中 4 个自杀，3 个被杀，说明这是一个高危职业。所以公孙贺宁可做九卿之一的太仆，也不愿做三公之首的丞相。武帝硬逼公孙贺就任，后来他果然死在狱中。

太尉（大司马）

太尉是三公之一，官职一品，金印紫绶，掌兵事。

太尉来源于秦国的国尉，最早由武安君白起担任。长平之战前，白起年老不能经常出征，就身居国尉，在朝中运筹帷幄指点江山。

秦王嬴政初期，以尉缭为国尉，成功掣肘了长安君成蟜的将军壁和吕不韦的爱将蒙骜，以及太后赵姬的面首嫪毐。秦灭楚时，楚国还有很多城邑未下，秦始皇便下诏令王翦回咸阳接受田产赏赐，拜亲信屠睢为国尉（太尉），接替王翦的兵权。

由于太尉手握兵权，汉朝不常置太尉，只有战争高发期才置太尉，掌兵事。刘邦在沛县起兵，拜最好的兄弟卢绾为太尉，直到卢绾封燕王。后来为了对抗匈奴，周勃拜太尉10年。文帝时期灌婴拜太尉两年，景帝时期周亚夫拜太尉5年。

武帝在位54年，他的舅舅田蚡拜太尉仅1年。后来太尉改名为大司马，卫青担任13年大司马（有两年与霍去病共同担任），加起来只有14年设太尉（大司马）之职。

武帝去世后，霍光拜大将军、大司马，领尚书事。从此大司马一职由军职最高的人兼任，一般是大将军、车骑将军、卫将军，同时领尚书事，也就是兼任尚书令，军政权力高度集中在大司马身上。

西汉末的王莽37岁就拜大司马，拉开了西汉灭亡的序幕。

御史大夫（大司空）

御史大夫是三公之一，官职一品，前期为银印青绶，后期也是金印紫绶。

御史大夫相当于副丞相，辅佐丞相统率百官，不少御史大夫后来都迁为丞相。

汉朝尚武，丞相、御史大夫这类文官虽然高居三公，但是风头不如郎中令、卫尉、太仆、大行令这类手握兵权的九卿。

武帝初期的马邑之围，拜御史大夫韩安国为护军将军（军职二品），统领30万大军，并节制其他将军，这是御史大夫为数不多的高光时刻。

郎中令（光禄勋）

郎中令是九卿之首，官职二品，银印青绶，是九卿当中兵权最大的。

郎中令帐下有羽林中郎将（军职四品）、虎贲中郎将（军职四品），掌帝国最忠诚的精锐之师，还有左右中郎将（军职四品）、中大夫（光禄大夫，官职四品）等。武帝时期，李广、李敢父子都曾担任郎中令。

重要属官：羽林军的主将是羽林中郎将（军职四品），副将是骑都尉（军职四品）。

为国羽翼，如林之盛。汉朝设建章营骑，又名羽林骑、羽林军，是皇帝的亲兵，也是汉朝地位最高的一支骑兵。这支军队起初从阵亡将士后代中选拔，称为羽林孤儿、羽林郎，后来扩展到汉阳、陇西、安定、北地、上郡、西河六郡良家子。天子出宫必有羽林郎护卫，普通羽林郎的俸禄是比三百石，军职在百夫长（统率100人）与屯长（统率50人）之间。

大将军卫青、骠骑将军霍去病、前将军李广、伏波将军路博德、贰师将军李广利、骑都尉李陵、典属国苏武、左将军上官桀、后将军赵充国、西域都护甘延寿等，都是从羽林郎起步的。

卫尉（中大夫令）

卫尉是九卿之一，官职二品，银印青绶。

卫尉负责戍守未央宫、长乐宫、建章宫、甘泉宫等，帐下军司马（军职六品）就有22

个，总兵力 3000 余人。卫尉通常只有 1 人，有时也分为未央宫卫尉和长乐宫卫尉。

大将军霍光时期，昌邑王刘贺即天子位之后，立即授昌邑国相安乐为卫尉（九卿之一，守宫城），保护自己。霍光废刘贺、立宣帝后，以四女婿度辽将军范明友兼任未央宫卫尉，二女婿邓广汉为长乐宫卫尉，宣帝的安危在这两人手上。霍光死后，宣帝立即调走两宫卫尉，后来两人均被处死。

卫尉不仅要戍守宫城，也要带兵出征，武帝时期尤其如此。马邑之围时，未央宫卫尉李广拜骁骑将军；长乐宫卫尉程不识兼领雁门郡太守。卫青大破右贤王时，卫尉苏建拜游击将军。霍去病第二次河西之战，卫尉张骞与郎中令李广率兵出征匈奴左地。灭南越国时，卫尉路博德拜伏波将军。

太仆

太仆是九卿之一，官职二品，银印青绶。

太仆掌车、马，类似交通部长，各路大军战马配置的数量和优劣全凭太仆一句话。

文帝时在河西六郡（西河郡、上郡、北地郡、安定郡、天水郡、陇西郡）设牧师苑（养马场），共 36 苑，由 6 个牧师苑令管辖，有奴婢 3 万人，以养马为主，兼牧牛羊。到武帝即位时，36 苑中保有 40 多万匹骏马，骏马塞满街巷，阡陌之间成群。武帝时期的太仆可调度人力超 10 万，战马数十万，牛羊无数。

武帝即位后，以最信任的太子舍人（官职十三品）公孙贺为太仆。公孙贺拜丞相后，其子公孙敬声接任太仆。公孙父子在这个举足轻重的位置上共 43 年。公孙贺也是一员战将，从马邑之围到漠北之战，大战一次都没落下。

重要属官：奉车都尉（官职四品）掌管皇帝车马，驸马都尉（官职四品）另有一组副车。不仅天子车驾，内史和全国各郡县的车马调度，都是太仆及其属官职责所在。

大行令（典客、大鸿胪）

大行令是九卿之一，官职二品，银印青绶。

大行令掌“蛮夷”事务，即外交事务，类似外交部长。

武帝初期，大行令王恢策划了马邑之围。李息参与马邑之围，追随卫青收复河套，授大行令，又配合霍去病征服河西走廊，与郎中令徐自为深入河湟地区，战功赫赫。

廷尉（大理）

廷尉是九卿之一，官职二品，银印青绶。

廷尉掌刑狱，常为酷吏的代名词。

武帝初期的廷尉张汤，废陈皇后（文帝外孙女），灭淮南国、衡山国、江都国，对皇室喊打喊杀，三公九卿被办死的数不胜数。

武帝时另一个廷尉杜周，在任期间将 100 多个两千石（官职四品）及以上官员下狱，这些人通常拿钱赎罪，或者直接用战马和家奴抵罪。每年关中监狱要逮捕六七万人，受株连的也有 10 余万人，这类人没钱赎罪，只能服兵役或劳役。

廷尉府派往地方郡县督察的绣衣御史，持节，腰悬斧钺，身佩虎符。绣衣御史以捕盗贼为名，除太守、都尉外，余者皆可先斩后奏，官吏态度稍有不恭便有可能遭其诛戮，百姓更不用说。

大农令（治粟内史、大司农）

大农令是九卿之一，官职二品，银印青绶。

大农令掌躬耕、米谷库储、盐酒、漕运、国库、物资供应与调节。

朝廷在边郡设农都尉（官职四品），负责屯田事宜。农都尉不属地方太守（官职三品）管辖，直属大农令。

少府

少府是九卿之一，官职二品，银印青绶。

少府掌征收山海地泽收入、手工业制造、天子私用的府库及收入。

少府一般不参战，秦朝末年陈胜吴广起兵，秦朝主力大军一部南下岭南，一部北上阴山长城。少府章邯以骊山刑徒为主力，将周文数十万大军逐出函谷关，几个月内灭假王吴广、张楚王陈胜、赵王武臣、魏王咎、齐王田儋、楚上将军项梁（项羽的叔父）。一个少府取得如此战绩，可见当时的秦朝廷整体军事素质之高。

重要属官：水衡都尉（官职四品），掌管上林苑，兼管皇室财物和铸钱。

太常（奉常）

太常是九卿之一，官职二品，银印青绶。

太常掌宗庙礼仪，我们熟悉的太史、太医都属太常。

宗正（宗伯）

宗正是九卿之一，官职二品，银印青绶。

宗正管理刘氏皇族事务，一般由宗室成员担任。

中尉（执金吾）

中尉位比九卿，官职二品，银印青绶。

汉初中尉兵权很大，掌管长安城防治安、三辅地区防御、北军五校，帐下都尉、校尉就有十几个，光是北军就有数万。

景帝时期，曾废太子刘荣为临江王，后来刘荣涉嫌侵占宗庙土地修建宫室，中尉郅都将其抓获，逼其在中尉府自杀身亡。郅都逼杀了景帝的亲儿子、前太子，也不过是先罢官，后外调雁门郡太守（官职三品）。

中尉兵权很大，后来陆续将其手中大部分兵权分出，只留京师治安权。

首先分出去的是三大都尉：京辅都尉（军职四品）、左辅都尉（军职四品）、右辅都尉（军职四品），掌三辅地区的机动兵力，常备兵3000，预备兵数千。

接着分出去的是北军五校：屯骑校尉（军职四品）、越骑校尉（军职四品）、长水校尉（军职四品），射声校尉（军职四品）、步兵校尉（军职四品），又设中垒校尉（北军中候，军职四品）监察北军五校。

最后分出去的是城门校尉（军职四品），掌管长安12座城门。王莽时期曾更名为城门将军，可见这个职位的重要性。

执金吾剩下的兵力，缇骑（红衣骑兵）200 人，持戟 520 人，预备军数百，共 1000 余人。天子出宫，执金吾往往率缇绮、持戟开道，威风凛凛。京师城内，三公九卿都要给执金吾面子，所以才有这句话：仕宦当作执金吾，娶妻当得阴丽华（光武帝刘秀的皇后）。

● 宫廷官职

太后

太后即皇帝的母亲，先帝的皇后。太后的地位尤在天子之上。武帝修建章宫前，皇帝居未央宫，太后居长乐宫。

皇后

皇后即皇帝的正妻，又称正宫，地位等同于皇帝。

皇后的父亲、兄弟，一般封为列侯，外戚就产生了。灭亡西汉的王莽，就是王皇后的侄子。忠奸难辨的三皇权臣霍光，更是三度成为外戚。霍光同父异母之兄霍去病，是武帝卫皇后的侄子。霍光的外孙女上官氏，是昭帝的皇后。霍光的小女儿霍成君，是宣帝的皇后。

西汉亡于王莽，这是有先兆的。在景帝的皇后王娡、宣帝的生母王翁须、元帝的养母王氏、元帝的皇后王政君、平帝的皇后王嬿的持续作用下，王氏外戚灭亡西汉。

太傅

太傅不常设，其位在三公之上，官职一品，金印紫绶。

太傅即皇帝的老师，出入宫廷，与闻朝政，无所限制。西汉皇帝都不喜欢这个职位，吕后时期曾为前后少帝拜了王陵、审食其两位太傅，高祖、文帝、景帝、武帝、昭帝、宣帝、元帝、成帝时都不拜太傅。平帝时期，王莽做了 5 年太傅。

昭仪

昭仪位在皇后之下，在朝中位比丞相。

元帝的冯昭仪，其父冯奉世拜左将军（军职二品），授光禄勋（郎中令，官职二品）；其子刘兴被封为中山王；其孙刘衎（kàn）即平帝。元帝的傅昭仪，其子刘康被封为定陶王，其孙刘欣即哀帝。

婕妤

婕妤位在昭仪之下，在朝中位比九卿。

武帝的赵婕妤（钩弋夫人），其子刘弗陵即昭帝。

太子太傅

太子太傅，位比九卿，官职二品，金印紫绶。

太子太傅即太子的老师，是太子小朝廷之首。西汉太子太傅，包括刘盈（惠帝）时的叔孙通，刘启（景帝）时的石奋，刘彻（武帝）时的赵周，刘据（武帝子）时的卜式，刘奭（元帝）时的夏侯胜、黄霸、萧望之、丙吉、疏广等。

重要属官：太子少傅（官职三品）、太子家令（官职五品）、太子洗马（官职八品）、太子舍人（官职十三品）。

景帝即位后，太子家令（官职五品）晁错先授内史（官职二品），后拜御史大夫（官职一品），并主持削藩。

武帝即位后，太子洗马（官职八品）汲黯一路高升至右内史（官职二品），太子舍人（官职十三品）公孙贺更是一飞冲天成为太仆（官职二品）。卫青拜为大将军，位在三公之上，自三公以下都要低头下拜，汲黯却长揖不拜，他的倨傲是有原因的。

● 地方官职

内史

汉承秦制设内史，掌管关中地区，官职二品，银印青绶。

秦王嬴政的假父（继父）嫪毐，在太后赵姬的支持下曾担任内史。秦灭韩，韩国的南阳太守摇身一变成了秦国内史。

内史权力过大，后来分左右内史，再调整为京兆尹、左冯翊、右扶风（主爵都尉），分管关中 3 个地区。3 个职位都是二品大官，银印青绶，但所管辖区域人口、户数差异较大，京兆尹人口最多，左冯翊次之，右扶风人口最少。

太守（郡守）

郡最大的官是太守，官职三品，银印青绶，是地方封疆大吏。

汉朝初期没有州牧，郡就是地方最大的单位。郡品级最高的官是太守，官职三品，是地方封疆大吏。高祖和吕后时期，汉朝只有 62 个郡（国），武帝时达到 102 个郡（国），昭帝时达到极盛，103 个郡（国）。

武帝时期，河内太守王温舒尽捕郡中豪猾，株连千余家，大者族诛，小者死罪，流血十余里。

中原的郡太守尚且如此，边境太守手握重兵，更是呼风唤雨。汉朝边郡太守一般每隔两三年就调任一次，太守府的属官跟随太守走，但都尉（官职四品）和军司马（军职五品）会留下。这样将与尉分离，不会造成唐朝安史之乱那种悲剧。李广在不到 20 年时间里先后担任 7 个郡的太守，平均两年半换一个地方。

都护

西汉在乌垒城（今新疆轮台东北部）设立幕府，镇抚西域诸国，称为西域都护（官职三品），银印青绶，主掌西域军政，其他屯田校尉都属西域都护管辖。

西域都护官职与郡太守相当，管辖范围却远胜各郡，控制的军队更是达到 30 万骑，光是乌孙就控弦 18.88 万骑。西域都护府管辖范围包括葱岭东西、天山南北共 48 国，包括乌孙、大宛、龟兹等大国，完全断匈奴右臂。

西域各国国王世袭罔替，但王权更迭需要经西域都护府上报朝廷，由汉帝册封。朝廷在各国设置官员，包括王、侯、将、相、都尉、且渠、当户、译长等，有 376 人佩汉朝印绶，不过这些官员都是西域本地人。

首任西域都护郑吉，集结五六万骑兵，领3000骑兵进驻乌孙国都赤谷城，将西域兵力最雄厚的乌孙国一分为二，分为大小昆弥两部。

第六任西域都护甘延寿，发西域南北两道15国骑兵共4万余骑，西上天山，破郅支城，灭北匈奴郅支单于。

国相

汉初封国很大，一般包括2～6个郡（国），齐国达到13个郡（国）。汉初国相俸禄真两千石，地位在丞相与太尉之间，位同三公，官职一品。

汉初相国的权力极大，齐相曹参可以调动齐国13个郡（国）的兵力，代相陈豨则可以直接起兵反汉。后来文帝、景帝时削藩，导致七王之乱。

到了武帝时期，封国经过几十年削藩，面积和人口不如一个郡。在封国中，国相还有一个诸侯王掣肘，职权略小于郡太守，官职三品，银印青绶，排位在郡太守之后。

都尉

郡（国）除了太守或国相，还有低一级的都尉（军职四品），银印青绶，掌军事。都尉不管民事，只管军事，可以分太守兵权。

中原的郡兵力较少，大致在1000人上下，即使大规模募兵，也是补充到边郡，因此中原有的郡不设都尉府。边郡兵力约1万上下，太守以下有2～4个都尉，各自统兵1000人上下。

地方都尉根据所处位置，分为东部都尉、西部都尉、南部都尉、北部都尉，也有因所守地方特别重要，根据地名强化的，比如肩水都尉、塞外都尉等，排位在东西南北都尉之前。排位再往前就是朝廷任命的都尉，比如强弩都尉等；宫廷中的都尉则更进一步，比如驸马都尉；而羽林军的副官骑都尉，则是众都尉之首。

贰师将军李广利第二次出征西域，率校尉、都尉约50个，将军却只有李广利一人。校尉、都尉都是军职四品，排位很重要，校尉统率常备兵，都尉统率地方军。50个校尉、都尉，无疑会经常遇到友军，如果意见相左，应该听排位靠前的。

无论校尉还是都尉，如果在朝中有官职，或有爵位，或亲近皇帝，排位可以提前。搜粟都尉上官桀是武帝身边的侍中，贰师将军李广利在攻破贵山城后才留一个美差给他，即攻打郁成城。

霍去病第一次出征前是侍中（非官职，皇帝亲信），常在武帝左右，出征时担任剽姚校尉，位在所有校尉之前，一般的将军都无权指挥他。因此，霍去病才能挥洒自如，率800精锐突袭匈奴，斩首2028级。

骑都尉李陵提出北上攻击单于，武帝令强弩都尉路博德同去，路博德竟抗拒诏令，也是因为其排位在李陵之后，不愿听李陵指挥。

校尉、都尉之间也有排位先后，霍去病这个剽姚校尉大致与李陵这个骑都尉相当，只不过剽姚校尉不是常设的；北军五校与驸马都尉、奉车都尉相当；军中的普通校尉与地方上的东南西北都尉相当。

军队官职

秦朝时将军分为上将军、将军、裨将3个等级，将军数量较少。王翦、王贲是不同时期的上将军，李信、蒙恬、王离、章邯、屠睢、任嚣是将军，司马梼、赵佗、杨熊、涉间、苏角、章平、赵贲等是裨将。汉初刘邦帐下将军泛滥，名号众多，大致也分成3个等级。

汉朝时将军的权威高于朝臣，大将军、骠骑将军位在三公之上，车骑将军、卫将军位比三公。前后左右将军官职相当于九卿，却是三公级别的金印紫绶，面上高于银印青绶的九卿。

大将军

大将军不常设，其位在三公之上，军职一品，金印紫绶。

西汉长期担任大将军的有韩信、卫青、霍光、王凤（王莽的叔叔）等。

秦始皇时期的上将军王翦，汉王刘邦时期的大将军韩信，武帝时期的大将军卫青，都是手握重兵、一手遮天的，有颠覆帝王的实力。

武帝临死时，以从未上过战场的霍光为大将军，制衡左将军上官桀等宿将，也方便后来的皇帝驾驭。

骠骑将军

骠骑将军不常设，其位在三公之上，军职一品，金印紫绶，与大将军职能重叠，西汉时期专为霍去病所置。

车骑将军

车骑将军位比三公，军职二品，金印紫绶。皇帝有时候用车骑将军制衡大将军，有时候不设大将军，只设车骑将军。

文帝时大将军不常设，先后拜舅舅薄昭和亲信张武为车骑将军，稳定局势。武帝临终前，以霍光为大将军，拜金日磾为车骑将军，就是互相制衡的关系。宣帝时拜张安世为车骑将军，对大将军大司马霍光形成制衡。霍光去世后，宣帝铲除霍氏一族，却没有拜张安世为大将军，而是在车骑将军的基础上拜大司马，领尚书事。

卫将军

卫将军不常设，军职二品，金印紫绶。

卫将军的主要职责是拱卫京师，不对外出征，一般在新皇登基时任命。文帝即位时拜宋昌为卫将军，汉宣帝即位时拜张安世为卫将军。

中将军、前将军、后将军、左将军、右将军

中将军、前将军、后将军、左将军、右将军，军职二品，金印紫绶。

卫青为大将军时，曾拜公孙敖为中将军，代替卫青节制各路将军。西汉知名的前将军有赵信、李广、韩增等，后将军有李广、赵充国等，左将军有公孙贺、荀彘、上官桀、冯奉世等，右将军有苏建、张安世等。

杂号将军

秦朝时副将称为裨将、偏将；汉朝将军泛滥，为了区分各路裨将，就出现了杂号将军，军职三品，银印青绶，仪同九卿。杂号将军的排位在太守之前，出征时各地太守要积极配合。

如材官将军李息、强弩将军李沮、楼船将军杨仆、伏波将军路博德、横海将军韩说、戈船将军田千秋、匈河将军赵破奴、贰师将军李广利、度辽将军范明友等。

数据说明

本文所有数据均有出处，主要来自《汉书》和《史记》。

各郡人口数据来自《汉书》，由于《汉书》中统计人口的年份与本书所述的历史时段有差异，数据仅供参考。

封爵食邑数以《汉书》为基础，若《汉书》中缺失，则用《史记》中的数据补充。《汉书》与《史记》的数据可能不一致，仅供参考。

参考文献

[1] 司马迁（汉）. 史记 [M]. 北京：中华书局，1999.
[2] 钱穆 . 史记地名考 [M]. 北京：商务印书馆，2001.
[3] 谭其骧 . 中国历史地图集 [M]. 北京：中国地图出版社，1982.
[4] 程光裕 . 中国历史地图 [M]. 中国台北：中国文化大学出版部，1993.
[5] 班固（汉）. 汉书 [M]. 北京：中华书局，2007.
[6] 春秋时晋国和战国时魏国史官 . 竹书纪年 [M]. 北京：中华书局，2013.
[7] 方诗铭，王修龄 . 古本竹书纪年辑证 [M]. 上海：上海古籍出版社，2005.
[8] 高洪雷 . 大写西域 [M]. 北京：人民文学出版社，2016.
[9] 陈序经 . 匈奴帝国七百年 [M]. 天津：天津人民出版社，2020.